KB042952

唐代 官文書와 문서행정

敦煌·吐魯番 출토문서의 이해

박근칠 지음

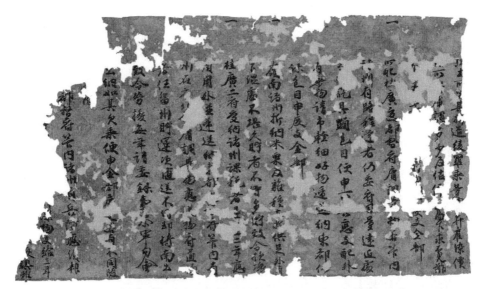

唐代 官文書와 문서행정
- 敦煌·吐魯番 출토문서의 이해

지은이 박근칠
펴낸이 최병식
펴낸날 2023년 2월 28일
펴낸곳 주류성출판사 www.juluesung.co.kr
　　　　서울 서초구 강남대로 435
　　　　02-3481-1024(대표전화) / 02-3482-0656(전송)
　　　　e-mail : juluesung@daum.net

ISBN　　978-89-6246-498-6　93910
책 값　　40,000원

* 본 연구는 한성대학교 교내학술연구비 지원과제임.

唐代 官文書와 문서행정

敦煌·吐魯番 출토문서의 이해

박근칠 지음

책머리에

동아시아 고대국가의 형성과 관련하여 율령체제나 율령제 국가군이라는 개념이 강조되기도 하였다. 이는 주로 唐代에 정비되었던 율령이라는 법률규정이 정도의 차이는 있지만 동아시아 주변 국가에 영향을 주었고 이를 바탕으로 해당 지역에서 국가체제를 갖추게 되었다는 인식에 따른 것이다. 이러한 측면에서 당대 율령으로 조문화된 제반 제도에 대한 규정은 해당시기 동아시아 왕조들의 지배체제를 이해하는 典範으로 간주되기도 하였다.

그런데 특정 시기의 법령 조문에서 확인되는 각종 제도에 대한 운영규정이 그 정책적, 이념적 지향과 마찬가지로 사회체제를 유지하는 데 실제적 기능을 온전하게 발휘했다고 단정할 수 있을지는 의문이다. 사실 당대의 율령제는 진·한대 이래 황제를 정점으로 하여 구축된 법률체계의 변천과정을 전제하면서도 당시의 시대적 상황을 반영하고 있기 때문이다. 당대에 국가통치의 기본법으로 기능했던 법체계가 수차례의 수정, 보완을 거쳐 온전한 법전체제를 갖추게 되는 데는 그 과정에 수반되었을 통치제도 운영상의 문제, 사회체제의 변화 등 여러 현실적 배경들이 작용했을 것이다. 다만 법률규정을 통해 제시된 제도운영의 원칙이 실제로 어떻게 기능했는지, 제도운영은 구체적으로 어떠한 방법을 통해 이루어졌는지 등 법률규정의 실제적 적용상황에 대해서 전존하는 典章 문헌만으로는 그 실상을 파악하는 데 한계가 있다. 돈황·투르판 출토문서의 의미가 부각되었던 까닭이기도 하다.

돈황·투르판문헌은 해당 지역의 자연 환경적 조건에 의하여 종이가 서사 도구로 사용되었던 초기(대략 3세기 이후)의 자료들을 오늘날까지 그대로 전해 주었다. 돈황 막고굴의 석실에서 발견된 사본들과 투르판분지의 묘장이나 유지에서 발굴된 문서에는 동서 문화교류의 흔적만이 아니라 중원왕조와의 관계를 반영한 다양한 내용들이 혼재하였다. 특히 당조가 沙州나 西州라는 행정조직을 통해 실시했던 여러 제도의 구체적 운영상황도 확인할 수 있다.

이른바 균전체제 또는 균전적 지배라는 당 전기 지배체제에 대한 종래의 이해에 대하여 필자가 박사학위 논문(「당대 적장제의 운영과 수취제도에 관한 연구」)에서 돈황·투르판문서의 분석을 통해 균전제와 조용조제 운영의 실상에 접근해 보고자 했던 것도 이러한 이유에서였다. 사주(돈황군), 서주(교하군)를 대상으로 작성된 호적의 기재 내용, 靑苗簿, 九等定簿 등 장부류 문서의 편제 방법 등을 분석 대상으로 하여 당해시기 토지제도와 수취제도 운영의 실상과 상관성을 파악하고자 하였다. 당대 서북 변경지역의 특수성이란 제약에도 불구하고 돈황·투르판문서는 지방제도로서 향리제, 물가정책으로 화적제, 예산편성과 관련한 용조 징수나 계장 작성, 그리고 물류 이동 등 당조가 추진한 제도 운영의 실상에 접근할 수 있는 실마리를 제공하였다. 주로 당대 사회경제사 분야의 주제를 관심대상으로 하여 연구를 진행했던 필자가 지속적으로 돈황·투르판문서 분석에 천착했던 배경이다.

당대 사회경제제도의 운영실태가 반영된 문서와 더불어 돈황·투르판문서에는 상정된 안건을 해당 관사에서 처리하는 과정, 즉 문서행정의 처리 절차를 파악할 수 있는 문건들도 확인되었다. 특정한 사항에 대한 보고내용을 기재한 장부류 문서가 해당 제도의 운영 실태를 반영한 자료라고 한다면 해당 관사에서 작성, 발급되는 문서들은 문서행정의 운영 과정을 확인할 수 있는 자료라고 하겠다. 예를 들어 개인의 통행허가증에 해당하는 과소는 이동 대상자의 발급 신청과 발급 담당관사의 심의 과정, 관부 장관의 결재, 그리고 과소의 작성이라는 일련의 행정 절차를 거쳐 개인에게 지급된 것으로 그 전체 과정을 출토문서에서 확인할 수 있다. 이른바 율령의 규정이 황제를 정점으로 한 행정조직[官制]의 편성, 이를 구성하는 官人에 대한 직무 분장과 그 엄격한 준수를 의도한 것이라면 해당 관사에서 이루어지는 문서행정의 처리 절차는 율령의 실제적 효능과 이와 관련된 관인의 역할을 명확히 반영한 것이라 하겠다. 돈황·투르판문서를 통해 관문서의 유형별 실례와 그 처리과정의 실상에 접근하고자 했던 것이 최근 몇 년동안 필자의 연구 주제였다.

이와 같은 돈황·투르판문서를 통한 당대사 연구 가운데 이 책에서는 주로 문서행정과 관련된 내용을 다루고자 하였다. 돈황·투르판문서를 통하여 유형별 관문서의 서식과 기능은 어떠한지, 관부에 상정한 안건이 처리되는 과정에서 문서행정의 절차는 어떻게 반영되었는지, 그리고 그 과정에서 관인들은 어떻게 역할했는지 등 당대 지방 문서행정의 실상을 파악하고자 했던 연구들이다. 다만 이들 연구성과에 대하여 "출토문서 자체의 난해함과 치밀한 논증 과정"으로 오히려 내용을 이해하기 쉽지 않다는 평가도 제기되었다. 출토문서에 대한 분석성과가 나름대로 축적되면서 출토문서 자체의 이해를 위한 석록문이나 번역문, 또는 해설문 등을 충실하게 제시하지 못한 데다가 소재를 파악하기도 버거울 정도로 급증한 출토문서에 대해 도판조차 제공하지 않는 등 필자의 불성실함에 기인한 지적일 것이다. 혹은 중국이나 일본학계의 관련 연구성과를 반영하면서도 스스로 입론의 근거를 모색하려던 작업의 성숙도가 미진했던 결과이기도 할 것이다.

이러한 이유에서 이 책은 당대사의 특정 주제에 대한 출토문서를 통한 연구성과를 정리하기에 앞서 돈황·투르판문서를 석독하는데 도움이 될 수 있는 내용을 우선적으로 소개한 것이다. 당대 관문서와 관련된 본격적인 연구서이기보다 관문서를 통하여 출토문서를 읽어내는 데 도움이 될 만한 내용을 담으려 하였다. 이에 따라 인용한 문서는 가능한 도판과 함께 원문, 번역문을 제시하고 몇 부분으로 내용을 구분하여 문서의 구성을 구조적으로 파악할 수 있도록 정리하였다. 더불어 문서의 내용을 이해하는 데 도움이 될 만한 관련 표와 지도도 제시하였다. 돈황·투르판문서에는 관사에서 발급한 여러 유형의 관문서만이 아니라 상정된 안건의 처리과정에서 작성한 문안이 두루마리 형태로 연접된 안권이 포함되어 있다. 이들 안권에 기재된 해당 안건의 처리절차나 안권을 구성하는 문안의 연접상황 등은 당대 문서행정의 구체적인 운영상황을 이해하는데 특기할 만한 자료라고 하겠다. 돈황·투르판문서 자체에 대한 이해가 특히 요구되는 부분이기도 하다.

물론 돈황·투르판문헌에는 관문서 외에도 매매문서, 서신, 喪葬 기록물이나 사원문서, 社邑문서 등 여러 부류의 사회 문서와 함께 불경을 위시하여 유교, 도교 등 경전류의 종교 문서들이, 그리고 한문 문헌 외에도 소그드문, 티베트문, 브라흐미문, 마니문, 시리아문 등 다양한 문자의 문헌들이 다량 포함되어 있다. 출토문서의 이해를 위해 주목한 한문 관문서 이외의 문헌들에 대한 발굴, 정리, 소재 등의 현황도 간과할 수 없는 사항이라 하겠다. 마침 한국에 소재한 투르판 출토문서에 대한 정리도 진행된 바 있어 투르판문헌의 정리 현황을 함께 소개하게 되었다.

이 책은 크게 두 부분으로 구성하였다. 제1편은 관문서로 대표되는 출토문서를 파악하기 위한 부분이다. 돈황·투르판 출토문서를 통하여 당대 관문서의 유형과 기능, 그리고 관문서의 작성 및 처리과정을 통하여 문서행정의 운영실태에 접근하고자 하였다. 제2편은 투르판출토 한문문헌을 대상으로 투르판문서의 발굴, 소장, 정리상황들을 소개하여 출토문서에 대한 이해에 도움을 주고자 하였다. 따라서 형식적으로 두 편은 서로 연관성을 가지면서도 독립적인 내용으로 구성되었다. 편제와 무관하게 관심사에 따라 순서를 바꾸어 읽어도 무방할 것이다. 다만 제1편은 여러 유형의 관문서 서식(1장), 문서행정의 처리과정과 관문서의 발급(2장), 각 사안의 처리과정에서 작성된 문안이 연접된 안권(3장) 등 관문서와 문서행정의 처리절차를 단계적으로 서술하고자 한 필자의 의도를 감안하여 읽어보길 바란다.

연구서라기보다는 출토문서에 대한 개설적 성격을 보다 염두에 두려 했으나 역시 '난해함'을 어느 정도 해소했는지는 의문이다. 비록 아직까지 불명확한 부분이 산재함에도 불구하고 한 권의 책을 출간하려는 용기를 갖게 된 데는 그 동안의 연구과정에서 많은 분들의 가르침과 격려에 힘입은 바 크다. 무엇보다 역사공부의 흥미와 자세를 가르쳐주셨던 서울대학교 동양사학과 선생님들, 특히 출토자료의 의미와 접근방법의 중요성을 일깨워 주신 이성규 선생님, 지지부진한 연구성과에도 항상 격려와 조언을 아끼지 않으신 박한제 선생님께 늦게나마 오랜 동안 마음에 간직했던 감사의 말씀을 드리고자 한다. 그리고 어언 십년이란 세월 동안 진행되어 온 '당대 공문서 강독회'를 통해 출토문서 해독상의 모호함을 극복하는데 많은 도움을 주었던 여러 독회 회원들에게도 평소 전하지 못한 인사를 드린다.

이 책을 준비하면서 책의 구성이 이만큼이라도 체계를 갖출 수 있었던 데에는 평소 필자의 연구에 깊은 관심을 갖고 그 성과의 활용방법을 조언해주었던 서울대학교 최재영 교수, 조성우 교수, 그리고 동국대학교 조재우 대학원생의 도움이 컸다. 전문 연구자가 읽기에도 난해했던 글이 그나마 이 정도 체계를 갖춘 것은 이들의 관심 때문이다. 그럼에도 불구하고 아직도 난삽한 부분이 눈에 띄는 것은 전적으로 필자의 탓이다.

출판계의 어려운 사정에도 불구하고 흔쾌히 출간을 승낙해주고 세심한 교정 작업을 통해 멋진 책을 만들어주신 주류성출판사의 이준 선생님을 비롯한 편집부 직원분들에게 감사의 말씀을 전한다. 격변하는 학내외 사정으로 인한 여러 걱정거리로부터 필자의 수고를 덜어주려고 많은 편의를 허락해준 한성대 역사문화학부 교수들의 고마움도 기억하고 싶다. 그리고 무엇보다 늘 곁에서 응원해주는 아내 유은희와 아들 박동석에게 부족한 이 책으로나마 언제나 간직하고 있는 감사의 마음을 전하고자 한다.

낙산 자락의 한성대학교 연구실에서
박 근 칠

목 차

제1편 당대 관문서의 작성과 문서행정

제2편 吐魯番 출토문헌의 정리

제1장 투르판 출토문헌의 발굴과 정리

제2장 한국 국립중앙박물관 소장 투르판 출토문서의 정리
: 國博 '唐儀鳳3年(678)度支奏抄·4年(679)金部旨符' 판독

【 본문 인용자료 】목록

【부록】목록　　　　* 본문에 [문서], [표], [부도], [부표]로 표시된 사항

1. [문서] …… 인용문서 도판

2. [표] …… 문서자료 표

3. [부표]

4. [부도]

출토문서 인용 관련 일러두기

1. 이 책에서 인용한 출토문서는 [문서]의 경우 원칙적으로 도판, 〈원문〉, 〈번역문〉을 제시하였는데 편의상 본문에는 〈원문〉, 〈번역문〉을, 도판은 일괄하여 【부록】으로 수록하였다. 다만 도판을 생략하고 〈원문〉이나 〈해설문〉만을 제시한 경우는 [자료]로 구분하였다.
2. 【부록】에 제시한 '인용문서 도판'에는 〈원문〉과 대조를 위하여 도판의 상단에 행수를 표시하였다. 또 문서의 구성 내용을 표시하기 위하여 주로 문서의 전달순서를 반영하여 (1), (2), (3) 등으로, 문서행정의 처리절차를 기준으로 [Ⅰ], [Ⅱ], [Ⅲ] 등으로 구분하였다.
3. 원래 출토문서는 세로쓰기[右縱書]로 오른쪽에서 왼쪽으로 기재되었으나 〈원문〉은 한글 가로쓰기[橫書] 원칙에 따라 고쳐 썼으며 〈원문〉과 〈번역문〉 작성에는 다음의 몇 가지 원칙을 따랐다.
   -. 출토문서의 異體字, 異形字, 俗字 등은 예외적인 문자를 제외하고는 원칙적으로 通用字로 고쳤다.
   -. 붉은색의 글자[朱字], 점[朱點], 勾勒[朱勾] 등은 해석에 필요한 경우 글씨체나 굵기를 달리하여 나타내고 각주에서 설명했으며, 그 외에는 생략하였다.
   -. 문서에는 통상적인 글자 크기와 달리 官人의 서명[簽署, 押署 등]이나 判辭 등은 크게, 보충 내용이나 보조적 설명은 작게 적었기 때문에 이를 반영하여 임의로 글자의 크기와 굵기를 조정하여 재현하였다.
   -. 문서에는 기재 내용이 작성자나 성격에 따라 행마다 위치를 달리하여 적시되어 있어 〈원문〉은 가능한 이를 반영했지만 〈번역문〉은 번역 내용의 길이로 인해 이를 재현하지 못한 경우도 있다.
   -. 〈원문〉은 주로 기존의 釋錄文 작업을 준용했지만 도판을 통해 수정 또는 보충이 이루어진 경우, 예를 들어 행수를 새로이 추가할 때는 기존의 행수(예: 123)에 '123-1', '123-2' 등으로 행을 추가하여 해당 내용을 적었고, 글자를 새로이 판독했을 때는 수정된 글자를 적고 관련 내용을 각주에서 설명하였다.
   -. 〈원문〉과 〈번역문〉에는 판독의 편의를 위해 새로이 표점을 붙였으며, 문서의 구성과 관련하여 ①,②,③ 이나 ⓐ,ⓑ,ⓒ, 또는 (ㄱ),(ㄴ),(ㄷ) 등의 기호를 임의로 부기하였고 관문서에서 인용한 다른 문서의 내용일 경우 해당 부분을 인용 부호(" ")안에 표시하였다.
4. 출토문서의 〈원문〉에 사용한 기호의 의미는 다음과 같다.
   -. □□ → 문서의 결손으로 인해 글자를 판독할 수 없지만 글자의 殘劃으로 글자수를 추정할 수 있는 경우.
   -. 文字 → 문서의 결손은 있지만 글자의 잔획으로 글자를 추정, 보충할 수 있는 경우.

-. ⬚文⬚字 → 문서의 결손으로 인해 글자를 판독할 수 없지만 용례나 文意를 통해 글자를 추정, 보충할 수 있는 경우.

-. (?) → 추정하여 보충했으나 불명확한 경우.

-. ⬚⬚⬚⬚ 또는 ⬚ ⬚ → 문서가 결손되었으며 결락된 글자수를 추정할 수 없는 경우. 단 추정 가능한 글자는 ⬚⬚⬚⬚ 또는 ⬚ ⬚ 속에 표시.

-. ⬚⬚⬚⬚ → 문서가 결손되었으며 행의 앞부분 글자의 위치를 확정할 수 없는 경우. 단 추정 가능한 글자는 ⬚⬚⬚⬚ 속에 표시.

-. ⬚⬚⬚⬚ → 문서가 결손되었으며 행의 끝부분 글자의 위치를 확정할 수 없는 경우. 단 추정 가능한 글자는 ⬚⬚⬚⬚ 속에 표시.

-. ~~文字~~ → 지워버린 글자.

-. <u>글자</u> → 고유명사.

-. ---- → 문서를 접합[騎縫]한 부분.

-. --[ ]-- → 문서 접합부[騎縫部] 뒷면[背面]의 서명으로 [ ] 안에 서명[押署] 표시

-. ━━━ → 분리되었던 문서를 연접한 부분

-. ⣿ → 문서에 날인된 인장의 대략적 위치를 표시 (문서의 도판에는 ▢로 표시). 단 〈번역문〉은 행 구분을 무시하고 적은 부분도 있기 때문에 官印의 날인 표시는 생략.

5. 인용한 출토문서의 편호 약칭은 [부표8] '돈황·투르판 출토문서 편호 약칭'에 제시된 내용에 따랐다.

6. 〈번역문〉에서는 가능한 한글표기를 원칙으로 하였지만 고유명사나 특정 용어 등은 한자를 그대로 표기하였다. 또한 의미 전달을 위하여 사료 용어의 제시가 필요할 경우 [ ]안에 한자를 표기하였다. 〈원문〉에서 ⬚⬚⬚⬚ 안에 추정, 복원한 부분을 〈번역문〉에서는 [ ] 안에 기재하였다.

제1편 당대 관문서의 작성과 문서행정

문제제기

제1장 公式令의 규정과 관문서의 분류

문제 제기

중국의 역대 왕조는 秦·漢 제국 이래 황제를 정점으로 한 정치조직을 통하여 지배체제를 구축, 유지하였다. 이러한 중앙 집권적 권력체제를 운영하기 위하여 官人을 중심으로 체계화된 관료조직이 핵심적인 기능을 담당하였다. 그리고 황제지배의 이념을 구현하기 위한 제반 정책의 운영은 관인제를 기반한 官制의 편성과 그에 상응하는 職掌의 분담을 전제하였다. 이와 관련된 禮制와 法令의 규정을 정비, 시행했던 것도 지배체제의 강화를 담보하기 위한 수단이었다. 그 과정에서 실제의 직무 수행 과정을 반영한 문서행정이 체계적으로 정비되면서 황제의 공적 통치를 실현하기 위한 제도적 장치로서 관료제가 그 기능을 제대로 수행할 수 있는 근거가 마련되었다. 이러한 측면에서 唐代는 진·한대 이래 형성·발전해 온 통치체제가 재정립되었을 뿐 아니라 그 영향력이 주변 나라들로 확산되었던 시기로 평가할 수 있다.

당대 각종 행정제도의 운영은 공식적인 문서의 작성을 통한 담당 官司 간의 긴밀한 업무처리를 기반으로 이루어졌다. 황제를 정점으로 한 중앙 기구와 그 예하의 관사, 그리고 지방에 이르기까지 체계적인 정무처리를 위해서는 이러한 위계적 조직을 근거하여 官府 사이의 통속관계를 반영한 문서행정의 운영이 필요하였다. 따라서 중앙과 지방 관사 간의 서열관계만이 아니라 행정관부 간의 위계나 통속관계, 또는 처리해야 할 업무의 내용과 상호관계에 따라 그에 상응하는 公文書의 작성이 요구되었다. 당대에 황제의 명령에서부터 지방 관사의 업무내용에 이르기까지 다양한 상황과 요구 등을 반영하여 작성되는 공문서의 서식을 법령으로 규정할 필요가 부각되었던 것 역시 이러한 상황에 따른 것이다. 당대에 공적 정무의 처리와 관련된 문서행정이 황제를 중심으로 한 중앙 조직과 지방 사이의 수직적인 문서 전달 체계를 근간으로 하여 운영되었다면 실제로 행용되었던 공문서의 유형과 종류에 대한 이해는 당대 문서행정의 파악을 위한 출발점이라고 하겠다.

당대 행용되던 '公文'의 범주를 일률적 기준에 따라 명확히 단정하기는 쉽지 않지만[1] '官에 있는 문서(在官文書)',[2] 즉 관부에서 처리하는 공적 문서라고 한정할 수 있다면 일단 그 운영상의 위법 대상을 명시한 律文의 규정을 준용하여 '制書'와 '官文書'로 구분할 수 있다. 唐律에는 공무 처리와 관련된 문서의 작성, 발급, 전달 등 운영 과정상 私文書와 구분되는 공문서를 제서와 관문서로 대별하여 위법시 적용되는 형량의 기준을 달리 규정하고 있다.[3] 가령 문서 내용상 오류가 있어 고쳐야 하는데 규정된 절차를 무시하고 개정할 경우 制書는 杖 80대인데 비하여 官文書는 笞 40대로, 제서의 경우를 보다 엄중하게 처벌하도록 규정하였다.[4] 여기서 관문서는 관사[曹司]에서 행용되는 文案과 符·移·解·牒·鈔券 등의[5] 부류이며 制·敕·奏抄 등과 구별되는 것이다.[6]

---

1) 先秦시대부터 明·淸代까지 公文書의 유형과 그 연혁, 그리고 문체 등에 대한 개략적 설명으로는 謝朝栻, 『中國古文書之流衍及範例』, 臺北: 文史哲出版社, 1986; 胡元德, 『古代公文文體之流變』, 揚州: 廣陵書社, 2012 등을 참조.

2) 『唐律疏議』(北京: 中華書局, 1983) 권10, 職制律, '事職代判署' 條 疏議, p.203. '諸公文有本案, 事直而代官司署者, 杖八十……'에 대한 疏議에 "公文, 謂在官文書, 有本案, 事直唯家依行"이라고 하였다. 이 경우 '在官文書'는 일반적인 官文書만을 지칭하는 것은 아니며, 制書에 御畵인 '可'를 代畵한 경우를 '事直而代判'의 사례로 거론하고 있어 制書 등도 포함한 '文書'인 公文을 지칭하고 있다.

3) 『唐律疏議』 권9, 職制律, '稽緩制書官文書' 條, pp.196~197; 同, 권10, '制書官文書誤輒改定' 條, p.200; 同, 권19, 賊盜律, '盜制書及官文書' 條, pp.350~351; 同, 권25, 詐僞律, '詐僞制書及增減' 條, pp.457~458과 同, 권25, '詐僞官文書及增減' 條, pp.460~461 등을 참조.

4) 『唐律疏議』 권10, 職制律, '制書官文書誤輒改定' 條, p.200. 이와 관련하여 당률 가운데 職制律의 규정과 公式令의 규정을 통하여 황제 통치체제의 근거로서 당대 문서행정의 법령 체계를 파악하려는 시도도 참고할 만하다(최재영, 「唐代 文書行政 法令의 체계와 그 의미--公式令과 職制律을 중심으로」, 『中國學報』 91, 2020, pp.139~159).

5) 『唐律疏議』 권25, 詐僞律, '詐僞官文書及增減' 條 疏議, p.460, "詐僞官文書, 謂詐僞文案及符·移·解·牒·鈔券之類."

일반 관사에서 행용되던 관문서와 구분되는 制 · 敕 · 奏抄 등은 황제의 명령이나 황제에게 재가를 청하는 문서에 해당한다. 황제를 중심으로 한 지배체제에서 공문서 가운데 황제의 문서인 王言類가 관문서에 비하여 엄중하게 관리된 것은 당연한 현상이라고 하겠다. 이들 왕언류 문서에는 황제의 명령인 하행문서로서 '冊 · 制 · 敕'의 범주에 해당하는 7종의 王言(冊書, 制書, 慰勞制書, 發日敕, 敕旨, 論事敕書, 敕牒)[7]과 함께 황태자의 令書, 親王 · 公主의 敎書가 포함되었다.[8] 또한 황제에게 상신되는 상행문서로서 奏抄, 奏彈, 露布도[9] 황제의 재가를 얻으면 制書와 같은 효능이 인정되었다.[10] 따라서 당대에는 官에서 행용하던 문서를 공문서라고 총칭하면서 그 가운데 황제의 승인[御畵]을 반영한 왕언류 문서와 일반 관부 사이에서 행용되던 관문서를 구분하였지만 관문서를 공문서로 통칭하기도 하였다.

그런데 이들 왕언류 문서는 『唐六典』 등 전존 典籍을 통하여 그 종류나 기능 등에 대한 대략적인 내용을 파악할 수 있기는 하지만 서식이나 작성 과정 등을 반영한 실제의 사례들이 확인되는 경우는 극히 드물다. 이들은 주로 중앙 관부에서 처리, 발급한 문서인데다가 관련 전적에 수록된 문건들이 작성 당시의 형식이 아닌 필요에 따라 발췌, 전사의 과정을 거쳐 재록된 것이기 때문이기도 하다. 이러한 이유에서 관부에서 행용되던 공문서의 기능을 통하여 당대 문서행정의 실상을 파악하려는 연구에서는 주로 敦煌 · 吐魯番지역에서 출토된 관문서의 실례를 통한 분석 방법이 주목되었다.[11]

당대에 帝國의 운영 기제와 관련된 규정으로서 공문서의 양식과 그 작성, 처리 등에 대한 법령은 公式令으로 확정하였다. 다만 唐令의 산일로 인하여 공식령의 조문 역시 현재로서는 전모를 파악하기 곤란하다. 『당육전』, 『당률소의』, 『통전』 등 당대 전존 사료에 인용된 공식령 관계 규정을 통해 그 면모를 재현하려는 『唐令拾遺』[12], 『唐令拾遺補』[13] 등의 관련 성과는 이러한 한계를 극복해 보려는 노력의 일환이라고 하겠다. 이들 작업에서는 당대 詔令集이나 문집, 또는 석각류 자료 등을 비롯하여 특히 돈황 · 투르판지역에서 출토된 문서들이 적극 활용되었는데, 이들 출토문서가 당시 실제 정무운영에서 기능했던 다양한 공문서의 양식을 현시할 뿐 아니라 문서처리의 구체적인 양상을 통한 문서행정의 실상을 파악할 수 있는 단서이기도 했기 때문이었다. 다만 일본의 고대 법령이 적용된 『令義解』, 『令集解』 등의 관련 규정을 준용하는 데 따른 문제나 앞서 언급한 당대 전존사료 간의 상충되는 규정 등에 대한 이해문제, 기존 법령규정에 포괄되지 않는 출토문서 가운데 여러 유형의 문서에 대한 성격 파악 등 해결해야 할 내용들이 산재하기 때문에 아직 공식령의 완정된 내용을 확정하기는 곤란하다. 이와 관련하여 『당령습유보』에서 제시한 당대 공식령의 복원 조문을 일본령의 구성과 비교해 보면 [부표1] '唐 · 日 公式令 조문의 구성'과 같다.[14] 공식령의 조문 구성을 주로 일본 공식령의

---

6) 『唐律疏議』 권9, 職制律, '稽緩制書官文書'條 疏議, p.197, "官文書, 爲在曹常行, 非制 · 敕 · 奏抄者."
7) 『唐六典』(北京: 中華書局, 1992) 권9, 中書令, pp.273~274, "凡王言之制有七: 一曰冊書, 二曰制書, 三曰慰勞制書, 四曰發日敕, 五曰敕旨, 六曰論事敕書, 七曰敕牒. 皆宣署申覆而施行焉."
8) 『唐六典』 권1, 尙書都省, 左右司郎中 · 員外郎, p.10, "凡上之所以逮下, 其制有六, 曰: 制 · 勅 · 冊 · 令 · 敎 · 符〈天子曰制, 曰敕, 曰冊. 皇太子曰令. 親王 · 公主曰敎. 尙書省下於州, 州下於縣, 縣下於鄕, 皆曰符〉."
9) 『唐六典』 권8, 門下省, 侍中, pp.241~242, "凡下之通于上, 其制有六, 一曰奏抄, 二曰奏彈, 三曰露布, 四曰議, 五曰表, 六曰狀. 皆審署申覆而施行焉."
10) 『唐律疏議』 권9, 職制律, '被制書施行有違'條 疏議, p.198, "其奏抄御親畵聞, 制則承旨宣用, 御畵不輕承旨, 理與制書義同."; 同, 권19, 賊盜律, '盜制書及官文書'條 疏議, "盜制書徒二年, 敕及奏抄亦同. 敕旨無御畵, 奏抄卽有御畵, 不可以御畵奏抄輕於敕旨, 各與盜制書罪同."
11) 黃正建, 「中國古文書中的公文書樣式硏究綜述--以中國大陸硏究成果爲中心」, 『隋唐遼宋金元史論叢』 9(上海: 上海古籍出版社, 2019), pp.424~428. 敦煌 · 吐魯番 출토문서의 정리상황이나 성격에 대해서는 제2편 제1장의 내용을 참조.
12) 仁井田陞, 『唐令拾遺』, 東京: 東京大學出版會, 1933.
13) 仁井田陞 · 池田溫(編集代表), 『唐令拾遺補 附唐日兩令對照一覽』, 東京: 東京大學出版會, 1997.
14) [부표1]의 내용과 관련해서는 李玩碩, 「唐代 王言 문서의 생산과 유통--唐 公式令을 중심으로」, 『中國古中世史硏究』 48, 2018, pp.106~107, 〈표〉 '공식령 조항 분류'와 『唐令拾遺補』 제3부, 「唐日兩令對照一覽表」, '公式令第21',

배열 순서에 근거하여 재현하였으나 해당 내용을 상호 파악할 수 없는 조문도 상당수 확인된다. 다만 '공식령'은 公式, 즉 공문 양식에 관련된 令의 조항처럼 명명되었으나 공문서의 서식에 대한 규정과 더불어 그 작성, 전달, 처리, 보관 등 문서행정 전반의 절차에 대하여 규정하였음을 알 수 있다. 즉 공문서 양식에 대한 적시만이 아니라 공문서의 처리를 통하여 공무 집행에 관여한 행정 관부나 관사의 역할까지도 명시하였다. 당대 관료제 운영의 공능이 문서행정의 운영과 밀접하게 연관되었던 사정을 반영한 것이다.

공식령에 대한 이해는 물론 당대 공문서 양식의 파악을 전제하기 때문에 기존의 관련 연구들이 다양한 사료를 통해 그 양식의 복원에 주목했던 것도 당연한 결과라고 하겠다.[15] 더욱이 공문서 양식의 복원이란 유형에 따른 문서의 분류와 그 기능, 성격에 대한 이해를 반영해야하기 때문에, 돈황·투르판 출토문서를 통한 다양한 형식의 문서들이 본격적인 분석의 대상이 되기도 하였다.[16] 그런데 각종 공문서 서식의 복원 내지 확정은 문서상에서 확인되는, 문서작성에 간여했던 여러 관사의 역할과 기능 등을 파악할 수 있는 단서이기도 하거니와 해당시기 문서행정의 구체적인 운영 실태에 접근할 수 있는 근거이기도 하다. 특히 서식의 변화나 작성 주체의 변화는 그 과정에서 연관되었을 행정 체계나 구조의 변화를 반영하는 것으로 추정할 수 있다. 최근 당대 공문서에 대한 이해를 통하여 당조의 정무 운영체계상 변화와 이를 반영한 통치체제 전반의 동태적 양상에 주목하고자 하는 연구들은 이러한 성과의 연장선상에 있다고 하겠다.[17]

이상의 내용을 전제하면 우선 당대 공문서 가운데 관문서를 중심으로 그 기능적 분류와 해당 서식의 복원 작업이 이루어질 수 있을 것이다. 당대 공문서 가운데 왕언류 문서와 구별하여 정무 관부 간에 행용되던 관문서의 경우, 돈황출토 펠리오문서인 P.2819 「唐開元公式令殘卷」[18] 가운데 그 일부

---

pp.1235~1304의 조항을 참조.

15) 예를 들어 中村裕一, 『唐代制勅研究』, 東京: 汲古書院, 1991; 同, 『唐代官文書研究』, 京都: 中文出版社, 1991; 同, 『唐代公文書研究』, 東京: 汲古書院, 1996; 同, 『隋唐王言の研究』, 東京: 汲古書院, 2003 등 일련의 연구는 당대 공문서를 망라하여 다루고 있는 대표적인 저작이다.

16) 특히 출토문서를 중심으로 한 당대 관문서 유형에 대한 주목할 만한 연구 가운데 이 책의 분석 대상에 국한해 보면, 內藤乾吉, 「西域發見の唐代官文書の研究」(西域文化研究會編, 『西域文化研究』三, 京都: 法藏館, 1960), 『中國法制史考證』, 京都: 有斐閣, 1963; 大庭脩, 「唐告身の古文書學的研究」(『西域文化研究』三, 1960), 『唐告身と日本古代の位階制』, 伊勢: 皇學館出版部, 2003; 盧向前, 「牒式及其處理程式之探討--唐公式文研究」(北京大學中國古中史研究中心 編, 『敦煌吐魯番文獻研究論集』 第3輯, 北京: 北京大學出版社, 1986), 『唐代政治經濟史綜論--甘露之變研究及其他』, 北京: 商務印書館, 2012; 坂尻彰宏, 「敦煌牓文書考」, 『東方學』 102, 2001; 樊文禮·史秀蓮, 「唐代公牘文'帖'研究」, 『中國典籍與文化』 2007-4; 赤木崇敏, 「唐代前半期の地方文書行政--トゥルファン文書の檢討を通じて」, 『史學雜誌』 117-11, 2008; 同, 「唐代前半期の地方公文體制--以吐魯番文書爲中心」, 鄧小南·曹家齊·平田茂樹 主編, 『文書·政令·信息溝通: 以唐宋時期爲主』, 北京: 北京大學出版社, 2012; 同, 「唐代官文書體系とその變遷--牒·帖·狀を中心に」, 平田茂樹·遠藤隆俊 編, 『外交史料から十~十四世紀を探る』, 東京: 汲古書院, 2013; 史睿, 「唐調露二年東都尚書吏部符考釋」(『敦煌吐魯番研究』 10, 2007), 榮新江·李肖·孟憲實 主編, 『新獲吐魯番出土文獻研究論集』, 北京: 中國人民大學出版社, 2010; 雷聞, 「關文與唐代地方政府內部的行政運作--以新獲吐魯番文書爲中心」(『中華文史論叢』 2007-4), 『新獲吐魯番出土文獻研究論集』, 2010; 同, 「唐代帖文的形態與運作」, 『中國史研究』 2010-3; 同, 「牓文與唐代政令的傳佈」, 『唐研究』 19, 2013; 吳麗娛, 「試論'狀'在唐朝中央行政體系中的應用與傳遞」, 『文史』 2008-1; 同, 「從敦煌吐魯番文書看唐代地方機構行用的狀」, 『中華文史論叢』 2010-2; 劉安志, 「吐魯番出土唐代解文についての雜考」, 荒川正晴·柴田幹夫 編, 『シルクロードと近代日本の邂逅--西域古代資料と日本近代佛教』, 東京, 勉誠出版社, 2016; 同, 「唐代解文初探--敦煌吐魯番文書を中心に」, 土肥義和·氣賀澤保規 編, 『敦煌吐魯番文書の世界とその時代』, 東京: 汲古書院, 2017; 同, 「吐魯番出土文書所見唐代解文雜考」, 『吐魯番學研究』 2018-1; 同, 「唐代解文初探--以敦煌吐魯番文書爲中心」, 『西域研究』 2018-4; 同, 「唐代解式續探--以折衝府申州解爲中心」(『西域研究』 2021-4), 劉安志 主編, 『吐魯番出土文書新探』 第二輯, 武漢: 武漢大學出版社, 2021; 包曉悅, 「唐代牒式再研究」, 『唐研究』 27, 2022 등을 참고할 만하다.

17) 대표적인 사례로 李方, 『唐西州政治體制考論』, 哈爾濱: 黑龍江教育出版社, 2002; 劉後濱, 『唐代中書門下體制研究--公文形態·政務運行與制度變遷(增訂版)』(濟南: 齊魯書社, 2004), 北京: 中國人民大學出版社, 2022; 趙璐璐, 『唐代縣級政務運行機制研究』, 北京: 社會科學文獻出版社, 2017 등이 주목된다.

18) 法國國家圖書館·上海古籍出版社 編, 『法國國家圖書館藏敦煌西域文獻』 第18冊(上海: 上海古籍出版社, 2001), pp.363~365. 錄文은 Tatsuro Yamamoto, On Ikeda, Makoto Okano co-ed., *Tun-Huang and Turfan*

조문이 확인되어 해당 서식을 파악할 수 있다. 더욱이 돈황·투르판 출토문서 가운데 이러한 서식을 반영한 문서의 실례들을 확인할 수 있어 해당 유형 문서의 성격과 기능을 보다 구체적으로 분석할 수 있다. 다만 P.2819 문서의 내용은 잔권의 형태로 앞뒤 부분이 결락되어 있어 관문서 유형의 전모를 확정하긴 곤란하다. 돈황·투르판 출토문서를 활용하여 당대 전적에는 거론되나 잔권의 공식령 규정에서는 확인되지 않는 관문서 유형의 실례와 해당 서식을 추정하려는 접근 방법이 보다 적극적으로 제기되는 까닭이기도 하다.

이에 따라 우선 P.2819 「당개원공식령잔권」의 내용과 당대 典籍의 규정 등을 통하여 공식령에 명시되었을 당대 관문서의 유형을 정리하고, 그 서식을 출토문서를 통하여 확인할 필요가 있을 것이다. 물론 공식령에 규정된 관문서의 유형이 당시 작성, 유통되던 문서의 모든 형식을 반영했을 것이라고 가정하기도 곤란하며, 지방 관문서의 서식에 이러한 법률적 규정이 그대로 준수되었을 것이라고 예단하기도 어렵다. 더욱이 출토문서를 석록하면서 그 내용을 정리했던 기존의 작업에도 해당 문서의 유형을 분류하는데 명확치 않거나 잘못된 판단을 제시하고 있어 이에 대한 수정이 불가피한데, 이러한 작업을 통해 당대 관문서의 유형과 서식에 대한 이해가 보다 진작될 수 있을 것이다.

당대에 다양한 정무 운영은 관련 사안에 대한 문서를 작성하여 담당 관사로 전달하고, 담당 관사에서 이를 심의, 결재하는 절차를 거쳐 처리되었다. 따라서 공문서를 작성할 경우 해당 사안에 대한 구체적 기술과 더불어 관련 업무를 처리하는 행정 관부 간 위계나 통속 관계를 반영한 문서의 형식도 준수해야 하였다. 공식령을 통해 공문서의 양식과 그 작성, 처리 등에 대한 내용을 확정했던 것도 문서행정의 이러한 필요를 반영한 것이다.

그런데 당대 관문서를 포함한 공문서에 대한 법령의 복원이나 출토문서 등을 통한 다양한 관문서 유형의 확인 작업은 당대 문서행정의 운영에서 다양한 유형의 관문서가 가지는 실제적 기능과 유기적으로 관련지어 이해하는 것이 당연히 전제되어야 한다. 종래 당대 관문서에 대한 연구에서는 주로 산일된 당령 복원의 일환으로 공식령의 복원작업, 출토문서에서 확인되는 여러 유형의 지방 관문서에 대한 분류나 정리, 지방 관문서의 처리 절차를 중심으로 한 지방 문서행정의 실태 파악 등이 다루어졌다. 그러나 각 부문의 개별적 연구가 나름대로 상당한 성과를 축적한 반면 각 부문 간의 상호 관련성을 감안한 다면적이고 동태적인 분석은 미흡한 편이다. 가령 공식령에 규정된 관문서의 서식은 지방 문서행정의 처리 과정에서 어떻게 기능하였을까? 또한 안건의 처리 절차를 거쳐 결재된 조치가 관문서로 작성되어 발급되었다면 이때의 관문서 유형은 공식령의 규정과 어떤 관련성을 가질까? 출토문서에서 확인되는 지방 문서행정상의 관문서 작성 절차와 그 결과 발급된 특정 유형의 관문서를 통하여 현존 공식령 조문에는 확인되지 않는 관문서의 유형을 추정해 볼 수는 없을까?

그런데 발문 관사가 특정 서식에 따라 작성하고 관인을 날인하여 발급한 관문서는 해당 사안의 처리를 전달하는 내용을 기재하기 때문에 개인에 대한 官勳 사여나 통행 허가 등을 위해 발급된 경우를 제외하면 대부분 수문 관사에 접수된다. 이어 수문 관사에서는 상정된 사안에 대하여 일정한 절

Documents concerning Social and Economic History Ⅰ: Legal Texts(A), Tokyo: The Toyo Bunko, 1980, pp.29~31; 劉俊文, 『敦煌吐魯番唐代法制文書考釋』, 北京: 中華書局, 1989, pp.221~245 등을 참조할 만한데, 이 글에서는 劉俊文의 釋錄文을 이용하였다. 이 令文이 개원 7년령인지 개원 25년령인지에 대해서는 아직도 논란의 여지가 남아있다. 문서의 접합부 배면에 찍힌 涼州都督府의 官印과 개원 20년에 발급한 過所(「唐開元二十年(732)瓜州都督府給西州百姓遊擊將軍石染典過所」, 73TAM509:8/13(a), 唐長孺 主編, 『吐魯番出土文書』[圖版本] 肆, 北京: 文物出版社, 1996, pp.275~276)에 날인된 '瓜州都督府之印'을 통해 개원 20년 이후에 돈황[沙州]이 瓜州都督府 관할이었다는 이유만으로 이 令文을 개원 7년령이라고 단정하긴(仁井田陞, 「ペリオ敦煌發見唐令の再吟味--とくに公式令斷簡」, 『東洋文化研究所紀要』 35, 1965) 곤란하여, 이 책에서는 일단 '開元令'이라는 포괄적인 시기를 적용하였다. P.나 TAM과 같이 이하 이 책에서 인용하는 출토문서 편호 약칭의 의미에 대해서는 [부표8] '돈황·투르판 출토문서 편호 약칭'의 내용을 참조.

차를 거쳐 처리 방안을 결정하게 된다. 그리고 수문 관사는 해당 사안에 대한 조치의 결정 내용을 다시 관문서로 작성하여 해당 관사나 개인에게 발급하게 된다. 즉 당대 출토문서에서 확인되는 다양한 형식의 문서들은 대부분 지방 문서행정의 절차상에서 각각의 필요를 반영하고 있으며 대부분 관련 사안에 대한 처리 과정에서 작성된 문서들을 연접한 文案[案卷]의 일부를 구성한다.19) 唐律의 내용에 의하면 文案(公案)에 대하여 "官文書는 曹司에서 행용하는 公案과 符·移·解·牒의 부류를 가리킨다"고 하듯이 개별 유형의 관문서와 마찬가지로 관문서에 해당하며,20) 해당 관부에서 사안의 처리가 마무리되면서 작성되는 문건이라고 할 수 있다.21) 따라서 각 유형의 관문서가 실제로 당조의 문서행정 운영에서 어떤 기능을 했는지는 문안에 반영된 문서 처리 절차에 대한 이해를 전제해야 한다. 또한 공식령의 규정이 법령을 통해 관문서의 서식이나 기능을 명시하려 한 것이었다면 이 역시 문서행정의 운영과 관련하여 그 의미가 파악되어야 할 것이다.

이러한 측면에서 공식령에 명시된 관문서 유형의 규정이 일단 출토문서에서는 어떻게 구현되었는지, 그리고 이러한 관문서의 사례들이 실제 지방 문서행정의 운영 과정에서 어떻게 작성, 발급되었는지 분석할 필요가 있다. 또한 지방 문서행정의 운영 절차와 출토문서에서 확인되는 관문서 유형의 분석을 통하여 현재 당대 공식령 규정에는 미포함된 관문서의 유형을 추정하여 자료적 한계로 답보 상태에 있는 공식령 복원에 새로운 실마리를 마련할 수도 있을 것이다.

일반적으로 공식령의 규정에 따라 관사간의 통속관계나 위계질서를 반영하여 발급된 관문서는 해당 사안에 대한 처리 과정을 거쳐 그 결정 내용을 시행하기 위하여 작성된 문서들이다. 즉 돈황출토 P.2819「당개원공식령잔권」의 내용을 통해 관문서의 유형을 확인할 수 있는 移式, 關式, 牒式, 符式과 더불어 당대 법률 규정에 언급된 刺式, 解式 등의 관문서들은 해당 관사의 정무처리 결과를 반영하여 발급된 것이라 하겠다. 더욱이 이러한 관문서들은 사적 통행증인 過所나 개인의 관훈 사여에 대한 告身처럼 결정 내용이 개인에게 전달되는 것과 달리 상부 관사에 대한 보고나 문의[上申], 하부 관사에 대한 지시나 전달[下達], 관부 사이의 협조 요청 등 문서를 접수하는 대상이 대개 관사로 특정되어 있다. 따라서 관문서를 접수한 관사에서는 해당 사안에 대한 처리 절차가 이루어지는데, 출토문서 가운데 공식령 규정에 따라 작성된 관문서는 이를 접수한 관사에서 해당 사안에 대한 심의, 처결의 과정을 연접하여 이루어진 문안의 일부를 구성하게 된다. 더욱이 이러한 관문서는 관사의 정무처리 절차 가운데 주로 안건의 상정에 해당하는 과정[立案]에서 기능하기 때문에 문안 가운데 案由文書로 파악된다.22)

이처럼 당대 정무처리의 실상은 해당 관사에 접수되어 입안된 사안이 처리되는 문서행정의 과정에서 구현되는 것이다. 즉 당대에는 일반적으로 특정 사안에 대한 문서가 해당 관사에 접수되면 이에

---

19) 文案의 사전적 의미는 '官府文書'를 지칭하거나 때로는 관련된 여러 사안이나 문건들을 등기한 檔案을 가리킨다. 후자를 案卷이라 지칭하기도 한다(王啓濤, 『吐魯番出土文獻詞典』, 成都: 巴蜀書社, 2012, pp.1061~1063).

20) 『唐律疏議』 권27, 雜律, '棄毀亡失制書·官文書'條 疏議, p.514, "官文書, 謂曹司所行公案及符·移·解·牒之類". 여기서 公案은 文案에 해당하는 것으로(『唐律疏議』 권25, 詐僞律, '詐爲官文書及增減'條 疏議, p.460 "詐爲官文書, 謂詐爲文案及符·移·解·牒·鈔券之類", 文案=公案이 '符·移·解·牒' 등 개별 유형의 문서들과 함께 관문서에 포함되어 있다. 또한 公案 자체를 단순히 '文書'로 파악하기도 하였다(『唐律疏議』 권5, 名例律, '公事失錯自覺'條 疏議, p.115, "文書, 謂公案.").

21) 『唐六典』 권1, 尙書都省, 左右司郞中·員外郞, p.11, "凡文案旣成, 勾司行朱訖, 皆書其上端, 記年·月·日, 納諸庫."라고 하여 '문안'이 완성된 이후에 檢勾 官司에 의한 勾勒(勾檢)과 수납이 이루어 진다고 하였다. 즉 사안의 처리 과정에서 작성된 문건이 마무리되면서 '文案'이 만들어지는 것을 의미한다.

22) 案由文書에 대해서는 개인이 관부에 제출한 申辭, 관부가 접수한 상급의 指示나 批示, 혹은 하급의 請示, 그리고 判案 때 의거하게 되는 法令, 制勅 등을 포함하는 포괄적인 범주로 파악할 수 있다(劉後濱, 「古文書學與唐宋政治史研究」, 『歷史研究』 2014-6, pp.56~59; 劉後濱·顧成瑞, 「政務文書的環節性形態與唐代地方官府政務運行--以開元二年西州蒲昌府文書爲中心」, 『唐宋歷史評論』 2, 2016, p.113).

대한 처리 절차가 진행되어 관련 조처가 결정되기까지의 전체 과정에서 작성된 문건들을 연접하여 하나의 문안을 만들게 된다. 이러한 문안은 안건의 상정[立案]에 근거가 되는 안유문서를 비롯하여 관련 내용에 대한 심문, 검토 과정[審案]과 담당관의 조치 결정의 과정[判案], 조치의 시행[行判], 그리고 안건 처리 기한이나 오류 등에 대한 검사와 문안의 표제를 명시하는 과정[結案]까지 여러 절차상에서 작성된 문건들도 함께 연접된 것이다. 때문에 한 사안에 대한 처리 과정에서 작성된 문안이라도 여러 장의 종이를 연접한 경우가 있어 이러한 문안은 두루마리 형태[卷子]로 보관되기 때문에 案卷이라 치칭하게 된다. 이처럼 하나의 문안이 긴 두루마리 형태인 長卷을 이루는 경우만이 아니라 해당 관사에서 처리한 여러 사안에 대한 각각의 문안을 연접한 경우에도 안권이라고 하였다. 이러한 문안 또는 안권은 안건을 처리하고 문안을 작성한 관사에 보관되어 여타의 관련 사안에 대한 처리 과정에서 대조, 검사를 위한 근거로 활용되었다.[23]

한편 이러한 과정에서 당대 문서행정의 주요 담당자인 4等官(長官, 通判官, 判官, 主典)의 실제적인 역할과 기능도 당연히 문서상에 반영되었을 것이다.[24] 각 관부에서 업무를 처리하는 데는 원칙적으로 장관, 차관인 통판관, 정무의 가부를 판정하는 판관, 사무를 직접 처리하는 직책의 주전 등 4등관 조직이 기능하였다. 이들은 각자 구분된 책임이 정해져 있었고, 안건 처리과정에서는 정해진 기한을 엄수하고 서명 등을 통해 책임의 소재를 명확히 하여 정무 처리의 정확성과 공정성을 보장하고자 하였다.[25] 더욱이 별도의 勾檢官을 두어 정무 처리 과정과 결과에 대한 검사를 통해 행정의 엄밀성을 높이고자 했는데,[26] 특히 당대 정무 처리 과정에서 이루어진 문서행정에 엄격한 준칙이 적용되었다. 당대 각 관부에 설치된 4등관과 勾檢官의 구성에 대해서는 [부표2] '唐代 官府의 四等官 구성'으로 제시하였다. 해당 안건을 처리하는 과정에서 작성된 문안상에서 확인되는 이들의 역할은 문서행정의 실제적 운영 과정에 4등관제가 어떻게 기능했는가를 파악하는 주요한 예증일 수 있다.

이처럼 종래 관문서의 유형을 파악하는데 천착했던 당대 관문서 관련 연구는 안건의 처리과정 일체를 포괄하는 안권에 대한 분석을 통하여 당대 문서행정 운영상에서의 그 실제적 의미를 보다 명확히 파악할 수 있다. 그런데 안건 처리의 전체 과정을 포함하는 안권에 대한 분석이 당대 문서행정의 구체상을 파악하는 데 주요한 단서를 제공할 것이라는 판단에도 불구하고 이에 대한 본격적인 분석이 활발히 이루어지지 못한 것은 종래 출토문서 가운데 온전한 상태의 안권이 충분치 않다는 문제에도 기인한다. 즉 立案, 審案, 判案, 行判, 結案 등 문서 처리과정의 전체 내용이 온전히 보존된 안권도 많지 않은데다가 해당 관사에서 처리한 사안들을 연접한, 이를테면 여러 사안의 처리 과정을 포괄하는 안권의 존재를 확인하기는 더욱 용이하지 않다. 이는 주로 투르판 출토문서의 경우처럼 폐기된 관문서를 喪葬用品으로 사용하기 위하여 필요에 따라 여러 형태로 재단하여 원문서의 모습을 파악하기 곤란하게 된 사정 때문이기도 하다. 또한 이들 2차로 이용된 문서 단편들을 재정리하여 원래

---

23) 출토문서 가운데 官司에 상정된 안건에 대한 심문과정 중 '案'의 검토, '文案'의 조사 등을 언급한 사례에 대해서는 박근칠, 「唐代 지방 政務의 처리 절차와 案卷 작성의 관계」, 『中國古中世史硏究』 61, 2021, pp.174~175 참고. 돈황·투르판 출토문서의 경우 이러한 안권들은 예를 들어 '唐開元二十一年西州都督府案卷爲勘給過所事(당 개원 21년 서주도독부가 작성한 과소의 발급을 검사한 사안에 대한 안권)'이라고 하듯이 '紀年+(안건처리=문안작성) 관사+案卷爲+해당 안건+事'의 형식으로 표제를 명시하였다.
24) 『唐律疏議』 권4, 名例律, '同職犯公坐'條, p.110, "諸同職犯公坐者, 長官爲一等, 通判官爲一等, 判官爲一等, 主典爲一等, 各以所由爲首"에 대한 疏議에 大理寺를 예로 들어 長官은 大理, 通判官은 少卿과 正, 判官은 丞, 主典은 府·史이고 이들이 '4等'이라고 설명하였다. 당대 각 官府에 설치된 4등관에 대해서는 [부표2] '唐代 官府의 四等官 구성'을 참조.
25) 박근칠, 「당대 율령체제의 형성」, 동북아역사재단 편, 『동아시아사 입문』, 서울: 동북아역사재단, 2020, pp.166~167.
26) 『唐律疏議』 권4, 名例律, '同職犯公坐'條, p.113, "檢勾之官, 同下從之罪. 疏議曰: 檢者, 謂發辰檢稽失, 諸司錄事之類. 勾者, 署名勾訖, 錄事參軍之類."

문서의 모습을 재현하려는 복원작업에서 발생한 오류에 기인하는 바도 무시할 수 없다.

　이러한 이유 때문에 현재로서는 이미 발굴, 보고된 출토문서 가운데 안건의 처리 과정을 비교적 온전하게 반영하고 있는 문안들에 주목하여 이들의 기재 내용을 통하여 다양한 유형의 관문서에서 제기된 안건에 대한 구체적인 처리과정을 파악하고 이를 실제적인 문서행정의 운영상황과 연관하여 분석해야 할 필요가 제기되는 것이다. 즉 해당 안권의 기재 내용에 포함된 각 사안들을 대상으로 이들의 구체적 처리 과정을 통하여 지방의 정무처리 절차상에서 확인되는 문서행정의 실상에 접근할 수 있을 것이다. 關式, 解式, 牒式 문서 등 여러 유형의 관문서가 안유문서로 기능하여 해당 사안이 立案되는 과정, 상정된 안건에 대한 審案이 진행되면서 이루어지는 관사 사이의 공조 관계, 안건을 처리하는 과정에서 작성된 문건들의 연접과 최종적으로 안권이 작성되는 과정 등의 구체적인 내용들을 주목하고자 한다.

　이러한 분석은 당대 지방 문서행정의 구체상을 이해하는 데 주요한 단서가 될 뿐 아니라 이러한 접근의 실마리가 되었던 출토문서의 실상을 파악하는 데도 중요한 근거가 될 것이다. 가령 당대 지방 문서행정에서 여러 사안을 연접한 長卷의 안권인 경우 각각의 문건들은 어떤 기준에서 연접이 이루어졌는지, 그 기준은 오늘날 喪葬用品으로 2차 가공되어 발견되는 안권의 잔편들을 복원하는 데 어떤 의미가 있는지 등에 대한 새로운 접근법을 모색하는 과정에 유용한 근거가 될 것이다. 따라서 이러한 분석들을 통하여 출토문서를 중심으로 한 관문서에 대한 이해가 문서 유형에 대한 이해만이 아니라 정무의 처리 절차나 행정 관사간의 업무 분장 등 당대 지방 문서행정의 구체적 실상을 파악하는 주요 단서가 될 것이다.

　제1편에서는 당대 행용되던 관문서의 유형과 양식의 특징에 주목하여 실제 문서행정의 운영 과정에서 그 내용이 어떻게 반영되었는지, 그리고 문서행정의 처리 과정에 참여했던 官人은 어떠한 역할을 하였는지 등의 문제를 살펴보고자 한다. 특히 관문서의 유형이나 문서 행정의 처리 절차에 대한 검토를 위하여 돈황·투르판 출토문서의 실물 사례들을 분석의 주대상으로 인용할 것이다. 우선 관문서의 여러 유형에 따른 기재 내용과 양식상 특징은 해당 서식의 개별 관문서 사례들의 분류, 검토를 통하여 접근할 것이다. 그리고 관문서의 유형에 따른 개별적 사례에 대한 분석을 전제하여 접수된 문서를 통해 상정된 안건이 처리되는 문서행정의 절차를 문안(안권)의 실례들을 분석하여 검토할 것이다. 이러한 분석 방법을 통하여 당대 지방 문서행정의 전반적인 운영상황에 대한 이해가 출토문서의 실례로써 보다 구체적으로 가능해질 것이라고 기대한다.

제1장 公式令의 규정과 관문서의 분류

1. P.2819 「唐開元公式令殘卷」과 관문서의 유형

1) 관문서의 유형과 기능

당대 公文書의 서식이나 작성 원칙, 그리고 문서행정의 운영 절차 등은 唐令 가운데 公式令의 내용을 통하여 당조의 법제적 규정이 공식적으로 적용되었다. 이러한 이유에서 관문서의 유형이나 서식을 추정하는 데 가장 준거할 만한 자료는 물론 공식령의 규정일 것이다. 그런데 공식령 자체가 온전하게 남아있지 않은 현재로서 傳存 문헌에서 확인되는 단편적인 유관자료들을 근거하여 관문서의 실상에 접근하려는 시도는 그 한계를 부정하기 어렵다. 공식령의 일부를 확인할 수 있는 돈황출토 P.2819 「唐開元公式令殘卷」(이하 「공식령잔권」으로 약칭)의 내용에 주목하는 까닭도 이 때문이다.

현재 「공식령잔권」은 앞뒤 부분이 결락된 형태로, 移式(전반부 결락), 關式, 牒式, 符式, 制授告身式, 奏授告身式(후반부 결락) 등 여섯 조항만이 잔존해 있다.[27] 각 유형의 관문서에 대해서는 서식과 함께 補則에 해당하는 내용이 부기되어 있다. 따라서 공문서의 서식을 명시한 令文의 조항들은 '~式'의 형태로 제목이 제시되고 그 아래에 해당 유형문서의 서식과 그에 대한 부기가 포함되었을 것으로 추정되는데, 이러한 원칙은 여타 유형의 공문서 조항을 복원하는 근거가 되기도 한다. 그런데 「공식령잔권」에 제시된 문서유형은 이른바 王言類 문서와 구별되는 관문서의 일부를 제시하고 있는데 여타의 조문이 어떻게 구성되었는지는 공식령 조문의 복원에도 밀접하게 관련되는 문제이다. 우선 「공식령잔권」에 기재된 문서의 서식 부분은 제외하고 각 유형 문서의 보칙, 즉 부기의 내용을 살펴보면 다음과 같다.[28]

> ① 이식 …… 앞의 내용은 尙書省과 여러 臺, 省이 서로 주고받는 '移'의 서식이다. 내외 여러 관사는 서로 통속 관계[管隷]가 아닐 경우 모두 移文을 사용한다. 그 장관의 서명 위치는 (상서도성) 상서(의 서명 위치)에 준하며〈장관이 없으면 차관인 通判官이 서명한다〉, 州의 (통판관인) 別駕, 長史, 司馬와 (현의 통판관인) 縣丞의 서명 위치도 상서성(의 통판관)에 준한다. 判官은 모두 郞中에 준한다.[29]

---

27) 『唐六典』 권6, 刑部郞中·員外郞, pp.183~184, "凡令二十有七……, 十七曰公式〈分爲上下〉."라고 하여 당대 공식령은 상하 두 卷으로 이루어졌다. 현존 일본 養老 공식령의 구성을 보면 卷首부분의 詔書式이하에서 공문서 양식을 규정하고 계속해서 공식령의 일반 조문이 배열되어 있다([부표1] '唐·日 公式令 조문의 구성' 참조). 이러한 體例로 유추해 보면 「公式令殘卷」은 公式令 上卷의 중간 부분에 위치하는 것으로 추정된다(中村裕一, 『唐代官文書硏究』, p.10).

28) 制授告身式, 奏授告身式 등 告身式의 경우, 문서의 유형상 符式의 유형에 해당하지만 개인에 대한 관직이나 봉작 수여라는 특수한 사정을 반영한 문서라는 측면에서 관부 간에 행용되던 관문서에 주목한 이 글의 분석 대상에서는 일단 제외하였다. 관련된 국내의 연구 성과로는 양진성, 「唐代 制書式 復元의 재검토--制授告身式과 制授告身의 분석을 중심으로」, 『中國古中世史硏究』 52, 2019; 조재우, 「唐代 皇太子令書式의 복원과 그 시행절차--'唐永淳元年(682)氾德達飛騎尉告身'의 분석을 중심으로」, 『中國古中世史硏究』 51, 2019; 이기천, 「唐景龍二年張君義勳告(敦硏341)의 再判讀과 그 사료적 가치--새로 촬영한 컬러 사진을 통하여」, 『東洋史學硏究』 153, 2020 등을 참고할 만하다.

29) "移式 …右, 尙書省與諸臺·省相移式. 內外諸司非相管隷者, 皆爲移. 其長官署位准尙書〈長官無則次官, 通判官署〉, 州別駕·長史·司馬、縣丞署位亦准尙書省. 判官皆准郞中." 「公式令殘卷」 각 조항의 錄文은 모두 劉俊文, 『敦煌吐魯番唐代法制文書考釋』, pp.221~245을 준용했으며 이하 별도로 주기하지 않는다. 인용문 가운데 〈 〉안의 내용은 割注에 해당한다.

② 관식 …… 앞의 내용은 상서성의 여러 관사가 서로 주고받는 '關'의 서식이다. 그 내외의 여러 관사에서 장관이 같으면서 직무 부서[職局]가 다른 경우에는 모두 이에 준한다. 판관의 서명 위치는 낭중에 준한다.30)

③ 첩식 …… 앞의 내용은 상서도성이 省內의 여러 관사에 내리는 '牒'의 서식이다. 그 응당 '剌'를 받은 관사가 관내에서 첩을 전할 경우[行牒]에도 모두 이에 준한다. 판관의 서명 위치는 모두 左右司郎中에 준한다.31)

④ 부식 …… 앞의 내용은 상서성이 내리는 '符'의 서식이다. 무릇 응당 '解'를 써서 상부로 올리는 경우, 상급 관이 아래로 내리는 것은 모두 符文을 사용한다. 首判官의 서명 위치는 낭중에 준한다. 그 符를 발송할 경우 모두 모름지기 案이 완성되면, 아울러 안을 都省에 보내어 勾檢토록 한다〈만일 사안이 計會에 해당하는 경우에는 별도로 會目을 기록하여 부와 함께 도성으로 보낸다〉. 그 외의 공문이나 내외의 여러 관사에서 문서를 발송해야 할 경우에는 모두 이에 준한다.32)

관부 사이에서 작성, 유통되던 관문서의 서식을 제시하면서 그 운영 대상을 상서성을 중심으로 한 정무관계를 전제한 것은 당대 정무운영에서 상서성이 갖는 중요성과 대표성을 대변하는 것으로 판단할 수 있다.33) 물론 이러한 관문서 유형이 州縣 등 지방 단위에서 적용될 경우에 대한 규정도 부기하고 있지만 尙書都省을 중심으로 한 중앙 관사에서 기능했던 관문서들이 지방의 문서행정에도 그대로 적용되었다고 단정할 수 있을지는 의문이다.

「공식령잔권」에서 확인되는 관문서의 유형을 살펴보면 ① 이식과 ② 관식은 상서성과 상호 독립적으로 별개의 정무를 담당하던 여러 臺나 省사이에서(①), 또는 중앙과 지방을 포괄하여 서로 통속관계가 없는 관사 사이에서(②) 사용되었던 관문서의 양식이라 할 수 있다. 이에 비하여 ③ 첩식과 ④ 부식은 상서도성이 省內의 여러 관사에게(③), 또는 상급관사가 예하 하급관사에게(④) 내려 보낸 관문서의 양식이라 하겠다. 즉 후자가 상하의 위계적 관계가 존재하는 관사 사이에서 상급에서 하급으로 하달된 일종의 下行문서라고 한다면, 전자는 대등하거나 별개의 관사 사이에서 기능했던 平行문서라고 할 수 있다.

그런데 당대 평행문서로서 移, 關과 더불어 '剌'를 거론하기도 한다.34) 가령 상서도성 좌우사랑중의 職掌을 명시한 『당육전』에 의하면 이른바 당대 공문서의 유형을 상급이 하급으로 하달하는 형식['凡上之所以逮下, 其制有六'], 하급이 상급에 상신하는 형식['凡下之所以達上, 其制亦有六)']으로 분류하고35) 이어서 여러 관사가 서로 문의하는 관문서의 유형['諸司自相質問, 其義有三']으로 關, 剌, 移를 명시하고 있다.36) 이 규정만으로는 관, 자, 이의 명확한 의미나 차이점을 쉽게 파악할 수 없지만 이에 대한 주석에 의거하면 關은 어떤 사안을 소통[關通]시킨다는 의미로, 移는 어떤 사안을 다른 관사

---

30) "關式 …右, 尙書省諸司相關式. 其內外諸司, 同長官而別職局者, 皆准此. 判官署位准郎中."

31) "牒式 …右, 尙書都省牒省內諸司式. 其應受剌之司, 於管內行牒, 皆准此. 判官署位, 皆准左右司郎中中."

32) "符式 …右, 尙書省下符式. 凡應爲解向上者, 上官向下皆爲符. 首判之官署位准郎中. 其出符者, 皆須案成幷案送都省檢勾〈若事當計會者, 乃別錄會目與符俱送都省〉. 其餘公文, 及內外諸司, 應出文書者, 皆准此."

33) 樓勁, 「伯2819號殘卷所載公式令對于研究唐代政制的價值」, 『敦煌學輯刊』 1987-2, pp.82~84. 制授告身이나 奏授告身의 경우도 符式의 告身을 최종적으로 작성하여 발송하는 것은 尙書省 吏部(吏部郎中 또는 司勳郎中)에 해당하기 때문에 상서성 관사의 정무와 밀접한 관계를 갖는다.

34) 中村裕一, 『唐代公文書研究』, p.208에서는 "평행문서에는 '關'과 '移'와 '剌'의 3종류가 있다"고 명시하였다.

35) 『唐六典』 권1, 尙書都省 左右司郎中·員外郎, pp.10~12, "凡上之所以逮下, 其制有六, 曰: 制, 勅, 冊, 令, 敎, 符. 凡下之所以達上, 其制亦有六, 曰: 表, 狀, 牋, 啓, 牒, 辭."

36) 『唐六典』 권1, 尙書都省 左右司郎中·員外郎, pp.10~12; 『舊唐書』(이하 正史는 北京: 中華書局 標點校勘本) 권43, 職官志2, p.1817, "諸司自相質問, 其義有三, 曰: 關, 剌, 移〈關謂關通其事. 剌謂剌擧之. 移謂移其事於他司. 移則通判之官皆連署〉." 『唐會要』(上海: 上海古籍出版社, 2006) 권26, 牋表例, p.587, "舊例, ……諸司相質問有三, 曰關〈關通其事〉, 曰剌〈剌擧〉, 曰移〈移其事于他司, 移則通判之官, 皆曰連署〉."

로 옮긴다는 의미로, 刺는 (어떤 사안을) 지적하여 올린다는 의미로 파악할 수 있을 것이다. 즉 정무처리과정에서는 關, 移가 질의의 의미[義]를 갖는 평행문서의 관문서 형식[制]인데 비하여 刺는 질의의 의미[義]라는 문서의 성격은 關, 移와 같은 범주에 속하지만 문서의 형식으로는 하급에서 상급으로 상신하는, 상행문서의 관문서 형식으로 關, 移와는 구별되었던 것으로 판단된다.

이러한 이해는 상급 관사가 하급 관사로 하달한 첩식과 부식 문서가 그 작성 근거로 하급 관사에서 상급관사로 상신된 '刺'와 '解'를 제시하고 있는 점과도 밀접한 관계가 있다. 종래 ③의 원문인 "응당 '刺'을 받은 관사(其應受刺之司)"에서 '刺'자를 '判'으로 석록한 견해도 있지만[37] 이는 刺의 이체자를 잘못 이해한 결과이고 '刺'라고 판독하는 것이 의미상으로도 정확하다.[38] 또한 일본 공식령 조문에 대하여 『영집해』에서 "당령을 찾아보면 '상서성 내의 여러 관사가 도성에 (문서를) 올리는 경우에는 刺로 한다'"라고 당령에 규정된 '자'에 대하여 설명하고 있다.[39] 이어서 상서성 내의 이부와 병부가 서로 보고 · 답변[報答]하는 경우는 關으로 한다는 설명과 함께 상서성이 省內 여러 관사에 문서를 내리는 경우에는 '故牒'이라고 한다[40] 첩식에 대하여 기술하였다.

이상의 내용을 근거하여 「공식령잔권」의 관문서 유형을 기능적 측면에서 분류하자면 이식, 관식이 평행문서, 첩식, 부식이 하행문서로서의 성격을 갖는 반면 牒, 符 작성의 전제가 되는 刺, 解 등 상행문서의 규정이 이식 앞쪽인 잔권의 누락 부분에 포함되었을 개연성이 크다. 즉 관문서의 유형은 자식, 해식, 이식, 관식, 첩식, 부식으로 크게 분류할 수 있다.

실제로 당대 문서 처리에 대한 규정을 명시한 『당률소의』의 내용에는 이러한 관문서의 분류에 대하여 주목할 만한 내용이 확인된다.

⑤ 무릇 制書를 지체하는 경우, 1일이면 笞刑 50대에 처한다.〈制, 勅을 符, 移의 부류에 베껴 적는 경우는 모두 그러하다.〉……疏議에 이르기를 ……注에 이르길: '제, 칙을 부, 이의 부류에 베껴 적는 경우'라고 하는 것은 원본[正]의 제, 칙을 받들어, 다시 베껴 적고 나서 符, 移, 關, 解, 刺, 牒을 발송하는 경우 모두 그러함을 이르기 때문에 '그러한 부류'라고 하였다.[41]
⑥ 무릇 公文에는 원래의 文案[本案]이 있고 그 (문안의) 내용이 바른데도 관사를 대신하여 서명하는 경우는 杖刑 80대에 처한다.……소의에 이르기를, '공문'이란 관사에 있는 문서로서 원래의 문안이 있는데 그 내용이 바른 경우에는 모름지기 그것에 의거하여 시행[行]하면 된다. (그런데) 간혹 奏狀이나 符, 移, 關, 解, 刺, 牒 등에 대하여 그 응당 판단하여 서명[判署]해야 하는 사람이 아니면서 문안이나 마땅히 시행해야 할 문서에 관사를 대신하여 서명하는 경우는 杖刑 80대에 처한다.[42]
⑦ 무릇 제서나 관문서를 버리거나 훼손한 자는 盜罪에 준하여 논한다. 망실하거나 잘못으로 훼손하는 자는 각각 2等을 감한다. 또한 잘못으로 符, 移, 解, 牒을 훼손하거나 잃어버린 자는 장형 60대에 처한다.……소의에 이르기를, ……'관문서'란 담당 부서[曹司]에서 운행되는

---

37) 『唐令拾遺』(p.556)나 『唐令拾遺補』(p.1259), 樓勁(앞 논문, p.80 & p.84) 등에서는 '刺'를 '判'으로 釋讀했는데 樓勁은 이를 '尙書 六部의 判案'으로 파악하였다.
38) 唐代 石刻 자료나 출토문서에서 '刺史' 등의 글자에 '刺'의 異體字로 '刺'字가 확인되는데, 劉俊文, 中村裕一, 黃正建, 劉安志 등 상당수 연구자들이 ③을 "其應受刺之司"로 釋讀하고 있다.
39) 『令集解』(東京: 吉川弘文館, 1987) 권32, 公式令, 解式條, p.809, "釋云, ……檢唐令, 尙書省內諸司, 上都省爲刺也."
40) 『令集解』 권32, 公式令, 解式條, p.809, "尙書省內吏部與兵部相報答者爲關也. 尙書省下省內諸司爲故牒也."
41) 『唐律疏議』 권9, 職制律, '稽緩制書官文書'條, pp.196~197, "諸稽緩制書者, 一日笞五十.〈謄制 · 勅, 符 · 移之類皆是〉……[疏]議曰: ……注云: '謄制 · 勅, 符 · 移之類', 謂奉正制 · 勅, 更謄已出符 · 移 · 關 · 解 · 刺 · 牒皆是, 故言'之類.'" 인용문 가운데 〈 〉안의 내용은 注釋에 해당한다.
42) 『唐律疏議』 권10, 職制律, '事直代判署'條, p.203, "諸公文有本案, 事直而代官司署者, 杖八十 …[疏]議曰: '公文'謂在官文書, 有本案, 事直, 唯須依行. 或奏狀及符 · 移 · 關 · 解 · 刺 · 牒等, 其有非應判署之人, 代官司署案及署應行文書者, 杖八十."

公案이나 符, 移, 解, 牒의 부류를 말한다. ……關, 刺(에 대해서)는 비록 律에 규정이 없지만 역시 符, 移와 같은 죄에 해당한다.43)

우선 ⑤에서는 해당 정무에 대해 처리 절차를 마치고 공문을 발송할 경우 발송문서를 베껴 적는데 일정한 시한을 규정하면서, 制, 勅을 받아 이를 시행하는 관문서의 유형으로 자, 해, 이, 관, 첩, 부 등을 열거하고 있다. 그런데 제칙의 시행과 관련하여 유사한 규정이 『당육전』의 상서도성 규정에도 확인된다. 즉 "무릇 制ㆍ勅을 頒行하거나 京師 여러 관사의 부ㆍ이ㆍ관ㆍ첩을 여러 州에 내려 보낼 것이 있으면 반드시 都省을 거쳐서 그것을 보낸다."44) 경사의 관사에서 州로 하달하는 문서에 이ㆍ관ㆍ첩ㆍ부 등을 거론하면서 刺ㆍ解를 적시하지 않은 것은 이들이 州縣 등 하급 관사로부터 상서성이나 경사의 여러 관사로 상신된 관문서의 유형이기 때문일 것이다.

한편 ⑥에서는 해당 사안에 대한 처리 과정에서 이루어진 문안[本案]이 이미 정상적으로 작성되었음에도 불구하고 그 결재 과정에 간여해서는 안 되는 자가 奏狀과 함께 부, 이, 관, 해, 자, 첩 등의 문서 작성에 개입한 경우에 대한 처벌을 규정하고 있다. 즉 해당 사안에 대한 處決 결과를 작성하여 발송하는 관문서의 유형으로 ⑤와 마찬가지로 자, 해, 이, 관, 첩, 부 등을 제시하고 있다. 또한 ⑦은 공문을 버리거나 훼손하는 경우에 대한 처벌 규정을 명시하면서 율문에 적시된 관문서의 유형, 즉 부, 이, 해, 첩만이 아니라 관, 자도 관문서에 대한 '棄毀亡失' 규정이 적용됨을 疏議에서 보충 설명하고 있다. 이 역시 관문서의 유형을 자, 해, 이, 관, 첩, 부 등으로 명시한 점은 당률의 여타 규정과도 마찬가지임을 알 수 있다.

이상의 내용에 의거하면 당대 관문서 가운데 관부간에 행용되는 문서의 유형은 「공식령잔권」에 명시된 이식, 관식, 첩식, 부식과 함께 자식, 해식이 포함되었을 것이며 해당 조문은 잔권에는 결락된 移式 앞부분에 위치하였을 개연성이 크다. 물론 관문서의 유형은 자, 해, 이, 관, 첩, 부 이외에도 다양한 필요를 반영한 여러 형태의 문서가 존재하였을 것인데 그 범주를 어떻게 결정해야 할 것인지 쉽게 판단하기 어렵다. 이른바 당대 관문서의 범주 설정과 관련하여 일반적인 문서학적 입장에서 發文者[발문 官司]와 受文者[수문 官司]의 존재 여부를 기준으로 삼기보다는 법률적인 의미에서 관부가 작성한 문서라는 측면에 방점을 둔 해석은 경청할 만하다.45) 즉 관문서에 대한 규정은 주로 『당률소의』에서 제칙 등 왕언류 문서나 사문서에 대한 경우와 구별되는 定罪ㆍ量刑의 범주로서 인식되고 있다는 점이다.

그렇지만 실제 문서행정에서 기능했던 개별적인 문서의 내용들을 근거한다면 관문서의 범주를 법률적인 의미로서 한정할 수 있을지 의문인데, 그렇다고 실제 구체적인 기능이나 서식이 확인되는 여타 문서의 유형 역시 쉽게 단정하기 어렵다. 때문에 당령에 근거했을 일본 공식령의 내용이 주목되는데 다만 이를 당대 공식령 조문으로 그대로 준용하는 데도 문제가 있다. 예를 들어 일본의 養老 공식령 조문 중 이른바 '관문서'로 분류될 수 있는 조항은 飛驛式(9조), 上式(10조), 解式(11조), 移式(12조), 符式(13조), 牒式(14조), 辭式(15조), 勅授位記式(16조), 奏授位記式(17조), 判授位記式(18조),

---

43) 『唐律疏議』 권27, 雜律, '棄毀亡失制書官文書'條, p.514, "諸棄毀制書及官文書者, 準盜論. 亡失及誤毀者, 各減二等. 其誤毀失符ㆍ移ㆍ解ㆍ牒者, 杖六十 …[疏]議曰: …'官文書'謂曹司所行公案及符ㆍ移ㆍ解ㆍ牒之類. ……關ㆍ刺律雖無文, 亦與符ㆍ移同罪." 밑줄친 부분을 劉俊文은 '符ㆍ移ㆍ解牒'으로 標點하였으나 官文書를 언급한 다른 조문들도 참조하여 '符ㆍ移ㆍ解ㆍ牒'으로 표점해야 할 것이다(黃正建, 「唐代"官文書"辨析--以《唐律疏議》爲基礎」, 『魏晉南北朝隋唐史資料』 33, 2016, p.34 註③). 이후 劉俊文 撰, 『唐律疏議箋解』, 北京: 中華書局, 1996, p.1914의 해당 조문에서 律文은 '符ㆍ移ㆍ解ㆍ牒者'로 교정했으나, 疏議의 경우는 종래대로 '符ㆍ移ㆍ解牒之類'라고 표점하고 있어서 이 부분에 대한 수정도 필요하다.

44) 『唐六典』 권1, 尙書都省 左右司郎中ㆍ員外郎條, p.11, "凡制ㆍ勅施行, 京師諸司有符ㆍ移ㆍ關ㆍ牒下諸州者, 必由於都省以遣之."

45) 黃正建, 「唐代"官文書"辨析--以《唐律疏議》爲基礎」, 『魏晉南北朝隋唐史資料』 33, 2016, p.32.

計會式(19조), 諸國應官會式(20조), 諸司應官會式(21조), 過所式(22조) 등인데[46] 다분히 일본의 특수성을 반영한 듯한 비역식, 제국응관회식, 제사응관회식 등을 당대 공식령 조항으로 그대로 준용하기는 곤란하다.

이러한 까닭에 『唐令拾遺』와 『唐令拾遺補』에서는 剌(6조), 이식(7조), 관식(8조), 첩식(9조), 부식(10조), 제수고신식(11조), 주수고신식(12조), 計會 관련(13조) 등 9조항만을 관문서 조문으로 제시하였다. 즉 '이식'부터 '주수고신식'까지는 전술한 「공식령잔권」에 명시된 명확한 令文의 일부로서 그 내용을 확정할 수 있지만 이외에 '剌'나 '計會' 관련 조문은 서식을 확정할 수 없다는 의미로 '~式'이라고 명명치 않고 법령상의 규정을 통해 관련 조문이 존재했을 가능성만을 제시하고 있다. 결국 현재로서 「공식령잔권」의 조문을 제외하고 당대 관문서의 서식과 보칙을 부기한 조문을 확정하거나 복원하는 것은 사실상 불가능한 상황이다.

그러나 근래에 돈황·투르판 출토문서의 전면적인 재검토를 통해 「공식령잔권」에 명시된 관문서 유형의 실물 자료들이 확인되어 그 실제적인 기능에 대한 접근이 가능해졌고 또한 일정한 서식을 갖추고 특정한 기능을 담당했을 문서의 유형들도 새롭게 확인하여 특정 관문서의 유형을 복원하려는 시도도 이루어지고 있다.[47] 다만 종래 출토문서에 대한 정리 작업에는 문안의 처리 과정에서 이루어진 결재 내용 등을 특정 유형의 관문서로 오인하거나 성격이 다른 유형의 관문서로 단정하는 오류도 확인된다.

2) 공식령과 관문서의 서식

당대 공식령에 규정된 관문서의 유형 가운데 관부 사이에 행용되던 서식으로는 移式, 關式, 牒式, 符式 정도를 확정할 수 있다. 이는 현재로서 당대 공식령 조문 복원에 가장 준거할 만한 자료인 돈황출토 P.2819 「당개원공식령잔권」에서 개인을 受文 대상으로 하는 告身, 즉 제수고신식, 주수고신식을 제외하고, 이식, 관식, 첩식, 부식에 관한 규정을 확인할 수 있기 때문이다. 물론 당대 법률 규정에 자주 언급되는 관문서의 유형을 범주화 한다면 평행문서로서 이식과 관식, 하행문서로서 첩식과 부식 등과 더불어 상행문서로서 자식, 해식의 존재를 상정할 수 있다. 그러나 자식, 해식은 관련 서식의 규정을 확인할 수 없을 뿐 아니라 당대 문집이나 석각류 자료, 돈황·투르판 출토문서 등을 통해서도 그 서식을 추정할 수 있는 사례를 파악하기 쉽지 않다. 또한 이식의 경우도 조문의 앞부분이 결락되어 정확한 서식을 확정하기 곤란하다.

이러한 이유에서 「공식령잔권」을 통해 관문서의 서식을 확정할 수 있는 것은 관식, 첩식, 부식에 해당한다. 이하에서는 우선 앞부분이 결락된 이식과 함께 이들 관문서의 서식 부분만을 제시하면 다음과 같다.[48]

---

46) 『令義解』(東京: 吉川弘文館, 1977) 권7, 公式令 第21, pp.227~250. 관문서에 대한 규정이라 할 수 있는 제9~22조까지의 내용 앞에는 制勅에 해당하는 詔書式(1조)·勅旨式(2조), 奏抄·奏彈·露布에 해당하는 論奏式(3조)·奏事式(4조)·便奏式(5조)·奏彈式(6조), 令·敎書와 관련된 皇太子令旨式(7조)·啓(8조) 등이 배정되어 있다([부표1] '唐·日 公式令 조문의 구성' 참조).

47) 예를 들어 앞서 거론한 바 있는 연구들 가운데 赤木崇敏, 吳麗娛, 劉安志, 雷聞, 史睿, 包曉悅 등의 연구 성과들을 참고할 만하다.

48) 일반적으로 P.2819 「唐開元公式令殘卷」의 인용에는 劉俊文의 釋錄을 이용하지만, 여기서는 公式令의 원문 가운데 割注, 補則 등을 제외하고 해당 書式만을 제시하기 위하여 각 서식마다 필자가 임의로 제목(〈~식〉)과 행수 표시를 하였다.

[자료1] 「공식령잔권」의 서식 부분

〈 移式 〉

　　　　　　　　　　　　　　　　　　　　[前 缺]

1　　　　某省⁴⁹⁾: 云主 _____

2　　　　　　　　　　　年月 ____

3　　　　　　　　　　　　　　主事姓名

4　　某司郎中具官封[名]⁵⁰⁾　　令史姓名

5　　　　　　　　　　　　　　書令史姓名

〈 關式 〉

1　　關式

2　　吏部　　　　　爲某事

3　　兵部: 云云. 謹關

4　　　　　　　　　　　年月日

5　　　　　　　　　　　　　　主事姓名

6　　吏部郎中具官封名　　令史姓名

7　　　　　　　　　　　　　　書令史姓名

〈 牒式 〉

1　　牒式

2　　尙書都省　　　爲某事

3　　某司: 云云. 案主姓名, 故牒.

4　　　　　　　　　　　年月日

5　　　　　　　　　　　　　　主事姓名

6　　左右司郎中一人具官封名　　令史姓名

7　　　　　　　　　　　　　　書令史姓名

〈 符式 〉

1　　符式

2　　尙書省　　　　爲某事

3　　某寺主者: 云云. 案主姓名. 符到奉行.

4　　　　　　　　　　　　　　主事姓名

5　　吏部郎中具官封名⁵¹⁾　　令史姓名

6　　　　　　　　　　　　　　書令史姓名

7　　　　　　　　　　年月日

　　각 관문서의 사용 범주에 대해서는 앞서 기술한 해당 서식의 보칙 부분에 언급하고 있다. 즉 '이식'의 경우 "상서성과 여러 臺, 省이 서로 주고받는 '移'의 서식"이며⁵²⁾, '관식'의 경우 "상서성의 여

---

49) 割注로 "省, 臺는 그 (해당) 省, 臺를 이른다(省臺云其省臺)"라는 내용이 기재되어 있다.

50) '某司郎中具官封' 다음에는 여타 관문서 서식에 의거하여 '名'字가 있었을 것이나 필사자의 오류로 누락된 것으로 판단하여 '名'자를 추가하였다. 割注에 "都省의 경우는 左右司郎中 가운데 1人이 서명한다(都省則左右司郎中一人署)" 라고 기재하여 尙書都省에서 門下省, 中書省 등 다른 省으로 보내는 移文을 작성할 경우 左右司郎中 가운데 한사람이 작성 책임자로서 서명한다고 예시하였다.

51) 割注에 "(尙書)都省의 左右司郎中의 경우 한사람이 ('吏部郎中' 서명의 위치에) 준하여 서명한다(都省左右司郎中一人准)"라고 하여 '左右司郎中'이 작성해야 하는 경우의 서명 원칙을 제시하고 있다.

러 관사가 서로 주고 받는 '關'의 서식"으로 "내외의 여러 관사에서 장관이 같으면서 직무 부서[職局]가 다른 경우에는 모두 이에 준한다"고53) 규정하였다. 또한 '첩식'의 경우 "상서도성이 성내의 여러 관사에 내리는 '牒'의 서식"으로 "응당 '刺'를 받은 관사가 관내에서 첩을 전할 경우[行牒]에도 모두 이에 준한다"고54) 하였다. 한편 '符'의 경우 "상서성이 내리는 '符'의 서식이며 응당 '解'를 써서 상부로 올리는 경우, 상급 관이 아래로 내리는 것은 모두 부문을 사용한다"고55) 하였다. 이처럼 공식령에서는 관부 사이에서 행용되던 관문서의 용도를 당대 대표적인 정무 운영 관사인 상서성을 중심으로 설명하였다. 그런데 이러한 각 관문서의 용도에 대한 설명과 비교하여 위에 인용한 관문서의 서식에는 기재 내용면에서 상호간의 차이와 함께 일정한 공통점을 확인할 수 있다. 앞부분의 결락이 있는 '이식'은 일단 논외로 하고 '관식', '첩식', '부식'의 경우를 살펴보자.

우선 각 서식의 1행은 관문서의 유형(관식, 첩식, 부식)을 명시한 공식령의 조항에 해당한다. 2행은 발문자[吏部, 尙書都省, 尙書省]와 표제(혹은 주제사)에 해당하는 내용[爲某事]을 명시하고 있다. 3행은 수문자[兵部, 某司, 某寺主者]와 문서 내용[云云], 그리고 해당 서식 문서의 文尾 상용구['謹關', '案主姓名, 故牒', '案主姓名, 符到奉行'] 등으로 구성되어 있다. 이하 문서의 작성 날짜에 해당하는 '年月日'이 관식, 첩식은 4행에, 부식은 7행에 위치하여 관식, 첩식은 문서 작성자[관식은 吏部郎中 이하 主事, 令史, 書令史; 첩식은 左右司郎中 1명 이하 主事, 令史, 書令史] 앞에 날짜가, 부식은 문서 작성자[吏部郎中 이하 主事, 令史, 書令史] 다음에 날짜가 자리하는 차이는 있지만 4행에서 7행까지는 문서작성 날짜와 작성자의 서명으로 이루어져있다.56) 결국 관식, 첩식, 부식 등을 통해 보면 관문서의 서식은 발문자, 표제, 수문자, 문서 내용, 문미 상용구, 문서작성 날짜, 문서 작성자 서명 등의 요소들로 구성되었음을 알 수 있다.

이상과 같은 관문서 서식에 대한 이해를 전제한다면 현재 「공식령잔권」에서 '이식'의 결락된 전반부에 대한 추정도 가능할 것이다. 이와 관련하여 종래 『당령습유보』에서는 '이식'의 전반부(인용한 〈이식〉의 1행을 포함하여 그 앞 [전결] 부분의 두 행)에 대해 다음과 같이 복원 내용을 제시하였다(3행의 밑줄은 필자).57)

[자료2-1] 移式으로 복원된 서식

1	移式
2	尙書省　　　　爲某事
3	某省: 云云. 案主姓名, 故移.
4	年月日
5	主事姓名
6	某司郎中具官封名　　令史姓名
7	書令史姓名

복원된 1행과 2행은 다른 관문서 서식을 준용할 때 그 타당성을 인정할 수 있다. 다만 3행에 대

---

52) "移式 …右, 尙書省與諸臺・省相移式. 內外諸司非相管隸者, 皆爲移."
53) "關式 …右, 尙書省諸司相關式. 其內外諸司, 同長官而別職局者, 皆准此."
54) "牒式 …右, 尙書都省牒省內諸司式. 其應受刺之司, 於管內行牒, 皆准此."
55) "符式 …右, 尙書省下符式. 凡應爲解向上者, 上官向下皆爲符."
56) 관식, 첩식, 부식 등 관문서의 작성에 관여한 判官과 主典 등을 포함하여 唐代 주요 관부의 문서행정 운영과 관련된 4等官(長官, 通判官, 判官, 主典)의 구성에 대해서는 [부표2] '唐代 官府의 4等官 구성' 참조.
57) 『唐令拾遺補』, 第3部 唐日兩令對照一覽, 公式令 第21, 移式, pp.1255~1256.

해서는 쉽게 수긍하기 어렵다. 우선 현존 「공식령잔권」에 '云主'로만 남아있는 내용을 '云[云, 案]主[姓名]'으로 복원한 점이다. '云主'는 그 자체로는 의미가 모호하여 필사상의 오류가 있었음을 인정할 수 있지만 그렇다고 '云[云, 案]主'를 축약한 것으로 판단할 만한 근거는 없다. 가령 일본 養老 공식령의 '이식' 규정에도 "移式 / 刑部省移式部省 / 其事云々, 故移 / 年月日……"58)이라고 하여 문서의 내용을 '其事云々'으로 기재한 점, 관문서 서식 가운데 첩식, 부식의 하행문서에서는 '案主姓名'이라 하여 문서 처리 담당자의 성명을 명시토록 규정했으나59) 평행문서인 관식에는 이와 상응하는 내용이 없다는 점 등을60) 고려할 수 있을 것이다. 따라서 다른 유형의 관문서 서식에서 확인되는 '云云'의 표현처럼, '云主'는 '云云'의 오류로 판단하는 것이 타당할 듯하다.

또한 문미의 '故移(그러므로 移를 보낸다)'에 대해서도 논란의 여지가 있다. 가령 출토문서에서 확인되는 첩문의 경우 하행문서로 작성될 경우 문미에 '故牒(그러므로 첩을 '보낸다' 또는 '한다')'이라는 상용구를 사용하는 것에 비하여 평행이나 상행문서에는 '謹牒(삼가 첩을 합니다)'이라고 명시하였다.61) 따라서 기능적으로 평행문서에 해당하는 이식의 경우 문미 상용구가 일본 공식령의 규정처럼 '故移'라고 단정할 수 있을지 의문이다.62) 따라서 복원된 이식의 3행은 "某省: 云云, 謹移"라고 재현하는 편이 현재로서는 보다 설득력이 있을 것으로 추정한다. 이상의 내용을 근거하여 '移式'의 새로운 복원안을 제시하면 다음과 같다.

[자료2-2] 移式의 새로운 복원안

1	**移式** [移文의 서식]		
2	**尙書省**(상서성으로부터)	**爲某事**(어떠한 사안에 대하여)	
3	**某省**(어떤 성 앞으로): **云云**(사안의 처리 내용). **謹移**(삼가 이를 보냅니다).		
4	**年**(모년)**月**(모월)**日**(모일)		
5			**主事姓名**(주사 성·이름)
6	**某司郎中具官封名**(어떤 사의 낭중인 관함·봉작을 갖춘 이름)	**令史姓名**(영사 성·이름)	
7			**書令史姓名**(서령사 성·이름)

이처럼 관문서의 서식은 관부 간의 위계나 통속관계, 그리고 업무상의 필요를 반영하여 발문자, 표제, 수문자, 문서 내용, 문미 상용구, 문서 작성 날짜, 문서 작성자 서명 등의 요소들로 구성되었음을 알 수 있다. 그러나 각 서식의 구성 내용에는 공통적 요소를 포함하면서도 다른 한편 관부 간 위계나 업무상 필요 등을 반영한 차이점도 확인할 수 있다. 즉 각 유형의 관문서 사이에는 발문자와 수문자의 관계에서, 예를 들어 관식의 경우 吏部에서 兵部로[평행], 첩식의 경우 尙書都省에서 某司로[하행], 부식의 경우 상서성에서 某寺主者로[하행] 전달되는 차이가 있다. 이와 상응하여 각 서식의 문미

---

58) 『令義解』 권7, 「公式令」, pp.240~241; 『令集解』 권32, 「公式令」, pp.809~813.
59) 案主가 律文 상으로 문서[文簿, 文牒] 처리 담당자에 해당하는 사례로는 "…見有文簿, 致使脫漏增減者, 勘檢旣由案主, 卽用典爲首, 判官爲第二從, 通判官爲第三從, 長官爲第四從."(『唐律疏議』 권12, 戶婚律, '州縣不覺脫漏增減'條 疏議, p.234)나 "問曰: 有人身爲案主, 受人請求, 乃爲盜印印僞文牒, 旣非掌印, 合作首從以否? 答曰 ……盜者雖掌案主, 非掌印之人, 便是共犯, 合作首從."(『唐律疏議』 권25, 詐僞律, '盜寶印符節封用'條, p.456) 등의 내용이 주목된다.
60) 후술하듯이 下行문서에 해당하는 돈황·투르판 출토문서의 牒文, 符文에는 '案主姓名'이라는 '문서 처리 담당자의 성명'에 대한 기재는 확인되지 않는다.
61) 赤木崇敏, 「唐代前半期の地方文書行政」, p.77; 同, 「唐代前半期的地方公文體制」, p.127.
62) 다만 日本 公式令 移式의 補則 부분에는 "若因事管隸者, 以々代故."라고 하여 '以移'라는 문미 상용구를 상정하고 있으며, 唐代 「公式令殘卷」에서는 확인되지 않지만 상행문서로서 日本 公式令 解式에도 그 補則에 "其非向太政官者, 以々代謹"이라고 하여 "其事云々, 謹解"에서 '謹解'를 '以解'로 대치한다고 규정하고 있다. '以'로 '故' 혹은 '謹'을 대치하는 것은 唐代 公式令에서는 확인되지 않는 日本 公式令의 특수한 사례라고 하겠다.

상용구도 관식은 "謹關", 첩식은 "案主姓名, 故牒", 부식은 "案主姓名, 符到奉行" 등으로 서로 구별되었다. 그런데 현재로서 이렇게 공식령에 규정된 관문서 유형에 따른 서식의 차이를 상서도성을 중심으로 한 관문서의 실례를 통해 파악하기는 곤란하다. 다만 돈황·투르판 출토문서에서 확인되는 지방 관문서의 사례들에서 이를 추정할 수 있는 실마리를 찾을 수 있다.

2. 출토문서의 관문서 서식과 기능

1) 關文의 서식과 기능

「공식령잔권」을 통하여 당대 관문서의 유형으로 확정할 수 있는 것은 이식, 관식, 첩식, 부식, 제수고신식, 주수고신식 등이다. 그런데 이식의 경우 문서를 작성하는 대상이 상서성과 여러 臺나 省 사이, 또는 통속관계가 없는 여러 관사 사이로 한정되는데, 관식이 "여러 관사에서 장관이 같으면서 직무 부서가 다른" 경우에 기능했던 것을 감안한다면 각 省의 장관 또는 각 관사의 장관 사이에서 기능했던 관문서였을 것으로 추정할 수 있다. 그런데 현존하는 출토문서는 대부분 돈황지역이나 투르판지역을 관할하던 沙州나 西州都督府 또는 安西都護府 등 주로 州와 그 예하 縣을 단위로 한 지방 관문서가 주종을 이루기 때문인지 移式 문서로 추정되는 사례를 발견하기 어렵다. 물론 移式의 경우 조문의 앞부분이 결락되어 정확한 서식을 추정하기도 곤란한 상태이다. 따라서 문서 서식의 전모를 확정할 수 있는 것은 관식 이하에 해당한다. 우선 關式의 경우 전술한 서식에 해당하는 부분을 의미에 맞춰 풀어서 제시하면 다음과 같다.[63)]

[자료3] 關文의 서식

1	관문(關文)의 서식[關式]	
2	이부로부터[吏部]　　어떠한 사안에 대하여[爲某事]	
3	병부 앞으로[兵部]: 운운(사안의 처리 내용)[云云]. 삼가 관을 보냅니다[謹關].	
4		모년[年] 모월[月] 모일[日]
5		주사 성·이름[主事姓名]
6	이부랑중 관함·봉작을 갖춘 이름[吏部郎中具官封名]	영사 성·이름[令史姓名]
7		서령사 성·이름[書令史姓名]

서식의 기재 내용을 살펴보면 우선 1행 : '관식(관문의 서식)'{관문서의 유형=공식령의 조항}, 2행 : '이부(이부로부터)'{발문자}, '위모사(어떠한 사안에 대하여)'{표제=주제사}, 3행 : '병부(병부 앞으로)'{수문자}, '운운'{문서 내용}, '근관(삼가 관을 보냅니다)'{관식 문미의 상용구}, 4행 : 문서작성 날짜, 5~7행 : 문서작성자 서명 등으로 구성되어 있다. 상서도성 예하의 이부가 병부에 보낸 관식 문서로서 작성책임자인 이부의 判官인 이부랑중의 서명[簽署]과 문서 필사자인 主典, 즉 주사, 영사, 서령사의 서명이 포함되어 있다. 물론 1행의 '關式'은 공식령 조문의 표제에 해당하므로 실제 행용되던 關文에는 명시되지 않는 부분이다.

---

63) [ ] 안에 기재한 서식의 원문은 劉俊文, 『敦煌吐魯番唐代法制文書考釋』, p.222에 따른다. 또한 문서의 내용을 설명하면서 { } 안에 표시한 것은 문서의 구성요소를 적시한 것이다.

돈황·투르판 출토문서 가운데 관식 문서로 확인할 수 있는 것은 안서도호부나 서주도독부 예하의 曹司 사이에서 작성되었던 문서들이다.[64] 그런데 종래 관식 관련 문서로 정리된 사례들 가운데는 관식 문서와 더불어 관문이 거론된 문서나 관문 작성을 지시한 내용들도 구분되지 않고 정리되어 있다.[65] 관식 문서 자체와 안건의 처결을 통해 관문 발급을 지시한 경우, 그리고 여타 관문서에 인용된 관문 등을 구분하여 관식 관련 문서들을 정리하면 [표1] '關式 문서와 관련 문서'와 같다.

이들 사례 중 관식 문서로 단정할 수 있는 경우는 [표1]의 'Ⅰ. 關式 문서'의 7건([표1] No.1~No.7 문서)인데, 관식의 구성요소(발문자, 표제, 수문자, 문미 상용구 등)를 온전히 갖추고 있는 것은 [표1] No.2, No.6, No.7 문서 정도이고 나머지는 발문자나 수문자가 명확치 않거나 관문 문미의 상용구인 "……謹關" 정도만이 확인되는 잔편이 대부분이다. [표1] No.2, No.6 문서는 관문의 처리 과정이 포함된 안권의 일부이고, No.7 문서는 관문의 앞·뒤 부분에 일부 결락이 있다. 이 가운데 [표1] No.6은 開元 21년(733) 西州都督府가 過所의 발급을 심사한 사안에 대한 안권에 포함된 關文으로[66] 온전한 관식 문서의 내용만이 아니라 그 처리 과정까지 확인할 수 있어 지방 문서행정에서 관식 문서의 기능을 파악하는 데도 중요한 자료라 할 수 있다.[67] 案卷 가운데 관식 문서에 해당하는 부분을 중심으로 그 처리 절차의 일부를 포함한 내용까지를 인용하면 [문서1: 關文]과 같다(이하 [문서]의 〈원문〉과 관련하여 【부록】에 제시한 해당 [문서]의 '인용문서 도판'을 함께 참고하기 바란다).

[문서1: 關文] 개원 21년 서주도독부 창조사가 호조사로 보낸 關文과 처리 과정

〈원문〉   [前 略]

--[?]-----

(1)   7   倉曹

        8   安西鎭滿放歸兵孟懷福 貫坊州

        9   戶曹：①得前件人牒稱："去開卄年十月七日, 從此發行至柳

     10   中, 卒染時患, 交歸不得. 遂在柳中安置, 每日隨市乞食, 養

     11   存性命. 今患得損, 其過所糧遞, 竝隨營去. 今欲歸貫,

     12   請處分"者. ②都督判："付倉檢名過"者. ③得倉曹參軍李克勤

     13   等狀："依檢, 案內去年十月四日得交河縣申, 遞給前件人程粮.

     14   當已依來遞, 牒倉給粮. 仍下柳中縣遞前訖, 有實"者. ④⁻¹安西

     15   放歸兵孟懷福去年十月已隨大例, 給粮發遣訖. 今稱染

     16   患, 久在柳中, 得損請歸, 復來重請行粮. ④⁻²下柳中縣先有給

     17   處以否. 審勘檢處分訖申. 其過所關戶曹准狀者.

     18   關至准狀, 謹關.

     19   開元卄一年正月卄一日

     20   功曹判倉曹   九思   府

---

64) 종래 돈황·투르판 출토문서를 통하여 關文과 관련된 내용을 분석한 연구로는 中村裕一, 『唐代公文書研究』, pp.209~218; 李方, 『唐西州行政體制考論』, pp.323~328; 雷聞, 「關文與唐代地方政府內部的行政運作」, pp.319~343 등이 대표적이다.

65) 雷聞, 「關文與唐代地方政府內部的行政運作」, pp.332~335에는 關文 관련 문서들을 시대순으로 정리한 표가 있는데 關式 문서와 關文과 관련된 문서들이 혼재되어 있다.

66) 「唐開元21年(733)西州都督府案卷爲勘給過所事」, 73TAM509:8/8(a), 『吐魯番出土文書』 肆, pp.282~283.

67) 關文을 포함하여 해당 안권 전체에 대한 번역 및 출토 상황이나 구체적인 분석은 林根七, 「唐 前期 過所 發給 관련 문서의 이해--'唐開元二十一年(733)西州都督府案卷爲勘給過所事'의 譯註」, 『漢城史學』 30, 2015, pp.158~163. 인용된 문서에서 문서의 연접부[騎縫部]는 '--' 선으로, 연접부 背面의 서명[押署]은 [ ] 기호 안에 표시하였다. 특히 7~22행까지 '西州都督府之印'이 6곳 날인되어 있는데 이들은 ┆┆로 대략적인 위치를 표시한 것이다.

(2)	21	正月廿二日 錄事 元寶 受
(1)	21-1	史 氾友 ⁶⁸⁾
(2)	22	功曹攝錄事參軍 思 付

---[元] ⁶⁹⁾---

(3)	23	檢 案, 元 白.
	24	廿三日
(4)	25	牒, 檢案連如前, 謹牒.
	26	正月 日 史 謝忠牒
(5)	27	責 問, 元 白.
	28	廿三日

[後 空]

〈번역문〉   [前 略]

(1) 7   倉曹(로부터 발문)

8   安西鎭의⁷⁰⁾ 복무 기한이 만료되어 귀환하는 병사 맹회복 本貫 방주 ⁷¹⁾

9~18   戶曹(의 담당자에게 보냅니다): ① 앞의 사람으로부터 牒을 받았는데 (거기에) 이르기를, "지난해 개원 20년(732) 10월 7일에 이곳[西州]으로부터 출발하여 柳中(縣)에 이르렀는데, 갑자기 유행하던 병에 걸려서 바로 돌아갈[交歸]⁷²⁾ 수가 없게 되었습니다. 그래서 유중현에 체재하게 되었고 매일 시장에서 乞食하면서 목숨을 부지하였습니다. 이제 병세가 나아졌지만[得損]⁷³⁾ (저의) 過所와 糧遞⁷⁴⁾ 모두 軍營에 가있습니다. 지금 고향[本貫]으로 돌아가고자 하니 처리해 주시기 바랍니다."라고 하였습니다.⁷⁵⁾ ② 都督의 判에는 "倉(曹司)으로 회부하여 (관련되는 장부에) 이름(이 있는지)을 조사하여 보고하라[檢名過]."고⁷⁶⁾ 하였습니다. ③ (이에 대

---

68) 21행과 22행 사이에 '史 氾友'는 이 문서를 작성한 倉曹司의 主典에 해당하며, 20행의 "功曹判倉曹 九思 / 府"와 함께 그 다음 행에 기재되었던 것인데, 21행 錄事의 문서 접수 기재('正月廿二日 錄事 元肯 受')가 그 사이에 기록되면서 덧씌운 형태가 되었다. 원래의 錄文에는 행수가 표시되어 있지 않지만 이해의 편의를 위하여 '21-1'행으로 구분하였다.

69) 22행과 23행 사이를 포함하여 문서 접합 부분에 [ ]로 표시한 것은 접합 부분의 배면에 押署('元' 등)를 나타낸 것이다. 程喜霖, 『唐代過所硏究』, 北京: 中華書局, 2000, p.63; 『吐魯番出土文書』[錄文本] 제9책(北京: 文物出版社, 1990), p.53 등에는 接縫 부분이 24행과 25행 사이에 표시되어 있으나, 『吐魯番出土文書』[圖錄本] 肆, p.283, 73TAM509:8/8(b)의 도판에 의하면 22행과 23행 사이에 接縫 부분이 확인된다.

70) 安西鎭은 龜玆鎭으로, 지금의 新疆維吾爾自治區 庫車에 위치하였다. 開元 6년에 安西鎭經略使를 두었다가 후에 磧西節度使로 바꿨는데 焉耆·龜玆·疏勒·于闐의 4鎭을 총관하였다. 그 가운데 龜玆鎭은 安西四鎭經略使의 治所이었으며 安西鎭이라고도 하였다(劉俊文, 『敦煌吐魯番唐代法制文書考釋』, p.564).

71) 『元和郡縣圖志』(北京: 中華書局, 1983) 권3, 關內道, 坊州條, p.72, "武德二年, 高祖駕幸於此, 聖情永感, 因置坊州, 取馬坊爲名. ……東至上都三百五十里." 坊州는 武德 2년(619)에 설치되었으며, 關內道에 속하는데 東(南)쪽으로 長安까지 350리 떨어져 있다.

72) '交歸'는 '가까운 시간 안에 돌아간다'는 의미로 파악할 수 있다(王啓濤, 『吐魯番出土文書詞語考釋』, 成都: 巴蜀書社, 2005, p.222).

73) '損'이란 전후 문맥상으로 볼 때, '병이 나아지다'는 의미로 파악되는데, 이와 관련해서는 蔣禮鴻, 『敦煌文獻語言詞典』, 杭州: 杭州大學出版社, 1994, pp.304~305; 『吐魯番出土文書詞典』, pp.975~976 등을 참조.

74) 糧遞는 公糧을 수령하기 위한 증빙으로, 糧遞를 사용하여 교환하는 양식이 程糧이다. 沿途의 驛館에서는 遞에 근거하여 양식을 지급하므로 이른바 양식 '兌換券' 즉 食券에 해당한다(楊德炳, 「關於唐代對患病兵士的處理與程粮等問題的初步探索」, 唐長孺編, 『敦煌吐魯番文書初探』, 武漢: 武漢大學出版社, 1983, pp.486~499). 여기서는 歸還할 때에 程糧을 보증하는 것이다.

75) 孟懷福이 서주도독부 창조사에 제출한 牒文의 내용은 9행의 '去開廿年十月七日'부터 12행의 '者'자 앞인 '請處分'까지인데, 이처럼 당대 관문서에서 인용문을 표시하는 '者'字의 용례에 대해서는 王永興, 「論敦煌吐魯番出土唐代官府文書中'者'字的性質和作用」, 『唐代前期西北軍事硏究』, 北京: 中國社會科學出版社, 1994, pp.423~442 참조.

76) 여기서 '過'는 '(狀을) 보내다'는 의미로, "倉曹에 회부하여 帳簿[名]를 조사한 후 (그 결과를) 보고하라"는 것이다(『吐魯番出土文獻詞典』, pp.412~414; 荒川正晴, 『ユーラシアの交通·交易と唐帝國』, 名古屋: 名古屋大學出版會, 2010,

하여) 倉曹參軍事인 李克勤 등의 狀[文]을77) 받았는데, "判命에 따라 (관련된) 문
안[案]을 조사해 보니 작년 10월 4일에 交河縣이 상신한 내용에 '앞의 사람에게
程糧[도중에 필요한 식량]을 지급하겠다'고 했기에 (西州에서도) 이미 도래한 糧遞
에 의거하여 倉에 牒하여 식량을 지급토록 하였습니다. 다시 유중현에 下問했는
데 (맹회복이 유중현까지) 粮遞를 가지고 왔다는 것은 사실입니다."라고 하였습니
다. ④-1 安西鎭의 歸還兵인 맹회복에게는 작년 10월에 이미 통례[大例]에 따라
식량을 지급하여 遞送을 마쳤습니다. (그런데) 전염병에 걸려 유중현에 오래 머무
르다가 지금 병이 나아 귀환하기를 요청하면서 다시 도중에 (필요한) 식량[行糧]
을78) 청구하고 있습니다. ④-2 먼저 유중현에 문서를 하달하여 (식량을) 지급한
바가 있는지를 상세히 취조하여 처분케 하고 (그것이) 마무리되면 상신[申]토록
하였습니다. (또한) 그의 과소 발급과 관련해서는 戶曹에 關[文]으로 의뢰하는 바
서면의 내용[狀]대로입니다. 關[文]이 이르면 내용[狀]에 준거하여 처리하십시오.
삼가 關[文]을 보냅니다.

19		개원 21년 정월 21일
20		府

功曹[參軍]으로 倉曹[參軍]를 대신[判]한79) 九思가80) 확인함.

21-1		史 氾友가 작성함.
(2)	21	정월 22일 錄事인 元肯이 접수하다.
	22	功曹[參軍]로 錄事參軍을 대신[攝]한 思가 (戶曹司로) 회부하다.

--[元]-----

(3)	23	문안을 검사하시오. (호조참군사) 梁元璟이 이른다[白].81)
	24	23일
(4)	25	牒을 올립니다. 문안을 검사하고 연접한 바 앞과 같습니다. 삼가 牒을 올립니다.
	26	정월 일 史인 謝忠이 牒을 올립니다.

---

p.400 注36).

77) '狀'은 지방과 중앙만이 아니라 지방 내의 관사에서도 상행·하행에 모두 통용되는 문서의 양식으로, '狀'의 내용
에는 사안의 정황과 검사 결과 등을 기록하며, 전달 방식으로는 다른 문서와 配合 또는 交錯되는 경우도 있다(吳
麗娛, 「從敦煌吐魯番文書看唐代地方機構運行的狀」, 『中華文史論叢』, 2010-2).

78) '行粮'은 '行軍 혹은 旅行의 糧食'이란 의미이다. 여기서는 旅行의 糧食이란 의미이다.

79) '判'은 '署理'를 의미하는데, 정식으로 제수된 것이 아니라 임시로 중앙관 혹은 지방관이 겸직하여 사무를 처리하
게 한 것이다. 겸임하는 本省 本司의 관직은 대부분 '判' 혹은 '攝'이라고 칭한다. 당대 西州 공문 가운데 某官이
某官을 '判'(某官判某官)한 많은 예들이 확인되는데 이들은 모두 現任 관리가 기타 曹司의 공문을 처리한 경우이다
(李方, 「論唐西州官吏任用的類別」, 『新疆師範大學學報』〈哲社版〉, 27-1, 2006, pp.106~110).

80) 이 문서가 출토된 509호묘에서 함께 수습된 開元 20년(732)에서 開元 22년(734)까지의 紀年이 기재된 문서에서
는 戶曹參軍事 梁元璟('元')과 더불어 功曹參軍事 宋九思('九', '思'), 倉曹參軍事 李克勤(또는 某勤), 西州都督府 錄事
元肯, 西州都督 王斛斯 등의 押署가 확인된다. 李方, 『唐西州官吏編年考證』, 北京: 中國人民大學出版社, 2010, pp.
118~119 참조.

81) '白'이란 일반적으로 下級이 上級에게 보고할 때 서명과 함께 쓰는 상투어로 이해하고 있다. 특히 관사의 文案에
'某某白'이라는 判署가 확인되는데 이는 사안을 처리하는 判官의 진술, 분석, 의견 처리 등을 가리키며, 다른 한편
으로 下屬이 상급 官員에 대하여 尊敬과 謙卑를 나타내는 의미를 갖는다(『吐魯番出土文獻詞典』, pp.19~20). 따라
서 '某某白'이라는 특정한 判署 형식은 하급 관원이 '아래에서 위로 전달하는' 일종의 고정된 용어라고 단정하기도
한다(向群, 「敦煌吐魯番文書中所見唐官文書'行判'的幾個問題」, 『敦煌研究』 1995-3, pp.137~138). 그런데 인용한
관문서의 23~26행처럼 출토문서에서는 '문안을 검사하라(檢案, 元白)'(23행)는 판관 戶曹參軍事 梁元璟의 判辭(白)
에 대하여 主典 謝忠이 "문안을 검사하여 연접한 바 앞과 같습니다. / 정월 모일 史인 謝忠이 첩합니다(牒, 檢案連
如前. 謹牒 / 正月 日 史謝忠牒)"라고 牒報(25~26행)하는 문서 처리과정에서 사용되었다. 이 경우 判官의 '白'이라
는 判署는 下級 主典에 대한 지시로 이해해야 한다. 따라서 '白'은 종래 이해하듯이 下屬이 상급 관원에게 보고하
는 경우에 한정되는 것이 아니라 判官(官)이 主典(吏)에게 지시하는 경우에도 사용되었음을 알 수 있다. 즉 '白'은
'아뢴다'는 의미 이외에도 '이른다'는 의미로도 파악해야 할 것이다.

(5)　　27　　　　　　　**審問**을 (진행)하시오. (호조참군사) 梁元璟이 이른다.

　　　　28　　　　　　　　　　　　　　　　　　　　　　　　　　　　23일

[後 空]

　　위에 인용한 문서의 앞뒤로는 서주도독부 戶曹司에서 처리한 일련의 문서들이 연접되어 있다.[82] 그 가운데 위 문서는 개원 21년(733) 정월 21일에 서주도독부 倉曹司에서 호조사로 보낸 관문에서 비롯되어 복무 기한을 마치고 고향[坊州]으로 돌아가는 병사 孟懷福에게 過所를 지급해야 하는지에 대하여 처리한 문안의 일부이다. 문안의 구성은 (1) 7행~21-1행까지가 서주도독부 창조사에서 호조사로 보낸 관문, (2) 21~22행은 서주도독부 錄事司에서 관문을 수리하여 호조사로 회부한 과정, (3) 23~24행은 과소발급 업무의 담당 관사인 서주도독부 호조사의 判官인 戶曹參軍事 元[梁元璟]의 문안에 대한 검사 지시, (4) 25~26행은 호조사의 主典인 史 謝忠의 문안 검사와 연접에 대한 보고, (5) 27~28행은 판관인 서주도독부 호조참군 양원경의 관련자에 대한 심문 지시 등으로 구성되어 있다.

　　우선 (1) 부분인 關文의 형식과 구성을 살펴보면 7행의 '창조'는 이 관문의 발급 관사(발문자)이고, 8행의 '安西鎭滿放歸兵孟懷福 貫坊州(안서진의 복무 기한이 만료되어 귀환하는 병사 맹회복본관　방주)'는 이 과소 발급의 대상자로 관문의 표제(주제사)에 해당한다. 9행의 '호조'는 과소의 발급 업무를 담당하는 主務 관사로서 이 문서의 수문 기관(수문자)에 해당하며, 이하 18행까지는 맹회복에 대한 과소의 발급을 서주도독부 창조사가 호조사에 요청하는 내용으로 이 관문의 주요 부분(문서 내용)이다. 특히 18행인 관문 말미에는 "……관문이 이르면 내용에 준거하여 처리하십시오. 삼가 관[문]을 보냅니다(關至准狀, 謹關)"라는 문구(관식 문미의 상용구)가 명시되어 있다. 이어서 19행은 이 문서의 작성 날짜이고, 20행과 21-1행은 이 문서 작성자의 서명 부분이다.[83]

　　특히 관문의 내용인 (1) 9행~18행에는 창조사에서 맹회복의 사안을 처리한 과정이 반영되어 있다. 우선 서주도독부에 접수된 맹회복의 첩문인 (1)-①(9~12행: "去開卅年十月七日~今慾歸貫, 請處分.")에는 자신이 전 해(개원 20년) 10월 7일에 서주에서 출발하여 柳中縣을 지나다 병에 걸려 체재하게 되었고, 겨우 걸식하며 지내다 병세가 나아져 출발하려 했는데 과소(통행 증명서)와 糧遞(양식 지급 증빙서)가 모두 출발한 軍營에 가 있으니 처리해 달라는 것이었다. 이에 (1)-②(12행)에는 서주도독이 창조사에 회부하여 (명부를?) 검사하고 보고하라("付倉檢名過)는 지시를 하였다. (1)-③(13~14행: "依檢案內~有實")에는 창조참군사 李克勤 등이 해당 문안[案]을 살펴보니 전 해(개원 20년) 10월 4일에 交河縣이 糧遞에 의거하여 양식지급을 신청하고 이를 지급하였으며, 다시 유중현에 下問하니 양체를 가져온 것이 사실이라고 보고[狀]하였다.[84] 이에 따라 (1)-④-1(14~16행: "安西放歸兵孟懷

---

82) 인용한 문건의 앞(1~6행)에는 서주도독부 戶曹가 高昌縣에 문서[符]를 하달하여 麴嘉琰이 떠난 후에 누가 뒷일을 인수할 것인지 勘問하여 上申토록 한 사안('下高昌縣爲勘麴嘉琰去後, 何人承後上事')과 관련된 文案의 말미 부분이 연접되어 있는데 이는 맹회복 관련 사안과는 별개의 문안에 해당한다. 맹회복 관련 사안은 7행부터 49행까지로 이 글에서 인용한 부분(7~28행)을 포함하여 西州都督府 戶曹가 孟懷福에게 坊州까지 갈 수 있는 過所를 지급한 사안('給孟懷福坊州已來過所事')에 해당한다.

83) 인용한 관문에서 문서 작성자의 서명 부분을 문서정리조는 "功曹判倉曹 九思　　　府 / 史 氾友"로 20행, 21행 두 행으로 복원하였다. 그런데 투르판 출토문서에서 확인되는 西州都督府 曹司에서 작성한 관문서에는 문서 작성자의 서명 부분이 아래와 같이 3행을 이루는 것이 일반적이다.

1		府　성·이름
2	某曹參軍事　이름	
3		史　성·이름
		* 府와 史 가운데 1명이 서명함.

84) 高昌縣, 交河縣, 柳中縣, 蒲昌縣, 天山縣 등 西州 관할의 5縣과 각 縣 예하 鄕, 里 등의 명칭에 대해서는 [부표3] '吐魯番出土文書에 보이는 西州 각 縣의 鄕·里 명칭'과 함께 陳國燦, 「唐西州的四府五縣制--吐魯番地名研究之四」

福~復來重請行粮")에는 이상의 서주도독부 창조사에서 심문한 내용들을 정리한 후 (1)-④-2(16~18행)에는 첫째 유중현에 하문하여 양식을 지급했는지 여부를 취조하여 처리하고 보고토록 하였고(16~17행: "下柳中縣~處分訖申"), 둘째 호조사에 관문을 보내 과소의 발급을 의뢰하라고(17~18행: "其過所關戶曹准狀") 결정하였다. 이런 결정에 따라 서주도독부 창조에서 작성하여 호조로 발급한 문서가 인용한 관문인 것이다.

정리하자면 맹회복이 유중현의 양식 지급과 과소 발급을 요구하는 첩문(①)이 서주도독부에 접수된 후 서주도독이 창조사에 관련 내용의 검사를 지시하였다(②). 이에 창조참군사 이극근 등이 경유지인 교하현에서 양식 지급이 있었던 사실을 狀文으로 보고하였다(③). 서주도독부 창조사는 이러한 맹회복의 사정을 다시 정리하면서(④-1) 유중현에는 양식 지급 여부를 확인하도록 지시하고, 과소 발급에 대해서는 호조사에 관문을 보내 처리를 의뢰했는데(④-2) 이때 작성된 문서가 이 관문이다.

서주도독부 창조사에서 작성한 관문은 문서 수발을 담당하는 錄事司를 거쳐 관련 사안(과소 발급)의 주무 관사인 서주도독부 호조사로 회부되어 심사가 이루어졌다. 즉 21행과 22행은 서주도독부 녹사사에서 관문을 접수하여 담당 관사[호조]로 회부한 내용인데 문서 작성자의 서명 사이에 기재되어 있다. 관문에는 '西州都督府之印'이 5곳(8~9행, 10~11행, 12~13행, 14~15행, 19~20행)에 날인되어 있어 서주도독부에서 발급한 관문서임을 확인할 수 있다. 한편 21행과 22행 사이에 날인된 官印도 '西州都督府之印'인데, 이것은 해당 관문을 서주도독부 녹사사에서 접수하여 해당 업무의 담당 관사인 호조사로 회부할 때 날인한 것이다. 즉 이 문안에서 확인되는 '西州都督府之印'이라는 官印은 서주도독부 倉曹에서 戶曹로 발급한 문서(7행~21-1행)와 이를 서주도독부 錄事司에서 受付한 과정(21~22행)에서 날인된 것이다. 일반적인 관문서의 경우 후술하는 [문서2: 牒文]의 사례처럼 발급된 관문서에는 발급 관부의 관인(서주도독부: '西州都督府之印')이 날인되고 이를 受付한 기록에는 문서를 접수하여 문안을 처리하는 官府의 관인(蒲昌府: '右玉鈐衛蒲昌府之印')이 날인되었다.85) 그런데 서주도독부 예하의 倉曹司에서 작성하여 戶曹司로 보낸 관문의 경우, 같은 관부인 서주도독부내의 曹司 사이에서 문서의 전달이 이루어졌음에도 불구하고 문서 수발 관사인 서주도독부 녹사사를 거쳐 그 과정이 진행되었다.

창조사에서 호조사로 회부된 문서에는 이후 진행된 문서행정의 처리절차인 (3) 호조사의 판관인 서주도독부 호조참군사 원[양원경]의 문안에 대한 검사 지시,86) (4) 호조사의 주전인 史 謝忠의 문안 연접에 대한 보고, (5) 판관 호조참군사 양원경의 관련자에 대한 심문 지시가 기재되었다.

출토문서에서 확인되는 이러한 관문의 구성과 형식을 「공식령잔권」의 關式 규정과 비교해 보자. 우선 「공식령잔권」의 관식 규정에서는 발문자[吏部]에 이어 같은 행에 몇 칸을 띄우고 표제[爲某事]를, 그리고 행을 바꾸어 수문자[兵部]를 명시하였다. 이에 비하여 인용한 출토문서의 관문은 발문자[倉曹]와 수문자[戶曹]가 각 행 서두에 위치하는 것은 마찬가지이나 표제(주제사)의 경우 '위모사'의 형식이 아니라 발문자[창조]의 다음 행에 해당 사항인 과소 발급대상자 맹회복을 명시하고 다시 행을 바꿔 수문자를 기술하고 있다.87) 아마도 관문의 내용이 구체적인 대상(사람 혹은 사물)을 지칭할 때

(『吐魯番學研究』 2016-2), 劉安志 主編, 『吐魯番出土文書新探』 第二輯, 武漢: 武漢大學出版社, 2021, pp.228~229 등 참조. 또한 孟懷福의 이동 경로와 관련하여 交河縣, 西州(高昌縣), 柳中縣 등의 위치는 [부도1] '8세기 돈황, 투르판 주변 지도'를 참조.

85) 寧樂016, 「唐開元2年3月26日西州都督府牒下蒲昌府爲□守節年老改配仗身事」, 陳國燦·劉永增編, 『日本寧樂美術館藏吐魯番文書』, 北京: 文物出版社, 1997, pp.53~55.

86) 22행과 23행 사이의 문서 연접부 背面에 '元'이라는 戶曹參軍事 梁元璟의 押署가 있는 것은 戶曹司에서 사안의 勘檢을 진행하기 위하여 회부받은 關文에 別紙를 連貼하고 判官인 戶曹參軍事의 지시('檢案元白 / 廿三日')를 기재하였던 과정을 나타낸다.

87) 관문의 서두 부분이 확인되는 사례로는 [표1] No.2. 「唐永徽5年至6月安西都護府案卷爲安門等事」의 ① 2006 TZJI:

는 발문자와 행을 바꾸어 기재한 것으로 보이는데 '爲某事'의 형식은 출토문서 가운데 관식 문서에서는 확인되지 않는다.

수문자를 명시한 이후에는 문서의 내용이 적시되었으며, 말미에는 「공식령잔권」 관식의 규정처럼 '……謹關'이라는 문구로 마무리하고 있다. 그런데 인용한 [표1] No.6의 관문은 18행에 "……關至准狀, 謹關(관문이 이르면 내용에 준거하여 처리하십시오. 삼가 관문을 보냅니다)"이라는 문구를 사용하였고 이것은 [표1] No.7의 관문에서도 확인된다. 이점은 후술하듯이 判案 결과의 시행을 명시한 행 판88) 부분에 [표1] No.8과 No.10 문서처럼 "戶曹: 件狀如前. 關至准狀, 謹關(호조 앞으로: 안건의 내용은 앞과 같습니다. 관문이 이르면 내용에 준거하여 처리하십시오. 삼가 관문을 보냅니다)"이나 "司戶: 件狀如前, 關至准狀, 謹關(사호 앞으로: 안건의 내용은 앞과 같습니다. 관문이 이르면 내용에 따라 처리하십시오. 삼가 관문을 보냅니다)."라고 한 내용과도 상응한다. 즉 출토문서에서는 관문 말미의 상용구로 "……關至准狀, 謹關."이라고 표현했을 개연성이 크다. 다만 唐初의 관문([표1] No.1, No.2 문서)에는 '謹關'으로만 명시되던 것이 어느 시점부턴가 "關至准狀, 謹關"으로 윤문된 결과를 반영한 것인지, 중앙 관사간의 관식 규정과는 달리 지방 관문서에서 사용되던 특수한 문구인지 현존하는 관식 문서의 사례가 제한되어 있어 명확하게 판단하기 어렵다. 관식 문서의 마지막에 문서 작성책임자와 문서 필사자로 해당 관사의 판관과 주전이 서명하는 것은 공식령 관식의 규정과 출토문서의 사례가 일치한다. 다만 중앙[상서성 이부]은 이부랑중과 주사 · 영사 · 서령사가 참여하는데 비하여 지방[西州都督府 倉曹]에서는 '功曹判倉曹' 즉 倉曹參軍事를 대신하여 업무를 판정한 功曹參軍事와 府 · 史가 참여하고 있다.89)

이상 인용한 관문의 내용은 정리하면, 서주도독부 창조사[관문 발문자]가 대상 인물[맹회복]의 양식 지급에 대한 첩문을 처리하는 과정에서 유중현에서 이미 양식을 지급했는지 조사하여 신고하도록 유중현에 지시문서(符文?)를 하달하는 한편, 軍營에 있는 過所를 대체하여 새로이 과소를 발급해 줄 것인지 호조사[관문 수문자]에 關文으로 판단을 요구한 것이다. 즉 대상 사물이나 사람에 대한 안건이 某州의 某曹司[A]에 접수되어 처리 절차를 거쳤으나 해당 사안의 처리가 같은 州 예하 다른 曹司[B]의 소관일 경우, 사안에 대한 처리를 A曹司가 B曹司에 요청할 때 사용한 관문서 유형은 관문에 해당한다. 그런데 관문은 서주도독부의 창조사에서 호조사로 발급되듯이 같은 도독부(또는 주)내의 曹司 사이에서 발부된 문서이지만 문서의 접수와 회부는 서주도독부 錄事司를 거쳐 이루어졌다. 다만 후술하듯이 일반적으로 州, 縣 등의 관부에 문서가 접수되면 일차적으로 해당 관부 장관[州, 都督府의 刺史나 都督, 또는 縣의 縣令 등]의 확인을 거쳐 사안을 담당하는 관사로 문건을 회부하게 된다. 출토문서에는 대개 "付司, 某〈장관 이름〉示(해당 司로 회부하라. [장관] 아무개[某]가 지시한다)"라는 형식

197,013,001(榮新江 · 李肖 · 孟憲實 主編, 『新獲吐魯番出土文獻』下, 北京: 中華書局, 2008, p.305)에도 "戶曹 / 判官 房門壹具 / 倉曹: 得被關稱……"이라고 하듯이 표제(=해당 사항)가 문서의 두번째 행에 위치하고 있다. [표1] No.7. 「唐開元22年(734)西州都督府致遊弈首領骨邏拂斯關文爲計會定人行水澆漑事」(73TAM509:23/2-1, 『吐魯番出土文書』肆, p.315)는 문서 앞부분이 결락된 채 "□□葛臘啜下遊弈首領骨羅拂斯 / □□: 得中郞將麴玄祚等狀稱……"이라고 석록되어 있어 관문의 수문자를 西突厥의 遊弈首領 骨邏拂斯라고 파악한 견해도 있다(劉安志, 「唐代西州의 突厥人」, 『魏晉南北朝隋唐史資料』17, 2000, pp.112~122. 다만 劉安志는 이후 『敦煌吐魯番文書與唐代西域史硏究』, 北京: 商務印書館, 2011, p.256에서는 이전의 의견을 수정하여 1행을 표제사로 파악하였다). 그러나 首部에 한 행이 결락된 것으로 보아 "[某曹] / □□葛臘啜下遊弈首領骨羅拂斯 / [某曹]: 得中郞將麴玄祚等狀稱……"이라는 關式으로 복원할 수 있으며, '□□葛臘啜下遊弈首領骨羅拂斯'가 표제사에 해당한다.

88) 行判에 대한 필자의 견해는 후술하겠지만 관련하여 朴根七, 「唐 前期 過所 發給 절차에 대한 검토--'唐開元二十一年(733)唐益謙 · 薛光泚 · 康大之請給過所案卷'의 분석을 중심으로」, 『漢城史學』29, 2014, pp.148~149; 同, 「唐 前期 過所 發給 관련 문서의 이해」, 『漢城史學』30, 2015, pp.162~163, 註 102를 참조하기 바란다.

89) 『舊唐書』권40, 地理志3, 河西道, p.1644, "西州中都督府, 本高昌國. 貞觀十三年, 平高昌, 置西州都督府, 仍立五縣. 顯慶三年, 改爲都督府." 西州都督府는 中都督府인데, 功曹參軍事 1인, 倉曹參軍事 1인이 있고 각각 예하에 府 3人, 史 6人이 두어졌다. 당대 도독부에 소속된 관원에 대해서는 [부표4] '唐代 都督府의 官員數' 참조.

으로 표시되어 있다.[90] 이에 비하여 현재까지 확인된 출토문서 가운데 관문의 경우는 장관의 서명 없이 녹사사를 통해 해당 관사로 관문이 회부된 것으로 추정된다. 물론 출토문서에서 확인된 관문의 사례가 매우 제한적이기 때문에 확정하긴 어려우나 아마도 관부의 장관이 동일한 데다 관문 상에 수문 관사가 명시되었기 때문에 이에 대한 확인 절차가 생략된 것으로 추정된다.

2) 첩문의 서식과 평행문서의 기능

첩식 문서에 대해서는 이미 선행 연구들을 통해 그 면모가 비교적 상세하게 분석되어 있다.[91] 실제로 출토문서 가운데도 사례가 가장 많이 확인되는 관문서이기도 하다. 다만 첩식 문서의 경우는 「공식령잔권」 첩식에 규정된 하행 문서만이 아니라 다양한 성격이 확인된다. 우선 『당육전』에 '아래에서 위로 올리는 문서(下之所以達上)' 가운데 첩을 제시하면서 "9품이상 [官人의] 공문은 모두 첩이라 하고 庶人의 말은 辭라 한다"고 설명하였다.[92] 즉 첩은 9품이상 관인이 상신하는 상행문서로도 사용되었다. 이에 따라 출토문서에서 확인되는 관문서에서 첩식 문서는 크게 '위에서 아래로 시행하는[上施下]' 첩식 즉 하행문서와 '아래에서 위로 올리는[下達上]' 첩식 즉 상행문서의 두 종류가 있는데 문서 형식상으로 전자는 문미 상용구로 '故牒(그러므로 첩한다)'을, 후자는 '謹牒(삼가 첩합니다)'을 사용하는 것으로 이해하였다.[93]

또한 '위에서 아래로 내리는[上施下]' 첩식[하행문서]을 첩식A, '아래에서 위로 올리는[下達上]' 첩식[상행문서]을 첩식B로 구분하고, 첩식A가 「공식령잔권」에 규정된 서식을 따랐다면 첩식B는 司馬光이 찬술한 『司馬氏書儀』에 재록된 北宋 元豊년간의 첩식과 유사하다고 파악하였다.[94] 전술한 바 있는 「공식령잔권」의 첩식은 아래와 같다.

[자료4] 牒文의 서식

1   첩문(牒文)의 서식[**牒式**]
2   상서도성으로부터[**尙書都省**]   어떠한 사안에 대하여[**爲某事**]
3   어떤 관사앞으로[**某司**]: 운운(사안의 처리 내용)[**云云**]. 안건처리 담당자(혹은 주관자) 성 ·

---

90) 盧向前은 출토문서 가운데 주로 牒式 문서에서 확인되는 '付司'와 같이 '문서를 해당 부서로 회부하라'는 長官(刺史, 都督 또는 縣令)의 지시[署名]를 문서 처리과정의 시작으로 파악하였다(「牒式及其處理程式的探討」, pp.336~337).
91) 대표적인 사례로 內藤乾吉, 盧向前, 中村裕一, 赤木崇敏, 包曉悅 등의 연구를 들 수 있다.
92) 『唐六典』 권1, 尙書都省 左右司郎中 · 員外郎, p.11, "凡下之所以達上, 其制亦有六, 曰表 · 狀 · 牋 · 啓 · 牒 · 辭 ……〈九品官已上公文皆曰牒, 庶人言曰辭〉."
93) 盧向前, 「牒式及其處理程式的探討」, p.321.
94) 『司馬氏書儀』(『叢書集成初編』本, 北京: 中華書局, 1985) 권1, 公文, 牒式, pp.3~4에서는 수록된 첩식 문서를 행용한 관사간의 관계에 따라 平行('相移') · 補牒(辭末 '故牒') · 上申('牒上') · 下達(辭末 '故牒') 등으로 분류하였다. 이 가운데 일시적 통속 관계가 발생하는 관부 사이에서, 예를 들어 縣에서 州로 上申한 첩식의 경우가 첩식B에 해당한다(赤木崇敏, 「唐代前半期的地方公文體制」, pp.126~133). 첩식A(「公式令殘卷」)와 첩식B의 서식을 대략적으로 비교하면 다음과 같다.

첩식A (「당개원공식령잔권」) [하행문서]	첩식B (『사마광서의』) [상행문서]
尙書都省{발문자} 爲某事{표제}	某司{발문자} 牒某司(或某官){수문자}
某司{수문자}: 云云{문서내용}. 案主姓名. 故牒	某事(云云) {표제}
年月日	牒: 云云{문서 내용}. 謹牒.
主事姓名	年月日 (문서작성자) 牒
左右司郎中一人具官封名 令史姓名	列位〈三司, 首判之官一人押.
書令史姓名	樞密院, 則都承旨押.〉

이름[**案主姓名**]. 그러므로 첩을 내린다[**故牒**].

4	모년[**年**] 모월[**月**] 모일[**日**]
5	주사 성·이름[**主事姓名**]
6	이부랑중 관함·봉작을 갖춘 이름[**吏部郎中具官封名**] 영사 성·이름[**令史姓名**]
7	서령사 성·이름[**書令史姓名**]

이처럼 첩식에 대해서는 「공식령잔권」에 제시된 하행문서로서의 첩문과 함께 官人이 상신하는 문서, 즉 상행문서로서 첩문의 규정도 존재할 뿐 아니라 출토문서에는 관부나 관인이 작성한 하달, 상신, 평행 문서 등 여러 형식의 첩문들이 혼재하여 공식령의 규정만으로 서식을 확정하기 곤란하다. 이하에서는 일단 「공식령잔권」에 제시된 하행문서로서의 첩문에 해당하는 서식을 출토문서에서 확인되는 사례를 통하여 비교해 보도록 하겠다. 이른바 '開元 2년(714) 西州 蒲昌府 문서'로 분류되는 문서95) 가운데 開元 2년(714) 3월 26일 서주도독부가 포창부에 내린 □守節이 연로하여 仗身을 다시 배정하는 사안에 대한 첩문을96) 결락된 부분을 보충하여 인용하면 다음과 같다.

[문서2: 牒文] 개원 2년 서주도독부 병조사가 포창부에 하달한 牒文과 처리 과정

〈원문〉

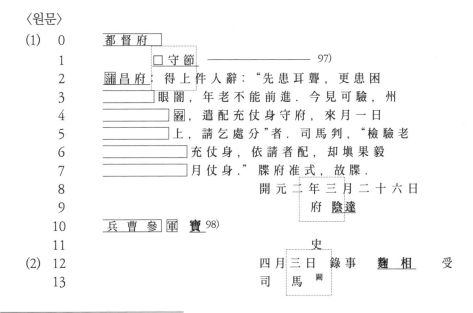

95) 주로 日本 奈良 寧樂美術館에 소장되어 있는 唐代 折衝府인 蒲昌府와 관련된 일련의 문서들로 당대 지방 官府와 府兵 조직의 관계를 파악하는 데 유용한 자료이다. 蒲昌府文書에 대한 대표적인 연구로는 日比野丈夫, 「唐代蒲昌府文書の研究」, 『東方學報』 33, 1963; 同, 「新獲唐代蒲昌府文書について」, 『東方學報』 45, 1973; 榮新江, 「遼寧省檔案館所藏唐蒲昌府文書」, 『中國敦煌吐魯番學會研究通訊』 1985-4; 陳國燦, 「遼寧省檔案館藏吐魯番文書考釋」, 『魏晉南北朝隋唐史資料』 18, 2001; 劉後濱·顧成瑞, 「政務文書的環節性形態與唐代地方官府政務運行--以開元二年西州蒲昌府文書爲中心」, 『唐宋歷史評論』 2, 2016 등이 주목된다. 이 문서의 도판과 錄文은 陳國燦·劉永增 編著, 『日本寧樂美術館藏吐魯番文書』, 北京: 文物出版社, 1997에 수록되어 있으며, 이 글에서도 이 책의 문서번호와 錄文을 준용하였다.

96) 寧樂016, 「唐開元2年3月26日西州都督府牒下蒲昌府爲□守節年老改配仗身事」, 『日本寧樂美術館藏吐魯番文書』, pp.53~55. 이 문서는 17.1×45.3Cm(위)와 8.9×41.1Cm(아래)의 上下 2개의 문서단편을 접합하여 이루어진 문건으로 윗부분은 재단 작업에 의하여 일부가 결락되었다.

97) '□守節' 다음의 줄 표시는 勾勒의 흔적을 나타낸 것이다.

98) 개원 2년(714) 3월 26일 작성된 牒文의 작성 책임자인 "……軍 寶"는 西州都督府가 蒲昌府에 내린 開元 2년 3월의 牒文(寧樂014, 「唐開元2年3月西州牒下蒲昌府爲李秀才解退病馬依追到府事」, 『日本寧樂美術館藏吐魯番文書』, pp.48~49)이나 개원 2년 4월 11일의 첩문(寧樂020, 「唐開元2年4月11日西州都督府牒蒲昌府爲李絟替折衝王溫玉遊弈及索才赴州事」, 『日本寧樂美術館藏吐魯番文書』, pp.59~61)에서도 확인되는 '兵曹參軍 寶'이다.

(3)　14　　　　　　　檢　案，玄　德　示.

　　　15　　　　　　　　　　　　　　　　　三日

(4)　16　　　────────　連如前，謹牒.

　　　--

　　　　　　　　　　　　　[後 缺]

〈번역문〉

(1)　0　　[(서주)도독부로부터]

　　　1　　　　　　□수절에 대하여 ──────

　　　2~7　포창부99) 앞으로: 위사람의 辭文을 받았는데 (거기에 이르기를), "전에 병이 들어
　　　　　귀가 안들리더니, 더욱 병세가 곤궁해져서 ……눈까지 보이지 않게 되어 나이가
　　　　　늙어지면서 앞으로 나아갈 수도 없게 되었습니다. (이런 상태를) 지금 (눈으로)
　　　　　보아도 검증할 수 있는 것이니 州에서 ……, 차출해서 仗身에100) 충당토록 배정
　　　　　하여 포창부를 지키게 해주십시오. 다음달 1일에 ……올려……, 처분해 주시길
　　　　　간청합니다."라고 하였다. 司馬가 判하기를, "늙은 (사실을) 검증해 보니 ……仗身
　　　　　에 충당되기를 (원하니)……, 요청하는 바에 따라 배정하되, 오히려 果毅(의 仗身
　　　　　으)로 채워 ……월의 장신으로……"(라고 하였다). 포창부에 첩을 보내니 式의 규
　　　　　정에 따라 처리하시오. 그러므로 牒을 내린다.

　　　8　　　　　　　　　　　　　　개원 2년 3월 26일

　　　9　　　　　　　　　府인 음달이 작성함.

　　　10　[병조참군] 보가 서명함.

　　　11　　　　　　　　　　史

(2)　12　　　　　　4월 3일 녹사 국상이 접수하다.

　　　13　　　사마 （담당자) 없음

(3)　14　　문안을 검사하시오. 현덕이 지시한다.

　　　15　　　　　　　　　　　　　　　3일

　　　16　────── 연접한 것은 앞과 같습니다. 삼가 牒을 올립니다.

　　　--

　　　　　　　　　　　　　[後 缺]

이 문서는 첫 행에 해당하는 발문자 부분이 결락되어 있지만 1~3행 사이와 8~9행 사이에 '西州
都督府之印'이 날인되어 있는데다가 유사한 유형의 문서의 1행에 '都督府'라고 명시되어 있는 사례들
이 확인된다.101) 이에 따라 1행의 앞인 결락 부분([前缺])에 '都督府'(혹은 '西州都督府')를 명시한 한
행을 추가할 수 있다. 한편 문서의 受付(수신·회부)를 기재한 (2)의 12~13행에는 '右玉鈐衛蒲昌府之

---

99) 蒲昌府는 西州都督府 예하에 설치된 4개 軍府(折衝府) 가운데 하나이다. 前庭府는 高昌城에, 岸頭府는 交河城에, 天
　　山縣는 天山縣에, 그리고 蒲昌府는 蒲昌縣, 柳中縣 2현의 기초 위에 설치되었다. 각 軍府가 관할하는 鎭·城·戌·
　　烽 등의 군사시설에 대해서는 陳國燦, 「唐西州的四府五縣制--吐魯番地名研究之四」, pp.15~20 참조. 이와 관련하여
　　[부표5] '唐代 折衝府 職員表'와 [부표6] '西州 蒲昌府의 방어시설'을 참조.

100) 仗身은 당대에 京官 5품 이하나 鎭·戌의 官人에게 지급하여 복역케 한 일종의 色役에 해당하는데 折衝府에 대해
　　서는 "折衝府官旨有仗身, 上府折衝都尉六人, 果毅四人, 長史·別將三人, 兵曹二人, 中·下府各減一人, 皆十五日而代"
　　(『新唐書』 권55, 食貨5, p.1396)라고 하였다.

101) 예를 들어 寧樂005, 「唐西州都督府牒蒲昌縣爲寇賊在近鎭戌烽候督察嚴警事」(『日本寧樂美術館藏吐魯番文書』, pp.35
　　~36)에는 '西州都督府之印'이 날인되어 있고 문서의 1행에 발문인 '都督府', 7행에 수문인 '蒲昌府'가 명시되
　　어 있다. 寧樂055, 「唐西州都督府牒蒲昌府爲隊副史才智番當事」(『日本寧樂美術館藏吐魯番文書』, p.108)에도 '西州都督
　　府之印'이 확인되고 1행에 "都督府"{발문자}, 2행에 "隊副史才智"{문사내용의 대상자=표제}, 3행에 "蒲昌府"{수문자}:
　　得上件人牒稱, 去年十一月番當……" 등이 기재되었다.

印'이 1곳 날인되어 있어 서주도독부에서 발급한 문서를 포창부에서 접수한 사실을 확인할 수 있다. 따라서 서주도독부에서 발급한 첩문은 [문서2] (1)인 1행~11행까지에 해당한다.

첩문의 구성을 살펴보면 우선 앞서 인용한 출토문서의 關文과 마찬가지로 (1) 0행의 발문자(서주도독부) 다음 행(1행)에 해당 문서내용의 대상자, 즉 표제에 해당하는 '□守節'이 명시되어 있다. 그리고 2행에는 수문자(수문 관사)인 포창부와 이하 문서의 내용이 기재되고(2~7행), 7행 말미에는 "……牒府准式, 故牒(포창부에 첩을 보내니 式의 규정에 따라 처리하시오. 그러므로 첩을 내린다)"이라고 하여 첩문 말미의 상용구가 확인된다. 그런데 개원 2년(714) 포창부에서 접수한 다른 첩문들, 예를 들어 개원 2년 3월 1일에 蒲昌縣이 蒲昌府에 보낸 첩문,[102] 개원 2년 5월 24일 蒲昌縣에서 포창부에 보낸 첩문,[103] 개원 2년 6월 11일 서주도독부가 포창부에 내려 보낸 첩문[104] 등과 柳中縣이 포창부에 보낸 첩문,[105] 발문자를 확인할 수 없는 개원 2년 4월 9일에 작성된 첩문[106] 등에는 첩문 말미의 상용구를 모두 "……牒至准狀, 故牒(첩이 이르면 내용에 따라 처리하시오, 그러므로 첩을 내린다)."이라고 기재하였다. 따라서 출토문서 가운데 하행문서로서 첩문의 문미 상용구는 "……牒至准狀, 故牒"이 보다 보편적으로 사용되었을 것으로 판단된다.

다음 (1)의 8행은 첩문의 작성 날짜이고, (1)의 9행~11행까지는 문서작성자의 서명에 해당하는데, 판관인 서주도독부 병조참군사 寶와 주전인 府 陰達이 문서작성 담당자에 해당한다. 이처럼 출토문서 가운데 하행문서로서의 첩문에서 확인되는 발문자, 표제, 수신자, 문서내용, 첩문 상용구, 작성 날짜, 작성자 서명 등의 구성은 전술한 관문의 경우와도 유사하다.

서주도독부 兵曹司에서 포창부에 하달한 첩문(0~11행)인 (1)의 내용은 결락 부분이 많아 명확하게 파악하기 어렵다. 대략적인 내용을 정리해 보면 연로한 □守節이 서주도독부에 올린 辭文(2~5행)에서 仗身으로 충당되어 복무하기를 요청한 사안에 대하여 서주도독부 司馬가 判辭를 통해 □守節을 仗身으로 차출하되 果毅에게 배정토록 결정하였고, 이를 서주도독부가 포창부에 지시한 것이다. 즉 인용한 첩문은 이러한 내용을 개원 2년 3월 26일 날짜(8행)로 서주도독부 兵曹司에서 작성하여 포창부에 내려 보낸 문서이다. □守節의 요청[辭文]에 대한 處決[批判]을 서주도독부 장관인 西州都督 대신 司馬가 처리한 것은 정확한 이유는 알 수 없으나 개원 2년 2~3월 무렵 서주도독부의 상황에 의한 것으로 추정된다. 유사한 사례로 개원 2년 2월에 蒲昌府에서 처리한 사안 가운데 이전에 하달한 符文[前符]을 검사하라는 서주도독부 司馬의 지시[判]를 준거한다든지,[107] 사마의 지시대로 前符의 내용에 따라 조치를 정한다[108] 등의 사실은 당시 서주도독부에서 해당 사안에 대한 처결이 司馬에 의하여 이루어졌음을 반영한다.

서주도독부 병조사가 발부한 첩문은 [문서2] (2)의 12~13행에 포창부에서 접수한 사실이 적시되었고 (3)의 14~15행에는 포창부의 장관인 折衝都尉 玄德이 문안의 審檢을 지시하였다. 마지막으로 (4)의 16행은 포창부의 주전인 府 또는 史가 절충도위의 지시에 따라 문안에 대하여 검사 사실을 보

---

102) 寧樂011, 「唐開元2年3月1日蒲昌縣牒爲衛士麴義湯母郭氏身亡准式喪服事」, 『日本寧樂美術館藏吐魯番文書』, pp.42~44.

103) 寧樂024, 「唐開元2年5月24日蒲昌縣蒲昌府爲張同錄牒上州戶曹事」, 『日本寧樂美術館藏吐魯番文書』, p.67.

104) 寧樂026, 「唐開元2年6月11日西州都督府牒下蒲昌府爲□長壽侍丁事」, 『日本寧樂美術館藏吐魯番文書』, p.70. 이 첩문은 발문자 부분도 결락되어 있고 '西州都督府'의 관인도 확인할 수 없지만, 문서 작성자는 위에 인용한 [문서2] (1)의 9행과 마찬가지로 西州都督府의 主典인 '府 陰達'이기 때문에 西州都督府가 발급한 첩문이라고 판단된다.

105) 寧樂039, 「唐柳中縣牒爲勘維磨戍兵戰死及埋殯事」, 『日本寧樂美術館藏吐魯番文書』, pp.84~85.

106) 寧樂019, 「唐開元2年4月9日牒尾」, 『日本寧樂美術館藏吐魯番文書』, p.58.

107) 「唐開元2年蒲昌府牒爲三衛蘇才應配上薩捍烽長探事」, 新獲010, 日比野丈夫, 「新獲唐代蒲昌府文書について」, pp.369~370, "……奉司馬今月二十四日判, 令檢前符處分……."

108) 「唐開元2年蒲昌府牒爲處分春種時節番役事」, 新獲011, 日比野丈夫, 「新獲唐代蒲昌府文書について」, pp.370~371. 蒲昌府 折衝都尉 王溫玉의 判辭에 인용된 내용이다.

고한 것으로 전반부와 다음 행이 결락되었다. 이 부분은 포창부의 主典(府 또는 史)이 판관의 判案이 이루어지도록 준비하는 단계에 해당한다. 출토문서의 용례에 의하면 그 내용은 "[牒, 檢案]連如前, 謹牒([첩을 합니다. 문안을 검사하고] 문서를 연접한 바가 앞의 내용과 같습니다. 삼가 첩을 올립니다.)"으로 복원할 수 있는 내용이다.109)

이처럼 출토문서에서 확인되는 하행문서로서 牒文의 서식을 공식령 '첩식'의 규정과 비교하면 약간의 차이는 있지만 대체로 유사하다. 牒文의 구성은 공식령과 출토문서의 경우 모두 발문자인 '尙書都省'과 '(西州)都督府'가 문서의 1행에, 수문자인 '某司'와 '蒲昌府'가 행을 달리하여 각 행 서두에 위치하였다. 그런데 안건의 주대상이나 주제는 공식령의 경우 1행의 발문자에 이어 '爲某事'로 명시되지만 출토문서에는 발문자 다음 행에 주요 사안의 구체적인 대상이나 주제가 기재되는 차이가 있다. 또한 공식령에는 '故牒'이라는 문미 상용구 앞에 '案主姓名'이라고 하여 안건 처리의 담당자를 명시토록 규정하고 있는데 출토문서에서는 관련 내용이 확인되지 않는다. 첩문 말미의 상용구도 공식령에는 '故牒'으로만 기재되었으나 출토문서에는 "……牒至准狀, 故牒"으로 보다 구체적인 내용이 확인된다. 그리고 이하에는 양자가 마찬가지로 문서작성 날짜와 문서작성 책임자의 서명을 기재하였다. 결국 발문자, 주제사, 수문자, 문미 상용구, 작성날짜, 작성 책임자 서명이라는 내용 요소는 모두 확인할 수 있다. 지방 관부에서 작성한 출토문서의 사례들에는 기재 양식면에서 약간의 변화가 있기는 하지만 대체로 공식령의 규정을 준거하고 있음을 알 수 있다.

그런데 첩식 문서는 하행문서로서의 용도 외에도 통속 관계가 없는 관부 사이에서도 사용되었는데, 이른바 평행문서의 형식이다. 평행문서로서 가령 州와 州 사이, 혹은 縣과 縣 사이에서 행용되었던 첩식 문서는 아주 제한되기는 하지만 아래와 같은 사례가 주목된다. 작성 시기를 확정할 수는 없지만 西州 高昌縣에서 柳中縣으로 발부된 첩문으로, 天山縣 서쪽에서 到來한 鹽州 和信鎭의 鎭副인 孫承恩 일행과 말에게 사료[草料]를 지급하는 사안에 대하여 처리할 것을 요구하는 내용이다.110)

[문서3: 牒文] 西州 高昌縣에서 柳中縣으로 보낸 牒文

〈원문〉   [前 缺]
1   □□右 軍 子 將 鹽州和信鎭副 上柱國 · 賞緋魚袋 孫承恩
2   柳中縣: ⑤被州牒: ④「得交河縣牒稱: ③「得司兵關: ②「得天山已西牒, ①「遞
3   □□件使人馬」者. 依檢, 到此, 已准狀, 牒至給草踏」者. 依檢, 到此,
4   已准式訖. 牒上」者. 牒縣准式」者. 縣已准式訖. 牒至准式, 謹牒.
                                            [後 缺]

〈번역문〉   [前 缺]
1   □□우군자장111) 염주 화신진 鎭副 상주국 상비어대 손승은에 대하여

───────────────────────
109) 이와 동일한 형식을 가진 문구는 「唐開元2年4月11日西州都督府牒蒲昌府爲李綰替折衝王溫玉遊弈 及索才赴州事」(寧樂 020, 『日本寧樂美術館藏吐魯番文書』, pp.59~61), 「唐開元2年5月1日西州都督府牒蒲昌府爲遊弈官番上等事」(寧樂021, 『日本寧樂美術館藏吐魯番文書』, p.62), 「唐開元2年5月8日蒲昌府判爲請柳中縣差一騎塡番申州取裁事」(寧樂022, 『日本寧樂美術館藏吐魯番文書』, p.63), 「唐開元2年6月3日蒲昌府受州牒爲當月遊弈官乘馬及各燧戍替番下所由事」(寧樂025, 『日本寧樂美術館藏吐魯番文書』, pp.68~69) 등에서도 확인된다.
110) 「唐西州高昌縣牒[柳中縣]爲鹽州和信鎭副孫承恩人馬到此給草踏事」, 72TAM230:95(a), 『吐魯番出土文書』 肆, p.82. 문서정리자는 이 牒의 작성시기를 開元 9年 전후로 추정하였다. 이 문서에 대한 해설은 王永興, 「論敦煌吐魯番出土 唐代官府文書中 '者' 字的性質和作用」, pp.428~429; 荒川正晴, 「唐朝の交通システム」, 『大阪大學大學院文學研究科紀要』 40, 2000, pp.283~284 참조. 다만 荒川正晴은 牒文의 전달에 주목하여 關文의 회부 과정은 별도로 표시하지 않았다.
111) 子將은 軍의 小將을 가리키는데, 唐代에는 每 軍에 大將 1人(別奏 8人, 傔 16人), 副 2人이 두어져 軍務를 분장

2~4　유중현(앞으로 보냅니다): ⑤ [고창현은] 西州의 牒을 받았는데, (거기에는) ④『交河縣의 牒에서 이르기를, ③「司兵이 보낸 關文에 이르길, ②“天山縣 서쪽에서 (발급한) [遞]牒에 이르길, ① ‘(앞의) 使人의 말에게 사료[草䭾]를 지급해 주기 바랍니다’라고 하였습니다. 검사해 보니 이곳[교하현]에 이르기까지 이미 문서의 내용대로였으므로 첩이 도착했기에 사료를 지급하려고 합니다”라고 하였습니다. 검사해 보니 이곳[교하현]에 도착하여 이미 式에 준거하여 처리하였기에 첩을 올립니다」라고 하였습니다. 이에 고창현에 첩을 내려 式에 따라 처리하라』고 하였습니다. 고창현에서는 이미 式에 준거하여 처리하였습니다. (유중현에서도) 첩이 이르면 식에 따라 처리하십시오. 삼가 첩을 보냅니다.

[後 缺]

　　인용한 첩문은 1행의 “□□右軍子將 鹽州 和信鎭 鎭副인 孫承恩”이 안건의 주대상으로 주제사에 해당하고 2행의 ‘柳中縣’이 수문자에 해당하는데 발문자 부분이 결락되어 있다. 그런데 문서에 ‘高昌縣之印’이 3곳에 날인되어 있어 고창현에서 발부한 문서에 해당한다. [문서2: 첩문]의 형식처럼 1행 앞의 결락된 부분에 한 행으로 ‘高昌縣’을 명시했을 가능성이 높다.

　　天山縣 서쪽에서 이동해 온 使人 손승은이 탄 말이[112) 交河縣을 지나 高昌縣에 도착하고 이후 다시 동쪽으로 柳中縣으로 이동하는 과정에서 소요되는 사료[草䭾]의 지급에 대한 사안을 고창현에서 유중현으로 첩문으로 전달한 내용이다.[113) 첩문의 구성이 다소 복잡한 것은 使人 손승은이 天山縣 서쪽에서 이동해 오는 도중 여러 관사에서 작성되었던 문서들이 연속해서 인용되었기 때문이다. 이를 순서대로 정리해 보면 고창현은 서주도독부의 첩을 받았고, 서주도독부는 교하현의 첩을 받았으며, 교하현 [司倉?]은 (交河縣) 司兵의 관문을 받았고, 교하현의 司兵은 천산현 이서의 遞牒을 받았다. 즉 고창현이 유중현에 보낸 첩문인 [문서3]을 ⑤로 설정하고, 인용된 문건을 열거하면 고창현이 서주도독부로부터 받은 첩문(④: ‘被州牒’), 서주도독부가 교하현으로부터 받은 첩문(③: ‘得交河縣牒’), 交河縣 某司(司倉?)가 교하현 司兵으로부터 받은 관문(②: ‘得司兵關’), 교하현 司兵이 받은 孫承恩의 遞牒(①: 得天山已西牒)이라고 할 수 있다.

　　이에 따라 고창현이 유중현으로 보낸 첩문의 근거가 되었던 西州都督府가 고창현에 보낸 牒文(④)을 이해하기 위해서는 [문서3]에 제시된 문건들을 인용된 순서의 역순으로 파악할 필요가 있다. 이러한 판단에 따라 [문서3]에 인용된 문건을 작성된 시간 순으로 정리하면 다음과 같다.

[도표1] 서주 고창현에서 유중현으로 보낸 첩문(⑤)의 구성

	문서유형	발문자	수문자	문서 내용
①	遞牒	天山縣 已西	孫承恩	“遞□□件使人馬”
②	關文	交河縣 司兵	交河縣 司倉(?)	“得天山已西牒: ①者. 依檢, 到此以准狀, 牒至給草䭾.”
③	牒文	交河縣	西州都督府	“得司兵關: ②者. 依檢, 到此, 已准式訖. 牒上.”
④	牒文	西州都督府	高昌縣	“得交河縣牒稱: ③者. 牒縣准式.”
⑤	牒文	高昌縣	柳中縣	“被州牒: ④者. 縣已准式訖. 牒至准式, 謹牒.”

　　하였으며, 子將 8人을 두어 行陣을 分掌토록 하여 金鼓 및 部署 軍務의 일을 처리토록 하였다(『通典』〈北京: 中華書局, 1988〉권148, 兵一, ‘今制’, p.3794).

112) 「唐西州高昌縣牒爲子將孫承恩馬疋草䭾事」, 72TAM230:53(a), 『吐魯番出土文書』肆, p.82에 의하면 子將 孫承恩 일행이 焉耆로부터 東行하여 西州 경내에 들어가 天山縣을 지나게 되자 天山縣이 孫承恩 일행에게 사료[草䭾]를 지급하도록 요구하는 내용이 확인된다. 아마도 天山縣 已西에서 이동한 내용과 관련된 부분으로 판단된다.

113) 언급된 해당 縣의 위치는 [부도1] ‘8세기 돈황, 투르판 주변 지도’ 참조.

使人 孫承恩의 이동에 따라 타고 온 말의 사료를 지급한 관사 순서대로 작성된 문서를 보면 우선 天山縣 已西에서 발급된 ①'遞牒'은 사료 지급을 요청하는 증빙으로 交河縣에 제시되었다. 교하현의 司兵司는 ①을 근거로 사료[草踏]를 지급해야 한다는 사실을 교하현 司倉司에 ②關文으로 알렸다. 草踏의 지급이 倉廩 貯物에 대한 관리를 담당한 司倉司의 소관이므로 關文을 통해 司倉으로 업무를 이관한 것이라고 하겠다. 交河縣(司倉司 ?)은 ②를 근거로 손승은의 말에게 사료를 지급하였고 이 사실을 西州都督府에 ③첩문으로 올려 보고하였다. 손승은 일행이 교하현을 지나 高昌縣에 도착하자 서주도독부는 州衙가 소재한 郭縣인 高昌縣에 ③을 근거하여 고창현에서도 사료를 지급하라는 ④첩문을 내렸다. 다시 손승은 일행이 柳中縣에 도착하자 고창현은 ④에 근거하여 고창현에서는 이미 사료를 지급한 사실과 유중현에서도 사료를 지급해 줄 것을 柳中縣에 ⑤첩문으로 전달하였다.114) 이러한 과정을 도표로 표시하면 다음과 같다.

[도표2] 서주 고창현에서 유중현으로 보낸 첩문(⑤)의 작성 과정

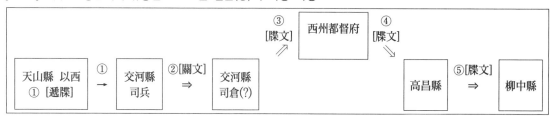

이처럼 첩문은 교하현에서 서주도독부로 상신되는 상행문서, 서주도독부에서 고창현으로 하달되는 하행문서, 그리고 고창현에서 유중현으로 전달되는 평행문서 등 다양한 상황에서 행용된 것을 확인할 수 있다. 그런데 고창현에서 유중현으로 전달된 평행문서인 첩문의 경우, 문미 상용구에 "牒至准式, 謹牒(첩이 이르면 식에 따라 처리하십시오. 삼가 첩을 보냅니다)"이라고 기술되어 있어 상행문서와 마찬가지로 '謹牒'이라고 적시했음을 알 수 있다.

[문서3]의 [後缺]된 부분에는 첩문의 작성 날짜와 작성자의 서명이 적시되었을 것이다.115) 첫행에 발문자(고창현), 둘째행에 문서 내용의 주대상(孫承恩), 셋째행에 수문자(유중현)가 위치하고 문서 말미의 상용구에 "牒至准式, 謹牒"이라 명시한 점 등을 전제하면 평행문서로서 첩문의 서식은 전술한 [문서2]의 형식과 유사한 점을 확인할 수 있다.

통속 관계가 없는 官府 사이에 행용된 牒式 문서의 또다른 사례로 州 사이에서 발급된 첩문의 경우도 확인된다. 개원 13년(725) 서주도독부가 秦州에 보낸 첩문 잔편이 이에 해당한다. 이 문서의 원본은 현재 그 소재를 파악할 수 없지만 하반부가 잘려나간 문서 단편의 사진 3장(도판A · B · C)이 전해진다.116)

이 가운데 도판A는 西州都督府 戶曹司가 처리한 안권의 말미에 해당하는데117) 그 내용은 1행에서

114) 荒川正晴은 이 첩문의 사례를 통하여 遞牒을 갖고 통행을 하는 경우 遞給을 하게 되는 縣은 해당 현에서 다음 현으로 牒을 보내는 체제가 있었던 것으로 파악하였다(「唐朝の交通システム」, p.284).

115) 『吐魯番出土文書』 肆, p.82, 72TAM230:95(a) 문서의 도판에는 4행 다음 한 행에 몇 글자의 잔흔이 확인되지만 이것이 첩문 작성 날짜의 일부인지는 확인하기 어렵다.

116) 「唐開元十三年(725)西州都督府牒秦州殘牒」으로 명명된 첩문은 馮國瑞舊藏文書로 현재 소재를 확인할 수 없지만, 錄文과 圖版이 池田溫, 「開元十三年西州都督府牒秦州殘牒簡介」, 『敦煌吐魯番硏究』 第3卷, 1998, pp.106~107, 圖版 一(1) · (2) · (3)에 소개되었다. 이후 榮新江 · 史睿 主編, 『吐魯番出土文獻散錄』 下, 北京: 中華書局, 2021, 圖版 10A · B · C, pp.11~13; 錄文 pp.464~466에 「唐開元13年(725)西州都督府牒秦州爲請推勘王敬忠奪地事」로 정리되었는데 이 글에서는 이 도판을 참고하여 도판A · B · C로 약칭하였다.

5행까지 秦州로 보내는 牒文의 작성과 관련된 行判[조치의 실행 내용]과 이후 6행에서 8행까지 檢勾, 그리고 9행은 抄目 등의 상반부에 해당한다. 즉 도판A는 서주도독부에서 秦州로 보내는 첩문을 작성하라는 처결이 이루어진 案卷의 말미에 해당한다. 이에 비하여 도판B와 도판C는 마찬가지로 하반부는 결락되었지만 서로 연접되며 서주도독부가 진주로 보낸 첩문에 해당한다. 도판A가 서주도독부에서 진주로 첩문을 보내라는 처결을 한 案卷의 말미인데 반하여 도판B·C는 서주도독부가 진주로 보낸 첩문이기 때문에 두 문서가 서로 연접한다고 판단하기는 곤란하다.118)

서주도독부가 秦州로 보낸 첩문은 도판B와 도판C가 연접된 것인데 역시 상반부만 남아있다. 문서의 서식을 확인할 수 있는 도판B의 관련 부분을 인용하면 다음과 같다.

[문서4: 牒文] 西州都督府가 秦州로 보낸 牒文

〈원문(일부)〉   [前 缺]

1   西 州 都 督 府   牒 秦 州 _____

2   王 敬 忠 莊 地 壹 所 參 頃 城 北 _____

3   壹 段 捌 拾 畝   東 坡 _____

                [中 略]

7   牒, 得 都 督 高 牒 稱: 去 _____

                [後 略]

〈번역문(일부)〉   [前 缺]

1   서주도독부가 秦州로 첩을 보냅니다.

2   王敬忠의 莊地 합계[壹所] 3경 성북쪽……

3   1단 80무 동쪽은 비탈……

              [中 略]

7   첩을 합니다: 도독인 高의 牒에 이르기를 "지난 …… "

             [後 略]

연접된 도판B·C의 전체 내용은 우선 서주도독인 高氏가 서주도독부에 보낸 첩문(7행 이하)에서

---

117) 도판A의 내용을 제시하면 다음과 같다. 문서 하반부 결락된 부분의 일부는 추정한 내용이다.

[前 缺]

1   秦 州: 件 狀 如 前, 今 _____

2   開 元 [某 年 某 月 某 日] _____

3   [府] _____

4   戶 曹 參 軍 □

5   [史] _____

6   五 月 [某 日 受, 某 月 某 日 行 判] _____

7   錄 事   [檢 無 稽 失]

8   兵 曹   [勾 訖]

9   牒 秦 州 爲 請 推 _____ [事]

118) 도판A 문안은 서주도독부에 보관되었겠지만 도판B·C의 첩문은 秦州에서 접수하여 해당 사안을 처리하게 되었을 것이므로 秦州에 보관되었을 것이다. 때문에 陳國燦은 B·C 牒文을 '鈔件'으로 판단하였다(池田溫 논문에 대한 「讀後記」, 『敦煌吐魯番研究』 第3卷, pp.126~129 참조). 그러나 이 문서의 석록문을 제시한 池田溫, 『敦煌吐魯番研究』 第3卷, 1998, pp.106~107; 榮新江·史睿 主編, 『吐魯番出土文獻敘錄』, 2021, pp.464~466은 모두 두 문건이 연접하는 것으로 표시하였다.

高氏가 秦州 경내에서 王敬忠의 莊地 3頃(2~6행)을 구입하여 경작했는데 王敬忠이 땅을 빼앗아 분쟁이 생겼다고 하였다. 이에 서주도독부는 秦州에 첩문을 보내 왕경충을 조사하여 처리해 달라고 요청하였다. 인용한 일부 첩문의 원문은 첩문의 서식을 파악할 수 있는 부분에 한정한 것이다. 1행에는 "西州都督府가 秦州에 첩합니다(西州都督府　牒秦州)"라고 하여 발문자인 西州都督府와 수문자인 秦州가 같이 적시되었다. 2~6행 가운데 2행은 "王敬忠의 莊地 합계[壹所] 3경은 城 북쪽 ……에 위치함(王敬忠莊地壹所參頃城北……)"이라고 하여 사안의 주대상, 즉 주제사에 해당한다. 이하 3행에서 6행까지 각 행에는 莊地 3경[300畝]을 '80畝, 30무, 70무, 1경'의 4개 地段으로 나누어 동서남북의 위치[四至]를 기재하였다.

7행에는 "첩합니다[牒]. 도독 高의 첩문에 이르기를, 지난 ……(牒, 得都督高牒稱: 去……)"이라고 하여 '牒'자가 행의 서두에 위치하고 이하 15행까지 문서의 내용이 기재되었다. 16행에는 "開元十三年六月(?)……"이라고 첩문 작성날짜를 기재하고, 이하 작성자 서명 이후에 하단부가 결락된 司馬(18행: '攝司馬朝議……'), 長[史?](19행), 別[駕?](20행) 등 連署의 일부가 기재되어 있다. 이러한 서식은 전술한 바 있는 『司馬氏書儀』에 상행문서로서의 '牒式'과 매우 유사함을 확인할 수 있다.119) 즉 통속관계가 없는 관사 간, 즉 縣과 縣 사이 또는 州와 州 사이에서 행용되던 평행문서로서 牒文은 공식령에 규정된 하행문서로서 牒式이나 『司馬氏書儀』에 규정된 상행문서로서 牒式이 혼용되었다. 다만 첩식은 하행문서나 상행문서만이 아니라 평행문서로서도 행용되었음을 확인할 수 있다.

한편 장관은 같으면서 직무가 다른 관사 사이에서 평행문서로서 첩문이 사용된 사례도 확인된다. 上元 3년(676) 西州都督府의 法曹가 功曹에 보낸 첩문에는 倉曹參軍 張元利의 죄과에 대한 處決과 관련된 사안이 다루어지고 있다.120)

[문서5: 牒文] 西州都督府 法曹가 功曹로 보낸 牒文

〈원문〉
(一)　--[?]-----
```
1      法曹        牒功曹
2         倉曹參軍 張元利
3      牒: 得牒稱 ," 請 檢 上 件 人 上 元 二 年 考 後 已 來, □
4      何  勾 留 負 犯 "者 . 依 檢 上 件 人 案, 得 前 府 史 孟 □
5      □ □ 檢 覓 不 獲, 貞 禮 知 去 上 元 二 年 十 月 內 , 爲 _____
6      □ □ 州 司 錄 奏 禁 身, 至 三 年 □ _____
7      □ □ 依 問 , 山 海 稱, 郎 將 何 寶 _____
8      _____ 當 判 元 利 釐 _____
9      _____ 牒 _____
```

---

119) 司馬光의 『司馬氏書儀』에서 상행문서로 제시한 '첩식'을 명시하면 아래와 같다. 이러한 형식의 唐代 牒式에 대하여 包曉悅, 「唐代牒式再研究」, pp.310~320에서는 '牒Ⅱ형식: 官員 개인이 官府에 하는 牒'으로 규정하고 일본 養老 공식령의 牒式 규정(『令集解』 권32, pp.816~817)을 근거하여 당대 공식령에도 이러한 첩식 규정이 있었을 것이라고 추정했지만 그렇게 단정할 수 있을지 의문이다.

```
1      某司{발문자}        牒某司(或某官){수문자}
2         某事(云云) {표제}
3      牒: 云云{문서 내용}. 謹牒.
              年月日  (문서작성자) 牒
```

120) 「唐上元3年(676)西州法曹牒功曹爲倉曹參軍張元利去年負犯事」, (一) · (二) 2004TBM207:1-12a · 12b, 『新獲吐魯番出土文獻』 上, pp.72~73.

[前 缺]

```
(二)  1    ▭▭▭▭▭▭ 七 月廿九日至□ ▭▭▭
     2    ▭▭▭▭ 倉 曹，總經二百廿六 ▭▭▭
     3    ▭▭▭▭ 帖 上件官攝 ▭▭▭
     4    ▭▭▭▭▭ 至 任判 ▭▭▭
```

[後 缺]

〈번역문〉

(一) --[？]----

1   법조가   공조로 첩을 보냅니다.
2   창조참군 장원이에 대하여
3~9 牒을 합니다: (공조로부터) 첩문을 받았는데 (거기에) 이르기를, "청컨대 위 사람
     이 상원 2년의 考課 이후에 어떤 이유로 범죄에 저촉되어 구류되었는지 검사해
     주길 바랍니다."라고 하였습니다. 위 사람과 관련된 문안[案]을 검사하여 이전 도
     독부의 史였던 孟某가 ……찾으려 했으나 잡지 못했고, 貞禮가 지난 상원 2년 10
     월 중에 알려서 ……으로 州의 司錄에서 감옥에 가둘 것을 상주하였기에 3년에
     이르러 ……되었습니다.…… 심문에 대하여 山海가 이르기를 '郎將인 何寶가 元利
     를 처벌해야 한다고(?) 판결하여…… 첩하여…….

[後 缺]

[前 缺]

(二) 1~4 ……7월29일(부터?),…… 이르기까지…… 倉曹, 총226(일?)을 경과하였고(?) ……
          帖을 내려 위의 관으로……를 겸임토록……처결을 내리기에 이르러…….

[後 缺]

첩문은 2개의 문서단편으로 나뉘어져 있지만 牒文의 서식을 확인할 수 있는 (一) 단편에 주목해 보자. 1행에는 서주도독부 法曹(발문자)와 功曹(수문자)가 "法曹 牒功曹"의 형식으로 기재되었다. 즉 발문자와 수문자가 같은 행에 '牒한다'는 단어를 매개로 명시되었다. 2행에는 문서 내용의 주대상으로 (주제사)에 해당하는 '倉曹參軍 張元利'가 명시되었고 첩문의 내용은 3행의 "牒……" 형식으로 이하에 기술되었다. 앞서 언급한 西州都督府가 秦州로 보낸 첩문과 유사한 형식이다.

문서의 결락 부분이 많아 구체적인 내용은 확인할 수 없으나 倉曹參軍事 張元利가 범법을 하여 구류된 사실을 조사해야 하는 사안에 대하여 법조에서 공조로 첩문을 보냈다. 즉 功曹에서 관련 사안에 대하여 문의(3~4행: '請檢上件人上元二年考後已來, □何 勾留負犯'者)했기 때문에 이에 대하여 법조에서 공조로 첩문을 보냈다. 법조는 보관하고 있던 文案 가운데 대상자인 張元利와 관련된 내용을 검사하여 功曹의 문의에 대한 답변을 첩문으로 보냈다. 전술한 대로 西州都督 예하의 曹司에서 다른 조사로 문서를 발송한다면 關式 문서가 작성되어야 하는데 牒式 문서가 작성된 것이다.

張元利에 대한 法曹司의 취조 내용은 결락이 심하여 구체적인 사항을 파악하긴 어렵지만 그 일부로 추정되는 (二) 부분을 통해 張元利의 행적에 대한 추론도 가능하다. 張元利가 창조참군으로 재직했던 기간을 한 시기로 단정할 수는 없지만 上元 2년(675)의 '7월 29일'부터 '226일이 경과한' 이듬해 上元 3년 3월초 무렵까지 서주도독부 창조참군사는 張元利였을 것이다.[121] 이와 관련하여 한국 국립중앙박물관에 소장 중인 삿자리에서 분리·정리한 당대 문서단편 가운데 종래 중국측에서 西州 高昌

---

121) 趙曉芳·陸慶夫, 「唐西州官吏編年補證--以〈新獲吐魯番出土文獻〉爲中心」, 『中國邊疆史研究』 20-2, 2010, pp.73~
   74.

縣의 史인 張才의 牒으로 명명한 문건과[122) 접합을 통해 복원한 문서가 주목된다. 복원된 문서의 내용에 의하면[123) '12월 17일'에 西州 高昌縣의 史인 張才가 작성한 문서 정리 내용[錄案]을 근거하여 창조참군사 '元利'(張元利)가 判案을 진행하였다. 아마도 上元 2년 12월의 상황을 전하는 것으로 판단된다.

같은 장관(서주도독) 예하의 曹司 간에 문서 전달이 첩문으로 이루어진 또 다른 사례로 儀鳳 3년 (678) 서주도독부 法曹가 李恒讓의 지난해 功過를 조사하여 功曹로 보낸 첩문['儀鳳3年法曹司牒文']도 확인된다.[124) 결락이 심해 전모를 알 수는 없으나 서주도독부 법조에서 공조로 李恒讓의 지난해 功過에 대한 검사와 관련하여 첩문을 보낸 것으로 추정된다. 앞서 언급한 문서와 함께 두 문서 모두 결락 부분이 있어 문서 내용을 구체적으로 파악할 수 없으나 같은 서주도독부 예하의 관사인 法曹가 功曹로 문서를 발부할 경우에도 첩식 문서가 사용되어 牒文이 평행 문서로서 기능했음을 알 수 있다.

이처럼 같은 州 예하의 관사 간에 업무를 처리하는 과정에서 첩문이 사용되었던 정황과 관련하여 앞서 [문서1: 관문]에서도 언급한 바 있는 개원 21년 서주도독부에서 과소 발급 사안의 처리과정에서 작성된 안권의[125) 일부 내용이 주목된다. 즉 해당 안권의 69행에서 170행까지는 서주도독부 戶曹司가 蔣化明에게 行牒을 지급하는 안건을 처리한 문안에 해당한다. 장화명이 行文[過所] 없이 통행을 하다 군대 경비소[都遊弈所]에 체포되어 서주도독부로 압송되자 西州는 功曹에 회부하여 심문케 했는데 法曹에서 이미 취조한 사실이 있음을 알고 공조에서 법조로 관련사항을 보고토록 조치하였다. 그 내용이 문서에는 다음과 같이 기재되어 있다.[126)

[문서6: 牒文] 西州都督府 功曹와 法曹 사이에 전달된 牒文

〈원문〉　　　　　　　　　　　　[前 略]

(1)　109　　　　　　　　　付 法 曹 檢, 九 思 白.
　　　110　　　　　　　　　　　　　　　　　廿 九 日
　　　　---[九]-----
　　　111　　功曹　　　　　付法曹司檢. 典曹仁　　功曹參軍宋九思
(2)　112　　　　　郭林驅驢人蔣化明　　　　　傔人桑思利
　　　113　　　　　　　右, 請檢上件人等, 去何月日被虞候推問入司, 復

---

122) 「唐西州高昌縣史張才牒爲逃走衛士送庸緤價錢事」(一) · (二), 72TAM230:63 · 62, 『吐魯番出土文書』肆, p.85.

123) 중국측에 소장된 문서 가운데 「唐西州高昌縣史張才牒爲逃走衛士送庸緤價錢事」(二)와 한국 국박에서 새로이 정리된 2020NMK2:1 문서편, 그리고 종래 阿斯塔那230호 출토문서 가운데 '文書殘片'으로 분류되었던 72TAM230:80/9 · 80/4 · 80/10 등 3편(『吐魯番出土文書』肆, p.88)을 모두 綴合하여 문서를 복원하였다. 또한 중국측 문서(一)과 한국 국박 소장 2020NMK2:2, 그리고 새로 복원한 문서편이 원래 같은 하나의 文案에서 재단된 것이라고 판단하여 문서명을 「唐上元年間(674~676)西州倉曹司案卷爲高昌縣申送逃走衛士庸緤價錢事」로 수정하였다. 이에 대해서는 權泳佑, 「한국 국립중앙박물관 소장 唐文書가 부착된 삿자리[葦席]의 복원--吐魯番文書 및 大谷文書와의 관계를 중심으로」, 『中國古中世史硏究』63, 2022, pp.171~176 참조.

124) 「唐儀鳳3年(678)西州法曹牒功曹爲檢李恒讓去年功過事」, 2004TBM207:1-1, 『新獲吐魯番出土文獻』上, p.76. 문서의 내용은 아래와 같다.

1	法 曹	牒功曹	
2		恒讓去年攝判倉曹□	
3			□□□□
		[後 缺]	

125) 73TAM509:8/8(a),8/16(a),8/14(a),8/21(a),8/15(a), 「唐開元21年(733)西州都督府案卷爲勘給過所事」, 『吐魯番出土文書』肆, pp.281~296. 이 안권 전체에 대한 錄文과 번역문은 이 책의 제1편 제3장을 참조.

126) 73TAM509:8/21, 『吐魯番出土文書』肆, pp.291~293.

114	緣 何 事, 作 何 處 分, 速 報. 依 檢, 案 內 上 件 <u>蔣</u>
115	<u>化 明</u>, 得 虞 候 狀:"其 人 <u>北 庭</u> 子 將 <u>郭 林</u> 作 人, 先
116	使 往 <u>伊 州</u> 納 和 糴, 稱 在 路 驢 疫 死 損, 所 納
117	得 練, 竝 用 盡. <u>北 庭</u> 傔 人 <u>桑 思 利</u>, 於 此 追 捉,
118	到 此 捉 得. 案 內, 今 月 卅 一 日 判, 付 <u>桑 思 利</u>,
119	領 <u>蔣 化 明</u> 往 <u>北 庭</u>, 有 實."
120	牒, 件 檢 如 前, 謹 牒.
121	<u>開 元 卅 一 年</u> 正 月　　日　府 <u>宗 賓</u> 牒
122	參 軍 攝 法 曹　程 光 琦
(3) 123	**具 錄 狀 過, <u>九 思</u> 白.**
124	卅 九 日

[後 略]

〈번역문〉

[前 略]

(1) 109	**法曹司로 보내 勘檢케 하시오.　九思가 이른다.**
110	29日

--[九]-----

111	功曹司(가)　法曹司에 회부하니 검토해 주십시오.
	(功曹司의) 典인 曹(康)仁,　功曹參軍 宋 **九思가 확인함.**
(2) 112	郭林의 나귀를 몰았던 사람 蔣化明,　　傔人인 桑思利.
113~119	앞에 대하여, (功曹司가 法曹司에게) 위의 사람들이 지난 몇월 몇일에 虞候에게 推問을 받기 위해 法曹司(혹은 虞候司)로 왔는지, 또한 어떤 일에 연유된 것인지, 어떤 처분이 내려졌는지 審檢하여 (功曹司로) 신속히 보고해 주길 요청하였습니다. (이에) 文案에 있는 위에 언급한 蔣化明에 대한 검사 내용을 살펴보니, 虞候의 狀[文]에는 다음과 같이 밝히고 있습니다. "그 사람[蔣化明]은 北庭의 子將인 郭林의 作人으로, 앞서 伊州로 가서 和糴(用 곡식)을 납부토록 하였는데, 도중에 나귀가 역병에 걸려 죽고 (곡식을) 납부하고 얻은 비단[練]은 모두 써버렸다고 합니다. (이에) 北庭(에서 곽림이 파견한) 傔人 桑思利가 (장화명을) 추적해 와서, 이곳[西州]에 이르러 체포하였습니다. 문안에는 이번 달 21일에 桑思利에게 장화명을 데리고 北庭으로 가라는 (法曹司의) 결정[判命]이 내려졌다고 되어 있는 바 사실입니다."
120	牒합니다. 案件에 대하여 審檢한 바는 앞의 내용과 같아 삼가 牒을 올립니다.
121	개원 21년 정월　일 (法曹司의) 府인 宗賓(이) 牒합니다.
122	參軍으로 法曹[參軍]을 대신한 程光琦가 확인함.
(3) 123	**모든 내용을 갖추어 기록하여 보내시오.　九思가 이른다.**
124	29日

[後 略]

109행 앞의 생략된 부분에서 장화명에 대하여 취조를 진행했던 功曹參軍事 宋九思는 (1)의 109~110행에 "(개원 21년 정월 29일) 法曹로 보내 勘檢케 하시오(付法曹檢, 九思白)."라고 지시하였다. 이어서 111행에는 "功曹(司)가 法曹司에 회부하니 검토해 주십시오(付法曹司檢)"라고 적시되어 있고 뒤에 주전 曹仁과 공조참군사 송구사의 성명이 적혀있다. 이후 (2)의 112행부터 122행까지는 주전인 府 宗賓이 작성(121행)하고 參軍攝法曹(참군사로 창조참군사를 겸한) 程光琦가 서명(122행)한 장화명 관련 검사내용에 대한 法曹司의 첩문에 해당한다.

(2)의 112행에는 첩문 내용의 대상자인 '郭林의 나귀를 몰았던 사람 蔣化明과 傔人인 桑思利'가 명시되었고 첩문 내용은 113행의 서두에 '右……'의 형식으로 기재되었다. 첩문에는 우선 功曹司의 문의 내용(113~114행)을 적시했는데 "위의 사람들이 ……신속히 보고해 주길 요청하였습니다("請檢上件人等 ……速報")라고 하여 특정한 문서의 형식(예를 들어 [문서5]의 牒文 등)이나 인용이 아니라 문의 내용을 설명하듯이 기재하였다. 이에 대한 법조사의 응답은 관련 문안[案]에 기재된 虞侯의 狀文(115행~119행)만을 그대로 인용하였다. 그리고 120행의 "牒, 件檢如前, 謹牒(牒합니다. 案件에 대하여 審檢한 바는 앞의 내용과 같아 삼가 牒을 올립니다)"라고 마무리하였다. 이러한 구성은 일반적인 첩문과는 구별되며, "牒, 件檢如前, 謹牒"이라는 법조사 主典인 府 宗賓이 사용한 문구도 첩문의 문구라기보다 안건의 처리과정에서 기재된 문안의 일부에서 확인되는 내용이다. 때문에 (2)의 112행부터 122행까지는 法曹司가 공조사로 보낸 첩문의 내용을 적시하고는 있지만 법조사 첩문의 원본인지, 아니면 공조사에서 抄寫한 것인지 판단하기 어렵다. 이러한 법조사의 첩문을 받은 공조사에서는 (3)의 123~124행에서 공조참군사 宋九思가 앞서 진행된 심문 내용을 정리하여 보고할 것을 主典에게 지시하였다.

그런데 (1)의 111행에서 공조사가 법조사로 검사내용에 대한 보고를 회부한 것은 이 문안에는 연첩되지 않았지만 아마도 공조사에서 법조사로 발송된 첩문에 의해서 이루어졌을 것이다. 그 작성자는 주전 曹仁이고 공조참군사 宋九思는 첩문 작성의 책임자로서 서명했을 것이다. 이러한 추정이 타당하다면 전술한 상원 3년 서주 법조사 첩문[문서5]이나 의봉 3년 서주 법조사 첩문['의봉3년법조사첩문'] 등에서 확인되듯이 서주도독부 예하 각 曹司 사이에서 업무의 협조를 위해 전달된 문서와 이에 대한 조사 결과 또는 답변을 위해 작성한 문서도 모두 첩식으로 작성된 문서가 행용되었을 개연성이 크다.

담당 업무가 서로 다른 관사[曹司] 사이에서 해당 관사가 관련 조치를 결정해야 하는 사안에 대해서는 關式 문서가, 해당 관사로부터 관련 업무의 협조를 필요로 할 경우는 牒式 문서가 사용된 것은 아닐까 추측할 수 있다. 다른 한편 지방 문서행정에서 동일한 장관 예하의 정무 부서 사이에서 관식 문서 대신 첩식 문서가 사용된 사실은 당대 후기로 가면서 점차 첩식 문서의 사용 범위가 확대되던 양상과 상통하는 것으로도[127) 이해할 수 있다.

3) 符式 문서의 유형 구분과 서식

「공식령잔권」에서 첩식과 함께 하행문서로 제시된 것이 부식 문서이다. 하행문서로서 부식 문서는 『당육전』에 "상서성에서 주로 내리고, 주에서 현으로 내리며, 현에서 향으로 내리는 것은 모두 符라고 한다"고[128) 규정하였듯이 문서행정에서 활용도가 대단히 높으며, 출토문서에서도 상당수 사례들을 확인할 수 있다. 다만 출토문서를 정리하여 분류하는 과정에서 부식 문서를 다른 유형의 관문서로 판단하거나 부식 문서 자체가 아닌 경우를 符文으로 오인한 경우도 있어 이러한 내용을 정리하면 [표2] '符式 문서와 관련 문서'와 같다. 우선 「공식령잔권」에 제시된 부식의 서식 부분은 다음과 같다.[129)

---

127) 赤木崇敏, 「唐代官文書體系とその變遷--牒・帖・狀を中心に」, pp.62~63.
128) 『唐六典』 권1, 尙書都省 左右司郎中・員外郎, p.11, "尙書省下於州, 州下於縣, 縣下於鄕, 皆曰符."
129) 劉俊文, 『敦煌吐魯番法制文書考釋』, pp.222~223.

[자료5] 符文의 서식

1   부문(符文)의 서식[符式]
2   상서성으로부터[尙書省]   어떠한 사안에 대하여[爲某事]
3   어떤 시(寺)의 담당자앞으로[某寺主者]: 운운(사안의 처리 내용)[云云]. 안건처리 담당자(혹은
       주관자) 성·이름[案主姓名]. 부(符)가 이르면 받들어 행하시오[符到奉行].
4   주사 성·이름[主事姓名]
5   이부랑중 관함·봉작을 갖춘 이름[吏部郎中具官封名]   영사 성·이름[令史姓名]
6   서령사 성·이름[書令史姓名]
7   모년[年] 모월[月] 모일[日]

서식의 기재 내용을 살펴보면 우선 1행은 '부식'{관문서의 유형=공식령의 조항}, 2행은 '상서성'{발
문자}, '爲某事'{표제=주제사}, 3행은 '某寺主者'{수문자}, '云云'{문서 내용}, '案主姓名(문안 처리의 주
관자 또는 담당자 성명)', '符到奉行(符가 이르면 받들어 행하시오)'{부식의 문미 상용구}, 4~6행은 문
서 작성자의 서명, 7행은 문서작성 날짜 등으로 구성되어 있다. 전술한 「공식령잔권」에 명시된 하행
문서로서의 첩식과 유사한 형식을 보이고 있다. 그러나 수문자가 특정 官司[某司]가 아닌 관사의 담
당자[某寺主者]로, 문미 상용구가 '故牒'이 아닌 '符到奉行'으로 명시되고, 문서작성 날짜가 작성자 서
명 앞 행(첩식의 경우)에서 다음 행(부식의 경우)으로 위치한 차이를 보인다. 두 서식 모두 하달된 문
서를 처리하는 주관자[案主]의 성명을 명기하도록 규정하고 있으나 출토문서에는 관련 사항이 확인되
지 않는다.
    [표2]의 'Ⅰ. 부식 문서'에 제시한 符文을 서식과 내용에 따라 구분하면 다음과 같이 분류할 수 있
다. 우선 서식면에서 보자면 전술한 「공식령잔권」의 서식을 준용한 (Ⅰ)형과 勅旨의 하달과 관련된
서식인 (Ⅱ)형으로 대별할 수 있다. 다시 내용에 따라 (Ⅰ)형은 발문자, 수문자의 관계를 기준으로 하
여 (Ⅰ)-① [省符]는 중앙에서 州 또는 都督府로(No.1~No.3), (Ⅰ)-② [州符]는 州 또는 都督府에서
縣으로(No.4~No.8), (Ⅰ)-③ [縣符]는 縣에서 鄕으로(No.9~No.14), (1)-④ [軍府符]는 상위 軍府에
서 하위 군부로 혹은 군부에서 軍團으로(No.15~No.21) 하달되는 부식으로 구분할 수 있다. 그리고
중앙에서 반포된 칙지를 하달하는 부식인 (Ⅱ)형인 [旨符]에는 [표2]의 No.22~No.25 등이 속한다.
    우선 「공식령잔권」과 유사한 (Ⅰ)형의 사례 가운데 縣에서 향으로 내려보낸 [縣符] (Ⅰ)-③인 [표2]
No.11의 永淳 원년(682) 西州 高昌縣이 太平鄕으로 하달한 符文[130]을 통하여 살펴보도록 하겠다. 이
문서는 百姓에게 戶等에 따라 곡식을 저장토록 하는 사안에 대한 내용을 다루고 있다.

[문서7: 符文] 高昌縣이 太平鄕에 내린 符文

〈원문〉

1   高昌縣
2   上上戶戶別貯一十五石   上中戶戶別貯一十二石
3   上下戶戶別貯一十石   中上戶戶別貯七石
4   中中戶戶別貯五石   中下戶戶別貯四石
5   下上戶戶別貯三石   下中戶戶別貯一石五斗
6   下下戶戶別貯一石

---

130) 「唐永淳元年(682)西州高昌縣下太平鄕符爲百姓按戶等貯糧事」, 64TAM35:24, 『吐魯番出土文書』 參, p.487.

7	<u>太平鄉</u>主者: 得里正<u>杜定護</u>等牒稱: "奉處分, 令百姓		
8	各貯一二年粮, 竝令鄉司檢量封署. 然後官府親自檢行者		
9	下鄉, 令准數速貯封署訖上. 仍遣<u>玄政</u>巡檢"者. 令判: "准家口多		
10	少各貯一年粮, 仍限至六月十五日已來了." 其大麥今旣正是		
11	收時, 卽宜貯納訖速言, <u>德</u>卽擬自巡檢. 今以狀下, 鄉宜		
12	准狀, 符到奉行.		
12-1		佐 朱貞君 131)	
13	主簿判尉 <u>思仁</u>		
14		史	
15		永淳元年五月 十九日 下	

〈번역문〉

1	고창현(으로부터 발문)
2	상상호는 호별로 15석을 저장 　　상중호는 호별로 12석을 저장
3	상하호는 호별로 11석을 저장 　　중상호는 호별로 7석을 저장
4	중중호는 호별로 5석을 저장 　　중하호는 호별로 4석을 저장
5	하상호는 호별로 3석을 저장 　　하중호는 호별로 1석 5두를 저장
6	하하호는 호별로 1석을 저장
7~12	태평향의 담당자 앞으로: 이정 두정호 등의 첩에서 이르기를 "결정된 조처[處分]를 받드니, 백성들에게 각기 1~2년의 곡식을 저장하게 하고, 아울러 鄕司로 하여금 수량을 검사하여 封하고 서명토록 하였습니다. 그런 후에 官府에서 직접 검사 담당자를 향에 내려보내 수량에 따라 신속히 거두고 봉하여 서명을 마친 후 올리도록 하였습니다. 이에 玄政을 보내 巡檢하였습니다."라고 하였다. 현령의 判辭에 이르기를 "家口의 多少에 따라 각기 1년의 양식을 저장하는데, 6월 15일까지를 기한으로 하라."고 하였다. 보리[大麥]는 지금이 바로 수확할 시기이므로 마땅히 거두어 저장을 마치고 신속히 보고하며 德은 즉시 직접 순찰, 검사토록 하시오. 지금 문서의 내용으로 하달하니, 향에서는 마땅히 문서의 내용에 준거하여 처리하시오. 符가 이르면 받들어 시행하시오.
12-1	佐인 朱貞君가 작성함.
13	주부로 현위를 대신[判]한 思仁가 확인함.
14	史
15	영순 원년 5월 19일 내려보낸다.

문서의 구성을 살펴보면 문서는 발문자인 高昌縣이 1행에 위치하고 그 아래에 2~6행에 上上戶부터 下下戶까지 호등별로 비축할 곡식의 수량이 기록된 표제{=주제사} 부분이 위치한다. 전술한 관식과 마찬가지로 「공식령잔권」의 규정과는 달리 발문자와 표제{주제사}는 행을 달리하여 기재되어 있다. 표제{주제사}에 이어 7행에는 수문자로서 '太平鄕主者'라고 하여 수문기관(太平鄕)과 담당자(主者)를 함께 명시하였다.

이어 7행~12행까지 문서의 내용이 기술되어 있는데, 里正 杜定護 등이 高昌縣에 올린 牒文에 기인하여 高昌縣 縣令이 내린 조치[判辭]를 예하 太平鄕에 符文으로 하달한 것이다. 이정 두정호 등이 고창현에 올린 첩문(7~9행, "奉處分令百姓~仍遣玄政巡檢")은 백성들에게 1~2년분의 양식을 비축토록 하면서 이를 관리하는 방법에 대한 지침을 명시한 것이다. 각 호별로 비축해야 할 곡식의 수량도

---

131) 錄文 가운데 12-1행 '佐 朱貞君'의 경우 文書整理組에서는 12행 하단에 기재했으나 圖版을 확인해보면 12행과 13행 사이에 위치한다. 문서 작성자의 서명 부분이므로 12행과 별도의 행으로 파악하는 것이 합당할 것이다.

여기에 제시되었을 것이다. 이에 대하여 현령은 호별로 1년분 곡식을 6월 15일까지 납부하게 하라고 처결[判]하였다(9~10행, "准家口多少~至六月十五日已來了"). 이어 바로 수확기가 되었으므로 고창현에서 제시한 보리[大麥]의 호등별 기준액에 따라 신속히 납부하여 저장[貯納]하도록 태평향에 지시한 것이다. 부문의 내용 말미에는 "지금 문서의 내용[狀]으로 하달하니, 향에서는 마땅히 문서의 내용에 준거하여 처리하시오. 符가 이르면 받들어 시행하시오(今以狀下, 鄕宜准狀, 符到奉行)."라고 문서를 마무리하였다.

이하 12-1행에서 14행까지는 문서 작성자의 서명, 즉 판관인 主簿判尉(주부로 縣尉를 대신해 업무를 처리한) 思仁과 佐 朱貞君의 서명이 적시되었다.[132] 마지막으로 15행에는 발부 날짜를 명기하고 '下'자를 기재했는데 문서의 작성 날짜가 관문이나 첩문과 달리 문서 작성자 서명 다음 행에 위치하는 것은「공식령잔권」의 규정과 마찬가지라고 하겠다. 그러나「공식령잔권」에는 '年月日'이라고 날짜만을 명시하였으나 출토문서에서 확인되는 부문의 경우 날짜 뒤에 '下'자를 기재하여 문서의 하달을 적시하고 있다. 여타의 부식 문서에 모두 '下'자가 확인되는 것으로 보아「공식령잔권」부식 해당부분에 '下'자가 누락된 것은「공식령잔권」필사자의 오류일 것이다.[133] 또한 호등별 貯納 곡식의 수량을 표시한 부분에 3곳(2~3행, 3~4행, 5~6행)과 '一年粮' 부분에 1곳(10~11행), 부문 발부날짜 부분에 1곳(14~15행) 등 5곳에 '高昌縣之印'이 날인되어 있어 고창현에서 발부한 공식 관문서임이 분명하다.

그런데 출토문서의 符文에서는 문서 말미의 상용구에 "今以狀下, 鄕宜准狀, 符到奉行(지금 문서의 내용[狀]으로 하달하니, 鄕에서는 마땅히 문서의 내용에 준거하여 처리하시오. 符가 이르면 받들어 시행하시오)"이라고 하듯이 부문을 받아 처리하는 受文 단위인 鄕이 명시되어 있다. 즉 상서성에서 주, 주에서 현, 현에서 향 등으로 하달되는 문서로서 수문의 행정 단위를 다시 적시한 것이다.

예를 들어 [省符]인 (I)-① 유형으로 중앙에서 州 또는 都督府로 하달되는 부문의 경우, [표2] No.2의 景龍 3년(709) 8월 尙書省 比部가 황제의 勅文과 관련하여 하달한 부문을 西州都督府가 처리하는 案卷[134] 가운데 중앙 尙書都省의 해당 관사에서 지방[州 혹은 都督府]으로 하달된 부문에는 "……今以狀下, 州宜准狀. 符到奉行(지금 문서의 내용[狀]으로 하달하니, 州에서는 마땅히 문서의 내용에 준거하여 처리하시오. 符가 이르면 받들어 시행하시오)"이라고 하였다. [표2] No.1의 調露 2년(680) 7월 東都의 尙書吏部가 某州(西州都督府?)로 내린 州·縣의 官員 가운데 闕員의 숫자를 보고하라는 符文에도[135] "……今以狀下, 州宜依狀速申. 符到奉行(지금 문서의 내용[狀]으로 하달하니, 州에서는 마땅히 문서의 내용에 의거하여 신속히 보고하시오. 符가 이르면 받들어 시행하시오)"이라고 하였다. 또한 [표2] No.3은 개원 5년(717) 전후에 상서성 戶部가 凉州 서쪽의 邊州로 압송되는 유배자[長流人]와 관련된 내용을 沙州에서 보고하도록 지시한 符文에 해당한다.[136] 전반부가 결락되었지만 잔

---

132) 문서 작성자의 서명도「公式令殘卷」에 규정된 중앙 官司[尙書省 吏部]와 달리 지방 縣[高昌縣]이기 때문에 主典으로 主事·令史·書令史가 아닌 佐·史가 서명하였다.

133) P.2819「공식령잔권」符式의 '年月日' 다음에 '下'자가 탈락한 것은 中村裕一,『唐代官文書硏究』, p.31에서도 지적되었다.

134)「唐景龍3年(709)8月西州都督府承勅奉行等案卷」, Or.8212/529(AstⅢ.4.092), 沙知·吳芳思編,『斯坦因第三次中亞考古所獲漢文文獻(非佛經部門)』①, 上海: 上海古籍出版社, 2005, pp.60~61에는 尙書省 比部에서 西州都督府에 하달한 符文이 포함되어 있는데 '尙書比部之印'이 날인되어 있어 尙書省 比部가 발급한 관문서임이 명확하다. 이 문서의 錄文은 陳國燦,『斯坦因所獲吐魯番文書硏究』, 武漢: 武漢大學出版社, 1995, pp.271~273 참조.

135) 2004TBM207:1-3, 1-7, 1-11g,『新獲吐魯番出土文獻』上, pp.81~82에는 東都 尙書吏部에서 某州에 하달한 符文이 포함되어 있으며, '東都尙書吏部之印'이 날인되어 있다. 符文의 말미에는 "……今以狀下, 州宜依狀速申. 符到奉行"이라고 기재하였다.

136) Дx.02160vb,「唐開元5年(717)前後尙書省戶部下沙州符爲長流人事」,『俄藏敦煌文獻』(上海: 上海古籍出版社, 1998) 第9冊, p.54. 이 문서의 錄文에 대해서는 管俊瑋,「唐代尙書省"諸司符"初探--以俄藏Дx.02160vb文書爲線索」,『史

존한 문서의 말미에 "……今以狀下, 州宜准狀. 符到奉行"이라고 하였다.

[州符]인 (Ⅰ)-②의 유형처럼 주 또는 도독부에서 관할 현으로 하달된 부문 가운데 [표2] No.5의 開元 14년(726) 沙州가 敦煌縣에 하달한 懸泉府의 馬社錢을 勾徵하는 사안에 대한 부문이나[137] [표2] No.6의 西州都督府가 高昌縣에 내린 州學生 牛某의 補職과 관련된 사안의 부문에는[138] "……今以狀下, 縣宜准狀. 符到奉行(지금 문서의 내용[狀]으로 하달하니, 縣에서는 마땅히 문서의 내용에 준거하여 처리하시오. 符가 이르면 받들어 시행하시오)"으로 기재되어 있다. 앞서 인용한 사례처럼 [縣符]인 (Ⅰ)-③의 현에서 향으로 하달된 부문에는 "今以狀下, 鄕宜准狀, 符到奉行(지금 문서의 내용[狀]으로 하달하니, 鄕에서는 마땅히 문서의 내용에 준거하여 처리하시오. 符가 이르면 받들어 시행하시오)"이라고[139] 기재하였다. 또한 [軍府符]인 (Ⅰ)-④의 유형으로 상위 軍府에서 하위 군부로 혹은 군부에서 軍團으로 하달되는 부식의 경우 [표2] No.15의 咸亨 3년(672) 서주도독부가 軍團에 내린 符文처럼[140] "……今以狀下, 團宜准狀. 符到奉行(지금 서면의 내용[狀]으로 하달하니, 團에서는 마땅히 서면의 내용에 준하여 처리하시오. 符가 이르면 받들어 시행하시오)"이라고 명시하였다.

한편 [省符]인 (Ⅰ)-① 유형으로 분류한 문서, 즉 중앙 관사에서 주 또는 도독부로 하달된 부문 가운데 [표2] No.1은 東都 尙書吏部에서 某州[서주도독부?]로 하달한 符式 문서인데, 州縣 관원의 闕員數를 計會하여 신고할 것을 지시하고 있다. 문서는 2개의 문서단편으로 이루어져 있는데[141] 이 가운데 뒤쪽 단편(11~21행)은 부문의 서식으로 작성된 부분이지만 부문의 앞부분이 결락되어 표제나 수문자를 확인할 수 없다.[142] 다만 符文에 '東都尙書吏部之印'이라는 官印이 4곳에 날인되어 있어 東都의 尙書吏部에서 작성한 관문서임이 확실하다. 이에 비하여 부문의 앞부분으로 복원된 앞쪽 단편(1~10행)은 각 州의 闕員數를 집계하는 문서의 양식에 해당하는데, 闕員의 내역을 여러 항목으로 구분하여 집계할 수 있는 양식을 제시하였다. 이 문서단편에도 '東都尙書吏部之印'이 2곳 날인되어 있다.

그런데 부문의 12~13행에는 "……州에서 計會를 신고하는데, 지금 이미 ……를 선발(?)하여…… 앞서의 양식에 따라(?) 州縣 장관에게 위임하여……(☐州申計會, 今已選☐ / ☐前件樣委州縣長官☐)"라는 내용이 확인된다. 이는 전술한 「공식령잔권」 부식의 보칙 부분에 "만일 사안이 計會에 해당하는 경우에는 별도로 會目을 기록하여 符와 함께 都省으로 보낸다(若事當計會者, 乃別錄會目與符俱送都省)"는 규정과 상응하는 내용으로 판단된다. 즉 [표2] No.1의 문서는 관원의 궐원수에 대한 '계회'와 관련된 符文이라고 할 수 있다. 이에 따라 1~10행까지는 각 주·현의 관인 가운데 闕員數를 신고하기 위한 항목의 양식, 즉 계회의 목록 양식에 해당하는 會目으로 符文 내용(11~17행) 앞에 위치했던 것으로 추정된다.[143] 따라서 東都 尙書吏部에서 작성된 符文에는 No.1 문서처럼 計會를 위한

林』2021-3, p.2 참조.

137) P.3899v, 「唐開元14年沙州敦煌縣勾徵懸泉府馬社錢案卷」, 『法國國家圖書館藏敦煌西域文獻』(上海: 上海古籍出版社, 2003) 第29冊, pp.126~131에 포함되어 있는 沙州에서 敦煌縣으로 하달된 符文의 말미이다.

138) Or.8212/549(Ast.004), 「唐西州都督府符爲州學生牛某補職高昌縣事」, 『斯坦因第三次中亞考古所獲漢文文獻』①, p.89의 西州都督府에서 高昌縣으로 하달된 符文의 말미에 해당한다.

139) 인용한 [표2] No.10 문서와 함께 [표2] No.9의 「唐龍朔3年(663)西州高昌縣下寧戎鄕符爲當鄕次男侯子隆充侍及上烽事」(60TAM 325:14/2-1(a), 14/2-2(a), 『吐魯番出土文書』 參, p.102)에서도 동일한 문구가 확인된다.

140) 「唐咸亨3年(672)西州都督府下軍團符」, 72TAM201:25/1, 『吐魯番出土文書』 參, p.258.

141) 앞쪽 단편으로 정리된 것이 2004TBM207:1-3으로 1행~10행까지에 해당하고, 뒤쪽 단편인 11행~22행까지는 2004TBM207:1-7과 1-11g를 연접한 것이다.

142) 11행에서 22행까지 복원된 문서단편은 11~17행까지 부문의 내용, 18~20행까지 부문 작성자의 서명, 21행은 부문을 하달한 날짜("調露二年七月[某日下]"), 22행은 某州의 錄事司에서 錄事가 부문을 접수한 날짜 기록 부분("[八月 卄日]錄事[受]") 등으로 구성되었다.

143) 史睿, 「唐調露二年東都尙書吏部符考釋」(『敦煌吐魯番研究』 10, 2007), 榮新江·李肖·孟憲實 主編, 『新獲吐魯番出土文獻研究論集』, 北京: 中國人民大學出版社, 2010, p.284에 會目으로 추정되는 복원 문서를 제시하면 다음과 같다.

會目이 앞부분에 첨부되어 某州로 하달되었던 것으로 판단된다.

이처럼 符文의 표제 부분에는 단순히 符文 내용의 대상자 혹은 주제 등을 간단히 명시하는 경우와 달리 상급 관사가 하급 관사로 하달하는 사안에 대한 처리와 관련된 지침 등이 명시되는 경우도 있다. [표2] No.2의 景龍 3년(709) 8월 尙書省 比部가 西州都督府로 하달한 부문도[144] 이러한 사례로 주목된다.

[문서8: 符文] 尙書省 比部가 西州都督府에 내린 符文과 처리 과정

〈원문〉

[前 缺]

(1) 　1　　益 思 効 □ □

- -

　　　2　　石 及 雍 州 奉 天 縣 令 高 峻 等 救 弊 狀, 幷 臣
　　　3　　等 司, 訪 知 在 外, 有 不 安 穩 事, 具 狀 如 前, 其 勾
　　　4　　徵 逋 懸, 色 類 繁 雜.　　　　恩 勅 "雖 且 停 納, 於 後
　　　5　　終 擬 徵 收. 考 使 等 所 通, 甚 爲 便 穩, 旣 於 公 有 益,
　　　6　　竝 堪 久 長 施 行" 者. 奉　　　勅, "宜 付 所 司 參 詳, 逐
　　　7　　便 穩 速 處 分" 者. "謹 件 商 量 狀 如 前, 牒 擧" 者. 今 以
　　　8　　狀 下, 州 宜 准 狀, 符 到 奉 行.

　　　9　　　　　　　　　　　　　　　　　　　　主事　　謝 侃
　　10　　比 部 員 外 郎　　　奉 古[145]　　　　　令史　　鉗 耳 果
　　11　　　　　　　　　　　　　　　　　　　　書令史
　　12　　　　　　　　　　　　　　　　景 龍 三 年 八 月 四 日　下

(2) 　13　　十 五 日, 倩.
　　14　　　　　　　　　九 月 十 五 日　錄 事　敬　受
　　15　　　　　連　順[146] 白.
　　16　　　　　十 六 日　　　參 軍 攝 錄 事 參 軍　　珪　付

- -

[後 略]

[前 缺]

　1　　　　　　　　下 當 州
　2　　　合 當 州 闕 員 總　　若 干 員 所 通 闕 色
　3　　　若 干 人　州 官 此 色 內 雖 有 已 申 者, 今 狀 更 須 具 言.
　4　　　若 干 人 考 滿 其 中 有 行 使 計 年 合 滿, 考 雖 未 校, 更 無 別 狀, 卽 同 考 滿 色 通. 仍 具 言 行 使 所 有.
　5　　　某 官 某 乙 滿 若 績 前 任 滿, 卽 注 云, 績 前 任 合 滿. 其 四 考 已 上, 久 無 替 人, 亦 仰 於 名 下 具 言.
　6　　　若 干 人 事 故 見 闕 此 色 雖 有 已 申 者, 今 狀 更 仰 具 言.
　7　　　某 官 某 乙 憂 死　某 官 某 乙 解 免　　　　解 由
　8　　　某 官 某 乙 籖 符 久 到, 身 不　　　　　　　某 州
　9　　　若 干 人 縣 官 一 准 州 官, 脚
　10　　　　□ □ □

[後 缺]

144) 「唐景龍3年(709)八月西州都督府承勅奉行等案卷」, Or.8212/529 (Ast.Ⅲ.4.092), 『斯坦因第三次中亞考古所獲漢文文獻(非佛經部分)』, pp.60~61. 문서의 錄文은 陳國燦, 『斯坦因所獲吐魯番文書研究』, pp.271~273 참조.

145) 景龍 3년 8월에 比部員外郎에 임직한 奉古는 魏奉古를 이른다. 勞格·趙鉞, 『唐尙書郎中石柱題名考』, 北京: 中華書局, 1992, p.9.

146) '順'은 景龍 3년(709) 서주도독부 戶曹參軍事였다(李方, 『唐西州官史編年考證』, pp.114~115).

〈번역문〉   [前 缺]
(1)
      1~8   ……益思効(?)……石 및 雍州 奉天縣의 縣令인 高峻 등이 올린 救弊狀과 아울러 臣
             등(이 속한) 관사가 지방에서 찾아낸 불편 사안들은 앞에 적은 내용과 같은데 미
             납한 부세[逋懸]을 추징[勾徵]하는 것은 항목과 수량이 매우 번잡하다고 한다. (이
             에) 황제의 勅[恩勅]에 이르길 "납부를 멈추게 해도 후에는 결국 징수하게 되지만
             고과 담당의 사신들이 알린 바, 매우 편하고도 두루 유익함이 있으면 오래도록
             시행해야 한다"고 하니 勅을 받들어 "마땅히 담당 관사로 회부하여 상세히 의논
             케 하고 편안함에 따라 신속히 처리하라"고 하였기에, "삼가 안건에 대하여 의논
             한 내용[商量狀]은 앞과 같으며 첩으로 올립니다"라고 하였습니다. 이제 문서의
             내용으로 하달하니 州는 마땅히 문서의 내용에 따라 처리하시오. 符文이 도착하
             면 받들어 시행하시오.
      9   주사 사간이 작성함.
      10   비부원외랑   봉고가 확인함.   영사 겸이과가 작성함.
      11   서령사
      12   경룡 3년 8월 4일 내려보낸다.
(2)   13   15일, 천이 서명함.
      14   9월 15일 녹사 경이 접수하다.
      15   연접하시오. 순이 이른다.
      16   16일   참군으로 녹사참군을 겸직한 규가 회부하다.

                                          [後 略]

인용한 문안은 크게 두 부분으로 이루어졌는데 (1)의 1행에서 12행까지는 尙書省 比部가 작성한
符文이고 (2)의 13행부터 16행까지는 符文을 하달받은 서주도독부에서 이를 처리하는 과정에서 작성
한 내용이다. 景龍 3년(709) 8월 4일 상서성 비부에서 西州都督府로 보낸 符文은 앞부분이 결락되어
전체 내용을 정확히 파악하긴 어려우나 미납한 부세[逋懸]을 추징[勾徵]하는 문제에 대한 지침을 하달
한 것이다. (1)의 1~8행이 부문의 내용이고, 9~11행은 문서의 작성자인 판관 比部員外郎 (魏)奉古와
主典인 主事 謝侃, 令史 鉗耳果, 書令史 등의 서명, 12행은 부문을 하달한 날짜에 해당한다.
이어 (2)의 내용은 부문을 하달받은 서주도독부에서의 처리 과정인데 (2)의 13행인 '15日, 儁'은
아마도 서주도독부 장관 혹은 차관이 符文의 접수를 확인하고 서명하여 이를 해당 업무의 주관 관사
로 회부하도록 지시한 내용이라고 할 수 있다. 날짜 뒤에 서명한 '儁'에 대해서는 여타의 출토문서에
관련 내용이 확인되지 않기 때문에 서주도독부의 장관이라고 단정하기 어렵고 차관 또는 통판관일
가능성도 배제할 수 없다. 또한 앞서 언급했듯이 牒文의 접수 과정에서는 장관의 "付司, 某[장관]示 /
某日(담당 관사로 회부하시오. [장관] 모가 지시한다 / 몇 일)"이라는 접수된 사안을 담당 관사로 회
부하라는 장관의 지시가 이루어지는데 비하여 符文에는 단지 날짜와 장관 서명만이 명시된 것은 부
문 서두에 이미 '某寺主者'라고 하여 수문자로 담당 관사를 지칭했기 때문이라고 하겠다. 8월 4일 尙
書省 比部가 작성하여 하달한 符文이 서주도독부에 접수된 것이 9월 15일이므로 長安에서 西州까지
문서 전달에 약 40일정도가 소요되었음을 알 수 있다.
14~16행은 두 절차가 행을 명확히 구분하지 않고 뒤섞여 기재되어 있다. 문서행정의 절차를 감
안한다면 14행의 '九月十五日 錄事 敬 受(9월 15일 녹사 경이 접수하다)'와 16행 하단의 '參軍攝錄事
參軍 珪 付(참군으로 녹사참군을 겸직한 규가 회부하다)'가 먼저 기재되고 이후 符文을 회부받은 戶曹
司에서 15행·16행의 戶曹參軍事 順이 9월 16일 문서의 연접을 지시('連順白. / 十六日')했을 것이다.

그런데 (1) 1~8행의 符文 내용에 주목해 보면, 우선 雍州 奉天縣 현령인 高峻 등이 상신한 救弊狀과 臣 등의 관사, 즉 尙書省 比部가 지방에서 찾아낸 불편 사항들에 대한 보고[訪知狀] 등을 근거로 하여 미납된 부세를 추징하는 것이 번거로움을 지적하였다. 이에 황제가 勅文을 내려 미납 부세의 추징 문제에 대하여 담당 관사에 회부하여 심의토록 하였고, 이에 따라 대신들이 의논을 거쳐 商量狀을 牒文하여 올렸다.147) 尙書省 比部는 이러한 商量狀을 인용하여 符文의 앞부분에 제시하였다('謹件商量狀如前'). 그리고 符文을 받는 서주도독부에는 "이제 문서의 내용으로 하달하니 州는 마땅히 문서[商量狀]의 내용에 따라 처리하시오. 符가 도착하면 받들어 시행(今以狀下, 州宜准狀, 符到奉行)"하도록 지시하였다. 따라서 인용한 부문의 결락된 앞부분에는 담당 관사[所司]가 올린 상량장이 게재되었을 것이고 이를 근거로 해당 사안을 처리하도록 상서성 비부가 서주도독부로 하달한 것이 인용한 [문서8]의 부문에 해당한다. 이처럼 중앙 관사에서 주 또는 도독부로 하달된 符에는 표제{=주제사} 부분에 관련 문서나 문서양식 등이 轉載되었을 가능성이 있다.

더욱이 이러한 내용의 부문은 특정 주 또는 도독부에 한정되지 않고, 해당 사안의 처리와 관련된 여러 주나 도독부에 함께 발부되었을 가능성이 높다. 이러한 사실을 간접적으로 시사하는 사례로 [표2] No.4의 垂拱 원년(685) 서주도독부 法曹司가 高昌縣에 보낸 符文이 주목된다.148) 그 내용은 도망간 도적 張爽 等에 대한 처리를 다루고 있다.

[문서9: 符文] 서주도독부가 蒲昌縣에 내린 符文과 처리 과정

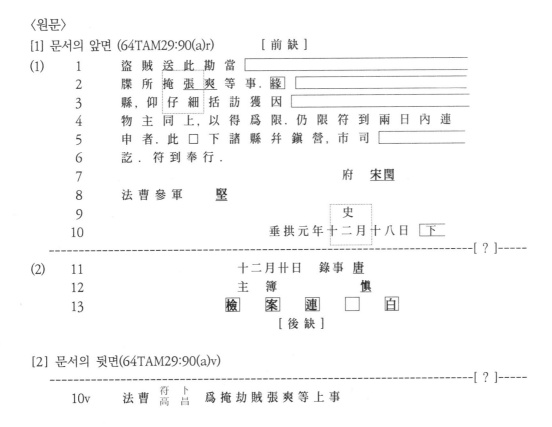

〈원문〉
[1] 문서의 앞면 (64TAM29:90(a)r)   [前 缺]
(1)   1   盜 賊 送 此 勘 當 ☐☐☐☐☐☐☐
       2   牒 所 掩 張 爽 等 事. 緣 ☐☐☐☐☐☐
       3   縣, 仰 仔 細 括 訪 獲 因 ☐☐☐☐☐
       4   物 主 同 上, 以 得 爲 限. 仍 限 符 到 兩 日 內 連
       5   申 者. 此 ☐ 下 諸 縣 幷 鎭 營, 市 司 ☐☐☐☐☐
       6   訖. 符 到 奉 行.
       7   府   宋闓
       8   法 曹 參 軍   堅
       9   史
      10   垂 拱 元 年 十 二 月 十 八 日 下
--[?]-----
(2)   11   十 二 月 卄 日   錄 事 唐
      12   主 簿   愼
      13   檢 案 連 ☐ 白
                      [後 缺]

[2] 문서의 뒷면(64TAM29:90(a)v)
--[?]-----
      10v   法 曹 符 下 高 昌   爲 掩 劫 賊 張 爽 等 上 事

147) 이처럼 逋懸 賦稅의 추징과 관련된 논의와 관련해서는 李錦綉, 『唐代財政史稿』(上卷) 第1分冊, 北京: 北京大學出版社, 1995, pp.332~339 참조.
148) 「唐垂拱元年(685)西州都督府法曹下高昌縣符爲掩劫賊張爽等事」, 64TAM29:90(a), 『吐魯番出土文書』 參, p.345.

〈번역문〉

[1] 문서의 앞면　　　　　　　　　　　　　　　　[前 缺]

(1)　　1~6　　……盜賊을 여기에 보내어(?) 사실을 검사하고 ……숨어있는 張爽 등과 관련된 안건
　　　　　　　을 牒하여……. 연관된 ……縣에서, 바라건대 자세하게 탐색하여 체포하게 된 요인을
　　　　　　　……물건 주인도 마찬가지로 보고하되 얻은 것으로 한정하기 바라며, 이에 符文이
　　　　　　　도착하면 이를을 기한으로 그 안에 연접하여 신고하라. 이 (符는?) 여러 縣과 鎭·
　　　　　　　營, 그리고 市司 등에 하달하는데 ……마치고, 부문이 이르면 받들어 시행하시오.
　　　　7　　　　　　　　　　　　　　　　　　　府인　송윤이 작성함.
　　　　8　　법조참군사인　견이 서명함.
　　　　9　　　　　　　　　　　　　　　　　　　史
　　　10　　　　　　　　　　　　수공 원년　12월　18일 ⎡내려보낸다.⎤
　　　　---[?]-----
(2)　　11　　　　　　　　　　　　　12월 20일　녹사　당(이 접수하다.)
　　　12　　　　　　　　　　　　　주부인　　　　신(이 회부하다)
　　　13　　　　　　문안을 검사하고 연접하시오.　□가 이른다.
　　　　　　　　　　　　　　　　　　　　[後 缺]

[2] 문서의 뒷면
　　　　---[?]-----
　　10v　　(서주도독부) 법조사가 ^(符文으로)_(고창현에 내린) 숨어버린 도적 張爽 등을 보고하는 사안에 대한
　　　　　　건

　인용된 문안은 전체적으로 두 부분으로 이루어져 있다. (1)의 1~10행은 법조사(8행)가 작성한 符
文으로, 2곳(2~3행사이, 9~10행사이)에 날인된 '西州都督府之印'이 확인되어 서주도독부 법조사에서
발급한 관문서임을 알 수 있다. 符文의 수문 관부가 명시되었을 문서의 앞부분이 결락되어 있지만,
이 문서의 마지막 행인 10행의 뒷면([2] 64TAM29:90(a)v의 10v행)에 "법조사가 高昌縣으로 내린
부문"이라고 적시했기 때문에 고창현으로 보낸 부문임을 알 수 있다. (1)의 1~6행이 부문의 내용이
고, 7~9행은 문서 작성자의 서명, 10행은 문서 발급 날짜에 해당한다. 이어서 (2)의 11~13행은 고
창현에서 작성된 것으로 11~12행은 고창현에서 부문을 접수하여 담당 관사에 회부한 내용이고, 13
행은 고창현의 판관인 縣尉 '□'가 문안의 검사와 연접을 主典에게 지시한 내용으로 날짜 부분 이후
는 결락되었다.

　(1)의 1~10행까지 符文은 결락된 앞부분을 포함하여 잔존한 내용도 결손이 심하여 전반적으로 명
확한 내용을 파악하기 어렵다. 다만 남겨진 부분의 내용을 근거하면 숨어버린 도적 張爽 등을 체포하
기 위하여 垂拱 원년(685) 12월 18일에 서주도독부 法曹司가 하달한 부문을 접수하고 이틀 내에 상
황을 보고하라고 지시를 내린 것이다. 그런데 이 부문은 잠적한 도적들의 체포와 관련하여 서주도독
부 법조사가 예하의 여러 縣과 鎭·營, 그리고 市司(?) 등에 관련 사항을 보고하라는 지시(5~6행:
"此□下諸縣幷鎭營, 市司▢▢▢ 訖")를 내린 것이기 때문에 수문 관부가 高昌縣에만 한정되지 않았을
것이다. 이와 관련하여 고창현으로 보낸 부문의 마지막 행(10행)의 뒷면([2] 64TAM29:90(a)v의 10v
행), 즉 문서 연접부 배면인 10행 뒷면에 "法曹　　爲掩劫賊張爽等上事(법조사가 숨어버린 도적 장상
등을 보고하는 사안과 관련된 건)"라고 하여 '法曹'와 '爲掩劫賊張爽等上事' 사이의 띄워진 칸에 '符下
高昌(부문으로 고창현에 내린)'이라고 2줄로 添書한 것이 주목된다. 이것은 동일한 내용('숨어버린 도
적 장상 등을 보고하는 사안과 관련된 건')의 부문이 서주도독부 법조사로부터 고창현만이 아니라 다
른 관부로도 발급되었음을 시사한다. 즉 [전결] 부분을 포함하여 1~10행까지의 부문은 고창현 이외

의 다른 縣, 鎭, 營 등에도 하달되었을 것이고 수문 관부에 대해서는 부문 앞부분의 수문자 표시 내용과 인용한 부문처럼 부문 말미의 뒷면에 각각 해당 관부만을 달리 명시하여 발급되었을 것이다. 즉 중앙 관사가 여러 주나 도독부에, 그리고 주가 예하 여러 현에, 현이 예하 여러 향에 동일한 지시를 내릴 때 부문이 사용되었음을 알 수 있다.

한편 부식 문서 가운데는 특정 사안이나 인물에 관련된 내용을 표제{=주제사}로 한 사례도 있다. 예를 들어 [州符]인 (Ⅰ)-②유형의 [표2] No.5의 開元 14년(726) 沙州 敦煌縣이 懸泉府의 馬社錢을 勾徵하는 사안을 처리한 案卷149) 가운데 沙州 司戶에서 敦煌縣으로 보낸 부문(8~35행)이나 [縣符]인 (Ⅰ)-③유형으로 [표2] No.13의 西州 高昌縣이 太平鄉으로 보낸 부문(1~18행)150) 등이 이러한 경우에 해당하는데 발문자와 표제, 수문자를 확인할 수 있는 문서의 서두 부분을 중심으로 인용하면 다음과 같다.

[자료6] 沙州 司戶가 敦煌縣으로 보낸 符文

[前 略]

```
8    沙 州
9        前校尉判兵曹張袁成注五團欠開九年馬
10                      數內徵張袁成 捌仟肆伯伍拾壹文
11       捌阡陸伯捌拾文徵前府史翟崇明欠未納
12    敦煌縣主者: 得府牒稱, "前校尉張袁成經州陳牒稱,
                    [ 中 略 ]
31            今以 狀下, 縣宜准狀, 符 到奉行.
32                         佐
33    參軍判司戶  賈復素
34                       史  范魯
35                    開元十四年二月十日 下
                    [ 後 略 ]
```

[자료7] 西州 高昌縣이 太平鄉으로 보낸 符文

```
1    高 昌 縣
2        孫 海 藏 患風癇及冷漏狀當殘疾
3    太 平 鄉 主 者: 得上件人辭稱, "先患風癇, 坐底
4    冷漏. 昨爲差波斯道行, 行至蒲昌, 數發動. 檢
                    [ 後 略 ]
```

우선 [자료6]은 沙州 敦煌縣이 개원 9년(721) 懸泉府의 미징수 馬社錢의 징수에 대한 문제에 대하

---

149) P.3899v, 「唐開元14年(726)沙州敦煌縣勾徵懸泉府馬社錢案卷」, 『法國國家圖書館藏敦煌西域文獻』 第29冊, pp.126~131. 錄文은 唐耕耦・陸宏基 編, 『敦煌社會經濟文獻眞蹟釋錄』 第4輯(北京: 書目文獻出版社, 1990), pp.432~435 참조. 인용 부문을 포함하여 P.3899v의 馬社錢 案卷에 대한 연구로는 盧向前, 「馬社硏究--P.3899號背面馬社文書介紹」(『敦煌吐魯番文獻硏究論集』 第二輯, 北京: 北京大學出版社, 1982), 『唐代政治經濟史綜論--甘露之變硏究及其他』, 北京: 商務印書館, 2012, pp.224~275; 北原薰, 「唐代敦煌縣の論決せる笞杖刑文書二種--開元14年(726)理缺馬社錢牒案と總章2年(669)傳馬坊牒について」, 『中國前近代史硏究』 創刊號, 1975; 速水大, 「P.3899v馬社文書に關する諸問題」, 『敦煌寫本硏究年報』 10, 2016, pp.327~339 등 참조.

150) 「唐西州高昌縣下太平鄉符爲檢兵孫海藏患狀事」, 64TAM35:19(a), 『吐魯番出土文書』 參, p.488.

여 개원 14년(726)에 처리하여 보관한 안권의[151] 일부이다. 즉 개원 14년 2월 10일(35행) 沙州 司戶(32~34행)가 敦煌縣에 하달한 부문으로, 31행에 "[지금] 문서의 내용[으로] 하달하니 縣은 마땅히 문서의 내용에 따라 처리하시오. 符가 이르면 받들어 시행하시오([今以狀下, 縣宜准狀, 符到奉行)"라는 문미 상용구가 기재되어 있다. 또한 문서의 여러 곳에 '沙州之印'이 날인되어 있어 沙州에서 발급한 관문서임이 확인된다. 또한 [後略]된 36~37행에는 2월 14일 敦煌縣의 錄事가 접수하고 縣尉로 主簿의 업무를 대신 처리한('尉判主簿') 俊이 부문을 司兵으로 회부하였음을 적시하였다. 이 부분에는 '敦煌縣之印'이 날인되어 부문을 받아 처리한 관사가 敦煌縣임을 알 수 있다.

문서의 서두인 8행에는[152] 발문자인 '沙州', 수문자는 12행에 '敦煌縣主者'로 명시되었다. 그리고 9~11행에는 "前校尉로 兵曹 업무를 처리한 張袁成이 注記해 놓은 五團이[153] 납부하지 않은 개원 9년의 馬社錢(?)은 □□文 / 그 가운데 張袁成에게서 징수한 것[은 8,451문] / 8,680문은 前府史인 翟崇明에게서 징수해야 하나 미납된 액수(前校尉判兵曹張袁成注五團欠開九年馬□□□ / 數內徵張袁成 捌仟肆伯伍拾壹文 / 捌阡陸伯捌拾文徵前府史翟崇明欠未納)"라고 하는 '懸泉府 馬社錢의 미납분'이 표제{=주제사}로 제시되었다. 인용한 부문은 이에 대한 처리를 沙州 司戶가 돈황현에 지시한 내용이다.

다음으로 [자료7]은 문서의 후반부가 결락되어 작성자나 발급 날짜 등을 확인할 수 없다. 그런데 문서 서두에 명시된 1행의 발문자인 '高昌縣', 수문자인 3행의 '太平鄕主者', 그리고 문서에 날인된 여러 곳의 '高昌縣之印'을 전제하면 高昌縣에서 예하 太平鄕으로 하달한 부문이라 할 수 있다. 제2행의 "손해장 간질 및 냉한 등 질환의 상태는 잔질에 해당함(孫海藏 患風癎及冷漏狀當殘疾)"은 부문이 다룬 내용의 대상자로 표제{=주제사}에 해당한다. 즉 [자료7]은 고창현이 태평향에 하달하여 질병을 앓고 있는 손해장에 대한 처리를 지시한 부문이라 하겠다.

이상에서 언급했듯이 특정 사안에 대한 처리를 상급 관부가 하급 관부에 지시한 부문은 중앙에서 주 또는 도독부, 주에서 현, 현에서 향, 그리고 상위 軍府에서 하위 군부 또는 군단으로 다양한 행정 단위에서 행용되었다. 그리고 "今以狀下, 州宜准狀, 符到奉行", "……縣宜准狀, 符到奉行", "……鄕宜准狀, 符到奉行", "……團宜准狀, 符到奉行" 등 그에 상응하는 문미 상용구에 해당 관부가 명시되었다.

한편 상부의 지시를 하부로 전하는 부식 문서 가운데 황제의 勅旨를 하달하는 [旨符]는 (Ⅱ)형으로 [표2] No.22~No.25 문서가 이에 해당한다. 이들은 「공식령잔권」 부식 규정의 서식을 준용한 (Ⅰ)형과는 다른 형식을 나타낸다. 전술한 바 있듯이 制, 勅을 전달하는 절차와 관련해서는 制·勅을 베껴 적는('謄制勅') 기한에 대한 『당률소의』의 규정이 주목된다.

> 무릇 制書를 지체하는 경우, 1일이면 笞刑 50대에 처한다.〈制, 勅을 符, 移의 부류에 베껴 적는 경우는 모두 그러하다.〉……疏議에 이르기를 ……注에 이르길: '제, 칙을 부, 이의 부류에 베껴 적는 경우'라고 하는 것은 원본[正]의 제, 칙을 받들어, 다시 베껴 적고 나서 符, 移, 關, 解, 刺, 牒을 발송하는 경우 모두 그러함을 이르기 때문에 '그러한 부류'라고 하였다.[154]

물론 疏議에서는 制·勅을 符, 移, 關, 解, 刺, 牒 등 여러 유형의 관문서에 베껴 적는 경우를 '謄制

---

151) P.3899v로 복원된 안권의 내용은 1~196행까지인데, 인용한 부문은 8행~35행의 일부에 해당한다.

152) P.3899v 안권의 1행~7행까지는 인용한 沙州의 부문이 2월 14일 敦煌縣에 접수되기 이전인 2월 12일에 돈황현에서 이루어진 별개의 안건에 대한 判案의 내용(1~5행)과 2월 13일에 판관인 縣尉 俊이 문안에 대하여 연접을 지시한 내용('連俊白 / 十三日': 6~7행)이 이어져 있다.

153) 五團은 折衝府에 예속된 5개의 團 또는 다섯 번째의 團으로 해석할 수 있는데, 馬社文書의 五團은 천명 정도로 구성된 5개 團으로 파악하고 있다(盧向前, 「馬社研究」, pp.235~236, 注6).

154) 『唐律疏議』 권9, 職制, '稽緩制書官文書'條, pp.196~197, "諸稽緩制書者, 一日笞五十.〈謄制·勅, 符·移之類皆是〉……[疏]議曰: ……注云: '謄制·勅, 符·移之類', 謂奉正制·勅, 更謄已出符·移·關·解·刺·牒皆是, 故言'之類.'"

勅'의 범주에 모두 포함하여 制書를 지체하는 처벌이 적용되는 것으로 설명하였다. 그런데 출토문서 가운데 制·勅의 전달과 관련하여 행용되던 관문서의 유형은 주로 부식 문서에 해당한다. 이러한 이유에서 制·勅의 전달과 관련하여 작성된 符文의 특징을 살펴보기 위하여, 일단 칙지 자체의 내용이나 그 작성 과정은 별도로 하고 제작된 칙지가 중앙 관사로부터 지방으로 하달되는 과정을 중심으로 관련 사례를 제시해 보면 다음과 같다.

[문서10]은 [표2] No.22 문서로 貞觀 22년(648) 勅旨를 尙書省 兵部가 安西都護府로, 安西都護府는 다시 交河縣으로 부문으로 하달하는 과정이 기재되어 있다.155)

[문서10: 符文] 尙書省에서 安西都護府, 都護府에서 交河縣으로 勅旨를 전달하는 符文

〈원문〉   [前 略]

(1) 21   尙 書 省
      22   安 西 都 護 府 主 者: 得 行 從   奉
      23   勅 旨, 連 寫 如 右. 牒 至 准   勅 者,   府 宜 准
      24   勅, 符 到 奉 行.
      25   主 事 能 振
      26   兵 部 員 外 郎   禮   令 史
      27   書 令史
      28   貞 觀 廿 二 年 三 月 □ □ 日 下
(2) 29   六 月 廿 □ 日 [時] 錄 事 [姓名] 受

    ----

      30   參 軍 判 錄事參軍 [姓名] 付兵曹
(3) 31   都 護 府
      32   交 河 縣 主 者: 被 符 奉   勅 旨, 連 寫 如 右. 牒 至准
      33   勅 者, 縣 宜 准   勅, 符 到 奉 行.
      34   府
      35   法 曹 參 軍 判 兵 曹 事   弘建
                  [中 缺]156)
      36   丞 未到   付 法
(5) 37   牒, 件 錄   勅 白 如 前. 已 從 正   勅 行 下 訖.
      38   謹(?) 牒.
      39   貞 觀 廿 二 年 七 月 五 日 史 張守洛 牒

    --[弘]-----

(6) 40   付 司, 景 弘 示.
      41   五 日

---

155) 「唐貞觀22年(648)安西都護府承勅下交河縣符爲處分三衛犯私罪納課違番事」, 73TAM221:55(a), 56(a), 57(a), 58(a), 『吐魯番出土文書』 參, pp.303~305. 문서의 錄文 가운데 缺落된 부분에 대한 보충은 관련 문서들을 참조하여 필자가 작성한 것이다.

156) [中缺] 부분을 여타 문서의 사례를 참조하여 보충하면 35-1행, 35-2행, 35-3행과 같다.

35	法 曹 參 軍 判 兵 曹 事 弘建		
35-1		史 [姓名]	
35-2	貞 觀 廿 二 年 六 月 □ 日 下		
35-3	七 月 □ 日 錄 事 [姓名] 受		
36	丞 未到	付 法	

(7)　42　　　　　　　　　　　　七月五日　錄　事　　　　　受 157)
　　　　　　　　　　　　　　　　　[後 缺]

〈번역문〉　　　　　　　　　　　　　[前 略]
(1)　21　　　상서성(으로부터 발문)
　　22~24　안서도호부 담당자 앞으로: 수종[行從](?) ……를 얻은 바, 칙지를 [받들어] 베껴
　　　　　　적고 연접한 것이 앞과 같으니 첩이 도착하면 勅에 따라 처리하시오[라고 하였
　　　　　　다. 도호부는 마땅히] 칙에 따라서 符가 도착하면 받들어 시행하시오.
　　25　　　　　　　　　　　　　　　　　　주사 **능진**이 작성함.
　　26　　　병부원외랑 **예**가 서명함.　　　　영사
　　27　　　　　　　　　　　　　　　　서 령사
　　28　　　　　　　　　　　정관 22년 ③월 □□일 내려 보낸다
(2)　29　　　　　6월 2□일 [시] 녹사 [성·이름] 접수하다

　　30　　　　　참군으로 녹사참군 업무를 처리한 [성·이름]이 병조로 회부하다
　　31　　　(안서)도호부(로부터 발문)
　　32~33　교하현 담당자 앞으로: 符文을 받았는데 勅旨를 받들어 베껴 적고 연접한 것이
　　　　　　앞과 같은 바 첩이 도착하면 勅에 따라 처리하라고 하였다. 縣에서는 마땅히 勅
　　　　　　에 따라서 符가 도착하면 받들어 시행하시오.
(3)　34　　　　　　　　　　　　　　　　　　　　부
　　35　　　법조참군으로 병조[참군]사 를 대신한 **홍건**이 서명함.
　　　　　　　　　　　　　　[中 缺]
(4)　36　　　　　　　　　　　　(현)승도착하지 않음　법(조)로 회부하다
(5)　37~38　[첩을 올립니다. 案件에 대하여] 勅을 원래대로 [베껴 적은] 것이 앞의 내용과 같
　　　　　　습니다. 이미 원본의 칙[正勅]에 따라 아래로 頒行하였습니다. [삼가(?)] 첩을 올
　　　　　　립니다.
　　39　　　　　정관 22년 7월 5일 (교하현의 主典인) 사 장수락이 첩을 올립니다.
(6)　40　　　**(담당) 관사로 회부하라. 경홍이 지시한다.**
　　41　　　　　　　　　　　　　　　　　　　　　　　**5일**
(7)　42　　　　　　　　　　　　7월5일　녹 사가　　　접수하다.
　　　　　　　　　　　　　　　　[後 缺]

우선 [문서10]의 경우 인용한 문안의 [前略] 부분에는 정관 22년(648) 三衞가 私罪를 범하여 納課하거나('三衞犯私罪……依法徵納'), 違番한 경우에 대한 처리를 지시한 勅旨의 내용(1~18행)과 이를 문하성에서 상서성 병부로 회부한 과정이 기재되어 있다(19~20행). 이후 인용한 [문서10]에서 (1)의 21행~28행은 상서성 병부에서 안서도호부 主者에게 하달된 문서([부문①])가 (2) 안서도호부 兵曹에 회부되고(29~30행), 다시 (3)의 31~35행은 안서도호부 병조에서 交河縣 主者에게 하달된 문서([부문②])가 (4) 교하현 司法에 회부되는 과정(36행)을 거쳤다. 교하현에서는 (5) 司法의 主典인 史 장수락이 상기 문서들을 접수한 사실과 이에 대한 처리를 첩(37행~39행)으로 현령에게 올렸고, (6) 현령 景弘은 이를 해당 부서에 회부토록 지시하여(40행~41행) (7) 녹사가 접수하였다(42행).

(1)의 상서성 병부에서 안서도호부로 하달된 [부문①]에는 [前略]된 부분에 칙지에 해당하는 내용(1행~18행)과 이를 상서성에서 수리하여 담당부서인 병부로 회부한 사실(19~20행)만이 연접해 있

---

157) 42행의 '┌─┐' 표식은 朱書로 勾勒한 표시이다.

다. 즉 상서성 병부에서 이를 안서도호부로 회부하라고 결정하는 절차는 [부문①]의 내용에는 적시되지 않았다. 따라서 [부문①]의 (1)의 23~24행에는 "······칙지를 [받들어] 베껴 적어 연접한 것이 앞과 같으니 첩이 도착하면 勅에 따라 처리하[라고 하였다. 도호부는 마땅히] 칙에 따라서 符가 도착하면 받들어 시행하시오([奉]勅旨, 連寫如右. 牒至准 勅[者. 府宜准]勅, 符到奉行)."라고 하듯이 상서성 병부에서 베껴쓴 칙지의 寫本(1~18행)이 [부문①] 앞에 연접되어 안서도호부에 하달되는 것이다. 문하성에서 상서성으로 하달된 칙지는 물론 문하성에서 베껴쓴 사본일 것인데 이 역시 本案으로 상서성의 庫에 수장되었을 것이다.158)

이와 마찬가지로 (3)의 안서도호부 병조에서 交河縣에 하달한 [부문②]의 (3)인 32~33행에도 "부문을 받았는데 칙지를 받들어 베껴 적고 연접한 것이 앞과 같은 바(被符, 奉 勅旨, 連寫如右)"라고 하여 칙지와 상서성 부문을 베껴 적고 연접하였음을 명시하였다. 그리고 "첩이 [도착하면] 勅에 [따라] 처리하라. 縣에서는 마땅히 勅에 따라서 符가 도착하면 받들어 시행하시오(牒[至准] 勅者, 縣宜准勅, 符到奉行)라고 하여 칙지에 따라 처리하도록 交河縣에 지시하였다. 그리고 최종적으로 칙지, 상서성 부문([부문①])이 연첩되어 있는 안서도호부 부문[부문②)]을 수리한 교하현 司法에서는 (5)의 37행~39행에서 주전인 史 장수락이 "[첩을 올립니다. 안건에 대하여] 勅을 원래대로 [베껴 적은 것이] 앞과 같습니다. 이미 원본의 칙[正勅]에 따라 아래로 頒行하였습니다. [삼가(?)] 첩을 올립니다([牒, 件錄] 勅白如前, 已從正 勅行下訖. [謹(?)]牒)"라고 하였다. 즉 이상의 내용을 다시 베껴 적었고 이미 예하의 행정 단위인 향 등으로 문서를 하달하였음을 보고하였다. 따라서 이 문서 전체는 칙지, 상서성 符文([부문①]), 안서도호부 부문([부문②]) 등 여러 행정 단위의 문서를 연접하고 있는데 실제로는 최종 문서수리 관사인 교하현에서 작성한 것임을 알 수 있다.

그런데 이 문안은 35행~36행 사이의 중간 결락[中缺] 부분을 경계로 전반부 3장, 후반부 2장의 종이가 연접되어 있는데 14~15행 사이(인용한 [문서10]의 前略 부분), 29~30행 사이, 그리고 39~40행 사이 등 3곳의 접합부분이 확인되며 접합부의 뒷면[縫背面]의 2곳(14~15행 사이, 39~40행)에 '弘'자가 押署되어 있다. 이 경우 '弘'은 이 문안의 처리과정에서 확인되는 교하현 현령 '景弘'으로 추정된다. 즉 안건의 처리 과정을 주관했던 현의 장관인 현령이 칙지, 상서성 부문([부문①]), 안서도호부 부문([부문②])을 초록한 문서의 연접에도 관여했음을 알 수 있다. 한편 상서성에서 정관 22년 3월경에159) 작성되어 안서도호부로 발송된 칙지는 6월 20일경에 안서도호부에 수리되었고, 다시 안서도호부 兵曹의 처리 과정을 거쳐 7월 5일 교하현에 접수되었다.

그런데 중앙으로부터 칙지를 전달하기 위해 하달된 부문은 전술한 상급 관부에서 하급 관부로 발부되던 부문과 형식상 약간의 차이를 나타낸다. 전술한 (I) 유형의 상급 관부가 하급 관부로 발부한 부문은 대체로 「공식령잔권」 부식의 규정처럼 발문자, 표제(주제사), 수문자, 부문의 문미 상용구 등으로 구성되어 있다. 이에 비하여 勅旨를 전달하는 부문의 경우는 발문자, 수문자, 문미 상용구 등은 모두 적시했으나 표제(주제사)를 별도로 명시하지 않았다. [문서10]의 (1) 상서성에서 안서도호부로 보낸 부문([부문①]), (3) 안서도호부에서 교하현으로 보낸 부문([부문②])은 모두 발문자인 (1) 21행의 尙書省, (3) 31행의 都護府, 그리고 수문자인 (1) 22행의 安西都護府主者, (3) 32행의 交河縣主者를 명시했지만 표제(주제사)는 달리 기재하지 않았다. 한편 부문의 내용으로 [부문①]의 경우 (1) 22행~23

---

158) 『唐會要』 권82, 甲庫門, p.1792, "開元十九年五月十一日勅: 尙書省內諸制勅庫, 及兵部 · 吏部 · 考功 · 刑部簿書景跡幷甲庫, 每司定員外郞 · 主事各一人, 中書 · 門下制勅甲庫, 各定主書 · 錄事已下各一人專知. 周年一替, 中間不得改移.";『唐六典』 권1, 尙書都省 左右司郞中 · 員外郞, pp.10~12, "凡尙書省施行制勅, 案成則給程以鈔之 ······凡文案旣成, 勾司行朱訖, 皆書其上端, 記年月日, 納諸庫."
159) 해당 勅旨가 작성된 시기가 대략 2월경(15행)이고 門下省에서 尙書省에 회부된 것이 2월 26일(19행)인 점을 감안하면 尙書省 兵部에서 符文이 작성되어 安西都護府로 발송된 것은 대략 3월경으로 추정된다.

행에서 "① 行從(?) ……를 얻은 바, 칙지를 [받들어] 베껴 적고 연접한 것이 앞과 같은 바 첩이 이르면 勅에 따라 처리하시오[라고 하였다. ② 도호부는 마땅히] 칙에 따라서 符가 이르면 받들어 시행하시오(① 得行從……, [奉] 勅旨, 連寫如右. 牒至准 勅者. ② [府宜准] 勅, 符到奉行)"라고 하였다. 그리고 [부문②]의 경우 (3) 32행~33행에서 "①' 부문을 받았는데, 칙지를 받들어 베껴 적고 연접한 것이 앞과 같은 바 첩이 이르면 勅에 따라 처리하라고 하였다. ②' 縣에서는 마땅히 勅에 따라서 符가 이르면 받들어 시행하시오(①' 被符奉 勅旨, 連寫如右. 牒至准 勅者. ②' 縣宜准勅, 符到奉行)"라고 하였다. 즉 勅旨를 받게 된 경위에 대하여 [부문①]의 ①은 行從의 문서(보고) 또는 牒(?)을 통하여 [부문②]의 ①'는 부문을 받아서 이루어졌음을 기재하고 이어 '부문 앞에 베껴 적고 연접했음(連寫如右)'을 적시하였다. 문미의 상용구로 기재된 [부문①] ②의 '府宜准勅, 符到奉行'이나 [부문②] ②'의 '縣宜准勅, 符到奉行'은 행정 단위에 따른 구별로 (Ⅰ) 유형의 부문에서도 행용되는 문구이다. 문서작성자인 [부문①] (1) 25행~27행과 [부문②] (3) 34~35행의 기재 형식과 함께 [부문②]의 경우는 비록 결락되었지만 작성 날짜에 해당하는 [부문①] (1) 28행 등의 내용은 (Ⅰ)유형의 부문 형식과 마찬가지이다.

칙지를 전달하는 부문의 사례가 매우 한정되기는 하지만 [표2] No.24의 麟德 3년(666) 東都 中臺에서 西州都督府로 하달된 부문에도[160] 1행 '東都 中臺'{발문자} 다음의 2~3행에 "西州都督府主者{수문자}: 件奉 勅如前. 州宜 / 准 勅訖申. 符到奉行"이라고 하였다. 즉 수문자인 西州都督府 담당자 앞으로 "안건에 대해 칙지를 받든 바 앞과 같으니, 州에서는 마땅히 勅旨에 따라 처리를 마치고 보고[申]하시오"라고 기재하였다. [문서10]의 (1) 상서성에서 안서도호부로 보낸 부문, (3) 안서도호부에서 교하현으로 보낸 부문의 전술한 내용과 유사함을 알 수 있다.[161]

3. 소결

돈황출토 P.2819 「당개원공식령잔권」을 통하여 당대 공식령 가운데 이식, 관식, 첩식, 부식, 제수고신식, 주수고신식 등의 내용이 확인되었다. 이 장에서는 주로 『당률소의』에 규정된 관문서 유형과 「공식령잔권」 첩식, 부식의 보칙 내용에 주목하여 당대의 관문서 유형에 자식, 해식이 포함되어 있었을 것이라고 판단하였다. 즉 당대 관문서에는 기능적인 측면에서 크게 상행문서로서 자식, 해식이, 평행문서로서 이식, 관식이, 그리고 하행문서로서 첩식, 부식이 포함되었다. 그리고 「공식령잔권」으로 서식을 확정할 수 있는 관식, 첩식, 부식에 해당하는 관문서의 실례를 돈황·투르판 출토문서 중에서 찾아내어 각 유형 관문서의 실질적인 기능과 특질에 접근해 보고자 하였다. 물론 출토문서의 내용이 주로 중국 서북 변경을 대상으로 한다는 특수성 역시 무시할 수 없겠으나 당대 문서행정의 구체적인 모습에 접근하는 데 유효한 자료라는 점도 부인할 수 없다.

關文의 경우 주로 안서도호부나 서주도독부 예하의 각 曹司 사이에서, 한 曹司가 사안에 대한 처결을 해당 업무의 담당 曹司에 의뢰할 때 작성하였다. 그러나 현재로서는 매우 한정된 사례만이 확인되어 해당시기 문서행정 운영상의 특징을 포함하여 보다 구체적인 실상을 파악하긴 곤란한 상태이다. 牒文의 경우 「공식령잔권」에 규정된 하행문서만이 아니라 官人이 문서를 상달할 때에도 작성되었다. 그런데 극히 제한된 사례이기는 하지만 州에서 州로, 縣에서 縣으로 문서를 전달할 경우에도 牒文이

---

160) 「唐麟德3年(666)東都中臺下西州都督府符」, 73TAM518:2/5(a), 『吐魯番出土文書』 參, p.449.
161) 「唐儀鳳3年(678)度支奏抄·4年(679)金部旨符」에 상서성이 '西州主者'에게 보낸 부문에도 "奉 旨如右. 州宜依 / 旨應須行下, 任處分. 符到奉行"이라고 하여 유사한 형식으로 기재되었다.

사용되었으며, 서주도독부 예하의 법조와 공조 사이에 첩문이 사용된 사례도 확인된다. 동일 장관 예하의 관사 사이에서 행용되던 관문서로 關文이 아닌 牒文이 사용된 경우인데, 주로 해당 관사로부터 관련 업무의 협조를 필요로 할 경우 사용되었다. 「공식령잔권」에 첩식과 같은 하행문서로 규정된 符式의 경우 일반 정무에 대한 상급 관사에서 하급 관사로의 문서 하달에는 주로 공식령에 규정된 符式을 준용하였다. 이에 비하여 勅旨를 하달할 경우는 符文을 받는 행정단위[州, 縣] 별로 칙지와 符文을 '連寫'한 후 하급 행정단위의 담당자[主者]에게 전달하였다.

이상에서 살펴본 바와 같이 현재 공식령을 통해 서식 규정이 확인되는 關式, 牒式, 符式의 경우, 관부 간에 행용되던 관문서의 내용에 발문자, 표제, 수문자, 문서내용, 문서작성 날짜, 문서작성자 서명 등의 요소들을 공통적으로 갖추고 있다. 이러한 내용은 돈황·투르판 출토문서에서 확인되는 각 유형의 관문서에도 적용되고 있다. 더욱이 각 유형의 관문서 서식 가운데 문서 내용 말미에 명시된, 예를 들어 "……謹關", "……故牒", "……符到奉行" 등의 상용구가 公式令의 규정대로 또는 보다 상세한 문구를 포함하여 적시되었음을 확인할 수 있다. 그렇다면 이러한 공식령의 서식 규정은 실제 문서행정의 운영 과정에서 어떻게 기능하였을까? 각 유형의 관문서는 어떠한 절차를 통해 작성이 결정되고 그 작성 과정에서 각각의 서식은 어떠한 의미로 작용하였을까? 다음 장에서는 지방 관문서의 처리 절차를 통해 각 유형의 관문서가 작성되는 과정에 주목하여 관문서의 서식 규정이 갖는 의미에 접근해 보도록 하겠다.

제2장 정무 처리과정과 관문서의 작성 절차

제2장 정무 처리과정과 관문서의 작성 절차

1. 지방 문서행정의 운영과 관문서의 작성

1) 지방 문서행정의 운영 절차

공식령에 규정된 여러 유형의 관문서는 관부 간 업무의 보고, 의뢰, 문의, 지시 등 정무의 처리 내용을 명시하여 작성된 것이다. 따라서 특정 관부의 官印이 날인되어 발급된 관문서는 해당 업무를 주관하는 관사에 전달되어 처리되는 절차를 거치게 된다.[1] 실제로 돈황·투르판 출토문서 가운데 확인되는 여러 유형의 관문서는 대부분 문서를 접수한 해당 관사에서 관련 사안을 처리하는 과정에서 작성한 문서들을 連接한 文案(案卷)의 일부를 구성한다.

예를 들어 제1장에서 인용한 [문서1: 關文]의 경우[2] 孟懷福 관련 사안을 처리하던 서주도독부 倉曹司가 과소 발급 사안을 戶曹司에 의뢰하기 위해 작성하여 戶曹司에 접수된 문서이다. 따라서 서주도독부 호조사가 맹회복에 대한 과소 발급을 처리하는 과정에서 작성된 案卷의 일부에 해당한다. [문서2: 牒文]의 경우도[3] 年老한 □守節의 신청에 따라 서주도독부 兵曹司가 예하 蒲昌府에 仗身의 차출을 지시하기 위해 작성한 牒文으로 포창부에서 접수한 문서이다. 이 문서 역시 포창부에 접수된 후 포창부가 관련 사안을 처리하는 과정에서 작성한 案卷의 일부이다. 물론 관사에 처리할 안건이 상정되는 것은 관문서에 의해서만이 아니라 私文書 또는 특수한 경우에는 특정인의 지시 문건 등에 의해서도 이루어질 수 있다. 그리고 이들 문서의 접수를 통해 상정된 안건은 관련 사안에 대한 勘檢 등 조사, 심문의 과정을 거쳐 최종의 조치가 결정되면 이를 집행하기 위한 문서가 다시금 작성되는데, 앞서 인용한 關文이나 牒文과 같이 官印을 날인하고 해당 관사로 발급되는 또 다른 관문서가 된다. 따라서 공식령의 규정에서 확인되는 여러 유형의 관문서는 일정한 문서행정의 처리 절차를 거쳐 작성되었음을 전제할 수 있다.

관문서의 작성과 그 전제로서 문서행정 운영의 절차는 이를 담당했던 관인의 역할과도 밀접한 관계를 갖는다. 이른바 당대 율령 관제의 주요 특징 중 하나인 4等官(長官, 通判官, 判官, 主典)의 실질적 역할과 기능도 문서행정의 운영 과정에 반영되었으며, 이들 간의 역할 분담이나 공조 내용도 안건을 처리하는 과정에서 문안상에 당연히 적시되었을 것이다. 따라서 관문서의 발급 과정과 문서행정을 담당한 관인의 역할 등이 해당 안건에 대한 상정, 심의, 처결 과정을 연접하여 이루어진 문안(안권)에 어떻게 반영되었는지 주목할 필요가 있다.

당대 지방 관문서의 발급과정과 관련하여 우선 문서 처리절차를 비교적 개괄적으로 파악할 수 있는 案卷의 실례로 [문서11: 안권] 長安 3年(703)에 敦煌縣이 甘·涼·瓜·肅 등의 州에 머물러 살고 있는 沙州의 逃戶를 처리하는 사안에 대한 안권을[4] 살펴보도록 하겠다.

---

1) 이와 관련하여 개인에게 발급되는 告身이나 過所, 그리고 計會 문서처럼 특정 사안에 대한 결과 보고 등은 최종적인 결과 문서라는 의미에서 여타의 관문서와는 구별될 수 있을 것이다.

2)「唐開元21年(733)西州都督府案卷爲勘給過所事」, 73TAM509:8/8(a), 『吐魯番出土文書』肆, pp.282~283.

3)「唐開元2年(714)3月26日西州都督府牒下蒲昌府爲□守節年老改配仗身事」, 寧樂016, 『日本寧樂美術館藏吐魯番文書』, pp.53~55.

4) Ot.2835v,「武周長安3年(703)敦煌縣案卷爲處分甘·涼·瓜·肅所居停沙州逃戶事」, 小田義久 主編, 『大谷文書集成』壹 (京都: 法藏館, 1984), 圖版 120·121(124), 錄文 pp.105~106. 이 문서는「武周長安3年(703)3月敦煌縣上括逃御史, 並牒甘·涼·瓜·肅等州爲所居停沙州逃戶事」로 명명되거나 表紙는「長安3年(703)停逃戶文書」(Ot.2835a), 背紙는

[문서11: 안권] 장안3년(703) 沙州 敦煌縣에서 작성한 案卷

〈원문〉 ---[?]-----
[Ⅰ](1) 1 　　　　甘 涼 瓜 肅 所 居^停 沙 州 逃 戶
　　　 2 　牒: 奉 處 分. 上 件 等 州, 以 田 水 稍 寬, 百 姓 多
　　　 3 　悉 居 城, 莊 野 少 人 執 作. 沙 州 力 田 爲 務,
　　　 4 　小 大 咸 解 農 功. 逃 迸 投 詣 他 州, 例 被 招
　　　 5 　携 安 置, 常 遣 守 莊 農 作, 撫 恤 類 若 家
　　　 6 　童. 好 卽 薄 酬 其 傭, 惡 乃 橫 生 構 架. 爲
　　　 7 　客 脚 危, 豈 能 論 當. 荏 苒 季 序, 逡 巡 不.
　　　 8 　歸. 承 前 逃 戶 業 田, 差^戶 出 子 營 種, 所 收 苗
　　　 9 　子, 將 充 租 賦, 假 有 餘 賸, 便 入 助 人. 今 奉
　　 10 　明 勅: "逃 人 括 還, 無 問 戶 第 高 下, 給
　　 11 　複 二 年." 又, "今 年 逃 戶 所 有 田 業, 官 貸
　　 12 　種 子, 付 戶 助 營, 逃 人 若 歸, 苗 稼 見 在, 課
　　 13 　役 俱 免, 復 得 田 苗." 或 恐 已 東 逃 人 還, 被 主 人
　　 14 　詃 誘, 虛 招 在 此 有 苗, 卽 稱 本 鄉 無 業.
　　　　 --[辯]-----
　　 15 　漫 作 由 緒, 方 便 覓 住. 此 並 甘 涼 瓜 肅 百 姓
　　 16 　共 逃 人 相 知, 詐 稱 有 苗, 還 作 住 計. 若 不 牒
　　 17 　上 括 戶 採 訪 使 知, 卽 慮 逃 人 訴 端 不 息.
　　 18 　謹 以 牒 擧, 謹 牒.
　　 19 　　　　長 安 三 年 三 月 日 典 陰 永 牒
　(2) 20 　　　　付 司, 辯 示.
　　 21 　　　　　　　　　　十 六 日
　(3) 22 　　　　　三 月 十 六 日 錄 事 受
　　 23 　　　　　尉 攝 主 簿 　　　付 司 戶
[Ⅱ](4) 24 　　　　檢 案, 澤 白.
　　 25 　　　　　　　　　　十 六 日
　　　　 --[澤]-----
　　 26 　牒, 檢 案 連 如 前, 謹 牒
　　 27 　　　　　　三 月 十 日 史 氾 藝 牒
[Ⅲ](5) 28 　　　　以 狀 牒 上 括 逃 御 史.
　　 29 　　　　諮. 澤 白.
　　 30 　　　　　　　　　　十 六 日
　　 31 　　依 判, 仍 牒^上 涼 甘 肅
　　 32 　　瓜 等 州, 准 狀. 辯 示.
　　 33 　　　　　　　　　　十 六 日

「敦煌縣勳蔭田簿」(Ot.2835b)로 정리하기도 하였다. 원문에 있는 則天文字는 모두 일반 正字로 바꿔 기재하였다. 大谷文書의 文書名은 별다른 주기가 없는 한 陳國燦·劉安志 主編, 『吐魯番文書總目(日本收藏卷)』, 武漢: 武漢大學出版社, 2005의 해당 문서에 대한 명명에 따랐다.

```
-------------------------------------------------------------------------
[IV](6) 34    牒：上括逃御史，件狀如前．今以狀牒，〻至准
        35    狀．謹牒．
        36    牒：上凉甘肅瓜等州，件狀如前．今以狀牒，
        37       〻至准狀．謹牒．
        38              長安三年三月十六日
        39                      佐
        40    尉
        41                      史 氾藝
[V](7) 42           三月十六日 受牒，卽日行判．無稽
       43    錄  事              檢無稽失
       44    尉攝主簿    自判
  (8) 45    牒 爲括逃使牒，請牒上御史，幷牒凉甘肅瓜等州事．
      46                      □ 5)
-----------------------------------------------------------------[ ？ ]-----
```

〈번역문〉

[I](1) 1   감주·양주·과주·숙주에 머물러 살고 있는 사주의 逃戶에 대하여

2~18 牒을 합니다: 처분은 받듭니다. 앞에 언급한 州들은 경작할 수 있는 田地가 비교적 넓지만 백성이 대부분 城에 거주하여 시골에는 농사짓는 사람이 적습니다. 沙州에서는 힘써 경작하는 것을 임무라 여겨 모든 사람이 농사의 중요함을 알고 있습니다. (이런 까닭에) 도망가 흩어져 다른 州에 무작정 이르러도 늘상 불려가 편하게 자리잡고 항시 텃밭에 나가 농사를 지으며 마치 집안 아이처럼 도움을 받습니다. 그러나 잘 되야 아주 싼 노임을 받거나, 못되면 근근이 목숨을 부지하고 살아가는 처지이니 客이 되어 위태롭게 살아가는 것을 어찌 온당하다고 말할 수 있겠습니까? 점차 세월이 지나 계절이 바뀌어도 머뭇거리다가 돌아가지 못하게 됩니다. 이전 逃戶의 業田은 이어서 사람을 차출하여 경작시키고 수확한 곡물을 租賦에 충당토록 하며 만일 잉여가 있다면 고용된 자(대리 경작자?)에게 주었습니다. (그런데) 지금 勅을 받았는데 "도망한 자[逃人]가 잡혀 [본적지로] 돌아가게 되면, 호등[戶第]의 높고 낮음을 묻지 않고 2년간 요역을 면제시킨다"고 하였습니다. 또한 "올해에는 逃戶의 (田地에 대한) 모든 농사에 官에서 種子를 빌려주고 (필요한) 戶를 붙여 농사를 돕도록 할 것이며, 도망한 자가 만일 돌아오면 농지는 그대로 돌려주고, 課役은 모두 면제하며 더불어 田地에 심어져있는 것도 가질 수 있다."고 하였습니다. 그러나 혹여 이미 (沙州의) 동쪽으로 도망갔던 사람이 돌아가면 이곳에서는 농사를 짓지만 고향에는 아무것도 할 수 없을 것이라는 땅 주인의 꼬임에 넘어가 멋대로 이유를 만들어 편한대로 머무를 곳을 찾으려 할까 두렵습니다. 또한 감주·양주·과주·숙주의 백성들과 도망한 사람이 서로 공모하여 농사를 짓고 있다고 사칭하며 돌아가 생계를 유지하려 할까 두렵습니다. (따라서) 만약 括戶採訪使에게 첩을 올려 (이런 사정을) 알리지 않는다면 도망한 자들의 소송이 끊이지 않을까 걱정이 되어, 삼가 첩으로 올립니다. 삼가 첩을 올립니다.

19   장안 3년 3월 일 典인 陰永이 牒합니다.

---

5) 46행 말미에 '日'字에 해당하는 則天文字의 일부가 확인되지만 이는 背面 문서의 일부에 기재된 것으로 본 문서와는 관련이 없는 내용이다.

(2)	20	**담당 관사로 회부하시오. (현령) 辯이 지시한다.**	
	21		**16일**
(3)	22	3월 16일에 녹사가 접수[受]하다.	
	23	縣尉로 主簿를 겸한 [澤이] 司戶로 회부하다.	
[II](4)	24	**문안을 검사하시오. (縣尉) 澤이 지시한다[白].**	
	25		**16일**
	26	牒합니다. 문안을 검사하여 연접한 것이 앞과 같습니다. 삼가 첩을 올립니다.	
	27	3월 십몇일 史인 氾藝가 牒합니다.	
[III](5)	28~29	**문서의 내용[狀]으로 括逃御史에게 첩을 올리면 어떨지요.**	
		헤아려 주십시오. 澤이 아룁니다[白].	
	30		**16일**
	31~32	**(판관의) 首判대로 하시오. 또 양주·감주·숙주·과주 등**	
		에 문서 내용에 준하여 첩을 올리시오. 辯이 지시한다.	
	33		**16일**

[IV](6) 34~35 牒을 합니다: 括逃御史에게 안건의 내용은 앞과 같이하여 올립니다. 지금 문서의 내용으로 첩하니 첩이 이르면 내용에 따라 처리하십시오. 삼가 첩을 올립니다.

36~37 牒을 합니다: 양주·감주·숙주·과주 등 주에 안건의 내용은 앞과 같이 하여 올립니다. 지금 문서의 내용으로 첩하니 첩이 이르면 내용에 준거하여 처리하십시오. 삼가 첩을 올립니다.

	38	장안 3년 3월 16일
	39	佐
	40	(현)위
	41	史인 **氾藝**가 작성함.
[V](7)	42	3월 16일 첩을 접수하고, 당일 행판하다. 지체된 바가 없다.
	43	녹사가 검사했는데 지체되거나 실착이 없다.
	44	(현)위가 주부를 겸함 스스로 판안함

(8) 45 첩을 하여 括逃使의 첩을 御史에게 牒上하기를 청하고, 아울러 凉·甘·肅·瓜等 州에 첩하는 것에 대한 사안

46 □

이 안권은 沙州의 逃戶 가운데 甘·凉·瓜·肅州 등 인근의 州로 도망가서 머물러 살고 있는 자들을 고향[本鄕]으로 돌아가게 하기 위한 조치를 敦煌縣에서 처리한 과정을 기재하고 있다. 안권 전체는 4장의 종이(1~14행, 15~25행, 26~33행, 34~46행)가 연접된 것이다. 접합부 뒷면에는 담당자의 서명[押署]이 적시되었는데, 14행과 15행 사이의 배면에는 '辯'자가, 25행과 26행사이의 배면에는 '澤'자가 확인된다. 33행과 34행 사이 접합부 배면에는 押署가 생략되었고 안권의 첫 행과 마지막 행 부분의 압서는 판독하기 쉽지 않다.

우선 안권의 구성을 살펴보자면 [I]-(1)의 1~19행은 括逃使로부터 敦煌縣에 보내진 牒文이다. 즉 1행의 '감주·양주·과주·숙주에 머물러 살고 있는 사주의 逃戶에 대하여'{주제사}와, 2행과 18행의 '첩을 합니다(2행: 牒)', '삼가 첩을 올립니다(18행: 謹牒)' 등의 牒文 형식에 의하여 장안 3년(703) 3월(19행)에 작성된 상행문서로서의 첩문이다.6) 이 첩문에 대하여 안권 말미인 [V]-(8) 45행에는 문

---

6) 이 牒文은 P.2819 「開元公式令殘卷」에 규정된 하행문서로서 牒式의 서식과는 달리 상행문서로서 『司馬光書儀』의

안의 내용을 '括逃使의 牒을 (括逃)御史에게 牒上하기를 청하는(爲括逃使牒, 請牒上御史)' 사안이라고 표현하고 있다. 따라서 [Ⅰ]-(1)의 1~19행은 括逃使의 牒文이라고 판단할 수 있다.

이러한 이유에서 [Ⅰ]-(1) 19행에 첩문의 작성자인 典 陰永을 括逃使의 典으로 판단하기도 하였다.7) 그런데 첩문의 접합부[接縫部]인 14행과 15행사이의 배면에 돈황현의 현령인 辯의 서명[押署]이 확인되는데, 이것은 敦煌縣에서 용지를 연접하여 괄도사의 첩문을 抄寫하였음을 반영한다. 때문에 陰永이 敦煌縣의 典일 가능성도 배제할 수 없다.8) 어쨌든 [문서11: 안권]의 [Ⅰ]-(1)은 敦煌縣에서 베껴쓴 첩문의 부본이기 때문에 앞서 인용한 바 있는 [문서1: 關文], [문서2: 牒文], [문서7: 符文] 등처럼 해당 관사에서 직접 작성하여 발부한 문서의 원본과는 구별된다. 이러한 이유 때문인지 이 첩문에는 처리해야 할 안건의 내용만이 아니라 사안의 처리 방안에 대해서도 언급하고 있다. 牒文의 말미인 17~18행에는 만일 括戶採訪使에게 첩을 올려 알리지 않으면 逃人의 소송이 끊이지 않을 것이라고 지적하면서("若不牒上括戶採訪使知, 卽慮逃人訴端不息.") 括戶採訪使에 대한 上牒을 제안하고 있다.9)

다음으로 [Ⅰ]-(2) 20~21행에서는 돈황현 縣令인 辯이 3월 16일에 해당 문서[사안]를 담당 관사로 회부하라는 지시를 하였고('付司, 辯示 / 十六日'), [Ⅰ]-(3) 22~23행에서는 3월 16일에 錄事가 문서[牒文]를 접수('受')하고 임시로 主簿를 겸임[攝]한 縣尉가 司戶로 문서를 회부한('付司戶') 사실을 기재하였다. 문서의 受付가 기재된 22~23행에는 '敦煌縣之印'의 官印이 날인되어 있어 이후의 처리과정이 돈황현에서 이루어졌음을 명시하였다. 즉 해당 관부[敦煌縣]의 관사[司戶]에서 처리하는 안건은 일단 관부 혹은 관부 장관의 확인(또는 서명)을 거치고 다시 문서의 접수와 회부 과정을 통해10) 안건 처리 관사로 전달되었다. 이상의 과정과 같이 括逃使의 첩문은 돈황현에 접수되고 이어 해당 업무의 담당 관사인 司戶로 회부되면서 본격적으로 敦煌縣 司戶가 처리하는 안건으로 상정되는 것이다. 이어 사안에 대한 勘檢이 진행되었다.

업무처리의 해당 관사인 돈황현 司戶로 회부된 사안은 [Ⅱ]-(4)의 24~25행에서 판관인 縣尉 澤의 문안에 대한 감검 지시('檢案, 澤白')가 이루어졌다. 이에 따라 26~27행에서 司戶의 주전인 史 氾藝가 문안을 검사하여 연접하였음을 보고하였다. 이상의 절차가 기재된 문건, 즉 [Ⅰ]-(1)의 괄도사 첩문에 이어진 [Ⅰ]-(2)·(3)인 장관(현령)의 지시, 錄事와 主簿(현위가 대신함)의 문서 受付 과정에 대한 기재, 그리고 [Ⅱ]-(4)의 24~25행인 돈황현 판관 縣尉의 문안 검사 지시 등이 기재된 1행부터 25행까지의 문건은 [Ⅱ]-(4) 26행이하의 문건과 연접되었는데, 접합부의 배면에는 돈황현의 현위로 해당 사안의 판관인 '澤'의 압서가 적시되었다. 이것은 26~27행의 주전(史 氾藝)이 올린 보고를 판관 澤이 확인하였다는 표식이면서, 이후의 안건 처리과정이 돈황현 사호에서 진행되었음을 반영하는 것이다. 이러한 의미에서 司戶의 주전인 史 범예의 牒은 문안에 대한 점검('檢')과 정리('連')의 보고이면서 사안에 대한 판관의 判案을 요청하는 절차이기도 하였다. [문서11]의 문안에는 상정된 사안에 대한 조사나 심문과 같은 별도의 조처가 달리 이루어지지 않았지만, 主典의 심문과 조사, 연접 등에 대한

규정과 마찬가지로 주제사(1행) 이후 2행 서두에 '牒'으로 시작하는 형식으로 작성되었다.

7) 內藤乾吉, 「西域發見唐代官文書의 硏究」(1960), 『中國法制史考證』, p.228; 陳國燦, 「武周時期的勘田檢籍活動--對吐魯番所出兩組經濟文書的探討」(『敦煌吐魯番文書初探二編』, 武漢大學出版社, 1990), 『敦煌學史事新證』, 蘭州: 甘肅敎育出版社, 2002, pp.98~166; 劉進寶, 「從敦煌吐魯番文書看唐代地方官文書的處理程序」, 『圖書與情報』 2004-5, pp.29~30.

8) 唐長孺, 「關於武則天統治末期的浮逃戶」, 『歷史硏究』 1961-6, pp.90~95.

9) 이 문서가 작성된 武周시기에는 逃戶문제의 처리와 관련하여 括戶使와 括逃使라는 두 使職이 설치되었다. 括戶使는 해당 道(隴右道)의 採訪使가 겸임토록 하여 括戶採訪使라 하였고, 括逃使는 중앙에서 파견한 御史가 充任될 경우 括逃御史라고 칭하였다. 두 使職은 武周시기에 特設된 逃戶 檢括을 전문적으로 담당한 使職인데 문서에는 括逃使와 括逃御史를 구분하여 기재하였다(唐長孺, 「唐代의 客戶」, 『山居存稿』, 北京: 中華書局, 1989, pp.129~165).

10) 당대 지방 행정조직에서는 문건의 접수와 회부에 대하여 州나 都督府의 경우 司錄司나 錄事司의 錄事와 錄事參軍事가 담당했다면 縣의 경우는 勾檢官인 錄事와 主簿가 담당하도록 규정하고 있다.

보고가 이루어진 후에 判官의 判案 절차가 진행되는 것은 주전의 보고가 상정된 안건에 대한 적절한 勘檢 과정을 거쳤음을 전제하고 있기 때문일 것이다.

주전의 보고를 근거로 하여 [Ⅲ]-(5)의 28~30행에서는 판관인 현위 澤이 문서[괄도사의 첩문]의 내용('狀')으로 括逃御史에게 牒上할 것을 제안[首判]하였다. 전술했듯이 [Ⅰ]-(1) 괄도사의 첩문 말미 (17~18행)에 이미 괄도사의 첩문 내용을 괄도어사에게 牒上하자는 방안이 제시되었기 때문에 문안에 대한 검토만을 전제하여 首判이 이루어졌을 것이다. 이어 31~33행에서 돈황현의 현령 辯은 일단 판관의 首判에 따를 것을, 그리고 다시 凉·甘·肅·瓜州 등에도 같은 내용을 上牒하도록 처결[批判]하였다. 즉 담당 관사로 회부된 안건은 필요한 감검 과정을 거친 후 판관의 수판과 (이 안권에는 생략되었지만 通判官의 通判 과정과) 장관의 비판을 거쳐 조치가 결정되었다. 따라서 [Ⅲ]-(5)의 28행부터 33행까지는 관련 사안에 대한 判案 과정에 해당한다. 상정된 안건에 대한 검사와 심문 등을 거쳐 판관의 처리 방안이 정해지지만 이 판단은 (통판관의 판단도 포함하여) 어디까지나 장관의 최종 결재를 통하여 결정될 수 있다. 따라서 판관이나 통판관의 판단에는 '諮'라고 하여 장관에게 이러한 판단을 감안하여 처결해 줄 것을 요구한다[11] 의사를 적시하고 있다. 더욱이 장관은 '依判'이라고 하여 판관의 판단에 따르라는 지시와 함께, "양주·감주·숙주·과주에도 문서의 내용을 첩으로 올리시오(牒上凉甘肅瓜等州, 准狀)"라는 별도의 지시를 내리기도 하였다.

다음으로 [Ⅳ]-(6)의 34행부터 41행까지는 판안의 결과를 집행하는 行判에 해당하는 내용이다. 종래 行判에 대해서는 [Ⅲ]-(5)인 판관의 수판과 (통판관의 再判), 최종적인 장관의 批判까지의 判案 과정과 더불어 [Ⅳ]의 처결 내용에 대한 조치의 시행 절차까지를 전체적으로 행판이라고 이해하였다.[12] 그러나 지방 관문서에서 확인되는 행판이란 사안에 대한 조치를 결정하는 판안 과정까지를 포함하여 지칭했다기 보다 장관의 결재에 따라, 즉 判案 과정을 마치고 판관이 최종적으로 시행한 조치 또는 지시를 가리키는 것이라고 판단된다.

이처럼 판안 과정과 행판을 구별해야 하는 이유는, 우선 판안은 판관의 首判부터 장관의 批判까지의 과정을 포괄하지만 행판은 장관의 處決에 따른 구체적 조치의 시행에 국한된 것으로 조치의 구체적 내용을 적시한 관문서의 발급을 지칭하기 때문이다. 또한 행판의 구체적인 조치는 적합한 문서의 작성, 즉 관문서의 유형을 적시하는 것인데 이 임무는 판관과 주전이 수행하였다. 더욱이 행판의 시행 날짜는 장관의 처결[批判]에 상응하는 것으로 首判과 通判이 이루어진 시기와 반드시 일치하지 않는다. 종래 출토문서에서 확인되는 판안과 행판의 사례에는 判案(首判-通判-批判)과 행판이 같은 날짜인 하루에 이루어지는 경우가 대부분이기 때문에 이를 일괄하여 '판안' 과정으로 파악하는 경향이 있었다. 그러나 判案 과정과 행판의 시행이 모두 같은 날에 이루어진 것은 아니다. 이와 관련하여 寶應元年(762) 6月 康失芬 등이 수레에 치여 상해를 당한 사안의 처리와 관련된 안권이[13] 주목된다. 이 안권에서 판관의 수판과 통판관의 통판은 보응 원년 6월 19일에 이루어졌지만(52~56행), 장관의 처결[批判]은 6月 22日에 이루어졌다(57~60행). 人身 상해의 처리 과정에서 피해자의 傷害 정도가 판정되기까지 가해자의 죄명을 유보하는 이른바 保辜제도와 관련된 안권이다.[14] 이 경우 行判의 내용은 확인되지 않지만 首判이나 通判의 날짜에 이루어진 판단 내용과는 다른 장관의 批判에 의하여 行

---

11) 判案 과정에서 判官이나 通判官이 사용하는 용어로 '諮'는 상급자에게 결정을 요청한다는 의미로 "헤아려 주십시오." 또는 "諮問을 구합니다." 등으로 해석할 수 있다. 판관은 "諮, 某白", 通判官은 "諮, 某示"로 기재하는데 최종적인 결재는 장관이 하였다.

12) 대표적인 연구로 向群, 「敦煌吐魯番文書中所見唐官文書‘行判’的幾個問題」, 『敦煌研究』 1995-3 참조.

13) 「唐寶應元年(762)六月康失芬行車傷人案卷」, 73TAM509:8/1(a)·8/2(a), 『吐魯番出土文書』 肆, pp.329~333.

14) 保辜제도와 관련된 이 안권의 분석에 대해서는 趙晶, 「唐代‘保辜’再蠡測--《唐寶應元年六月康失芬行車傷人案卷》再考」, 『敦煌吐魯番研究』 第16卷, 2016, pp.181~199 참조.

判이 이루어지는 경우도 있기 때문에 判案의 과정과 行判은 구분하여 파악할 필요가 있다. 따라서 문서행정의 처리절차상으로 [III]-(5)의 판안 과정과 [IV]-(6)의 행판은 구별되는 것으로 파악해야 한다.

그런데 해당 사안에 대한 행판의 기재 부분에는 결정된 조치의 구체적인 내용을 적시하고 있지는 않다. 즉 [문서11] 문안의 경우 상정된 안건에 대한 처결에 따른 [IV]-(6) 34행~41행의 행판에는 두 가지 조치가 명시되었다. 첫 번째 조치(34~35행)는 "牒을 합니다: 括逃御史에게 안건의 내용은 앞과 같이하여 올립니다. 지금 문서의 내용으로 첩하니 첩이 이르면 내용에 따라 처리하십시오. 삼가 첩을 올립니다(牒: 上括逃御史, 件狀如前. 今以狀牒, 々至准狀. 謹牒)"라고 하여 牒文{문서의 유형}을 작성하여 括逃御史{수문자}에게 올리는데 문미에는 "今以狀牒, 牒至准狀. 謹牒"{첩문 상용구}을 명시하였다. 두 번째 조치(36~37행)도 "牒을 합니다: 양주·감주·숙주·과주 등 州에 안건의 내용은 앞과 같이하여 올립니다. 지금 문서의 내용으로 첩하니 첩이 이르면 내용에 따라 처리하십시오. 삼가 첩을 올립니다(牒: 上凉甘肅瓜等州, 件狀如前. 今以狀牒, 々至准狀. 謹牒)"라고 하여 첩문{문서의 유형}을 작성하여 凉·甘·肅·瓜等州{수문자}에 올리는데 문미에는 마찬가지로 "今以狀牒, 牒至准狀. 謹牒."{첩문 상용구}이라고만 명시하였다. 앞서 살펴본 공식령 첩식의 경우는 하행문서의 사례로 "지금 문서의 내용으로 첩하니 첩이 이르면 내용에 따라 처리하시오. 그러므로 첩을 내린다(今以狀牒, 牒至准狀. 故牒)"라고 한 것과는 달리 두 조치는 상행문서로서 첩문을 작성했기 때문에 '謹牒'이라고 명시하였다. 발문자는 물론 이 사안을 처리한 관사인 돈황현이기 때문에 적시하지 않았을 것이다. 이어서 38행은 첩문의 작성 날짜이고 39~41행은 첩문 작성자의 서명에 해당한다. 판안의 결과를 집행하는 구체적 조치는 관문서의 작성과 발급을 통해 이루어졌겠지만 행판의 내용은 조치의 시행을 전달하기 위해 작성하는 관문서의 유형과 관련된 사항만을 명시하고 있다.

마지막으로 [V]-(7)의 42행~44행까지 3행에는 문서의 접수에서 조치의 집행(行判)까지 과정을 점검하여 위법 사항이 있는지 검사하였다.[15] 우선 42행에는 안건을 처리한 담당 관사인 돈황현 司戶에서 안건 상정의 근거가 된 괄도사의 첩문을 받은[受牒] 날짜와 행판을 한 날짜를 적시하고 기한상의 지체가 없음을 확인하였다.[16] 43행에는 錄事가 안건의 처리 과정과 행판으로 작성된 문서 등에 대하여 "검사했는데 지체되거나 실착이 없다(檢無稽失)"는 것을 적시하였다. 이어 44행에는 主簿를 겸임한 縣尉가 스스로 판관으로 판안하였기 때문에 檢勾의 확인('勾訖')을 대신하여 '스스로 판안함(自判)'이라고 주기하였다. 종래 문안 작성의 최종단계에서 이루어진 勘檢 절차와 관련하여 43행과 44행의 경우에는 錄事와 主簿(州의 경우 錄事參軍事)가 명시되어 구검관이 기재한 것으로 판단하였다. 그런데 42행에서 문서의 수령과 행판 날짜를 적시하고 기한의 '지체가 없다(無稽)'는 내용을 기재한 주체에 대해서는 별다른 설명이 이루어지지 않았다.[17] 즉 42행에 기재된 문서의 수령과 행판은 사실상 안건의 상정과 이에 대한 조치의 시행을 의미하는 것으로 이는 안건을 처리하고 문안을 작성한 담당 관사에서 작성한 내용이라고 판단할 수 있다.

[V]-(8)의 45행은 "첩을 하여 括逃使의 첩을 御史에게 牒上하기를 청하고, 아울러 凉·甘·肅·瓜等

---

15) 『唐六典』卷30, 州官吏, p.747, "司錄·錄事參軍掌付事勾稽, 省署抄目. 糾正非違, 監守符印. 若列曹事有異同, 得以聞奏."; 同, 卷30, 諸縣官吏條, p.753, "錄事掌受事發辰."; 『唐律疏議』卷5, 名例律, '同職犯公坐'條, p.113, "檢勾之官, 同不從之罪. 疏議曰; 檢者, 謂發辰檢稽失, 諸司錄事之類; 勾者, 署名勾訖, 錄事參軍之類."

16) 唐代 官文書의 처리에는 다음과 같이 일정한 기한 규정이 있다. 『唐律疏議』卷9, 職制律, '稽緩制書官文書'條, p.197, "其官文書稽程者, 一日笞十, 三日加一等, 罪止杖八十. [疏]議曰; '官文書', 謂在曹常行, 非制·勅·奏抄者. 依令, '小事五日程, 中事十日程, 大事二十日程. 徒以上獄案辯定須斷者三十日程. 其通判及勾經三人以下者, 給一日程; 經四人以上, 給二日程; 大事各加一日程."; 『唐六典』卷1, 尙書都省, p.11, "……小事五日(謂不須檢覆者), 中事十日(謂須檢覆前案及有所勘問者), 大事二十日(謂計算大簿帳及須諮詢者)……."

17) 출토문서의 분석을 통하여 구검제 운영의 실상에 접근한 대표적 연구인 王永興, 『唐勾檢制度研究』, 上海: 上海古籍出版社, 1991, pp.49~65에도 행판 이후 [문서11]의 경우처럼 42~44행까지 세 행에 대하여 구검제 실시의 실례로 주목하였지만 42행에 대해서는 별다른 구별 없이 43~44행에 대해서만 설명하였다.

州에 牒[上]하는 것에 대한 사안(牒: 爲括逃使牒, 請牒上御史, 幷牒凉甘肅瓜等州事)"이라고 하여, 해당 안권의 제목에 해당하는 抄目을 기재하였다. 종래 안권의 標題에 해당하는 부분을 抄目 혹은 事目이라 지칭하였다. 이는 문서 처리 과정의 마지막 단계로 문서의 성질을 대략적으로 요약한 것이다. 대개 '……事'라는 형식이고 『唐六典』의 "무릇 공문을 시행하는데 응당 관인을 찍어야 하는 경우 監印의 관인이 '事目'을 살피고 ……날인한다."라는 규정에18) 따라 '事目'이라고 지칭하기도 하였다. 그러나 勾官의 직능에 "초목을 살펴 서명한다(省署抄目)"는 규정이 법제적으로 보편화되어 있었기 때문에 '抄目'이라고 지칭하는 것이 보다 적합할 듯하다.19) 이러한 抄目에는 대체로 발급문서의 성격, 수신 문서의 성격과 내용, 처리 의견과 그 결과 등을 적었다.20) 즉 抄目을 통해 해당 안권에서 처리한 사안이나 처결 등과 관련된 내용을 파악할 수 있다. 따라서 [V]의 과정은 [IV]의 행판을 통해 사안에 대한 조치가 이루어진 후에 해당 사안을 처리하는 과정에서 기한을 지체하거나 조치를 전달하기 위해 작성한 문서에 실착이 있는지를 최종적으로 검사하고 작성된 문안의 전체를 마무리하는 과정이라고 하겠다.

이상 문안[案卷]의 한 사례를 통하여 당대 지방 문서행정의 처리 절차를 개괄적으로 정리해 보았다. 종래 당대 관문서의 처리 절차에 대해서는 주로 그 진행 과정을 중심으로 해당 官府 장관의 署名 이후, 문서의 受付, 判案, 執行, 勾稽, 抄目 등으로 일련의 과정을 파악하거나21) 立案, 審勘, 錄案, 擬判, 通判官·長官 判示, 結牒 등으로 정리하기도22) 하였다. 또는 안권을 구성하는 문서의 형식을 중심으로, 案由文書, 行判文書, 送付文書 등으로23) 구분하여 이해하기도 하였다. 이러한 여러 견해들은 지방 관문서의 처리과정을 이해하는데 각기 유용한 측면이 있지만 여러 유형의 관문서에 포괄적으로 적용하는 데는 문제점도 있다. 예를 들어 [문서11: 안권]의 20행에는 문서 처리과정의 시작으로 인식했던 '담당 관사로 회부하시오. (현령) 辯이 지시한다(付司, 辯示)'와 같은 장관인 縣令의 지시 혹은 서명이 확인되지만 제1장에서 인용한 [문서1: 關文]의 關式 문서처럼 발문자인 倉曹司와 수문자인 戶曹司가 문서상에 명확히 제시된 경우는 장관의 지시 없이 受付 절차를 거쳐 그대로 담당 관사로 회부되었다.24) 또한 錄案이라는 절차도 개원 21년(733) 西州都督府에서 唐益謙, 薛光泚, 康大之 등에게 과소를 발급하는 사안을 처리하며 작성한 안권처럼25) 여러 명에 대한 안건을 처리할 경우 판관의 判案 작업을 위해 각 사안에 대한 勘檢 내용을 主典이 정리하여 제시할 필요를 반영한 것이다. 그러나 [문서11: 안권]처럼 비교적 간단한 사안의 처리에는 작성되지 않는다. 이처럼 다양한 유형과 사안을 적시한 관문서의 처리 과정은 각각의 특수 사정을 반영하기 때문에 이를 일관된 형식으로 규정하기

18) 『唐六典』卷1, 尙書都省, 左右司郞中·員外郞, p.11, "凡施行公文應印者, 監印之官考其事目, 無或差繆, 然後印之; 必書於曆, 每月終納諸庫."
19) 李志生, 「唐開元年間西州抄目三件考釋」, 『敦煌吐魯番文獻研究論集』第5輯, 北京: 北京大學出版社, 1990; 王永興, 「吐魯番出土唐西州某縣事目文書硏究」(『國學硏究』第1卷, 1993) 『唐代前期西北軍事硏究』, 北京: 中國社會科學出版社, 1994.
20) 盧向前, 「牒式及其處理程式的探討」, pp.353~354.
21) 盧向前, 「牒式及其處理程式的探討」, p.356.
22) 吳震, 「唐開元廿一年西州都督府處分旅行文案殘卷的復原與研究」(『文史研究』5·6, 1989·1990), 『吳震教授吐魯番文書研究論集』, 上海: 上海古籍出版社, 2009, pp.310~311.
23) 劉後濱, 「古文書學與唐宋政治史研究」, 『歷史研究』2014-6; 劉後濱·顧成瑞, 「政務文書的環節性形態與唐代地方官府政務運行--以開元二年西州蒲昌府文書爲中心」, 『唐宋歷史評論』2, 2016.
24) 劉安志는 이른바 解式 문서로 분류한 관문서의 경우도, 담당 관사로 회부하라는 장관의 지시가 아니라 '날짜와 (장관) 서명'만을 적시하고 있음을 지적하였다(「吐魯番出土唐代解文についての雜考」, 2016; 同, 「吐魯番出土文書所見唐代解文雜考」, 『吐魯番學研究』2018-1).
25) 「開元二十一年(733)唐益謙·薛光泚·康大之請過所案卷」, 73TAM509:8/4-1(a), 8/23(a), 8/4-2(a), 『吐魯番出土文書』肆, pp.268~274. 錄案에 대한 구체적인 내용에 대해서는 林根七, 「唐 前期 過所 發給 절차에 대한 검토」, 『漢城史學』39, pp.142~150 참조.

는 어려울 것이다. 다만 문서행정의 처리 절차와 관문서의 작성이 밀접하게 관계되는 과정을 중심으로 하면 [문서11: 안권]의 [Ⅰ]부터 [Ⅴ]까지 5단계의 내용을 立案, 審案, 判案, 行判, 結案 절차로 정리할 수 있다.

지방의 해당 관부에서 어떤 업무를 처리하게 되는 것은 관련 사안에 대한 문서가 접수되어 안건으로 상정되는 과정이 전제되어야 한다. 여기서 관부에 접수되는 문서는 상·하급 관부 간에 전달되는 관문서나 관부에 제출된 개인 문서, 즉 사문서일 경우도 포함되지만 주로 앞서 인용한 관문, 첩문, 부문처럼 발급 관부의 官印이 날인된 관문서의 原本이거나 [문서11: 안권]에서 인용한 逃戶 관련 문서처럼 원본을 정리하여 재작성한 문서인 경우도 있다. 이들 문서는 이후 관부의 判案 과정에서 준거가 되는 문서라는 측면에서 案由文書라고도 파악할 수 있다.26) 따라서 출토문서에서 확인되는, 官印이 날인된 여러 유형의 관문서는 주로 受文 기관에서 안건을 상정하는 근거가 되며 안건 처리 과정에서 작성되는 안권의 일부를 이루게 된다. 이러한 안유문서로서의 관문서는 일단 受文 관부에서 장관의 확인(서명)을 거쳐 해당 정무를 담당하는 관사로 회부되면서 비로소 안건의 처리절차가 시작된다. 이러한 의미에서 해당 관부에 문서가 도달하여 문서 수발 관사(錄事司 등)의 錄事 등 受付 담당관을 거쳐 해당 정무 담당관사로 사안이 회부되는 과정까지를 立案 절차라고 할 수 있다. [문서11: 안권]에서는 [Ⅰ]-(1)·(2)·(3)의 1행에서 23행까지 해당한다.

다음으로 立案된 안건에 대하여 判官과 主典이 관련 사항을 勘檢하는 과정이 이루어진다. 관련자에 대한 심문이나 관계 관사의 협조, 해당 법률 규정의 검토, 보증인의 보증 등 여러 작업을 통하여 사안에 대한 처결, 즉 判案의 근거를 마련하는 것이다. 이 과정은 판관의 지시에 따라 예하의 主典이 구체적인 업무를 담당한다. 더욱이 감검 사항이 복잡하거나 처리할 사안이나 대상자가 다수일 경우는 감검 과정의 내용을 정리한 錄案이 작성되는데, 이것도 관사의 主典이 담당한다. 녹안 역시 판관이 판안을 할 때 감검의 내용이나 판안의 근거를 보다 용이하게 파악할 수 있도록 하는 과정이다. 따라서 회부된 안건에 대해 판관이 감검을 지시하고 예하 주전이 감검을 진행한 후 그 내용을 牒으로 판관에게 보고하여 判案을 요청하는 것까지가27) 안건에 대한 감검, 즉 審案 절차라고 파악할 수 있다. [문서11: 안권]의 [Ⅱ]-(4)인 24행부터 27행까지 이에 해당한다.

審案의 결과를 근거로 판관은 사안에 대해 首判에 해당하는 처리 방안을 제시하는데 이는 장관의 재가를 거쳐 최종적인 결재가 이루어진다. 즉 판관의 판단인 首判은 처결의 방안을 제시한 擬判으로, 통판관의 검토[通判=再判]를 거쳐 최후의 처리 결정[批判]은 장관에 의하여 이루어진다. 대체로 首判官으로서 판관의 처리 방안이 장관에 의하여 재가되어 안권이 처결된다. 판관의 수판부터 장관의 批判까지의 과정을 判案 절차라고 할 수 있다. [문서11: 안권]의 [Ⅲ]-(5)인 28행부터 33행까지가 이에 해당한다.

判案의 결과로 장관의 최종적인 처리 지시가 이루어지면 이를 집행하는 行判이 진행된다. 종래 행판에 대해서는 판관의 수판부터 장관의 批判까지의 판안과 그 집행까지의 전 과정을 지칭한다고 파악하여 판안과 구별하지 않고 이해하였다.28) 그러나 안건의 처리 절차를 엄밀히 살펴보면 안건의 처리에 대한 判決과 그에 대한 집행, 즉 행판은 구별해야 할 것이다. 즉 행판은 판안 결과의 집행을 의미하는데 다만 그 집행의 내용은 앞서 언급했듯이 구체적인 조치의 명시가 아니라 어떤 受文者에게

---

26) 案由文書에 대해서는 劉後濱·顧成瑞, 「政務文書的環節性形態與唐代地方官府政務運行」, p.113 참조.
27) 『唐律疏議』 권5, 名例律, '同職犯公坐'條, p.110의 疏議에 4等官의 '公坐' 관계를 설명하면서 "若主典, 檢請有失, 卽主典爲首, 丞爲第二從, 少卿·二正爲第三從, 大卿爲第四從, 卽主簿·錄事亦爲第四從"이라고 하여 문서행정의 처리 과정에서 主典의 주요 임무가 '檢請' 즉 勘檢과 (판안 등의) 요청에 있음을 규정하고 있다.
28) 대표적으로 向群, 「敦煌吐魯番文書中所見唐官文書'行判'的幾個問題」, 『敦煌研究』 1995-3을 들 수 있으며, 다른 연구자들도 이러한 입장에 별다른 異見이 없는 듯하다.

어떤 유형의 관문서를 발급할 것인가를 명시하는 것이었다. [문서11: 안권]에서는 [IV]-(6)의 34행부터 41행까지 이에 해당한다.

따라서 이 과정에서 안건에 대한 조치를 적시한 관문서가 작성되었을 것인데, [문서11: 안권]의 경우처럼 안권에서는 행판에 해당하는 내용이 다음과 같이 기재되었다.

```
36          牒 : 上凉甘肅瓜等州 , 件狀如前 . 今以狀牒 ,
37          々至准狀 . 謹牒 .
38                          長安三年三月十六日
39                                  佐
40      尉
41                              史  氾藝
```

[IV] 행판의 과정에서 작성되는 첩문은 발문자가 당연히 이 사안을 처리하는 敦煌縣이기 때문에 별도로 명시할 필요가 없었을 것이다. '감·양·숙·과 등의 州(甘凉肅瓜等州)'는 수문자, '안건의 내용은 앞과 같습니다(件狀如前)'는 문서의 내용, "지금 문서의 내용으로 첩하니 첩문이 도착하면 문서의 내용에 따라 처리하십시오. 삼가 첩을 올립니다(今以狀牒, 牒至准狀, 謹牒)"라는 上行문서로서 牒文의 문미 상용구, 이하는 문서의 작성 날짜(38행)와 문서 작성자의 서명(39행~41행) 등을 명시한 것이다. 이는 공식령 첩식에 규정된 하행문서로서 첩문의 서식과 문미 상용구('故牒'을 '謹牒'으로 기재)만 다를 뿐 구성 요소나 내용이 거의 동일하다. 따라서 行判 절차에서 안건에 대한 처리 결과를 기재한 관문서가 작성되었을 것이다.

다음으로는 [V]-(7)의 42행부터 44행에는 42행에 문서의 접수 날짜와 행판의 날짜 명시(혹은 기한의 지체가 없음[無稽]도 표시), 43행에 문서 受發 담당관(錄事)이 문서처리 기한의 위반이나 문서 내용의 오류가 없음[檢無稽失]을 명시, 44행에 문서 勘檢 담당관(錄事參軍 또는 主簿)의 勾檢 완료 명시 등 문서 처리 절차의 마무리와 관문서 작성상 위법 여부에 대한 검사가 적시되었다. 그리고 [V]-(8) 45행인 문안(안권)의 마지막에 이 안권의 표제라 할 수 있는 抄目을 기재하였다. 초목은 발급하는 관문서의 유형('牒'), 접수한 관문서의 내용('括逃使牒') 또는 경우에 따라 受文者, 그리고 처리 의견이나 결과("請牒上御史, 幷牒凉甘肅瓜等州事") 등을 명시하였다. 行判에서 적시하지 않은 문안의 처리 내용이 초목에 명시된 것이다. 이들 [문서11: 안권]의 [V]는 안건 처리 과정(입안, 심안, 판안)과 그 결과의 시행(행판) 이후에 문안의 작성 절차를 결속한다는 의미에서 結案 절차에 해당한다. 따라서 해당 관사에서 특정 안건을 처결하는 과정에서 작성된 案卷에는 立案, 審案, 判案, 行判, 結案 절차가 포괄되어 있다고 하겠다.

2) 行判과 관문서의 작성

지방 문서행정의 운영 과정에서 관문서의 발급과 관련하여 특히 주목하고자 하는 내용은 行判의 형식과 의미에 대해서이다. 이를 위해 안권 가운데 立案, 審案, 判案, 行判, 結案 절차의 상호 관련성을 보다 명확히 추정해 볼 수 있는 다음의 사례에 주목해 보자.

[문서12: 안권]은 이른바 '北館文書'라고 정리된 안권 가운데 일부에 해당한다. 북관문서는 唐 儀鳳 연간(676~678년) 서주도독부가 관할하던 驛館 가운데 하나였던 北館의 北館廚가 客使에게 지급한 땔감[荊·柴]과 醬 등 구입 물품 대금에 대한 보상을 서주도독부에 신청하여 서주도독부 倉曹司에서 이를 처리한 일련의 문건이다.29) 이 가운데 연접관계가 인정되는 문건들을 중심으로 儀鳳 2年·3年

(677·678)에 서주도독부 倉曹司가 처리한 안권을 정리하였다.[30] [문서12]는 이 안권의 일부로서 현재 소장기관이 서로 다른 (가), (나) 2개의 문서가 연접된 것인데 (가)는 서주 창조사의 主典인 府 史 藏이 서주도독부에 올린 첩문으로,[31] (나)는 서주 창조사가 市司와 柳中縣에 내린 첩문으로[32] 정리된 것이다.

[문서12: 안권] 의봉 2년(677) 서주도독부 倉曹司가 작성한 案卷

〈원문〉　　　　　　　　　　　　　　　　　　[前 略]
(가) --[讓]-----
[Ⅱ]　1　　　醬 一 石 一 斗 六 升 主辛德林　七 升 主竹進君　八 斗 六 升 主高志靜
　　　2　　　八 升 二 合 主陰永智　七 升 主張錄石　三 升 主康支莫
　　　3　　　二 斗 一 升 八 合 主趙思禮　三 升 主張漢貞　二 斗 七 升 主周處儉
　　　4　　　一 斗 二 升 主梁邵師　七 斗 一 升 主史惠藏
　　　5　　　　右 件 醬 北 館 廚 典 周 建 智 等 牒 稱 :"上 件
　　　6　　　　醬 料 供 客 訖 . 請 處 分"者 . 依 檢 , 未 有
　　　7　　　　市 估 . 其 柴 各 付 價 訖 .
　　　8　　牒 , 件 檢 如 前 , 餘 依 本 狀 , 謹 牒 .
　　　9　　　　　　　　　　十 一 月 廿 三 日 府 史 藏 牒
[Ⅲ]　10　　　　　　　㈀北 館 廚 典 周 建 智 等 牒 :
　　11　　　　　　　"請 酬 荊 柴 價" , 各 准 估
　　12　　　　　　　付 訖 記 . ㈁其 醬 , 牒 市 , 勘

---

29) 이 안권에 대한 대표적인 연구로는 大庭脩, 「吐魯番出土北館文書--中國驛傳制度史上の一資料」, 西域文化研究會 編, 『西域文化研究 第二: 敦煌·吐魯番社會經濟資料(上)』, 京都: 法藏館, 1959, pp.369~385; 内藤乾吉, 「西域發見唐代官文書の研究」(『西域文化研究 第三』, 京都: 法藏館, 1960), 京都: 『中國法制史考證』, 有斐閣, 1963; 小田義久, 「吐魯番出土唐代官廳文書の一考察--物價文書と北館文書をめぐって」, 『龍谷大學論集』 427, 1985; 大津透, 「大谷·吐魯番文書復原二題」, 唐代史研究會編, 『東アジア古文書の史的研究(唐代史研究會報 第Ⅶ集)』, 東京: 刀水書房, 1990; 同, 「唐日律令地方財政管見--館驛·驛傳制を手ガカリに」(笹山晴生先生還曆紀念會編, 『日本律令制論集』上, 東京: 吉川弘文館, 1993), 『日唐律令制の財政構造』, 東京: 岩波書店, 2006; 朱玉麒, 「'北館文書'的流傳及早期研究史」, 『西域研究』 2018-2 등을 들 수 있다. 주로 大谷文書와 日本 書道博物館 소장의 中村不折 收藏 문서로 구성되었는데 후자는 磯部彰 編, 『台東區立書道博物館所藏中村不折舊藏禹域墨集成』(東京: 文部科學省科學研究費特定領域研究"東アジア出版文化の研究"總括班, 2005. 이하 『中村集成』으로 약칭)에 수록되어 있다. 문서 전체의 목록이 包曉悅, 「日本書道博物館藏吐魯番文獻目錄」, 『吐魯番學研究』 2015-2, 2016-1, 2017-1에 정리되었는데, 이 책에서는 包曉悅이 정리한 문서번호를 준용하였다.

30) 「唐儀鳳2年·3年(677·678)西州都督府倉曹司案卷爲北館廚荊·柴·醬等請酬價直事」으로 복원된 안권에는 여러 건의 문서 잔편들이 綴合되었는데 이를 열거해 보면 다음과 같다. 복원한 문서는 ① Ot.11035[橘文書], ② 日本 國立歷史民俗博物館藏卷, ③ Ot.1699+Ot.3495+Ot.2844+Ot.2841(右上部貼紙), ④ Ot.4924+Ot.1003+Ot.1259+SH.177上-9, ⑤ SH.177上-7, ⑥ Ot.4930A+Ot.1421, ⑦ SH.124-1, ⑧ Ot.2841, ⑨ SH.177上-1+Ot.1700, ⑩ SH.177下-8+Ot.4905+Ot.4921, ⑪ Ot.2842, ⑫ SH.124-2, ⑬ Ot.1032+SH.124-3+SH.177上-10+Ot.1422, ⑭ Ot.4895, ⑮ Ot.2843, ⑯ Ot.3162+Ot.3713, ⑰ Ot.1423, ⑱ SH.177上-2, ⑲ Ot.4896, ⑳ Ot.2827, ㉑ Ot.3163, ㉒ SH.177上-8, ㉓ SH.177上-6 등에 해당하는데 이에 대한 錄文은 大津透, 「唐日律令地方財政管見--館驛·驛傳制を手がかり」, pp.243~296와 榮新江·史睿主編, 『吐魯番出土文獻散錄』下(北京: 中華書局, 2021), pp.382~404 참조. 특히 각 문서의 錄文 및 典據와 함께 ②의 도판이 『吐魯番出土文獻散錄』下, 圖6, pp.6~7에 수록되었다. 또한 최근 공간된 旅順博物館 소장 문서에도 ㉔ LM20-1523-07-70, 「唐儀鳳3年(677)西州都督府案卷爲北館廚請酬價直事」라는 잔편 1건이 확인되었다(王振芬·孟憲實·榮新江 主編, 『旅順博物館藏新疆出土漢文文獻』 第31卷, 北京: 中華書局, 2020, p.144).

31) Ot.2842, 「唐儀鳳2年(677)11月西州倉曹府史藏牒爲北館廚用醬柴付價直事」, 『大谷文書集成』壹, 圖版 15, 錄文 pp.111~112. 위 각주의 ⑪문서에 해당한다.

32) SH.124-2, 「唐儀鳳2年(677)11月西州倉曹司以狀下市司及柳中縣牒」, 『中村集成』中, p.272. 위 각주의 ⑫문서에 해당한다.

```
13              估 上. ㉢柳 中 縣 申, "供 客 柴,
--------------------------------------------------[ 讓 ]-----
14              往 例 取 戶 稅 柴. 今 爲 百
15              姓 給 復, 更 無 戶 稅. 便 取
16              門 夫 採 斫 用 供, 得 省 官
17              物". 以 狀 下 知, 諮. 恒 讓 白.
18                                      卄三日
19        依      判,    行 止    示.
20                                      卄三日
21        依      判,      義      示.
22                                      卄三日
```

(나) --[讓]-----

```
[IV]  1    ① 市 司: 件 狀 如 前, 牒 至 准 狀. 故 牒.
      2    ② 柳 中 縣 主 者: 件 狀 如 前, 符 到 奉 行.
      3              儀 鳳 二 年 十 一 月 卄 三 日
      4                    府 史 藏
      5    參 軍 判 倉 曹 讓
      6                        史
[V]   7         十 一 月 十 三 日 受, 其 月 卄 三 日 行 判
      8         錄 事   張 文 裕        檢 無 稽 失
      9         錄 事 參 軍      素        勾 訖
     10    ①' 牒 市 司 爲 勘 醬 估 報 事
     11    ②' 下 柳 中 縣 爲 供 客 柴 用 門 夫 採 供 事
```
--[讓]-----

〈번역문〉

(가)   [前 略] 33)

[II] 5~7   앞에 열거한 醬에 대하여 北館廚의 典인 周建智 等이 첩하여 이르기를,
            "앞서 언급한 醬의 소용분을 客使에게 지급하였습니다. 처분을 요청합
            니다." 검사한 결과에 의하면 (醬의) 가격[市估]은 아직 보고되지 않았
            고 땔감[柴]에 대해서는 각각 그 가격을 지불했다고 합니다.

      8   안건을 감검한 바 앞과 같으며 나머지도 이 내용에 의거하였습니다. 삼가 첩을
            올립니다.

      9   11월 23일 府인 史藏이 牒합니다.

[III] 10~17   ㉠ 北館廚의 典인 周建智 等이 牒하기를, "땔감[荊柴]
              값을 갚아주길 요청합니다."라고 했기에 각각 (시장)
              가격에 따라 지급을 마치고 기재하였습니다. ㉡ 醬에
              대해서는 市에 牒하여 가격을 조사하여 올리라고 하
              면 어떨지요? ㉢ 柳中縣에서 보고[申]하기를, "客使에
              게 지급하는 땔감[柴]은 예전 관례로는 戶稅로 징수한

---

33) 1행~4행까지 醬의 내역과 관련된 내용은 생략하고 5행부터 번역하였다.

땔감[柴]으로 충당했는데, 지금 百姓들은 부역이 면제
되어 戶稅를 징수하지 않았기 때문에 門夫가³⁴⁾ 채벌
[採斫]한 것을 제공하면 官物의 사용도 절약할 수 있
을 것입니다"라고 하였습니다. 이러한 내용으로 통지
하면 어떨지요? 헤아려 주십시오. (판관) 恒讓이 아룁
니다.

18   23일

19   首判대로 하는 것이 어떨지, 行止가 확인합니다.

20   23일

21   수판대로 하시오. (장관) 義가 지시한다.

22   **23일**

(나) --[讓]-----

[IV] 1   ① 市司 앞으로: 안건의 내용은 앞과 같으니, 牒이 이르면 [문건의] 내용에 따라
처리하시오. 그러므로 첩을 내린다.

2   ② 柳中縣의 담당자 앞으로: 안건의 내용은 앞과 같으니, 符가 이르면 받들어 시
행하시오.

3   의봉 2년 11월 23일

4   府인 **史藏**이 작성함.

5   參軍으로 倉曹(參軍事)를 대신하여 判한 **讓**이 서명함.

6   史

[V] 7   11월 13일 접수하고, 그 달 23일 行判하다.

8   녹사 **장문유**가 검사한 바 지체나 실착이 없다.

9   녹사참군   **素**가   檢勾을 마치다.

10   ①' 市司에 첩하여 醬의 가격을 조사하여 보고토록 한 件

11   ②' 柳中縣에 符를 내려 客使에게 제공하는 땔감[柴]을 門夫가 채벌한 것으로 제
공하도록 한 件

    문서의 내용은 서주도독부 倉曹司에서 北館廚가 客使에게 제공한 물품 대금을 처리하는 과정에서 작성된 안권이다. 즉 서주도독부 관할의 북관주에서 객사에게 지급하는 菥·柴 등의 땔감과 醬을 坊市에서 마련한 후 판매자에게 지급하기 위한 대금을 서주도독부에 신청하였다. 서주도독부 倉曹司는 市司에게 菥·柴·醬의 가격을 보고토록 하고, 이를 기준으로 대금을 지불하고자 하였다. 인용한 [문서12: 안권]은 3장의 종이가 연접된 것으로 접합부의 배면 4곳에 모두 서주도독부 창조사의 판관인 창조참군사 恒讓의 서명[押署]인 '讓'자가 확인된다. 이 문안은 앞부분에 다른 문건과 연접되어 있는데 앞부분은 인용한 안권과 관련하여 立案과 審案에 해당하는 부분이고 인용된 부분은 심의를 마친 상정된 안건에 대한 처리 과정에서 작성된 문안이다.³⁵⁾

---

34) 門을 지키는 사람으로 일종의 雜徭에 해당한다. 『通典』 권35, 職官志, 俸祿, 秩祿, p.567, "諸州縣不配防人處, 城及倉庫門各二人; 須守護者, 取年十八以上中男及殘疾, 據見在數, 均爲番第, 勿得偏併. 每番一旬, 每城門各四人, 倉庫門各二人, 其京兆·河南府及赤縣大門各六人, 庫門各三人. 滿五旬者, 殘疾免課調, 中男免雜徭. 其洲城郭之下戶數不登者, 通取於他縣, 總謂之門夫."

35) 지금까지 정리된 北館文書의 連接 상황과 문건들의 내용에 대해서는 林根七, 「唐代 지방 文書行政의 절차와 案卷의 재정리--'唐景龍3年(709)12月至景龍4年(710)正月西州高昌縣處分田畝案卷'의 검토를 중심으로」, 『중국고중세사연구』 56, 2020, pp.279~289에서 제시한 표와 대략적인 분석의 내용을 참조.

[문서12]의 (가) 1~9행까지인 [II]는 의봉 2년 11월 23일 倉曹司의 府인 史藏이 작성한 牒인데, 앞부분의 생략([前略])된 審案 과정의 내용을 정리하면서 판관의 판안에 필요한 사항을 보고한 것이다. 앞서 언급한 안건의 처리 절차상에서 審案 과정 중 勘檢 내용을 정리한 錄案에 해당하는 부분이다. [문서12]의 앞부분에는 의봉 2년(677) 10월 16일 이전부터 11월 13일까지 여러 차례에 걸쳐 북관주가 작성하여 서주도독부에 올린, 구매한 물품(莿·柴와 醬)의 내역과 그에 대한 보상을 요청하는 첩문이 연접되었다. 또한 10월과 11월의 땔감(莿·柴) 가격을 市司가 倉曹司에 보고한 첩문도 연접되었다. 이렇게 보고된 내용들을 전제하여 [문서16]의 [II]에서는 우선 客使에게 지급하기 위하여 坊市에서 구매한 醬의 내역(수량과 物主 성명)을 기재하고(1~4행) 이에 대한 관련 내용을 보고하였다. 즉 北館廚의 典인 周建智 등의 첩문에는 전술한 醬料를 客使에게 지급했는데 그 비용을 처리해 달라는 요청이 있었다(5~6행). 이에 조사해 보니 醬料의 경우는 시장 가격[市估]이 아직 보고되지 않았지만 柴는 (시장에서 가격 보고도 이루어져) 각각의 물품 주인에게 그 대금을 지불했다(6~7행)고 보고하였다. 이러한 보고를 근거로 判案 절차가 진행되었다.

(가)의 [III] 10~18행에서 11월 23일 판관 恒讓의 判辭에 의하면 다음과 같이 수판이 이루어졌다. ㉠ 北館廚의 典인 周建智 등이 莿柴 대금의 지불을 요청해서 각각 가격에 따라 갚아주고 이를 기재하였다(10~12행). ㉡ 醬에 대해서는 市司에 牒하여 가격[估]를 보고하게 하면 어떨지?(12~13행) ㉢ 柳中縣에서 보고[申]한 '종래 客에게 제공한 柴는 戶稅로 징수한 柴로 충당했지만 지금은 세금 면제 조치 때문에 戶稅가 징수되지 않았으므로 門夫가 채벌한 것으로 충당하면 官物을 절약할 수 있을 것'이라는 내용에 따라 유중현에 이를 통지하면 어떨지?(13~17행) 등의 판단을 내렸다. 결국 ㉠은 이미 처리된 내용이고 ㉡은 市司에 醬料의 가격 보고를 지시하는 것, ㉢은 柳中縣의 담당자에게 客使에게 제공한[供客] 땔감[柴]를 門夫가 채벌한 것으로 충당하도록 알리는 것이다. ㉠은 이미 처리된 안건이고 ㉡, ㉢은 집행되어야 할 내용에 해당한다. 이어 [III]의 19~20행에 통판관 行止의 通判과 21~22행에 장관인 서주도독 義의 批判이 이루어졌는데, 판관의 판단[首判]에 따라 조처하라는 것이다.

이에 따라 (나) [IV] 1~6행에 行判의 내용이 기재되었다. 이어서 結案에 해당하는 [V]의 경우 7~9행은 檢勾, 10~11행는 抄目이 기재되었다. 判案 과정을 전제하면 행판의 내용은 ㉡ 市司에 醬料의 가격 보고를 지시하는 것과 ㉢ 柳中縣의 담당자에게 조치를 알리는 것이다. 이와 관련하여 문안에 기재된 행판의 내용은 다음과 같다.

우선 첫 번째 조치를 [IV] ①에서 "市司 앞으로: 안건의 내용은 앞과 같으니, 牒이 이르면 [문건의] 내용에 따라 처리하시오. 그러므로 첩을 내린다(市司: 件狀如前, 牒至准狀. 故牒)"라고 기재하였다. 즉 {수문자}인 '市司', {문서의 내용}은 '件狀如前', 첩문의 {문미 상용구}인 '牒至准狀. 故牒'으로 정리할 수 있는데 조치 내용을 전하는 문서 형식(하행의 첩문)과 수문자만이 명시된 형태라고 하겠다. 두 번째 조치도 마찬가지인데 [IV] ②에서 "柳中縣의 담당자 앞으로: 문건의 내용은 앞과 같으니, 符가 이르면 받들어 시행하시오(柳中縣主者: 件狀如前, 符到奉行)"라고 기재하였다. {수문자}인 '柳中縣主者', {문서의 내용}인 '件狀如前', 부문의 {문미 상용구}인 '符到奉行'으로 정리할 수 있다. 이 역시 조치의 내용을 전하는 문서의 형식(부문)과 수문자만이 명시되었다.

전술했듯이 실제로 발급된 문서에 적시된 조치의 내용은 문안의 가장 마지막 부분에 해당하는 [V] 10~11행의 抄目 부분에서 확인할 수 있다. 즉 첫 번째 조치는 ①' "市司에 첩하여 醬의 가격을 조사하여 보고토록 한 件(牒, 市司爲勘醬估報事)"이라고 하듯이 市司에 醬의 가격을 보고하라고 牒文으로 지시한 것이고, 두 번째 조치는 ②' "柳中縣에 符를 내려 客使에게 제공하는 땔감[柴]을 門夫가 채벌한 것으로 제공하도록 한 件(下柳中縣爲供客柴用門夫採供事)"이라고 하여 柳中縣에 符文으로 통지하여 客使에게 제공한 땔감을 門夫가 채벌한 것으로 충당하라고 지시한 것이다. 따라서 行判을 통하여 이루어진 두 가지 조치, 즉 실제로 발급된 두 유형의 관문서를 行判과 抄目의 내용을 근거하여 재현해 보면 다음과 같을 것이다.

첫 번째는 ①″ 市司에 가격 보고를 지시하는 내용으로 牒式 문서이고, 두 번째는 ②″ 柳中縣의 담당자에게 조치를 알리는 符式 문서이다.

①″　1　　　　　　西州都督府 {발문자}
　　　2　　　　　　　醬估 {표제}
　　　3　　　市司 {수문자}: 勘醬估報…… {문서 내용}, 牒至准狀. 故牒 {문미 상용구}.
　　　4　　　　　　　　　　　儀鳳二年 十一月 卅三日 {문서 작성 날짜}
　　　5　　　　　　　　　　　　　府 史藏 {문서 작성자 서명}
　　　6　　　參軍判倉曹　讓
　　　7　　　　　　　　　　　　　　　　　史

②″　1　　　　　　西州都督府 {발문자}
　　　2　　　　　　　供客柴 {표제}
　　　3　　　柳中縣主者: 供客柴用門夫採供…… {문서 내용}, 符到奉行 {문미 상용구}.
　　　4　　　　　　　　　　　府 史藏 {문서 작성자 서명}
　　　5　　　參軍判倉曹　讓
　　　6　　　　　　　　　　　　　　　　　史
　　　7　　　　　　儀鳳二年十一月卅三日下 {문서 작성 날짜}

물론 재현한 관문서의 내용 가운데는 {표제}와 {문서 내용}의 경우, 案卷에도 언급되었던 ①″의 경우 醬의 수량, 판매자의 내역 등에 대한 구체적 기술이나 ②″의 경우 柳中縣이 申報한 '百姓給復'의 사정, 門夫가 採研한 물품(목재?) 등에 대한 내용이 상술되었을 것이다. 이처럼 해당 사안에 대한 勘檢 과정과 判案 절차를 거쳐 결정된 조치가 市司와 柳中縣에 하달되었으며, 이때 작성된 관문서는 牒式 문서와 符式 문서로서 이들은 공식령에 규정된 서식을 준수하고 있다. 앞서 인용한 [문서1] 關式, [문서2] 牒式, [문서7] 符式 문서 등은 바로 이 과정에서 작성된 관문서에 해당한다. 관문서의 여러 유형별 서식을 공식령에 규정한 것은 실제 정무 운영과정에서 다양한 사무를 관장하는 관사 간의 위계와 통속관계를 전제한 문서행정이 실제적으로 기능하기 위한 근거였다고 하겠다. 또한 이러한 관문서 유형에 대한 숙지와 활용이 정무행정 운영을 위하여 官人에게 필수적인 사항이었다는 것도36) 알 수 있다.

당대 지방 문서행정의 실상을 반영하는 돈황·투르판 출토문서에는 안권의 말미에 관문서의 작성과 관련하여 行判과 抄目의 내용이 확인되는 사례들이 있다. 이 가운데 전술한 바 있는 關文, 牒文, 符文과 관련된 내용을 정리하면 [표3] '官文書 유형과 行判, 抄目의 관계'와 같다. 이들을 다시 작성이 지시된 관문서의 유형에 따라 Ⅰ. '關式 문서 관련', Ⅱ. '牒式 문서 관련', Ⅲ. '符式 문서 관련'의 3부문으로 구분하였다. 각 부문에서 분석의 대상이 되는 사항은 '處理 官司', '行判', '抄目'으로 나누어 정리하였다. 이 가운데 '처리 관사'로 명시된 항목은 해당 안권의 처리 관사이면서 최종적으로는 관련 조치를 기재한 관문서의 발급자에 해당한다. 물론 도독부나 도호부, 주 혹은 현으로 명시된 경우

---

36) 예를 들어 Ot.3003, 「唐官文尾習字」(『大谷文書集成』貳, 圖版 27, 錄文 p.1)에는 "司戶: 件狀如前, 關至准狀, 謹關. / ……, 件狀如前, 以狀牒, 牒至准狀, 謹牒."이라는 2행의 習字 흔적이 남아 있는데, 모두 行判 과정에서 기재되는 내용으로 1행은 關文의 작성, 2행은 상행문서로서 牒文의 작성을 명시하는 내용이다. 案卷의 行判 부분을 작성하는데 필요한 官文書 유형에 따른 文尾 상용구를 習字함으로써 문서행정상 필요 사항을 숙지하려 했던 것으로 추정된다.

는 해당 업무를 담당하는 관사를 명확히 확정하기 곤란한 사례들이지만 실제로는 戶曹司나 倉曹司 혹은 司法, 司戶 등 해당 관사에 소속된 判官과 主典이 실제적인 문서 작성자로 역할을 하였다.

다음으로 '행판' 항목은 수문자, 문미 상용구를 중심으로 정리하고 작성 날짜와 작성자 서명 부분은 생략하였다. 또한 각 부문의 문서 배치는 행판과 초목 항목이 모두 확인되는 사례를 우선으로 하여 행판만 확인되는 사례, 초목만 확인되는 사례의 순서로 제시하였다.37) 이들은 해당 관사에 상정된 안건을 처리하는 과정에서 작성한 문안 가운데 행판이나 초목이 확인되어 안건의 처리 결과, 즉 구체적인 행정 조치의 내용을 확인할 수 있는 경우인데, 여기서도 주목되는 것은 이러한 행정 조치들을 어떠한 유형의 관문서로 작성, 전달하는가 하는 점이다.

우선 [표3]의 'Ⅰ. 關式 문서 관련'의 경우 안건을 처리하여 결정된 조치를 關文으로 작성하여 전달한 사례들이다. 해당 사례가 매우 영성하지만, 문안의 행판 기재 부분과 초목 부분에서 관문의 작성이 확인되는 경우이다. 우선 關文 관련 行判의 사례로 [표3] Ⅰ-No.1 문서의 C3행은 서주도독부 倉曹司에서 "호조 앞으로: 문건의 내용은 앞과 같으니 관문이 도착하면 문서의 내용에 따라 처리하십시오. 삼가 관문을 보냅니다(戶曹{수문자}: 件狀如前{문서 내용}, 關至准狀, 謹關{문미 상용구})"라는 내용으로 戶曹司로 보내는 關文의 작성에 해당한다. Ⅰ-No.2 문서의 1행은 牒字의 내용으로 발문자는 알 수 없지만 "사호 앞으로: 문건의 내용은 앞과 같으니 관문이 도착하면 문서의 내용에 따라 처리하십시오. 삼가 관문을 보냅니다(司戶{수문자}: 件狀如前{문서 내용}, 關至准狀, 謹關{문미 상용구})"라는 내용으로 司戶로 보내는 관문의 작성을 의미한다. 이처럼 문안 상에 행판의 기재 내용은 처결된 안건에 대한 조치를 전달하기 위해 작성된 문서의 유형을 명시했는데 關式 문서의 경우, 수문자와 문서 내용, 그리고 문미 상용구가 기재되었다.

이러한 행판 내용이 전제가 되어 초목의 경우 Ⅰ-No.3 문서의 3행에는 "關{관문서 유형}, 兵曹{수문자} 爲天山坊死牛皮事{문서 내용}", 즉 서주도독부 戶曹司에서 "兵曹司 앞으로, 天山坊의 죽은 소의 가죽을 처리하는 것에 대하여 관문으로 전하는 건"이라고 하여 關文으로 전달하는 안건의 내용을 명시하였다. 또한 Ⅰ-No.4 문서의 2~3행에는 "關{관문서 유형}, 倉曹{수문자} 爲日城等營新印馬踏料准式{事}{문서 내용} 및 牒{관문서 유형}, 營檢領事{문서 내용}"라고 하여 두가지 조치를 명시하였다. 우선 서주도독부 某曹司에서 "倉曹司 앞으로, 日城 등의 軍營에 새롭게 인장을 찍은 말의 사료[踏料]를 式에 준하여 처리하는 것에 대하여 관문으로 전하는 건"이라 하여 關文 발급에 대한 내용이다. 더불어 "군영에서 (말의 사료를) 검사하고 수령하는 것에 대하여 牒으로 전하는 건"이라 하여 牒文 발급에 관한 내용이다. 이처럼 초목은 조치의 내용을 전하는 관문서의 유형, 수문자, 문서의 내용을 적시하였다. 행판의 기재 내용이 수문자와 관문서의 유형에 국한되었다면 초목은 문서 유형, 수문자와 더불어 조치의 내용, 즉 문안에서 처리한 사안의 조치에 대한 기재라는 점에서 해당 문안(안권)의 표제에 해당하는 부분이라 하겠다. 이러한 행판과 초목의 관련성을 전제한다면 초목의 기재 내용이 檢勾 사항의 기재 다음, 즉 문안의 가장 마지막에 위치하지만 勾檢 담당 관사가 아니라 행판과 마찬가지로 안건을 처리한 해당 관사의 판관 또는 주전이 작성했을 가능성도 상정해 볼 수 있다.

다음으로 [표3]의 'Ⅱ. 牒式 문서 관련'의 경우, 행판의 내용에는 Ⅱ-No.2 문서의 111행처럼 "마방 앞으로, 문건의 내용은 앞과 같으니 첩문이 도착하면 문서의 내용에 따라 처리하시오. 그러므로 첩문을 보낸다(馬坊{수문자}: 件狀如前, 牒至准狀, 故牒{문미 상용구})"라고 하여 발문자는 안건의 처리 관사이며 처리 문서의 작성 기관인 敦煌縣 司法이므로 수문자와 문미 상용구라는 관문서의 유형만을 명시하고 있다. 그런데 수문자가 [표3] Ⅱ-No.5 문서의 '董耄頭', Ⅱ-No.12 문서의 '烏將會'나 Ⅱ

37) 行判과 抄目은 해당 안권에 기재된 위치나 형식을 나타내기 위하여 각각의 행수를 명시하였다.

-No.6 문서의 '玄覺寺', Ⅱ-No.8 문서의 '西窟寺' 등과 같이 특정 인물이나 寺院 등의 시설일 경우, 이들을 하나의 행에 명시하고 행을 바꿔 "牒, 件狀如前, 牒至准狀, 故牒(혹은 謹牒)"이라고 기재하였다. 또한 문미 상용구의 경우는 [표3]의 Ⅱ-No.2 문서처럼 돈황현 司法에서 예하 馬坊으로 하행문서인 첩문을 보낼 경우는 "馬坊: 件狀如前, 牒至准狀, 故牒(111행)이라고 하여 '故牒'이라고 기재하고, Ⅱ-No.4 문서처럼 돈황현 司戶가 상급에 해당하는 括逃御史나 凉·甘·肅·瓜等 州에 상행문서인 첩문을 올릴 경우는 '故牒' 대신 '謹牒'(35행, 37행)이라 기재하였다.

牒文과 관련된 초목의 경우는 전술한 關式과 마찬가지로 [표3] Ⅱ-No.3 문서의 10행처럼 서주도독부 창조사가 "市司 앞으로 醬의 가격[估]을 勘檢하여 보고하는 것에 대하여 첩문을 내린 건(牒{관문서 유형}, 市司{수문자} 爲勘醬估報事{문서 내용})"이라고 하여 관문서의 유형, 수문자, 문서의 내용을 기술하고 있다. 이 경우도 Ⅱ-No.3 문서의 1행에 행판의 기재 내용인 "市司 앞으로 안건의 내용은 앞과 같으니 첩문이 도착하면 문서의 내용에 따라 처리하시오. 그러므로 첩문을 보낸다(市司{수문자}, 件狀如前{문서 내용}, 牒至准狀, 故牒{하행식 첩문의 문미 상용구})"라는 발급 문서의 형식에 상응하여 "勘醬估報事"라는 문서 내용이 추가된 형태로 파악할 수 있다.

그런데 첩문의 경우는 행판과 초목의 기재 내용이 전술한 사례들과는 다른 양상을 나타내는 경우도 있다. [표3] Ⅱ-No.2 문서는 總章 2년(699) 8월과 9월에 傳馬坊이 使人을 보내고 돌아온 말과 나귀[驢]의 상태를 판정해 달라[請定膚]고 敦煌縣에 요청한 안건을 敦煌縣에서 처리한 문안의 내용이다.[38] 敦煌縣의 司法에서 안건을 처리하고 기재한 행판의 내용은 앞서 언급했듯이 Ⅱ-No.2의 111행에 "馬坊 앞으로, 문건의 내용은 앞과 같으니 첩문이 도착하면 문서의 내용에 따라 처리하시오. 그러므로 첩문을 보낸다"라는 내용이다. 즉 敦煌縣 司法이 馬坊으로 첩문을 통해 모종의 조치를 지시한 것이다. 그런데 초목의 내용은 "前官(前校尉)이던 楊迪이 첩문으로 마부인 夏惠 等이 말을 끌고 使人을 보내고 돌아왔는데, 말의 건강 상태를 판정해 달라고 요청한 건(前官楊迪牒爲夏惠等馬送使還, 請定膚事)"이라고 하여 안건의 처리 결과에 따른 조치의 내용이 아니라 敦煌縣에 상정된 안건의 내용을 적시하였다. 해당 안건에 대한 조치의 내용은 8월 25일 이루어진 판관인 敦煌縣 縣尉 行恭의 수판 내용(95~108행)을 통해 확인할 수 있다.[39] 우선 送使에 차출되었다가 돌아오는 마부 가운데 기한을 위반한 경우에 대한 처벌 형량과 돌아오지 않은 자에 대한 조치 등을 규정하였고, 이어 말과 나귀의 상태는 이미 검열하여 결과를 기재했다고 보고하였다. 이 가운데 馬坊에 첩문으로 전달된 것은 전자의 마부에 대한 조치일 것이다. 후자의 검열 결과는 이미 문안에 기재된 해당 말과 나귀에 부기되어 있다.[40]

또한 [표3] Ⅱ-No.5 문서의 경우 행판에는 "董毳頭□案 / 牒, 件狀如前. 牒至准狀. □□"이라고 하여 수문자와 문서의 유형을 적시했는데 관계되는 초목에는 "追董毳頭爲給口分之事(董毳頭를 추포하여 口分田의 지급과 관련된 사안을 심문하는 건)"이라고 하여 조치의 내용만 기재하고 발급되는 문서의 형식에 대한 언급은 확인되지 않는다. 이처럼 첩문의 경우 초목의 기재 내용이 여러 형식으로 적시된 것은 관문서로서 첩문의 기능이 다양한 조건에 준용된 데에도 이유가 있을 것이다.

한편 [표3] 'Ⅲ. 符式 문서 관련'의 경우, Ⅲ-No.2 문서의 의봉 4년(679)에 서주도독부 倉曹司에서

---

38) P.3714v, 「唐總章2年8月·9月敦煌縣案卷爲傳馬坊馬驢事」, 『法藏敦煌西域文獻』 第27冊, pp.52~58. 이 안권의 題名은 抄目의 내용을 감안하여 「唐總章2年(669)8月·9月敦煌縣案卷爲馬送使環請定膚事」로 명명하기도 하였다.

39) P.3714v, 「唐總章2年(669)8月·9月敦煌縣案卷爲傳馬坊馬驢事」, 『法藏敦煌西域文獻』 第27冊, p.56; 『敦煌社會經濟文獻眞迹釋錄』 第4輯, pp.417~428, "程師德等伍人, 使往伊／州, 計程各違貳日, 論／情不得無貴. 據職制律,／諸公使應 行而稽留者,／壹日笞參拾, 參日加壹／等. 計程師德等所犯, 合／笞參拾, 並將身, 諸決.／其不違程者記. 其張／才智, 頻 追不到. 牒坊,／到日將追, 其辦備驢.／及今月卄一日, 所閱馬驢.／並長官檢閱訖記. 諸. 行恭白.／卄五日."

40) 이와 관련된 구체적인 분석에 대해서는 盧向前, 「唐朝驛傳馬政制度研究」(『敦煌吐魯番文獻研究論集』, 北京: 中華書局, 1982), 『唐代政治經濟史綜論』, pp.198~224; 荒川正晴, 『ユーラシアの交通·交易と唐帝國』, pp.184~219 참조.

하달받은 金部旨符를 처리하는 행판의 내용은 C1~2행에 "高昌 등 5현의 담당자 앞으로: 안건의 내용은 앞과 같다. 이제 문서의 내용으로 [내려 보내니 縣에서는] 마땅히 문서의 내용에 준거하여 처리하시오. 부문이 도착하면 받들어 시행하시오(高昌等五縣主者{수문자}: 件狀如前{문서내용}. 今以狀[下, 縣宜准狀, 符到奉行{문미 상용구}."라고 하였다. 안권의 처리 관사인 서주도독부 창조사는 행판의 담당 관사이며 발급되는 관문서의 작성도 담당했기 때문에 명시할 필요가 없으며 수문자, 관문서 유형을 규정하는 문미 상용구만을 적시했을 것이다. 전술했듯이 문미 상용구는 수문 관사에 따라 '縣宜准狀' 또는 '鄕宜准狀' 등으로 기재된 점도 확인된다. 한편 符文 발급과 관련된 초목의 경우 Ⅲ-No.1 문서의 11행처럼 "유중현에 하달[下]하여 客使에 제공하는 땔감을 門夫가 채집한 것으로 지급하는 사안에 대해 처리한 건(下{하행 문서 표시} 柳中縣{수문자} 爲供客柴用門夫採供事{문서 내용})."이라고 명시하고 있다. 關式이나 牒式과 같이 관문서 유형인 '關'이나 '牒'에 해당하는 '符'를 명시하지 않고 '下'로 기재한 것은 '符'가 하행문서로서 규정되어 있기 때문에 '下達'이라는 행위를 나타낸 것으로 추정된다.

이상에서 살펴본 바와 같이 지방 관사에서 담당 사안을 처리하는 과정에서 작성된 안권에는 판관, 통판관, 장관의 판안 절차를 거쳐 최종적인 조치가 결정되면 조치의 내용을 관련 문서의 작성을 통해 전달하였음을 적시하였다. 이때 작성되는 문서는 受文 관사와의 위계나 통속 관계에 따라, 또는 전달되는 사안의 성격이나 내용에 따라 적합한 유형의 관문서로서 발급하게 된다. 일정 사안에 대한 처리 절차를 마무리하면서 구체적인 조치를 어떻게 전달했는가를 파악하는 것은 정무 행정의 정합적 운영을 위하여 반드시 전제되어야 할 사항이다. 장관의 결재[批判]를 거쳐 실제적인 조치의 시행을 위해 작성된 관문서가 적합한 내용과 적합한 관사로 전달되었는지는 문서행정 운영상 점검해야 할 중요한 요소이기도 할 것이다.

현재 돈황·투르판 출토문서에서 확인되는 여러 사안의 처리 과정을 적시한 안권에서 이러한 장관의 결재를 거쳐 취해지는 조치는 '행판'의 내용으로 명시되어 있다. 행판의 구체적인 내용은 수문자와 해당 관문서의 유형을 결정짓는 문미 상용구, 그리고 문서 작성 날짜와 문서 작성자의 서명 등으로 이루어져 있다. 그런데 이들 내용은 P.2819 「당공식령잔권」을 통해 확인할 수 있는 關式, 牒式, 符式 등 당대 관문서의 서식 규정을 그대로 반영하고 있다. 따라서 이 행판이 이루어지는 과정에서 장관이 결재한 조치의 내용을 기재한 관문서가 작성되었을 것으로 판단된다. 즉 작성한 관문서의 수문자와 관문서 유형을 파악하는 것이 문서 행정 운영에 있어 관문서의 작성과 발급의 적합성을 판단하는 근거였을 것이며, 이 때문에 관문서의 서식과 사용 범주를 공식령을 통하여 규정할 필요가 부각되었을 것이다.

그런데 안건의 처리를 적시한 행판의 기재 내용이나 문안의 표제격인 초목의 형식이 전술한 일반적인 문안과 다른 경우도 확인된다. 앞서 제1장에서 상부의 지시를 하부에 전하는 부식 문서 가운데 황제의 敕旨를 하달하는 Ⅱ형의 [旨符]인 [문서10]은 制, 勅 등 王言類 문서가 중앙의 尚書都省에서부터 지방의 州 또는 도독부를 거쳐 縣으로까지 符文의 형식으로 하달되는 과정을 반영하고 있다.

그런데 이러한 敕旨를 연접한 안서도호부의 부문을 접수한 교하현에서는 관련 사안을 처리하는 과정, 즉 縣級 행정단위에서 敕旨를 전달하는 부문을 접수한 이후의 처리 과정을 파악할 수 있는 사례로 [표2] No.23의 문안이 주목된다.[41] 이 [문서13: 문안]은 永徽 원년(650) 安西都護府에서 敕旨를 베껴 적고 연접[連寫]하여 하달한 符文을 交河縣이 받고 이를 처리하는 과정인데, 交河縣에 하달된 敕旨를 처리하는 文案에 해당한다.

41) 「唐永徽元年(650)安西都護府承勅下交河縣符」, 73TAM221:59(a),60(a), 『吐魯番出土文書』 參, pp.310~311.

[문서13: 문안] 交河縣에 하달된 勅旨를 처리하는 文案

〈원문〉   [前略]

(1)   20   牒, 件錄   勅白如前. 已從正   勅行下訖. 謹牒.   42)
      21   永徽元年二月 九日 史 張洛(?) 牒   43)

(2)   22   付 司, 景 弘 示.
      21   九 日

(3)   24   二月九日   錄事   張□□
      25   丞 闕

                              [中 缺]

(4)   26   旣 從 正
      27   勅, 行 下 訖 記. 景
      28   弘 示.
      29   九 日

(5)   30   永徽元年二月 九 日 44)
      31   佐   [以上六張給訖 □] 45)
      31-1 尉   □ 46)
      32   史 張洛
(6)   33   二 月 九 日 受, 卽日 行判 無稽

(7)   33-1 _____ 事 47)

〈번역문〉   [前略]

(1)   20   첩을 올립니다. 案件에 대하여 勅을 원래대로 베껴 적은 것이 앞의 내용과 같습
            니다. 이미 원본[의 칙]에 따라 [아래로 頒行하였습니다. 삼가 첩을 올립니다.]
      21   영휘 원년 2월 [9일 史인 張洛이 첩합니다.]
(2)   22   (담당) 관사로 회부하라. 경홍이 지시한다.

---

42) 20~21행의 내용은 [문서10] (5) 37~39행의 내용과 상응하는 것으로 이에 의거하여 "牒, 件錄   勅白如前. 已從
正 [勅行下訖. 謹牒] / 永徽元年二月[□日(작성 날짜) 主典 姓名(작성자) 牒]"이라 복원할 수 있다.

43) [前略] 부분의 18~19행에 都護府의 부문이 交河縣에 접수된 날짜가 "2月9日辰 前錄[事 張□ 受] / 丞闕"이라고 하
여 2월 9일이고, 첩문(20~21행)을 받은 縣令 景弘의 지시(22행: '付司,景弘示')가 이루어진 날짜도 '9日'(23행)이
기 때문에 交河縣의 主典이 첩문(20행)을 작성한 날짜(21행)는 '永徽元年 2月 9日'로 판단할 수 있다. 또한 첩문
(20행)을 작성한 交河縣의 主典은 행판 내용(30~32행)을 작성한 32행의 '史 張洛(?)'으로 추정된다.

44) 30행의 행판이 이루어진 날짜는 결락되었지만 33행의 "二月九日受, 卽日行判 無稽"라는 내용에 따라 '2월 9일'로
파악할 수 있다.

45) 본 문서 정리조의 설명에 의하면 25행과 26행 사이에 "本件文의 背面에 朱書로 '以上六張給訖 □'라고 기록하고
있다"고 적시하였으나 관련 도판(73TAM22:61(b))을 보면 31행의 배면에 위치하는 것으로 판단된다. 아마도 해당
문안을 작성하는데 필요한 용지의 지급과 관련된 내용일 것이다.

46) 『吐魯番出土文書』의 圖版에는 31행과 32행의 상부가 모두 결락되어 있지만 1행 정도의 사이가 확인된다. 전술한
符式 문서의 문서작성자 서명 부분을 참고하면 交河縣 縣尉의 簽署가 추가되어야 할 것이다.

47) 『吐魯番出土文書』의 整理組에서는 33행 이하에는 기재 내용이 없는 것으로 파악하여 [後缺]로 명시하였다. 그러나
도판을 자세히 살펴보면 33행이후 2행 정도를 비우고 _____ 事라는 기재 내용이 확인된다. 아마도 33행의
"二月九日 受, 卽日 行判 無稽" 이후 交河縣의 勾檢官에 의한 "錄事   檢無稽失 / 主簿(또는 丞)   勾訖"에 해당하는
내용이 있어야 하나 이 부분이 공백인 상태로 抄目에 해당하는 "_____ 事"가 기재된 듯하다. 일단 '[後缺]'을 삭
제하고 33-1행으로 내용을 표시하였다.

	23			9일
(3)	24	2월 9일 녹사 장□□	[접수하다]	
	25	(현)승 ^{담당자 없음}		

[中 缺]

| (4) | 26~28 | 이미 원본의 勅[正勅]에 따라 아래로 頒行하였다고 기록하시오. 경홍이 지시한다. |

	29			9일
(5)	30	영휘 원년 2월 [9]일	
	31	좌	[이상 6장을 지급하였음. □]
	31-1	(현)위(?) □이 서명함.	
	32	사 장락이 작성함.	
(6)	33	2월 9일 접수하여, 당일[卽日] 행판하였다. 지체된 바 없다.

| (7) | 33-1 | _____에 대한 件. |

인용한 [문서13]의 앞에 [前略]된 부분에서 칙지의 내용은 결락되어 확인할 수 없지만 1행~19행까지 칙지가 永徽 원년(650)에 상서성 虞部에서 안서도호부 兵曹를 거쳐, 다시 교하현으로 하달된 과정은 전술한 [문서10]과 거의 유사하다.

우선 [前略]한 부분의 1행은 右司郞中이 虞部에 勅旨를 회부하는 내용으로 [문서10]의 前略한 20행과 상응하며, 2~8행은 [문서10] (1) 21~28행의 [부문①]과 같이 尙書省 虞部에서 安西都護府로 하달된 符文, 9~10행은 [문서10] (2) 29~30행처럼 安西都護府 錄事司에서 符文을 접수하여 安西都護府의 兵曹로 회부한 내용이다. 이어서 11~17행은 [문서10] (3) 31~35행의 [부문②]처럼 안서도호부 병조에서 交河縣으로 하달한 부문이다. 또한 18~19행은 交河縣의 前錄事가 符文을 접수한 기록인데 [문서10]의 [中缺] 부분을 포함하여 36행의 交河縣 司法司로 회부한 내용의 기재 부분에 해당한다.

[문서13] 25행이하의 내용은 [문서10]에서 後缺된 이후의 부분에 해당하는데, 안서도호부의 부문으로 전달된 칙지의 내용을 교하현에서 어떻게 처리했는가를 반영하고 있다. 이에 [문서13] (1)의 20~21행은 永徽 원년(650) 2월 9일에 교하현 담당관사의 主典이 작성한 부분으로 앞서 인용한 [문서10] (5)의 37~39행과 마찬가지 내용이다. 즉 [문서10] (3) 31~35행의 안서도호부에서 교하현으로 하달한 부문[부문②]이 (4) 교하현에 접수되어 담당관사인 法曹에 회부되고(36행) 이에 대하여 法曹司의 主典인 史 張守洛이 작성한 내용이 [문서10] (5)의 37~39행이다. 따라서 [문서13] (1) 20행의 내용은 "첩을 올립니다. 안건에 대하여 勅을 원래대로 베껴 적은 것이 앞과 같습니다. 이미 원본[의 칙]에 따라 [아래로 頒行하였습니다. 삼가 첩을 올립니다](牒, 件錄 勅白如前, 已從正 [勅行下訖. 謹牒)"라고 하여 하달된 勅을 초록하고 正勅을 이미 예하에 하달[頒行]하는 조치가 이루어졌음을 보고한 것이다.48)

이후 [문서13] (2)의 22~23행에서 永徽 원년 2월 9일에 교하현의 현령인 景弘이 담당 관사로 안건을 회부하라('付司')는 지시를 내렸고, 이에 따라 (3)의 24~25행처럼 당일 담당 관사로 문건이 회부되었다. 25행 이후의 중간 결락[中缺] 부분에 안건에 대한 조치를 판단하는 判案 과정이 기재되었던 것이지만 판관인 현령의 首判 내용이나 通判의 내용이 있었는지, 있었다면 어떤 내용이었는지 쉽

---

48) 출토문서의 文案에는 담당 관사의 主典이 보고한 내용을 "牒, ……謹牒"의 형식으로 기재했는데, 이 경우 主典의 보고는 관부나 관사 사이의 문서 전달에서 행용되던 첩식 문서와는 구별되는 것이다. 주로 해당 안건을 처리하는 동일 관사 내에서 主典과 判官 사이에서 이루어지는 보고의 기재 형식으로 행용되었다.

게 판단하기 어렵다. 어쨌든 (4)의 26~29행에서 장관인 현령 경홍이 이미 正勅에 따라서 예하에 조치를 내려 보냈음을 기록하라는 안건에 대한 처결[批判]에 해당하는 지시가 이루어졌다. 결국 행판 즉 판안의 결과를 조치하는 절차가 이미 이루어졌기 때문에 달리 행판의 내용을 적시할 필요가 없게 되었다. 이런 까닭에 (5)의 30~32행에서 안건에 대한 조치 내용의 기재가 생략되고 행판의 날짜(30행)와 행판 확인자의 서명(31~32행)만이 적시되었을 것이다.

이처럼 勅旨를 하달하는 경우에 작성되었던 [문서13]은 永徽 元年(650) 安西都護府가 勅旨를 받아 交河縣에 하달한 符文의 경우 해당 사안을 처리한 조치, 즉 행판의 내용이 안권에 적시되어 있지 않다. 즉 장관이 판안의 최종 결정인 處決[批判]로서 "이미 正勅에 따라 아래로 頒行하였다고 기록하라(既從正勅, 行下訖記: 26~27행)"고 지시하였고, 결국 판안의 결과를 조처하는 절차(행판)가 달리 이루어질 필요가 없었기 때문이다. 이처럼 해당 사안에 대한 조치가 이미 이루어져 판안 결과에 대한 특별한 언급이 필요 없는 경우 행판의 내용, 즉 조치를 전달하기 위해 작성하는 관문서의 유형과 관련된 내용이 기재되지 않았다. 다만 행판에 대한 기재가 없는 경우, 즉 판안의 결과를 다른 관사나 담당자에게 통지할 필요가 없는 경우는 안권의 가장 말미에 적시하는 抄目이 "案爲 ⋯⋯ 事"의 형식으로 기재되었다.

이처럼 안권 말미의 초목이 "案爲 ⋯⋯ 事"의 형식으로 기재된 경우, 해당 안권의 行判 부분에는 구체적인 수문자, 관문서 문미의 상용구는 생략되고 행판의 날짜와 행판 담당자(문서 작성자)의 서명만이 확인되는 사례들을 제시하면 [표3] 'Ⅳ. 案 처리 문서 관련'의 내용과 같다. 대표적인 예로 [표3] Ⅳ-No.2 문서 가운데 개원 16년(728) 5월에 西州都督府 錄事司가 兵曹, 法曹의 用紙 지급 신청을 처리한 문건을[49] 인용하면 다음과 같다.

[문서14: 안권] 개원 16년(728) 서주도독부 錄事司가 작성한 案卷

〈원문〉   [前 缺]
[Ⅰ]   1   付 司, 楚 珪 示.
       2   廿七日
       3   五 月 廿 七 日 錄 事   使
       4   錄 事 參 軍   沙 安 付
      --[沙]-----
[Ⅱ]   5   牒, 檢 案 連 如 前, 謹 牒.
       6   五 月 日 史 李藝 牒
[Ⅲ]   7   兵 法 兩 司 請 紙. 各 准 數
       8   分 付 取 領. 諮, 沙安 白.
       9   廿七日
      10   依 判, 諮. 希 望 示.
      11   廿七日
      12   依 判, 諮. 球 之 示.
      13   廿七日
      14   依 判, 楚 珪 示.

49) 「唐開元16年(728)5·6月西州都督府案卷爲請紙事」, Ot.5839, 『大谷文書集成』 參, 圖版9, 錄文 pp.207~209.


```
15              廿 七 日
---------------------------------------------------[ 沙 ]-----
[IV]  16           開元十六年 五月 廿七日
     17                史 李藝
     18    錄 事 參 軍    沙安
     19                  史
[V]   20        五 月 廿 七 日 受, 卽 日 行 判
     21          錄 事  使
     22          錄 事 參 軍  自判
[V]   23    案 爲 兵 曹 法 曹 等 司 請 黃 紙 准 數 分 付 事
---------------------------------------------------[ 沙 ]-----
```

〈번역문〉   [前 缺]

[I]　1　　　**담당 관사로 회부하시오. (도독) 초규가 지시한다.**

　　2　　　　　　　　　　　　　　　　　　　　**27일**

　　3　　　　　　　　　　　5월 27일 녹사 出使함

　　4　　　　　　　녹사참군 **沙安**이　　회부하다.

---[沙]-----------------

[II]　5　　첩합니다. 문안을 검사하여 연접한 것이 앞과 같습니다. 삼가 첩을 올립니다.

　　6　　　　　　　　　　5월 일　史인 李藝가 첩합니다.

[III]　7~8　　　　　**兵曹와 法曹** 두 관사에서 용지를 신청하였던 바 각각 수량에 따라 나누어 주고 수령해 가도록 하면 어떨지요? 헤아려 주십시오. **沙安**이 아룁니다.

　　9　　　　　　　　　　　　　　　　　　　　27일

　　10　　　　　**首判**대로 하면 어떨지요. 헤아려 주십시오. **希望**이 아룁니다.

　　11　　　　　　　　　　　　　　　　　　　　27일

　　12　　　　　수판대로 하면 어떨지요. 헤아려 주십시오. **球之**가 아룁니다.

　　13　　　　　　　　　　　　　　　　　　　　27일

　　14　　　**수판대로 하시오. 楚珪**가 지시한다.

　　15　　　　　　　　　　　　　　　　　　　　27일

---[沙]-----

[IV]　16　　　　　　　　　　개원 16년 5월 27일

　　17　　　　　　　　　　　史인 **李藝**가 작성함

　　18　　녹사참군 **沙安**이 서명함

　　19　　　　　　　　　　　　　史

[V]　20　　　　　　　　5월 27일 접수하고, 당일 행판을 하다.

　　21　　　　　　　녹사 出使함

　　22　　　　　　　녹사참군 스스로 판안함

　　23　　兵曹와 法曹 등의 관사가 黃紙의 지급을 요청하여 수량에 따라 나누어 준 사안에 대한 문안

---[沙]-----

이른바 '請紙文書'로 알려진 서주도독부 錄事司에서 처리한 안권의[50] 일부로 개원 16년 5월에 서주도독부 예하의 兵曹司와 法曹司에서 용지[黃紙]의 지급을 신청한 사안에 대한 것이다. 앞부분이 결락된 것을 포함하여 3장의 종이가 연접되었고 접합부 배면에 錄事參軍인 王沙安의 압서인 '沙'자가 확인된다.[51] [문서14: 안권]의 [Ⅰ]의 3행~4행인 서주도독부 錄事司에서 문서를 접수하여 담당 관사로 회부하는 내용에는 '西州都督府之印'이 한 곳에 날인되어 있다.

[Ⅰ]의 1행~2행에 "담당 관사로 회부하시오. 楚珪가 지시를 내린다(付司, 楚珪示)"라는 西州都督 초규의 지시와 서명이 적시되었다. 앞의 결락된 부분에는 兵曹와 法曹에서 필요한 黃紙의 지급을 요청하는 첩문이 연접되었을 것이다.[52] [前缺]된 부분을 포함하여 [Ⅰ] 장관의 지시와 녹사사의 受付 과정을 통해 비로소 용지의 지급을 담당한 관사인 녹사사에 사안이 상정되었다. 서주도독부에서 문서의 受付를 담당하는 관사인 녹사사가 황지 지급 신청서를 접수하여 用紙 지급을 담당하는 관사인 녹사사로 회부하는 형식을 통해,[53] 해당 사안이 녹사사에서 처리할 안건으로 立案되었음을 알 수 있다. 3~4행에 날인된 '西州都督府之印'의 官印은 해당 문건을 서주도독부가 접수하여 처리한다는 것을 의미한다. 이 과정까지가 立案의 내용에 해당한다.

이어서 [Ⅱ]의 5~6행에는 서주도독부 녹사사의 主典인 史 李藝가 안건과 관련된 문안의 내용을 勘檢하고 문서의 연접을 마쳤음을 첩으로 올려 판관의 판안이 이루어질 수 있도록 보고하였다. 상정된 안건에 대한 審案 과정에 해당하는데 내용이 매우 소략하다. 그러나 유사한 사례로 黃文弼文書 35의 경우인[54] 개원 16년 6월에 이루어진 法曹의 黃紙 지급 요청과 이에 대한 처리과정에서도 별다른 審檢 과정 없이 판안이 이루어졌기 때문에 예외적인 사례라고 판단하기는 어렵다.

[Ⅲ]의 7~15행까지는 판안 절차에 해당하는데 7~9행은 판관인 錄事參軍 沙安의 首判 내용이고, 10~13행은 통판관인 希望과 球之가 再判한 후, 14~15행은 장관인 서주도독 초규가 최종적으로 批判을 하여 판관의 의판을 裁可하는 것으로 마무리되었다. 그런데 장관의 처결을 통해 이루어진 조치는 7~8행 판관의 首判 내용인 "兵・法 두 관사가 용지를 신청하였던 바, 각각 수량에 따라 나누어 주고 수령해 가도록 하면 어떨지요? 헤아려 주십시오. 沙安이 아룁니다(兵法兩司請紙, 各准數分付取領. 諮. 沙安白)"라는 판단대로 시행하라는 것이다. 즉 용지 지급을 관장하는 녹사사에서 바로 兵曹와 法

---

50) 현재 開元 16年(728) 西州都督府의 '請紙文書'로 분류되는 문서로는 ⑴ 上海博物館 31(36643), 『上海博物館藏敦煌吐魯番文獻』①(上海: 上海古籍出版社, 1993) 彩色23, 圖版 pp.257~258, ⑵ Ot.4918(a)+Ot.5375+Ot.4918(a)(b), 『大谷文書集成』 參, 圖版11, 錄文 p.65 & p.153, ⑶ Ot.5839, 『大谷文書集成』 參, 圖版9, 錄文 pp.207~209, ⑷ Ot.4919, 『大谷文書集成』 參, 圖版11, 錄文 p.65, ⑸ 黃文弼文書35, 黃文弼, 『吐魯番考古記』(中國科學院, 1954), 線裝書局, 2009, 圖32, 錄文 pp.28~32, ⑹ Ot.4882, 『大谷文書集成』 參, 圖版8, 錄文 p.54, ⑺ Ot.5840, 『大谷文書集成』 參, 圖版10, 錄文 pp.209~210, ⑻ Ot.5372, 『大谷文書集成』 參, 圖版11, 錄文 p.152, 등을 들 수 있다. 이들 「唐開元16年(728)西州都督府請紙案卷」에 대한 錄文은 雷聞, 「吐魯番出土〈唐開元十六年西州都督府請紙案卷〉與唐代的公文用紙」, 樊錦詩・榮新江・林世田 主編, 『敦煌文獻・考古・藝術綜合研究: 紀念向達先生誕辰110周年國際學術研討會論文集』, 北京: 中華書局, 2011, pp.424~432; 榮新江・史睿 主編, 『吐魯番出土文獻散錄』下, pp.466~480 등을 참조.

51) 上海博物館 31(36643), p.257의 17행에는 개원 16년 3월 錄事司 주전 史 李藝의 첩문에 '錄事參軍 王沙安'이라는 서명이 확인된다.

52) 유사한 請紙文書로 黃文弼文書 35인 「唐開元16年(728)6月虞候司及法曹司請料紙牒」(『吐魯番考古記』 圖32, pp.28~32) 가운데 '法曹司請料紙事狀'에는 "法曹 / 黃紙拾伍張 / 右, 請上件黃紙寫 勅行下, 請處分 / 牒: 件狀如前, 謹牒. / 開元十六年六月 日 府李義牒. / 法曹參軍 王仙喬"라고 하여 法曹司가 黃紙 지급을 신청하는 牒이 확인된다. 牒文에 이어서 西州都督 楚珪가 '付司, 楚珪示. / 九日'이라고 하여 장관이 담당 관사로 문서의 회부를 지시하고 서명하였다.

53) 4행에서 錄事司의 錄事參軍인 沙安은 형식적으로 錄事司에 접수된 문서를 錄事司로 회부하였고, 7~9행에서는 兵曹, 法曹에 대한 黃紙 지급을 錄事司의 판관인 錄事參軍 沙安이 首判하고 있다.

54) 「唐開元16年(728)6月虞候司及法曹司請料紙牒」, 黃文弼文書35, 『吐魯番考古記』 圖32, pp.28~32.

90 唐代 官文書와 문서행정

曹에게 黃紙를 지급하도록 결정한 것이다.

이 때문에 전술한 바 있는 [Ⅳ]의 16행~19행에는 안권의 행판에 해당하는 부분 가운데 구체적인 수문자, 발급 관문서 문미의 상용구 등 결정된 조치를 시행하기 위해 기재하는 관문서의 요소들은 제시되지 않았다. 다만 행판의 시행 날짜와 담당자의 서명만이 기재되었다. 즉 判案을 마무리하는 장관의 批判[처결]이 이루어진 15행 이후에 전술한 [문서12: 안권]의 [Ⅳ] 행판처럼 "市司{수문자}: 件狀如前{문서 내용}, 牒至准狀, 故牒{첩문 문미 상용구}"이나 "柳中縣主者{수문자}: 件狀如前{문서내용}, 符到奉行{부문 문미 상용구}"이라는 牒文이나 符文의 작성 등 관련 조치를 전달할 문서 유형에 해당하는 내용이 기재되지 않았다. 그리고 바로 16~19행처럼 행판의 해당 날짜(16행), 즉 사안을 처리하고 종료한 날짜와 이를 처리한 담당자의 서명(17~19행)만이 명시되었다. 따라서 사안에 대한 처리 결과를 다른 수문자에게 전달하기 위한 관문서가 작성되지 않는 경우에는 일반적인 안권의 행판에서 확인되는 관문서 유형과 관련된 내용 요소들은 기재되지 않았다. 출토문서 가운데 행판의 내용에 관문서 발급을 위한 별도의 기재가 없는 경우는 안건을 처리하는 과정에서 이미 필요한 조치가 이루어져 별도의 조치를 위한 관문서의 작성, 발급이 요구되지 않은 것이다. 이처럼 행판 부분에 관문서 작성의 관련 내용이 기재되지 않은 경우 해당 안권 말미의 抄目은 [Ⅴ]의 23행인 "兵曹, 法曹 등의 官司가 黃紙의 지급를 요청하여 수량에 따라 나누어 준 사안에 대한 문안(案爲兵曹·法曹等司請黃紙准數分付事)"처럼 "案爲……事"의 형식으로 기재되어 있다.

[표3] Ⅳ-No.2 문서에는 이상의 兵曹·法曹의 請紙문서(Ⅳ-No.2 ①) 외에도 개원 16년 서주도독부가 처리한 請紙文書에 속하는 몇 가지 다른 사례도 확인된다. 우선 Ⅳ-No.2 ② a의 문서는 행판 부분은 결락되었으나 5행의 초목에 "虞候司가 6月 料紙의 지급을 요청한 사안에 대한 문안(案爲虞候司請六月料紙事)"이라고 하여 虞候司의 料紙 지급 요청에 대하여 개원 16년 6월 8일에 처리한 사례가 있다.[55] 또 Ⅳ-No.2 ② b는 안권의 초목은 결락되었으나 法曹의 黃紙 지급 신청을 6월 9일 접수하여 처리한 안권으로 행판의 해당 날짜와 담당자 서명(錄事參軍 沙安 / 史 李藝)만이 기재된 사례도 있다.[56] 그리고 Ⅳ-No.2 ③ 문서는 朱耶部落의 用紙 신청을 8월 19일 접수하여 당일 처리한 안권으로 행판 부분은 날짜와 담당자 서명만이 기재되고 초목은 "朱耶部落이 요청한 종이를 수령하기 위하여 도착한 것을 검사하여 확인한 문안(案爲朱耶部落檢領紙到事)"으로 명시한 경우[57] 등을 들 수 있다. 모두 전술한 서주도독부 예하 병조와 법조에 대한 황지 지급 안건의 처리와 마찬가지의 절차가 이루어졌음을 알 수 있다.

안권 가운데 행판 기재부분에 별다른 내용 없이 날짜와 판관, 주전의 서명만이 명시된 또 다른 사례로 [표3] Ⅳ-No.1 문서에는 개원 7년(719) 4월에 北庭都護府에서 처리한 안권의 말미 부분이 확인된다.[58] 안권에서 처리한 안건의 상세한 내용은 확인할 수 없으나 "案爲長行馬兩疋患死帳欠准式事"라는 초목의 내용을 근거하면 북정도호부에서 2疋의 長行馬가 질환으로 죽어 장부[帳]상에 생긴 결손을 式에 따라 처리하여 이미 조치가 이루어진 경우라고 판단된다.[59] [표3] Ⅳ-No.3 문서는 전술한 [문

---

55) 殘存하는 文書의 勾稽 부분에 "6월 8일 접수하여, 당일 행판하다(六月八日受, 卽日行判)."라고 기재되어 있다(黃文弼文書 35, 『吐魯番考古記』圖32(1), p.28).

56) 黃文弼文書 35, 『吐魯番考古記』圖32(4), p.31.

57) Ot.5840, 『大谷文書集成』參, 圖版10, 錄文 pp.209~210.

58) 「唐開元7年(719)4月北庭案爲長行馬兩疋患死帳欠准式事殘文尾」, 有鄰館011, 藤枝晃, 「長行馬」(『墨美』60, 1956), 圖版 p.28, 錄文 p.29. 文書名은 陳國燦·劉安志主編, 『吐魯番文書總目(日本收藏卷)』, p.597에 따랐다.

59) 有鄰館016, 「唐北庭檢長行馬二疋致死酸棗戍牒」(藤枝晃, 「長行馬」, p.29)에는 長行馬 2疋에 대한 사안의 처리를 北庭都護府에 요청하는 문건이 확인된다. 즉 酸棗戍에서 狀을 올려, 말 두 마리가 西州로 가는 使者와 함께 갔다가 돌아오는 길에 酸棗戍 남쪽에 이르러 병이 들어 죽게 되었는데 검사해 보니 다른 사유가 없음을 北庭都護府에 보고하였다. 이에 두마리 말의 털색과 나이를 조사하니 帳·案과 같으며 가죽 2張은 도착했는데, 고기를 판 금액은 오지 않았으므로 처분을 청한다는 내용이다. 전술한 "案爲長行馬兩疋患死帳欠准式事"와의 관계를 상정할 수 있다.

서13]으로 永徽 元年(650) 安西都護府가 勅旨를 받아 이를 交河縣에 하달하는 符文와 그 처리과정을 기재한 문안이다.[60] 영휘 원년(650)에 勅旨가 상서성 虞部司에서 安西都護府로, 안서도호부 兵曹司에서 다시 交河縣으로 符文의 형식으로 하달된 것을 交河縣에서 처리한 안권에 해당한다. 2월 9일에 안서도호부 兵曹司가 내린 符文을 접수하여 당일에 장관인 縣令 景弘이 "이미 正勅에 따라 하급 기관에 시행을 마치고 기재하였다."라고 안건 처리를 고지하였다. 따라서 행판에 해당하는 내용에 지시 내용을 전달할 관문서 작성에 대한 부분은 생략되어 있고 작성 날짜와 작성 책임자의 서명만이 기재되어 있다.

이외에도 행판의 내용은 확인할 수 없으나 초목이 "案爲 ……事"로 기재된 예들도 있다. 대부분 안권 말미의 초목만이 잔존하는 경우이어서 구체적인 사정은 파악하기 어렵다. 다만 [표3] Ⅳ-No.5 문서는 開元 22年(734) 錄事 王亮이 地子를 납부하지 않은 職田의 佃人을 첩으로 고소한 안건을 처리한 문안으로 5개의 문서잔편을 정리한 것이다.[61] 그 가운데 (五) 4행의 "錄事 王亮이 地子를 計會한 사안에 대한 문안(案爲錄事王亮地子任計會事)"이라는 초목의 내용은 서주도독부 錄事司 소속의 錄事 王亮에게 납부되던 地子를 정산하라는 조치가 이미 이루어져 별도의 처분이 필요 없게 되었던 사정을 반영하는 것으로 추정된다. 따라서 특정 안건에 대한 조치가 이미 시행되어 별도의 처분을 위한 관문서의 작성이 불필요할 경우, 행판의 기재 부분에 날짜와 담당자의 서명만이 기재되고 안권 말미의 초목은 "案爲 ……事"의 형태로 마무리되었음을 알 수 있다.

2. 문서행정의 처리절차와 관문서의 서식

1) 關文 발급 과정과 관문의 서식

당대 공식령 규정에 준거하여 작성된 여러 유형의 관문서는 해당 사안에 대한 관부의 처리 과정을 통해 결정된 조치를 시행하기 위하여 발급된 문서들이라고 할 수 있다. 이러한 이유에서 해당 사안에 대한 처리 과정을 거쳐 결정된 조치를 전달하는 절차 등을 적시한 문안의 내용 가운데 행판이나 초목의 기재 부분이 관문서의 발급을 적시한 것이기는 하지만 해당 유형의 서식을 갖춘 관문서 자체라고 파악해서는 안된다. 이와 관련하여 특정 유형의 서식을 갖춘 관문서와 그 발급 절차상에서 기재된 해당 서식과 관련된 내용은 구별이 필요하다. 우선 關文과 관련하여 [표1] Ⅱ. '관식 관련 문서'에는 관문은 아니지만 관식 문서의 발급과 관계되는 출토문서의 사례들을 제시하였다. 그 가운데 [표1] No.8의 儀鳳 3年(678) 度支奏抄와 4年(679) 金部旨符 文案의[62] 말미 부분은 관문의 발급이 결정되어 관문이 작성되는 과정을 반영하고 있는데 해당 내용을 인용하면 아래와 같다.

---

60) 「唐永徽元年(650)安西都護府承勅下交河縣符」, 73TAM221:59(a) · 60(a) · 61(a), 『吐魯番出土文書』 參, pp.310~311.

61) 「唐開元22年(734)錄事王亮牒訴職田佃人欠交地子案卷」, 73TAM509:23/4-1,4-2,4-4(a),4-3,4-6, 『吐魯番出土文書』 肆, pp.319~321.

62) 「唐儀鳳3年(678)度支奏抄 · 4年(679)金部旨符」로 명명된 이 文案은 Ot.1427을 포함하여 수십 건의 투르판출토문서 가운데 이른바 '암페라' 문서를 綴合하여 복원한 문서로 그 錄文은 大津透, 「唐律令國家の豫算について--儀鳳三年度支奏抄 · 四年金部旨符試析」(『史學雜誌』 95-12, 1986), 『日唐律令制の財政構造』, 東京: 岩波書店, 2006, pp.45~48 참조. 인용한 부분의 도판은 여러 문서 단면을 접합하여 복원한 것으로 접합된 원본을 확인할 수 없지만 大津透 · 榎本淳一, 「大谷探險隊吐魯番將來アンペラ文書群の復原」, 『東洋史苑』 28, 1987, pp.52~63에 제시한 문서단면의 배치도를 참고하였다.

[문서15: 안권] 關文의 발급 과정

〈원문〉　　　　　　　　　　　　　　　　　　[前 略]

(1) B　1　　　　　　　　　　　二 月 卅 七 日 錄 事　　　　受
　　　2　　　　　　　　　　　錄 事 參 軍　　　　　　付
(2)　　3　　　　　檢 案 , 儉 白 .
　　　4　　　　　　　　　　　　　　　　　　卅 七 日
--[?]-----
(3)　　5　　牒 , 檢 案 連 如 前 , 謹 牒 .
　　　6　　　　　　　　二 月 卅 七 日 府 田 德 文 牒
(4)　　7　　　　　　　　　准
　　　8　　　　　旨 下 五 縣 , 關 戶 曹
　　　　　　　　　　　　[後 缺] 63)
　　　　　　　　　　　　[前 缺]

(5) C　0　　　　　　　　　　　　　　　　　卅 七 日 64)
--[儉]-----
　　　1　　高 昌 等 五 縣 主 者 : 件 狀 如 前 , 今 以 狀
　　　2　　下 , 縣 宜 准 狀 , 符 到 奉 行 .
　　　3　　戶 曹 : 件 狀 如 前 . 關 至 准 狀 , 謹 關 .
　　　4　　　　　　　儀 鳳 四 年 二 月 卅 七 日
　　　5　　　　　　　　　府 田 德 文
　　　6　　戶曹判倉曹
　　　7　　　　　　　　　　　　　史
(6)　　8　　　　　　　二 月 卅 七 日 受 , 卽 日 行 判
　　　9　　　　　　　錄 事 氾 文 才 檢 無 稽 失
　　　10　　　　　　　錄 事
(7)　　11　　下 高 昌 等 五 縣 , 關 戶 曹
　　　12　　　　　前 件
　　　13　　　　　□

　　　　　　　　　　　　[後 缺]

〈번역문〉　　　　　　　　　　　　　　　　[前 略]

(1) B　1　　　　　　　　2월 27일 녹사가　　　접수하다.
　　　2　　　　　　　녹사참군이　　(倉曹司로) 회부하다.
(2)　　3　　문안을 검사하시오. 검[元懷儉]이65) 이른다[白].
　　　4　　　　　　　　　　　　　　　27일
--[?]-----
(3)　　5　　牒을 올립니다. 문안을 검사하고 연접한 바 앞과 같습니다. 삼가 牒을 올립니다.

---

63) 이 文案을 정리한 大津透는 B단편의 [後缺] 부분과 C단편의 [前缺] 부분이 4~5행(대략 17cm)의 간격을 두고 서로 접속되었을 것으로 추정하였다(大津透,「唐律令國家の豫算について」, p.47).

64) [문서15]의 문서단편 복원 배치도에서는 확인되지 않지만 大津透,「唐律令國家の豫算について」,『日唐律令制の財政構造』, p.47의 錄文에서는 C0행으로 '卅七日'로 장관의 處決[批判] 날짜를 명시하였다.

65) B 문서단편 앞부분에 이어진 倉曹司 주전 府 田德文의 첩문에 '戶曹判倉曹 元懷儉'의 서명이 확인된다. 따라서 '儉'은 호조참군사로 창조참군사의 일을 처리한 元懷儉으로 판단된다.

        6   2월 27일 府인 田德文이 牒을 올립니다.
(4)   7~8   **[勅]旨에 준거하여**
                          (……라는 내용을) 예하 다섯 현에 하달하고, 戶曹
                          에 關文으로 보내는 것(이 어떨지) …….
                                   [後 缺]
                                   [前 缺]
     C   0   **27일**
         --[儉]-----
(5)   1~2   高昌 등 5현의66) 담당자 앞으로: 문건의 내용은 앞과 같으며, 지금 [문건의] 내
                 용을 하달하니 현에서는 마땅히 [문건의] 내용에 준거하여, 符가 도착하면 받들
                 어 시행하시오.
         3   호조 앞으로: 문건의 내용은 앞과 같으니 관문이 이르면 [문건의] 내용에 준거하
                 여 처리하십시오. 삼가 關을 보냅니다.
         4   의봉 4년 2월 27일
         5   府 전 덕문
         6   호조참군사로 창조참군사의 일을 처리한
         7   史
(6)   8   2월 27월 접수하고, 당일 行判하다.
         9   녹사 **범문재**가 검사한 바 지체나 실착이 없다.
         10   녹사[참군]
(7)   11~13   …… 앞의 사안에 대하여(?) …… 高昌 등 다섯 현에 [문서를] 하달하고, 戶曹에
                 關文을 보내는 …… 件
                                   [後 缺]

의봉 3년(678) 상서성 度支司에서 이듬해 예산집행지침을 수립하여 보고한 奏抄가 황태자의 재가
를 받은 뒤 상서성 金部司를 통해 旨符의 형식으로67) 西州都督府에 하달되자 西州都督府 倉曹司에서
이를 처리한 문건의 말미에 해당한다. 하행문서인 旨符의 처리에 대한 구체적인 내용과 절차에 대해
서는 뒤에서 다시 언급하기로 하고, 여기서는 '金部旨符'를 받은 서주도독부 창조사가 안건의 처리
결과에 따라 호조사에 關文을 발급하는 과정에 주목해 보겠다.

우선 문안의 구성을 살펴보면 尙書省 金部司가 하달한 旨符를 西州都督府 倉曹司에서 牒文 형식으
로 서주도독부에 보고하고68) (1) B 1행~2행에서 서주도독부 錄事司는 이를 접수하여 倉曹司에 회부
하면서 (2) 이하 서주도독부 창조사에서 안건을 처리하는 절차가 진행되었다. (2) B 3행~4행은 호조
참군사이면서 창조참군사의 업무를 대신 처리한 판관 元懷儉의 문안 검사에 대한 지시('檢案, 儉白')

---

66) 출토문서에서 확인되는 西州 관할의 5縣(高昌縣, 交河縣, 柳中縣, 蒲昌縣, 天山縣)과 각 縣 예하 鄕, 里 등의 명칭
   에 대해서는 [부표3] '吐魯番出土文書에 보이는 西州 각 縣의 鄕·里 명칭' 참조.
67) 御劃이 이루어진 후의 奏抄와 發日勅書와의 관계에 대해서는 李錦繡, 「唐'王言之制'初探--讀〈唐六典〉箚記之一」, 李
   錚·蔣忠新 主編, 『季羡林教授八十華誕記念論文集』, 南昌: 江西人民出版社, 1991, pp.277~284; 郭桂坤, 「唐代前期
   的奏抄與發日勅書」, 『文史』2018-1, pp.133~158; 張雨, 「公文書與唐前期司法政務運行--以奏抄與發日勅爲中心」, 『唐
   宋歷史評論』7, 2020, pp.59~74 등 참조.
68) 尙書省 金部司는 황태자의 결재, 즉 '諾'이라는 御劃이 적시된 '度支奏抄'를 베껴쓴[抄寫] 勅旨를 연접하여 符文[旨
   符]으로 작성한 후 이를 西州都督府의 담당자[西州主者] 앞으로 하달하였다. 서주도독부 창조사에서는 이를 다시
   베껴쓴 후 牒文의 형식으로 서주도독부에 제출하여 담당 官司에서 처리하는 절차를 진행하도록 하였다. 이러한 내
   용은 大津透, 「唐律令國家の豫算について」, pp.46~47에 인용한 B문서의 앞부분에 연접된 A14행에서 28행까지로
   복원된 부분에 해당한다.

이고, 이에 대하여 (3) B 5행~6행은 창조사의 主典인 府 田德文이 牒文의 보고를 통해 판관이 사안에 대한 조처를 결정하는 判案을 진행하도록 준비한 내용이다.

(4) B 7행부터는 판안 과정으로 판관이 제시한 사안의 조처에 대한 첫번째 판단, 즉 首判에서 비롯하여 통판관이 판관의 首判에 대하여 의견을 제시하는 再判[通判], 그리고 마지막으로 장관(西州都督)이 최종적인 판단을 내리는 批判을 거쳐 안건에 대한 處決이 이루어졌다. 다만 인용 문안에는 판관(창조참군사를 대신한 호조참군사) 원회검이 제시한 判辭의 앞부분(B 7행~8행)에 해당하는 "旨에 준거하여 5현에 [符文을] 하달하고, 戶曹에 關文을 보내면 어떨지(准 旨, 下五縣, 關戶曹……)"라는 내용만이 잔존하고 중간의 결락부분 이후 C 0행에는 장관의 처결[批判]이 이루진 날짜인 '卄七日'의 일부만이 남아있다.[69] (5) C 1행에서 7행까지는 判案을 거쳐 결정된 조치를 시행하는 行判에 해당한다. 그런데 그 내용은 高昌 등 5현에 하달되는 부문(C 1~2행)과 서주도독부 戶曹(司)로 전달되는 관문(C 3행)에 대하여 수문자[高昌等縣主者와 戶曹]와 문미 상용구["……今以狀下, 縣宜准狀, 符到奉行"과 "…關至准狀, 謹關] 등 각각의 문서 형식만을 명시하였다. 아마도 구체적인 조치의 내용은 (4) B 7행~8행 이하 결락된 판관의 判辭 부분에 적시되었을 것이다. (5) C 4행은 符文과 關文이 작성된 날짜이고, C 5~7행은 해당 관문서를 작성한 책임자의 서명에 해당한다.

마지막으로 (6)의 C 8행에는 안건의 처리 관사(창조사)에서 문건을 접수한 날짜와 조치가 이루어진[行判] 날짜를 명시하여 기한에 지체가 없음을 확인하였다. 이어 C 9행과 C 10행은 문서 수발을 담당하던 錄事司에서, 안건을 처리한 기한의 지체나 작성된 관문서의 오류 등이 없음을 검사하고('檢無稽失') 이를 확인[勾檢]한 과정에 해당한다. 또한 (7) C 11행 이후는 결락이 심해 전체 내용을 파악하기는 어렵지만 무언가의 조치를 서주도독부 창조사에서 서주도독부 관할의 5縣에 符文으로 하달하고, 서주도독부 호조사에 관문으로 보낸 것을 적시하였는데("下高昌等五縣, 關戶曹……") 문안의 표제에 해당하는 抄目 부분이다.

이상의 내용 가운데 關文이 언급된 것은 (4) B 7행~8행 判案 과정에서 판관의 判辭[首判]인 "准旨, 下五縣, 關戶曹……", (5) C 3행 行判 가운데 關文의 수문자와 상용문구인 "戶曹: 件狀如前, 關至准狀, 謹關", 그리고 (7) C 11행에 해당 문안의 표제에 해당하는 抄目인 "下高昌等五縣, 關戶曹……" 등이라 하겠다. 그런데 이들은 關文의 발급과 관련된 내용이기는 하지만 關式 문서 자체에 해당하는 것은 아니다. 마찬가지로 [표1] II. '관식 관련 문서'의 No.8~No.12까지의 문서들은 판안, 행판, 초목 등 案卷의 일부에서 확인되는 관식 문서의 발급과 관련된 사례들이다. 또한 No.13~No.18의 경우는 다른 유형의 관문서에 관문이 언급된 것인데 출토문서 가운데는 이외에도 이와 유사한 사례들이 다수 존재한다.

한편 인용한 [문서15]에서 언급한 關의 발급 과정을 제1장의 [문서1]에서 제시한 關의 기재 내용과 비교하면 관문의 작성과 그 발급 과정의 유기적인 관계를 유추할 수 있다. 우선 [문서1]에서 서주도독부 창조사에서 호조사로 발급한 관문([문서1] (1)의 7행~21-1행)이 녹사사의 受付 절차((2)의 21·22행)를 거친 이후 호조사에서 처리되는 과정((3)·(4)·(5)의 23행~28행)은 [문서15]의 서주도독부 창조사에서 상서성 금부사의 旨符를 처리하는 과정과 유사한 진행 절차를 거친다. [문서15] (1)의 B 1~2행은 상서성 금부사의 旨符를 서주도독부 錄事司가 受付하는 과정이고, (2)·(3)의 B 3행~4행, 5행~6행은 안건을 회부받은 창조사가 이를 처리하는 과정이다.

---

69) 돈황·투르판 출토문서에서 확인되는 判案의 과정은 判官의 首判[擬判]에 대하여 주로 '(판관의) 首判에 따른다(依判)'는 통판관의 再判[通判]을 거쳐 최종적으로 장관의 처결[批判]이 이루어진다. 일반적으로 장관은 "首判에 따르라. (장관인) 아무개가 지시한다(依判, 某[장관 서명]示)"라는 판사와 함께 날짜를 적시하였다. C0행의 '卄七日'은 장관의 批判이 이루어진 날짜에 해당한다.

인용한 [문서1]에서는 뒷부분을 생략했지만 [문서15]와 같은 안건의 처리 과정이 진행되었을 것이다. 즉 [문서15] (4)의 B 7행~8행, 그리고 중간에 결락된 부분에 이어 C 0행까지 창조사에서 勘檢한 안건에 대한 조처를 결정하는 과정, 즉 判案 과정이 이어졌다. 그리고 [문서15]는 (5)의 C 1행~7행까지 구체적인 조치로서 고창현 등 5현에 부문을 하달하고 서주도독부 호조사에는 관문을 보내 관련 업무를 호조에 회부하였다. 이후 과정은 [문서15]에서 진행한 안건 처리 절차에 대한 勾檢과 문안의 정리 절차에 해당한다. 그런데 [문서15]에서 확인되듯이 서주도독부 창조사가 관련 업무를 호조사에 회부하기 위하여 관문을 작성한 과정은 [문서1]에 제시한 관문이 작성되던 과정에도 적용해 볼 수 있다.

[문서1]의 (1)인 7행에서 21-1행까지 서주도독부 창조사가 맹회복과 관련된 사안을 호조사로 보낸 關文이 작성된 과정을 추정해 보면 다음과 같다. 우선 安西鎭에서 고향으로 돌아가려는 맹회복은 자신이 작성한 첩문([문서1] (1)-①, 9행~12행: "去開廿年十月七日~請處分")을 서주도독부에 상신하였다. 첩문의 내용은 유중현에서 고향으로 가려는데 증빙서인 過所와 糧遞 모두 군영에 있기 때문에 갈 수 있는 조처를 내려달라는 것이었다. 이에 서주도독은 우선 창조사에 牒文을 회부하여 맹회복에게 양식을 지급한 사실에 대하여 조사토록 지시하였다([문서1] (1)-②, 12행: "付倉檢名過"). 아마도 맹회복의 통행을 허가할 수 있는 증빙 자료가 없기 때문에, 일단 유중현 이전의 통과지에서도 양식을 지급한 사실이 있는지를 심문했을 것이다. 즉 양식을 지급한 사실이 있다면 糧遞를 사용한 증빙이 되기 때문이다. 이에 대하여 창조참군사 李克勤 등의 답변[狀文]이 제출되었다([문서1] (1)-③, 13행~14행"依檢案內去年十月四日~有實").70) 그 내용은 관련 문안을 검사해 보니 이전에 교하현에서 맹회복에게 糧遞를 근거로 양식을 지급했다고 보고한 사실이 있다는 것이다. 이러한 심문 내용을 근거하여 서주도독부 창조사에서는 해당 사안과 관련하여 맹회복이 지난해(개원 20년) 10월에 이미 양식을 지급받은 사실이 있고 현재 유중현에 있으면서 다시 양식 지급을 요청했다고 정리하였다([문서1] (1)-④-1, 14행~16행: "安西放歸兵孟懷福~復來重請行粮").71)

이러한 내용에 근거하여 서주도독부 창조사에서는 두가지 조처를 결정했는데 하나는 유중현에서 맹회복에게 식량을 지급했는지 조사하여 처리하라는 것([문서1] (1)-④-2, 16행~17행: "下柳中縣先有給處~處分訖申"), 다른 하나는 호조사에서 새로이 과소를 발급해야 할 지 판단하라는 것([문서1] (1)④-2, 17행: "其過所關戶曹准狀")이다. 이에 따라 전자는 부문을 작성하여 유중현에 하달하고, 후자는 관문을 작성하여 서주도독부 호조사에 전달하라는 것이다. 이러한 과정을 거쳐 서주도독부 창조사에서 작성하여 호조사로 회부된 문서가 [문서1] (1)의 관문이다.72) 따라서 關文에는 해당 사안을 처리한 관사에서 이루어진 일련의 문서행정 과정과 함께 결정된 조치를 시행하는데 필요한 다른 관사가 처리할 업무 내용을 함께 명시하고 있음을 알 수 있다.

---

70) 西州都督의 지시로 勘檢을 하고 狀文을 올린 倉曹參軍事가 李克勤이라고 판단할 만한 정합적인 근거는 없다. [문서1]의 (1)인 關文을 작성한 것은 개원 21(733) 정월 21일 공조참군사로 창조참군사의 업무를 대신한 宋九思('九思')이다(20행). 그런데 맹회복이 첩문을 올린 시기는 개원 20(732) 10월 7일이고 이에 따라 장관인 서주도독의 지시를 받아 狀文을 올린 시기는 그 이후라고 하겠다. 아마도 개원 20년 10월 7일 이후 개원 21년 정월 21일 사이의 일정 기간 창조참군사가 闕員이었고 이 때문에 공조참군사 宋九思가 창조참군사를 대신했을 것으로 추정해 볼 수 있다.

71) 이 부분은 倉曹參軍의 主典이 심문 내용을 정리하여 기재한 錄案 부분에 해당하는 것으로 이후 판관의 판안 과정에 근거가 되는 사항이라고 하겠다.

72) 인용한 [문서1]에는 [後略]하였지만, 이어진 안권의 내용에는 서주도독부 倉曹司의 '責問'에 대한 맹회복의 답변 문서[辯文]가 연접되어 있다. 또한 장관의 判辭를 전제하면 保人들의 심문에 대한 답변도 함께 연접되었을 것으로 판단된다. 이들은 모두 맹회복이 坊州까지 돌아가는데 필요한 과소 발급에 대한 근거를 마련하기 위한 과정에서 작성된 것이다.

2) 符文[下達문서]의 처리 절차

符文 가운데 (II)형으로 분류한 [문서10]이나 [문서13]처럼 勅旨를 하달하기 위하여 행용된 부식문서가 「공식령잔권」에 규정된 符式의 서식과는 다른 형식을 나타내는 것은 특정 사안에 대한 구체적인 조치 방안을 하달하기 보다는 勅旨 자체의 전달에 주요 목적이 있었기 때문으로도 판단할 수 있다. 이러한 이유로 인하여 [문서13]처럼 칙지의 전달만으로 관련 사안에 대한 조치가 이미 이루어져 별도로 문서를 작성하여 구체적 조치를 전달하는 과정이 생략되는, 즉 행판의 내용이 해당 문안에 기재되지 않는 경우도 발생한 것으로 판단된다.

그런데 이와 달리 칙지를 수령한 후 예하 관부에 구체적인 조치를 지시해야 하는 경우, 이러한 구체적인 조치의 내용들은 문안상에 어떠한 형식으로 기재되었을까? 이에 대하여 전술한 바 있는 의봉 3년 탁지주초를 이듬해 정월 勅旨로 상서성에서 서주도독부로 하달한 부문을, 서주 창조사가 처리한 과정을 반영하고 있는 [문서16]에 주목해 보자. 즉 [문서16]인 [표2] No.25 문서는 전술한 바 있는 儀鳳 3年(678)의 度支奏抄와 4年(679) 金部旨符의 문안[73] 가운데 [문서15]의 앞부분으로, 儀鳳 3년 (678) 尙書省 度支司가 올린 奏抄가 황태자의 재가를 받아 의봉 4년(679) 勅旨로서 尙書省 金部가 작성한 符文과 함께 西州都督府 倉曹에 하달되는 내용을 추가한 것이다.[74]

[문서16: 문안] 西州에서 하달된 旨符를 처리하는 文案 ([문서15]와 연접)

```
〈원문〉                              [ 前 略 ]
(1)'A  14    尙 書 省
       15    西 州 主 者: 奉      旨 如 右. 州 宜 依 [75]
       16    旨 應 須 行 下, 任 處 分. 符 到 奉 行.
       17                              主事 劉滿
       18    金部郎中  統師              令史
       19                          書 令 史 人□
       20                    儀 鳳 四 年 正 月  日  下
       21
       ------------------------------------------------------[ ? ]-----
(2)'   22    倉 曹
       23    牒,                  連 寫 如 右, 依(?)
       24    旨 納 庸 調, 錄         施 行. 謹 以 牒
       25    擧, 請 裁, 謹 牒
       26              義鳳四年二月廿七日 府  田 德 文 牒
       27                   戶曹判倉曹元懷儉
(3)'   28    廿 七 日 入 素 [76]
```

---

73) 이 文案은 Ot.1427을 포함하여 수십 건의 吐魯番出土文書 가운데 이른바 '암페라' 문서를 綴合하여 복원한 문서로 그 錄文은 大津透, 「唐律令國家の豫算について」, pp.45~48 참조.

74) 이 문안의 일부는 앞서 [문서15] '關文의 발급 과정'에서 인용한 바 있다. 여기서는 중복되는 내용을 가급적 줄이기 위하여 도판에 해당하는 [문서15] 부분의 인용은 생략한다. 다만 〈원문〉과 〈번역문〉은 설명의 편의를 위하여 번거롭더라도 다시 인용하였다.

75) 大津透의 복원문에서는 '任'(p.46)으로 판독했으나 李錦綉(p.51)는 '依'로 수정했는데 의미상 후자가 보다 적합하다고 판단하여 '依'로 석록하였다.

76) 종래 '廿七日' 뒤의 글자에 대해 大津透의 복원문에도 '入?案?'으로 판독하여 명확한 석록을 유보하거나 西州 都督의 서명인 한 글자였을 것으로 추정하기도 하였다. 그런데 Ot.1428의 도판을 재검토해 보면 '廿七日入素'라고 판

(4)' B 1 　　　　　　　　　　二 月 廿 七 日 錄 事　　　　受

(1)　　2　　　　　　　　　　　　錄 事 參 軍　　　　　　付

(2)　　3　　　　　　　　　檢　　案，　儉　　白.

　　　　4　　　　　　　　　　　　　　　　　　　　廿 七 日

---[？]----

(3)　　5　　牒，檢 案 連 如 前，謹 牒.

　　　　6　　　　　　　　　二 月 廿 七 日 府 田 德 文 牒

(4)　　7　　　　　　　　　准

　　　　8　　　　　　　旨 下 五 縣，關 戶 曹

　　　　　　　　　　　　[後 缺]

　　　　　　　　　　　　[前 缺]

(5) C 0　　　　　　　　　　　　　　廿 七 日

---[儉]-----

　　　　1　　高 昌 等 五 縣 主 者：件 狀 如 前，今 以 狀

　　　　2　　下，縣 宜 准 狀，符 到 奉 行.

　　　　3　　戶 曹：件 狀 如 前. 關 至 准 狀，謹 關.

　　　　4　　　　　　　　　儀 鳳 四 年 二 月 廿 七 日

　　　　5　　　　　　　　　府 田 德 文

　　　　6　　戶 曹 判 倉 曹

　　　　7　　　　　　　　　　　　史

(6)　　8　　　　　　　二 月 廿 七 日 受，即 日 行 判

　　　　9　　　　　　　錄 事 氾 文 才　　檢 無 稽 失

　　　　10　　　　　　　錄 事

(7)　　11　　下 高 昌 等 五 縣，關 戶 曹

　　　　12　　　　　　　前 件

　　　　13　　　□

　　　　　　　　　　　　　[後 缺]

〈번역문〉　　　　　　　　　[前 略]

(1)'A 14　　상서성(으로부터 발신)

　　15~16　서주의 담당자 앞으로: 칙지를 받든 바 앞과 같다. 州에서는 마땅히 칙지에 의거
　　　　하여 반드시 아래로 頒行하여 처리[處分]토록 하시오. 부문이 이르면 받들어 시행
　　　　하시오.

　　　　17　　　　　　　　　　　　　주사 유만이 작성함.

　　　　18　　금부랑중 통사가 서명함.　　　영사

　　　　19　　　　　　　　　[서령]사 인□

　　　　20　　　　　　　　　[의봉 4년 정월　일에 내려보낸다.]

　　　　21

---[？]----

(2)'　22　　창조(에서)

	23~25	첩합니다. ……베껴 적고 연접한 것이 위와 같습니다. 칙지에 의거하여 庸調를 납부하고 ……를 기록하여 시행토록 하십시오. 삼가 첩으로 올리니 [처결하여 주십시오. 삼가 첩합니다.]
	26	[의봉 4년 2월 27일 부인 전덕문이 첩을 올립니다.]
	27	호조[참군]으로 창조[참군]을 대신한 원회검이 서명함.
(3)'	28	**27일 들이다[入] 素(?)가 서명함.**
(1) B	1	2월 27일 녹사가 　　　　접수하다.
	2	녹사참군이 　(倉曹司로) 회부하다.
(2)	3	**문안을 검사하시오. 검[元懷儉]이 이른다[白].**
	4	**27일**

--[?]-----

(3)	5	牒을 올립니다. 문안을 검사하고 연접한 바 앞과 같습니다. 삼가 牒을 올립니다.
	6	2월 27일 府인 田德文이 牒을 올립니다.
(4)	7~8	**[勅]旨에 준거하여** **(……라는 내용을) 예하 다섯 현에 하달하고, 戶曹** **에 關文으로 보내는 것(이 어떨지) …….**

[後 缺]

[前 缺]

C	0	**27일**

--[儉]-----

(5)	1~2	高昌 등 5현의 담당자 앞으로: 문건의 내용은 앞과 같으며, 지금 [문건의]내용을 하달하니 현에서는 마땅히 [문건의] 내용에 준거하여, 符가 도착하면 받들어 시행하시오.
	3	호조 앞으로: 문건의 내용은 앞과 같으니 관문이 이르면 [문건의] 내용에 준거하여 처리하십시오. 삼가 關을 보냅니다.
	4	의봉 4년 2월 27일
	5	府 전 덕문
	6	호조참군사로 창조참군사의 일을 처리한
	7	史
(6)	8	2월 27월 접수하고, 당일 行判하다.
	9	녹사 범문재가 검사한 바 지체나 실착이 없다.
	10	녹사[참군]
(7)	11~13	…… 앞의 사안에 대하여(?) …… 高昌 등 다섯 현에 [문서를] 하달하고, 戶曹에 關文을 보내는 …… 件

[後 缺]

[문서16] (1)'의 A14~21행은 상서성 金部가 '서주 담당관사(西州主者)'에게 하달한 [旨符]인 (II) 유형의 부문으로 황태자의 제가[諾]를 얻어 반포된 親畫 度支奏抄가 [前略]된 앞부분에 연접되어 있다. 勅旨의 하달을 목적으로 하면서도 "州에서는 마땅히 칙지에 의거하여 반드시 아래로 頒行하여 처리토록 하시오(15~16행: 州宜依 旨, 應須行下, 任處分)"라고 하여 勅旨를 連寫하고 勅에 따르도록('……奉勅旨, 連寫如右, 牒至准勅') 지시한 [문서10], [문서13]의 경우와는 차이가 있다. 즉 서주도독부 예하 담당관사의 조치를 강조하였다.

이러한 이유 때문인지 상서성 금부의 부문을 수령한 西州에서는 해당 업무의 담당관사인 倉曹司에

서 (2)' 22~27행의 내용으로 서주도독부에 첩문을 제출하였다. 즉 상서성 금부의 부문으로 하달된
勅旨[御畵 奏抄]를 베껴 적고 연접했다는 것('……連寫如右'), 칙지에 의거하여 庸調를 납부토록 하고
(依 旨納庸調), 그 시행과 관련된 것(?)을 기록했다는 것(錄 ……施行), 이상의 내용을 첩문으로 올린다
는 것('謹以牒擧') 등이다. 그리고 이에 대한 처결[裁]을 요청하였다. 26~27행에는 첩문의 작성자인
倉曹의 主典 府 田德文의 서명과 호조참군사로 창조참군사를 대신한 판관 元懷儉의 확인 서명이 적시
되었다. 칙지를 連寫한 상서성 금부의 부문이 서주의 담당관사['西州主者']인 倉曹司의 첩문 앞에 연접
된 형태로 서주도독부에 접수되는 절차를 거치게 되는 것이다.77) 즉 尙書省 金部 旨符를 연접한 倉曹
司의 첩문을 (1) B 1~2행의 2월 27일에 서주도독부 錄事司의 錄事가 접수하고 이어 錄事參軍이 창
조사로 회부하였다.

그런데 [문서16] (3)' 28행에 '卅七日入素'라고 기재된 내용이 있다. 이와 관련하여 종래 '卅七日'
뒤의 글자를 '入(?)案(?)'으로 석록하여 의미를 파악하기 곤란했다. 그런데 도판을 확인해 보면 '案(?)'
자는 '素'자로 판독되는데, 투르판 출토문서에서 '素'라고 서명한 자는 의봉 2년(677) 10월 22일부터
의봉 3년(678) 5월까지 서주도독부 녹사참군을 지낸 것으로 확인되는데,78) 金部 旨符를 접수한 의봉
4년 2월 27일경에도 '素'는 서주도독부 녹사사의 녹사참군이었을 것으로 추정된다. 그런데 '27일 들
인다(入)'라고 한 것은 무엇을 의미하는 것일까? 이와 관련하여 다음과 같은 투르판출토의 문서잔편
이 주목된다.79)

[자료8] 儀鳳 3년(678) 문서 잔편

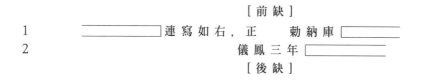

앞, 뒤 부분이 모두 결락되어 어떤 내용의 문서인지 판단하기 어렵다. 그러나 勅旨의 내용을 하달
하는 부문인 [문서10], [문서13] 등이 출토된 투르판지역 아스타나 221호묘에서 출토된 문서 잔편
가운데 하나이고, 이들과 마찬가지로 "……베껴 적고 연접한 것이 앞과 같다(連寫如右)"는 내용은 칙
지의 하달과 관련된 사항이라고 판단된다. 그런데 "원래의 칙[正勅]은 창고에 수납(正 勅納庫)"한다고
했을 경우 正勅은 부문과 연접하여 하달된 베껴 적기 전의 勅旨라고 할 수 있다. 이러한 추정이 가능
하다면 [문서16]의 (3)' 28행의 '卅七日' 다음에 '入'자는 아마도 의봉 4년 2월 27일 서주도독부 錄事
司가 접수한 상서성 금부지부에 연접되어 있던 勅旨, 즉 正勅을 庫에 넣었고 이를 錄事參軍事인 素가
확인, 서명한 것으로 판단할 수 있다. 이러한 과정을 거쳐 창조사에 회부된 문안에 대해서는 전술한
[문서15]의 (2) B 3~4행에서 판관인 창조참군사 元懷儉의 검사 지시("檢案, 儉白")가 이루어졌다. 그
리고 (3) B 5~6행의 "첩합니다. 문안을 검사하고 연접한 바가 앞과 같습니다. 삼가 첩을 올립니다
(牒, 檢案連如前, 謹牒)"라는 창조사의 주전인 府 전덕문의 보고를 거쳐 (4) B 7~8행 이후에 판관의

77) 御畵된 度支奏抄를 連寫한 [문서16] (1)' A 14~20행인 尙書省 金部의 旨符 이후에 별다른 절차 없이 西州 倉曹司
의 첩문이 연접된 점은 쉽게 이해하기 어렵다. 혹은 大津透의 복원문에서 金部 지부와 서주 창조사 첩문 사이에
공백을 21행으로 설정했는데, 그 하단의 결락된 부분에 서주도독부 錄事司의 문서 접수에 대한 2행 정도의 기재
가 있었을 가능성도 유추해 볼 수 있다. 그러나 현재로서는 旨符의 하달과 관련된 유사한 사례가 확인되지 않아
단정하기는 곤란하다.
78) 李方, 『唐西州官吏編年考證』, pp.57~60.
79) 「唐儀鳳3年(678)殘文書」, 73TAM221:16, 『吐魯番出土文書』 參, p.314.

판안 과정이 진행되었다.

그런데 [문서16]에서 상서성 금부의 부문이 서주도독부 창조사로 전달되는 과정은 [문서10]이나 [문서13]에서 都護府가 交河縣에 하달한 부문을 접수하여 처리하는 과정과 비교된다. 즉 勅旨를 連寫한 상서성 符文과 이를 연접한 도호부의 부문은 [문서10]의 (4) [중결] 뒤 36행 "丞 ^{末判} 付法"이나 [문서13]의 [前略] 부분인 18~19행의 "二月九日 前錄[事 張□ 受] / 丞 ^賱"이라고 하듯이 일단 교하현에 접수하여 담당관사로 회부하였다. 그리고 교하현의 담당관사에서는 [문서10]의 (5) 37~38행이나 [문서13]의 (1) 20~21행의 "첩을 올립니다. 案件에 대하여 勅을 원래대로 베껴 적은 것이 앞의 내용과 같습니다. 이미 원본의 칙에 따라 아래로 頒行하였습니다. 삼가 첩을 올립니다(牒, 件錄 勅白如前, 已從正 勅行下訖. 謹牒)"라는 해당 관사의 주전에 의한 보고가 이루어졌다. 그리고 이어서 交河縣의 장관인 현령 景弘이 담당관사로 회부하라는 지시("付司, 景弘示")를 하고 다시 문서 수발 과정을 거쳐 담당관사로 회부되었다. 이후의 판안 과정은 [문서10]에는 결락되었고 [문서13]의 경우는 (4) 26~29행의 "이미 원본의 勅[正勅]에 따라 아래로 頒行하였다고 기록하시오. 경홍이 지시한다"는 장관의 처결[批判] 내용만이 확인된다. 다만 전술한 바와 같이 관련 조치가 이미 이루어졌기 때문에 조치를 관문서로 지시하는 내용이 行判으로 적시되지는 않았다.

전술했듯이 [문서15] (1) B 1~2행을 통해 창조사로 회부된 문안은 [문서15]에서 살펴보았듯이 (2) B 3~4행의 '戶曹判倉曹參軍事'인 원회검의 문안 검사에 대한 지시에 따라 (3) B 5~6행에서 창조사의 府 田德文의 문안 검사에 대한 보고가 이루어졌다. 이상의 과정을 근거하여 (4) B 7~8행처럼 판관인 창조참군사의 판안[首判]이 이루어지게 된다. 판관의 판안 내용은 "旨에 준하여 5현에 (부를) 내리고, 호조로 關을 전달하도록(准 旨, 下五縣, 關戶曹)" 조치할 것을 제안하고 있다.[80]

이상의 판안 절차를 거쳐 (5) C 1~3행은 장관의 결재에 따라 이루어진 조치의 내용인데 (5) C 1~2행에는 "高昌等五縣主者(고창 등 5현의 담당자앞으로){수문자}: 件狀如前(안건의 내용은 앞과 같다){문서 내용}, 今以狀下, 縣宜准狀, 符到奉行(지금 [문건의] 내용을 하달하니 현에서는 마땅히 [문건의] 내용에 준거하여, 符가 도착하면 받들어 시행하시오.){符式 문미의 상용구}."라고 하였다. 또한 (5) C 3행에는 "戶曹{수문자}: 件狀如前{문서 내용}. 關至准狀, 謹關(관문이 이르면 [문건의] 내용에 준거하여 처리하십시오. 삼가 關을 보냅니다){關式 문미의 상용구}"이라고 하였다. 즉 서주 창조사가 (5) C 1~2행에서 고창 등 5현의 담당관사[主者]에게 符文을 하달하고, (5) C 3행에서 호조사에 關文을 발부한다는 것이다. 해당 안건에 대한 조치의 실제적 지시는 구체적인 방안의 명시보다 그러한 처리 방안을 적시한 행정문서의 발급 형태로 이루어지고 있다. 발급 문서의 내용은 수문자와 해당 관문서의 문미 상용구, 즉 관문서의 형식으로 명시되어 있다. 따라서 판안 과정을 거쳐 장관의 결재[批判]가 이루어지면, 이를 지시하기 위한 관문서의 발급[行判]을 통해 해당 안건에 대한 처리가 마무리되는 것이다. 이어서 (5) C 4행은 문서의 발급 날짜와 (5) C 5~7행은 문서 작성자의 서명[簽署]이 이루어졌다.

이하에서 (6) C 8~10행에는 문안의 처리 과정에 대한 勾檢의 과정이 적시되었다. 檢勾의 첫행에 해당하는 C 8행에는 "二月廿七日受, 卽日行判"이라고 하여 '2월 28일'에 해당 관사인 창조사가 관련 문서를 수리한 날짜와 '당일[卽日]'에 행판이 이루어진 날짜를 명시하였다. 이어서 결락된 부분이 있지만 錄事가 '檢無稽失'을 확인하고 錄事[參軍]가 검구를 마치는('勾訖') 내용이 기재되었을 것이다. 마지막의 (7)의 C 11~13행은 초목에 해당하는 내용인데 결락이 심하여 구체적인 의미를 파악하기는

---

80) 전술했듯이 이 문안의 B 8행 이후, C 1행 이전에는 대략 4~5행정도의 결락을 추정할 수 있다(大津透, 「唐律令國家の豫算について」, p.47). 아마도 "准 旨下五縣, 關戶曹[……]儉白.]"이라고 하여 首判을 한 判官('儉')의 署名과 通判官의 通判("依判, 諮. 某示"), 그리고 장관(西州 都督)의 批判("依判, 某示")이 기재되었을 것이다.

어렵다.

이처럼 상급이 하급에 하달하는 관문서의 유형인 符文은 전달하고자 하는 사안의 차이에 따라 (Ⅰ) 유형과 (Ⅱ) 유형으로 구분할 수 있다. 「공식령잔권」에 규정된 符式을 준용한 (Ⅰ) 유형과는 달리 주로 敕旨의 하달에 행용되던 (Ⅱ) 유형은 중앙[尙書都省]으로부터 지방[州·都督府, 縣]으로 正敕을 連寫하여 전달하는 문서의 서식으로 활용되었다. 다만 (Ⅱ) 유형의 경우에도 하달된 敕旨를 근거하여 구체적인 조치가 전달되어야 할 필요가 있는 경우에는 단순히 칙지의 하달만이 아닌 (Ⅰ) 유형과 유사한 형식으로 해당 관부나 관사를 특정하여 지시를 전달하는 형식이 준용되기도 하였다.

이상과 같이 출토문서 가운데는 [표2] 'Ⅰ. 符式 문서'로 정리한 문건들처럼 부문으로 확정할 수 있는 여러 사례들이 있는 반면 문서정리 과정에서 다른 유형의 문서로 오인하거나 부문으로 잘못 분류된 경우들도 확인된다. 우선 부문의 내용을 잘못 파악하거나 다른 유형으로 오인한 사례이다.

[표2] 'Ⅰ. 符式 문서' 가운데 No.14의 교하현으로 내려 보낸 부문으로 명명된 문서는[81] 결락부분이 많지만 6행에 "……에 준하여 처리하시오. 符가 이르면 [받들어 시행하시오](……准 ，符到[奉行])"라는 부식의 문미 상용구가 있어 부식 문서로 판단된다. 그런데 문서 작성자의 서명 부분에 "尉……"(7행)라는 내용이 있어 縣尉가 작성한 것으로 판단되어, 교하현에서 하급 행정 단위[鄕]로 하달한 부문이라고 하겠다. 따라서 「唐交河縣符」가 아니라 「唐交河縣下符」로 문서명을 수정해야 할 것이다. 또한 [표2]의 No.16 문서는 長壽 2年(693) 天山府의 牒 잔편으로,[82] [표2]의 No.18 문서는 武周시기 天山府의 문서 잔편[83] 등으로 분류하였지만 모두 부식 문서 가운데 문서 작성자의 서명 부분에 해당한다. 따라서 전자는 「武周長壽2年天山府殘符」로, 후자는 「武周天山府殘符」로 문서명을 수정해야 한다.

한편 [표2]의 No.20 문서는 武周시기 天山府가 張父團에 내려 보낸 出軍 동안 飯米를 요청한 사람에 대한 사안의 처리와 관련된 帖으로[84] 정리된 문서이다. 그런데 전반부(1~3행)는 帖文의 내용이지만 후반부(4~9행)는 "……宜准狀, 符到奉行(6행)"이라는 문미 상용구와 문서 작성자가 '……曹參軍 感'과 '府 / 史 馬行通'으로 명시되어 있어(7~9행) 符文으로 판단된다. 따라서 이 문건은 帖文과 符文이 별개로 존재했던 것을 하나의 첩문으로 오인한 것이라 하겠다.[85]

특히 [표2] 'Ⅱ. 符式으로 오인된 문서'는 문서를 정리하면서 符文으로 명명한 문건이지만 실제로는 부문이 아니라 문안 가운데 부문의 접수나 작성 등 부문과 관련된 업무의 일부에 대한 기재 내용을 부문으로 오인한 사례들이다. 예를 들어 [문서17(가)]는 [표2] 'Ⅱ. 부식으로 오인된 문서' 가운데 No.27의 開元 22년(734) 西州가 高昌縣으로 내려 보낸 부문으로 정리된 문서이고[86] [문서17(나)]는 [표2] No.31의 貞觀 17년(643) 妻妾을 들이는 사안에 대한 부문으로 정리된 문서[87]로 '符'로 명명되기는 했지만 부식 문서 자체는 아니다.

---

81) 「唐下交河縣符」, 73TAM214:168, 『吐魯番出土文書』 參, p.160.

82) 「武周長壽2年(693)天山府殘牒」, 73TAM509:19/16, 『吐魯番出土文書』 肆, p.251. 殘片에는 "府 / 折衝 伊 / 史 馬行通 / 長壽二年三月卄九日下"의 4행만 남아있다.

83) 「武周天山府殘文書」, 73TAM509:19/18, 『吐魯番出土文書』 肆, p.260. 殘片에는 "……[符]到奉行 / 府 / ……參軍 感達 / 史 馬……"라는 4행만 남아있다.

84) 「武周天山府下張父團帖爲出軍合請飯米人事」, 73TAM509:19/10,19/9, 『吐魯番出土文書』 肆, p.254.

85) 達錢, 「關于吐魯番所〈武周天山府下張父團帖爲出軍合請飯米人事〉及其相關文書的綴合問題」(『吐魯番學研究』 2019-2), 『吐魯番出土文書新探』 第二輯, 2021, p.190에서는 이 문서(73TAM509:19/9)의 4~10행이 「武周軍府符爲兵到州事」(73TAM509:19/3)의 1~4행 뒤에 이어지는 것으로 符文의 일부라고 파악하였다.

86) 「唐開元22年(734)西州下高昌縣符」, 73TAM509:23/6-1, 『吐魯番出土文書』 肆, p.316.

87) 「唐貞觀17年(643)符爲聚妻妾事」(二), 72TAM209:91(a), 『吐魯番出土文書』 參, pp.317~318. 이 문서는 원래 2개였던 잔편을 정리한 것인데 인용한 잔편의 앞부분에 (一) 72TAM209:89 문서가 정리되어 있다.

[문서17(가)] 개원 22년 문안 일부(행판)

〈(가) 원문〉   [前 缺]
(1)   1   ▭▭▭▭▭ 崇 示 .
       2   十 三 日
       3   依   判 ,   賓   示
       4   十 三 日
(2)   5   高昌縣主者：件 狀 如 前 . 縣 宜 准 狀 , 符 到 奉 行 .
       6   開 元 廿 二 年 八 月 十 三 日
       7   府 高 思
       8   參軍攝戶曹   光琦
       9   史
                              [後 缺]

〈(가) 번역문〉   [前 缺]
(1)   1   ▭▭▭▭▭[崇]이 아룁니다..
       2   13일
       3   (판관의) 首判대로 하시오. 賓이 지시한다.
       4   13일
(2)   5   高昌縣의 담당자 앞으로: 안건의 내용은 앞과 같으니 현에서는 마땅히 [문건의]
            내용에 준거하여 처리하시오. 符가 이르면 받들어 시행하시오.
       6   개원 22년 8월 13일
       7   府인 고사가 작성함.
       8   參軍으로 戶曹[참군사]를 겸한 광기가 확인함.
       9   史
                              [後 缺]

[문서17(나)] 정관 17년 문안 일부(구검)
〈(나) 원문〉   [前 缺]
(1)   1   貞觀 十 七 年 閏 六 月 廿五日
       2   府 ▭
       3   戶曹參軍 實心
       4   史
(2)   5   閏 六 月 六 日 受 符 , 其 月 廿 五 日 行 判
       ---[宏]-----
       6   錄 事   張 文 備   檢 無 稽 失
                              [後 缺]

〈(나) 번역문〉   [前 缺]
(1)   1   [정관] 17년 윤6월 [25일]
       2   府……
       3   호조참군 實心이 확인함
       4   史

(2)　　5　　　　　　　　　　　윤6월 6일 부문을 접수하여, 그 달 25│일에　행판을　하다.│
---[宏]-----
　　　　6　　　　　　　　　　　녹사 **장문비**가 검사한 바 지체와 失錯이 없다.
[後 缺]

[문서17(가)]는 개원 22년 서주가 고창현에 하달한 부문으로 명명되어 있지만 실제로는 서주도독부에서 처리한 안권의 말미 부분에 해당하는 내용이다. (1)의 1~4행은 판안 부분으로 통판관 '紫'의 통판(1~2행), 장관인 서주 도독 '賓'의 批判(3~4행)에 해당하고, (2)의 5~9행은 판안에 대한 행판 내용 및 날짜(5~6행), 그리고 7~9행은 문안 작성자의 서명이다. 따라서 판안의 결과 "고창현 담당 관사 앞으로: 안건 내용은 앞과 같으니 현에서는 마땅히 문서의 내용에 준거하여 처리하시오. 부문이 이르면 받들어 시행하시오(高昌縣主者: 件狀如前, 縣宜准狀, 符到奉行)"라고 하여 고창현으로 부문을 하달한다는 의미이지 부식 문서라고 명명할 수 없다. [표2] No.26 문서도 永徽 5년(654)에 安西都護府가 공구들[函斗等]을 검사하는 안건으로 交河縣에 내린 符文으로 파악했지만[88] 석록된 부분의 1~2행에 "交下縣: 件狀如前. 今以狀│　　│/准狀, 符到│　　│"이라는 기재 내용을 전제하면 관련 문안의 행판 내용에 해당한다.[89] 이처럼 안건의 처리과정인 행판의 내용을 적시한 문서단편을 부문으로 명명한 사례에는 [표2]의 No.28, No.29, No.30 문서 등도 포함된다.

또한 [문서17(나)]도 貞觀 17년의 '符'로 명명되기는 했지만 부식 문서 자체는 아니다. (1)의 1~4행은 처리한 안건에 대한 조치와 관련된 행판의 내용인데 작성 날짜(1행), 작성자 서명(2~4행)만이 확인되어 어떤 유형의 관문서가 작성되었는지 판단할 수 없다. (2)의 5~6행은 檢勾에 해당하는 내용으로 안건을 처리한 관사에서 정관 17년 윤6월 6일에 符文을 접수하여 그 달 25일에 행판을 하였음(5행)을 기재했고, 錄事 張文備가 검사하여 사안의 처리 일정이 지체되거나 문서 작성상 失錯이 없음을 확인하였다(6행). 따라서 이 문서단편의 내용은 符文을 통해 안건으로 상정된 사안을 처리하여 관련 조치를 시행하는 행판과 이에 대한 검사, 즉 檢勾가 진행된 과정을 반영하기는 하지만 부식에 따라 작성된 부문과의 관련성을 확인하기 어렵다. [표2] No.32의 문서도[90] 마찬가지로 안권 말미의 檢勾 관련 기재인 '受符'만이 확인되어 이러한 사례에 해당한다.

한편 No.33 문서의 경우 龍朔 3年(663) 西州 고창현이 寧昌鄉으로 하달한 부문으로 명명되어 있지만, 篤疾을 앓았던 侯□隆을 充侍하는 문제에 대한 본인의 변론과 里正의 심문 내용 등을 포함하여 문미를 "……准狀, □牒"이라는 문구로 마무리한 첩문에 해당한다. 이처럼 현재 정리 보고된 돈황·투르판 출토문서 가운데 부식 문서로 분류된 문서에는 부문 자체가 아니라 문서행정 과정에서, 특히 문안 처리과정에서 취해진 조치와 관련된 내용도 있음을 유념할 필요가 있다.

[표2] '부식 문서와 관련 문서'의 마지막에 'Ⅲ. 부식 관련 문서'에는 출토문서 가운데 부문이 언급된 사례들을 제시해 보았다. 牒文 등 여타 유형의 문서나 안건을 처리하는 문서행정의 과정에서 부문이 언급된 경우인데, 출토문서 상에서 확인되는 사례들을 정리한 것으로 관견에 따른 한정된 범주에 국한된 것들이다. 출토문서에 대한 전면적인 검토를 통해 계속 보완되어야 할 내용이지만 부문의 기능이나 성격을 파악하기 위하여 비교, 검토할 만한 내용이라고 판단하여 제시해 두었다.

---

88) 「唐永徽5年(654)安西都護府符下交河縣爲檢函斗等事」, 2006TZJI:008,003, 『新獲吐魯番出土文獻』 下, p.303
89) 인용한 1~2행에 이어 3행에는 "永徽五年│　　│"이라는 작성 날짜, 5행에는 "府張洛"이라는 작성자의 서명 부분이 확인된다. 符式 문서라면 부문의 작성 날짜는 전술한 [문서7], [문서8], [문서9]처럼 작성자 서명 이후에 기재되었을 것이다. 관련된 문안을 재검토한 劉安志도 이 문서를 복원하면서 접합된 2006TZJI:008과 2006TZJI:003은 연접되는 관계가 아님을 지적하였다(「關于吐魯番新出永徽5·6年(654·655)安西都護府案卷爲整理研究的若干問題」(『文史哲』 2018-3), 劉安志 主編, 『吐魯番出土文書新探』, 武漢: 武漢大學出版社, 2019, pp.249~253).
90) 「唐殘符」, 67TAM91:20(a), 『吐魯番出土文書』 參, p.5.

3. 관문서의 발급과 공식령의 복원

1) 上申문서로서 解文의 작성

당대 공식령에는 관문서 유형으로 제시한 剌式이하 符式까지의 서식 이외에도 「공식령잔권」에 명시된 制授告身式, 奏授告身式을 포함하여 여타의 공문서 서식이 규정되었을 것이다. 제수고신식과 주수고신식은 공식령 규정을 통해 그 서식이 확정되었을 뿐 아니라 문집, 書帖, 석각자료와 더불어 출토문서를 통하여 실례에 대한 분석도 상당한 성과를 이루고 있다.[91] 그러나 「공식령잔권」의 내용 이외에 공식령에 규정된 관문서 서식에 어떤 것이 포함되었을지 확정하기는 어렵다.

지방 문서행정의 실상을 반영한 출토문서 가운데 특정 사안의 처리과정을 전해주는 안권에는 판안의 결과를 시행하기 위한 행판 절차가 포함되어 있는데, 그 내용은 법령에 규정된 서식에 따라 해당 유형의 관문서를 작성, 발급하는 과정을 명시하고 있다. 이는 전술했듯이 수문자, 문서 유형에 따른 문미 상용구 등을 위주로 기재하였다. 이러한 안권의 행판 부분에 명시된 내용은 출토문서 가운데 해당 유형의 문서에서도 실제로 확인할 수 있다. 더욱이 관문서의 유형별 서식은 공식령을 통하여 법률적으로 규정되었다. 이러한 측면에서 행판의 내용에 명시된 관문서의 유형과 출토문서에서 확인되는 실례 사이에 일정한 상응 관계가 인정된다면, 이러한 관문서의 서식이 공식령에도 규정되었을 개연성을 충분히 인정할 수 있을 것이다.

당대 관사 사이에 행용되던 관문서와 관련하여 돈황·투르판 출토문서 가운데 새로운 문서 유형으로 추정되는 사례들이 확인되면서 이들 문서의 양식과 성격에 주목하게 되었다. 특히 하급 관부에서 상급 관부로 上申하는 상행문서에 대한 연구인데, 「공식령잔권」에는 결락되었지만 상행문서로서 剌와 解가 존재했음은 전술한 바 있다. 최근 돈황·투르판 출토문서 가운데 縣에서 州로 상신한 문서와 관련하여 일정한 서식이 인정되는 관문서 유형이 확인되었다. 주로 赤木崇敏,[92] 吳麗娛,[93] 劉安志[94] 등에 의하여 지적된 사례들인데, 赤木崇敏은 申式문서로, 吳麗娛는 申狀式문서로, 劉安志는 解文으로 파악하였다.

이 가운데 劉安志는 출토문서에서 언급되는 '解'라는 문서가 「공식령잔권」에서 규정된 上行문서로서 解式에 해당한다고 이해하였다. 이를 전제로 출토문서 가운데 縣에서 州로 上申된 일정한 서식을 갖춘 문서는 '申式'이라 명명할 수 없고 狀文과도 다른 유형의 문서라고 해석하여 '解式'의 실례로 추정하였다. 우선 실제 이와 같은 문서의 형식을 확인할 수 있는 사례로 神龍 元年(705) 天山縣이 西州 兵曹司에 상신한, 路上에서 죽은 長行馬의 처리에 대한 문서를[95] 인용하면 다음과 같다.

91) 대표적인 연구로 大庭脩, 「唐告身の古文書學的研究」(『西域文化研究』三, 1960), 『唐告身と日本古代の位階制』, 伊勢: 皇學館出版部, 2003를 참고할 만하며, 구체적인 사례들에 대해서는 徐暢, 「傳世唐代告身及其相關研究述略」, 『中國史研究動態』 2012-3, pp.40~43, 〈附表: 傳世唐人告身及其出處索引〉 참조.
92) 赤木崇敏, 「唐代前半期の地方文書行政--トゥルファン文書の檢討を通じて」, 『史學雜誌』 117-11, 2008; 同, 「唐代前半期的地方公文體制--以吐魯番文書爲中心」, 鄧小南·曹家齊·平田茂樹 主編 『文書·政令·信息溝通: 以唐宋時期爲主』, 北京: 北京大學出版社, 2012.
93) 吳麗娛, 「從敦煌吐魯番文書看唐代地方機構行用的狀」, 『中華文史論叢』 2010-2.
94) 劉安志, 「吐魯番出土唐代解文についての雜考」, 荒川正晴·柴田幹夫 編, 『シルクロードと近代日本の邂逅--西域古代資料と日本近代佛教』, 東京: 勉誠出版社, 2016; 同, 「唐代解文初探--敦煌吐魯番文書を中心に」, 土肥義和·氣賀澤保規 編, 『敦煌吐魯番文書の世界とその時代』, 東京: 汲古書院, 2017; 同, 「吐魯番出土文書所見唐代解文雜考」, 『吐魯番學研究』 2018-1; 同, 「唐代解文初探--以敦煌吐魯番文書爲中心」, 『西域研究』 2018-4; 同, 「唐代解文續探--以折衝府申州解爲中心」(『西域研究』 2021-4), 『吐魯番出土文書新探』 第二輯, 武漢: 武漢大學出版社, 2021, pp.66~71.
95) 「唐神龍元年(705)天山縣錄申上西州兵曹狀爲長行馬在路致死事」, OR.8212/557 (Ast.Ⅲ.4.095), 『斯坦因第三次中亞考

[문서18: 解文] 神龍 원년(705) 천산현이 서주 병조사에 상신한 해문

〈원문〉

```
------------------------------------------------------------------[꿢]-----
(1)  1   天山縣        爲申州槽送使長行馬在路致死,所由具上事
     2     州槽長行馬壹疋,赤敦    同敬
     3       右,得馬夫令狐嘉寶辭稱:"被差逐上件馬,送使人何思敬,乘往烏耆.却回
     4       其馬瘦弱乏困,行至縣西卅里頭,磧內轉困,牽不前進,遂卽致死.旣
     5       是長行,不敢緘默,請檢驗處分"者.付坊差人,與馬子同往檢,不有他
     6       故狀言者.得槽頭許文節狀稱:"准判,差槽頭許文節往檢,前件馬縣西
     7       卅里頭,乏困致死.檢無他故有實狀上"者.今以狀申.
     8     州槽長行馬壹疋,靑念敦    同敬
     9       右,同前,得馬夫令狐弘寶辭稱:"被差逐上件馬,送使人何思敬,往烏耆.廻
    10       至銀山西卅里,乏困瘦弱致死.謹連銀山鎭公驗如前.請申州"者.依檢
    11       銀山鎭狀:"得馬子令狐弘寶辭稱:'從州逐上件馬,送使人往烏耆.今
    12       廻至此鎭西卅里頭,前件馬遂卽急黃致死.旣是官馬,不敢緘默.
    13       請檢驗處分'者.付健兒主帥董節就檢,'不有他故以不,狀言'者.准
    14       判就檢,'馬急黃致死有實,又無他故.遠人箱腿上長行字印者.
    15       馬旣致死不虛,其肉任自出賣得直言'者.今得馬子令狐弘寶狀稱:
--------------------------------------------------------------------------------
    16       '其馬在鎭西卅里頭死,磧內無人可買.只能剝皮將來,其肉不能勝
    17       致.遂卽棄擲.今將皮到'者.准狀牒馬子,任爲公驗者.仍勒馬子自將
    18       皮往州呈驗"者.今以狀申.
    19     以前件狀如前者,以狀錄申.仍勒馬子自賣馬皮赴州輸納
    20     者.縣以准狀,勒馬子領馬皮赴州輸納訖.今以狀申.
    21   令闕                      丞 向州
    22   都督府兵曹:件狀如前,謹依錄申.請裁,謹上.
    23          神龍元年三月二日 主簿判尉 常思獻      上
(2) 24   依檢,皮兩張到. 典張從.
    25   准前. 꿢 96)          錄事    索仁禮
(1) 26                        佐      范立爽
--------------------------------------------------------------------------------
    27                        史   向州
(2) 28   三年某日 錄事 □受 97)
```

古所獲漢文文獻』①, pp.115~116. 이 문서의 錄文은 陳國燦, 『斯坦因所獲吐魯番文書硏究』, pp.255~257를 참조하였다. 전자는 전체를 29행으로 복원했는데 24행 다음의 서주도독부 창조사의 지시('准前, 꿢')를 25행, '錄事 索仁禮'의 서명을 26행, 두 행으로 복원한 반면 후자는 이들을 25행 한 행으로 복원하였다. 이 글에서는 육안으로 확인되는 행 구별에 따라 후자의 복원대로 전체를 28행으로 정리하였다. 또한 원문에서 2행과 8행의 후미에 부기된 '同敬'은 朱書로 기재된 것이고, 2~3행 사이와 9~10행 사이 등에는 勾勒을 표시한 흔적이 확인된다.

96) 24~25행의 내용은 神龍 元年 3월 2일 상신된 문서의 내용에 대한 西州都督府 兵曹司의 主典 張從의 사실 확인('依檢, 皮兩張到')과 판관인 西州都督府 兵曹參軍事 꿢(程待꿢)의 判辭['准前']로, 본 문서가 서주도독부에 접수된 후에 附記된 것이다.

97) 이 부분은 결락이 심해 정확한 판독은 어렵지만 '西州都督府之印'이 날인되어 있기 때문에 天山縣이 상신한 문서를 西州都督府에서 수리하는 과정과 관련된 "三月某日 錄事 □受"라는 기재가 있었을 것으로 추정할 수 있다.

[後 缺]

〈번역문〉

(1)　　1　　　천산현으로부터　　　　　使人을 수송하던 州槽의 長行馬가 도중에 죽은 사유를
　　　　　　　　　　　　　　　　　　갖추어 보고해 올리는 사안

　　　　2　　　州槽의 장행마 1마리, (털색) 붉은색, 거세. [(사실과) 같음. 敬이 확인함]

　　　　3~7　　앞(의 말)에 대하여, 馬夫인 令狐嘉寶의 辭文에 이르기를, "차출된 앞의
　　　　　　　　말을 끌고, 使人 何思敬을 보내기 위해 烏耆(=焉耆)⁹⁸⁾까지 타고 갔습니
　　　　　　　　다. 다시 돌아오려는데 말이 쇠약해지고 기운이 없어, 縣 서쪽 30里 지
　　　　　　　　점의 사막 안에 이르러 지쳐서 끌어도 앞으로 나가지 못하다가 결국
　　　　　　　　죽게 되었습니다. 이 말은 官馬[長行]이기 때문에, 묵인하고 넘어갈 수
　　　　　　　　없어 검사를 하여 처분해 주기를 요청합니다."라고 하였습니다. 이에
　　　　　　　　坊에서 사람을 차출하여 馬子와 함께 가서 검사하여 다른 이유가 없는
　　　　　　　　지 문서[狀]로 보고하게 하였습니다. 마구간 책임자[槽頭]인 許文節의 狀
　　　　　　　　文에 이르기를, "결정[判]에 따라 차출된 마구간 책임자[槽頭] 許文節이
　　　　　　　　가서 검사해 보니, 앞의 말은 縣 서쪽 30리 지점에서 약해져 죽었으며
　　　　　　　　검사한 바 다른 이유가 없다는 것이 사실임을 狀으로 보고합니다."라고
　　　　　　　　하였습니다. 이제 문서의 내용[狀]으로 上申합니다.

　　　　8　　　州槽의 장행마 1마리, (갈기,꼬리) 푸른색, 거세. [(사실과) 같음. 敬이 확인함]

　　　　9~18　　앞(의 말)에 대하여, 앞의 내용과 마찬가지로 馬夫인 令狐弘寶의 辭文에
　　　　　　　　서 이르기를, "차출된 위의 말을 이끌고 使人 何思敬을 보내기 위하여
　　　　　　　　烏耆로 갔습니다. 돌아오는 길에 銀山 서쪽 30리에 이르러 지치고 쇠약
　　　　　　　　해져 죽게 되었습니다. 삼가 銀山鎮의 公驗을 앞의 내용처럼 첨부하니
　　　　　　　　청컨대 州에 보고[申]해 주십시오." 이에 검사해 보니 銀山鎮의 狀文에
　　　　　　　　는, "馬子 令狐弘寶의 辭文에 이르기를, '州에서부터 위의 말을 끌고 使
　　　　　　　　人을 보내기 위해 烏耆로 갔습니다. 다시 돌아오다가 이 鎮 서쪽 30里
　　　　　　　　지점에서 위의 말이 갑자기 죽게 되었습니다. 이 말은 官馬이기 때문에
　　　　　　　　묵인하고 넘어갈 수가 없어 검사[檢驗]하여 처분해 주길 바랍니다.'라고
　　　　　　　　하였습니다. 이에 健兒인 主帥 董節을 보내 '다른 이유가 있는지 없는지
　　　　　　　　문서의 내용으로 보고하라'고 하였습니다. 결정[判]에 따라 검사해 보
　　　　　　　　니, '말이 갑자기 죽은 것은 사실이고 또 다른 변고도 없었으며 오른쪽
　　　　　　　　넓적다리에는 '長行'印이 찍혀있었다고 합니다. 말이 이미 죽은 것은 거
　　　　　　　　짓이 아니고 그 고기는 가져 나가 팔아서 가격을 받으면 보고할 것'이
　　　　　　　　라고도 하였습니다. 지금 다시 접수한 馬子 令狐弘寶의 狀文에 이르길,
　　　　　　　　'그 말이 鎮 서쪽 30里 지점에서 죽었고 사막 안에는 (고기를) 살 수
　　　　　　　　있는 사람이 없어서 다만 가죽을 벗겨 가져올 수 있었고 고기는 어찌
　　　　　　　　할 수 없어 버리게 되었습니다. 지금 가죽은 가지고 왔습니다'라고 하
　　　　　　　　였습니다. 문서 내용에 의거하여 馬子에게 牒하여 公驗으로 삼게 하였
　　　　　　　　고, 馬子로 하여금 스스로 (말의) 가죽을 가지고 州에 가서 증거를 제시
　　　　　　　　하도록 하였습니다."라고 합니다. 이제 문서의 내용으로 上申합니다.

　　　　19~20　이상의 안건에 대한 내용은 앞과 같으며, 문서의 내용을 기록하여 보고합니
　　　　　　　　다. 이에 馬子로 하여금 스스로 말가죽을 가지고 州에 가서 輸納토록 하였던
　　　　　　　　바, 縣에서는 문서 내용에 의거하여 馬子에게 말가죽을 수령하여 州에 가서

─────────────

98) 烏耆는 焉耆, 塢耆, 鄢耆, 耆鄢 등으로도 기재했는데, 투르판 분지의 서쪽, 타림분지의 동북쪽에 위치하며 일찍이
柔然의 부속국이었다가 唐 貞觀 18년(644)에 焉耆都督府가 설치되었고 貞元연간(785~804)까지 존속되었다. 쿠차
[龜玆]와 高昌 사이에 위치하여 서역의 중계지로 기능하였다.

		輸納을 마치도록 하였습니다. 이제 문서의 내용을 上申합니다.
	21	(縣)令 缺員임　　　　　　　　　　　　　丞 州에 갔음
	22	都督府의 兵曹 앞으로: 안건의 내용은 앞과 같습니다. 삼가 기록하여 보고한 바에 의거하여 처리해 주시기 바랍니다. 삼가 올립니다.
	23	신룡 원년 3월2일 主簿로 (縣)尉를 대신하여 처리한 상사헌이 올립니다.
(2)	24	**검사에 의하면 가죽 2장이 도착했음. 典인 張從.**
	25	**이전의 사례에 따라 처리하시오. (장관) 翟 서명함.**
(1)		錄事　索仁禮
	26	佐　范立爽
	27	史　州에 갔음.
(2)	28	┌3월 몇일 녹사인 □가 접수하다┐

[後 缺]

[문서18]의 (1)인 1~27행은 西州의 州槽에서 키운 長行馬가 차출되어 使人을 태우고 목적지(烏耆=焉耆)까지 갔다가 돌아오는 길에 노상에서 죽은 사안에 대하여 天山縣이 西州都督府에 처리를 의뢰한 上申문서로 西州都督府에서 이를 접수한 것이다. 즉 (2)의 28행에는 "[3월 몇일에 녹사인 □가 접수하다(三月某日 錄事 □受)]"라고 하듯이 서주도독부 녹사사가 문서를 접수하였음을 확인할 수 있다. 또한 문서에는 '天山縣之印'이 7곳(2~3행, 6~7행, 8~9행, 12~13행, 19~20행, 21~23행, 22~23행)에 날인되었고 28행에서 이후 결락된 부분에 걸쳐서 '西州都督府之印'이 1곳 날인되어 있다. '西州都督府之印'의 일부와 글자의 흔적이 확인되는 28행은 天山縣의 上申문서를 접수하여 西州都督府 兵曹司(22행: 수문자)로 회부하는 과정에 해당할 것이다. 문서단편에는 3곳의 접합부가 확인되는데 뒷부분의 내용은 결락되었다. 문서정리자의 설명에 따르면 접합부 가운데 1행의 배면에는 서주도독부 倉曹參軍事인 翟(程待翟)의 압서가 확인되지만, 15행과 16행 사이, 26행과 27행 사이의 접합부 배면에 대해서는 압서에 대한 별다른 언급이 없다. 아마도 천산현에서 작성된 1행에서 27행까지의 문서가 서주도독부 창조사에 접수된 이후 안건이 처리되면서 앞 문안과 접합되어 1행 접합부 배면에 서주도독부 창조사의 압서가 이루어졌을 것이다. 따라서 이 문안은 天山縣에서 상신한 문서(1~27행)를 서주도독부 兵曹司에서 처리한 안권의 일부로서 (2)의 24행, 25행 윗부분과 28행은 서주도독부에서 천산현이 작성한 문서를 접수한 이후 문서 위에 기재한 내용이라고 하겠다. (2) 24행의 張從은 서주도독부 兵曹司의 主典이고, 25행 윗부분의 翟은 서주도독부 兵曹參軍事로 해당 사안에 대한 판관에 해당한다.

天山縣은 서주도독부 예하 5현 가운데 하나로, 천산현이 서주도독부에 문서를 상신한 것은 서주의 州槽에서 차출된 長行馬, 즉 官馬가 죽은 것이 각각 천산현에서 서쪽으로 30리와 銀山鎭[99] 서쪽 30리의 지점으로 모두 천산현의 관할 내에 있었기 때문이다([부도1] '8세기 돈황, 투르판 주변 지도' 참조). 천산현에서 서주도독부에 상신한 내용은 죽은 2필의 말과 관련된 것이다. 즉 (1)의 2행~7행에는 1필에 대해서 馬夫 令狐家寶가 보고한 말이 죽은 경위 및 이에 대한 처리의 요청[辭文: 3~5행], 그리고 槽頭 許文節이 작성한 검사 후 사실 확인에 대한 보고[狀文: 6~7행]가 이루어졌다. (1)의 8행~18행에는 다른 1필에 대해서 마찬가지로 馬夫 令狐弘寶의 말이 죽은 경위에 대한 보고 및 銀山鎭이 발급한 증빙[公驗]을 州에 보고해 달라는 요청[辭文: 9~10행], 그리고 銀山鎭이 작성한 사실의

---

99) 『新唐書』 권40, 地理4, p.1046, "西州交河郡, 中都督府. 貞觀十四年平高昌, 以其地置. 開元中曰金山都督府. 天寶元年爲郡. ……縣五.〈有天山軍, 開元二年지. 自州西南有南平·安昌兩城, 百二十里至天山西南入谷, 經礪石磧, 二百二十里至銀山磧, 又四十里至焉耆界呂光館. ……〉."

확인, 공험 발급의 경위, 말가죽 처리에 대하여 馬子에게 내린 조치 등의 보고[狀文: 11~18행]가 포함되었다. 이어 19행~20행에는 天山縣이 縣에 접수된 馬夫 令狐家寶의 辭文과 槽頭 許文節의 狀文, 그리고 馬夫 令狐弘寶의 辭文과 銀山鎭의 狀文을 기록하여 올리고('以狀錄申': 19행) 馬子로 하여금 말가죽을 가지고 州에 가서 수납하게 하였음을 보고하였다('今以狀申': 20행).

그런데 천산현에서 상신한 문서의 서식은 1) (1)의 1행인 '天山縣'{발문자}, '爲申……事'{표제}, 2) 2행~20행인 {문서 내용}과 '今以狀申'{문미 상용구}, 3) 21행인 縣令과 縣丞의 서명[簽署], 4) 22행의 "都督府의 兵曹 앞으로: 안건의 내용은 앞과 같습니다. 삼가 기록하여 보고한 바에 의거하여 처리해 주시기 바랍니다. 삼가 올립니다('都督府兵曹'{수문자}, '件狀如前, 謹依錄申, 請裁. 謹上'{문미 상용구})", 5) 23행과 25~27행 가운데 23행의 '신룡 원년 3월 2일'{문서 작성 날짜}와 '主簿로 (縣)尉를 대신한(主簿判尉) 常思獻'{문서 작성자 서명}, 그리고 25~27행의 錄事, 佐, 史 등 문서 작성에 대한 연대 책임자의 連署 등으로 구성되어 있다. 문서 작성과 관련된 관원의 서명이 문서 작성자인 '主簿判尉 常思獻'을 비롯하여 縣令, 縣丞, 錄事, 佐, 史 등 해당 관부의 長官부터 主典까지의 連署를 적시한 것은 하행문서와는 달리 상급 관부로 상신하는 상행문서이기 때문일 것이다. 즉 하급관부에서 상급관부로 상신하는 문서에는 문서를 작성한 해당 관부의 장관(縣令)이하 통판관(縣丞), 판관(縣尉), 주전(佐, 史)와 구검관(錄事)까지 連署하여 연대 책임의 소재를 명시하였다. 이처럼 [문서18: 解文]의 구성내용에는 발문자(발문기관), 표제, 문서 내용, 수문자, 문서 상용구, 문서 작성일, 문서작성자 등 전술한 관문서의 구성요소들을 모두 포함하고 있다.

돈황·투르판 출토문서 가운데는 이러한 구성요소들을 갖춘 관문서가 확인되는데 이들은 당대 관문서의 유형으로 거론된 '解文'일 개연성이 크다. 특히 劉安志에 의해 '解式'으로 분류된 이러한 형식의 출토문서들을[100] 주요 내용과 함께 재정리하면 [표4] '解式 문서의 작성'의 'Ⅰ. 解式 문서'와 같다. 또한 劉安志는 '解式'으로 분류된 출토문서를 통하여 縣에서 州로 올린 解式, 즉 縣解式의 서식을 다음과 같이 제시하였다.[101]

[자료9] 縣解式의 서식

1	縣解式
2	某縣　　　　　　爲申某事 ('具狀上事' 혹은 '具上事')
3	概要 (本案과 관계되는 사람 혹은 사물)
4	右, 得某云云(右, 被某符云云). 今以狀申(謹依狀申).
5	令 具官封名　　　　　　丞 具官封名
6	都督府某曹 (州某司): 件狀如前, 謹依錄申. 請裁, 謹上.
7	年月日　(縣)尉　具官封姓名　上
8	錄事　姓名
9	佐　姓名
10	史　姓名

---

100) 劉安志, 「唐代解文初探--以敦煌吐魯番文書爲中心」, 『西域硏究』 2018-4, pp.56~60에는 〈"申式"文書表〉라고 하여 주로 赤木崇敏, 「唐代前半期の地方文書行政」, p.93, 〈表5 申式文書〉와 吳麗娛, 「從敦煌吐魯番文書看唐代地方機構行用的狀」, pp.99~113, 〈附表：吐魯番文書申狀資料〉를 참고하여 '解式' 문서표를 제시하였는데, 문서번호, 발문자, 수문자, 전거 등에 약간의 오류가 있고 보충할 문서들도 있어 [표4] '解式 문서의 작성'의 'Ⅰ. 解式 문서'로 보완하였다.

101) 劉安志, 「唐代解文初探」, p.73.

〈해설문〉
1   현이 작성한 해식[縣解式]
2   어떤 현으로부터[某縣]   어떤 사안과 관련해 상신하는 건[爲申某事]
        (또는 '내용을 갖춰 올린 사안[具狀上事]' 혹은 '갖춰 올린 사안[具上事]')
3   개요[槪要] (本案과 관계되는 사람 혹은 사물)
4   앞에 대하여, 어떤 사람이 이르기를(어떤 符文을 받았는데 이르기를) 운운 이라고
            합니다. 이제 문서의 내용으로 보고합니다(삼가 내용에 의거해 보고합니다).
            [右, 得某云云(右, 被某符云云). 今以狀申(謹依狀申)].
5   현령 관함·봉작을 갖춘 이름[令 具官封名]   현승 관함·봉작을 갖춘 이름[丞 具官封名]
6   도독부의 어떤 조(주의 어떤 사) 앞으로: 안건의 내용은 앞과 같습니다. 삼가 기록하여 보
    고한 바에 의거하여 처리해 주시기 바랍니다. 삼가 올립니다.
    [都督府某曹(州某司): 件狀如前, 謹依錄申. 請裁, 謹上.]
7   년 월 일 (현)위 관함·봉작을 갖춘 성·이름이 올립니다.
8   녹사 성·이름
9   좌   성·이름
10   사   성·이름

이러한 서식을 갖춘 解式 문서들에서는 [자료9]에 제시한 서식을 기준으로 1) 문서 앞부분(2행)에
발문기관(某縣){발문자}, 관련 사안(爲申某事){표제}, 문서 마지막 부분(6행)에 수문 관부의 해당 관사
(都督府某曹 또는 州某司){수문자}를 명시하고, 2) 문서 내용에는 4행의 고정적인 용어(今以狀申 또는
謹依狀申)와 6행의 상용 구절(謹依錄申. 請裁, 謹上){문미 상용구}을 기재한 점, 3) 7행에 판관인 縣尉
가 문서 작성을 담당하고 5·7·8·9·10행처럼 서명한 인원이 많으며 서명이 직위의 上位에서 下位
로 순서에 따라 이루어진 점, 4) 일반적으로 官印을 여러 곳에 날인했으며, 그 위치에 비교적 규칙성
이 있는 점, 5) 대부분 楷書로 매우 규범에 맞춰 抄寫했고, 글자가 작고 행간이 비교적 넓은 점 등의
공통점이 확인되었다. 다만 출토문서에는 대부분 縣에서 州(또는 都督府)로 상신된 해식 문서들이 확
인되고 지방(州나 都督府)에서 중앙으로 상신한 解式 문서가 확인되지 않고 있다. 때문에 출토문서에
서 확인되는 '縣解式' 문서의 서식을 公式令의 解式 문서 규정과 곧바로 등치시키기는 어렵다.
    최근 折衝府에서 都督府(州)로 상신한 문서 가운데 '縣解式' 문서와 유사한 서식이 확인되어 지방
관부에서 이러한 유형의 문서가 縣에만 국한되지 않고 보다 넓은 범주에서 사용되었을 가능성을 유
추하게 되었다. 관련된 문서단편을 서식의 순서에 따라 정리해 보면 다음의 [자료10]-(1), (2), (3)과
같다. [자료10]-(1)은 開元연간에 西州의 前庭府 소속 史인 氾嘉慶이 趙 內侍의 迎送과 관련된 문제로
고소한 사안을 西州都督府에 상신한 것으로 5개의 잔편 가운데 첫번째에 해당하는 내용이다.[102] [자
료10]-(2)는 天寶연간의 문서 잔편으로 某 軍府에서 交河郡으로 상신한 문서로 추정되는데, 종래 符로
이해하기도 했으나 해식 문서의 일부에 해당하는 것으로 판단된다.[103] [자료10]-(3)은 미국 샌프란시
스코 아시아예술박물관에 소장된 문서단편으로, 개원 21년(733) 9월에 작성된 折衝府에서 西州都督府
로 상신한 문서에 해당한다.[104]

---

102) 「唐西州前庭府牒爲申府史氾嘉慶訴迎送趙內侍事」(一), 66TAM358:9/1, 『吐魯番出土文書』 肆, p.180. [표4] 'Ⅰ. 解
    式 문서' 가운데 No.31 문서에 해당한다.
103) 이 문서는 陳懷宇가 미국 프린스턴에 거주하던 羅寄梅가 소장한 돈황·투르판 출토문서 49건을 실견하고 정리하
    여 공개한 것으로 圖版은 제공되지 않고 錄文만이 소개된 것이다(「普林斯頓所見羅氏藏敦煌吐魯番文書」, 『敦煌學』
    25, 2004, p.421, 문서번호 L.b). 당시 이 문서는 당대 관문서로서 「西州都督府下高昌縣符?」라고 명명되었고 程喜
    霖·陳習剛, 『吐魯番唐代軍事文書研究』 文書篇(上卷), 烏魯木齊: 新疆人民出版社, 2013, p.303에서도 符文으로 명시
    했으나, 榮新江·史睿 主編, 『吐魯番出土文書散錄』 下, p.526에서는 「唐天寶年間節度隨軍某解」라고 하여 해문으로
    파악하였다.

[자료10] 折衝府解式 문서

[자료10]-(1)   [前 缺]

1   開□□□二年二月 典 □□□□□□

----

2   前庭府□□□□   爲申府史氾嘉慶訴東□□□□□□迎送趙內侍事

3   府 史 氾 嘉 慶

4   右 , 得 上件 人 □□□□□□□□□□□□□□□

                                   [後 缺]

[자료10]-(2)   [前 缺]

1   右 □□□□□□□□□□□□□□□□□

2   督 □ 自 成 □□□□□□□□□□□□□

3   申 郡 訖 . 其 隱 不 □□□□□□□□□□□

4   其 日 申 郡 . 今 被 符 下 勘 , 具 □□□□□□□

5   倉 曹 者 . 謹 依 錄 申 .

6   □□□□□□□□□ □ 節 度 隨 軍 高 昌 縣 □□□□□□□

                                   [後 缺]

[자료10]-(3)   [前 缺]

1   □□□□ □ □ 垂 □□□□□□□□□□□□□□

2   折 衝   使

3   左 果 毅   行

4   □□□ 毅   假

5   □□□□□ 倉 曹 : 件 狀 如 前 , 謹 依 錄 □□□□□□

6   開 元 廿 一 年 九 月 □□□□□□□□□

                                   [後 缺]

　　[자료10]-(1)에는 1행의 별건 문서를 제외하고 2행부터 解式 문서의 일부로 파악되는데, 3행과 4
행사이에 "左玉鈐衛前庭府之印"이 1곳 날인되어 있어 前庭府에서 작성한 문서로 판단할 수 있다. 이
에 비하여 [자료10]-(2)나 [자료10]-(3)은 해당 折衝府를 특정할 수는 없으나[105] [자료10]-(2) 6행의
"……節度隨軍, 高昌縣……"이라는 문구나 [자료10]-(3) 2행~4행에 "折衝 / 左果毅 / □□□毅" 등 連
署者를 명시한 점 등을 근거하면 軍府에서 작성된 해식 문서의 일부라고 할 수 있다. 즉 이들 문서는
작성한 관부나 작성 시기 등이 일치하지는 않지만 折衝府(軍府)가 상급 관부인 西州都督府(?)에 상신
한 解文의 일부에 해당한다.

　　문서의 내용을 전술한 縣解式 문서의 구성과 비교하여 살펴보면 [자료10]-(1)에서 2행인 해문의 첫
행에는 前庭府{발문자}와 "府의 史인 氾嘉慶이 …… 趙 內侍의 迎送과 관련하여 고소한 것에 대하여 상
신하는 건"{주제사=표제}이라는 [자료9] '縣解式' 2행과 마찬가지로 발문자[某縣 대신 某府]와 표제[爲
申某事]를 적시하였다. 이어 [자료10]-(1)의 3행 이하는 안건과 관련된 내용으로 해당 인물인 '府史

---

104) 「唐開元21年(733)9月某折衝府申西州都督府解」의 錄文은 『吐魯番出土文書散錄』下, p.486에 정리되어 있으며 圖版
　　은 샌프란시스코 아시아예술박물관의 홈페이지(http://searchcollection.asianart.org)에서 〈The Asian Art
　　Museum of San Francisco〉 Home⇒Advanced Search⇒Fragments of Calligraphy(『唐人玉屑』冊頁)에 해당
　　문서의 도판이 제공되어 있다.

105) [자료10]-(3)은 도판상으로 1행에 일부와 4행과 5행 사이 1곳에 날인된 官印의 흔적이 확인되지만 인장의 글자
　　를 판독하기는 쉽지 않다.

氾嘉慶'(3행)을 명시하고 4행부터 "앞에 언급한 사람의 문서[牒(?)]에 이르기를(右, 得上件人□)"이라고 이어져서 [자료9] 縣解文의 3행의 [槪要]에 이어 4행의 [右, 得某云云]이라는 구조와 일치한다.

이어서 [자료10]-(2) 1행의 "右□"도 [자료9] 4행의 [右, 得某云云] 이하의 내용에 해당하며 5행의 '謹依錄申'은 [자료9] 4행의 문미 상용구[謹依錄申]와 일치한다. 또한 [자료10]-(3)의 2행~4행은 관부의 장관과 통판관, 즉 折衝府에서는 折衝都尉와 左果毅都尉·右果毅都尉의 서명이 이루어진 것으로 [자료9] 縣解式 5행에서 縣令과 縣丞의 서명과 상응한다. 다만 [자료9] 현해식의 경우 縣令과 縣丞이 한 행에 기재되었으나 [자료10]-(3) 절충부해식의 경우는 折衝都尉, 左果毅, 右果毅가 각각 한 행씩 기재되었다. 또한 [자료10]-(3) 5행의 "□倉曹: 件狀如前, 謹依錄□"은 [자료9] 6행의 "都督府某曹{문서 수신자}: 件狀如前, 謹依錄申. 請裁, 謹上{작성 문서의 상용구}"과 거의 일치하며, 6행의 "개원 21년 9월□"은 문서 작성 날짜와 작성자의 서명이 적시되었을 것이다. 해당 문서에는 문서 작성자의 서명이 결락되었는데 절충부에서 안건을 처리하는 과정에서 판관의 역할을 한 兵曹參軍의[106] 서명이 있었을 것으로 추정된다.

이상의 내용을 전제로 縣이 州(都督府)에 상신한 해식 문서인 縣解式과 마찬가지로 折衝府에서 州(都督府)로 상신한 折衝府解式이 아래와 같이 제시되었다.[107]

[자료11] 折衝府解式의 서식

```
1       折衝府解式
2       某府              爲申某事 ('具狀上事' 혹은 '具上事')
3       槪要 (本案과 관계되는 사람 혹은 사물)
4           右, 得某云云(右, 被某符云云). 今以狀申(謹依狀申).
5       折衝都尉 具官封名
6       左果毅都尉 具官封名
7       右果毅都尉 具官封名
8       都督府某曹(州某司): 件狀如前, 謹依錄申. 請裁, 謹上.
9                   年月日 兵曹參軍 具官封姓名    上
10                              錄事 姓名
11                              府    姓名
12                              史    姓名
```

지방 관부에서 상신문서로서 解文의 행용 범위가 縣에서 州(都督府)에만 국한된 것이 아니라 折衝府에서 州(都督府)에도 적용되었다는 점에서 해문의 서식 복원과 그 실제적 기능을 파악하는데 주목할 만한 성과라고 하겠다.

다만 상행문서의 유형으로 縣 또는 折衝府에서 州로 상신한 문서의 존재를 상정할 수 있다고 하여 이들 '縣解式' 또는 '折衝府解式'이 곧바로 公式令의 解式이 적용된 서식이라고 단정하는 데는 아직 불명확한 점들도 있다. 가령 '縣解式'으로 분류된 문서들의 서식에는 해당 문서의 작성과 관련되어 "某縣 爲申某事('具狀上事' 혹은 '具上事')", "……今以狀申(謹依狀申).", "……件狀如前, 謹依錄申, 請裁, 謹上"이라는 문구들을 특기할 수 있으나, '解'로 특정되는 문서로서 '解式'이라 단정할 만한 용어나 상용구가 확인되지 않는다. 예를 들어 전술한 P.2819 「공식령잔권」에 규정된 관문서 유형에서 關式

---

106) 『唐六典』 권25, 諸衛折衝都尉府, p.645, "兵曹參軍事一人. ……兵曹掌兵吏糧倉·公廨財物·田園課稅之事, 擧其出入勾檢之法."
107) 劉安志, 「唐代解式續探--以折衝府申州解爲中心」(『西域硏究』 2021-4), 『吐魯番出土文書新探』 第2編, 2022, p.70.

의 경우, "謹關", 牒式의 경우 "故牒", 符式의 경우 "符到奉行", 그리고 移式의 경우도 "故移" 또는 "謹移"라고 하여 해당 유형을 특정한 용어가 서식에 명시되지만 縣解式이나 折衝府解式에는 이에 상응하는 용어, 즉 '解'가 서식상에 명시되지 않았다. 또한 문서의 受發과 관련된 事目歷 등에도 "某縣牒爲……", "某曹關爲……" 등과 더불어 "某縣申爲……" 등의 抄目은 확인되나[108] '解'와 관련된 사항을 확인하기 어렵다. 출토문서에서 확인되는 특정한 관문서 유형이 唐代 관문서의 분류에 중요한 단서가 될 수 있다는 점에서 출토문서의 보다 적극적인 활용이 강조될 필요는 있겠으나 정합적인 결론을 위한 보다 면밀한 검토 역시 전제되어야 할 것이다.

이와 관련하여 전술했듯이 돈황·투르판 출토문서 가운데 해당 사안의 처리 과정에서 작성되는 行判과 抄目의 내용, 특히 수문자, 문서 유형에 준한 문미 상용구 등은 이 과정을 거쳐 작성, 발급되는 관문서의 유형과 직접적인 대응관계를 나타낸다는 점에 주목할 필요가 있다. 즉 행판, 초목의 내용에는 관문서의 유형을 규정하는 내용들이 명시되었는데 이는 당대 공식령에 규정된 관문서의 서식과도 상응하였다. 따라서 출토문서 가운데 특정 유형의 관문서에 기재된 발문자, 수문자, 상용구 등의 내용이, 문안 처리 과정에서 작성된 행판과 초목에서 상응하여 명시되었다면, 이를 전제로 하여 현존하는 「공식령잔권」에는 관련 규정이 확인되지 않더라도 당대 관부에서 행용되던 관문서의 또다른 유형으로 추정해 볼 수 있지 않을까?

돈황·투르판 출토문서에서 확인되는 縣에서 州로 전달된 上申문서는 전술한 바와 같이 여러 사례를 통하여 공통적인 서식으로 행용되었음을 알 수 있다. 그런데 이러한 문서가 관사에서 처리한 안건에 대한 조치를 시행하기 위해 작성되었고 문안의 행판, 초목에 그에 상응하는 관문서의 서식이 명시되었다면 이는 당대 지방 관부에서 행용되던 관문서의 서식 규정을 전제하였을 가능성도 인정할 수 있을 것이다. 이러한 이유에서 [표4] '解式 문서의 작성'의 'Ⅱ. 行判과 解式 문서의 발급'에서는 [표4]의 'Ⅰ. 解式 문서'의 작성과 밀접한 관계를 추정할 수 있는 행판, 초목의 기재 내용을 주목하였다. 즉 안권의 行判 내용에 일정한 형식의 문서 작성이 명시되어 있으며, 출토문서에서 그 실례로 추정되는 문서들이 확인되는 경우라고 하겠다.

[표4] Ⅱ-No.1 문서는 6개 잔편으로 구성된 總章 3年(670)에 작성된 案卷인데, 행판과 초목의 내용으로 추정되는 부분을 정리한 것이다.[109] 아래에 인용한 문서단편들은 이들 가운데 판안과 행판, 그리고 초목의 내용이 확인되는 잔편을 안건의 처리 순서를 감안하여 임의로 배치한 것이다.[110]

[문서19: 안권] 總章 3년(670) 서주도독부가 尙書省 戶部에 상신하는 문서를 처리한 안권

〈원문〉
[가]   [前 缺]
(1) 1   ┌────────┐卄二日 史 朱└────┘
     2   丞 鞏 └────┘
     3   令 陰 善

---

108) 예를 들어 「唐天寶某載(751~756)文書事目歷」, 73TAM193:15(a), 『吐魯番出土文書』 肆, p.241; 「唐西州事目」 (一), 64TKM2:18(a), 『吐魯番出土文書』 肆, p.374 등에서 확인할 수 있다.

109) 「唐[總章3年(670)?]案卷爲五穀時估申送尙書省事」(一)~(六), 64TAM29:93·94·123·122·119·121, 『吐魯番出土文書』 參, pp.342~344. 6개의 문서단편은 모두 여자 시신의 종이 冠에서 수습되었는데 總章 3년 2월에 작성된 것으로 추정된다. 안권의 내용은 西州都督府 예하의 市司에서 신고한 五穀의 가격[時估]을 尙書省에 신고하는 사안에 관한 것이다.

110) 인용한 문서단편의 [가]는 (一) 64TAM29:93에, [나]는 (六) 64TAM29:121에, [다]는 (三) 64TAM29:123에 해당한다. [다]의 1행 '錄事', 2행 '參軍判錄事'은 朱書로 표기된 것이다.

(2)	4	五 穀 時 價，以 狀 錄 申 尙
	5	------------------------ 書 省 戶 部，聽 裁. 諮(?). ----------
	6	懷 儉 白.
	7	卄二□
	8	依 判，二 倫 示.
		[後 缺]
[나]		[前 缺]
(1)	1	二 □
	2	依 判， 仕
	2-1	111)
		--
(2)	3	元，件 狀 如 前，謹 依 錄 申 者. 請 112)
	4	總 章 三 年 二 月
		[後 缺]
[다]		[前 缺]
(1)	1	錄 事 珊算 檢 無
	2	參 軍 判 錄 事 惠
(2)	3	時 估 錄 申，中 臺 司 元
		[後 缺]

〈번역문〉

[가]

		[前 缺]
(1)	1	22일 史인 주
	2	(市)승인 공
	3	(市)령인 음 선
(2)	4~6	오곡의 가격[時價]을 [상]서성 호부에 문서의 내용[狀]으로 기록하여 보고하도록 결재해 주시면 어떨지요? [헤아려 주십시오.] 회검이 아룁니다.
	7	22[일]
	8	首判대로 하면 어떨지요. 이륜이 아룁니다.
		[後 缺]

[나]

		[前 缺]
(1)	1	[십□일]
	2	수판대로 하시오. 仕가 [지시한다].
	2-1	일(?)
		--
(2)	3	……원(?) 앞으로(?): 안건의 내용은 앞과 같습니다. 삼가 기록하여 보고한 바에

---

111) 원래의 錄文에는 2행 다음에 약간의 여백을 두고 3행을 복원하였으나 출토문서에서 判案의 기재 내용 가운데 장관의 判辭인 '依判仕□'(2행) 다음 행에는 날짜가 기재되기 때문에 2-1행을 설정하였다.

112) 원래의 錄文에는 (2) 3행의 '元'자 앞에 아무런 표시를 하지 않았지만 내용상 앞부분이 결락된 것으로 판단하여 '□' 표시를 추가하였다.

의거하여 ……해 주시기 바랍니다. ……

4 [총]장 3년 2월 [ ]

[後 缺]

[다] [前 缺]

(1) 1 녹사 **천산**이 검사한 바 ……이 없다.

2 참군으로 녹사참군사를 대신한 **혜**가 ……

(2) 3 ……가격[時估]를 기록하여 신고하며, 중대사의 元이 …… (하는 건).

[後 缺]

안권의 내용은 總章 3년(670) 2월에 서주도독부로 추정되는 관부가 市司에서 보고한 五穀의 가격[時價]을 尙書省 戶部에 신고하는 것을 결정하여 이를 처리한 것이다. [문서19] [가]의 (1) 1~3행은 서주도독부의 市司에서 五穀의 時估를 신고한 문서[牒文]의 말미에 해당한다. 市司의 主典으로 史인 朱가 문서를 작성하고 市丞 鞏, 市令 陰善이 連署하였다. [가]의 (2) 4~8행은 市司에서 보고한 문서를 근거하여 서주도독부 倉曹司(?)에서 이루어진 판안의 과정이다. 그 가운데 4~7행은 判官인 倉曹參軍事 懷儉이 判案(擬判)을 한 내용으로, "오곡의 가격[時價]을 [상]서성 호부에 문서의 내용[狀]으로 기록하여 보고하도록 결재해 주시면 어떨지요? [헤아려 주십시오.] 회검이 아뢥니다(五穀時價, 以狀錄申尙書省戶部, 聽裁. [諮?]. 懷儉白)"라고 하였다. 이후 8행은 통판관이 "(판관의) 수판대로 하면 어떨지요"라는 再判의 내용인데 다음 행에 판안한 날짜가 결락되었다.

[나]는 앞의 [가]과 연접 관계를 단정할 수는 없으나, [나]의 (1) 2행와 2-1행은 장관의 批判에 해당하는 내용으로 판안대로 하라는 지시인데 2-1행의 날짜는 결락되었다. 이어 [나]의 (2) 3~4행은 행판의 내용으로 추정된다. 내용을 정확히 판단하기는 어렵지만 "안건의 내용은 앞과 같습니다. 삼가 기록하여 보고한 바에 의거하여 ……해 주시기 바랍니다(件狀如前, 謹依錄申者. 請[ ])"라는 문구를 적시하고 있다. 전술한 행판의 사례처럼 "謹依錄申者. 請[ ]" 부분이 특정 유형 관문서의 문미 상용구에 해당하는 것이라면 '件狀如前'{문서 내용} 앞의 "[ ]元"은 문서 수신자에 해당할 것으로 추정할 수 있다.

이어서 [다]도 다른 잔편과 정확한 연접 관계를 상정하기는 어려우나 錄事와 參軍判錄事(某曹 參軍事가 錄事參軍事의 직무를 대신한 경우)에 의한 案卷 내용에 대한 檢勾 과정을 기재하고 있다. 따라서 3행의 "[ ] [時]估錄申, 中臺司元[ ]"은 해당 안권의 抄目이라고 판단된다. 唐 高宗 龍朔 2년(662) 2월에 尙書省을 中臺로 개명했기 때문에[113] '尙書省 戶部'가 명시된 문서단편 [가]와 문서단편 [다]는 동일시기의 문서라고 할 수는 없다. 그런데 문서단편 [나]는 문서정리조의 정리 순서에 따르면 [다] 뒤에 위치하지만 [나]의 (2) 3행인 "[ ]元, 件狀如前, 謹依錄申者. 請[ ]"에서 앞부분이 결락된 '元'이 문서 수신자에 해당하는 것으로 판단할 수 있다면, [다]의 (2) 3행인 '中臺司元'과의 관련성도 추정할 수 있다. 이러한 가정이 타당하다면 [나]는 [다]의 앞에 위치했던 것으로 파악할 수 있다. 즉 西州都督府에서 中臺로 올리는 상신문서의 작성이 안건 처리 결과로 조치되었고 그 상신 문서의 유형은 앞서 '縣解式'으로 추정된 문서의 상용구인 "都督府某曹(州某司){수신자}: 件狀如前{문서 내용}, 謹依錄申. 請裁, 謹上{문미 상용구}"과 상응하는 것이 확인된다. 즉 西州都督府에서 중앙의 尙書省 戶部로 상신한 解式 문서의 작성과 관련된 내용일 개연성이 크다. 이처럼 안권의 내용 가운데 行判에 해당하는 부분에 [나] (2)의 3행처럼 縣解式의 상용구인 "謹依錄申. 請裁, 謹上"에 상응하는 내용이 명시된 사례로 證聖 元年(695)에 작성된 문서잔편이[114] 주목되는데 [표4] Ⅱ-No.2 문서에 해당한다.

---

113) 『舊唐書』 권4, 高宗紀上, p.83, "二月甲子, 改京諸司及百官名, 尙書省爲中臺."

114) 「武周證聖元年(695)殘牒」, 73TAM222:16, 『吐魯番出土文書』 參, p.371. 원래의 錄文에는 3행에 '……屯爲'와 같

[자료12] 解文 관련 문서

[前 缺]

```
1    ┌───────────────┐ 錄 申 , 請 裁 . 謹 □ .
2              證 聖 元 年 三 月 卄 九 日
3                    府  高 和 弥
3-1  ┌─────────┐ 屯 爲
4                        史
5         三 月 卄 六 日  受 , 卄 九 日 行 判
6              ┌───┐ 事  闕
```

[後 缺]

문서의 형식으로 보아 案卷의 내용 중 앞뒤가 결락된 行判(1~4행)과 檢勾(5~6행) 부분이라 판단된다. 이 가운데 1행은 "……기록하여 보고한 바에 ……처리해 주시기 바랍니다. 삼가……(┌──┐ 錄申, 請裁. 謹□)"라고 하여 전술한 [문서19]의 [나]-(2) 3행인 "……원(?) 앞으로(?): 안건의 내용은 앞과 같습니다. 삼가 기록하여 보고한 바에 의거하여 ……해 주시기 바랍니다(┌──┐元, 件狀如前, 謹依錄申者. 請 □)"라는 문구와 거의 유사한 내용을 기재하고 있다. 즉 [자료12]의 1행과 [문서19] [나]-(2)의 3행은 모두 안권의 행판에 해당한다. 그런데 그 내용은 전술한 '縣解式'이나 '折衝府解式의 상용구인 "都督府某曹(州某司): 件狀如前, 謹依錄申. 請裁, 謹上"과 일치한다. 이것은 해당 문서의 상용구가 특정 안건을 처리하여 작성하는 行判에 발급하는 관문서의 유형과 관련하여 기재된 것이고, 실제로도 이러한 상용구를 사용한 관문서가 작성, 발급되었음을 추정할 수 있다. 案卷의 行判에 명시된 유형의 관문서가 실제로 행용되었다는 점에서 관련 관문서 유형에 대한 법률적 규정, 즉 公式令의 조항이 존재했을 가능성을 충분히 예상해 볼 수 있다.

이처럼 '縣解式'이나 '折衝府解式'의 경우 발문자나 수문자, 그리고 문서 상용구 등의 문서를 구성하는 요소들은 앞서 살펴본 關式, 牒式, 符式 등에서도 유사하게 확인되는 내용들이다. 그런데 解文으로 추정되는 이들 '縣解式'이나 '折衝府解式' 문서상에 적시된 관인의 서명 부분은 전술한 관문서의 경우와는 다른 형식을 나타낸다. 즉 전술한 縣에서 州(都督府)에 상신한 [자료9] '縣解式'의 서명 부분을 다시 인용해 보면 다음과 같다.

[前 略]

```
5     令  具官封名              丞  具官封名
6     都 督 府 某 曹 (州 某 司): 件 狀 如 前 , 謹 依 錄 申 . 請 裁 , 謹 上 .
7              年 月 日   (縣)尉  具官封姓名     上
8                        錄 事  姓 名
9                         佐   姓 名
10                         史   姓 名
```

[前略] 부분은 1행의 '縣解式'이라는 서식의 명칭을 제외하면 2~4행까지는 "某縣(발신자), 爲申某事

은 행 하단에 '府 高和弥'를 한 행으로 釋錄했으나 圖版을 살펴보면 '……屯爲'는 3행의 '府 高和弥'와 4행의 '史' 사이에 위치하는 것으로 판단된다. 이에 따라 '……屯爲'은 3-1행으로 추가하였다.

{표제}(2행)”, “槪要(本案과 관계되는 사람 혹은 사물)와 ‘앞에 대하여, 어떤 사람이 이르기를 무엇이라고 합니다. 이제 문서의 내용으로 보고합니다(右, 得某云云. 謹依狀申)’{문서 내용}(3~4행)” 등의 안건에 대한 내용이 기재되었다. 그리고 이하에는 해당 縣의 관원들이 연서한 내용이 적시되었다.

우선 5행에는 현의 장관인 縣令과 차관이며 通判官인 縣丞이 서명하였다. 6행에는 서명이 아니라 문서 내용의 일부로서 “都督府某曹(州某司){수문자}: 件狀如前, 謹依錄申. 請裁, 謹上{解式 상용구}.”이 기재되고, 7행에는 문서를 작성한 날짜와 작성자로서 판관인 縣尉가 서명하였다. 그리고 이하의 8행에 勾檢官인 錄事, 9행과 10행에는 주전인 左와 史가 연서하였다.

이러한 배치는 [자료11]의 ‘折衝府解式’에도 마찬가지로 적용되었다. [자료9] ‘현해식’의 5행인 관부의 장·차관의 서명 부분은 [자료11]의 ‘折衝府解式’에서는 5행에 절충부의 장관 折衝都尉, 6행과 7행에는 차관인 左·右果毅都尉가 각각 적시되었다. [자료9] 현해식 6행의 문서 내용은 [자료11] ‘折衝府解式’의 8행에 동일한 내용이 기재되었다. 다만 [자료9] 7행의 문서 작성 날짜와 작성자 서명 가운데 판관 縣尉가 [자료11] ‘折衝府解式’의 9행에는 절충부의 판관인 兵曹參軍으로 적시되었다.[115] 이하의 [자료9] 8행~10행에 縣의 관인인 錄事, 府, 史의 연서 부분은 [자료11]의 折衝府解式 10행~12행에도 마찬가지로 복원하였다.

이러한 상신문서로서 ‘縣解式’의 서명 부분을 전술한 관문서, 예를 들어 [문서1: 관문], [문서2: 첩문], [문서7: 부문] 즉 關式, 牒式, 符式과 비교하면 아래와 같이 몇가지 차이를 확인할 수 있다. 우선 1) 관식, 첩식, 부식 문서는 문서 작성자로서 判官과 主典, 즉 주 또는 도독부의 경우 某曹參軍事와 府·史, 현의 경우 縣尉와 佐·史 등의 서명만이 적시된 반면 ‘縣解式’은 장관(縣令) 이하 통판관(縣丞), 판관(縣尉), 검구관(錄事), 주전(佐·史) 등이 연서하였다. 2) 전자는 안건의 내용이 모두 기술된 후에 문서 작성자의 서명이 이루어진데 비하여 현해식은 안건의 내용이 기재되고 작성자(縣尉 이하)의 서명이 이루어지기 전에 장관(縣令)과 통판관(縣丞)의 서명을 적시하고 이어서 문서 내용의 일부인 “都督府某曹(州某司){수문자}: 件狀如前, 謹依錄申. 請裁, 謹上{解式 상용구}”이라는 내용이 기재되었다. 3) 전자는 주전(府·史 혹은 佐·史)이 문서의 필사 담당자로 역할하고 판관(某曹參軍事 혹은 縣尉)은 문서작성의 주관자로 서명한 것에 비하여 ‘현해식’에는 판관(縣尉)이 문서의 작성자로 서명하고 검구관(錄事)과 주전(佐·史)이 그 다음으로 연서하였다.

결국 가장 큰 차이는 ‘현해식’의 경우 담당 관부의 장관 이하 주전까지 연서가 이루어진 점이다. 출토문서 가운데 ‘縣解式’ 또는 ‘折衝府解式’의 상행문서에서 나타나는 이러한 양상은 어떻게 이해할 수 있을까?

이와 관련하여 관문서의 서식을 파악하기 위하여 현재로서 가장 근거할 만한 법률 규정이라고 할 수 있는 P.2819 「唐開元公式令殘卷」의 내용에 다시 주목해 보자. 전술했듯이 현재 남아있는 공식령 규정에는 개인에게 지급되는 告身(制授告身式, 奏授告身式)을 제외하면 평행문서로서 이식, 관식과 하행문서로서 첩식, 부식에 대한 규정만이 확인된다. 그런데 이들 서식에 대한 규정 가운데 補則 부분에는 서명에 대한 규정이 포함되어 있는데, 이를 각 서식의 관원 서명 부분과 함께 열거해 보면 다음과 같다.

---

115) [자료11] ‘折衝府解式’의 9행이하 절충부 관원의 서명 부분을 추정하여 복원안을 제시한 劉安志는 [자료9] ‘縣解式’의 문서 작성자인 縣尉와 마찬가지로 절충부의 兵曹參軍이 主典에 해당한다고 판단하였다(「唐代解文續探」, pp.42~44). 그러나 당대 지방관의 4등관제 규정에 의하면 縣의 경우 縣尉는 縣의 판관이고 주전은 佐·史 등에 한정되는 것으로 劉安志처럼 문서작성자의 서명 위치로 그 문서행정 운영상의 역할을 판단하는 데는 동의하기 어렵다.

	서식의 서명 부분		보칙
이식	某司郎中具官封名 〈都省則左右司 郎中一人署〉	主事姓名 令史姓名 書令史姓名	其長官署位准尙書〈長官無則次官通判者署〉, 州別駕 · 長史 · 司馬, 縣丞署位亦准尙書省. 判官皆准郎中.
관식	吏部郎中具官封名	主事姓名 令史姓名 書令史姓名	判官署位准郎中
첩식	左右司郎中一人具官封名	主事姓名 令史姓名 書令史姓名	判官署位皆准左右司郎中
부식	吏部郎中具官封名 〈都省則左右司 郎中一人署〉	主事姓名 令史姓名 書令史姓名	首判之官署位准郎中.

　　이식, 관식, 첩식, 부식에는 모두 서식의 서명 부분에 문서 작성의 책임자로서 '某司郎中', '吏部郎中', '左右司郎中 1人', '吏部郎中' 등 판관의 서명을, 그리고 문서 작성자로서 '主事, 令史, 書令史'라는 主典의 서명을 명시하였다. 물론 이들 관문서의 서식은 尙書都省을 문서 작성 관부로 상정하여 그에 상응하는 관원의 서명 위치를 제시한 것이다. 때문에 보칙에는 관식, 첩식, 부식의 경우 判官이나 首判之官의 서명 위치는 郎中 또는 左右司郎中에 준한다는 규정을 통해 尙書都省이 아닌 州, 縣 등에 적용될 경우에도 문서 작성에 대한 판관의 역할을 적시하였다.

　　한편 이식의 경우도 '판관은 모두 낭중에 준한다', 즉 관식, 첩식, 부식과 마찬가지로 낭중의 서명 위치에 준하여 州 · 縣 등의 판관이 서명한다고 규정하였다. 그런데 이와 함께 "그 장관의 서명 위치는 (상서도성) 상서(의 서명 위치)에 준하며〈장관이 없으면 차관인 通判官이 서명한다〉, 州의 (통판관인) 別駕, 長史, 司馬와 (현의 통판관인) 縣丞의 서명 위치도 상서성(의 통판관)에 준한다"라고 하여 장관과 차관의 서명 위치를 규정하고 있다. 즉 관식, 첩식, 부식에는 규정되지 않았던 장관과 차관(통판관)의 서명 위치가 규정되었다.

　　전술했듯이 이식은 상서성과 여러 臺, 省이 서로 주고받는 서식으로, 내외 여러 관부 사이에 서로 통속 관계[管隷]가 없는 경우에 사용하는 관문서 유형이다. 이에 비하여 관식은 내외의 여러 관사에서 장관이 같으면서 직무 부서[職局]가 다른 경우에 작성되었다. 또한 첩식은 상서도성이 省內의 여러 관사에 내리는 서식이고, 부식은 상급 관이 아래로 내리는 문서의 보편적인 서식으로 행용되었다. 따라서 첩식과 부식은 하행문서로서 상급 관부에서 하급 관부에 하달하는 문서의 서식이기 때문에, 관식은 평행문서이지만 장관이 같은 예하 관사에서 행용되는 서식이기 때문에 해당 문서를 발급하는 관부나 관사의 판관과 주전의 책임하에 문서가 작성되었을 것이다. 그러나 이식의 경우 상서성과 통속관계도 없으며 사안에 따라 권한의 범주가 역전되는 관부 사이에도 행용되는 서식이기 때문에 해당 문서를 작성하는 관부의 장관을 비롯한 관부내 관원들의 연대 책임을 전제했던 것으로 판단된다. 이러한 조건은 하급 관부나 관사가 상급으로 문서를 상신할 경우라면 더욱 요구되었을 것이다. 따라서 상신문서에 해당하는 解式 문서의 경우는 이식의 보칙 규정처럼 작성된 관문서에 해당 관부의 장관, 차관을 비롯하여 문서행정에 관여한 관원들의 연서가 적시되었을 것이다. 「공식령잔권」 이식의 보칙에 규정된 장관, 차관의 서명 위치에 대한 언급은 「공식령잔권」의 앞부분에 결락된 상행문서로 서의 자식, 해식에도 적용되는 내용이었을 것이다. 또한 이들 장관과 차관(통판관)의 서명은 작성된 문서의 책임 소재를 감안하면 문서 작성의 책임자인 판관에 앞서 적시되어야 했을 것이다. 따라서 문서 작성자로서 판관의 서명이 적시된 부분 보다 앞에 장관과 차관(통판관)의 서명이 위치했을 것이다. 그리고 문서 작성에 연대 책임이 있는 檢勾官이나 주전의 서명이 판관의 서명 이하에 적시되었을 것이다.

전술했듯이 P.2819 「공식령잔권」의 관문서 서식 규정에서 하행문서인 牒式은 '刺'를 받은 관사가 관내에서 전달하는 문서로 상서도성이 省內의 여러 관사에 내리는 서식이라고 설명하였다. 또다른 하행문서인 符式에 대해서는 '解'로써 상부로 올려진 사안에 대해 상급 관이 아래로 내리는 문서라고 규정하였다. 이에 따른다면 '刺'는 省內의 여러 하급 관사가 尙書都省에 상신하는 문서이고, '解'는 '刺'와 구별되는 하급 관이 상부로 올리는 문서라고 하겠다. 당대 최상의 상부인 황제에게 올리는 公文으로 奏事문서에는 奏抄, 奏彈, 露布, 議, 表, 章 등이 있는데[116] 이 가운데 공식령으로 규정되는 것은 奏抄, 奏彈, 露布에 해당한다.[117] 따라서 하급이 상부에 올리는 해식의 행용 범주는 최상부인 황제를 논외로 하고, '자'의 행용 범주인 상서도성을 제외하면 지방에서 중앙으로 상신되는 문서에 한정할 수 있을 것이다. 즉 해식은 주(또는 도독부)가 중앙관사에, 또는 현(또는 절충부)이 주나 도독부에 상신하는 문서의 서식이라 할 수 있다.

그런데 현재 출토문서에서 확인되는 상신문서로서 '縣解式' 또는 '折衝府解式'의 사례들은 대부분 수신 관부가 州(郡) 또는 都督府에 국한되어 있다. 아마도 주나 도독부에서 작성하여 중앙에 상신한 해문은 중앙의 해당 관사에 수신된 후 안권의 일부에 포함되어 중앙에 보관되었기 때문에 그 실례를 확인할 수 없게 되었을 것으로 판단된다.[118]

주사문서의 수신 대상이 황제이기 때문에 상급 관부를 수신자로 한 해식의 서식과는 물론 차별되었을 것이다. 다만 奏事문서 가운데 唐代 전쟁의 승리를 황제에게 알리던 露布의 서식(露布式)은 일단 전장에서 올라온 전공에 대한 보고를 尙書兵部를 거쳐 황제에게 奏聞하는 것이다.[119] 따라서 해당 전장의 行軍元帥府에서 尙書省 兵部로 戰勝 관련 내용을 상신하게 되는데, 비록 이것은 行軍府의 보고이기는 하지만 지방에서 중앙 관사로 상달하는 보고의 형식이기 때문에[120] 州(도독부)에서 중앙으로 상신한 解式과 관련하여 주목할 만하다. 이하 노포식 가운데 전장의 行軍元帥府에서 상서성 병부로 상신한 전승보고서의 서식을 인용하면 아래와 같다.[121]

---

116) 『唐六典』 권8, 門下省 侍中條, pp.241~242, "凡下之通于上, 其制有六. 一曰奏抄, 二曰奏彈, 三曰露布, 四曰議, 五曰表, 六曰狀, 皆審署申覆而施行焉."
117) 일본의 『令集解』 公式令 奏事式條 '穴記', "問: 表奏造樣何. 答: 不見. 表奏 · 上表 · 上啓等之式, 宜放書儀之禮耳"를 근거하여 唐代 공식령에 議 · 表 · 狀의 문서 서식이 규정되지 않았을 것으로 추정하였다(古瀨奈津子, 「敦煌書儀와 '上表'文--日唐의 表의 比較를まじえて」, 土肥義和 編, 『敦煌吐魯番出土漢文文書の新研究』, 東京: 東洋文庫, 2009, p.68; 郭桂坤, 「唐代前期的奏事文書與奏事制度」, 『唐研究』 22, 2016, pp.168~174).
118) 『白氏六帖事類集』(北京: 文物出版社, 1987) 帖冊三, 권12, 申牒文書 제43, '案牘簿領送解式'의 註에 "公式令, 諸州使人, 送解至京. 二十條已上, 二日付了. 四十條已上, 三日了. 百條已上, 四日了, 二百條已上, 五日了."라고 하여 唐代 公式令에 지방의 여러 州에서 중앙으로 解를 보내는 규정을 인용하였다.
119) 『唐六典』 권8, 門下省 侍中條, pp.241~242, "三曰露布〈謂諸軍破賊, 申尙書兵部而聞奏彦〉."
120) 상행문서로서 露布式 형식적 특징에 대해서는 呂博, 「唐代露布的兩期形態及其行政 · 禮儀運作--以〈太白陰經 · 露布篇〉爲中心」(『魏晉南北朝隋唐史資料』 28, 2012), 『中國古代史集刊』 第1輯, 2015, pp.435~467; 김정식, 「唐 前期 奏事制度와 露布」, 『中國古中世史研究』 51, 2019, pp.53~63; 同, 「《神機制敵太白陰經》의 편찬과 露布」, 『中國古中世史研究』 62, 2021, pp.200~214 참조.
121) 中村裕一, 『唐代官文書研究』, p.116~117; 同, 『唐代制敕研究』, p.201; 仁井田陞 · 池田溫 等, 『唐令拾遺補--附唐日兩令對照一覽』, pp.1248~1249.

[자료14] 露布式의 일부

```
1        某道行軍元帥府{발문자}
2               爲申破某賊露布事{표제}
3          具官行軍司馬封臣姓名
4          具官行軍長史封臣姓名
5          具官某道行軍元帥封臣姓名
6     尙書兵部{수문자}: 臣聞云云. 謹遣某官臣姓名, 露布以
7     聞. 軍資器械, 別簿申上.{문서 내용} 謹上.{문미 상용구}
8          年月日   具官行軍兵曹參軍事臣姓名{문서 작성자 서명}   上
                    [ 後 略 ]
```

　　인용한 [자료14] '露布式의 일부'는 宋代 王應麟이 편찬한 『玉海』 권203, 「辭學指南」 露布條에서 北宋 前期 『朝制要覽』에 기재된 '露布式'을 인용한 것이다.122) 1행에서 8행까지는 行軍元帥府가 상서성 병부에 상신한 내용이다. 9행부터 이하에서는 尙書省 兵部가 이를 근거로 하여 황제에게 전승 보고를 上奏하고 門下省의 覆審을 거쳐 황제의 재가를 받는 내용이 기재되는데 이것이 露布式에 해당한다. 따라서 [자료14]은 尙書省 兵部가 황제에게 聞奏하는 내용의 근거가 되는 것으로 行軍元帥府로부터 보고받은 것이다.

　　[자료14] 문서의 구성에서 1행 "어떤 道의 行軍元帥府로부터('某道行軍元帥府')"는 발문자에 해당하고 2행은 "어떤 賊을 격파한 사실의 포고[露布]를 보고한 사안('爲申破某賊露布事')"이라는 표제에 해당한다. 3~5행은 行軍府의 관원으로 차관(行軍司馬, 行軍長史)과 장관(行軍元帥)의 서명이 적시되었다.123) 6~7행은 "尙書兵部 앞으로{수문자}"를 명시한 후에 "臣은 이러한 (전승의) 내용을 아룁니다. 삼가 어떤 官인 臣 아무개(성·이름)를 보내어 露布를 聞奏합니다. 군수물자[軍資]와 무기[器械] 등에 대한 내용은 別簿로 보고하여 올립니다(謹遣某官臣姓名, 露布以聞. 軍資器械, 別簿申上)"라는 문서의 내용을 기재하고 이어서 "삼가 올립니다(謹上)"라는 문미의 상용구를 명시하였다. 8행에는 문서 작성날짜(年月日)와 "관함을 갖춘 행군 병조참군사 臣 아무개의 성·이름이 올립니다(具官行軍兵曹參軍事臣姓名 上)"라는 문서 작성자의 서명이 적시되었다.

　　이러한 [자료14]의 문서 서식은 전술한 [자료9] '縣解式'이나 [자료11] '折衝府解式'의 경우와 매우 유사함을 알 수 있다. [자료14]의 1~2행에 기재된 발문자와 표제에 해당하는 내용은 '縣解式'이나 '折衝府解式'의 한 행에 기재된 발문자(某縣 또는 某府)와 표제(爲申某事)의 기재 위치나 방식과 거의 동일하다. 3~5행의 문서를 작성한 관사의 장관, 차관의 연서도 6~7행의 문서 작성자 서명 앞에 위치한다는 점 역시 마찬가지이다. 다만 [자료14]의 경우는 連署者가 차관(行軍司馬, 行軍長史), 장관(行軍元帥)의 순서인 점이 '縣解式'이나 '折衝府解式'과 다르다. 그러나 張說이 작성한 또 다른 노포에는 이 부분의 서명이 "行軍大總管具官封臣姓名 / 行軍長史具官封臣姓名 / 行軍司馬具官封臣姓名"으로 기재되어 있어 장관, 차관 순서인 사례도 확인되어124) 일률적으로 판단하기 어렵다. 6~7행의 '尙書兵

---

122) 『玉海』(杭州: 浙江古籍出版社, 1987) 권203, 「辭學指南」 露布條, pp.3716~3717. 인용한 복원문은 연구자에 따라 약간의 이견이 확인된다. 특히 5행의 경우 『玉海』에는 "具官某道行軍元帥臣"이라 기재했는데 中村裕一은 "具官某道行軍元帥[封]臣名"으로, 『唐令拾遺補』에서는 "具官某道行軍元帥封臣姓名 等言"으로 복원하였다. 논란의 여지가 있지만 여기서는 '解式' 문서와의 관계를 고려하여 일단 "具官某道行軍元帥封臣姓名"으로 명시하였는데, 奏事制度와 관련하여 추가로 논의가 필요한 부분이다. 인용문의 행수는 『玉海』를 기준으로 문의에 따라 필자가 임의로 표시한 것이다.

123) 唐 전기에 行軍을 親王이 지휘하면 元帥라 하였고 그 외에는 總管이라고 하였다(『唐六典』 권5, 尙書兵部郎中, p.158, "凡親王總戎則曰元帥, 文·武官總統者則曰總管.").

部'{수문자}에 이어 문서 내용을 기재하고 문미에 '謹上'이라고 명시한 것도 '縣解式'과 '折衝府解式'에서 "都督府某曹(州某司){수문자}: 件狀如前, 謹依錄申. 請裁{문서내용}, 謹上{문미 상용구}"이라고 기재한 내용과 상응한다. 8행의 문서 작성자가 行軍府의 판관인 '行軍兵曹參軍事'인 것도 '縣解式'에서 현의 판관인 縣尉나 '折衝府解式'에서 절충부의 판관인 兵曹參軍이 문서 작성자로 서명한 점과 마찬가지이다. 다만 출토문서에서 확인되는 '縣解式'이나 '折衝府解式'의 사례들은 주로 西州都督府가 이를 접수하여 관련 안건을 처리하는 과정에서 근거 문서[안유문서]로서 활용했기 때문에 해당 안권의 앞부분에 위치하면서 이후의 안건 처리과정과 함께 연접되어 해당 관사에 접수될 당시의 문서 그대로 보존되었을 것이다. 즉 '縣解式'이나 '折衝府解式' 문서에는 판관과 더불어 문서작성에 참여한 검구관(錄事)이나 주전(佐·史)의 서명이 그래도 보존된 반면 [자료14]의 경우는 이후 문서를 접수한 尙書省 병부에서 황제에게 상주하는 露布 작성에 근거 문서로서 다시 필사했을 것이기 때문에 문서작성자 이하 하위 관인의 연서 부분은 생략했을 것으로 판단된다. 이상의 추정이 타당하다면 현이나 절충부에서 주나 도독부로 상신한 해식과 더불어 주나 도독부에서 중앙 관사로 상신한 해식도 존재했을 개연성이 크다. 더욱이 전술한 [문서19]의 안권에 기재된 행판과 초목의 내용을 전제하면 西州都督府에서 尙書省 戶部로 상신한 문서, 즉 해문이 작성되었을 것이다.

그런데 안건을 처리하고 조치 사항을 해당 관문서의 유형으로 작성하여 시행토록 하는 내용을 적시하는 행판의 내용에는 [자료11]처럼 안건의 처리와 문서 작성의 주 담당자인 판관과 주전의 서명이 적시되어 있다. 따라서 실제 작성되는 해식에는 출토문서 가운데 '縣解式'이나 '折衝府解式' 문서처럼 해당 관부의 장관이나 차관(통판관)의 서명이 기재되지만 안권 상의 행판 내용에는 「공식령잔권」의 이식 규정처럼 판관과 주전의 서명만이 명시되고 장관, 차관의 서명 규정은 보칙의 규정대로 실제 작성되는 해식에만 적시되었을 것이다. 이상의 내용을 전제하고 전술한 [문서19]의 [다] 문서단편과 [자료12]의 내용을 참고하여 州나 都督府에서 중앙 관사로 상신하는 解式 문서의 작성을 조치하는 문안상의 행판 기재 내용을 추정해 보면 다음과 같다.

[자료15] 州에서 중앙으로 상신한 解文 작성을 기재한 행판 내용

```
1          尙書省某部 : 件狀如前.  謹依錄申.  請裁.  謹上.
2                          年 月 日
3                                  府  姓 名
4      某曹參軍事  姓 名
5                                  史  姓 名
```

解式 문서 작성과 관련된 행판의 기재 내용은 이러한 서식을 전제한 관문서의 작성을 예상할 수 있다. 그 구체적인 서식이 '縣解式'이나 '折衝府解式'의 사례들과 같은 양식에 해당하는지 露布式의 일부로 각 전장의 行軍府에서 尙書兵部로 신고한 露布의 형식과 유사한지 현재로서는 단정하기 어렵다. 때문에 '公式令'에 규정되었을 解式의 서식을 정확히 추정하는 것도 현재로서는 용이치 않은 작업이다. 다만 하행문서인 符文과 호응하여 상행문서로 작성된 관문서의 유형인 解文이 일정한 서식에 따라 작성되고 행용되었던 점은 인정할 수 있다.

---

124) 『文苑英華』(北京: 中華書局, 1966; 1990) 권648, 露布一, 張說, 「爲河內郡王武懿宗平冀州賊契丹等露布」, pp.3328~3329

2) 관부 발급 문서와 過所의 서식

관부에서 상정된 안건을 처리하고 이에 대한 조치를 시행하기 위하여 작성한 문서에는 관련 업무를 처리하는 관부를 수문자로 하여 작성하는 관문서 이외에도 개인에게 발급되는 문서도 있다. 특히 사적인 통행증으로 발급되는 過所는 원칙적으로 신청자가 소재한 곳에 따라 京師의 경우 尙書省 刑部에서 발급하거나 지방의 경우 州에서 발급 업무를 관장하였는데 소관 부서가 아니라도 來文[증빙 문서: 過所]이 있으면 해당지역에서 과소를 발급하기도 하였다.125) 특히 지방에서는 州 또는 都督府가 과소 발급의 주관 관부였기 때문에 출토문서 가운데 이와 관련된 업무 처리과정과 과소의 발급 절차, 과소의 서식과 기재 내용 등을 파악할 수 있는 사례들이 다수 존재한다.126)

전술했듯이 출토문서 가운데 해당 사안의 처리과정에서 작성된 案卷 가운데 결정된 조치의 시행을 적시한 行判의 내용은 일정한 유형의 문서를 작성, 발급한 사실을 기재하였다. 이러한 특정 유형의 문서 작성과 관련된 행판의 내용 가운데 사적인 통행증에 해당하는 過所의 발급에 대한 사례들이 주목된다. [표5] '과소 발급과 과소 문서'의 'Ⅰ. 行判과 過所의 발급'에 예시한 사례들에서는 唐代 개인에 대한 통행 허가증으로 기능했던 過所에 대하여 그 작성, 발급을 명시한 行判의 내용에 일정한 형식이 적용되었음을 확인할 수 있다.

예를 들어 [표5] Ⅰ-No.1 문서는 開元 21年(733) 서주도독부에서 작성한 唐益謙, 薛光泚, 康大之 등이 過所의 발급을 요청한 사안을 처리한 案卷이다.127) 그 중에는 서주도독부 戶曹司가 1) 서주도독부 長史였다가 福州都督府 長史가 된 唐循忠의 첩[媵]인 薛氏 일행이 남편의 부임지인 福州까지 가는데 필요한 過所의 지급과 2) 甘州 張掖縣人 薛光泚 일행이 西州에서 할머니의 장례를 마치고 고향으로 돌아가는데 필요한 過所의 지급 등을 勘檢하여 결정한 내용이 있다. 또한 [표5] Ⅰ-No.2 문서는 개원 21년(733) 서주도독부에서 작성한 過所 발급을 처리한 案卷128) 가운데 전술한 [문서1: 關文]에서도 언급한 安西鎭에서 병역 복무기한을 마치고 고향인 坊州로 돌아가다가 柳中縣에서 과소가 없어 검거된 孟懷福에게 다시 過所의 지급을 결정한 사안이 포함되어 있다.

과소 지급이 결정된 이들 사안의 처리과정에서 작성된 관련 문안(안권)에서 行判과 抄目에 해당하는 부분만을 인용하면 [문서20: 안권]의 [가]([표5] Ⅰ-No.1 문서), [나]([표5] Ⅰ-No.2 문서)의 내용과 같다.

---

125) 『唐六典』 권6, 尙書刑部, 司門郞中員外郞, p.196, "凡度關者, 先經本部本司, 請過所, 在京則省給之. 在外州給之. 雖非所部, 有來文者, 所在給之."

126) 과소에 대한 대표적 연구로 內藤虎次郞, 「三井寺所藏の唐過所に就て」, 『桑原博士還曆記念東洋史論叢』, 京都: 弘文堂書房, 1930; 小野勝年, 「唐の開元時代の旅行證明書について」, 『東洋學術研究』16-3, 1977; 衫井一臣, 「唐代の過所發給について」, 『布目潮渢博士古稀記念論集: 東アジアの法と社會』, 東京: 汲古書院, 1990; 礪波護, 「唐代の過所と公驗」, 『中國中世の文物』, 京都: 京都大學人文科學研究所, 1993; 程喜霖, 『唐代過所研究』, 北京: 中華書局, 2000; 荒川正晴, 『ユーラシアの交通・交易と唐帝國』, 名古屋: 名古屋大學出版會, 2010; 朴根七, 「唐 前期 過所・公驗의 기재 양식과 성격--'唐開元20年(732)瓜州都督府及百姓遊擊將軍石染典過所'의 분석을 중심으로」, 『中國古中世史研究』 41, 2016 등을 참고할 만하다.

127) 「唐開元21年(733)唐益謙・薛光泚・康大之請給過所案卷」, 73TAM509:8/4-1(a),8/23(a), 8/4-2(a), 『吐魯番出土文書』 肆, pp.268~274. 이 안권에 대한 번역과 분석은 박근칠, 「唐 前期 過所 發給 절차에 대한 검토」, 『漢城史學』 29, 2014, pp.111~164 참조.

128) 「唐開元21年(733)西州都督府案卷爲勘給過所事」, 73TAM509:8/8(a),8/14(a), 8/21(a),8/15(a), 『吐魯番出土文書』 肆, pp.281~296. 이 안권에 대한 본격적인 연구로는 程喜霖, 「唐開元21年(733)西州都督府勘給過所案卷' 考釋--兼論請過所程序與勘驗過所」(上・下), 『魏晉南北朝隋唐史資料』8, 9・10, 1986, 1988; 吳震, 「唐開元二十一年西州都督府處分旅行文案殘卷的復原與研究」(1989・1990), 『吳震敦煌吐魯番文書研究論集』, 上海: 上海古籍出版社, 2009; 朴根七, 「唐 前期 過所 發給 관련 문서의 이해」, 『漢城史學』 30, 2015, pp.137~180 참조.

[문서20: 안권] 서주도독부에서 과소 발급을 처리한 안권

〈[가] 원문〉 [前 略]

(1) 71 福州·甘州, 件狀如前, 此已准給者. 依勘過.
   72　　　　　康大之
   73 牒, 件狀如前. 牒至准狀, 故牒.
   74　　　　　　　開元卅一年正月十四日
   75　　　　　　　　　府　謝忠
   76 戶曹參軍　元
   77　　　　　　　　　　　　史
(2) 78　　　　　　正月十三日 受, 十四日 行判
   79　　　　　　錄事　元肯　　　檢無稽失
   80　　　　　　倉曹攝錄事參軍　勤　勾訖
(3) 81 給前長史唐循忠牒福州已來過所事
   82 給薛泚甘州已來過所事
   83 牒康大之爲往輪臺事

〈[가] 번역문〉 [前 略]

(1) 71 복주·감주(까지 통과지 담당자 앞으로): 안건의 내용은 앞과 같다. 여기서 이미 (이러한 내용에) 근거하여 (과소를) 발급하였으니, 이에 (이후 이 과소에) 따라 勘檢하고 통과시키도록 하시오.
   72　　　　　강대지(에 대하여)
   73 牒으로 통지한다. 안건의 내용은 앞과 같다. 牒이 도착하면 서면의 내용[狀]에 따르도록 하시오. 그러므로 牒한다.
   74　　　　　　　　　개원 21년 정월 14일
   75　　　　　　　　　부　謝忠이 작성함.
   76 호조참군　元이 확인함.
   77　　　　　　　　　　사
(2) 78　　　　　정월 13일에 받아서 14일에 행판을 하다.
   79　　　　　녹사인 元肯이 검사한 바 지체나 실착이 없다.
   80　　　　　창조로 녹사참군을 겸한 勤이 검구를 마치다.
(3) 81 전임 장사였던 당순충의 첩[牒]이 복주까지 (가는데 필요한) 과소를 발급한 건.
   82 설[광]차가 감주까지 (가는데 필요한) 과소를 발급한 건.
   83 윤태로 가는 (데 필요한) 것을 강대지에게 첩으로 통지한 건.

〈[나] 원문〉 [前 略]

(1) 41 坊州已來, 件狀如前. 此已准給去, 依勘過.
   42　　　　　　開元卅一年正月卅九日
   43　　　　　　　　　府　謝忠
   44 戶曹參軍　元
   45　　　　　　　　　　　史
(2) 46　　　　　　正月卅二日 受, 卅九日 行判
   47　　　　　　錄事　元肯　　　檢無稽失
   48　　　　　　功曹攝錄事參軍　思　勾訖
(3) 49 給孟懷福坊州已來過所事

<[나] 번역문]>   [前 略]
(1)   41   坊州까지 (통과지 담당자 앞으로): 안건의 내용은 앞과 같다. 여기서 이미 (이러
              한 내용에) 근거하여 (과소를) 발급하였으니, 이에 (이후 이 과소에) 따라 勘檢하
              고 통과시키도록 하시오.

        42   개원 21년 정월 29일
        43   부 謝忠이 작성함.
        44   호조참군   元이 확인함.
        45   사
(2)   46   정월 22일에 받아서 29일에 행판하다.
        47   녹사인 元肯이 검사한 바 지체나 실착이 없다.
        48   공조로 녹사참군을 겸한 사가 검구를 마치다.
(3)   49   맹회복에게 방주까지 가는 (데 필요한) 과소를 지급한 건.

　　인용한 [문서20]의 [가], [나]는 모두 해당 안권의 行判과 結案 부분에 해당하는 내용이다. 즉 [문서
20]의 [가]-(1)인 71~77행과 [나]-(1)의 41~45행은 행판 부분이다. [가]-(2)·(3)과 [나]-(2)·(3)은
결안 부분으로 [가]-(2)의 78~80행과 [나]-(2)의 46~48행은 檢勾 내용이고, [가]-(3)의 81~83행과
[나]-(3)의 49행은 초목에 해당한다.
　　이 가운데 과소 발급에 대한 행판 내용이 [문서20] [가] (1)의 71~72행에는 "복주·감주(까지 통
과지의 담당자 앞으로){수문자}: 안건의 내용은 앞과 같다{문서 내용}. 여기서 이미 (이러한 내용에)
근거하여 (과소를) 발급하였으니, 이에 (이후 이 과소에) 따라 勘檢하고 통과시키도록 하시오{문미 상
용구}(福州·甘州, 件狀如前, 此已准給者. 依勘過)."라고 적시되었다. 또한 [문서20] [나] (1)의 41행에
는 "坊州까지 (통과지의 담당자 앞으로){수문자}: 안건의 내용은 앞과 같다{문서 내용}. 여기서 이미
(이러한 내용에) 근거하여 (과소를) 발급하였으니, 이에 (이후 이 과소에) 따라 勘檢하고 통과시키도록
하시오{문미 상용구}(坊州已來, 件狀如前. 此已准給去, 依勘過)"라고 기재하였다. 두 사례는 목적지만
서로 다르게 표기했을 뿐 "件狀如前. 此已准給去, 依勘過."라는 과소의 문미 상용구는 마찬가지이다.
특히 주목할 점은 過所의 수령자는 사적 통행증을 요구한 개인이지만 과소에 명시된 수문자는 과소
를 소지한 자가 최종 목적지까지 가는 동안 통과지의 勘檢 담당자에 해당한다. 즉 행판의 말미에 "이
에 (이후 이 과소에) 따라 勘檢하고 통과시키도록 하시오(依勘過)"라고 규정한 것은 발급된 과소를 증
빙 근거로 하여 해당 도착지점까지 이동하는데 통과를 검사하는 장소에서 '勘過'의 조치를 하라는 지
시라고 하겠다. 다만 행판의 기재 내용에는 발급된 과소의 행선지와 이에 대한 증빙의 상용구, 즉 증
빙 자료에 준거하여 과소를 발급했으니 대조하여 조사한 후 통과시키라("此已准給去, 依勘過")는 문구
만을 명시하였다.
　　이와 관련하여 발급된 과소를 실제 소지하고 이동하는 대상자에 대해서는 안권 말미의 표제에 해
당하는 초목에 그 내용을 적시하였다. 즉 초목의 기재 내용에 [문서20] [가]-(3)의 81행에는 [가]-(1)
의 福州까지 가는 대상자에 대하여 "전임 長史였던 당순충의 첩[牒]에게 복주까지 가는 과소를 지급
한 사안(給前長史唐循忠牒福州已來過所事)"이라고 하여 唐循忠의 첩[牒]을 명시하였다. 또한 [가]-(1)의
甘州까지 가는 대상자에 대하여 [가]-(3)의 82행에는 "薛(光)泚에게 감주까지 가는 과소를 지급한 사
안(給薛泚甘州已來過所事)"이라고 하여 설광차를 적시하였다. 마찬가지로 [나]-(1)의 坊州까지 가는 대
상자에 대하여 [나]-(3)의 49행에는 "맹회복에게 방주까지 가는 과소를 지급한 사안(給孟懷福坊州已來
過所事)"이라고 맹회복을 명시하였다. 따라서 [문서20]에서 [가], [나]의 경우 각각의 행판과 초목의

내용을 함께 고려하면 해당 안건에 대한 처리결과와 이를 위해 작성된 문서의 유형도 함께 확인할 수 있다.

한편 [가]-(1)의 72~73행에 康大之의 경우 "牒으로 통지한다. 안건의 내용은 앞과 같다. 牒이 도착하면 서면의 내용[狀]에 따르도록 하시오. 그러므로 牒한다(牒, 件狀如前. 牒至准狀, 故牒)"라고 하여 過所의 발급이 아닌 통행 증빙 사실을 牒으로 통지한다는 첩문의 발급을 적시하였다. 이와 관련하여 [가]-(3)의 83행에 "輪臺로 가는 (데 필요한) 것을 강대지에게 첩으로 통지한 건(牒康大之爲往輪臺事)"이라고 하여 강대지의 행선지가 輪臺임을 명시하였다. 과소의 경우 행판에 행선지, 초목에 대상자를 명시했다면 증빙을 위한 첩문[公驗]의 경우 행판에는 대상자, 초목에는 행선지가 적시된 차이가 확인된다.

그렇다면 과소 발급을 담당하던 관사(중앙은 尙書 刑部, 지방은 州 혹은 都督府 戶曹)에서 실제로 작성, 발급한 과소는 어떤 형식이었을까? 출토문서 가운데 당대 과소의 원본으로 판단되는 것은 [표 5] 'II. 과소 문서'에 제시한 5건이다.[129] 이 가운데 No.1~No.4의 4건은 발급기관이 瓜州都督府, 敦煌郡, 越州都督府 등 지방에 해당하고 No.5의 1건은 중앙인 尙書省 司門에 해당한다. 또한 No.1~No.3의 3건은 당 전기, No.4~No.5의 2건은 당 후기에 발급된 것이다. 이 가운데 대표적인 과소의 사례로 開元 20년(732) 瓜州都督附가 西州 百姓으로 遊擊將軍이던 石染典에게 발급한 過所와 관련 문건을[130] 인용하면 [문서21: 과소]와 같다.

[문서21: 過所] 開元 2년(732) 瓜州都督府가 발급한 過所

〈원문〉

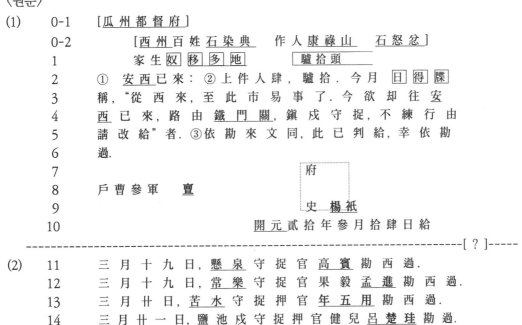

129) 林根七, 「唐 前期 過所 · 公驗의 기재 양식과 성격--'唐開元20年(732)瓜州都督府給西州百姓遊擊將軍石染典過所'의 분석을 중심으로」, pp.219~221, 〈附表 : 당대 過所 · 公驗 관련 문서 일람표〉에서는 過所를 포함하여 公驗을 비롯하여 과소나 공험의 발급과 관련된 문서들을 구분하여 일람하였다.

130) 73TAM509:8/13(a), 『吐魯番出土文書』 肆, pp.275~276. 이 글에서는 발급된 과소 부분만을 분석의 대상으로 하는데 다만 과소의 용도와도 관련하여 이하 연접된 문건들에 대해서도 원문과 번역문을 제시하였다. 이 문건의 전체 내용에 대한 분석은 林根七, 「唐 前期 過所 · 公驗의 기재 양식과 성격」, 『中國古中世史研究』 41, 2016 참조.

```
                    ┌─┐
----------------┤琛├----------------------------------------------
(3)    15            作人康祿山     石怒忿     家生奴移多地
       16                驢拾頭     沙州市勘同, 市令張休.
       17      牒: 染典先蒙瓜州給過所, 今至此市易
       18      事了, 欲往伊州市易. 路由恐所在守捉, 不
       19      練行由. 謹連來文如前, 請乞判命. 謹牒.
       20      ┌─┐          開元卄年三月卄 日, 西州百姓游擊將軍石染典牒
             │印│
             └─┘
       21            任  去.  琛  示.
                                        ┌───┐
       22                               │卄五日│
                                        └───┘
(4)    23    ┌─┐
           │印│
           └─┘
       24    四月六日, 伊州刺史 張 賨    押過
```

〈번역문〉

(1)   0-1   [과주도독부로부터]

      0-2   [서주 백성인 석염전   작인인 강록산   석노분]

      1   집[家]에서 태어난 男奴 移多地   나귀[驢] 10마리[頭]

      2~6   ① 安西(都護府)까지(의 각 州縣·關防 책임자 앞으로): ② 위에 언급한 사람 4명, 나귀 10마리(에 대하여), 이 달[3월] 몇일에 (석염전의) 첩을 받았는데 거기에 이르기를, "서쪽으로부터 와서 이곳[瓜州]에 이르러 교역하는 일을 마쳤습니다. 이제 다시 安西까지 돌아가려고 하는데 도중에 鐵門關을 지나가야 하지만, (그곳에 있는) 鎭, 戍나 守捉에서 왕래하는 事由를 알지 못할까 (염려되어, 過所) 다시 지급해 줄 것을 요청합니다."라고 하였습니다. ③ 검사해 보니 (연접한) 來文[公文=過所]의 내용과 같습니다. 이에 이미 결재하여 (과소를) 지급하였으니, 부디 (과소에 의하여) 勘檢하여 통과시키기 바랍니다.

      7   府
      8   호조참군 賨이 서명함.
      9   史 楊祇가 작성함.
      10   개원 20년 3월 14일 발급한다.
--[?]-----

(2)   11   3월 19일, 懸泉守捉官인 高賨, 취조하여 서쪽으로 통과시킨다.
      12   3월 19일, 常樂守捉官·果毅인 孟進, 취조하여 서쪽으로 통과시킨다.
      13   3월 20일, 苦水守捉의 押官인 年五用, 취조하여 서쪽으로 통과시킨다.
      14   3월 21일, 鹽池戍·守捉의 押官·健兒인 呂楚珪, 취조하여 통과시킨다.

----------- 琛 ---

(3)   15   作人인 康祿山   石怒忿   家에서 태어난 男奴인 移多地
      16   나귀 10頭. 沙州의 市가 취조한 바 (石染典이 제출한 牒과) 같았다.
                  市令인 張休(가 확인함).
      17~19 牒을 올립니다. (石)染典은 앞서 瓜州로부터 過所를 발급받아, 지금 이곳(沙州)에 이르러 교역[市易]의 일을 마치고, (다시) 伊州로 가서 交易하기를 바라고 있습니다. (그런데) 도중에 있는 守捉에서 왕래하는 이유를 알지 못할까 걱정됩니다. (이에) 삼가 이때까지의 過所[來文]를 연첩한 바 앞과 같습니다. 부디 결재[判]하여 명령을 내려주길 바랍니다. 삼가 牒을 올립니다.
      20   印   開元 20年 3月 2십 몇 日,   西州 百姓인 游擊將軍 石染

典이 牒을 올립니다.

21   **가는 것을 허락한다. 琛이 指示한다.**

22   **25 日**

(4) 23   **印**

24   **4月 6日, 伊州刺史 張 賓**   서명하여 통과시킨다.

[문서21] (1)의 1행~10행까지는 西州 백성인 유격장군[131] 석염전이 西州에서 동쪽으로 瓜州까지 와서 교역 활동을 하고 다시 서쪽으로 安西까지 가는 데 필요한 통행허가증을 瓜州都督府가 개원 20년 3월 14일에 발급한 과소이다. 7행~9행사이에 '瓜州都督府之印'이 1곳 날인되어 있다.

11행부터는 이후 이동하면서 기재된 내용들을 연접한 문건이다(이하 이동로와 관련하여 [부도1] '8세기 돈황, 투르판 주변 지도'를 참조). 먼저 (2)의 11행~14행까지는 瓜州에서 발급받은 과소[(1)]를 소지하고 서쪽으로 이동하면서 경과한 懸泉守捉,[132] 常樂守捉, 苦水守捉, 鹽池戍·守捉 등에서 勘檢한 사실에 대하여 날짜, 관원 성명, 확인 내용('勘西過') 등을 과소에 연접한 종이에 기재한 것이다. (3)의 15행~22행은 沙州에 도착하여 교역을 마치고 다시 伊州에 가서 교역하기를 원하는 석염전에게 沙州에서 이들을 증빙하는 公驗을 지급한 것이다. 21행의 判辭와 14~15행 사이 접합 부분의 '琛'자는 沙州 刺史인 '琛'의 서명[押署]으로 공험을 지급한 것은 沙州 刺史이다.[133] 14~15행 사이 접합부의 '琛'자 서명 위, 20행의 '印'자 위, 22행의 '廿五日'의 날짜 위 등 모두 3곳에 '沙州之印'이 날인되어 있다. 같은 公驗의 용지에 (4)의 23~24행은 4월 6일 伊州刺史 張賓이[134] 서명하여 통과시켰음을 적시하였다. 23행 '印'자 위에서 24행에 걸쳐 '伊州之印'이 1곳 날인되어 있다.

[문서21]는 (1) 개원 20년 3월 14일 瓜州都督府가 瓜州에서 安西로 가는 석염전에게 발급한 과소를 시작으로 하여 (2) 瓜州를 출발하여 서쪽으로 가면서 3월 19일, 20일, 21일에 해당 守捉을 통과할 때 勘檢 사실을 別紙를 접합하여 기재하였다. (3)은 석염전이 沙州에서 일을 마치고 伊州로 가기 위해 3월 25일 沙州 刺史로부터 지급받은 공험으로 (1)·(2)와 연접하였다. (4)는 伊州에서 일을 마치고 安西 방향으로 갈 때 4월 6일 伊州 刺史가 통과를 확인한 내용으로 (3)의 공험 다음에 기재하였다. (2), (3), (4)는 모두 (1)의 과소에 연접되어 하나의 문서편을 이루고 있지만, 이하에서는 일단 過所의 기재 내용을 분석 대상으로 하여 살펴보겠다.

과소의 내용은 [문서21] (1) 1~10행까지의 부분에 해당한다. 서주도독부 백성인 석염전이 과주에 와서 교역을 하다가 다시 人畜을 데리고 안서도호부까지 가려고 과소 발급을 신청하자 과주도독부가 발급한 과소이다. 원래 (1) 문서는 앞부분이 일부 결락되었는데 [표5] 'II. 과소 문서' 가운데 No.4, No.5 문서의 과소 기재 형식과 [문서21] (3)의 15~16행에 기재된 석염전과 동행하는 人畜의 내역 등을 참고하여 두 행(0-1행, 0-2행)을 복원하여 제시하였다.

결락된 부분을 보충한 과소의 구성을 보면 [문서21]의 0-1행은 발문자인 瓜州都督府, 0-2행과 1행

---

131) 唐代의 游擊將軍은 從五品下의 武散官이다.

132) 守捉은 요충지에서 순찰·파수를 하다가 이상한 징후를 발견하면 바로 주둔군에 보고하는 군사기관이다. 또는 守捉을 하는 장소를 가리키는데 烽燧, 馬鋪, 土河, 踏白, 遊弈 등과 함께 모두 변방의 정탐, 경보 계통에 속한다. 唐代에 守捉은 일반적으로 등급이 비교적 낮은 단위였지만 守捉의 병력이 軍보다 많은 경우도 있었다. 唐代 邊防 機構로서 鎭·戍·守捉 등에 대해서는 菊池英夫, 「唐代邊防機關としての守捉・城・鎭等の成立過程について」, 『東洋史學』 27, 1964, 참조.

133) 程喜霖은 沙州에서 過所의 勘査를 책임지는 官員인 琛은 沙州 司戶參軍이었을 것으로 추정하였으나(『唐代過所研究』, p.96), '示'라는 判辭를 사용하는 것은 長官인 沙州 刺史일 것이고 司戶參軍이라면 '白'이라고 했을 것이다.

134) 張九齡, 「勅伊吾軍使張楚賓書」(『張九齡集校注』, 北京: 中華書局, 2008, 卷8, pp.527~529)에서 확인되는 '伊州刺史伊吾軍使張楚賓'일 것으로 추정된다.

은 과소의 발급 대상자와 동행하는 人畜의 내역으로 표제(주제사)에 해당한다. 그리고 (1)의 2~6행은 문서의 내용에 해당한다.

우선 문서 내용의 서두에 해당하는 ① "안서(도호부)까지(安西以來)"는 '목적지까지 통과지의 담당자 앞으로'라는 수문자를 명시한 것이다. 즉 문서 내용의 말미인 5~6행에 "이미 결재하여 (과소를) 지급하였으니, 부디 (과소에 의하여) 勘檢하여 통과시키기 바랍니다(此已判給, 幸依勘過)"라는 통과지에서 勘檢이 이루어지는데 그 담당자를 적시한 것이다. 과소 문서의 서두에는 '安西已來'에 해당하는 내용이 [표5] II-No.4 과소에는 "上都까지의 路程(에 있는 통과지의 담당자) 앞으로(上都已來路次)", [표5] II-No.5 과소에는 "韶·廣·兩浙까지 關防의 책임자 앞으로(韶廣兩浙已來, 關防主者)" 등으로 기재되어 있다. 즉 "목적지까지 가는 도중의 통과지에서 검문을 담당한 관사의 책임자 앞으로"라는 의미로서 과소의 목적지와 중간의 검사 담당자를 수문자로 명기한 것으로 판단된다.

다음으로는 ② 과소의 발급을 신청한 내용이 기재되는데 우선 2행에는 과소에 적시되어 통행 허가의 대상이 되는 人畜 등에 대한 내역과 2~5행에는 과소 발급의 신청서 내용 등이 기재되었다. 人畜의 내역은 이미 0-2행~1행에서 자세히 언급한 내용으로 2행에서는 "위에 언급한 사람 4명, 나귀 10마리(上件人肆, 驢拾)"라고 하여 각 항목의 총수를 기재한 것인데, 뒤에 인용된 '今月 某日 瓜州都督府에 접수된 (석염전의) 牒文(今月 [日得牒])'에서 언급한 내용일 것이다. [표5] 'II. 과소 문서'에도 No.3 문서에는 "……壹, 馬肆, 驢陸", No.5 문서에는 "上件人貳" 등이 기재되어 있으며 No.4 문서에는 "人貳, 驢兩頭, 竝隨身經書衣鉢等"이라고 하여 일본 승려 圓珍이 휴대한 經書와 衣鉢 등도 적시하였다.[135]

이어서 ②의 2~5행은 과소 발급 신청서의 내용을 인용한 것으로 "이번 달 몇 일에 (석염전이 과소 발급을 신청한) 牒文을 받았는데 거기에 이르길, '……(과소를) 다시 지급해 주길 요청합니다'라고 하였다(今月 日牒稱, ……請改給者)"는 것이다. 석염전의 과소 신청 牒文은 우선 과소를 신청하는 瓜州에 오게 된 연유(從西來, 至此市易事了), 목적지까지의 경유지(安西已來, 路由鐵門關), 그리고 과소 재발급 요청(鎭戍守捉, 不練行由, 請改給) 등의 내용으로 구성되어 있다. 天寶 7載(748) 4월에 발급된 [표5] II-No.2 문서의 경우는 결락이 심해 과소 발급 신청서의 내용을 명확히 파악하기는 어렵지만 "다시 지급하기를 요청……(請改給……)"이라는 표현에서 [문서21] (1)과 마찬가지로 과소의 재발급을 요청한 것에 해당한다. [표5] II-No.3 문서도 [문서21] (1)처럼 과소 발급 신청자인 子將 年某의 첩문을 인용했는데(今月 日得牒稱) 목적지는 京(?)兆府, 과소 재발급의 요청(請改給過所) 등의 내용이 기재되어 있다.

大中 9년(855) 3월에 발급된 [표5] II-No.4 문서도 과소 발급 신청자인 日本 승려 圓珍의 狀文을 인용했는데(得狀稱) 당 후기에 상달문서로서 狀文이 행용되던 사정[136]을 반영한 것이라 하겠다. 狀文의 내용에는 과소를 신청한 越州에 오게 된 연유, 목적지(兩京及五臺山等), 과소 발급 신청(伏乞給往還過所) 등이 기재되어 있다. 또한 圓珍의 狀文에 이어 圓珍이 머물던 越州 開元寺의 三綱僧인 長泰 등이 올린 狀文에도 같은 사안으로 圓珍에게 과소를 발급하도록 요청한 사실도 적시하였다. 역시 大中 9년(855) 11월에 圓珍에게 발급된 [표5] II-No.5의 過所는 尙書省 司門이 발급한 과소로 현존하는 唐朝의 중앙 관사가 발급한 과소의 유일한 사례에 해당한다. 과소 발급 신청서를 대상자 개인이 아니라 萬年縣(得萬年縣申稱)이 상신하였다. 아마도 長安 萬年縣 소재 福壽寺에 거쳐하던 圓珍이 일본으로

---

135) [표5] II-No.5 과소의 경우 1행의 발문자(尙書省司門) 다음의 2~3행에 표제(주제사)에 해당하는 과소의 발급 대상자(圓珍), 동행인과 함께 '隨身衣·道具功德等' 器物의 내역도 기재되었으나 4행이후 과소의 내용에는 '上件人貳'만을 언급하고 기물에 대해서는 적시하지 않았다.

136) 赤木崇敏, 「唐代官文書體系とその變遷--牒·帖·狀を中心に」, 平田茂樹·遠藤隆俊 編, 『外交史料から十~十四世紀を探る』, 東京: 汲古書院, 2013 참조.

돌아가는 데 필요한 과소의 발급을 萬年縣에 신청하고, 萬年縣에서 尙書省으로 상신한 것으로 판단된다. 신청서의 내용에는 목적지와 경유지(欲歸本貫覲省, 幷往諸道州府巡禮名山·祖塔), 과소 발급 요청(請給過所) 등이 기재되었다.

이러한 과소 발급의 신청 내용을 근거로 하여 (1)의 ③ 5행~6행에서 과소 발급을 명시했는데, 우선 이미 가져온 過所, 즉 來文과 대조하여 앞서 신청서에 언급한 내용들이 사실과 같음을 확인하였다(依勘來文同). 즉 勘檢의 결과를 기재하였다. 그리고 과소를 발급하니(此已判給) ①부분의 '安西까지 통과지 담당자에게(安西已來)' "부디 (과소에 의하여) 勘檢하여 통과시키기 바랍니다(幸依勘過)"라고 하여 과소 소지자에 대한 통과를 보증하였다. 즉 "과소를 발급하니 검사하고 통과시키시오(此已判給, 幸依勘過)"라는 과소 말미의 상용구가 기재되었다.

과소의 재발급[改給]에 대한 사안이므로 종래 발급된 통행 허가증인 來文, 즉 過所가 증빙 자료로 기능하였다. [표5] Ⅱ-No.3 문서도 과소 재발급 신청서에 "삼가 앞의 [내용과 같이 來文을 연접하였으니] 過所를 재발급해 줄 것을 요청합니다(謹連[來文如前, 請改給過所)"라고 하였고 이어서 "내용에 의거하여 대조해 보니 사실과 같습니다(准狀勘責, 同)"라고 하여 과소 재발급의 근거로 來文의 존재를 언급하고 있다. [표5] Ⅱ-No.5 문서에도 萬年縣의 과소 신청서에 이어 "내용에 근거하여 대조해 보니 사실과 같았습니다(准狀勘責, 狀同)"라는 勘檢의 결과가 적시되었다. 이어서 과소의 말미에 Ⅱ-No.3 문서는 "此已判給, 幸依勘過", Ⅱ-No.4 문서는 "此已給訖, 幸依勘過", Ⅱ-No.5 문서는 "此正准給, 符到奉行"이라는 상용구가 적시되었다.

그리고 [문서21] (1)의 7~9행에는 문서작성자로 戶曹參軍 亶과 함께 史 楊祇가 서명하였다. 이어 10행에는 과소 발급 날짜인 '개원 20년 3월 14일 발급한다(開元貳拾年參月拾肆日給)'는 내용이 기재되었다. [표5] Ⅱ-No.2는 문서작성자로 "參軍攝司戶少鸞과 史 鄧□□", Ⅱ-No.4는 "功曹參軍 參과 府 葉新" 등의 서명이 확인된다. 그리고 과소 발급 날짜는 Ⅱ-No.4의 경우 "대중 9년 3월 19일 발급한다(大中玖年參月拾玖日給)"라고 기재하였다. 그런데 지방의 州, 都督府가 발급한 Ⅱ-No1~Ⅱ-No4 문서와 달리 중앙의 尙書省 司門에서 발급한 경우에는 문서작성자로 "都官員外郎判[137] 祇와 主事 袁參, 令史 戴敬悰" 등이 서명했으며 날짜 부분에도 "대중 9년 11월 15일 하달한다(大中九年拾壹月拾伍日下)"라고 하여 '발급한다(給)'가 아닌 '하달한다(下)'고 표시하였다. 이것은 과소 말미의 상용구에서도 州나 都督府에서 발급[給]한 과소의 경우 "此已給訖, 幸依勘過"라고 기재한 반면 尙書省 발급의 과소에는 "此正准給, 符到奉行"이라고 하여 '부문이 이르면 받들어 시행하라'는 부문의 말미 상용구가 적시된 점과 상응한다. 즉 중앙에서 발급한 과소는 '발급'의 의미보다 부문의 '하달'로 명시되었다고 판단할 수 있다. 다만 당대 과소의 실물 사례 가운데 중앙 관사가 작성한 과소가 Ⅱ-No.5 문서 한 사례에만 한정되기 때문에 보편적인 서식으로 단정하긴 곤란하다.

이상 현존하는 과소의 실례를 전제하여 그 서식을 추정하면 다음과 같다. 다만 이 경우는 중앙 관사에서 작성한 경우보다는 州 또는 都督府에서 발급한 과소에 적용되었던 서식으로 한정할 필요도 있다.

[자료16] 唐 전기 過所의 서식

1	州 또는 都督府{발문자}
2	某人(성·이름), 同行人(신분·성·이름)·가축 내역{주요 대상}

---

137) 都官員外郎判은 司門員外郎이 公席이거나 일시적 不在로 인해 刑部와 동일 관청의 다른 部局인 司門員外郎의 직무를 比司인 都官員外郎이 '攝判' 즉 대신했던 것으로 판단된다. 『唐六典』 卷6, 刑部, p.195, "司門郎中·員外郎掌天下諸門及關出入往來之籍賦, 而審其政."; 『唐律疏議』 卷2, 名例律, '無官犯罪' 條, p.43 疏議의 問答에 "問曰, 依令, 內外官勅令攝他司事者, 皆爲檢校, 若比司即爲攝判."

3	某州已來(路次, 關防主者){수문자}: 得牒(狀, 辭)稱, 云云, 准狀勘責, 狀同{문서내용}. 此已判給[給訖], 幸依勘過.{문미 상용구}
	府 성·이름
4	戶曹參軍 名
	史 성·이름
5	某年 某月 某日 給

〈해설문〉

1	과소발급 州·都督府{발문자}
2	발급 대상자, 동행하는 사람·가축의 내역
3	목적지+已來(+路次+關防主者){수문자}: 上件(檢案內) 人數·畜數, 今月 某日, 得 [某人] 牒(狀, 辭)稱, "과소신청서 내용: 과소를 신청하는 州에 온 연유, 목적지까지의 경유지, 과소 재발급 요청 (과소 발급의 증빙)", 勘檢 결과, "此已判給(給訖), 幸依勘過."{문미 상용구}
	부 성·이름
4	호조참군 이름[서명]
	사 성·이름{문서 작성자 서명}
5	모년 모월 모일 발급[給]하다.{과소 발급 날짜}

발급된 과소의 이러한 구성은 과소 발급과 관련된 사안을 처리한 안권에서 과소 발급을 조치한 行判의 내용과 밀접한 관계를 갖는다. 즉 過所 발급에 대한 行判에서 '福州·甘州' 또는 '坊州已來'는 단순히 목적지를 명시한 것이라기보다는 목적지까지 도착하는 도중에 통과해야 하는 관사의 담당자를 상정한 것으로 이 과소의 검사 담당자, 즉 수문자에 해당한다. 또한 문미에 "이에 이미 (判案에) 근거하여 (과소를) 지급하였으니, 이에 의거하여 勘檢하여 통과시키기 바랍니다(此已准給去, 依勘過)."라고 하였다. 이러한 행판의 내용에 해당하는 문구가 과소 원문에는 [표5] Ⅱ-No.1 과소([문서21] (1)의 5행~6행)에는 "此已判給, 幸依勘過", Ⅱ-No.3 과소에는 "此已判給, 幸依……", Ⅱ-No.4 과소에는 "此已給訖, 幸依勘過", Ⅱ-No.5 과소에는 "此正准給, 符到奉行" 등으로 명시하여 행판의 문구와 거의 마찬가지임을 알 수 있다.

과소는 사적 통행증으로 京師는 尙書省에서, 지방은 州에서 발급했는데 현존하는 過所의 경우 지방[瓜州都督府 戶曹]에서 발급한 과소([표5] Ⅱ-No.1)나 중앙[尙書省 司門]에서 발급한 과소([표5] Ⅱ-No.5) 모두 일정한 과소의 서식을 따르고 있다. 이러한 전제에서 唐代에는 過所도 公式令 過所式을 통해 그 서식이 확정되고 과소의 발급도 이러한 규정에 따라 이루어졌을 것이다.

과소의 발급을 처리한 안권 가운데 과소 작성을 조치한 行判의 내용은 실제 발급된 과소의 형식이나 내용과 유사함을 알 수 있다. 이점은 관문서의 유형과 관문서에 대한 법령 규정의 관계를 전제한다면 과소의 서식도 법령으로 규정되었고 그 작성과 발급은 해당 관사의 문서행정 운영에서 반드시 법령에 준거하여 이루어졌을 것으로 판단된다. 이러한 추정이 타당하다면 당대 공식령에도 이른바 過所式에 대한 조항이 있었을 것으로 추정할 수 있다.138)

개인에게 발급된 사적 통행허가증으로서 과소는 발급 신청서를 근거로 발급 관사(중앙 상서성 비

---

138) 日本 養老 公式令에도 '過所式'이 규정되어 있다. 그러나 당대 過所式의 내용은 過所 발급 기관이나 關所의 규정 등 여러 측면에서 일본의 過所제도와는 상이한 점이 있어 일본 공식령의 過所式을 그대로 준용하기는 어렵다. 또한 過所의 발급 주체가 중앙(尙書 刑部)과 지방(州 또는 都督府)이 다르기 때문에 과소의 구체적인 서식에도 인용한 과소의 말미 상용구처럼(중앙 발급: "此已准給, 符到奉行", 지방 발급: "此已准給, 幸依勘過") 차이가 있었을 가능성이 높다. 다만 공식령의 규정은 중앙에서 발급한 경우의 서식에 가까웠을 것으로 추정된다.

부, 지방 주 또는 도독부 사호 또는 호조)가 勘檢의 과정을 거쳐 발급을 결정한다. 그런데 그 효력은 실제로 과소 소지자가 목적지까지 이동하는 동안 통과지의 검문 책임자로부터 통과의 허가를 받도록 하는 데 있다. 이러한 의미에서 개인이 수령하여 소지하는 문서이지만 사실상 통과지 책임 관원의 검문에 통행허가의 증빙으로서 기능을 갖고 있기 때문에 그 내용과 서식에 일정한 격식이 필요했을 것이고 이를 발급하는 관사에서는 준용해야 하는 법률적 규정이 필요했을 것이다. 이러한 필요를 반영한 서식이 공식령에 규정되었을 개연성은 당연히 인정할 수 있을 것이다. P.2819「개원공식령잔권」에 하행문서로서 개인에게 발급되는 告身의 서식이 '制授告身式', '奏授告身式' 등으로 공식령 규정에서 명문화된 이유도 이러한 측면과 무관하지 않을 것이다.

4. 소결

돈황·투르판 출토문서에서 확인되는 다양한 유형의 관문서는 당대 지방 관문서의 실례라는 점에서 관문서의 서식과 내용을 규명하는 데 중요한 단서가 되었다. 관문서의 여러 유형을 파악하고 분류하는 작업은 그 서식이나 기재 내용에 대한 문서학적 의미 파악에 국한되는 것이 아니라 관문서의 작성과 관련된 당대 문서행정 운영에 대한 이해와 밀접하게 관련되는 것이다. 당대 출토문서에서 확인되는 다양한 형식의 문서들은 대부분 관련 사안에 대한 처리 과정에서 작성된 문서들을 연접한 문안[안권]의 일부를 구성한다. 즉 각 유형의 관문서가 실제로 당대 문서행정 운영에서 어떤 기능을 했는지는 안권에 반영된 문서 처리 절차에 대한 이해를 전제해야 한다. 더욱이 공식령의 규정이 법령을 통해 관문서의 서식이나 기능을 명시하려 한 것이었다면 이 역시 문서행정의 운영과 관련하여 그 의미가 파악되어야 할 것이다.

이러한 전제에서 관문서에 대한 법적 규정인 공식령 조문과 돈황·투르판 출토문서에서 확인되는 여러 유형의 관문서는 당대 지방 관문서의 처리절차, 즉 지방 문서행정의 운영과 관련하여 그 기능 및 성격을 파악할 수 있다. 돈황출토 P.2819「공식령잔권」의 공식령 서식에 준하여 작성된 특정 유형의 관문서는 실제로는 해당 사안에 대한 처리 과정에서 작성되는 안권의 일부로서 존재하였다. 즉 관문서는 이를 접수한 관사가 관문서에 기재된 해당 사안에 대한 처리 절차를 시작하는 근거가 되기도 하며, 다른 한편 일정 사안에 대한 처리 결과를 다른 관사에 전달하기 위한 수단으로도 기능하였다. 이러한 의미에서 관문서의 작성과 관련하여 특정 관사에서 해당 사안을 처리하는 과정을 반영하는 안권의 내용을 통하여 지방 문서행정의 절차를 다음과 같이 정리할 수 있다. 일반적으로 문서[案由문서]의 접수를 통하여 이루어지는 안건의 상정 절차인 立案, 제기된 사안에 대한 심문과 勘檢의 과정에 해당하는 審案, 사안에 대한 처리 내용을 판정하는 判案, 결정된 처리 방안에 따른 조치(특히 조치 내용을 전달하는 해당 유형의 관문서 작성)를 집행하는 行判, 사안의 처리 과정과 작성된 관문서에 대한 검사인 檢勾와 표제인 抄目 작성을 포함하는 結案 등의 과정으로 파악된다.

이러한 안건의 처리 절차 가운데 관문서의 작성과 직결되는 것은 행판 과정이라고 하겠다. 그런데 출토문서에서 확인되는 행판의 내용을 보면 구체적인 조치의 내용을 적시한 것이 아니라 수문자, 해당 유형 관문서의 문미 상용구만을 명시하고 있다. 해당 사안에 대한 처리 결과로 구체적인 조치가 기재되었을 관문서의 작성이 행판 과정에서 이루어졌을 것이나 행판의 내용은 작성되는 관문서의 수신자와 유형만을 명시했던 것이다. 더욱이 행판의 기재 내용은 「공식령잔권」에 명시된 해당 유형 관문서 서식의 기재 내용과 일치한다. 이러한 의미에서 법령에 규정된 관문서 유형에 대한 이해는 문서행정을 통한 정무 운영의 담당자였던 관인이 반드시 갖추어야할 조건이기도 하였음을 알 수 있다.

한편 안건 처리의 최종적 조치가 관문서로 작성되어 발급되었음을 전제할 때, 행판에 명시된 특정 관문서 유형과 관련된 내용은 「공식령잔권」에서 확인되지 않는 당대 관문서의 유형을 유추할 수 있는 단서를 제공한다. 다만 행판의 내용에 관문서의 유형에 대한 기재가 없고 날짜와 처리자의 서명만 있는 사례로, 해당 초목은 "案爲……事"의 형식을 나타내는데 이는 판안의 결과가 이미 조처되어서 다시 문서로 조치를 전달할 필요가 없는 경우이다.

개인의 통행증명서로서 중앙(尙書 刑部)이나 지방(州 또는 都督府)에서 발급하던 과소의 경우도 그 발급을 조치한 행판에 기재된 과소의 서식 내용이 출토문서에서 확인된 과소의 실례에도 그대로 기재되어 있어, 당대 공식령에 이른바 過所式이 규정되었을 가능성을 추정케 한다. 또한 최근 출토문서 가운데 일정한 형식을 갖는 관문서들이 확인되어 이를 관문서의 한 유형인 '解式'으로 파악하려는 입장이 있다. 주로 문서의 서식을 통해 해당 사례들을 분류, 정리하는 작업들이 이루어졌는데, 이 경우도 안권의 행판 내용에서 관련된 문서 형식에 대한 기재가 확인되어 또 다른 공식령의 관문서 유형일 가능성이 높다.

마지막으로 부언하자면 計會와 관련된 서식의 문제이다. 전술했듯이 일본 양노 공식령에는 計會式 외에도 諸國應官會式, 諸司應官會式 등이 규정되어 있다. 『당령습유보』에서는 『당육전』尙書都省 左右司郞中條의 내용을 인용하여 計會와 관련된 조항으로 복원하였다.139) 이 조항이 計會式 규정에 합당한 내용인지는 '計會'에 대한 이해에 따라 다를 수 있을 것이다.140) 그런데 전술한 [표2] 'Ⅰ. 符式 문서' No.1의 調露 2年(680) 7月의 符文은141) 州縣 관원의 闕員數를 계회하여 신고할 것을 東都 尙書吏部가 某州(서주도독부?)에 하달한 지시이다. 그리고 주현 관원의 궐원수 계회와 관련된 문서의 양식을 제시하였다.142) 이 경우 計會와 관련된 會目의 양식은 각 州·縣 단위로 闕員 官人의 총수를 각각의 사유에 따라 집계한 서식에 해당한다. 아마도 해당 연도에 某種의 필요에 따라 관원의 궐원수 파악이 필요했고 이에 따라 필요한 計會의 양식을 마련하여 그 會目을 符文으로 지방에 하달했던 것으로 추정된다.

이러한 계회의 필요를 반영한 문서 가운데 당 전기 재정 예산편성에 근거가 되어 매년 호구수 변화의 파악을 위해 작성했던 計帳이 주목된다.143) 唐長孺가 지적한 바와 같이 투르판 출토문서 가운데 확인되는 「鄕戶口帳」은144) 당 전기에 일정한 서식에 따라 鄕 단위로 호구를 집계한 대장이다.145) 집계 내용은 다시 鄕→縣→州 단위로 순차적으로 보고, 집계되어 최종적으로 尙書省 戶部計帳이 작성되었다. 戶部計帳의 호구수 집계 내역은 당조 예산편성의 근거가 되었다. 따라서 「鄕戶口帳」이 戶口數

---

139) 『唐令拾遺補』(p.1271)에서는 『唐六典』 卷1, 尙書都省 左右司郞中, p.12, "凡天下制勅·計奏之數, 省符·宣告之節, 率以歲終爲斷. 京師諸司, 皆以四月一日納於都省. 其天下諸州, 則本司推校, 以授勾官. 勾官審之, 連署封印, 附計帳使納於都省. 常以六月一日都事集諸司令史對覆, 若有隱漏·不同, 皆附於考課焉."의 규정을 그대로 唐代 公式令의 計會와 관련된 조항(13乙條)으로 복원하였다.

140) 주로 일본의 計會制度에 대한 이해와 관련하여 촉발된 논쟁으로 早川庄八, 「天平六年出雲國計會帳の硏究」(坂本太郞博士還曆記念會編, 『日本古代史論集』下, 東京: 吉川弘文館, 1962), 『日本古代の文書と典籍』, 東京: 吉川弘文館, 1997; 瀧川政次郞, 「律令の計會制度と計會帳」(『國學院法學』1-1, 1963), 『律令制及び令外官の硏究』, 東京: 角川書店, 1967; 山下有美, 「計會制度と律令文書行政」, 『日本史硏究』 337, 1990 등의 연구가 주목된다.

141) 「唐調露2年(680)7月東都尙書吏部符爲申州縣闕員事」, 2004TBM207:1-3,1-7,1-11g, 『新獲吐魯番出土文獻』上, pp. 81~82.

142) 제1편 제1장의 주143 참조.

143) 唐 前期 豫算編成과 計帳제도의 관계에 대해서는 朴根七, 「唐 前期 豫算編成의 根據와 節次」, 『中國史硏究』 14, 2001, pp.79~84 참조.

144) 唐長孺, 「唐西州諸鄕戶口帳試析」, 唐長孺主編, 『敦煌吐魯番文書初探』, 武漢: 武漢大學出版社, 1983.

145) 「鄕戶口帳」의 기재 양식에 대해서는 朴根七, 「中國 古代의 戶籍 記載樣式 變化와 計帳樣式의 關係--唐代의 計帳制度 成立 過程과 관련하여」, 가락국사적개발연구원 편, 『강좌 한국고대사』 제9권, 서울: 가락국사적개발연구원, 2002, pp.182~183 참조.

를 집계하듯이 부세 징수액이나 요역자수 등 지방에서 중앙으로 누차적인 집계, 보고가 필요한 사항에 대한 일종의 보고양식이 있었을 것이고 이는 計會式으로 규정되었을 가능성이 있다. 물론 計會式은 단순히 관련 사항에 대한 집계만이 아니라 集計文書에 대한 檢勘까지 포함하여 그에 상응하는 서식을 규정했을 가능성도 배제할 수 없다.

　종래 관문서의 유형을 파악하는데 천착했던 당대 관문서 관련 연구는 안건의 처리과정 일체를 포괄하는 안권에 대한 분석을 통하여 당대 문서행정 운영상에서의 그 실제적 의미를 보다 명확히 파악할 수 있는 것이다. 그런데 안건 처리의 전체 과정을 포함하는 안권에 대한 분석이 당대 문서행정의 구체상을 파악하는 데 주요한 단서를 제공할 것이라는 전제에도 불구하고 이에 대한 본격적인 분석이 활발히 이루어지지 못한 것은 종래 출토문서 가운데 온전한 상태의 안권이 충분치 않다는 문제에도 기인한다. 이러한 이유에서 당대 출토문서에서 확인되는 안권의 실례를 통하여 문서행정의 구체적인 운영 실상과 그 과정에서 관부간에 행용되던 관문서의 기능과 역할은 어떻게 구현되었는지 살펴볼 필요가 있을 것이다. 그 실례의 하나로 개원 21년(733) 西州都督府에서 작성한 안권의 분석에 주목하고자 하는 이유이다.

제3장 案卷의 구성과 문서행정의 운영

1. 「開元21年過所案卷」의 구성과 문서행정
   1) 關文, 解文의 접수와 官司의 處決
   2) 狀文의 접수와 관사간의 공조

2. 정무 처리절차와 안권의 작성
   1) 案由文書 유형에 따른 立案 과정
   2) 문안의 연접과 안권의 성립 과정

3. 소결

제3장 案卷의 구성과 문서행정의 운영

1. 「開元21年過所案卷」의 구성과 문서행정

당대 출토문서에서 확인되는 문안의 실례로서 개원 21년(733) 西州都督府에서 작성한 안권이 주목된다. 「唐開元二十一年(733)西州都督府案卷爲勘給過所事」(이하 「개원21년과소안권」으로 약칭함)[1]라고 명명된 안권에는 서주도독부 戶曹司가 일련의 안건을 처리하는 과정에서 작성한 문서들이 연접되어 있는데 대체로 過所, 즉 사적 통행증 발급과 관련된 사안들이다. 물론 立案부터 結案까지 전 과정이 온전히 보존된 안권은 아니지만 전체적으로 5건의 사안에 대한 처리과정이 기재되어 있다. 비록 안권 작성의 담당 관사(서주도독부 戶曹司)나 처리 사안(과소 발급)이 제한적이어서 당대 지방 문서행정의 전반적 상황을 이해하기에는 한계가 있지만 관문서의 기능과 연관된 문서행정의 실제 운영상황을 반영한다는 점에서 주목할 만하다.

「개원21년과소안권」에 포함된 각 사안들을 대상으로 이들의 구체적 처리과정을 통하여 지방의 정무처리 절차상에서 확인되는 문서행정의 실상을 파악해 보고자 한다. 즉 關式, 解式, 牒式(狀式) 문서 등 여러 유형의 관문서가 案由문서로 기능하여 해당 사안이 立案되는 과정, 상정된 안건에 대한 審案이 진행되면서 이루어지는 관사 사이의 공조 관계, 안건을 처리하는 과정에서 작성된 문건들의 연접과 최종적으로 안권이 작성되는 과정 등의 구체적인 내용들에 주목하고자 한다. 이러한 분석은 당대 지방 문서행정의 구체상을 이해하는 데 주요한 단서가 될 뿐 아니라 이러한 접근의 실마리가 되었던 출토문서의 실상을 파악하는 데도 중요한 전제가 될 것이다. 가령 당대 지방 문서행정에서 여러 사안을 연접한 長卷의 안권인 경우 각각의 문건들은 어떤 기준에서 연접이 이루어졌는지, 그 기준은 오늘날 喪葬用品으로 2차 가공되어 발견되는 안권의 잔편들을 복원하는 데 어떤 의미가 있는지 등에 대한 새로운 접근법을 모색하는 과정에 유용한 근거가 될 것이다. 따라서 이러한 분석들을 통한 출토문서를 중심으로 한 관문서에 대한 이해는 문서 유형에 대한 이해만이 아니라 정무의 처리 절차나 행정 관사간의 업무 분장 등 당대 지방 문서행정의 구체적 실상을 파악하는 주요 단서라고 하겠다.

1) 關文, 解文의 접수와 官司의 處決

당대 출토문서 가운데 개원 21년(733) 서주도독부가 過所를 발급하는 사안을 처리한 안권은 지방 문서행정의 운영 절차를 파악하는데 중요한 자료라고 하겠다.[2] 이 안권은 1973년 발굴된 투르판 아스타나 고분 32개 가운데 509호묘에서 출토된 것으로, 종이로 만든 이불[紙衾]에서 정리된 문건들이다.[3] 여기에는 서주도독부 戶曹司가 일련의 안건을 처리하는 과정에서 작성한 문서들이 연접되어 있는데 대체로 過所, 즉 사적 통행증 발급과 관련된 사안들이다.[4]

---

1) 73TAM509:8/8(a), 8/16(a), 8/14(a), 8/21(a), 8/15(a), 『吐魯番出土文書』 肆, pp.281~296.
2) 이전에 필자는 「唐 前期 過所 發給 관련 문서의 이해--'唐開元21年(733)西州都督府案卷爲勘給過所事'의 譯註」, 『漢城史學』 30, 2015, pp.137~180(이하 「개원21년과소안권(역주)」로 약칭)을 통해 이 안권에 대한 譯註 작업을 진행했는데 역주문에 오류도 있어 이 글에서 일괄 수정하였다.
3) 당시 발굴상황에 대해서는 新疆維吾爾自治區博物館·西北大學歷史系考古專業, 「1973年吐魯番阿斯塔那古墓群發掘簡報」 (『文物』 1975-7), pp.8~26 참조.
4) 주로 過所 발급과 관련하여 이 문서에 주목한 연구로는 程喜霖, 「《唐開元二十一年(733)西州都督府勘給過所案卷》考釋 --兼論請過所程序與勘驗過所」(上·下), 『魏晉南北朝隋唐史資料』 8, 9·10, 1986, 1988; 同, 『唐代過所研究』, 北京:

이 안권에 연접된 문서들의 전체 구성을 제시하면 [문서22: 안권] '「개원21년과소안권」의 구성'과 같다. 「개원21년과소안권」을 구성하고 있는 문건들의 도판은 『吐魯番出土文書』[圖版本] 4책의 281쪽에서 296쪽에 수록되어 있는데, 각 문건에 대한 도판의 척도도 일률적이지 않은데다 문서들의 접합관계도 명확히 판단하기 어렵다. [문서22: 안권]에서는 일단 각 도판에 명시된 척도를 일률적으로 환산하여 문서의 연접관계를 표시하고, 가능한 종이 이불에서 분리, 수습된 당시의 문서편 형태를 재현하고자 하였다. 5개의 문서편은 ≪1≫~≪5≫로, 5건의 안건은 【문안1】~【문안5】로, 접합부는 '⋮'으로, 접합부 배면의 서명[押署]은 ①[元]~⑯[元]으로, 낱장 종이는 〈1〉~〈20〉으로, 官印은 □으로 표시하였다.

「개원21년과소안권」은 5개의 문서단편(≪1≫~≪5≫)을 정리한 것으로,[5] 총 16곳의 접합부[接縫處]가 확인되는데(①~⑯), ≪1≫, ≪2≫, ≪3≫, ≪4≫ 문서편에 각각 3곳, ≪5≫ 문서편에 4곳이 있다. 즉 하나의 문서편은 대략 3장의 종이를 연결한 것을 약간 넘는 길이로 재단되어 종이 이불[紙衾]을 만드는 데 사용된 것으로 판단된다([문서22] '「개원21년과소안권」의 구성' 참조). 더욱이 ≪1≫ 문서편에 2곳(②,③), ≪2≫에 2곳(④,⑤), ≪3≫에 1곳(⑦), ≪5≫에 4곳(⑬,⑭,⑮,⑯) 등 총 9곳에서 종이를 접합한 부분의 뒷면[背面]에 '元'이라는 글자가, ≪3≫에 2곳(⑧,⑨), ≪4≫에 3곳(⑩,⑪,⑫) 등 총 5곳의 접합부 뒷면에 '九'자가, ≪2≫의 1곳(⑥)에 '庭'자가 서명[押署]되어 있으며 ≪1≫에 ①의 경우는 글자를 판독하기 어렵다. 「개원21년과소안권」이 출토된 509호묘에서 함께 수습된 開元 20년(732)에서 개원 22년(734)까지 紀年이 기재된 문서에서는 西州都督 王斛斯, 戶曹參軍 梁元璟('元'), 功曹參軍 宋九思('九'), 倉曹參軍 李克勤, 西州都督府 錄事 元肯, 그리고 高昌縣 縣尉 庭('庭') 등의 서명[押署]이 확인된다.[6] 또한 문서 정리조의 설명에 의하면 ≪1≫ 문서편의 8행에서 22행까지 '西州都督府之印'이 6곳(8·9행, 10·11행, 13·14행, 14·15행, 19·20행, 21·22행 각 1곳), ≪2≫의 51행에서 60행까지 '高昌縣之印'이 3곳(51·52행 2곳, 59·60행 1곳), ≪5≫의 184·185행에 '西州都督府之印'이 1곳 날인되어 있다고 한다.[7]

전체 188행으로 복원된 안권은 앞부분과 뒷부분이 결락되었으며, 5개의 문서편도 중간에 결락([中缺])된 부분 때문에 각 사안에 대하여 안건의 처리과정 전체를 온전하게 복원할 수 있는 경우는 없다. 다만 전체적으로는 서주도독부 戶曹司에서 처리한 5건의 문안(【문안1】~【문안5】)을 연접한 안권으로 판단된다. 즉 【문안1】인 1행~6행까지는 麴嘉琰이 타지로 떠난 후의 처리를 서주도독부 호조사가 高昌縣에 지시한 문안의 말미, 【문안2】의 7행~49행까지는 孟懷福이 坊州까지 가는 데 필요한 과소를 서주도독부 호조사가 지급하는 사안, 【문안3】의 50행~68행까지는 麴嘉琰이 隴右로 가는 데 필요한 과소를 서주도독부 호조사가 지급하는 사안, 【문안4】의 69행~170행까지는 과소 없이 이동하다가 체포된 王奉仙, 蔣化明에 대해 서주도독부 호조사가 처리한 사안 등이다. 마지막 【문안5】의

中華書局, 2000; 吳震, 「唐開元二十一年西州都督府處分行旅文案殘卷的復原與研究」(1989·1990), 『吳震敦煌吐魯番文書研究論集』, 上海: 上海古籍出版社, 2009; 杉井一臣, 「唐代の過所發給について」, 『布目潮渢博士古稀記念論集: 東アジアの法と社會』, 東京: 汲古書院, 1990; 中村裕一, 『唐代公文書研究』, 東京: 汲古書院, 1996; 荒川正晴, 『ユーラシアの交通·交易と唐帝國』, 名古屋: 名古屋大學出版會, 2010; 郭平梁, 「唐朝王奉仙被捉案文書考釋--唐代西域陸路交通運輸初探」, 『中國史研究』 1986-1; 김택민, 「在唐新羅人의 활동과 公驗(過所)」, 『대외문물교류연구』, 서울: 해상왕장보고기념사업회, 2002; 陳國燦, 『吐魯番出土唐代文書編年』, 臺北: 新文豐出版公司, 2002 등을 참조.

5) 문서단편 ≪1≫에서 ≪5≫의 문서번호와 錄文의 해당 行은 다음과 같다. ≪1≫ 73TAM509:8/8(a)는 1~35행, ≪2≫ 73TAM509:8/16(a)는 36~67행, ≪3≫ 73TAM509:8/14(a)는 68~96행, ≪4≫ 73TAM509:8/21(a)는 97~146행, ≪5≫ 73TAM509:8/15(a)는 147~188행에 해당한다.

6) 서주도독부 官司別 官員의 姓名에 대해서는 李方, 『唐西州官吏編年考證』, 北京: 中國人民大學出版社, 2010을 참조.

7) 『吐魯番出土文書』 肆, p.281. 한편 ≪2≫의 64행과 65행 사이 종이의 접합부 배면에는 '庭'(⑥)자의 押署와 함께 '高昌縣之印'이 날인되어 있으며, ≪5≫의 159행 접합부 배면에도 朱印이 한 곳 날인되어 있으나 印文을 판명할 수 없다고 한다(『吐魯番出土文書』 肆, p.284, p.294).

171행~188행에서 171행~187행까지는 興胡 史計思와 수행 人畜의 과소 기재 내역상 異同에 대한 안건과 188행은 별도의 과소신청 관련 안건의 일부인데,8) 이들 역시 서주도독부 호조사에서 처리한 사안으로 판단된다. 즉 【문안5】에서 서주도독부에 상신된 岸頭府界 都遊奕所의 狀文(171행~182행)을 받아서 처리한 담당관사의 判官은 '元'(186행)으로 서주도독부 戶曹參軍事 梁元璟에 해당한다. 또한 별도의 과소신청 문서 앞부분에 해당하는 188행의 문서단편과 앞서 戶曹參軍事 梁元璟이 처리한 문서의 접합부 배면에도 '元'의 서명[押署]이 있어 188행 이하의 문서도 戶曹司에서 처리한 문건이라고 하겠다.

이들 5개의 문안 가운데 【문안2】, 【문안3】, 【문안4】는 중간부분이 결락되었으나 모두 立案([Ⅰ])과 結案([Ⅴ]) 부분이 남아 있어 상정된 안건이 어떻게 조치되었는지 확인할 수 있고 이를 전제로 안건의 처리과정도 유추해 볼 수 있다. 또한 앞부분이나 뒷부분이 결락된 【문안1】, 【문안5】의 경우도 각기 結案([Ⅴ]) 부분과 立案([Ⅰ]) 부분이 확인되어 관련된 문서행정의 처리과정을 파악하는 데 유용한 단서가 될 수 있다. 이하에서는 우선 [문서22]의 5개 문안에 대하여 순차적으로 각 문안을 검토하면서 案由문서에 의하여 상정된 안건이 처리되는 과정에서 관문서의 유형에 따라 문서행정의 절차상 나타나는 양상의 차이, 또한 해당 관사내 主典, 判官, 長官 등의 역할 분담, 그리고 관련 관사 사이의 업무 분장의 실상 등에 주목해 보고자 한다. 특히 【문안2】, 【문안3】 등에 반영된 關文이나 解文의 案由文書로서 기능과 그 처리 과정, 【문안4】에서는 상정된 안건의 처리 과정에서 각 관사 사이의 공조 관계 등을 통하여 「개원21년과소안권」에 반영된 지방 문서행정의 구체적 양상에 접근해 보겠다.

【문안1】
　〈원문〉　　　　　　　　　　　　　　　[前 缺]
　[Ⅳ]　　1　　　　戶曹參軍　　元
　　　　　2　　　　　　　　　　　　　　　　史
　[Ⅴ](1)　3　　　　　　　　　正月廿四日 受, 　廿五日 行判
　　　　　4　　　　　　　　　錄事　　元肯　　　檢無稽失
　　　　　5　　　　　　　功曹攝錄事參軍　　思　　勾訖
　　　(2)　6　　下高昌縣爲勘麴嘉琰去後, 何人承後上事
　　　　　　　--① [?]------

　〈번역문〉　　　　　　　　　　　　　　[前 缺]
　[Ⅳ]　　1　　　戶曹參軍인　　元(梁元璟)이 확인함
　　　　　2　　　　　　　　　　　　　　　　史
　[Ⅴ](1)　3　　　　　정월 24일 (戶曹司가) 접수하고, (정월) 25일 행판하다.
　　　　　4　　　　　녹사인 元肯이 검사한 바 지체나 실착이 없다.
　　　　　5　　　　　공조[參軍]로 錄事參軍을 대신[攝]한 九(宋九思)가 檢勾를 마치다.
　　　(2)　7　　(서주도독부에서) 高昌縣에 (符를) 하달하여 麴嘉琰이 떠난 후에 누가 뒷일(혹은 役)을 인수할 것인가 취조하여 보고하도록 한 건
　　　　　　　--① [?]------

앞부분의 결락된 내용 이후의 문안의 구성에서 [Ⅳ]의 1행~2행은 안권의 행판 부분으로 작성자 서명의 일부만이 확인된다. 이어 [Ⅴ]의 結案 부분에 (1)의 3행~5행은 檢勾 내용, (2)의 6행은 초목

8) 문서 정리조는 188행의 앞 행에 과소 신청자의 성명이 기재되었을 것이나 앞 문서와 연접되면서 앞 문서의 187행에 덮여버렸다고 설명하였다.

에 해당한다. 문안의 대부분 내용이 결락되었지만 【문안1】(1행~6행)은 처리한 안건의 표제에 해당하는 [V]의 (2)인 抄目(6행)에 "高昌縣에 (符를) 하달하여 麴嘉琰이 떠난 후에 누가 뒷일(혹은 役)을 引受할 것인가 취조하여 보고하도록 한 件"이라고 적시하였다. 즉 서주도독부에서 고창현으로 문서를 하달하는 조치가 취해진 사안이다. 고창현으로 하달되는 문서는 符文으로[9) 호조참군사 元[梁元環]이 작성을 책임졌다(1행). (개원 21년) 정월 24일에 호조사에 접수된 사안에 대하여 審案과 判案 과정을 거쳐 25일에 조치[行判]인 符文 발급이 이루진 것이다(3행: "正月卄四日 受, 卄五日 行判"). 이때 하달된 符文의 내용에 대해서는 후술하는 【문안3】 부분에서 언급하도록 하겠다.

그런데 結案 과정에 해당하는 [V] (1)의 3행에서 "某月某日 受, 某月某日 行判"의 '受'를, 안건의 立案 과정에서 錄事司가 문서를 受付하는 내용과 관련된 것으로 판단하여 3행을 "正月 24日 (錄事司가) 受[付]하고, (正月) 25日 (戶曹司가) 判[處決]을 行하였다"고 이해하기도 하였다.[10) 그러나 【문안4】의 분석에서 다시 상술하겠지만 結案 과정에 기재된 '受'는 해당 업무를 처리하는 관사가 문서를 접수한 날로 파악해야 할 것이다. 즉 "正月 24日 (戶曹司가) 접수하고, (正月) 25日 (戶曹司가) 判[處決]을 行하였다"고 파악해야 한다. 이러한 이해는 후술하는 46행, 167행에도 마찬가지로 적용된다. 이어 [V] (1)의 4행~5행에서는 錄事司에서 문서작성의 程限과 失錯을 검사하여 잘못이 없음을 밝히고(4행: '檢無稽失'), 이를 다시 재검토하여 마무리하는(5행: '勾訖') 檢勾가 이루어졌다.[11) 【문안1】 마지막 6행의 초목 내용은 "(서주도독부에서) 高昌縣에 (符를) 하달하여 麴嘉琰이 떠난 후에 누가 뒷일(혹은 役)을 인수할 것인가 취조하여 보고하도록 한 건(下高昌縣爲勘麴嘉琰去後, 何人承後上事)"이라고 하였다.

전술한 行判과 抄目의 관계를 전제하면 【문안1】에서 결락된 행판의 내용은 "高昌縣의 담당자 앞으로: 안건의 내용은 앞과 같다. 이제 문서의 내용으로 하달하니 縣은 마땅히 문서의 내용에 따라 처리하시오. 符文이 도착하면 받들어 시행하시오(高昌縣主者: 件狀如前. 今以狀下, 縣宜准狀, 符到奉行)"라고 추정할 수 있다.[12) 따라서 개원 21년 정월 25일 날짜로 서주도독부 호조사에서 고창현으로 麴嘉琰과 관련된 사안의 취조를 지시한 符文이 작성되어 하달되었음을 알 수 있다.

【문안2】
〈원문〉 --① [?]------
[I](1) 7   倉曹
          8   安西鎭滿放歸兵孟懷福 貫坊州
          9   戶曹: 得前件人牒稱: "去開卄年十月七日, 從此發行至柳
          10   中, 卒染時患交歸不得. 遂在柳中安置, 每日隨市乞食, 養

---

9) 『唐六典』 卷1, 尙書都省 左右司郞中 · 員外郞條, p.11, "尙書省下於州, 州下於縣, 縣下於鄕, 皆曰符." 【문안1】의 抄目에 "下高昌縣爲 ……事"라는 내용에서 高昌縣에 내린[下] 문서를 符文으로 파악할 수 있는 근거로는 「唐儀鳳3年(678)度支奏抄 · 4年(679)金部旨符」의 抄目과 行判의 내용이 주목된다(大津透, 「唐律令國家の豫算について」, 『日唐律令制の財政構造』, pp.45~48 참조). 즉 "下高昌等五縣爲……(事)"라는 抄目의 근거가 되는 조치[行判]가 "高昌等五縣主者: 件狀如前, 今以狀下, 縣宜准狀, 符到奉行"이라고 하여 符文의 발급으로 명시되었다.
10) 「개원21년과소안권(역주)」, p.157.
11) 안권 작성의 마무리 절차로서 檢勾는 "檢者, 爲發辰檢稽失, 諸司錄事之類. 勾者, 署名勾訖, 錄事參軍之類"(『唐律疏議』 卷5, 名例, '同職犯公坐'條, p.113)라고 하듯이 '檢'은 錄事가 '勾'는 錄事參軍이 담당하였다.
12) P.2819 「당개원공식령잔권」의 '符式'과 출토문서 가운데 확인되는 符文의 사례들을 참고하여, [前缺] 부분의 行判 내용을 재현해 보면 다음과 같다.

0-1	高昌縣主者: 件狀如前. 今以狀下, 縣宜准狀, 符到奉行.
0-2	開元卄一年 正月 卄五日
0-3	府 謝忠(?)
1	戶曹參軍　　　元
2	史

11	存性命．今患得損，其過所糧遞，並隨營去．今欲歸貫	
12	請處分"者．都督判："付倉檢名過"者．得倉曹參軍李克勤	
13	等狀："依檢，案內去年十月四日，得交河縣申，遞給前件人程粮．	
14	當已依來遞，牒倉給粮．仍下柳中縣遞前訖，有實"者．安西	
15	放歸兵孟懷福去年十月，已隨大例，給粮發遣訖．今稱染	
16	患，久在柳中，得損請歸，復來重請行粮．下柳中縣，先有給	
17	處以否．審勘檢處分訖申．其過所關戶曹准狀者．	
18	關至准狀．謹關．	
19	開元廿一年 正月 廿一日	
20	功曹判倉曹　九思　　　　　　　府	
(2) 21	正月廿二日 錄事 元肯 受	
(1) 21-1	史 氾友 [13)	
(2) 22	功曹攝錄事參軍　思　付	

--②[元]-----

[Ⅱ](1) 23	檢　案，元　白．	
24	廿三日	
25	牒，檢案連如前．謹牒．	
26	正月　日史　謝忠牒	
27	責　問，元　白．	
28	廿三日	

[後 空]

--③[元]-----

(2) 29	孟懷福年　卅八	
30	問："安西放歸，先都給過所發遣訖．昨至柳	
31	中疹患，即須擘取本過所留．今來陳請，仰答有何	
32	憑據"者．但，14) 懷福安西都給過所是實．十月七日	
33	於此過，行至柳中疹患．其過所大家同，獨	
34	自不可擘得．今下文牒，請責保給過所．如有	
35	一事虛妄，求受重罪．被問依實，謹辯．	

[中 缺]

[前 缺]

(?) 36	戶曹參軍 梁元璟	
[Ⅲ] 37	既 有 保 人， 即	
38	非 罪 過， 依 判．	
39	斛 斯 示．	
40	廿九日 15)	

---

13) 21행과 22행 사이에 '史 氾友'는 이 문서를 작성한 倉曹司의 主典에 해당하며, 20행의 "功曹判倉曹　九思 / 府"와 함께 그 다음 행에 기재되었던 것인데, 錄事의 문서 접수 기재('正月廿二日 錄事 元肯 受')가 그 사이에 기록되면서 덧씌운 형태가 되었다. 원래의 錄文에는 행수가 표시되어 있지 않지만 이해의 편의를 위하여 '21-1'행으로 구분하였다.

14) "今來陳請, 仰答有何憑據者. 但……"의 부분은 唐代 官文書 辯辭의 일반적인 형식에 따르면, "今來陳請, 有何憑據仰答者. 謹審, 但……"이라고 표현할 수 있다. 辯文의 서식에 대해서는 黃正建, 「唐代法律用語中的'款'和'辯'--以《天聖令》與吐魯番出土文書爲中心」(『文史』 2013-1), 『唐代法典‧司法與〈天聖令〉諸問題研究』, 北京: 中國社會科學出版社, 2018, pp.91~113 참조.

[後 空]

---④ [元]-----

[IV] 41   坊 州 已 來: 件 狀 如 前. 此 已 准 給 去, 依 勘 過.

       42   開元 卄 一 年 正 月 卄 九 日

       43   府 謝忠

       44   戶曹參軍   元

       45   史

[V](1) 46   正 月 卄 二 日 受, 卄 九 日 行 判

       47   錄 事   元肯   檢 無 稽 失

       48   功 曹 攝 錄 事 參 軍   思   勾 訖

   (2) 49 給 孟 懷 福 坊 州 已 來 過 所 事

---⑤ [元]-----

〈번역문〉 ---① [?]-----

[I](1) 7   倉曹(로부터 발문)

       8   安西鎭의 복무 기한이 만료되어 귀환하는 병사 맹회복 本貫 방주

    9~18 戶曹(의 담당자에게 보냅니다): 앞의 사람으로부터 牒을 받았는데 (거기에) 이르기를, "지난해 개원 20년(732) 10월 7일에 이곳[西州]으로부터 출발하여 柳中(縣)에 이르렀는데, 갑자기 유행하던 병에 걸려서 바로 돌아갈[交歸] 수가16) 없게 되었습니다. 그래서 유중현에 체재하게 되었고 매일 시장에서 乞食하면서 목숨[性命]을 부지하였습니다. 이제 병세가 나아졌지만[患得損]17) (저의) 過所와 糧遞는18) 모두 軍營에 가있습니다. 지금 고향[本貫]으로 돌아가고자 하니 처리[處分]해 주시기 바랍니다."라고 하였습니다. 都督의 判에는 "倉(曹司)으로 회부하여 (관련되는 장부에) 이름(이 있는지)을 조사[勘檢]하여 보고하라."고 하였습니다. (이에 대하여) 倉曹參軍事인 李克勤 등의 狀[文]을 받았는데, "判命에 따라 (관련된) 문안[案]을 조사해 보니 작년 10월 4일에 交河縣이 상신한 내용에 '앞의 사람에게 程粮[도중에 필요한 식량]을19) 지급[遞給]하겠'고 했기에 (西州에서도) 이미 도래한 糧遞에 의거하여 倉에 牒하여 식량을 지급토록 하였습니다. 다시 유중현에 하문했는데 (맹회복이 유중현까지) 粮遞를 가지고 왔다는 것은 사실입니다."라고 하였습니다. 安西鎭의 歸還兵인 맹회복에게는 작년 10월에 이미 통례에 따라 식량을 지급하여 遞送을 마쳤습니다. (그런데) 전염병에 걸려 유중현에 오래 머무르다가 지금 병이 나아 귀환하기를 요청하면서 다시 도중에 (필요한) 식량[行糧]을 청구하고 있습니다. 먼저 유중현에 하문하여 (식량을) 지급한 바가 있는지를 상세히 취조하여 처분케 하고 (그것이) 마무리되면 상신토록 하였습니다. (또한) 그의 과

---

15) 『吐魯番出土文書』 肆, p.285에는 '卄五日'로 석독하였으나, 관문서의 작성 사례들에서 확인되듯이 장관 解斯의 처결[批判] 날짜와 行判 날짜가 일치하고, 圖版에 대한 면밀한 검토에 따라 새로운 판독이 이루어져 '卄九日'로 교정하였다.

16) '交歸'는 '가까운 시간 안에 돌아간다'는 의미로 파악할 수 있다(王啓濤, 『吐魯番出土文書詞語考釋』, p.222).

17) '患得損'에서 '損'은 전후 문맥상으로 볼 때, '병이 나아지다'는 의미로 파악되는데, 출토문서에 유사한 용례가 다수 확인된다. 蔣禮鴻, 『敦煌文獻語言詞典』, pp.304~305; 『吐魯番出土文獻詞典』, pp.975~976 참조.

18) 糧遞는 公糧을 수령하기 위한 증빙으로, 糧遞를 사용하여 교환하는 양식이 程糧이다. 沿途의 驛館에서는 遞에 근거하여 양식을 지급하므로 이른바 양식 '兌換券' 즉 食券에 해당한다(楊德炳, 「關於唐代對患病兵士的處理與程粮等問題的初步探索」, 唐長孺 編, 『敦煌吐魯番文書初探』, 武漢: 武漢大學出版社, 1983, pp.486~499). 여기서는 歸還할 때에 程糧을 보증하는 것이다.

19) 맹회복이 交河縣司에 이 '糧遞'를 제출하고 縣司에서는 그것을 西州府에 상신하며 이를 기초로 다시 交河縣倉으로부터 食糧이 지급되었던 것이다. 程粮의 지급과 관련해서는 『冊府元龜』(北京: 中華書局 影印本, 1960; 1982) 卷 135, 帝王部, 惠徵役, p.1629, "(開元)十四年六月詔曰, 朕爲人父母撫有海內, 以百姓爲心, 恐一夫失所, 至於兵募, 尤令存恤, 去給行賜, 還給程糧, 以此優矜, 不合辛苦. ……如病患者遞給驢乘, 令及伴侶." 등의 내용도 주목된다.

소발급과 관련해서는 戶曹에 關[文]으로 의뢰하는 바 서면의 내용[狀]대로입니다. 關[文]이 이르면 내용[狀]에 준거하여 처리하십시오. 삼가 關[文]을 보냅니다.

	19	개원 21년 정월 21일
	20	府

功曹[參軍]으로 倉曹[參軍]를 대신[判]한 九思가 확인함.

	21-1	史 氾友가 작성함.
(2)	21	정월 22일 錄事인 元肯이 접수하다.
	22	功曹[參軍]로 錄事參軍을 대신[攝]한 思가 (戶曹司로) 회부하다.

---② [元]-----

[Ⅱ](1) 23 **문안을 검사하시오. (호조참군) 梁元璟이 이른다[白].**

24 **23일**

25 牒을 올립니다. 문안을 검사하고 연접한 바는 앞과 같습니다. 삼가 牒을 올립니다.

26 정월 일 史인 謝忠이 牒을 올립니다.

27 **審問을 (진행)하시오. (호조참군) 梁元璟이 이른다.**

28 **23일**

[後 空]

---③ [元]-----

29 孟懷福 나이 48(세)

(2) 30~35 (저 맹회복이 戶曹司로부터) 심문을 받기를, "安西로부터 귀환할 때 먼저 西都護府[都]가 과소를 지급하여 출발토록 하였을 것이다. 지난번에 柳中縣에 이르러 병이 들었다면, 마땅히 원래의 과소를 나누어 가지고[擘取] 체류해야 했을 것이다. 지금 다시 진술하여 (과소의 발급을) 요청하는데 무슨 근거가 있는지 답하기 바란다."라고 하였습니다. 저 맹회복이 안서도호부로부터 과소를 발급받은 것은 사실입니다. 그런데 10월 7일에 이곳[西州]을 지나가 유중현에 이르렀는데 병에 걸렸습니다. 그 과소는 대부분의 경우[大家]와 마찬가지로 獨自로 (나누어) 가지고 다닐 수는 없습니다. 지금 牒文으로 지시를 내려 과소의 지급 사실에 대하여 保人들에게 責問하길[責保] 바랍니다. 만일 한가지라고 헛되거나 거짓된 것이 있다면 重罪를 달게 받겠습니다. 심문을 받았기에 사실에 의거하여 삼가 答辯을 합니다.

[中 缺]20)

[前 缺]

(?) 36 戶曹參軍 梁元璟

[Ⅲ] 37~39 **이미 保人(을 취조한 내용)이 있는 바, 곧 (맹회복의) 罪過는 아니므로, (戶曹參軍의) 首判에 따르라. (都督인) 斛斯가21) 지시한다[示].**

40 **29일**

---

20) 7행부터 49행까지가 孟懷福의 過所 발급과 관련된 사무를 처리한 일련의 안권이기 때문에 [中缺] 부분에는 적어도 맹회복에게 과소가 발급된 사실이 있다는 것에 대한 保人들의 보증[辯辭]과 이러한 심문 내용을 전제한 호조참군 梁元璟의 首判 내용이 포함되었을 것이다.

21) '斛斯'는 西州都督府의 都督인 '斛斯'를 가리키며, 開元 21(733)年 12月 安西四鎭節度使에 제수되었던 王斛斯와 동일인으로 추정된다(『唐會要』卷78, 節度使條, p.1690, "安西四鎭節度使, ……至[開元]二十一年十二月, 王斛斯除安西四鎭節度, 遂爲定額").

[後 空]

--④ [元]-----

[Ⅳ]　　41　　坊州까지 (통과지의 담당자들에게): 안건의 내용은 앞과 같다. 여기서 이미 (이러
　　　　　　한 내용에) 의거하여 (과소를) 지급하였으니, 이에 (이후 이 과소에) 따라 勘檢하
　　　　　　고 통과시키도록 하시오.

　　　　42　　　　　　　　　　　　개원 21년 정월 29일

　　　　43　　　　　　　　　　　　府인 謝忠이 작성함.

　　　　44　　戶曹參軍인 梁元璟이 확인함.

　　　　45　　　　　　　　　　　　　　史

[Ⅴ](1) 46　　　　　정월 22일 (戶曹事司가) 접수하고, (정월) 29일 행판하다.

　　　　47　　　　　錄事인 元肯이　검사한 바 지체나 失錯은 없다.

　　　　48　　　　　功曹[參軍]로 錄事參軍을 대신한 [宋]九[思]가 檢勾를 마치다.

　　(2) 49　　孟懷福에게 坊州까지 가는(데 필요한) 과소를 지급하는 件

--⑤ [元]-----

【문안2】의 7행~49행은 중간의 결락 부분이 있지만 [Ⅰ] 立案에서 [Ⅴ] 結案까지 내용이 비교적 온전히 남아 있어 정무 처리과정과 이에 대한 문서행정의 관계를 비교적 자세하게 파악할 수 있다. 【문안2】의 내용 구성을 보면 [Ⅰ]의 7~22행은 서주도독부에 문서가 접수되어 안건이 상정되는 立案 과정에 해당한다. 앞서 關文의 서식 부분에서 인용했던 [문서1 : 關文]에도 포함되었던 내용이다. 이 가운데 [Ⅰ] (1)의 7행에서 21-1행까지는 개원 21년 정월 21일 서주도독부 倉曹司가 작성하여 戶曹司에 보낸 관문으로 【문안2】의 案由문서에 해당한다. [Ⅰ] (2)의 21행~22행은 정월 22일 서주도독부 錄事司에서 關文을 접수하여 호조사에 회부하는 과정을 적시하고 있다.

[Ⅱ]의 23행에서 35행까지는 창조사의 관문을 접수한 호조사에서 상정된 안건에 대한 勘檢을 실시한 것으로 審案 부분에 해당한다. 이 가운데 [Ⅱ] (1)의 23~24행은 정월 23일 호조사에서 판관인 호조참군사 元[梁元璟]이 문안의 검사를 지시하고, 25~26행은 주전으로 史인 謝忠이 문안을 검토하고 연접하였음을 보고하였다. 이에 27~28행은 판관인 元이 맹회복을 심문토록 지시하였다. [Ⅱ] (2)의 29행에서 35행까지는 심문에 대한 孟懷福의 답변인 辯文에 해당하는데 뒷부분이 결락되었다. 중간에 결락된 부분이 이어져서 성격을 명확히 파악할 수 없는 36행을 제외하고 [Ⅲ]의 37행에서 40행까지 判案 가운데 서주도독부 장관인 都督 斛斯가 정월 29일 처결[批判]한 判辭가 적시되었다.

장관의 처결에 따라 [Ⅳ]의 41행에서 45행까지 개원 21년 정월 29일에 과소를 발급하는 행판이 명시되었다. 이어 [Ⅴ]의 46행에서 49행까지 結案 부분 가운데 [Ⅴ] (1)의 46행에서 48행까지 안건 처리와 관문서 작성과정에서 기한을 지체하거나 문서 기재상의 錯失이 없음을 檢勾하였다. 이어 [Ⅴ] (2)의 49행에는 맹회복에게 과소를 지급한 사안이라는 초목을 기재하였다.

문서단편 ≪1≫과 ≪2≫ 사이의 결락된 부분(35행과 36행 사이), 즉 【문안2】의 [Ⅱ] 審案 과정 가운데 (2) 맹회복의 辯文 후반부(35행 이후)부터 [Ⅲ] 判案 가운데 批判의 앞부분(36행이전)까지의 내용을 제외하고 문서행정의 전체 진행 과정을 어느 정도 파악할 수 있다. 다만 審案의 구체적인 처리과정과 판안 절차 가운데 판관의 수판이나 통판관의 재판이 어떻게 진행되었는지 확인할 수 없다. 더욱이 戶曹司의 관문 접수(정월 22일) 후 심안 과정이 정월 23일(23~28행)에 시작되었는데 안건에 대한 장관의 처결[비판]이 정월 29일(37~40행)에 이루어졌기 때문에 그 중간의 시일에 어떤 절차가 진행되었는지 쉽게 판단하기 어렵다.

이러한 문안의 구성을 전제하여 기재된 내용들을 구체적으로 살펴보면 다음과 같다. 우선 안건의 상정은 개원 21년(733) 정월 21일 서주도독부 倉曹司가 작성하여 戶曹司로 보낸 關文에 의하여 이루

어졌다(7행~20-1행). 關式 문서는 "내외의 여러 官司에서 長官이 같으면서 직무 부서[職局]가 다른 경우"에[22] 서로 주고받는 서식에 해당한다.[23] 서식은 전술한 바와 같이 7행 '倉曹'는 발문자, 8행 "安西鎮滿放歸兵孟懷福 貫坊州"는 표제, 9행의 戶曹는 수문자에 해당하고 이하 9행부터 18행까지가 關文의 내용으로 말미에 "關至准狀. 謹關"이라는 상용구가 적시되었다. 19행 "개원 21년 정월 21일"은 관문 작성 날짜이고, 20행과 21-1행의 "功曹判倉曹 九思 / 府 / 史 氾友"는 문서 작성자의 서명에 해당한다.

關文의 내용은 1) 安西鎮에서 복무 기한을 마치고 고향으로 돌아가는 병사 孟懷福이 서주도독부에 올린 牒文(9행~12행), 2) 이에 대한 都督의 검사 지시[判辭](12행), 3) 倉曹參軍事 李克勤의 답변[狀文](13행~14행) 등을 전제하여 4) 倉曹司가 결정한 조치(14행~18행)로 구성되어 있는데 그 구체적인 내용을 부연하면 다음과 같다. 1) 서주도독부에 접수된 맹회복의 첩문(9행~12행)에는 자신이 전해(개원 20년)의 10月 7日에 서주에서 출발하여 柳中縣을 지나다 병에 걸려 체재하게 되었고, 겨우 乞食하며 지내다 병세가 나아져 출발하려 했는데 과소(통행 증명서)와 糧遞(양식 지급 증빙서)가 모두 출발한 軍營에 가있으니 처리해 달라는 것이었다. 2) 이에 서주도독이 안건[牒文]을 倉曹司로 보내 사실 여부를 조사하여 그 결과를 보고하라고 지시하였다(12행). 3) 倉曹參軍 李克勤 등이 해당 문안을 살펴보니 전 해(개원 20년)의 10월 4일에 交河縣이 糧遞에 의거하여 양식 지급을 신청하였기에 倉에서 지급하였고, 다시 柳中縣에 下問하니 糧遞를 가져온 것이 사실이라고 보고[狀]하였다(12행~14행). 이에 4) 倉曹司는 다음과 같은 과정을 거쳐 해당 사안에 대한 조치를 결정하였다(14행~18행). 우선 전술한 내용들을 근거하여 安西에서 고향으로 돌아가는 맹회복이 지난해 10월이래 通例에 따라 양식을 지급받았고, 柳中縣에서 병에 걸렸다가 병세가 나아져 다시 돌아가려 하면서 양식의 지급을 요청한 것이라고 당시의 상황을 정리하였다.[24] 이상의 내용을 근거하여 倉曹司의 擬決을 거쳐 서주도독부에서는 倉曹司로 하여금 柳中縣에 하문하여 양식의 지급 여부를 취조하여 보고[申]토록 하고, 과소의 발급을 戶曹司에 關文으로 의뢰하도록 처결하였다.[25] 이러한 결정에 의하여 서주도독부 倉曹司가 작성하여 戶曹司로 발급한 문서가 이상의 關文이고, 이와 함께 柳中縣으로 맹회복에게 양식을 지급했는지 보고하라는 符文이 하달되었을 것이다. 關文은 개원 21년 정월 21일에 功曹參軍으로 倉曹 업무를 대신한 宋九思가 주관하고[26] 예하 倉曹司의 主典 중 史인 氾友가 작성하였다.

그런데 문서의 原文 도판을 보면 21행의 '史 氾友' 앞쪽으로 "正月卄二日 錄事 元肯 受"라는 錄事司의 문서 受付 관련 내용이 기재되어 있다. 문서정리조에서는 이 두 행을 21행에 함께 복원했지만 원래의 문서 작성 과정을 고려한다면 '史 氾友'는 앞선 關文에 포함되는 내용이고[27] "正月卄二日 錄事 元肯 受"는 22행 "功曹攝錄事參軍 思 付"와 함께 錄事司의 關文 受付와 관련된 내용이다. 이와 관련하

22) "關式 ……, 尙書省諸司相關式. 其內外諸司, 同長官而別職局者, 皆准此"(P.2819 「唐開元公式令殘卷」 關式, 補則).
23) 종래 敦煌·吐魯番 출토문서를 통하여 關文과 관련된 내용을 분석한 연구로는 中村裕一, 『唐代公文書研究』, pp. 209~218; 李方, 『唐西州行政體制考論』, pp.323~328; 雷聞, 「關文與唐代地方政府內部的行政運作」, pp.319~343 등이 대표적이다.
24) 14행의 "安西……"부터 16행의 "……復來重請行粮"까지는 이전까지 진행된 審案 과정을 전제한 당시 상황에 대한 보고인데, 아마도 判官인 倉曹參軍事의 首判을 위하여 倉曹司 主典이 작성한 내용으로 판단된다. 즉 안건에 대한 判案의 결과는 16행의 "下柳中縣……"이하 18행의 "……准狀者"까지 내용이므로 그 앞부분은 審問 내용에 대한 정리인 錄案 부분에 해당한다.
25) 柳中縣에 하달하는 符文과 戶曹司에 보내는 關文은 倉曹司에서 작성되었으나 해당 關文에 '西州都督府之印'이 날인된 점에서도 알 수 있듯이 이 문건들은 長官인 西州都督의 批判을 거쳐 西州都督府에서 발급한 것이다.
26) 20행의 '功曹判倉曹 九思'처럼 唐代 西州 관문서 가운데 某官이 某官을 '判'(某官判某官)한 많은 예들이 확인되는데 이들은 모두 現任 관리가 기타 曹司의 공문을 판결한 것들이다. 李方, 「論唐西州官吏任用的類別」, 『新疆師範大學學報』(哲社版) 27-1, 2006, pp.106~110 참조.
27) 이러한 이유에서 [문서22]의 〈원문〉과 〈번역문〉에서는 '史 氾友'를 21-1행으로 구분하였다.

여 8행부터 22행 사이에 6곳의 '西州都督府之印'이라는 官印의 날인이 확인되는데, 8행~21행까지 5곳의 '西州都督府之印'은 발급된 關文에 날인된 것인데 비하여 21행~22행에서 확인되는 '西州都督府之印'은 倉曹司가 작성한 關文을 錄事司에서 접수하여 戶曹司로 보내는 과정에서 날인된 관인으로 구분할 수 있다.[28] 따라서 23행이후부터가 과소 발급업무의 담당 부서인 戶曹司에서 맹회복에 대한 과소 발급사안을 처리하는 내용이다.

호조사에 접수된 關文의 내용에 근거하여 맹회복에 대한 과소 발급과 관련된 審問 과정이 진행되었다([II]의 23행~35행). 우선 23행~24행에서 判官인 호조참군사 梁元璟이 접수된 문건에 대한 검토를 (정월) 23일 主典에게 지시하였고[29], 25행~26행에서 같은 날 主典인 史 謝忠이 문안을 검토하고 연접하였음을 보고하였다. 일반적으로 접수된 사안에 대하여 해당 관사의 判官이 일차적으로 "문안을 검토하시오. 元이 지시한다(檢案, 元白)"라고 하여 문건에 대한 검토를 主典에게 지시한다. 이에 主典은 "첩을 올립니다. 문안을 검사한 바는 앞과 같습니다. 삼가 첩을 올립니다(牒, 檢案如前, 謹牒)" 또는 "첩을 올립니다. 문안을 검사하고 연접한 바는 앞과 같습니다. 삼가 첩을 올립니다(牒, 檢案連如前, 謹牒)"라는 형식으로 判官이 審問을 진행할 수 있도록 보고하였다. 22행과 23행 사이의 문서 접합부 背面에 '元'(②[元])이라는 戶曹參軍事 梁元璟의 押署가 있는 것은 戶曹司에서 사안의 勘檢을 진행하기 위하여 회부받은 關文에 別紙를 連接하고 判官인 戶曹參軍事의 지시('檢案元白 / 卄三日')를 기재하였던 과정을 반영한 것이다. 이어서 27행~28행에서 판관은 같은 날에 과소발급 대상자인 맹회복에 대한 심문['責問']을 지시하였다. 이처럼 상정된 사안에 대한 勘檢 과정, 즉 審案의 절차에서 해당 관사의 判官과 主典의 역할이 주목된다.

지시에 따라 [II] (2)의 29행~35행인 맹회복의 답변 문서[辯文]가 제출되었는데, 과소 발급을 요청한 근거에 대한 심문(30행~32행)과 이에 대한 답변(32행~35행)이 기재되었다. 심문에 대한 답변을 기재한 辯文의 서식은 대개 "심문을 받기를 '〈심문내용〉……답하기를 바란다'라고 하였습니다. [삼가 심문을 받았기에] 답합니다. 〈답변내용〉……심문을 받았기에 사실에 의거하여 삼가 답변을 합니다(問, '〈심문내용〉…… 仰答'者. [謹審] 但, 〈답변내용〉……被問依實, 謹辭)"라는 내용으로 구성되었다.[30] 심문에 대하여 맹회복은 이미 安西都護府로부터 과소를 받은 사실이 있기 때문에 이를 保人들로부터 확인할 것을 요청하였다.[31]

이후는 결락된 부분([中缺])이 있지만 [III]의 37행~40행은 判案 가운데 장관인 西州都督 王斛斯의 批判 내용으로 "保人(을 취조한 내용)이 있는 바, 곧 (맹회복의) 罪過가 아니므로 (호조참군의) 首判에 따르라"는 조치가 결정되었다. 즉 맹회복에 대한 과소 발급을 지시한 것이다. 따라서 전술한 맹회복의 辯文 이후 35행과 36행 사이의 [中缺] 부분에는 保人들이 戶曹司의 심문에 답변한 辯文이 있었을 것이고[32] 그 내용은 안서도호부에서 맹회복에게 과소를 발급했던 사실에 대한 보증이었을 것이다.

---

28) 이처럼 西州都督府 錄事司에서 문서를 접수하여 해당 官司로 송부할 때 官印('西州都督府之印')을 날인했는데, 【문안5】의 184·185행에 날인된 '西州都督府之印'도 岸頭府界 都遊弈所에서 西州都督府로 上申한 狀文을 錄事司가 접수하여 戶曹司로 보내는 과정에서 날인된 것이다.

29) 46행의 結案 부분에 기재된 "正月卄二日受, 卄九日行判"의 내용에 근거하면 倉曹司가 작성한 關文이 戶曹司에 접수된 것은 正月 22日인데, 이에 대한 심문의 지시가 이루어진 것은 다음날인 23일임을 알 수 있다.

30) 審問에 대한 答辯으로 작성되는 辯文의 서식에 대해서는 黃正建, 「唐代訴訟文書格式初探--以吐魯番文書爲中心」, 『唐代法律·司法與〈天聖令〉諸问題硏究』, pp.114~148을 참고할 만하다. 또한 이러한 답변은 辯辭나 辯牒의 형식으로도 작성되었다.

31) 이 辯文의 내용은 당사자인 孟懷福의 牒이나 辭의 형식이 아니라 '問'에 대한 答辯으로만 기재되어 있어 후술하듯이 85행~94행에서 확인되는 王奉仙의 辯文과 마찬가지로 孟懷福의 구술을 主典이 抄寫하였을 가능성도 상정할 수 있다.

32) 과소 발급과 관련된 保人의 辯文 사례로는 「唐垂拱元年(685)康義羅施等請過所案卷」(四), 64TAM 9:24·25, 『吐魯番出土文書』參, pp.349~350 등이 확인된다.

그런데 일반적인 안권의 형식에는 장관의 批判 앞부분에【문안4】147행~158행의 내용처럼 判官의 首判(147행~154행)과 通判官의 通判부분(155행~158행)이 선행하는데, 이 안권의 36행에는 호조참 군인 梁元璟의 서명[簽署]만이 확인된다. 판관인 호조참군의 성명을 적은 서명[簽署]이 부가되는 것은 대개 호조사의 主典이 某種의 사안에 대한 牒文을 작성하고 이를 戶曹參軍事가 확인하는 경우라고 할 수 있다. 36행 앞의 내용을 추정할 만한 아무런 단서가 없는 상황에서 이 부분이 호조참군사의 首判 과 관련된 내용이라고 단정할 수는 없지만 장관의 批判이 이루어질 수 있는 근거가 되는 내용이라는 점은 부정할 수 없다. 한편 문서정리조의 錄文에는 40행을 '廿五日'로 판독하였으나[33] '五'자는 '九' 자를 잘못 釋錄한 것으로 판단된다. 대부분의 안권에서는 長官의 批判 이후에 바로 그에 대한 조치, 즉 行判이 이루어진 점을 감안하면 行判이 '개원 21년 정월 29일'(42행)에 이루어졌기 때문에 장관 의 批判 날짜도 '廿九日'로 수정해야 할 것이다.[34]

　이러한 判案의 결과에 따라 [IV] 行判인 41행~45행에서는 맹회복에게 지급되는 과소가 작성되었 음을 확인할 수 있다. 즉 行判의 내용은 "坊州까지 (통과지의 담당자들에게): 안건의 내용은 앞과 같 다. 여기서 이미 (이러한 내용에) 의거하여 (과소를) 지급하였으니, 이에 (이후 이 과소에) 따라 勘檢 하고 통과시키도록 하시오(坊州已來, 件狀如前. 此已准給去, 依勘過)"(41행)라는 過所의 양식과 함께[35] 과소 작성일[行判日](42행), 작성 책임자[戶曹參軍 梁元璟과 府 謝忠](43행~45행) 등을 기재하였다. 이어서 [V] (1) 結案의 46행~48행인 檢勾 과정에서는 戶曹司에서 문건(倉曹司의 關文)을 접수한 날 짜(정월 22일)와 결정 내용을 전하는 문서[過所]를 작성한[行判] 날짜를 적시하였다(46행). 이후 錄事 司에서 안건 처리과정에 지체와 오류가 없고('檢無稽失') 이에 대한 확인이 이루어졌음('勾訖')을 명시 하였다(47~48행). [V] (2)의 49행에 처리한 사안의 표제에 해당하는 抄目이 기재되어 사안에 대한 처리가 마무리되었다.

【문안3】
〈원문〉 --⑤ [元]-----
[I](1) 50　　高昌縣　　　　爲申麴嘉琰請過所所由具狀上事
　　　51　　　隴右別　　勅行官·前鎭副麴嘉琰　男淸年拾陸　奴烏鷄年拾貳　婢千年年拾參已上家生
　　　52　　　作人王貞子年貳拾陸　　駱敬仙年貳拾參　　驢拾頭八靑黃 二烏　　馬壹疋騮
　　　53　　　右, (a) 被符稱: "得上件人牒稱: '今將前件人畜等往隴右. 恐所在關 · 鎭 · 守捉, 不
　　　54　　　練行由, 請給過所'者. 麴嘉琰將男及作人等赴隴右, 下高昌縣勘責. 去後何
　　　55　　　人代承戶徭. 竝勘作人, 是何等色. 具申"者. (b) 准狀責問, 得①保人麴忠誠等
　　　56　　　五人款: "麴琰所將人畜, 保竝非寒盜·誒誘等色"者. 又問②里正趙德宗款: "上
　　　57　　　件人戶當第六. 其奴婢先來漏籍, 已經州司首附下鄕訖. 在後雖有小男
　　　58　　　二人, 竝不堪祗承第六戶. 有同籍弟嘉瓚見在, 請追問能代兄承戶否.
　　　59　　　其驢馬奴婢, 竝是麴琰家畜"者. 依問, ③弟嘉瓚得款: "兄嘉琰去後, 所有戶
　　　60　　　徭一事以上, 竝請嘉瓚祗承, 仰不闕事"者. 依問, ④麴琰得款: "其作人王貞子
　　　61　　　駱敬仙等, 元從臨洮軍來日顧將來, 亦不是諸軍州兵募, 逃戶等色"
　　　62　　　者. 依問, ⑤王貞子等得款: "去開元廿年九月, 從臨洮軍, 共麴琰驅馱客作到

33)『吐魯番出土文書』肆, p.285.
34) 종래 필자는 判案의 과정과 行判이 구분되어야 한다는 입장에서 判案 날짜와 行判의 날짜가 상이한 사례로「개원 21년과소안권」의 이 부분을 근거로 예시한 바 있는데(「唐 前期 過所 發給 절차에 대한 검토」,『漢城史學』29, 2014, pp.145~150), 이는 수정되어야 할 것이다. 다만 判案 과정을 判官의 首判부터 通判官의 통판, 장관의 批 判까지의 과정을 포괄하는 의미로 파악할 경우, 行判은 이와 구분하여 이해해야 한다는 입장에는 변함이 없다.
35) 過所의 기재양식에 대해서는 林根七,「唐 前期 過所·公驗의 기재 양식과 성격」,『中國古中世史硏究』41, pp.181 ~226와 이 책의 제1편 제2장의 관련 내용을 참조.

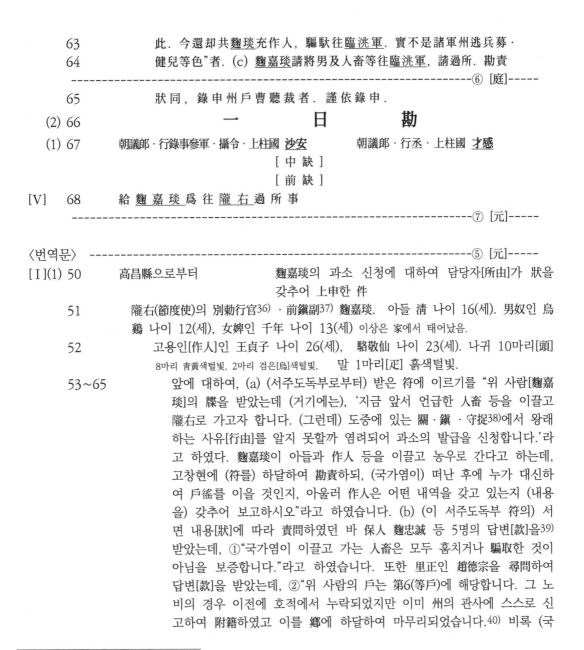

63   此．今還却共麴琰充作人，驅馱往臨洮軍．實不是諸軍州逃兵募・

64   健兒等色"者．(c) 麴嘉琰請將男及人畜等往臨洮軍，請過所．勘責

---⑥ [庭]-----

65   狀同，錄申州戶曹聽裁者．謹依錄申．

(2) 66 一   日   勘

(1) 67 朝議郎・行錄事參軍・攝令・上柱國 **沙安**   朝議郎・行丞・上柱國 **才感**

           [中 缺]

           [前 缺]

[V] 68 給 麴 嘉 琰 爲 往 隴 右 過 所 事

---⑦ [元]-----

〈번역문〉 ---⑤ [元]-----

[I](1) 50 高昌縣으로부터   麴嘉琰의 과소 신청에 대하여 담당자[所由]가 狀을

                갖추어 上申한 件

51   隴右(節度使)의 別勅行官[36]・前鎭副[37] 麴嘉琰. 아들 淸 나이 16(세). 男奴인 烏

     鷄 나이 12(세), 女婢인 千年 나이 13(세) 이상은 家에서 태어났음.

52   고용인[作人]인 王貞子 나이 26(세), 駱敬仙 나이 23(세). 나귀 10마리[頭]

     8마리 靑黃색털빛, 2마리 검은[烏]색털빛， 말 1마리[疋] 흙색털빛.

53~65 앞에 대하여, (a) (서주도독부로부터) 받은 符에 이르기를 "위 사람[麴嘉

     琰]의 牒을 받았는데 (거기에는), '지금 앞서 언급한 人畜 등을 이끌고

     隴右로 가고자 합니다. (그런데) 도중에 있는 關・鎭・守捉[38]에서 왕래

     하는 사유[行由]를 알지 못할까 염려되어 과소의 발급을 신청합니다.'라

     고 하였다. 麴嘉琰이 아들과 作人 등을 이끌고 농우로 간다고 하는데,

     고창현에 (符를) 하달하여 勘責하되, (국가염이) 떠난 후에 누가 대신하

     여 戶徭를 이을 것인지, 아울러 作人은 어떤 내역을 갖고 있는지 (내용

     을) 갖추어 보고하시오"라고 하였습니다. (b) (이 서주도독부 符의) 서

     면 내용[狀]에 따라 責問하였던 바 保人 麴忠誠 등 5명의 답변[款]을[39]

     받았는데, ①"국가염이 이끌고 가는 人畜은 모두 훔치거나 騙取한 것이

     아님을 보증합니다."라고 하였습니다. 또한 里正인 趙德宗을 尋問하여

     답변[款]을 받았는데, ②"위 사람의 戶는 第6(等戶)에 해당합니다. 그 노

     비의 경우 이전에 호적에서 누락되었지만 이미 州의 관사에 스스로 신

     고하여 附籍하였고 이를 鄕에 하달하여 마무리되었습니다.[40] 비록 (국

---

36) '別勅'은 황제의 勅命 이외의 것을 이르는데, 예외적인 사무나 예외적인 관리의 일 처리 등을 가리킨다. '行官'은 主將의 명령으로 京師나 부근 道를 왕래하거나 관할 郡縣을 巡檢하는 자를 가리킨다. 唐代에는 節鎭 州府의 小吏로 四方에 行役을 差遣하는 일을 담당하였다. 唐 후기 이래 行官 지위의 변화와 稱謂의 광범한 사용에 대해서는 孫繼民, 「唐西州張無價及其相關文書」, 『魏晉南北朝隋唐史資料』9・10, 1990, p.88 참조.

37) 唐代 변경에는 鎭이 설치되었고 장관인 鎭將(武職事官)과 부관인 鎭副가 배치되었다. 鎭은 인원과 규모에 따라 上中下의 구별이 있었고 이에 따라 鎭將의 品級도 서로 달라서 上鎭將은 正六品下, 中鎭將은 正七品上, 下鎭將은 正七品下에 해당하였다(『唐六典』卷30, 三府督護州縣官吏, pp.755~756).

38) '守捉'은 字意에 따르면 控制, 把守 등의 의미로, '守'와 '捉'은 同義를 연용한 것이다. 즉 요충지에서 巡査를 把守하면서 이상 정황을 발견하면 바로 駐防에 走報하는 군사기관이다. 또한 守捉하는 處所를 가리키는데 烽燧, 馬鋪, 土河, 踏白, 遊弈 등과 함께 모두 변방의 偵査 警報 계통에 속한다. 唐代에 守捉은 일반적으로 등급이 비교적 낮은 단위이지만 편제는 軍보다 많았다(『吐魯番出土文獻詞典』, pp.927~928). 한편 程喜霖은 守捉을 당대 軍制上 官名으로 軍, 城, 鎭 모두에 배치되어 임무를 담당한 것으로 파악하였다(『唐代過所研究』, p.91).

39) '款'은 答辯, 回答의 의미로 審問을 받은 당사자가 官府에 올리는 答辯 또는 소송의 재료를 뜻한다(『吐魯番出土文獻詞典』, pp.618~619).

40) "其奴婢先來漏籍, 已經州司首附下鄕訖"에 대하여 김택민은 "그 奴婢는 원래 戶籍에 누락되어 있는데, 이미 州司에 자수하여 鄕籍에 올렸다."라고 번역하였는데(「在唐新羅人의 활동과 公驗(過所)」, 『대외문물교류연구』, 해상왕장보고

가염이 떠난) 후에 小男 2명이 남지만 모두 제6(등)호(의 부담)를 이어받아 감당하기는 어렵습니다. 같은 호적상에 동생[弟]인 麴嘉瓚이 현재 있으므로 형을 대신하여 戶[徭]를 부담할 수 있는지 追問하길41) 요청합니다. 그 나귀와 말, 노비는 모두 국가염의 가내 [人]畜에 해당합니다."라고 하였습니다. 이에 (里正의 요청에) 따라 동생인 麴嘉瓚을 尋問하여 답변[款]을 받았는데, ③"형인 국가염이 떠난 후에 戶徭의 일체[一事以上]를 모두 (저) 麴嘉瓚이 승계하는 것을 요청하며 결코 빠뜨리는 것이 없을 것입니다."라고 하였습니다. 다시 국가염에게 질문하여 답변[款]을 받았는데, ④"그 作人인 王貞子와 駱敬仙 등은 원래 臨洮軍에42) 올 때부터 고용되어 왔으며, 또한 軍州의 兵募나 逃戶 등의 무리는 아닙니다."라고 하였습니다. 이에 왕정자 등에게 질문을 하여 답변[款]을 받았는데, ⑤"지난 개원 20년 9월에 臨洮軍에서부터 국가염에게 (화물을) 운반하는 作人[客作]으로 고용되어 이곳[서주]에 이르렀습니다. 이제 귀환하는데 다시 국가염에게 작인으로 충당되어 (화물을) 운반하면서 임조군으로 가려합니다. 실제로 (우리들은) 軍州의 도망한 兵募나 健兒 등의 무리가 아닙니다."라고 하였습니다. (c) 국가염은 아들과 人畜 등을 이끌고 임조군으로 가기 위하여 과소의 발급을 요청하였습니다. 취조[勘責]해 본 결과 狀[과소를 신청한 본인의 牒 내용]과 같기에 기록해서 州의 戶曹에 상신하여 裁可[處理]를 받고자 합니다. 삼가 기록하여 상신합니다.

(2) 66   **당일[一日]에 勘査하였습니다.**

(1) 67   朝議郎43) · 行44)錄事參軍으로 [縣]令을 대신[攝]한 上柱國45)   沙安,

                   朝議郎으로 [縣]丞을 대신[行]한 上柱國   才感

                   [中 缺]

                   [前 缺]

[V]   68   麴嘉琰에게 隴右로 가는 (데 필요한) 과소를 발급하는 件

--⑦ [元]-----

【문안3】은 50행에서 68행까지로 67행과 68행 사이에 결락된 부분([中缺])이 있다. 그 가운데 [I] (1)의 50행에서 67행까지는 高昌縣이 麴嘉琰의 과소 발급신청을 서주도독부 戶曹司에 申報하여 그 처리를 요청한 문서의 일부에 해당하고 [V]의 68행은 국가염에게 과소 발급을 결정한 안권의 마지막 부분인 초목에 해당한다. [I] (1)은 【문안3】의 안건을 상정한 안유문서의 일부이고, [V]는 관련 사안에 대한 처리가 마무리되어 【문안3】의 가장 마지막 부분에 기재한 초목이다. 즉 【문안3】은 중간에

___

기념사업회, 2002, p.214), '經州司首附'에 대해서는 『唐律疏議』 卷5, 名例律, p.109에, "諸盜 · 詐取人財物而於財主首露者, 與經官司自首同"의 '經官司自首'라는 것과 마찬가지로 州의 役所에 스스로 申告하여 附籍했다는 의미로 해석되었다(荒川正晴, 『ユーラシアの交通 · 交易と唐帝國』, p.427 註95). 이에 따라 "이미 州의 官司에 스스로 신고하여 附籍하였고 이를 鄕에 하달하여 마무리되었습니다."라고 하는 것이 보다 명확한 의미일 것이다.

41) '追問'의 '追'에는 '신병을 구속한다' 혹은 단순히 '호출한다'는 정도의 뜻이 있지만 여기서는 後者의 의미로 사용되었을 것이다. 앞서 '責問'이 申請者에게 법적 책임을 져야 할 사람에 대한 尋問인 것에 대하여 '追問'은 단지 관계자를 호출하여 尋問한다는 것을 뜻한다.

42) 臨洮軍은 隴右節度使 관할의 軍 가운데 하나로 원래는 狄道縣에 배치되었다고 한다. 또한 『元和郡縣圖志』 권39, 臨州條, p.1002에는 "州郭舊有臨洮軍, 久視元年(700)置, 寶應元年(762)陷於西蕃……, 西至蘭州一百九十里"라고 한다.

43) 朝議郎은 文散官의 명칭으로 正六品下에 해당한다.

44) '行'은 兼管을 의미하며 唐代에 관리가 맡은 職事가 本品(散品)보다 낮으면 行이라 칭한다. 『舊唐書』 권42, 職官1, p.1785, "凡九品已上職事, 皆帶散位, 謂之本品. 職事則隨才錄用, 或從閑入劇, 或去高就卑, 遷徙出入, 參差不定. ……貞觀令, 以職事高者爲守, 職事卑者爲行, 仍各帶散位."

45) 上柱國은 勳官으로 視正三品에 해당하며 虛位이다.

결락 부분이 있지만 문안의 처음 부분과 마지막 부분이 확인되는 경우라고 하겠다.

【문안3】(1)의 50행~67행인 고창현이 서주도독부에 上申한 문서는 문서 양식상 '縣解式' 문서에 해당하는 解文으로 판단된다. 50행의 '高昌縣'은 발문자이고 '麴嘉琰의 과소 신청에 대하여 담당자[所由]가 狀을 갖추어 上申한 件(爲申麴嘉琰請過所所由具狀上事)'은 解文의 표제(주제사)에 해당한다. 51행과 52행은 과소의 발급 대상자인 麴嘉琰과 더불어 동행하는 人畜의 내역을 기재하였다.

53행부터 65행까지 해문의 내용은 크게 (a), (b), (c)의 3부분으로 구분할 수 있다. (a)는 고창현이 서주도독부로부터 하달받은 符文에 의하여 국가염 관련 사항을 처리할 안건으로 상정한 과정, (b)는 상정된 안건에 대한 심문 과정, (c)는 고창현에서 서주도독부 호조사로 국가염에 대한 과소 발급을 신청한 내용 등이다. 우선 (a) 부분에 대하여 解文의 서두에는 안건의 상정과 관련해서 전술한 바 있듯이 "앞에 대하여, (서주도독부로부터) 받은 符에 이르기를(右, 被符稱)"이라는 형식으로 시작하였다. 즉 고창현이 서주도독부로부터 符(53행~55행)를 하달받았는데, 그 符文의 내용은 국가염이 앞서 적시한 아들[淸], 奴·婢, 作人[王貞子, 駱敬仙]과 나귀[驢], 말 등(51·52행)을 이끌고 隴右로 가는데 필요한 과소의 발급을 요청하는 牒文을 올렸으므로, 이들이 떠난 후에 戶徭를 누가 대신할 것인지, 동행하는 作人들은 어떤 내역을 가진 자인지 심문하여 서주도독부에 보고하라는 내용이었다. 過所의 발급은 중앙에서는 刑部 司門司, 지방에서는 州에서 담당하였으며, 過所의 신청은 일반적으로 개인이 縣에 신청서(牒 또는 辭)를 올리고 이어서 縣에서 州에 牒上하는 것이 통례이다. 그런데 麴嘉琰의 경우 高昌縣이 과소 신청서를 접하게 된 것은 州에서 하달된 符를 통해서였다. 물론 麴嘉琰이 高昌縣에 제출한 별도의 과소 신청서가 있었을 가능성도 있지만[46] 西州都督府 관사와 高昌縣 관사가 모두 高昌城 안에 놓여 있었던 사실을 감안한다면 州의 관사가 소재한 縣에서는 過所 신청자 개인이 縣司를 거치지 않고 州로 직접 신청서를 제출했을 것으로 추정된다.

이 符文은 전술한 【문안1】의 초목에 국가염이 떠난 후 누가 뒷일(혹은 役)을 인수할 것인가 취조하여 보고하라고 서주도독부 호조사가 고창현에 하달한 문서일 것이다. 이러한 판단은 【문안1】의 抄目(6행)에 "(서주도독부에서) 高昌縣에 (符를) 하달하여 麴嘉琰이 떠난 후에 누가 뒷일(혹은 役)을 인수할 것인가 취조하여 보고하도록 한 건(下高昌縣爲勘麴嘉琰去後, 何人承後上事)"이라는 내용과 【문안3】 高昌縣의 解文 가운데 53~55행의 서주도독부가 고창현에 지시한 내용, 즉 "(서주도독부로부터) 받은 符에 이르기를, ……고창현에 (符를) 하달하여 勘責하되, (국가염이) 떠난 후에 누가 대신하여 戶徭를 이을 것인지(被符稱, ……下高昌縣勘責, 去後何人承戶徭)" 보고하라는 내용과의 유사성을 통해서도 확인된다. 【문안1】에서 고창현에 하달하는 符文은 정월 25일의 행판(3행)을 통해 작성되었으므로 그 이후에 고창현으로 전달되었을 것이다.

이에 따라 (b) 부분에서 고창현이 심문을 진행하였는데, ① 55행~56행에서 麴忠誠 등 5명의 保人이 답변[款]하기를, 국가염이 데려가는 人畜은 훔치거나 속여 얻은 것이 아니라고 하였다. 이어 ② 56행~59행에서 里正 趙德宗이 답변[款]하기를, 국가염은 第6(等)戶이고, 노비는 漏籍된 상태였으나 附籍하였으며, 국가염이 떠난 후 小男 2명이 남지만 그 부담을 감당할 수 없으니 同籍의 동생 麴嘉瓚에게 대신할 수 있는지 追問하기를 요청하면서, 나귀, 말, 노비는 모두 국가염의 가축이라고 하였다. 또한 ③ 59행~60행에서 동생인 麴嘉瓚이 답변[款]하기를, 형 국가염이 떠난 후에 戶徭의 일체는 자신이 승계할 것이라고 하였다. 이어 ④ 60행~61행에서 국가염이 다시 답변[款]하기를, 作人인 王貞子, 駱敬仙 등은 臨洮軍에서부터 고용해 온 자들로 兵募나 逃戶가 아니라고 하였다. ⑤ 62행~64행에서 王貞子 등도 답변[款]하기를, 개원 20년 9월 임조군에서부터 국가염에게 고용되어 짐을 운반했고

---

46) 程喜霖, 「《唐開元二十一年(733)西州都督府勘給過所案卷》考釋」(上), 1988, p.54.

다시 그에게 고용되어 임조군으로 짐을 운반해 가려고 했는데 도주한 兵募나 健兒 등은 아니라고 하였다. 이들의 답변은 문서상에서는 모두 '款'으로 표현하여 기술하였다.47) 이처럼 고창현은 국가염 관련 사안에 대한 서주도독부의 심문 지시에 대하여 보증인, 里正, 동생(戶籍 대리인), 국가염 본인, 작인 등의 답변 내용을 정리하여 서주 戶曹司에 上申하면서 처리[과소 발급]를 요청하였다.

(c) 부분에서 고창현이 서주도독부로 麴嘉琰에 대한 과소 발급의 처리를 요청한 내용은 우선 국가염 본인의 과소 발급 신청 내용이 사실과 같다는 점을 밝히고, 과소 발급을 담당하는 州 戶曹司에서 이를 처리[裁可]해 줄 것을 신청한 것이다. 【문안1】에서 서주도독부가 고창현에 부문으로 지시한 내용에 대한 답변과 국가염의 이동 허가증 발급에 대한 요구를 서주도독부 호조사 앞으로 上申한 것이다. 서주도독부와 고창현 사이에서 符文과 解文을 통한 업무의 지시와 보고가 이루어진 사례라고 하겠다.

이후의 【문안3】 [I]의 (1)인 해문의 67행에는 고창현에서 錄事參軍으로 縣令을 대신한 沙安과 縣丞 才感의 서명[簽署]("朝議郎行錄事參軍攝令上柱國 沙安, 朝議郎行丞上柱國 才感")까지만 확인되고 이후는 결락되었다. 이상의 고창현에서 서주도독부로 上申한 해문에는 '高昌縣之印'이 3곳, 그리고 64행과 65행 사이의 접합부 배면에 高昌縣 縣尉인 '庭'의 押署와 그 위에 '高昌縣之印'이 날인되어 있어 이 解文이 高昌縣에서 발급된 관문서임을 알 수 있다

한편 고창현의 解文과는 별개로 66행의 기재내용이 확인된다. 그 釋文에 대해서는 여러 異見이 상존하지만 고창현이 上申한 문서를 접수한 서주도독부에서 기재한 내용으로 解文의 내용은 아니다. 관련 내용은 뒤에서 상술하겠는데, 일단 '一日勘'으로 석독하였다. 이어 결락된 부분이 있고 [V]의 68행은 국가염 관련 사안의 말미로 초목에 해당하는데 국가염이 隴右로 가는 데 필요한 과소를 발급하였음을 확인할 수 있다.

67행과 68행 사이의 [中缺] 부분에는 우선 고창현이 서주도독부 호조사로 올리는 해문의 후반부 결락된 내용이 기재되었을 것이다.48) 이어서 西州 도독부에서 高昌縣이 上申한 解文을 접수한 후 해당 안건을 처리하는 과정에서 작성한 일련의 문서들이 연접되었을 것이다. 우선 서주도독부 錄事司에서 고창현이 작성한 解文을 접수하여 서주도독부 戶曹로 회부하는 과정이 이루어졌다. 예를 들어 앞서 언급한 [표4] '해식 문서의 작성'의 'I. 해식 문서' 가운데 No.6 문서에는 神龍 元年(705)에 사망한 長行馬의 처리 문제에 대하여 交河縣이 西州都督府 兵曹에 올린 解文의 후반부(1~14행)와 이후 처리과정이 확인된다.49) 해문에 이어 15행~16행에는 해문을 "3월 9일 녹사 애가 접수하다 / 참군으로 녹사참군을 겸한 思가 (서주도독부 병조사로) 회부하다(三月九日 錄事 态 受/ 參軍攝錄事參軍 思付)"라는 錄事司의 受付 절차가 적시되었다.50) 【문안3】의 67행 이후 [中缺] 부분에서는 호조사로 회

---

47) 吐魯番出土文書 가운데 審問에 대한 답변을 '款'으로 표현한 사례에 대해서는 黃正建, 「唐代法律用語中的'款'和'辯'」, pp.91~113 참조.
48) 다른 解文의 사례들을 참고한다면 67행 이후 [中缺] 부분에는 다음과 같은 解文의 말미가 기재되었을 것이다.

67	朝議郎行錄事參軍攝令上柱國 沙安	朝議郎行丞上柱國 才感
67-1	都督府戶曹：件狀如前，謹依錄申．聽裁，謹上．	
67-2	開元廿一年 正月 □□日 尉 具官封姓 庭 上	
67-3	錄事 姓名	
67-4	佐 姓名	
67-5	史 姓名	

49) 「唐神龍元年(705)交河縣錄申上西州兵曹狀爲長行馬致死事」, OR.8212/557(Ast.III.4.095), 『斯坦因第三次中亞考古所獲漢文文獻』①, pp.113~114; 陳國燦, 『斯坦因所獲吐魯番文書研究』, pp.245~247.
50) 해문에 대한 錄事司의 '受付' 기재는 [표4] 'I. 해식 문서' 가운데 No.2, No.16, No.21, No.23, No.26, No.28 등의 사례에서도 확인된다.

부하는 내용이 기재되었을 것이다.

解文을 접수한 해당 관사에서는 상정된 안건에 대하여 판관과 주전이 주관하여 審案 과정을 진행하였다. 주로 판관의 "문안을 검사하시오. (판관인) 某가 지시한다(檢案, 某白)"라는 지시에 따라 主典이 "첩을 올립니다. 문안을 검사하고 연접한 바 앞과 같습니다. 삼가 첩을 올립니다(牒, 檢案連如前. 謹牒)"라고 보고하여 판안 절차가 진행될 수 있도록 준비하였다. 【문안3】의 경우 국가염의 과소 발급 신청에 대하여 고창현에서 이미 보증인을 포함하여 里正과 동생, 수행인(작인), 그리고 국가염 본인의 답변 내용을 모두 解文에 기재하여 상신했으므로 별도의 추가적 심문 절차는 아주 제한적으로 이루어졌을 것으로 추정할 수 있다. 이러한 審案 과정을 통해 국가염에게 과소의 발급을 허가하는 판단의 근거가 마련되었고 이를 判案의 과정을 거쳐 장관이 최종적으로 처결했을 것이다. 이어 판관인 호조참군사와 예하 주전(부, 사)들이 서명한 과소가 작성되었는데 이 과정이 문안에서는 行判의 기재 내용으로 적시되었다. 그리고 다시 錄事司의 檢勾 절차를 통하여 안건의 처리 과정이나 처결 내용의 조치로 작성된 과소에 기한 위반이나 내용상 오류가 없음을 최종적으로 확인하였을 것이다.[51] 한편 69행에 기재된 "麴嘉琰에게 隴右로 가는 (데 필요한) 과소를 발급하는 件(給麴嘉琰爲往隴右過所事)"이라는 抄目은 이 문안의 표제로서 해당 문안을 보고하거나 검색, 참조할 때 근거가 되는 내용이다.

2) 狀文의 접수와 관사간의 공조

【문안4】(69행~170행)는 96행과 97행 사이, 146행과 147행 사이 두 곳에 결락된 부분([中缺])이 있지만 전체적으로 王奉仙과 蔣化明에 대한 과소 발급과 관련된 사안을 처리한 안권이다. 모두 3개의 문서단편(≪3≫, ≪4≫, ≪5≫)에 걸쳐 기재되었으며 9장(⟨10⟩~⟨18⟩)의 종이가 접합되어 이루어진 문안이다. 중간에 결락된 부분도 있지만 [Ⅰ] 立案에서부터 [Ⅱ] 審案, [Ⅲ] 判案, [Ⅳ] 행판, [Ⅴ] 結案 각 과정의 내용이 [Ⅱ] 審案 과정의 일부 내용을 제외하면 비교적 온전하게 확인된다.

【문안4】의 구성을 살펴보면 [Ⅰ] 立案(69~80행)은 (1) 案由문서인 狀文(69~77행)과 (2) 장관의 功曹로 회부 지시(78~80) 등이 적시되었다. 이어서 [Ⅱ] 審案(81행~146행)은 내용이 다소 길게 이어져 있는데 우선 (1) 功曹司의 판관인 功曹參軍事의 심문 지시(81~84행), 이에 따른 (2) 왕봉선의 辯文(85~94행)과 (3) 판관의 연접 지시(95~96행)가 연이어졌다. 96행과 97행 사이에 결락된 부분[中缺]이 있지만 97행부터는 다시 功曹司의 심문에 대한 답변 내용이 이어지는데 (4)는 앞부분이 결락된 桑思利의 辯文(97~100행), (5)는 蔣化明의 첩문(101~108행)이다. 그런데 심문을 진행하던 功曹司가 桑思利, 蔣化明과 관련된 내용을 (6) 法曹司에 취조를 의뢰하였고(109~110행) 이에 대한 (7) 법조사의 牒文 내용(112~122행)이 공조사에 보내졌다. (8) 공조사는 이상의 심문 내용을 정리하도록 지시했고(123~124행), (9)의 125행부터 146행까지 왕봉선과 장화명 관련 사안에 대한 처리 과정을 정리한 錄案이 작성되었다. 심안의 마지막 부분인 錄案의 내용도 후반부에 해당하는 146행이후가 결락되었다.

[Ⅲ] 判案 내용은 앞부분이 결락된 147행~154행까지 판관의 수판, 155행에서 158행까지 통판관

---

51) 이상의 解文을 통해 상정된 안건이 처리되는 전체 과정을 비교적 온전하게 확인할 수 있는 문안의 사례는 [표4] 'Ⅰ. 해식 문서'의 No.21 문서인 「唐天寶12載(753)2月・3月交河郡天山縣申車坊新生犢殘牒」인데, 이에 대해서는 黃文弼, 『吐魯番考古記』 圖33(1)-(4), 圖版 pp.32~33, 錄文 pp.67~68; 池田溫, 『中國古代籍帳硏究』, 東京: 東京大學出版會, 1979, p.478을 참고할 만하다. 또한 「唐[開元22年(734)前後]西州蒲昌縣上西州戶曹狀爲錄申刘得苜蓿秋茭數事」와 「唐史張知殘牒」를 철합(73TAM509:23/8-1・14-3・14-4・8-2, 4-3, 『吐魯番出土文書』 肆, pp.322~323 & p.326)하여 복원한 문안도 주목된다(李森焊, 「關于吐魯番出土⟨唐開元某年西州蒲昌縣上西州戶曹狀爲錄申刘得苜蓿秋茭數事⟩及其相關文書的綴合編連問題」, 『吐魯番學硏究』 2019-2, pp.65~66).

의 재판(통판), 그리고 장관의 批判(159~160행)이 기재되었다. 이러한 결재 과정을 거쳐 [IV]의 161 ~166행인 行判에는 蔣化明에 대한 과소의 발급이 명시되었다. [V] 結案 과정은 (1) 167~169행의 檢勾 과정, (2) 170행의 抄目 작성 등으로 마무리되었다. 입안에서 결안까지의 과정에서 작성된 문건들이 비교적 온전한 상태로 연접되어 있어 안건의 처리 절차를 통하여 지방 문서행정 운영의 실제적 면모에 접근할 수 있는 유용한 자료라고 하겠다. 아래에서는 【문안4】의 〈원문〉과 〈번역문〉이 다소 길기 때문에 이해의 편의를 위하여 [I] 立案부터 [II] 審案까지를 【문안4】-1, [III] 判案부터 [V] 결안까지를 【문안4】-2로 나누어 설명하도록 하겠다.

【문안4】-1
〈원문〉---⑦ [元]-----

[I](1) 69　　　<u>岸頭府</u>界都遊弈所　　　　　　　狀上州
　　70　　　　　<u>安西</u>給過所放還京人　<u>王奉仙</u>
　　71　　　　　　　右件人，無向<u>北庭</u>行文，至<u>酸棗戌</u>捉獲，今隨狀送．
　　72　　　　無行文人　<u>蔣化明</u>
　　73　　　　　　　右件人，至<u>酸棗戌</u>捉獲，勘無過所，今隨狀送．仍差遊弈
　　74　　　　主帥<u>馬靜通</u>領上．
　　75　　　牒，件狀如前，謹牒．
　　76　　　　　　　　　　<u>開元廿一年正月廿七日</u>　典　<u>何承仙</u>牒
　　77　　　　　　　　宣節校尉・前右果毅・要籍・攝左果毅都尉　<u>劉敬元</u>

(2) 78　　**付　功　曹，　推　問　過，**
　　79　　　　**斯　示．**

　　80　　　　　　　　　　　　　　　　**廿八日**

---⑧ [九]-----

[II](1) 81　牒，奉 都 督 判 命 如 前，謹 牒．
　　82　　　　　　正月　　日　典　<u>康龍仁</u>牒
　　83　　　　**問，　<u>九</u>　思　白．**
　　84　　　　　　　　　　　　　　　**廿八日**
　　　　　　　　　　　[後空]

---⑨ [九]-----

(2) 85　　　　　<u>王奉仙</u> 年卅　　<u>仙</u>　　　　｜｜｜
　　86　<u>奉仙</u>辯：被問，"身是何色，從何處得來至<u>酸棗</u>
　　87　<u>戌</u>，仰答"者．謹審．但<u>奉仙</u>貫<u>京兆府華源縣</u>，去
　　88　年三月內，共馱主<u>徐忠</u>驅馱送<u>安西</u>兵賜，至<u>安西</u>
　　89　輸納，却廻至<u>西州</u>，判得過所，行至<u>赤亭</u>，爲身患．
　　90　復見負物主<u>張思忠</u>．負<u>奉仙</u>錢三千文，隨後却
　　91　趁，來至<u>酸棗</u>．趁不及，遂被戌家捉來．所有
　　92　行文見在，請檢即知．<u>奉仙</u>亦不是諸軍鎭逃
　　93　走等色．如後推問不同，求受重罪．被問依實，謹辯．
　　94　<small>典康仁依口抄，並</small>　　　<u>開元廿一年　正月　　日</u>
　　　　<small>讀示訖．思</small>
(3) 95　　　　　　　　　　**連，　<u>九</u>　思　白．**
　　96　　　　　　　　　　　　　　　**廿九日**
　　　　　　　　　　　[中缺]

(4) 97　　所將走去, 傔人桑思利經都督下牒, 不敢道將過□□□都
　　98　　督處分. 傔人桑思利領化明將向北庭. 行至酸棗戍勘無過所, 竝被
　　99　　勒留. 見今虞候先有文案, 請檢卽知虛實. 被問依實, 謹辯.　　思
　　100　　　　　　開元廿一年　正月　　日

(5) 101　　　　　蔣化明年廿六　　　　　　　｜　｜　｜
　　102　　化明辯: 被問, "先是何州縣人, 得共郭林驅驢, 仰答." 但化明
　　103　　先是京兆府雲陽縣嵯峨鄉人, 從涼府與郭元暕驅馱至北庭. 括
　　104　　客, 乃卽附戶爲金滿縣百姓. 爲飢貧, 與郭林驅驢伊州納和糴.
　　105　　正月卅七日, 到西州主人曺才本家停. 十八日欲發, 遂卽權奴子盜化明
　　106　　過所將走. 傔人桑思利經都督下牒, 判付虞候勘當得實, 責
　　107　　保放出, 法曹司見有文案, 請檢卽知虛實. 被問依實, 謹辯.　　思
　　108　　　　　　開元廿一日正月　　　日

(6) 109　　　**付 法 曹 檢, 九 思 白.**
　　110　　　　　　　　　　　廿九日

---⑩ [九]-----

(7) 111　　功曹　　　付法曹司檢. 典曹仁　功曹參軍宋九思
　　112　　　郭林驅驢人蔣化明　　　傔人桑思利
　　113　　　　　右, 請檢上件人等, 去何月日被虞候推問入司, 復
　　114　　　　　緣何事, 作何處分, 速報. 依檢, 案內上件蔣
　　115　　　　　化明, 得虞候狀: "其人北庭子將郭林作人, 先
　　116　　　　　使往伊州納和糴, 稱在路驢疫死損, 所納
　　117　　　　　得練, 竝用盡. 北庭傔人桑思利, 於此追捉,
　　118　　　　　到此捉得. 案內, 今月廿一日判, 付桑思利,
　　119　　　　　領蔣化明往北庭, 有實."
　　120　　牒, 件 檢 如 前, 謹 牒.
　　121　　　　　　開元廿一年　正月　　　日　府　宗賓　牒
　　122　　　　　　　　　參軍攝法曹　程光琦

(8) 123　　　**具 錄 狀 過, 九 思 白.**
　　124　　　　　　　　　　　廿九日

---⑪ [九]-----

(9) 125　　　安西給過所放還京人王奉仙
　　126　　　　　右, 得岸頭府界都遊弈所狀稱: "上件人無向北庭行文, 至
　　127　　　酸棗戍捉獲, 今隨狀送"者. 依問, 王奉仙得款: ⓐ"貫京兆府華
　　128　　　源縣, 去年三月內, 共行綱李承胤下馱主徐忠驅驢, 送兵賜
　　129　　　至安西輸納了. 却廻至西州, 判得過所, 行至赤亭爲患,
　　130　　　復承負物主張思忠, 負奉仙錢三千文, 隨後却趁, 來至
　　131　　　酸棗. 趁不及, 遂被戍家捉來. 所有行文見在, 請檢卽知"
　　132　　　者. 依檢, "王奉仙幷驢一頭, 去年八月廿九日, 安西大都護府
　　133　　　給放還, 京已來過所實. 其年十一月十日到西州, 都督
　　134　　　押過向東, 十四日, 赤亭鎮勘過, 檢上件人, 無却廻赴北庭來
　　135　　　行文"者. 又問王仙得款: ⓑ"去年十一月十日, 經都督批得過
　　136　　　所, 十四日至赤亭鎮, 官勘過. 爲卒患不能前進, 承有債
　　137　　　主張思忠過向州來, 卽隨張忠驅馱到州, 趁張忠不及, 至
　　138　　　酸棗戍, 卽被捉來. 所有不陳却來行文, 兵夫不解. 伏聽
　　139　　　處分. 亦不是諸軍鎮逃走及影名假代等色. 如後推問,

| 140 | 稱不是<u>徐忠</u>作人，求受重罪"者．又款：ⓒ"到<u>赤亭</u>染患，在<u>赤</u> |
| 141 | <u>亭</u>車坊內將息，經十五日至廿九日，即隨鄉家<u>任元祥</u>却 |

--⑫ [九]-----

142	到<u>蒲昌</u>，在<u>任祥</u>傔人姓<u>王</u>不得名家停止．經五十日餘，今年
143	正月廿一日，從<u>蒲昌</u>却來趁<u>張忠</u>，廿五日至<u>酸棗</u>．趁不及
144	_____]州，所有不陳患由及却來文，
145	_____]□從西行到<u>安昌城</u>死訖"者．
145-1	_____]52)
146	_____]勘無過所，今

[中 缺]

〈번역문〉 --⑦ [元]-----

[I](1) 69   岸頭府 관내의 都遊弈所(에서)   州에 狀[文]을 올립니다.

70   安西(都護府)에서 과소를 발급하여 (本貫으로) 귀환하는 京人 王奉仙

71   앞의 사람은 北庭으로 가는 行文이 없이 酸棗戍에 이르렀다가 체포[捉 獲]되었기에 지금 狀과 함께 호송합니다.

72   行文이 없는 사람인 蔣化明

73~74   앞의 사람은 酸棗戍에 이르러 체포[捉獲]되었는데 勘檢하니 과소가 없기 에 지금 狀과 함께 호송하며, 또한 遊弈主帥 馬靜通을 差遣하여 영도해 가도록 하였습니다.

75   牒을 올립니다. 사안에 대한 내용[狀]은 앞과 같으며, 삼가 牒을 올립니다.

76   개원 21년 정월 27일 (都遊弈所의) 典인 何承仙이 牒을 올립니다.

77   宣節校尉53)·前右果毅·要籍54)으로 左果毅都尉를 대신 한 劉敬元이 확인합니다.

(2) 78~79   **功曹에 회부하여 推問하고 (그 결과를) 보고하 라. (都督인) 斛斯가 지시한다.**

80   **28日**

--⑧ [九]-----

[II](1) 81   牒을 올립니다. 都督의 앞서와 같은 判命을 받들어 삼가 牒을 올립니다.

82   正月　日 (功曹司의) 典인 康龍仁이 牒을 올립니다.

83   **審問을 하시오. (功曹參軍) (宋)九思가 이른다.**

84   **28日**

[後空]

--⑨ [九]-----

(2) 85   王奉仙 나이 45(세) 仙   ∣　∣　∣ 55)

86~93   (王)奉仙이 답변을 하겠습니다. (제가) 심문을 받기를 "출신은 어떻게 되며, 어디 서부터 와서 酸棗戍에 이르게 되었는지 답변하기 바란다"라고 하였습니다. 삼가

---

52) 『吐魯番出土文書』肆, p.293의 錄文에는 145행과 146행 사이에 1행 정도의 간격을 두고 있는데 缺落된 1행의 상단 부분에도 별도의 기재 내용이 있었을 것으로 추정하여 145-1행을 추가하였다. 뒤에 이어지는 147행부터 170행의 내용을 전제한다면 125행에 王奉仙을 명시한 것처럼 145-1행도 蔣化明의 성명을 기재한 내용이었을 것 으로 예상되며, 146행 이후는 125행~145행까지의 王奉仙과는 다른 대상인 蔣化明에 대한 내용일 것이다.

53) 宣節校尉는 武散官으로 正8品上에 해당한다.

54) 要籍은 일종의 差役 혹은 下級 관직에 해당한다. 唐代에 都護府·都督府·節度使에는 모두 要籍을 두었다. 때로 지 역에서 徵集하기도 하지만 軍將 '親從'의 일종이며 일반적으로 그 외 職務를 겸한다.

55) 85행의 '仙'은 王奉仙의 押署이고 '∣ ∣ ∣'는 手書(指押) 또는 手押, 手指節記에 해당한다.

심문을 받았기에 답변하겠습니다. 저 王奉仙은 본관이 京兆府 華源縣56)으로 작년 3월 중에 짐주인[駄主]인57) 徐忠에게 고용되어 짐승들을 부려 安西까지 병사들에게 줄 물품[兵賜]을58) 운반하였습니다. 安西에 이르러 輸納을 마친 후 다시 西州로 돌아가고자 하여 결재[判]를 받아 과소를 얻었습니다. (이에) 赤亭까지59) 가게 되었는데 (거기서) 병이 들고 말았습니다. (그런데 그곳에서 저에게) 부채를 지고 있던[負物主]60) 張思忠을 다시 보게 되었는데 (그는 저) 王奉仙의 錢 3,000文을 빌려갔습니다. (그래서) 뒤를 따라 쫓아가게 되었고 酸棗(戍)에 이르렀지만 붙잡지는 못하고 오히려 戍의 책임자[戍家]에게 체포되었습니다. 모든 (관련된) 行文은 지금 갖고 있으니 검사하여 곧 (사실이) 밝혀지기를 원합니다. 또한 王奉仙은 무릇 軍鎭에서 逃走한 무리 등은 아닙니다. 만일 후에 推問한 것과 다른 내용이 있으며 重罪를 달게 받겠습니다. 심문을 받았으므로 사실에 따라 삼가 답변을 하였습니다.

94 典인 康(龍)仁이 구술을 抄錄하고
아울러 (그 내용을) 읽어주었다. 思가 확인함.　　　　개원 21년 정월　일

(3) 95　　　　　　　**연접하시오. (功曹參軍인) 九思가 이른다.**

96　　　　　　　　　　　　　　　　　　　　　　**29日**

[中 缺]
[前 缺]

(4) 97~99　……함께 데리고 갔습니다. 傔人61) 桑思利는 都督의 下牒을 거쳐 감히 이룰 수 없는 것은 ……都督이 處分……. 傔人 桑思利는 (蔣)化明을 이끌고 北庭으로 향했는데, 酸棗戍에 이르러 勘檢해 보니 과소가 없었기 때문에 아울러 구류[勒留]당하게 되었습니다. 지금 虞候의 앞선 문안이 있으므로 청컨대 勘檢해 보면 바로 허실을 알게 될 것입니다. 심문을 받았기에 사실에 의거하여 삼가 답변을 하였습니다.　**思가 확인함.**

100　　　　　　　　　　　　　　　　　　개원 21년 정월　일

(5) 101　　　　蔣化明 나이 26(세)　　　　　　| | | |

102~107 (蔣)化明이 답변을 하겠습니다. (제가) 심문을 받기를, "원래 어느 州縣(출신)의 사람이며, (어떤 경위로) 郭林에게 고용되어 나귀로 화물을 운반하게 되었는가"라고 하였습니다. (이에) 삼가 답변을 올립니다만, (저) 化明은 원래 京兆府 雲陽縣 嵯峨鄕 사람으로 涼(州)府에서부터 郭元暕을 위해 荷物을 운반하여 北庭에 이르렀습니다. (그런데 北庭에서) 客戶에 대한 檢括이 이루어져 바로 호적에 附記되어 (北庭都護府) 金滿縣의 백성이 되었습니다. (그 후) 飢貧해졌기 때문에 郭林을 위해 伊州로 나귀를 몰고 가서 和糴用 곡물을 납부하였습니다. 正月 17日에는 西州의 主人인 曹才本의 집에 이르러 머물렀습니다. 18日이 되어 출발하려고 했는데 權奴子가 (저) 化明의 과소를 훔쳐서 도망가 버렸습니다. (郭林으로부터 파견된) 傔人인 桑思利가 (西州府) 都督에게서 牒을 내려 받아, "虞候에게 보내 勘檢토록 하

---

56) 華源縣은 華原縣이라고도 한다(『通典』 卷173, 州郡3, p.4513; 『元和郡縣圖志』 卷2, 關內道2, 京兆下, p.28).

57) 駄主는 駄運을 담당하는 당사자로서 수하에 驅駄하는 사람들을 고용한다. 이들은 부세 운수의 담당자들을 고용하는 책임을 지기도 한다. 이들 고용인들 대부분은 직업이 없는 游民이나 파산한 사람들이다.

58) 兵賜는 장병 급여에 충당되는 庸調絹이거나(荒川正晴, 『ユーラシアの交通·交易と唐帝國』, p.484), 『通典』(卷6, 食貨6, 賦稅下, p.111)의 기재에 보이는 給衣와 別支를 가리킨다고도(淸木場東, 『唐代財政史硏究〈運輸編〉』, 福岡: 九州大學出版會, 1996, p.12) 해석한다.

59) 赤亭은 서쪽으로 蒲昌城과 70里, 동쪽으로 羅護守捉과 190里 떨어져 있으며 현재의 齊克塔木 부근에 해당한다.

60) 負物主는 錢物을 대출해 간 사람, 혹은 다른 사람에게 錢物을 갚지 못한 사람도 의미하는데 문맥의 상하관계에 따라 그 구체적인 뜻이 정해진다. '債主'의 경우도 마찬가지이다.

61) 傔人은 官吏의 衛士, 隨從, 副官을 가리키며 唐制에는 節度使, 大使, 副使의 속관은 모두 傔人이 있다. 또는 軍鎭의 子總管 이상의 高官에게 종사하는 從者이다(孫繼民, 『敦煌吐魯番所出唐代軍事文書初探』, 北京: 中國社會科學出版社, 2000, pp.271~272; 同, 『唐代瀚海軍文書硏究』, 蘭州: 甘肅文化出版社, 2002, pp.68~73).

여 사실 관계를 분명히 하고, (다시) 保人들을 責問하여 풀어주도록[放出] 하라"는 결정[判]을 전달하였습니다. 法曹司에는 지금 (관련된) 문안이 있으니 청컨대 검사하여 바로 그 허실을 밝히길 바랍니다. 심문을 받았기 때문에 사실에 따라 삼가 답변을 하였습니다. **思가 확인함.**

   108   개원 21日 정월 일

(6) 109   **法曹로 보내 勘檢케 하라. 九思가 이른다.**

   110   **29日**

---⑩ [九]-----

(7) 111   功曹(가)   法曹司에 회부하니 검토해 주십시오.
            (功曹司의) 典인 曹(康)仁, 功曹參軍 宋 九思가 확인함.

   112   郭林의 나귀를 몰았던 사람 蔣化明, 傔人인 桑思利.

  113~120   앞에 대하여, (功曹司가 法曹司에게) 위의 사람들이 지난 몇 월 며칠에 虞侯에게 推問을 받기 위해 法曹司(혹은 虞侯司)로 왔는지, 또한 어떤 일에 연유된 것인지, 어떤 처분이 내려졌는지 審檢하여 (功曹司로) 신속히 보고해 주길 요청하였습니다. (이에) 文案에 있는 위에 언급한 蔣化明에 대한 검사 내용을 살펴보니, 虞侯의 狀[文]에는 다음과 같이 밝히고 있습니다. "그 사람[蔣化明]은 北庭의 子將인 郭林의 作人으로, 앞서 伊州로 가서 和糴(用 곡식)을 납부토록 하였는데, 도중에 나귀가 역병에 걸려 죽고 (곡식을) 납부하고 얻은 비단[練]은 모두 써버렸다고 합니다. (이에) 北庭(에서 곽림이 파견한) 傔人인 桑思利가 (장화명을) 추적해 와서, 이곳[西州]에 이르러 체포하였습니다. 문안에는 이번 달 21일에 桑思利에게 장화명을 데리고 北庭으로 가라는 (法曹司의) 결정[判命]이 내려졌다고 되어 있는 바 (이는) 사실입니다."

   120   牒합니다. 案件에 대하여 審檢한 바는 앞의 내용과 같아 삼가 牒을 올립니다.

   121   개원 21년 정월 일 (法曹司의) 府인 宗賓(이) 牒합니다.

   122   參軍으로 法曹[參軍]을 대신한 程光琦가 확인함.

(8) 123   **모든 내용을 갖추어 기록하여 보내시오. 九思가 이른다.**

   124   **29日**

---⑪ [九]-----

(9) 125   安西(大都護府)가 (京師로) 귀환하기 위해 過所를 발급한 京人 王奉仙(에 대한 안건)[62]

  126~145   앞에 대하여, 岸頭府 관내의 都遊弈所의 狀[文]에서 이르기를, "위 사람은 北庭으로 가는 行文이 없이 酸棗戍에 이르러 체포[捉獲]되었는데 지금 狀과 함께 송치합니다"라고 하였습니다. 이에 王奉仙을 심문하여 답변[款]을 받았는데, ⓐ "(저의) 本貫은 京兆府 華源縣인데, 작년 3월 중에 行綱인[63] 李承胤 밑에 있던 화물주인 徐忠에게 고용되어 나귀를 몰

---

62) 125행부터 146행까지는 68행부터 이루어진 王奉仙과 蔣化明에 대한 안건의 처리 과정을 종합, 정리한 功曹司 主典의 錄案으로 판단된다. 우선 行文이 없이 이동하다가 岸頭府 관내에서 체포된 王奉仙, 蔣化明을 都遊弈所가 西州 都督府로 이송하여 처분해 주기를 牒上하자, 西州 都督 斛斯가 사안을 功曹司에 회부하여 처리하게 하였고(78~79행) 이에 따라 功曹司에서 진행한 王奉仙에 대한 심문(85~94행 및 [中缺] 일부)과 傔人 桑思利, 蔣化明에 대한 심문([中缺] 일부와 97~108행), 그리고 法曹司에서 傔人 桑思利, 蔣化明 심문 내용에 대한 사실 확인(111~122행) 등을 통해 안건에 대해 내용 파악이 종합되었다. 이를 전제로 125행 이하에서는 功曹司 主典의 錄案이 작성되었을 것이다. 125행 이하의 錄案을 功曹司에서 작성했을 것이라고 판단한 이유는 124행과 125행 사이 접합부 배면에 功曹參軍事 宋九思의 압서인 '九'자가 확인되기 때문이기도 하다. 즉 125행 이하에 작성된 錄案와 이전에 작성된 문서를 연접한 부분의 뒷면에 공조참군사가 압서하여 확인했다면 125행 이하의 작업도 공조사에서 이루어졌을 것이다.

63) 行綱은 押送하는 관리를 가리킨다. '綱典'에서 '押送之官'을 綱이라 칭하고, 綱 아래에서 일하는 관리를 典이라 한

고 병사에게 줄 곡물[兵賜]을 운반하여 安西에 이르러 수납을 마쳤습니다. 그리고 돌아오는 길에 서주에 이르러 判命으로 과소를 발급받아 赤亭에 도착했는데 병이 들고 말았습니다. (그러다가 저에게) 부채를 지고 있던 張思忠을 다시 보게 되었는데, 그는 (저) 王奉仙의 錢 3,000文을 빌려갔습니다. 뒤를 쫓아가 붙잡으려다 酸棗(戍)까지 가게 되었고, 붙잡지 못한 채 戍의 책임자[戍家]에게 체포되고 말았습니다. 모든 통행증[行文]은 지금 갖고 있으니 검사하여 곧 밝혀주기를 요청합니다"라고 하였습니다. (이 訊問 조서가 사실인지 아닌지 다시) 검사한 내용에 의하면, '王奉仙과 나귀[驢] 한 마리에 대해서는 작년 8월 29일에 안서대도호부가 (과소를) 발급하여 (본관으로) 귀환토록 하였으며 京師까지의 과소는 실제로 있습니다. (그 후) 작년 11월 10일에는 서주에 도착했고, (서주도독부의) 都督은 서명[押]하여 동쪽으로 가도록 (허가)했습니다. 14일에는 赤亭鎭에서 검사하고 통과시켰는데[勘過],[64] 검사한 결과, 위 사람에게 北庭으로 가는 통행증[行文]은 없었습니다.'라고 하였습니다. (이에) 다시 王奉仙을 심문하여 답변[款]을 받았는데, ⓑ "작년 11월 10일에 (서주도독부) 都督의 비준을 얻어 과소를 발급받았으며, 14일에는 赤亭鎭에 이르렀는데 官에서 검사하고 통과시켰습니다. (그러다가) 갑자기 병에 걸려 더 나아갈 수가 없게 되었는데 마침 채무자[債主]인 張思忠이 (蒲昌縣을 거쳐) 서주로 향해 간다는 것을 알게 되어 바로 張思忠의 화물 운반 무리를 뒤따라 서주까지 이르렀습니다. 그런데 張思忠을 뒤쫓아갔지만 붙잡지 못한 채 酸棗戍에 도착하여 체포되고 말았습니다. 현재 가지고 있는 통행증[行文]에는 (제가) 거기까지 간 이유가 기재되어 있지 않았기 때문에 (酸棗戍의) 병사들은 (제 신병을) 풀어주지 않았습니다. 엎드려 바라옵건대 (온당히) 처분해 주길 바랍니다. 또한 (저는) 무릇 軍鎭에서 도주하였거나 신분을 숨기거나 속이는[影名假代][65] 등의 부류는 아닙니다. 만일 후에 推問하여 (제가) 徐忠의 作人이 아니라고 밝혀진다면 重罪를 달게 받겠습니다."라고 하였으며 다시 답변[款]하기를, ⓒ "赤亭(鎭)에 이르러 병에 걸리게 되었을 때 赤亭(館)의 車坊[66] 안에서 15일 동안 요양하면서 29일까지 머물렀습니다. 그러다가 鄕長[鄕家]인 任元祥을 따라 蒲昌縣으로 옮겨가서 任元祥의 傭人으로 성이 王氏이지만 이름은 알 수 없는 사람의 집에서 50여 일 동안 머물렀습니다. 그리고 금년 정월 21일에 蒲昌縣으로부터 張思忠의 뒤를 쫓아가다가 25日에 酸棗戍에 이르렀으나 (장사충을) 붙잡지는 못했습니다. ……州에서는…… 소지한 통행증에는 병이 든 경위나 돌아가게 된 이유가 진술되어 있지 않았고 ……서쪽으로부터 安昌城에[67] 이르러 사망해 버렸습니다(?).[68]

다(劉俊文, 『敦煌吐魯番唐代法制文書考釋』, p.69).

64) 勘過는 '취조하여 통과시키다'는 의미이다. 또는 '過所를 審核한 후에 放行한다'는 의미로도 이해한다. 이 경우 關吏의 검사를 거쳐 放行되면 소지하고 있던 過所 위에 통과 내용을 기록하거나 담당관이 押署 또는 捺印하였다(『吐魯番出土文獻詞典』, p.598).

65) '影名假代'란 '자기의 이름은 숨기고 타인의 이름으로 대신한다'는 의미이다. 한편 '타인의 이름을 사칭하여 그에 대신한다'는 의미에 대해서는 『唐律疏議』 卷7, 衛禁律, '宮殿門無籍冒名人'條, p.152; 同, 卷8, '宮門等冒名守衛'條, p.169 등을 참조.

66) 車坊은 唐代 중앙과 지방에 보편적으로 존재하였던 교통운수 기구로서, 牛와 車가 마련되어 있었고 陸運을 전담하였다(孟彦弘, 「唐代的驛·傳送與轉運 --以交通與運輸之關係爲中心」, 『唐研究』 第12卷, 2006, pp.27~52).

67) 『新唐書』 권40, 地理志4, 西州條, p.1047, "自州西南有南平·安昌兩城, 百二十里至天山西南入谷."

68) 145행의 "……서쪽으로부터 安昌城에 이르러 사망해 버렸습니다(?)"라고 한 부분은 132행에 '王奉仙幷驢一頭'라고 명시했듯이 같이 있던 나귀 한 마리에 대한 것으로 그 사망 사실을 밝힌 것으로 추정된다.

145-1	(?)
146	……過所 없이 지금(?) ……

[中 缺]

　　【문안4】-1의 경우 우선 [Ⅰ] (1)인 69행~77행은 岸頭府[69] 관할내의 都遊奕所가[70] 서주도독부에
上申한 狀文으로[71] 개원 21년 정월 27일에 작성되었다. 안서(도호부)에서 과소를 발급받아 고향으로
귀환하던 王奉仙이 통행증[行文] 없이 北庭으로 가다가 酸棗戍에서[72] 체포되었고, 蔣化明도 통행증 없
이 가다가 酸棗戍에서 체포되었기 때문에 차출한 遊奕主帥 馬靜通으로 하여금 이들을 통솔하여 서주
로 압송시킨다고 보고하였다. 이 狀文은 【문안4】의 표제격인 抄目이 기재된 170행까지 서주도독부
戶曹司가 처리한 안건의 案由문서로서 기능하였다.

　　狀文을 전달받은 서주도독부에서는 (2)의 78행~80행에서 다음날인 정월 28일 西州都督 王斛斯가
사안을 功曹로 보내 推問하도록 지시하였다. 즉 狀文은 과소의 발급과 관련하여 서주도독부 錄事司의
受付 절차를 거쳐 과소 발급의 담당 관사인 戶曹司로 회부된 것이 아니라 왕봉선과 장화명에 대한
'推問'을 진행하기 위하여 공조사로 회부되었다. 이것은 후술하는 【문안5】(171~188행)의 경우 岸頭
府 관할내 都遊奕所가 興胡인 史計思 등의 통행과 관련된 사안을 서주도독부에 狀文으로 상신했는데
장관 王斛斯의 지시에 따라(183~184행) 곧바로 錄事司의 '受付' 절차를 거쳐(184~185행) 호조사로
회부한 것과 비교된다. 아마도 【문안4】도 과소의 발급과 관련된 사안이지만 대상자인 王奉仙과 蔣化
明의 신원을 파악하기 위하여 우선적으로 功曹司의 취조를 지시했던 것으로 이해되는데, 이에 대한
판단이 장관인 서주도독 王斛斯에 의하여 이루어졌던 사실이 주목된다.

　　[Ⅱ] 審案 과정으로, 장관의 지시가 이루어진 당일(정월 28일) (1)의 81행~82행에 功曹司의 主典
인 康龍仁이 都督의 지시[判命]를 보고하자 83행~84행에서 판관인 功曹參軍事 宋九思는 심문을 진행
하였다. 81행 이하는 공조사에서 관련 사안을 처리하는 과정에서 작성된 문건들이다. 岸頭府界 都遊
奕所의 狀文(69행~77행)을 西州都督 王斛斯가 功曹司로 이첩하라는 지시를 내린(78행~80행) 후부터
146행까지 문서의 접합부(⑧,⑨,⑩,⑪,⑫) 배면에는 功曹參軍 宋九思의 '九'자 押署가 확인되어 관련
문서가 功曹司에서 작성되었음을 알 수 있다.

　　공조사에서 이루어진 심문 과정에서는 우선 [Ⅱ] (2) 85~94행의 왕봉선의 답변이 제출되었고 (3)

---

69) 唐이 高昌을 멸망시키고 西州를 설치한 직후 本地에 前庭府, 天山府, 岸頭府, 蒲昌府 등 4개의 折衝軍府를 설치하
　　였다. 前庭府는 上府에, 그 나머지는 中・下府에 해당한다. 前庭府는 貞觀 연간에 두어졌는데 소재지는 西州의 治所
　　인 高昌縣에 있고, 岸頭府는 交河縣에 두어졌다. '岸頭'는 아마 交河의 언덕(岸)인 듯한데, 西州 最早의 軍府로 늦어
　　도 貞觀 13년에는 이미 설치되었을 것이다. 岸頭府는 俗稱 交河府라고 한다. 또한 '岸頭府界'는 岸頭府 관할의 地團
　　을 지칭한다(『唐律疏議』 卷9, 職制律, '刺史縣令等私自出界'條 疏議, p.185, "州縣有境界, 折衝府有地團. 不因公事, 私
　　自出境界者, 杖一百.").
70) 岸頭府에 설치하여 巡邏・경계를 주관한 遊奕(또는 巡邏) 기구로, 管下에 약간의 遊奕所를 두었다. 唐代 州縣에는
　　모두 界(관할구역)가 있고 折衝府에는 地團(折衝府의 點兵과 防區)이 있었다. 地團 안에는 都遊奕所를 설치하여 遊
　　奕兵을 관리했는데 그 직무는 敵情의 정찰, 巡邏 경계, 포로와 도적의 체포 등이었다. 또한 遊奕兵은 약간의 分隊
　　로 나누어 要道 遊奕所에 배치하였다. 要道 遊奕所에는 일반적으로 10~50명이 있고 主帥가 통솔하였다. 主帥는
　　官의 高下를 막론하고 隊副 이상, 將軍 이하는 모두 主帥를 칭할 수 있는데, 일반적으로 당대에는 軍官에 대한 속
　　칭에 해당했다. 遊奕主帥는 적어도 隊副로 從9品下에 해당하였다. 遊奕은 唐代 邊地에 두어 순찰・정탐을 담당한
　　士兵인데 일반적으로 지리에 익숙하고 용맹한 자로 충당하였다(『通典』 卷152, 兵5, '守拒法'附條, pp.3901~
　　3902). 遊奕都巡官은 都遊奕所의 장관이며 동시에 都督府의 巡官을 겸하였다. 遊奕人은 遊奕士兵을 가리킨다.
71) 唐代 狀文의 양식과 성격에 대해서는 吳麗娛, 「試論'狀'在唐朝中央行政體系中的應用與傳遞」, 2008; 同, 「從敦煌吐魯
　　番文書看唐代地方機構行用的狀」, 2010; 赤木崇敏, 「唐代官文書體系とその變遷--牒・帖・狀を中心に」, 2013 등을 참
　　고할 만하다.
72) 酸棗戍는 交河에서 北庭에 이르는 路上에 있으며 交河縣 서북 邊界에서 다른 지역으로 들어가는 제일의 要隘에 해
　　당한다. 북쪽으로 가면서 柳谷・金沙嶺, 石舍漢戍를 거치면 北庭에 이른다(程喜霖, 『唐代過所研究』, pp.76~77).

95행~96행에서 정월 29일에 공조참군 송구사가 문서의 연접을 지시하였다. 왕봉선의 답변에는 자신의 본관은 京兆府 華源縣으로 지난해 3월 安西까지 군용품을 운반한 후 서주로 돌아와서 (안서에서 발급받은) 과소를 勘檢받고서 고향으로 가던 중 赤亭에서 병이 걸렸는데, 예전 자신에게서 돈[3,000文]을 빌려간 張思忠을 발견하고 뒤쫓아 산조수까지 갔다가 잡지 못하고 도리어 산조수의 책임자[戍家]에게 체포되었다고 하였다. 그러나 자신에게는 통행증[行文]이 있으며 軍鎭에서 도망친 사실도 없음을 조사하면 확인할 수 있을 것이라고 진술하였다. 이러한 내용을 功曹司의 主典인 康龍仁이 왕봉선의 구술에 따라 抄錄한 후 읽어 확인시켰다.73) 기재된 왕봉선의 辯文은 功曹參軍 宋九思의 심문에 대하여 王奉仙이 답변을 한 내용이다. 그 작성 과정은 공조사의 主典인 康龍仁이 심문 내용을 王奉仙에게 알리고 왕봉선이 답변을 口述하면 이를 主典 강용인이 받아 적고[抄錄], 다 쓴 후에 王奉仙에게 읽어 주었다. 마지막으로 王奉仙은 기재된 내용이 사실과 다름이 없음을 85행의 署名('仙')과 함께 手押('ㅣㅣㅣ')으로 확인하였을 것이다. 또한 이상의 내용에 대하여 94행에 功曹參軍事 宋九思가 확인하고 '思'라고 서명[簽署]하였다.

王奉仙과 관련된 이후의 심문 내용은 결락되어(96행 이하의 [中缺]) 실제 작성, 보고되었던 문서들을 확인할 수는 없다. 그러나 [Ⅲ] (9)의 125행부터 145행까지 功曹司에서 작성한 왕봉선 관련 사안의 처리과정에 대한 정리내용인 錄案을 참고하면 다음과 같이 추정할 수 있다. [中缺] 부분에는 功曹司의 심문에 대하여 적어도 두 차례 이상의 王奉仙의 답변 내용이 있었을 것으로 추정된다. 즉 앞서의 (2)의 85행부터 94행까지 왕봉선의 辯文[제1차 답변]은 (9)-ⓐ인 127행부터 131행까지 내용에 한정된 것이고, 이후 王奉仙의 답변[款]은 (9)-ⓑ인 135행에서 140행까지, (9)-ⓒ의 140행에서 145행까지 적어도 두 차례 정도는 추가되었음을 알 수 있다. 즉 [Ⅲ] (9) 錄案의 132행 이후 내용이 [中缺] 부분에 해당하는 것이다.

(9)-ⓐ의 127행~131행에서 왕봉선의 辯文을 통한 제1차 답변이 이루어진 후, 132행~135행의 조사 결과에 의하면 왕봉선과 나귀[驢] 1마리에게 지난해 8월 29일 안서도호부가 京師까지 돌아가는 데 필요한 과소를 발급한 것이 사실이며, 그해 11월 10일 서주에 도착하자 서주도독이 서명[押署]하여 통과를 허락했고 14일에는 赤亭鎭에서 통과시켰다고 하였다. 134행에서 西州 都督이 '押過向東'이라고 하거나 赤亭鎭이 '勘過'라고 한 사실은 [문서21: 과소]의 개원 20년 石染典이 瓜州都督府로부터 발급받은 실제 過所에74) 沙州, 伊州를 통과하면서 각각의 통과지 담당자가 '勘西過', '押過'라고 기재한 내용을 참고하면, 安西都護府로부터 王奉仙에게 발급된 실제의 과소에 기재된 내용이었을 가능성이 크다. 王奉仙이 소지했던 過所를 실제로 확인한 것으로 판단된다. 그런데 중간에 北庭으로 돌아가는 데 필요한 통행 허가[行文]는 없다고 하였기에 다시 그 이유를 심문하게 되었다.

이에 대하여 (9)-ⓑ인 135행에서 140행까지 왕봉선이 재차 답변을 하였다. 酸棗戍에 가다가 체포된 경위를 진술하면서 軍鎭에서 도망하거나 신분을 속인 것이 아니라 (운반담당자인) 徐忠에게 고용된 것이 사실이라고 하였다. 그리고 다시 (9)-ⓒ인 140행~145행에서 적정진에 있다가 酸棗戍에 가게 된 경위를 다시 한 번 보다 구체적으로 진술하였다. 이때의 辯文에서는 赤亭鎭에 도착한 이후의 일정이 보다 구체적으로 적시되었다. (開元 20年) 11월 14일 赤亭館 도착 이후 병이 걸려 車坊에서 15일 동안, 즉 29일까지 요양을 하다가 鄕長[鄕家] 任元祥을 따라 蒲昌縣으로 가서 任元祥의 傭人인

---

73) 85행의 '王奉仙 年卅' 뒤에 적시된 '仙'(王奉仙의 서명)과 'ㅣㅣㅣ'(畵指: 指節 표시)는 王奉仙이 문서 내용을 확인하였음을 나타낸다. 畵指에 대해서는 주로 敦煌吐魯番 출토문서 중 契約문서의 분석을 전제했지만 黃正建,「敦煌吐魯番契據文書中的署名畵指與畵押--從古文書學的視覺」,『隋唐遼宋金元史論叢』第8輯(上海: 上海古籍出版社, 2018), pp. 227~235를 참고할 만하다.

74)「唐開元20年(732)瓜州都督府給西州百姓遊擊將軍石染典過所」, 73TAM509:8/13(a),『吐魯番出土文書』肆, pp.275~276. 즉 [문서21]의 11행~14행과 24행 등 참조.

王氏의 집에서 50여일을 머물렀다. 그러다가 今年(開元 21년) 정월 21일에 蒲昌縣에서부터 張思忠을 쫓아가다가 25일에 酸棗戍에 이르렀다는 것이다. 이후의 144행~145행에 결락된 부분도 있어 정확한 내용을 파악하기 어렵지만 소지했던 過所에 酸棗戍까지의 行程이 명시되어 있지 않은 이유나 데려간 나귀 한 마리가 安昌城에서 죽은 사실(?) 등이 기재되었을 것으로 추정된다. 앞서 83행~84행에서 서주도독부 공조참군 宋九思의 심문 지시에 따라 85행~94행에 왕봉선의 답변이 제출되고, 95행~96행에 판관인 공조참군 송구사가 이를 연접하도록 지시한 것이 정월 29일이다. 이후 결락 부분에 해당하는 공조사의 조사 결과 보고(132행~135행의 내용)와 왕봉선의 辯文들(135행~145행의 내용)도 123행~124행의 錄案 작성이 지시된 정월 29일 이전에 작성되었을 것이기 때문에 모두 정월 29일 하루에 이루어진 것이라 하겠다.

다음으로는 앞부분이 결락(97행 앞의 [中缺])된 채 [II] 審案 과정 가운데 (4)·(5)인 97행부터 108행까지는 蔣化明과 관련된 심문 내용이 기술되어 있다. 우선 (4)의 97행에서 100행까지 辯文에서는 傔人 桑思利가 장화명을 데리고 北庭으로 향하다가 酸棗戍에 이르러 과소가 없음이 발각되어 구류되었는데, 이와 관련해서는 이미 서주도독부 法曹司에 虞候에게[75] 취조받은 문안이 있으니 勘檢하기를 요청한 내용이다. 앞부분이 결락되어 辯文 작성자가 傔人 桑思利인지 아니면 장화명인지 확정하기는 곤란하다.[76] 연이어 (5)의 101행에서 108행까지 변문에서는 장화명이 자신의 출신과 郭林의 고용인이 된 경위에 대해 답한 내용이다. 즉 자신은 京兆府 雲陽縣 嵯峨鄕 출신으로 涼州府에서부터 郭元暕의 물품을 운반하여 北庭까지 갔다가 括客이 이루어져 金滿縣 백성으로 호적에 등재되었다. 그러다가 郭林에게 고용되어 伊州에 가서 和糴 곡물을 납부하고[77] 정월 17일에 서주로 돌아와 하루를 머문 후, 다음날 18일에 출발하려 했는데 權奴子가 자신의 과소를 훔쳐 달아났다. 이런 사정을 해결하기 위해 郭林이 파견한 傔人 桑思利가 '虞候에게 조사토록 하라'는 西州都督의 지시를 전달했던 바 法曹司에 관련 문안이 있을 것이니 이에 대한 검사를 요청하였다. 이상의 요청에 따라 (6)의 109행~110행에서 功曹司는 정월 29일 관련 내용에 대한 검사를 法曹司에 의뢰하였다.

(7)의 112행에서 122행까지는 法曹司가 蔣化明 관련 사안에 대하여 功曹司의 요청에 따라 勘檢한 결과를 보고한 것이다. 법조사에서는 이전에 장화명의 사안을 처리했던 안권을 검사하여, 장화명이 北庭府 子將[78] 郭林의 고용인[作人]으로 伊州에 가서 和糴을 납부했는데 도중에 나귀가 죽고 납입하고 받은 비단[練]을 모두 써버렸다. 이에 北庭의 傔人 桑思利가 서주까지 와서 장화명을 붙잡았다는 虞候의 보고[狀]를 확인하였다. 또한 이 달[정월] 21일에 桑思利에게 장화명을 데리고 북정으로 가라는 장관[도독]의 결정이 실재했음을 확인해 주었다. 법조사의 주전인 宗賓이 작성하고 法曹參軍을 대신하던 程光琦의 서명[簽署]이 적시된 문서로 功曹司에 전달되었다.

그런데 법조사가 작성한 보고문(112행~122행)의 앞인 111행에는 "功曹(司)가 (해당 사안을) 法曹司에 보내 검사토록 하였다. 主典은 曹仁이고, 功曹參軍은 宋九思이다(功曹 付法曹司檢. 典 曹仁 功曹參軍 宋九思)"라고 기재한 내용이 있다. 한편 공조사에서 법조사에 의뢰한 사안의 내용은 113행~114

---

75) 虞候는 武職으로 執法의 警戒·收稅의 催徵을 담당하며 동시에 刺奸을 담당한다. 때로는 民丁이 복무하는 雜役이기도 하며 복무 기간이 비교적 길고 고정된 力役인 경우도 있다. 때로 烽燧 上番에 差配되기도 하고 長探에 충당되기도 하며 修橋나 拓路의 勞役에 종사하기도 한다. '虞候司'는 虞候가 집무하는 기관이다.

76) 101행 이하가 蔣化明의 辯文이기 때문에 정황상으로는 傔人 桑思利의 辯文으로 파악할 수도 있으나 蔣化明의 辯文일 가능성도 완전히 배제하기는 어렵다.

77) 唐 開元, 天寶연간에 敦煌, 吐魯番 등 西北地域에서 이루어진 和糴의 실상과 그 성격에 대해서는 朴根七, 「唐 前期 西北地域 和糴制의 운영실태와 특징--敦煌·吐魯番 出土文書의 분석을 중심으로」, 서울大學校東洋史學研究室 編, 『分裂과 統合--中國 中世의 諸相』, 서울: 지식산업사 1998 참조.

78) 子將은 軍의 小將을 가리키는데, 唐代에는 每 軍에 大將 1人(別奏 8人, 傔 16人), 副 2人이 두어져 軍務를 분장하고, 子將 8人을 두어 行陣을 분장케 하여 金鼓 및 部署 軍務의 일을 처리토록 하였다.

행에 "(蔣化明, 桑思利에 대하여) 몇월 몇일에 虞候에게 推問을 받고 法曹司에 맡겨졌으며, 어떤 일에 연루되었으며 어떤 처분이 내려졌는지 신속히 보고하시오"라고 적시되었다. 공조사가 법조사에 해당 사안을 의뢰할 때 어떤 형식의 문서가 작성되어 전달되었는지 단정할 수는 없지만 111행의 내용을 전제하면 功曹司의 主典 曹仁이 작성하고 功曹參軍 宋九思가 서명한 문서였을 것이다. 그런데 唐代 公式令의 규정에 의하면 "內外의 여러 관사에서 長官이 같으면서 직무 부서[職局]가 다른 경우에는 모두" 關式 문서를 작성하도록 규정되어 있다. 전술한 【문안2】의 [I] (1)인 7행~21-1행의 倉曹司에서 戶曹司로 보낸 關文이 이러한 경우에 해당한다. 그런데 여기서는 功曹司가 法曹司에 관련 업무의 협조를 구하는 사례이기 때문에 전술한 바 있는 上元 3年(676) 西州 法曹司가 倉曹參軍事 張元利의 범법에 관련 사안에 대하여 功曹司에 업무 협조를 위해 牒文([문서5: 첩문])을 보낸 경우처럼[79] 牒文이 작성되었을 가능성이 높다.[80]

이처럼 西州都督이 功曹司에 심문을 지시한 王奉仙과 蔣化明 관련 사안은, 왕봉선의 경우 왕봉선의 몇차례 辯文과 소지했던 과소에 대한 勘檢을 통하여, 장화명의 경우는 장화명과 관련자(傔人 桑思利)에 대한 심문과 법조사의 공조를 통하여 처리되었다. 그리고 (8)의 123행~124행에서 이상 공조사에서 진행된 심문 내용을 정리하여 보고하라는 공조참군 송구사의 지시("具錄狀過, 九思白 / 卄九日")가 이루어졌다. 정월 28일 功曹參軍 宋九思의 심문 지시(83·84행)에 의해 작성, 보고된 王奉仙의 辯文(85행~94행)을 (3)의 95행~96행에서 정월 29일 연접하라고 한 宋九思의 지시("連, 九思白 / 卄九日")도 이때 함께 이루어졌을 것으로 추정된다.

(9)의 125행 이후 錄案 부분에서는 왕봉선과 장화명에 대한 심문 내용이 정리되어 보고되었다. 그런데 [문서22]의 도판을 참조하면 145행과 146행 사이에는 한 행 정도의 여백이 확인되는데, 윗부분이 결락되어 있다. 문서 整理組는 별다른 설명없이 145행에 이어 146행의 錄文을 제시하고 있으나 한 행을 추가해야 하며('145-1행') 그 내용은 126행에서 145행까지 정리된 내용의 표제에 해당하는 125행의 "安西給過所放還京人王奉仙"과 마찬가지로 蔣化明에 대한 표제 부분일 것이다. 다만 蔣化明의 심문 내용에 대한 錄案의 내용은 대부분 결락되어 확인할 수 없다. 錄案에 정리된 내용은 해당 사안에 대한 處決을 위한 근거가 되었을 것이다. 錄案의 작성은 功曹司의 主典이 담당했을 것인데 해당 문건의 내용을 전제하면 主典인 康龍仁에 의하여 牒文의 형식으로 작성되었을 가능성이 높다.[81]

【문안4】-2
〈원문〉   [前 缺]
[Ⅲ]   147   ☐☐☐☐☐☐ 問 有 憑,
       --⑬ [元]-----
       148   准 狀 告 知, 任 連 本 過 所, 別

---

79) 「唐上元3年(676)西州法曹牒爲功曹爲倉曹參軍張元利去年負犯事」(一)·(二), 2004TBM207:1-12a·12b, 榮新江·李肖·孟憲實 主編, 『新獲吐魯番出土文獻』上, pp.72~73.

80) 功曹司가 法曹司에 요청한 傔人 桑思利와 蔣化明에 대한 심문 내용은 113행~114행까지의 내용으로 별도의 문건으로 전달되었을 것이다. 그런데 112행부터 122행까지 法曹司의 사실 확인 牒文은 111행의 "功曹 付法曹司檢. 典曹仁 功曹參軍宋九思"라는 功曹司의 기재 내용 뒤에 이어지고 있으며, 110행이전과 111행이후의 종이를 연접한 背面 押署에 功曹參軍 宋九思의 '九'字가 확인되는 점 등을 감안하면 97행이전의 [前缺] 부분을 포함하여 110행까지의 功曹司의 심문에 대한 傔人 桑思利와 蔣化明의 답변 내용과 功曹司가 法曹司로 회부하라는 지시 내용이 111행을 기재한 종이(이하는 法曹司로 회부할 당시에는 공백이었을 것임)를 연접한 상태로 法曹司로 회부되어 法曹司의 첩문이 112행 이하에 작성되었을 가능성도 추정해 볼 수 있다.

81) 이와 유사한 사례로 「唐開元21年(733)唐益謙·薛光泚·康大之請給過所案卷」(73TAM509:8/4-1(a), 8/23(a), 8/4-2(a), 『吐魯番出土文書』肆, pp.268~274)의 20행부터 51행까지 기술된 錄案의 작성자가 西州都督府 戶曹司의 主典인 史 謝忠이고 牒文으로 보고되었던 점 등이 주목된다.

149		自 陳 請. 其 無 行 文 蔣 化 明
150		壹 人, 推 逐 來 由, 稱 是 北 庭
151		金 滿 縣 戶, 責 得 保 識. 又 非
152		逃 避 之 色. 牒 知 任 還 北 庭.
153		諮. 元 璟 白.
154		五 日
155	依 判, 諮. 齊 晏 示.	
156		五 日
157	依 判, 諮. 崇 示.	
158		五 日
159	---------------- 依 判. 斛 斯 示.--⑭ [元]-----	
160	五 日	

[IV] 161　　　　　蔣 化 明
162 牒, 件 狀 如 前. 牒 至 准 狀, 故 牒.
163　　　　　　　開 元 廿 一 年 二 月 五 日
164　　　　　　　　　　　府 謝 忠
165 戶 曹 參 軍　　　　元
166　　　　　　　　　　　　　史
[V](1) 167　　　　　正 月 廿 九 日 受, 二 月 五 日 行 判
168　　　　錄 事　　　　元 肯　　　檢 無 稽 失
169　　　　功 曹 攝 錄 事 參 軍　　　思　　　勾 訖
(2) 170 牒 蔣 化 明 爲 往 北 庭 給 行 牒 事
---⑮ [元]-----

〈번역문〉　　　　　　　　　[前 缺]

[III]　　147~153　　……（王奉仙에 대해서는）尋問한 바 증거가 있으므로
서면의 내용[狀]에 따라 告知하고, 원래의 과소에 연
결해서 별도로 스스로 신청서를 제출하도록 하는 것
이 어떻겠습니까? (또한) 行文이 없던 蔣化明 1명에
대해서는 왕래한 사정을 追問해 보니 北庭 金滿縣의
戶라고 스스로 辨明하였고, 保人들을 취조하여 (그러
한 사실의) 확인도 받았습니다. 또한 (그는) 逃避한
부류도 아닙니다. 牒으로 통지하여 北庭으로 돌아가
는 것을 허락하는 것[牒知任還北庭]이 어떻겠습니까?
헤아려 주십시오.[諮]82) 元璟이 아룁니다.83)

---

82) '諮'는 判案을 할 때 判官과 通判官이 쓰는 용어로 일반적으로 '헤아려 주십시오' 혹은 '자문을 구한다'라는 의미
로 해석된다. 判官이 쓰는 용어는 '諮, 白'이며, 通判官은 단지 자신의 의견을 제시할 뿐이어서 判官의 결정에 동
의한 뒤에 '依判, 諮, 示'라는 判署를 쓰는데 최종적인 결재는 長官이 한다.
83) 147행부터 154행까지는 125행부터 146행까지 이루어진 戶曹司 主典의 錄案을 근거하여 判官인 戶曹參軍 梁元璟
이 안건에 대하여 首判한 내용인데, 자신의 판단[判辭]을 문의[諮詢]하는 형식으로 장관에게 올려서 결재를 받았다.

154   5일

155   **首判**대로 하는 것이 어떨지, 헤아려 주십시오.
       齊晏이 확인합니다.

156   5일

157   수판대로 하는 것이 어떨지, 헤아려 주십시오.
       崇이 확인합니다.

158   5일

159 ---------- **수판대로 하시오. 斛斯가 지시한다.**--------[元]-----

160   **5일**

[IV] 161   蔣化明

162   牒한다. 안건의 내용[狀]은 앞과 같다. 牒이 이르면 서면의 내용[狀]대로 처리하시오. 그러므로 牒한다.

163   개원 21년 2월 5일

164   府인 謝忠이 작성함.

165   戶曹參軍인 元이 확인함.

166   史

[V](1) 167   정월 29일에 (호조사가) 접수하고, 2월 5일에 행판하다.

168   **錄事인 元肯이**   검사한 바 지체나 失錯이 없다.

169   **功曹로 錄事參軍을 대신한 宋九思가** 檢勾를 마치다.

(2) 170   北庭에 가는데 필요한 行牒을 지급한 것을 蔣化明에게 牒知한 件
--⑮ [元]-----

   [II] (9)의 功曹司에서 이루어진 심문 내용에 대한 정리인 錄案은 146행이후가 결락되어 어떻게 마무리되었는지 알 수 없다. [III]의 147행부터는 왕봉선과 장화명 관련 안건에 대한 戶曹司의 처리과정이 기재되어 있다. 그런데 [II] 81행~146행의 심문절차와 그에 대한 정리는 공조사에서 이루어졌는데 【문안4】-2인 [III], [IV], [V]인 147행~170행의 해당 사안에 대한 조치는 호조사가 주관하여 진행하였다. 서주도독부에 전달되어 立案문서로 기능한 [I] (1)의 69행~77행인 岸頭府界 都遊弈所의 狀文에서 제기된 왕봉선과 장화명 관련 사안은 [I] (2)의 78행~80행인 장관(서주도독)의 지시이후 공조사에서 심문이 진행되면서 그 내용이 여러 장의 문건에 작성되었다. 이들 문건의 접합부 뒷면(80행과 81행 사이 ⑧, 84행과 85행 사이 ⑨, 110행과 111행 사이 ⑩, 124행과 125행 사이 ⑪, 141행과 142행 사이 ⑫)에는 모두 '九'자인 공조참군사 宋九思의 서명[押署]이 확인된다. 이에 비하여 147행에서 170행까지 왕봉선과 장화명에 대한 조치를 결정하고 이를 시행하는 과정에서 작성된 문건들은 그 접합부 뒷면(147행과 148행 사이 ⑬, 159행 ⑭, 170행과 171행 사이 ⑮)에 모두 호조참군사 梁元璟의 서명[押署]인 '元'자가 확인된다.

   그 가운데 [III]의 147행에서 154행까지는 앞부분이 결락된, 판관인 호조참군사 梁元璟의 首判 내용이다. 우선 왕봉선에 대하여 분명한 사정은 알 수 없지만 원래의 과소를 첨부하여 별도로 과소 발급을 신청하도록 告知할 것을 제안하였다. 앞부분이 결락되어 이러한 조치의 대상에 대하여, 즉 원래의 과소를 연접하여 새로운 過所의 재발급을 요청하는 대상에 대하여 뒤에 이어지는 조치의 대상인 蔣化明을 데려가기 위해 北庭에서 파견된 傔人 桑思利라고 판단하기도 하였다.[84] 그러나 이 안건에서

---

84) 「개원21년과소안권(역주)」, p.173.

취조한 대상이 蔣化明이고 傔人 桑思利는 北庭에서 파견되었다가 다시 北庭으로 돌아가는 것이기 때문에 사실 관계의 확인 이외에 별도의 조치가 필요하지 않았을 것이다. 더욱이 西州都督府에 상정된 岸頭府界 都遊弈所의 狀文에서 거론된 사안은 王奉仙과 蔣化明의 처리에 대한 것이기 때문에 王奉仙 관련 내용으로 파악하는 것이 보다 타당할 것이다.

다음으로 장화명에 대해서는 이미 北庭 金滿縣의 호구로 附籍되었으므로 북정으로 돌아가는 것을 허락[牒知]할 것을 擬決하였다. 152행의 "牒知任還北庭"이란 "北庭으로 돌아가도록 허락하는 것(任還北庭)을 첩으로 통지한다(牒知)"는 의미로, 유사한 내용이 다른 문서에서는 '가도록 허락하는 것을 첩으로 알린다(牒知任去)'[85] 등의 문구가 확인된다.

이상의 과정을 정리하면 호조참군사의 首判이 이루어진 것은 2월 5일(147~154행)이기 때문에 [Ⅱ] (8)인 123~124행의 정월 29일 공조참군사의 지시에 따라 [Ⅱ] (9)의 錄案(125행 이하 146행까지)이 작성되어 판안을 위해 해당 사안이 호조사로 이관된 것은 정월 29일 이후 2월 5일 이전의 시점이라 하겠다. 다만 69행 이하 都遊弈所의 狀文부터 功曹司의 審問 절차와 그 정리[錄案]까지(146행까지) 연접된 문서의 내용이 어떤 형식과 절차를 거쳐 호조사에 전달되었는지는 판단하기 어렵다.

그런데 [Ⅳ]의 161~166행인 호조사에서 해당 사안에 대한 조치가 이루어지고 [Ⅴ] (1)에서 이에 대한 檢勾가 진행되는 과정에서 167행에는 "정월 29일에 접수하고, 2월 5일에 행판이 이루어졌다(正月卅九日受, 二月五日行判)"고 명시하였다. 즉 관련 사안의 문건이 호조사에 접수된 것이 정월 29일이라는 것인데, 이는 都遊弈所의 狀文이 서주도독부에 전달되고 功曹司로 보내져 심문이 시작된 정월 28일이 아니라 공조사에서 심문을 마치고 관련 내용의 정리, 즉 錄案을 작성한 정월 29일에 해당한다. 따라서 69행 이하 146행까지 공조사에서 처리했던 문건은 정월 29일에 戶曹司로 전달되어 이후 호조사에서 그에 대한 처리절차가 진행되었던 것이다. 이와 관련하여 앞서 언급했듯이 結案 과정에서 기재된 "某月某日 受, 某月某日 行判"의 내용 가운데 문건을 접수[受]한 某月 某日이란 案由文書가 문서 수발 관서인 錄事司에 접수된 시점이나 장관의 지시에 따라 심문을 진행하는 관사[功曹司]가 안건을 접수한 시점 보다는 최종적으로 안건을 처리한 관사[戶曹司]가 관련 문건을 접수한 시점이 적용되었던 사실을 확인할 수 있다.

서주도독부에서 작성한 안권의 結案 부분에 명시된 "某月某日 受, 某月某日 行判"의 내용 중 '某月某日'에 사안을 접수('受')한 것이 처음 문건을 접수한 서주도독부의 錄事司가 아니라 사안의 처리를 담당했던 관사였음을 보여주는 사례로 '北館文書'의 일부 문건이 주목된다. 儀鳳 2년(677) 12월에 서주도독부 倉曹司가 北館廚에서 사용한 醬料의 가격을 市司로부터 보고받아 갹출자[別頭]에게 지급을 결정하는 내용으로 Ot.1032, SH.124-3[中村F], SH.177上10[中村G], Ot.1422를 연접한 문건과 일부 결락부분에 이어 Ot.4895까지 이어진 안권이다.[86] 즉 市司가 醬料의 가격을 서주도독부로 보고한 牒文을 錄事司에서 접수하여 담당관사인 倉曹司로 보낸 것은 12월 14일인데, 창조참군사 大爽이 사안의 勘檢을 지시한 것은 12월 18일이다. 그런데 사안에 대한 行判이 이루어진 후의 기재내용이 "十二月十八日受, 卅三日行判"이라고 적시되어 있어 12월 18일에 사안을 인수한 관사가 錄事司가 아닌 담당관사인 倉曹司인 사정을 반영하고 있다.

<hr>

85) 「唐貞觀22年庭州人米巡職辭爲請給公驗事」, 『吐魯番出土文書』 參, p.306; 「唐開元21年唐益謙·薛光泚·康大之請過所案卷」, 『吐魯番出土文書』 肆, p.272.

86) 大谷文書와 中村文書는 각각 小田義久主編, 『大谷文書集成』 壹·參; 磯部彰編, 『中村集成』에서 인용했는데 中村文書의 번호는 包曉悅의 정리 내용(「日本書道博物館藏吐魯番文獻目錄」, 『吐魯番學研究』 2015-2, 2016-1, 2017-1)을 준용하였다. Ot.1032(『大谷文書集成』 壹, 圖版 10, 釋文 p.6); SH.124-3(『中村集成』 中, p.273); SH.177上10(『中村集成』 下, p.135); Ot.1422(『大谷文書集成』 壹, 圖版 11, 釋文 p.57); Ot.4895(『大谷文書集成』 參, 圖版 4, 釋文 p.58). '北館文書'의 구성과 錄文은 大津透, 「唐日律令地方財政管見--館驛·驛傳制を手ガカリに」, 『日唐律令制の財政構造』, 2006 참조.

이러한 [Ⅲ]의 147행~154행인 판관의 首判 내용에 대해 155행~158행에 같은 날인 2월 5일, 통 판관인 서주도독부 長史 齊晏과 別駕 崇의[87] 再判(통판)이 이루어지고, 159행~160행에서 장관인 서 주도독이 판관의 首判에 따르라는 결정[批判]을 내렸다. 판안의 과정을 거쳐 [Ⅳ]의 161행에서 166행 까지 행판이 이루어졌는데, 장화명에게 판안 결과를 "牒한다. 안건의 내용[狀]은 앞과 같다. 牒이 이 르면 서면의 내용[狀]대로 처리하시오. 그러므로 牒한다(牒, 件狀如前. 牒至准狀. 故牒)"라는 牒文으로 작성하여 하달하는 것이다. 첩문의 내용은 앞서 판관의 首判대로 '北庭으로 돌아갈 수 있도록 牒으로 통지[牒知]하라'는 지시에 상응한다. 이 첩문의 성격과 관련하여 [Ⅴ] (2)인 170행 안권의 표제에 해 당하는 초목에는 "蔣化明에게 北庭으로 가는 데 필요한 行牒을 지급하는 것을 牒知한 件(牒蔣化明爲往 北庭給行牒事)"이라고 하여 '行牒'이라 지칭하였다. 이것은 사적 통행증으로 발급되던 과소와는 구별 되는 통행허가의 증빙인 '公驗'에 해당하는 것으로 판단된다.[88] 한편 王奉仙에 대해서는 원래 소지했 던 過所를 연접하여 별도로 과소 발급을 신청토록 告知하라는 조치가 이루어졌기 때문에 문서 발급 을 통한 별다른 조치[行判]가 이루어지지 않았을 것이다.

다음으로 [Ⅴ] (1)의 檢勾 가운데 168행에서는 錄事가 안건 처리에 지체나 失錯이 없음('檢無稽失') 을 확인하고 마지막으로 169행에서는 녹사참군사를 대신한 공조참군사가 檢勾를 마무리하였다. 그런 데 종래 [Ⅴ] 結案 과정 가운데 (1)의 檢勾 절차에 해당하는 167행부터 169행까지에 대해서는 일반 적으로 안권의 마지막 부분으로 錄事司에서 진행한 檢勾 절차의 일부로 파악하고 있다. 그런데 전술 했듯이 167행의 경우는 안건의 처리를 담당했던 호조사에서 관련 문건을 접수한 날짜와 행판이 이 루어진 날짜를 적시한 것이기 때문에 錄事司가 아닌 戶曹司에서 작성한 내용으로 판단된다. 더욱이 출토문서 가운데는 "몇월 몇일에 받아서, 몇월 몇일에 행판을 하였다(某月某日 受, 某月某日 行判)"에 해당하는 구절이 "몇월 몇일에 받아서, 몇월 몇일에 행판을 하였다. 지체된 바가 없다(某月某日 受, 某月某日 行判 無稽)"라고 기재한 사례들도 확인된다. 예를 들면 전술한 바 있는 [문서11]의 長安 3年 (703) 3月에 敦煌縣이 沙州의 逃戶들이 머물고 있던 涼·甘·肅·瓜等州와 括逃御史에게 牒을 올리는 사안에 대한 안권의 檢勾 부분인 42행에는 "三月十六日 受牒, 卽日行判 無稽"라고[89] 하였고, 앞부분 이 결락된 顯慶 4年(659) 案卷의 말미(4행)에도 "閏十月九日受, 十三日行判 無[稽]"라고[90] 하였다. 행 판에 대한 기재 바로 뒤에 안건의 접수와 행판 시행일을 기재하고 그 처리 기한에 지체가 없음을 적 시한 것은 당연히 행판에 적시된 서식의 문서를 작성하는, 해당 업무의 담당 관사였을 것이다.[91] 이 는 안건을 접수하고 이에 대한 처리를 진행하는데 지체가 없었음을 적시한 것으로 그 주체가 해당 안건의 처리를 담당했던 관사였다고 하겠다. 따라서 行判을 통해 안건에 대한 조치가 이루어지면 안 건 처리를 담당했던 관사에서 먼저 그 과정에서 기한을 엄수했는지 검사를 진행하였고, 이를 전제로 문서 受發 관사인 錄事司에서 檢勾가 진행되었던 것으로 이해할 수 있다. 마지막으로 [Ⅴ] (2)인 170

87) 「唐開元21年(733)唐益謙·薛光泚·康大之請給過所案卷」(『吐魯番出土文書』 肆, p.273)을 참조하면 齊晏, 崇은 通判官 으로 西州都督府 長史, 別駕에 해당한다(李方, 「唐西州天山縣官員編年考證」, 中國文物硏究所 編, 『出土文獻硏究』 第7 輯, 上海: 上海古籍出版社, 2005, p.273). 단 司馬인 延槇의 通判은 생략되어 있다.

88) 公驗의 지급기준과 형식에 대해서는 林根七, 「唐 前期 過所·公驗의 기재 양식과 성격」, pp.205~216 참조.

89) 「武周長安3年(703)3月敦煌縣牒上括逃御史,幷牒凉甘肅瓜等州爲所居停沙州逃戶事」, Ot.2835v, 『大谷文書集成』 壹, pp. 105~106

90) 「唐顯慶4年(659)案卷殘牘尾」, 60TAM325:14/7-1, 14-7-2, 『吐魯番出土文書』 參, p.100.

91) 행판 기재의 바로 다음 행에 "某月某日 受, 某月某日 行判 無稽."(「唐永徽元年(650)安西都護府承勅下交河縣符」, 73TAM221:60(a), 『吐魯 番出土文書』 參, p.311의 33행); "八月卄一日[受], 卄五日行判 無稽."(P.3714v, 「唐總章2年(669)8月敦煌縣案卷爲馬送 使還請定膚事」, 『法國國家圖書館藏敦煌西域文獻』 27, p.57의 116행. 錄文은 唐耕耦·陸宏基 編, 『敦煌社會經濟文獻 眞蹟釋錄』 第4輯, p.425), "三月一日 受牒, 二日行判無稽"(「武周長安3年3月沙州敦煌縣牒爲錄事董文徹牒勸課百姓營田判 下鄕事」, Ot.2836v, 『大谷文書集成』 壹, pp.107~108의 32행) 등도 있다.

행에서 사안의 처리 결과 또는 해당 사안의 표제에 해당하는 抄目이 적시되어 있다.

이처럼 사안에 대한 처리가 완료되어 문안이 마무리될 경우, 말미에는 초목이 기재된다. 그런데 문안에 적시된 내용의 순서에 의하면 행판을 마친 후 안건 담당 관사의 "某月某日 受, 某月某日 行判(無稽)"이 기재되고, 녹사사의 檢勾(錄事의 '檢無稽失', 錄事參軍의 '勾訖') 이후 마지막에 초목이 위치하게 된다. 즉 錄事司의 檢勾 이후 다시 안건의 담당 관사에서 초목을 기재하는 것으로 판단할 수 있다. 그런데 行判, 檢勾, 抄目의 기재에 있어 상호간의 관계를 추정케 하는 다음의 자료에 주목해 보자. 우선 [문서23]-[가]는 永徽 원년(650)에 交河縣에서 안서도호부가 勅을 받아 하달한 符文을 처리한 안권의 말미 부분이다.[92] [문서23]-[나]는 總章 2年(669) 8月 敦煌縣에서 使人을 보내고 돌아온 말의 건강 상태를 검사하는 사안에 대한 안권의 말미 부분에 해당한다.[93]

[문서23: 안권] 행판과 초목의 관계

[가] 영휘 원년(650) 안서도호부 안권 말미

〈원문〉   [前 略]

[Ⅲ]   26   既   從   正
       27   勅,   行   下   訖   記.   景
       28   弘   示.
       29   九   日
[Ⅳ]   30   永 徽 元 年 二 月 [九] 日[94]
       31   佐
       31-1   [尉   ][ ]
       32   史   張 洛
[Ⅴ](1) 33   二 月 九 日 受, 即 日 行 判, 無 稽

   (2) 33-1   [━━━━━━━━━━━━━━]事
                              [後 缺]

〈번역〉   [前 略]

[Ⅲ]   26~28   이미 원본의 勅[正勅]에 따라 아래로 頒行하
                 였다고 기록하시오. 경홍이 지시한다.

       29   9일
[Ⅳ]   30   영휘 원년 2월 [9]일

---

92) 「唐永徽元年(650)安西都護府承勅下交河縣符」, 73TAM221:60(a), 『吐魯番出土文書』 參, p.311.
93) P.3714v, 「唐總章2年(669)8月敦煌縣案卷爲馬送使還請定膚事」, 『法國國家圖書館藏敦煌西域文獻』 27, p.57. 錄文은 唐耕耦·陸宏基 編, 『敦煌社會經濟文獻眞蹟釋錄』 第4輯, p.425.
94) 30행의 행판이 이루어진 날짜는 결락되었지만 33행의 "二月九日受, 即日行判 無稽"라는 내용에 따라 '2월 9일'로 파악할 수 있다.

31   좌
31-1   (현)위(?) □ 이 서명함.
32   사 **장락**이 작성함.
[V](1) 33   2월 9일 접수하여, 당일[卽日] 행판하였다. 지체가 없었다.

(2) 33-1   ════════════════════════ 에 대한 件.
                              [後 缺]

[문서23]-[나] 총장 2년(669) 돈황현 안권 말미
〈원문〉   [前 略]
[Ⅲ]   109   **依   判 ，   遷   示 .**
        110   **卄 五 日**
[Ⅳ]   111   馬 坊： 件 狀 如 前， 牒 至 准 狀， 故 牒 .
        112   **總 章 二 年 八 月 卄 五 日**
-- [恭]-----
        113   佐   **趙 信**
        114   尉   **行 恭**
        115   史
[V](1) 116   八 月 卄 一 日   受   ， 卄 五 日 行 判 ， 無 稽

(2) 117   前 官 楊 迪 牒 爲 夏 惠 等 馬 送 使 還， 請 定 膚 事
-- [恭]-----
                              [後 略]

〈번역문〉   [前 略]
[Ⅲ]   109   **수판대로 하시오. 遷이 지시한다.**
        110   **25일**
[Ⅳ]   111   馬坊 앞으로: 안건의 내용은 앞과 같은 바 첩문이 도착하면 내용에 따라 처리하
                시오. 그러므로 첩을 내린다.
        112   총장 2년 8월 25일
-- [恭]-----
        113   좌인 **조신**이 작성함.
        114   (현)위 **행공**이 확인함
        115   史
[V](1) 116   8월 21일 접수하여, 25일에 행판하였다. 지체가 없었다.

(2) 117   전관인 양적이 첩을 하여 양혜 등의 말이 사인을 보내고 돌아왔는데 건강상태를
                확정해 달라고 요청한 사안
-- [恭]-----
                              [後 略]

[문서23]-[가]는 앞서 인용한 바 있는 [문서13] 문안의 일부로, [가]의 [Ⅲ]인 26행~29행은 判案 과정에 해당하는데 영휘 원년(650) 2월 9일에 교하현의 장관인 縣令 景弘이 안건에 대한 處決[批判]을 한 내용이다. 또한 [Ⅳ]의 30행~32행은 [표3] '官文書 유형과 行判, 抄目의 관계'의 'Ⅳ. 案 처리 문서 관련' 가운데 No.3 문서에서도 언급했듯이 안건에 대한 조치가 이미 이루어진 경우의 행판 기재 방식으로 날짜와 사안 처리 담당자의 서명만이 명시된 사례이다. [Ⅴ] (1)의 33행에는 "2월 9일에 접수하여, 당일 행판하였다. (기한에) 지체가 없었다(二月九日受, 卽日行判. 無稽)"라는 검구의 내용이 적시되었다. 그런데 『吐魯番出土文書』의 整理組에서는 33행 이하에는 기재 내용이 없는 것으로 파악하여 [後缺]로 명시하였다. 그러나 [문서23]-[가]의 도판에서도 확인되듯이 33행 이후 2행 정도를 비우고95) 윗부분이 결락된 채 "▢▢▢▢事"라는 기재 내용이 확인된다. 아마도 33행의 "二月九日受, 卽日 行判, 無稽" 이후 交河縣의 勾檢官에 의한 "錄事 檢無稽失 / 主簿(또는 丞) 勾訖"에 해당하는 내용이 기재되어야 하지만 이 부분이 공백인 상태로 抄目에 해당하는 "▢▢▢▢事"가 기재된 듯하다.

또한 [문서23]-[나]는 總章 2년(669) 8월에 敦煌縣이 使人을 목적지까지 태우고 갔다가 돌아온 말들에 대한 처리를 다룬 안권의 일부이다. [나]의 [Ⅲ]인 109~110행은 해당 사안에 대한 判案의 일부로 [前略]한 앞부분(95~108행)에서 8월 25일 판관인 縣尉 行恭이 제안한 首判의 내용대로 처결한다는 같은 날 장관 현령 遷의 判辭[批判]이다. 이에 따라 [나]의 [Ⅳ]인 111행~115행에는 "마방 앞으로: 안건의 내용은 앞과 같은 바 첩문이 이르면 내용에 따라 처리하시오. 그러므로 첩을 내린다(馬坊: 件狀如前, 牒至准狀, 故牒)"라는 馬坊으로 첩문을 보낸다는 행판의 내용(111행)이 기재되었다. 이어 '總章 2년 8월 25일'인 첩문 작성 날짜(112행)와 敦煌縣 司法의 판관인 縣尉 行恭과 주전인 佐 趙信 등 작성자의 서명이 적시되었다(113~115행). [Ⅴ] (1)의 116행에는 행판에 이어 "8월 21일 접수하여, 25일 행판하였다. 기한에 지체가 없다(八月卄一日 [受], 卄五日行判, 無稽)"라는 檢勾에 해당하는 내용이 기재되었다. 그런데 이후에는 [가]의 [Ⅴ] 結案 부분과 마찬가지로 錄事와 主簿의 '檢無稽失'이나 '勾訖'에 대한 내용이 없이 2~3행정도의 공백이 확인된다. 그리고 [Ⅴ] (2)인 117행에는 마지막에 '전관인 양적이 첩을 하여 양혜 등의 말이 사인을 보내고 돌아왔는데 건강 상태를 확정해 달라고 요청한 사안(前官楊迪牒, 爲夏惠等馬送使還, 請定膚事)'이라는 초목이 명시되어 있다. 이 역시 勾檢官의 檢勾 내용이 기재될 부분이 공백으로 남아있는 경우이다.

어떤 이유에서 초목까지 제시된 문안에 구검관의 檢勾 내용이 공백으로 남았는지 단정하긴 어려우나 문안 작성과정에서 행판을 진행한 안건의 담당 관사에서 "某月某日 受, 某月某日 行判, 無稽"라고 기재한 이후 구검관의 검구가 기재될 부분을 공백으로 남기고 초목을 명시했을 것으로 추정할 수 있다. 즉 문안의 말미에 초목이 적시되어 안건 처리의 마무리를 확인할 수 있으나 문안 작성의 가장 마지막 절차로서 초목이 기재된 것이 아니라 초목까지 적시된 문안이 구검관에 의하여 검구되는 과정이 문안 작성의 마지막 과정이었을 것으로 판단할 수 있다.96)

州 또는 都督府의 勾檢官과 관련하여 『唐六典』에는 司錄·錄事參軍이 "付事勾稽, 省署抄目"을 관장한다고97) 규정하였다. 즉 司錄·錄事參軍은 문서행정의 처리 과정에서 사안을 회부하고 (문서 처리) 기한의 지체를 검사[勾]하며 抄目을 살펴 서명하는 직무를 담당하였다. 가령 전술한 西州都督府의 문안 처리과정을 전제한다면, 문안이 시작되는 立案 과정에서 西州都督府[관부]에 접수되어 안건을 상정하게 되는 문서[안유문서]를 해당 관사[戶曹司 등]에 회부하는 것['付事']은 錄事司의 錄事參軍이 담당하

---

95) 【부록】[문서23]의 [가], [나] 도판에 :::::::로 표식한 부분은 공백으로 처리된 행을 필자가 이해의 편의를 위하여 표시한 것이다.

96) 文書行政上의 勾檢制와 관련하여 王永興, 『唐勾檢制研究』, pp.49~65에서 여러 사례를 통해 勾檢機構의 역할에 대하여 상세히 기술하고 있으나 行判, 檢勾, 抄目의 관계에 대해서는 명확한 분석이 이루어지지 않았다.

97) 『唐六典』 권30, 三府督護州縣官吏, p.748, "司錄·錄事參軍掌付事勾稽, 省署抄目. 糾正非違, 監守符印."

였다. 또한 結案 과정에서 行判을 통해 처결된 사안에 대한 조치를 전달하는 문서가 작성되면, 錄事 는 기한의 지체나 문서상의 오류 등을 검사하였다. 그리고 錄事參軍은 '省署抄目' 즉 초목을 살펴보고 마지막으로 구검을 마쳤음을 적시['勾訖']하고 서명했을 것이다. 따라서 사안을 처리하는 해당 관사에 안건이 상정되는 立案, 즉 문안 처리의 출발과 처리된 안건에 대한 조치를 위한 문서의 작성(행판)과 초목의 기재 등을 최종적으로 검사하는 結案의 마지막 과정도 錄事參軍이 담당했던 것으로 판단된다.

【문안5】
〈원문〉 --⑮ [元]-----
[Ⅰ](1) 171 　　岸頭府界都遊弈所　　　　　　　狀上州
　　　172 　　　　興胡史計思　作人史胡煞　羊貳伯口　牛陸頭　別奏石阿六作人羅伏解　驢兩頭
　　　173 　　　　　　右件羊牛等, 今日從白水路來, 今隨狀送者.
　　　174 　　　　史計思作人安阿達支
　　　175 　　　　　　右件作人, 過所有名, 點身不到者.
　　　176 　　　　牛壹頭　馬壹疋
　　　177 　　　　　　右件牛馬見在, 過所上有贖, 今隨狀送者.
　　　178 　　　　以前, 得遊弈主帥張德質狀稱: 件狀如前者. 史計思等旣是興胡,
　　　179 　　　　差遊弈主帥張德質領送州, 聽裁者. 謹錄上.
　　　180 　　牒, 件 狀 如 前, 謹 牒.
　　　181 　　　　　　　　　開元廿一年 二月 六日　　典　何承仙　牒
　　　182 　　　　　　遊弈都巡官 ·宣節校尉 · 前右果毅 · 要籍 · 攝左果毅都尉劉敬元
　(2) 183 　　　　付　　司, 　　斛　　斯　　示.
　(3) 184 　　二月八日　　錄事　　　　受　　　　　　　　八 日
　　　185 　　功曹攝錄事參軍 思 付
[Ⅱ] 186 　　　　　　　　　　　　　　　　　連, 元 白.
　　　　　　---⑯ [元]-----
　　　187 　　　　　　　　　　　　　　　　　　　十一日
[Ⅰ](1)'188 　表兄張智實年卅五　　驢兩頭竝青黃父
　　　　　　　　[後 缺]

〈번역문〉 --⑮ [元]-----
[Ⅰ](1) 171 　(交河縣) 岸頭府 관내의 都遊弈所에서　　西州에 狀[文]을 올립니다.
　　　172 　　興胡인 史計思, 作人인 史胡煞, 양 200마리[口], 소 6마리[頭], 別奏인98) 石阿
　　　　　六의 作人인 羅伏解, 나귀 2마리[頭]
　　　173 　　앞의 양과 소 등은 (遊弈主帥 張德質의 狀文에서) '오늘 白水路로부터99)
　　　　　왔는데 지금 狀[文]과 함께 송치한다.'라고 하였습니다.
　　　174 　史計思의 作人인 安阿達支
　　　175 　　앞의 作人은 (遊弈主帥 張德質의 狀文에서) '過所에 그 이름이 있지만,
　　　　　點身할100) 때 도착하지 않았다.'라고 하였습니다.

---

98) 諸軍, 鎭大使, 副使 이하는 모두 別奏를 隨從으로 삼았다. 즉 軍鎭 將官의 隨從 佐吏를 지칭한다.
99) 白水路와 관련해서는 白水間, 白水澗道라는 지명이 확인된다. 즉 '白水間'은 '白水澗'으로, P.2009 『西州圖經』(『法
　國國家圖書館藏敦煌西域文獻』 第1冊, p.77)에 白水澗道가 기재되어 있는데, "右道出交河縣界, 西北向處月已西諸蕃,
　足水草, 通車馬."라고 하였다. '白水澗'은 '白水', '白澗'으로 簡稱하는데 고대 중요한 군사, 상업, 문화의 通道이며
　西州에서 서북을 향해 天山을 넘는 通道이기도 하다. 오늘날 吐魯番에서 達坂城, 우루무치를 경유하는 天山 白楊溝
　谷道에 해당한다.

176	소 1마리[頭], 말 1마리[疋]
177	앞의 소와 말은 (遊弈主帥 張德質의 狀文에서) '지금 실제로는 있지만 과소상에는 기재되지 않은 여분의 가축이기 때문에 지금 狀[文]과 함께 송치한다.'고 하였습니다.
178~179	앞에 기재한 것에 대하여, 遊弈主帥인 張德質의 狀文에서는 "案件의 내용은 앞서와 같다"라고 하였습니다. 史計思 등은 興胡이기 때문에 遊弈主帥 張德質을 差遣하여 (이들을) 연행하여 州로 송치시키는 것이 어떨지 재가해 주기 바랍니다. 삼가 기록하여 上申합니다.
180	牒합니다. 案件의 내용[狀]은 앞서와 같습니다. 삼가 牒으로 올립니다.
181	개원 21년 2월 6일에 典인 何承仙이 牒을 올립니다.
182	遊弈都巡官‧宣節校尉‧前右果毅‧要籍으로 左果毅都尉를 대신한 劉敬元이 확인함.
(2) 183	**(戶曹)司로 회부하라. 斛斯가 지시한다.**
(3) 184	2월 8일에 錄事가 접수하다. **8일**
185	功曹로 錄事參軍을 대신한 思가 회부하다.
[II] 186	**연접하시오. 梁元環이 이른다.**

--⑯ [元]-----

| 187 | [과소 신청자의 성명 등] **11일** |
| [I](1)'188 | 사촌형 張智實 나이 35(세) 나귀 2마리[頭] 모두 靑黃색털빛, 수컷 101) |

[後 缺]

【문안5】는 뒷부분이 결락된 채 2개의 문건인 171~186행까지의 [I]‧[II]와 187‧188행인 [I]
(1)'가 연접되어 있다. 우선 앞 문건인 171행에서 186행까지는 【문안4】와 마찬가지로 岸頭府界 都遊
弈所가 서주도독부에 상신한 狀文에 의하여 상정된 안건과 관련된 내용이다. 즉 앞 문건은 [I] (1)인
171~182행의 안유문서에 해당하는 개원 21년 2월 6일에 작성된 岸頭府界 都遊弈所의 狀文, (2)인
183~184행에는 상신된 장문을 戶曹司로 회부하라는 2월 8일 장관(都督 斛斯)의 지시, (3)인 184~
185행에는 2월 8일 서주도독부 錄事司에서 狀文을 접수하여 호조사로 회부한 절차, 그리고 [II]의
186~187행에 狀文을 받은 서주도독부 戶曹司의 戶曹參軍事 元이 이하의 다른 문건과 문서를 연접하
라는 2월 11일의 지시 등으로 구성되어 있다. 뒷 문건인 188행의 [I] (1)' 문건은 [I]의 (1)과 마찬
가지로 호조사로 신청된 과소 발급 등과 관련된 별개의 문서단편으로 앞 문건과 연접되어 있다.

앞 문건의 [I] (1)은 앞서 王奉仙과 蔣化明의 경우처럼 岸頭府界 都遊弈所가 서주도독부에 상신한
狀文인데, 興胡102) 史計思가 데려가는 사람[作人]과 가축[羊, 牛, 驢, 馬] 등에 대한 내용이다. 문제가
된 것은 174행에서 177행까지에 기재된 史計思의 作人 安阿達支와 '牛 1頭, 馬 1疋'에 대해서인데
전자는 과소에는 이름이 있으나 아직 도착하지 않았고, 소 한마리, 말 한마리는 과소에는 기재되지
않았는데 일행과 함께 있는 것으로 파악되었다. 소지한 과소의 기재 내용과 차이가 있으므로 현재

---

100) 點身은 點名, 身分의 核查를 의미한다. 『唐律疏議』 卷9, 職制律, '在官應直不直'條 疏議, p.185, "內外官司應點檢
者, 或數度頻點, 點卽不到者, 一點笞十.";『唐會要』卷86, 奴婢, pp.1860~1861, "(天寶十四載八月, 都官奏) ……幷
每年置簿, 點身團貌, 然後關倉部給衣糧."

101) 188행의 앞 행에 '請過所人'의 姓名 등이 있었을 것이나 문서 접합[騎縫] 부분에 의하여 앞뒤 두 종이가 겹쳐졌
고 押署 등의 글자로 인하여 정확한 내용을 파악하기 곤란하다고 한다(『吐魯番出土文書』[肆], p.296).

102) 興胡는 興生胡와 동일한 의미로, 상업에 종사하는 胡人에 대한 당시인들의 습관적 호칭이다. 한편 興胡를 興生胡
의 簡稱이라고 이해하여, 興生은 六朝이래의 관용어로 상품 매매활동과 함께 고리대를 경영하는 경우를 의미한다
는 지적도 있다(劉銘恕,「敦煌掇瑣」,『敦煌學輯刊』5, 1984, pp.84~92).

파악된 일행 모두를 서주도독부로 압송하여 조사토록 岸頭府界 都遊弈所가 요청한 것이다. 과소의 소지 여부, 기재내용과의 異同 등에 대해서는 일차 遊弈主帥 張德質에 의하여 파악[狀文]되었기 때문인지 서주도독부에 보내진 都遊弈所의 狀文은 2월 8일 장관인 서주도독 王斛斯의 지시(183·184행)에 따라 錄事司가 접수하여 戶曹司로 보내졌다(184·185행). 184행과 185행 사이에 '西州都督府之印'의 날인은 錄事司가 狀文을 접수하여 戶曹司로 송부하는 과정에서 이루어진 것이다. 이어 호조참군 梁元璵이 2월 11일에 해당 문건과 187행 이하 과소 신청에 대한 別件의 문서를 연접하도록 지시하였다 (186·187행). 아마도 2월 8일에서 2월 11일 이전에 과소 신청자를 비롯하여 表兄 張智實과 나귀 [驢] 2마리[頭]를 포함한 일행의 과소 발급 신청이 서주도독부 호조사에 접수되었을 것으로 추정되는데 이하의 내용은 결락되어 있다. 187행은 문서를 연접한 부분으로 186행 戶曹參軍 梁元璵의 지시('連元白')가 이루어진 '十一日'이 적시되어 있다. 따라서 188행의 과소 신청과 관련된 과소 신청자성명 등의 기재 내용이 연접부에 의하여 가려진 것으로 판단된다.

2. 정무 처리절차와 안권의 작성

1) 案由文書 유형에 따른 立案 과정

지방 관부에서 관련 업무의 처리는 해당 사안에 대한 문서가 접수되어 안건으로 상정되는 과정이 전제되어야 한다. 관부에 접수되는 문서는 개인 문서, 즉 사문서인 경우를 포함하여 상하급 관부 간에 전달되는 관문서가 중심을 이룬다. 관부 간에 통용되는 문서는 그 위계나 통속 관계에 따라 여러 유형의 관문서가 작성되었다. 따라서 다양한 유형의 관문서를 통해 상정된 안건들은 사안의 내용만이 아니라 관문서의 유형에 따른 양상이 그 처리과정에 반영되었을 것이다. 이른바 案由文書를 통해 안건이 상정되는 立案과정에 대해서 안유문서의 형식에 따른 다양한 문서행정의 실상을 보다 구체적으로 파악할 필요가 있다.

이와 관련하여 종래 牒文 등의 안유문서가 해당 관부에 접수되면 장관의 "付司, 某示(담당 官司로 보내시오. 長官 某가 지시한다)"라는 지시, 서명이 선행되고 이어 錄事司의 受付를 거쳐 담당 관사로 보내지는 것을 문서행정상의 첫 절차로 이해하였다.[103] [문서22]인 「개원21년과소안권」에서도 앞부분이 [前缺]로 결락된 【문안1】을 제외하면 【문안2】~【문안5】 모두에서 안유문서가 확인된다.

그 가운데 【문안4】와 【문안5】는 岸頭府界 都遊弈所가 서주도독부에 上申한 狀文이 안유문서에 해당하는데, 【문안4】의 경우는 [I] (2)인 78행~80행에 "付功曹, 推問過(功曹로 보내어 推問하시오) / 斯示(長官인 斯가 지시한다) / 廿八日", 【문안5】의 경우는 [I] (2)인 183행~184행에 "付司, 斛斯示 (해당 관사로 보내시오. 장관인 斛斯가 지시한다) / 八日"이라고 하여 장관인 서주도독 王斛斯('斯', '斛斯')의 지시가 확인된다. 모두 牒文의 경우처럼 안유문서에 대한 첫번째 조치로 장관의 지시와 서명이 적시되었다. 그러나 【문안5】는 [I] (3)인 184행~185행에 錄事司의 受付 절차를 거쳐 戶曹司로 보내진 반면 【문안4】는 녹사사의 受付 절차를 거치지 않고 바로 功曹(司)로 이첩되었다. 아마도 "付功曹, 推問過"(78행)라고 하여 관사가 명시되었기 때문에 錄事司의 受付를 거치지 않고 곧바로 해당 관사로 보내졌거나, 해당 사안의 최종 처리 관사가 정해지지 않은 채 관련 사항에 대한 推問을 지시했기 때문에 녹사사를 거치는 정식 문서접수 과정이 명시되지 않았을 가능성 등을 고려할 수 있으나

---

103) 盧向前, 「牒式及其處理程式的探討」, 『唐代政治經濟史綜論--甘露之變硏究及其他』, 2012.

단정하기는 어렵다. 즉 전술한 바와 같이 【문안4】의 안유문서에 해당하는 岸頭府界 都遊弈所의 狀文에서 거론된 王奉仙과 蔣化明에 대한 최종적인 조치는 推問을 담당했던 공조사가 아니라 호조사에서 이루어졌고, 戸曹司가 岸頭府界 都遊弈所의 狀文과 연접된 功曹司의 심문 문건을 접수한 것은 장관의 지시가 내려진 개원 21년 정월 28일이 아니라 功曹司에서 錄文이 작성된 후인 개원 21년 정월 29일이라는 점에서 안건의 최종 처리 담당관사에서의 문건 접수가 문서행정의 주요 절차로 인식되었을 것이다.

한편 【문안2】는 서주도독부 倉曹司가 戸曹司에게 보낸 맹회복 관련 關文이 안유문서로 역할을 하였다. 그런데 이 關文의 경우는 장관의 지시나 서명 없이 바로 녹사사의 受付 과정을 거쳐 담당 관사인 戸曹司로 사안이 이첩되었다. 아마도 關文 자체가 "內外의 여러 관사에서 장관이 같으면서 직무부서가 다른 경우에"[104] 작성되며, 【문안2】의 [I] (1)인 關文(7행~21-1행)에서 발신처[倉曹](7행)와 수신처[戸曹](9행)가 명시되어 있기 때문에 별도의 장관의 지시는 생략된 것으로 추정된다. 현재까지 출토문서 가운데 關文의 실례로 파악되는 문서들의 경우, 關文이 안유문서로 처리되는 과정을 파악할 수 있는 사례는 극히 드물다. 그러나 [표1] 'Ⅰ. 관식 문서'의 No.1 문서인 貞觀 23年(649)에 安西都護府의 戸曹가 작성한 수레의 이용비에 해당하는 직물[練]의 처리에 대한 關文이나[105] [표1] Ⅰ-No.2의 安徽 5년에서 6년(654~655)에 安西都護府가 判官의 房門 수리에 대한 사안을 처리하면서 작성한 안권에 포함된 戸曹司의 關文과 錄事司의 關文 등의[106] 경우에도 장관의 지시나 서명은 확인되지 않는다. 이처럼 문서행정의 처리과정에서 안유문서의 접수와 관련하여 장관의 지시, 서명 등과 같은 절차가 일률적으로 이루어진 것은 아니며, 관문서의 유형에 따라 처리 형식상 차이도 있었던 것이다.

"付司, 某示"처럼 담당 관사로의 이첩을 지시하는 형식과는 다르지만 날짜와 장관의 서명만이 확인되는 경우도 있는데, '解式'으로 분류되는 관문서가 안유문서로 기능하는 경우이다. 돈황·투르판문서에서 이른바 '縣解式' 문서로 파악되는 解文의 경우, 州나 都督府(沙州나 西州都督府에 해당)로 예하縣에서 解文이 上申되면 해당 안건의 처리를 담당하는 曹로 보내지기 전에 날짜와 장관(주로 西州都督)의 서명[簽署]이 적시되었다. 예를 들어 '十八日入',[107] '一日又',[108] '十日斯',[109] '十九日白'[110] 등과 같이 상당수 解文에서 '某日+某[장관 簽署]'라는 형식으로 장관의 서명이 확인된다.[111] 이는 앞서 언급한 狀文이나 牒文 등에 "付司, 某[장관 簽署]示 / 某日"이라는 기재 내용과 형식적으로 다르기는 하지만 長官의 서명이란 점에서는 유사한 측면도 있다. 이처럼 안유문서로 기능한 解文에 대하여 날짜와 장관의 서명만 명시하면서, '付司'와 같은 문건을 이첩할 관사를 기재하지 않은 것은 '縣解式'

---

104) "關式 ……其內外諸司, 同長官而別職局者, 皆准此"(P.2819「唐開元公式令殘卷」關式, 補則).
105) 73TAM210:136/5,「唐貞觀23年(649)安西都護府戸曹關爲車脚價練事」,『吐魯番出土文書』參, p.36.
106)「唐安徽5年至6年(654~655)安西都護府案卷爲安門等事」, 2006TZJI:197,013,001,198a,『新獲吐魯番出土文獻』下, pp.304~307. 戸曹 關文은 4행~17행, 錄事司 관문은 19~29행에 해당한다. 이 案卷에 대한 새로운 錄文으로는 劉安志,「關于吐魯番新出唐永徽五,六年(654~655)安西都護府案卷整理研究的若干問題」(『文史哲』 2018-3), 劉安志 主編,『吐魯番出土文書新探』, 2019, pp.250~252를 참조.
107)「唐開耀2年(682)西州蒲昌縣上西州都督府戸曹牒爲某驛修造驛墻用單功事」, 73TAM517:05/1(a),『吐魯番出土文書』壹, p.269. [표4] 'Ⅰ. 해식 문서' No.1 문서 참조.
108)「唐西州天山縣案卷牘尾」, 72TAM204:37,『吐魯番出土文書』貳, p.154. [표4] Ⅰ-No.2 문서 참조.
109)「唐開元21年(733)天山縣車坊請印狀」, 73TAM509:8/11(a),『吐魯番出土文書』肆, p.300. [표4] Ⅰ-No.11 문서 참조.
110)「唐西州殘牒」, OR.8212/534(Ast.Ⅶ2.016),『斯坦因第三次中亞考古所獲漢文文獻(非佛經部分)』①, p.64; 陳國燦,『斯坦因所獲吐魯番文書研究』, p.334. [표4] Ⅰ-No.22 문서 참조.
111) 이외에 [표4] Ⅰ-No.3 문서의 '五日□'(「唐垂拱3年(687)四月四日西州高昌縣錄申戸曹狀爲車牛肆乘發遣請裁事」, Ot.4920,『大谷文書集成』參, p.65. 문서의 標題는 陳國燦·劉安志 主編,『吐魯番文書總目(日本收藏卷)』, p.309 참조); [표4] Ⅰ-No.15 문서의 '□□賓'(「唐開元22年(734)西州高昌縣申西州都督府牒爲差人夫修堤堰事」, 73TAM509:23/1-1(a)·1-2(a)·1-3(a),『吐魯番出土文書』肆, p.318) 등도 유사한 사례에 해당한다.

문서의 양식에 "도독부의 어떤 曹(州의 어떤 司) 앞으로: 안건의 내용은 앞과 같습니다. 삼가 기록하여 보고한 바에 의거하여 처리해 주기 바랍니다. 삼가 올립니다(都督府某曹[州某司]: 件狀如前. 謹依錄申, 請裁. 謹上)"라고 하여 문건의 수신 관사(都督府 某曹[州 某司])가 이미 적시되어 있기 때문이기도 하다.

이와 관련하여 【문안3】의 안유문서로 기능한 해문 가운데 종래 판독에 다양한 견해가 제기되었던 것은 66행의 草書로 쓴 부분이다([자료17] ① 참조). '卽日勘',[112] '一日勘',[113] '召勘□'[114] 등 의견의 일치를 이루지 못하고 있는데 최근 解文의 처리절차와 관련하여 '一日斯'로 석독한 견해가[115] 주목된다. 전술한 안유문서로 기능한 해문에 대한 장관의 서명 부분을 근거하여 66행의 草簽을 '一日斯'로 석독하였는데, 이는 (2월) 1일에 서주도독부 도독인 王斛斯가 서명[簽署]한 것으로, 여타 해문에서 확인되는 장관의 서명과 동일한 형식이라고 파악하였다. 즉 【문안3】의 해당 해문은 개원 21년 정월에서 2월 사이에 서주도독부에서 작성한 안권의 일부이고, 개원 20년에서 개원 21년 사이에 서주도독부 도독이 王斛斯였다는 점을[116] 근거로 날짜 뒤의 글자는 서주도독 王斛斯의 서명[簽署]인 '斯'라는 것이다. 또한 종래 '一日勘' 또는 '卽日勘'이라고 하여 인명이 아닌 '勘'자, 즉 '대조하여 검사하다'는 의미로 석독할 경우 문맥상의 의미 파악이 애매하다는 점도 지적하였다.

解式 문서의 처리절차와 관련해서도 주목할 만한 견해인데 몇가지 수긍하기 어려운 점이 있다. 우선 앞서도 언급한 [표4] Ⅰ-No.11 문서인 開元 21年(733)에 天山縣이 車坊의 소에게 인장을 찍어달라고 요청한 상신문서는 개원 21년 윤3월에 서주도독부가 접수한 天山縣의 解文에 해당하는데, 5행에 '十日斯'([자료17] ②)라는 장관의 서명이 확인된다.[117] 解文을 접수하고 서명한 '斯'라는 서주도독 王斛斯의 글씨체는 [문서22]의 「개원21년과소안권」 39행('斛斯示': [자료17] ③), 79행('斯示': [자료17] ④), 159행('依判, 斛斯示'), 183행('付司, 斛斯示') 등에서 확인되는 王斛斯의 글씨체와 동일하다.

[자료17] 開元 20~21년 서주도독 王斛斯의 서명 : '斯'자 비교

①	②	③	④
【문안3】66행 '一日□'	'請印狀' 5행 '十日斯'	[문서22]39행 '斛斯示'	[문서22] 79행 '斯示'

---

112) 吳震, 「唐開元二十一年西州都督府處分行旅文案殘卷的復原與研究」, p.280, p.288.
113) 池田溫, 『中國古代籍帳硏究』, p.366; 衫井一臣, 「唐代の過所發給について」, p.65; 荒川正晴, 『ユーラシアの交通・交易と唐帝國』, p.428 注98.
114) 中村裕一, 『唐代公文書硏究』, 東京: 汲古書院, 1996, p.246.
115) 劉安志, 「吐魯番出土唐代解文についての雜考」, pp.81~82.
116) 李方, 『唐西州官吏編年考證』, pp.18~19.
117) 「唐開元21年(733)天山縣車坊請印狀」, 73TAM509:8/11(a), 『吐魯番出土文書』 肆, p.300. 결락이 심하여 정확하게 釋錄하기는 어렵지만 「唐開元21年(733)唐益謙・薛光沘・康大之請給過所案卷」의 13행에 上申된 解文에 대한 西州都督府 長官의 서명으로 "十三日□□"이라고 명시된 부분이 있는데 이것도 필체가 유사하다(73TAM509:8/23(a), 『吐魯番出土文書』 肆, p.269).

그런데 [문서22]의 【문안3】 66행에서 확인되는 '一日' 다음의 글자는 이들 王斛斯의 서명에서 확인되는 '斯'와는 다른 글씨체이다. 더욱이 전술한 '某日+某[장관 簽署]'의 장관 서명은 지금까지 확인되는 解文의 경우 예외 없이 해당 행의 윗부분에 자리하는데 비하여 【문안3】의 66행 '一日□'는 행의 가운데 부분에서 거의 한 행 전체를 차지하며 위치한다.

　解文의 사례는 아니지만 【문안3】 66행처럼 행의 가운데에 한 행 전체를 차지하면서 '某日+□' 형식의 기재 내용이 확인되는 사례가 주목된다. [문서22]의 「개원21년과소안권」과 마찬가지로 아스타나 509호묘 출토 종이 이불[紙衾]에서 수습된 문서로 開元 21年(733) 西州 蒲昌縣에서 戶等을 정하는 사안('개원21년 定戶等案卷')에 대한 案卷 가운데 관련 부분([자료18]-ⓐ)을 인용하여 [문서22]의 66행([자료18]-ⓑ)과 비교해 보면 다음과 같다.118)

[자료18] '勘'자의 비교

ⓐ 「개원21년 定戶等案卷」의 '勘'자　　　　ⓑ [문서22]의 【문안3】 66행 '一日□'

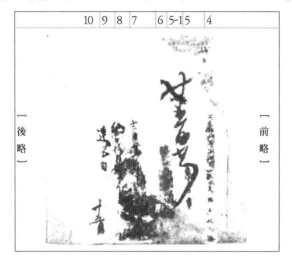
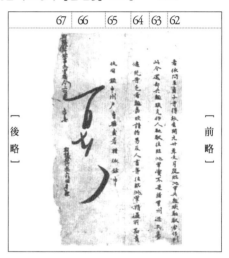

[자료18]-ⓐ 「개원21년 定戶等案卷」

〈원문〉　　　　　　　　　　　　　　[前 略]

4　　　　　　　　　開元廿一年十二月十五日　史 周石奴　牒
5　　　　　　　　　　　　　　　　將仕郎守丞杜方演
5-1　　　　　廿　　　五　　　日　　　勘
6　　　　　　　　　　　　　　　　承務郎守令歐陽惠
7　　　　　　　　　　　十二月廿五日　　錄　事　　　　　受
8　　　　　　　　倉曹攝錄事參軍　　　　　　　　　　付
9　　　　　　　　　連　元　白
10　　　　　　　　　　　　　　　　　　　　　廿　五　日
　　　　　　　　　　　　　　　　[後 略]

───────────────────
118) 73TAM509:8/20, 「唐開元21年(733)西州蒲昌縣定戶等案卷」, 『吐魯番出土文書』 肆, p.311. 문서 整理組는 '廿五日 勘'을 5행의 '將仕郎守丞杜方演' 윗부분에 복원하였으나 圖版을 참조하면 5행과 6행사이의 윗부분에서 시작하여 마지막 글자의 하단 일부가 5행의 글자 위에 덧쓰여진 형태이므로 5행과 구별하여 5-1행으로 재현하였다.

〈번역문〉 [前 略]

4 　　개원 21년 12월 15일 史인 주석노가 첩합니다.
5 　　　장사랑으로 현승을 겸한 두방연이 확인함
5-1 **25일에　勘檢하였습니다.**
6 　　　승무랑으로 현령을 겸한 구양혜가 확인함.
7 　　12월 25일　녹사가　접수하다.
8 　　창조참군사로 녹사참군을 대신한 [아무개가]　회부하다
9 　　**연접하시오. 元이 지시한다.**
10 　　　　　　　　　　　　　　　　　　　　25일

[後 略]

　　[자료18]-ⓐ는 개원 21년 12월 15일 蒲昌縣에서 서주도독부로 올린 牒文이[119] 12월 25일 서주도독부 錄事司를 거쳐 戸曹司에 보내지고(7·8행), 같은 날(25일) 이를 호조참군사 元(梁元璟)이 연접한 것을 적시한 내용이다. 여기서 5-1행은 '廿五日勘'으로 釋錄되었는데,[120] '勘'의 글씨체는 【문안3】 66행의 '一日' 다음의 글자와 매우 유사하며, 【문안3】 66행의 '一日□'과 마찬가지로 행의 중간에 한 행 전체를 차지하며 적혀있다. 더욱이 '廿五日勘'의 글자체는 9행, 10행에서 확인되는 호조참군 梁元璟의 '連元白 / 廿五日'의 필체와 매우 유사한 반면 앞서 언급한 서주도독 王斛斯의 필적과는 전혀 다르다. 즉 【문안3】 66행의 내용은 장관인 西州都督 王斛斯의 서명이 아니라 판관인 호조참군 梁元璟의 "一日勘(1일에 勘檢하였습니다)"이라고 보고한 내용이라고 하겠다. 【문안3】의 麴嘉琰과 관련된 高昌縣의 解文이 서주도독부에 上申되어 처리된 시기를 대략 개원 21년 정월 25일 이후에서 개원 21년 2월 5일 이전으로 한정할 수 있다면 당시 解文에서 제기된 사안을 처리한 관사인 戸曹司의 판관 호조참군은 梁元璟에 해당한다. 서주도독부에 상신된 高昌縣의 解文이 작성된 날짜는 결락되어 단정할 수 없다. 그러나 해문의 작성으로 처결된 사안은 서주도독부로부터 하달된 符文이 안유문서로 기능했고, 그 符文은 【문안1】의 行判 과정에서 작성된 문서라는 점을 감안한다면 【문안1】의 행판이 이루어진, 즉 고창현으로 하달된 符文이 작성된 개원 21년 정월 25일 이후라고 하겠다. 또한 처결이 이루어진 문건의 연접은 행판이 이루어진 이후라는 점에서 【문안2】의 행판이 이루어진 개원 21년 정월 29일 이후, 【문안4】의 행판이 이루어진 개원 21년 2월 5일 이전 사이에 【문안3】에 대한 행판이 이루어졌을 것이다. 따라서 대략 개원 21년 정월 25일에서 2월 5일 사이에 【문안3】 고창현의 解文이 서주도독부에 상신되었을 것이다. 개원 21년 정월 25일 포창현 첩문에 '廿五日勘'이라고 기재한 호조참군 梁元璟이 [문안3]의 안유문서인 高昌縣의 解文에 '一日勘'이라고 기재했을 개연성이 크다.

　　이처럼 西州都督府 예하의 縣에서 上申한 解文에 장관의 서명 대신 판관의 보고나 지시 내용이 적시된 사례는 이외에도 확인된다. 예를 들어 [표4] Ⅰ-No.6 문서인 神龍 元年(705)에 交河縣이 죽은 長行馬의 처분에 대하여 西州 兵曹司에 상신한 문서나[121] [표4] Ⅰ-No.7과 같은 神龍 元年(705)에 天山縣이 노상에서 죽은 長行馬의 처분에 대하여 西州 兵曹司에 상신한 문서[122] 등은 신룡 원년(705) 서주도독부 예하의 交河縣과 天山縣에서 죽은 長行官馬의 처리와 관련된 내용을 서주도독부 兵曹司에 상신한 解文에 해당한다. 이들은 모두 장관의 서명 대신 兵曹參軍事인 '蚪'[程待蚪]의 처리 내용에 대

---

119) 開元 21年 12月 15日 史 周石奴가 작성한 牒文에는 3행~4행 사이에 '蒲昌縣之印'이 날인되어 있어 蒲昌縣에서 발급된 것임을 알 수 있다.
120) 池田溫, 『中國古代籍帳研究』, p.368.
121) 「唐神龍元年(705)交河縣錄申上西州兵曹狀爲長行馬致死事」, OR.8212/557 Ast.Ⅲ.4.095, 『斯坦因第三次中亞考古所獲漢文文獻』①, pp.113~114; 陳國燦, 『斯坦因所獲吐魯番文書研究』, pp.245~247.
122) 「唐神龍元年(705)天山縣錄申上西州兵曹狀爲長行馬在路致死事」, OR.8212/557 Ast.Ⅲ.4.095, 『斯坦因第三次中亞考古所獲漢文文獻』①, pp.115~116; 陳國燦, 『斯坦因所獲吐魯番文書研究』, pp.255~257.

한 보고가 기재되어 있다. 그리고 바로 이어서 錄事司를 통한 解文의 受付 내용과 병조참군사 程待罿의 문서 연접의 지시가 이루어졌다. 이상의 사례들을 전제한다면 【문안3】의 66행은 解文에 대한 장관의 서명이라기보다는 담당 관사[戶曹司] 판관[戶曹參軍 梁元璟]의 지시나 보고 내용이라고 판단하는 것이 적합할 것이다.

그렇다면 다른 解文과 달리 【문안3】처럼 장관의 서명이 아닌 판관의 보고가 적시되었던 이유는 무엇일까? 이와 관련하여 【문안3】의 解文이 작성되어 서주도독부에 상신되는 과정에 주목해 볼 필요가 있다. 【문안3】 高昌縣의 解文은 서주도독부에서 하달한 符文에 의하여 안건이 상정되어 관련된 몇차례의 심문을 거쳐 작성되었다. 그런데 【문안3】 高昌縣 解文 작성의 안유문서로 기능한 符文은 【문안1】의 행판 과정에서 작성된 문서에 해당한다. 이러한 문건 간의 관련성을 전제하여 高昌縣에서 서주도독부로 상신한 【문안3】의 解文이 작성되는 과정을 추정하여 정리하면 다음의 [자료19]와 같으며, 문안의 題名은 開元 21年(733) 正月에 高昌縣이 西州都督府에 상신하여 麴嘉琰에게 過所를 발급해 주도록 요청하는 사안을 처리한 안권('開元21年正月高昌縣申西州都督府案卷爲請給麴嘉琰過所事')이라고 할 수 있다.[123]

[자료19] 「開元21年正月高昌縣申西州都督府案卷爲請給麴嘉琰過所事」 추정 안권

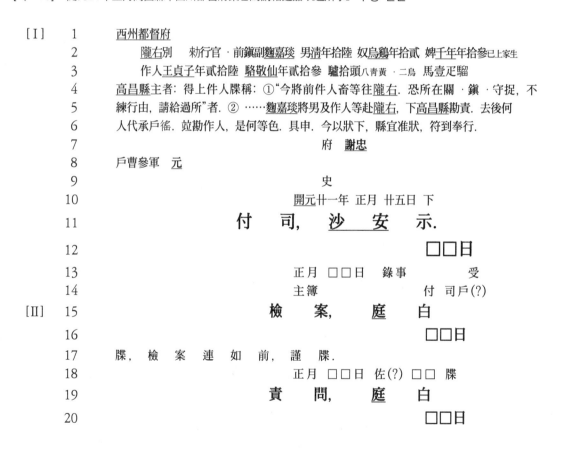

[I]　　1　西州都督府
　　　　2　　　隴右別　勅行官·前鎭副麴嘉琰　男清年拾陸　奴烏鷄年拾貳　婢千年年拾參已上家生
　　　　3　　　作人王貞子年貳拾陸　駱敬仙年貳拾參　驢拾頭八靑黃·二烏　馬壹疋騮
　　　　4　高昌縣主者: 得上件人牒稱: ①"今將前件人畜等往隴右. 恐所在關·鎭·守捉, 不
　　　　5　練行由, 請給過所"者. ②……麴嘉琰將男及作人等赴隴右, 下高昌縣勘責. 去後何
　　　　6　人代承戶徭. 竝勘作人, 是何等色. 具申. 今以狀下, 縣宜准狀, 符到奉行.
　　　　7　　　　　　　　　　　　　　　府　謝忠
　　　　8　戶曹參軍　元
　　　　9　　　　　　　　　　　史
　　　　10　　　　　　　　　　開元廿一年　正月　廿五日　下
　　　　11　　　　　付　司,　沙安　示.
　　　　12　　　　　　　　　　　　　□□日
　　　　13　　　　　　　　　　正月　□□日　錄事　　　受
　　　　14　　　　　　　　　　主簿　　　　付　司戶(?)
[II]　　15　　　　　　　　檢　案,　庭　白
　　　　16　　　　　　　　　　　　　□□日
　　　　17　　　牒, 檢　案　連　如　前, 謹　牒.
　　　　18　　　　　　　　　　正月　□□日　佐(?)　□□　牒
　　　　19　　　　　　　　責　問,　庭　白
　　　　20　　　　　　　　　　　　　□□日

<hr/>

123) 敦煌·吐魯番 出土文書 가운데 州(都督府)에서 縣으로 하달한 符文의 양식을 온전히 파악할 수 있는 사례는 매우 드물지만 일단 [표2] I-No.5 문서의 「唐開元14年(726)沙州敦煌縣勾徵懸泉府馬社錢案卷」(P.3899v, 『法國國家圖書館藏敦煌西域文獻』 第29冊, pp.126~131)에서 확인되는 沙州에서 敦煌縣으로 하달된 符文을 참조하여 開元 21년 西州都督府 戶曹司에서 高昌縣으로 하달된 符文의 형식을 재현하였다. 당시 符文을 접수하여 처리한 高昌縣의 관원은 【문안3】의 高昌縣이 서주도독부로 상신한 解文을 작성했던 인물들로 高昌縣의 縣令은 沙安, 縣丞은 才感이고 縣尉는 아마도 문서를 접합하고 그 배면에 압서했던 庭일 것이다. 그 외 錄事, 佐, 史는 분명치 않다.

[Ⅲ]　21　　　　　　　依　判, 沙　安　示

　　　　22　　　　　　　　　　　　　　　　　□□日

[Ⅳ]　23　都 督 府 戶 曹: 件 狀 如 前, 謹 依 錄 申, [請 裁], 謹 上. 124)

　　　　24　　　　　　　　　開元 21年 正月 □□日

　　　　25　　　　　　　　　　　　　佐

　　　　26　尉　庭

　　　　27　　　　　　　　　　　　　　史

[Ⅴ]　28　　　　　　　□月 □□日 受, □月 □□日 行判

　　　　29　　　　　錄事　　　　　　　　檢無稽失

　　　　30　　　　　主簿　　　　　　　　勾訖

　　　　31　高 昌 縣 申 爲 麴 嘉 琰 請 過 所 所 由 具 狀 上 事 125)

〈해설문〉

[Ⅰ]　1　서주도독부로부터

　　　2　　　농우절도사의 별칙 행관이며 전 진부인 국가염.　아들 청 나이 16(세)
　　　　　　男奴 오계 나이 12(세),　女婢 천년 나이 13(세) 이상은 家에서 태어났음.

　　　3　　　고용인 왕정자 나이 26(세) 낙경선 나이 23(세) 나귀 10마리 8마리 靑黃색털빛,
　　　　　　2마리 검은[烏]색털빛, 말 1마리[疋] 흙색털빛

　　　4~6　고창현의 담당자 앞으로: 위 사람의 첩문을 받았는데 (거기에) 이르기를 ① "지금
　　　　　　앞서 언급한 사람과 가축 등을 이끌고 隴右로 가려 하는데 중간에 있는 關, 鎭,
　　　　　　守捉 등에서 가는 이유[行由]를 알지 못할까 두려워 과소를 발급해 주길 요청합
　　　　　　니다."라고 하였다. ② ……麴嘉琰이 아들과 고용인 등을 이끌고 隴右로 간다고
　　　　　　하는데, 高昌縣에 문서를 하달하여 그들이 떠난 후에 누가 그 戶徭를 대신 담당
　　　　　　할 것인지를 취조하고, 아울러 고용인들은 어떤 부류의 사람들인지 검사하여 신
　　　　　　고하도록 하시오. 이제 문서의 내용으로 하달하니 현에서는 마땅히 문서의 내용
　　　　　　에 따라 처리하시오. 부문이 도착하면 받들어 시행하시오.
　　　　　　　　　　　　　　　　　府인 謝忠이 작성함.

　　　7
　　　8　호조참군사　元이 확인함.

　　　9　　　　　　　　　　　　　　　史

　　　10　　　　　　　개원 21년 정월 25일에 하달하다.

　　　11　　　담당 관사로 회부하라. 사안이 지시한다.

　　　12　　　　　　　　　　　　　　　□□일

　　　13　　　　　정월 □□일 녹사　　　접수하다.

　　　14　　　　　주부　　　　　　사호(?)로 회부하다.

[Ⅱ]　15　　　문안을 검사하시오. 庭이 이른다.

---

124) 출토문서 가운데 解文 작성에 대한 行判의 기재가 온전히 남아있는 경우는 확인하기 어려우나 「唐[總章3年 (670)?]某州案卷爲五穀時估申送向書省事」(六), 64TAM29:121, 『吐魯番出土文書』 參, p.344, "(4행) ……元, 件狀如 前, 謹依錄申者, 請……"이나 「武周證聖元年(695)殘牒」, 73TAM222:16, 『吐魯番出土文書』 參, p.371, "(1행) …… [錄]申[請裁], 謹□." 등을 통해 유추할 수 있다.

125) 案卷 말미 抄目에 解文 작성에 대한 기재가 명확히 확인되는 사례는 드문데, 「唐西州事目」, 『吐魯番出土文書』 肆, pp.374~377, (一) 64TKM2:18(a), "(3행) 高昌縣申……"; (三) 64TKM2:14(a), "(3행) 柳中縣申……"; 「唐天寶某 載(751~756)文書事目歷」, 73TAM193:15(a), 『吐魯番出土文書』 肆, p.241, "(2행) 天山縣申……", "(3행) 高昌縣申 爲丞嚴奉景……"; 「唐敦煌縣用印事目歷」, (三) 羽061, 武田科學振興財團杏雨書屋 編, 『杏雨書屋藏敦煌祕笈』 1冊, 大 阪: 武田科學振興財團, 2009, p.382, "(6행) 申州司戶爲兵於州就商事" 등을 통해 그 형식을 유추해 볼 수 있다.

16 □□일
17 牒합니다. 문안을 검사하여 연접한 것이 앞과 같습니다. 삼가 첩을 올립니다.
18 정월 □□일 좌(?)인 □□가 첩을 올립니다.
19 **심문을 하시오. 庭이 이른다.**
20 □□일

[中 略]

[Ⅲ] 21 **수판대로 하시오. 사안이 지시한다.**
22 □□일
[Ⅳ] 23 서주도독부 호조사 앞으로: 안건의 내용은 앞과 같습니다. 삼가 기록하여 보고하는 바에 의거하여 처리해 주기 바랍니다. 삼가 올립니다.
24 개원 21년 정월 □□일
25 佐
26 현위인 庭이 확인함
27 史
[Ⅴ] 28 □월 □□일 접수하여, □월 □□일 行判하다.
29 녹사 검사했는데 지체되거나 실착이 없다.
30 주부 구검을 마치다.
31 고창현이 국가염이 과소 발급을 요청한 사안의 연유에 대하여 내용을 갖추어 상신한 건

이상의 [자료19]는 고창현이 서주도독부에서 하달된 符文을 접수하여 안건을 상정하고, 심문을 진행한 후 국가염에 대한 과소 발급과 관련된 조사 내용을 서주도독부 戶曹司에 解文으로 보고하는 결정을 내리는 과정을 재현해 본 것이다. 즉 [Ⅰ]의 1행에서 10행까지는 서주도독부가 고창현에 하달한 符文으로 【문안1】의 행판 과정에서 작성된 문서이다. 우선 서주도독부에 국가염의 과소신청 牒文(①: 4~5행)이 접수되고, 생략부호로 표시했듯이 구체적인 과정은 불명확하나 서주도독부 戶曹司에서 관련된 사항의 심문을 고창현에 하달하였다(②: 5~10행). 부문의 작성 날짜는 개원 21년 정월 25일(10행)에 해당한다. 이어 서주도독부의 부문을 하달받은 고창현에서는 우선 장관인 縣令 沙安이 담당 관사로 문건의 회부를 지시하고(11~12행), 이에 따라 문서의 受付 절차가 고창현의 錄事와 主簿에 의하여 진행되었다(13~14행). 이로써 서주도독부에서 하달한 부문의 내용은 고창현 司戶에서 처리할 안건으로 상정되어 이른바 立案 과정이 이루지고 접수된 符文은 안유문서로서 기능하였다.

고창현에 상정된 안건은 [Ⅱ]에서 판관인 縣尉 庭의 문건에 대한 검사 지시(15~16행)에 따라 主典의 검사와 연접이 진행되었다(17~18행). 이어서 판관의 본격적인 '責問' 지시(19~20행)에 따라 여러 형식의 심문이 진행되면서 審案 과정이 이루어졌다. 이하 정확한 문서 형식을 확정하기는 어려우나 일단 [中略]으로 표시한 부분에는 심문에 대한 保人 麴忠誠 등 5명의 답변, 里正 趙德宗의 답변, 국가염의 동생인 嘉瓚의 답변, 국가염의 답변, 作人 王貞子 등의 답변이 이어져 연접되었을 것이다.[126]

이러한 심문 내용에 근거하여 고창현에서는 判案 과정을 거쳐 관련 사항을 서주도독부 戶曹司에 보고하기로 결정했을 것이다. 판안 과정의 구체적인 진행도 일률적으로 단정할 수 없기 때문에 판관의 首判, 통판관의 再判 내용은 일단 [中略] 부분에 포함시키고 안건에 대한 처결이 이루어지는 장관

---

126) 「唐垂拱元年(685)康義羅施等請過所案卷」(64TAM29:17(a)·95(a), 108(a), 107, 24·25, 『吐魯番出土文書』 參, pp.346~350)에는 과소 발급과 관련된 심문과정에서 작성된 답변이 기재된 문서편 4개가 있는데, 이들 접수된 辯文 아래에는 모두 "連亨白 / 十九日"이라고 하여 판관[亨]의 連接 지시가 명시되어 있다.

의 비판 내용만을(21~22행) [Ⅲ] 판안의 마지막 과정으로 적시하였다.

다음으로 [Ⅳ]의 23~27행까지는 판안의 결과에 따라 서주도독부 호조사에 解文을 작성하는 행판을 진행하였고 이하 [Ⅴ]의 28~31행까지는 結案 과정으로 檢勾가 이루어지고 초목이 기재되어 안권이 마무리되었다. 이러한 문서행정의 절차를 통해 고창현에서는 서주도독부 호조사로 상신하는 解文이 작성되었고, 그 실물이 【문안3】의 [Ⅰ] (1)인 50행에서 67행까지의 내용이다. 앞서 가상으로 작성한 [자료19]의 안권은 당연히 고창현에 보관되었을 것이다.

【문안3】은 고창현에서 상신한 解文을 통해 상정된 안건을 서주도독부 호조사가 처리한 안권인데 최종적인 조치는 국가염에게 隴右로 가는 데 필요한 과소를 발급하는 것이었다. 그런데 실제로 농우로 가는데 필요한 과소 발급의 신청은 당초 국가염이 올린 첩문에 의하여 이루어졌으며, 그 牒文은 【문안1】에서 서주도독부 호조사가 고창현에 국가염 관련 사안의 심문을 지시하는 符文을 작성하도록 결정한 【문안1】의 안유문서였을 것이다. 【문안1】의 [前缺] 부분에는 국가염의 과소 발급 신청에 대한 牒文 원본과 관련 사안에 대한 서주도독부 호조사의 심문 내용이 현재 잔존해 있는 【문안1】인 문안의 말미와 함께 연접되었을 것이다. 그리고 그 내용은 【문안3】의 고창현이 상신한 解文에 의하여 제기된 사안을 처리할 때 참고되었을 것이다. 따라서 고창현에서 상신한 解文에서는 안유문서로 기능했으나 해문 자체에는 첨부되지 않은 국가염이 과소의 발급을 신청한 牒文을 【문안1】의 내용과 함께 勘檢할 필요가 있었고, "一日勘"이라는 戶曹參軍의 보고는 이러한 사정을 반영한 내용이라고 하겠다. 따라서 【문안3】의 66행은 "一日斯"로 석록하여 (2월) 1일 서주도독 王斛斯가 고창현이 上申한 解文에 서명한 것으로 파악하기 보다는, 판관인 서주도독부 戶曹參軍 梁元璟이 (2월) 1일에 상신된 解文을 勘檢하였음을 적시한 것으로 '一日勘'이라고 석록해야 할 것이다.[127]

이처럼 안건 상정에 근거가 되는 문서가 해당 관사에 접수되어 안유문서로 기능하는, 이른바 '문서 처리의 시작' 과정은 실제로는 장관의 지시와 서명인 '付司, 某示'라는 형태만으로 국한되지는 않는다. 담당 관사를 명시하지 않은 채 "某日, 某[장관 서명]"라고 명시하거나[128] 장관의 아무런 지시없이 錄事司를 통해 바로 해당 관사로 보내지는 경우, 혹은 안건 처리를 담당한 관사에 있는 판관의 보고를 적시하는 등 여러 형태로 이루어졌음을 알 수 있다. 이는 안유문서로 상정된 관문서는 이미 관부 간의 위계나 통속 관계에 따른 양식에 근거하여 작성되었고 이를 처리하는 관사에서도 이러한 관계를 전제하여 구체적인 문서행정의 절차가 진행되었음을 반영하는 것이라 하겠다.

2) 문안의 연접과 안권의 성립 과정

이른바 투르판출토문서는 해당지역의 매장풍속에 따라 종이로 제작되었던 장례용구로부터 분리, 정리하여 복원되는 사례들이 많은데, 이들 문서들은 서신이나 서적도 포함하여 다량의 폐기된 관문서가 2차 가공된 경우가 대부분이다. 때문에 제작 용도에 따른 재단과 접합 작업이 부가되었기 때문에 가공 전 본래의 문서형태를 파악하는 것은 쉽지 않다. 특히 관문서의 경우, 작성을 담당한 관사나 처리한 사안의 내용, 작성한 시기 등을 온전하게 파악할 수 있는 상태로 복원되는 사례는 매우 제한적이라고 하겠다. 따라서 출토문서를 정리하여 그 錄文을 제시하는 작업은 그만큼 오류가 발생할 여지

---

127) 다만 67행 이후 결락된 부분에 高昌縣의 解文에 대한 西州都督府 장관의 '某日, 某[長官 簽署]' 형식의 서명이 있었을 가능성도 배제할 수 없다.

128) 하행문서로서 符文도 案由文書로 기능할 경우 대부분 "付司, 某示"라는 장관의 지시, 서명이 확인되는데, [표2] Ⅰ-No.2의 「唐景龍3年(709)九月西州都督府承勅奉行等案卷」(OR8212/529(Ast.Ⅲ.4.092))에는 尙書比部符를 접수한 西州都督府에서 '十五日 倚'이라고 하여 '某日+某[長官 簽署]'라는 형식의 장관 서명이 적시된 사례도 확인된다(『斯坦因第三次中亞考古所獲漢文文獻』①, pp.60~61; 陳國燦, 『斯坦因所獲吐魯番文書硏究』, pp.271~273).

를 가급적 최소화시키기 위한 단서들이 전제되어야 한다.

[문서22]의 「개원21년과소안권」의 석록에도 이러한 입장이 확인된다. 우선 【문안1】과 【문안2】의 연접관계에 대하여 문서정리조는 다음과 같이 주석을 달고 있다. 즉 【문안1】의 1행~6행까지 앞부분이 결락된 문서는 개원 21년 정월 24일('受')과 25일('行判')의 날짜에 서주도독부 戶曹司에서 처리된 것(【문안1】의 3행)이다. 이에 비하여 그 뒤에 연결되어 있는 【문안2】는 24행, 28행에서 서주도독부 戶曹參軍 元[梁元璟]의 안건 검사에 대한 지시('檢案, 元白')나 심문의 지시('責問, 元白')가 (정월) '23일(廿三日)'로 기재되어 있어 문서의 先後 순서에 따른 날짜가 도치되어 있는데, 이는 "後人이 葬具를 만들기 위하여 이어붙일[粘接] 때에 이루어진" 것이라고 추정하였다.129) 이러한 추정은 안건의 처리 과정에서 작성된 문서들이 날짜순으로 연접되었을 것이라는 이해에 근거한 판단이다. 그러나 안건이 처리되는 과정을 감안하면 그렇게 판단하는 것이 타당할지 의문이다.

즉 【문안2】의 처리과정을 보면 서주도독부 倉曹司에서 작성된 【문안2】 [Ⅰ] (1) 關文(7행~21-1행)이 (2) 녹사사의 受付 절차(21~22행)를 거쳐 戶曹司에 이첩되고, [Ⅱ] (1) 이후 호조사에서 심문 과정이 진행된다(23~35행). 그리고 심문 과정에서 작성된 문건들은 안유문서인 關文의 뒤에 연결하고, [Ⅲ] 판안(37~40행), [Ⅳ] 행판(41~45행), [Ⅴ] 결안(검구: 46~48행, 초목: 49) 등을 포함하여 안건 처리가 마무리되는 과정까지 연접했을 것이다. 따라서 7행~49행까지의 【문안2】는 【문안1】의 행판이 이루어진 개원 21년 정월 25일(3행) 이후, 그리고 【문안2】의 서주도독부 戶曹司에서 맹회복에게 과소를 발급하는 행판이 이루어진 정월 29일(42행, 46행) 이후에 【문안1】의 뒤에 연접된 것으로 판단할 수 있다. 결국 여러 사안의 처리가 연접된 안권에서 각 사안의 처리과정에서 작성된 문안이 접합되는 것은 각각의 사안에 대한 처리가 마무리된 이후이다. 때문에 여러 문안이 연접된 안권에서 이전 사안에 대한 행판이 이루어진 날짜와 비교하여 다음 사안의 처리과정에서 작성된 문건의 날짜가 그보다 이른 시기인 사례가 확인되는 것은 '葬具를 만드는 과정에서' 문서가 도치된 것이 아니라 사안별 문안을 연접하는 과정에서 이루어진 문서 처리 절차상의 자연스런 결과라고 하겠다.

맹회복에게 과소를 발급하는 사안을 처리한 【문안2】(7~49행)는 [Ⅰ] (1) 倉曹가 작성한 關文(7행~21-1행)을 제외하고 [Ⅰ] (2) 녹사사가 문서를 접수하여 戶曹司에 보낸(21~22행) 이후는 모두 호조사에서 사안을 처리하는 과정에서 작성된 내용이다([Ⅱ]~[Ⅴ] : 23~49행). 檢勾을 마치고 초목이 기재된 안권은 앞서 처리되어 보관하고 있던 안권의 말미에 연접되었을 것이다.130) 따라서 특정 관사가 정무처리 과정에서 작성된 문안을 정리할 때 각 문안이 연접되는 시기는 해당 사안에 대한 처리가 마무리된 후, 즉 행판이 이루어진 이후라고 할 수 있다.

[문서22]의 「개원21년과소안권」에서 각 사안의 행판 날짜를 살펴보면 【문안1】은 개원 21년 정월 25일(3행), 【문안2】는 개원 21년 정월 29일(42행, 46행), 【문안4】는 개원 21년 2월 5일(163행, 167행)로 확인된다. 이를 전제하면 【문안3】은 개원 21년 정월 29일 이후, 2월 5일 이전에 관련 사안에 대한 행판이 이루어졌을 것이다. 전술했듯이 【문안3】 [Ⅰ]의 안유문서인 고창현이 서주도독부 戶曹司로 상신한 解文(50~67행)은 【문안1】의 (정월 25일) 행판 과정에서 서주도독부 호조사가 고창현으로 보낸 符文이 안유문서로서 상정한 안건을 처리한 결과로 작성된 문서이다. 때문에 【문안3】은 개원 21년 정월 25일 이후부터 2월 5일 사이에 서주도독부 호조사에서 처리된 안건이고 개원 21년 정월 29일 이후, 2월 5일 이전의 시점에 앞서의 안권에 연접되었을 것이다.

이에 비하여 【문안4】는 다소 복잡한 과정을 거쳐 안권의 연접이 이루어졌다. 먼저 【문안4】 [Ⅰ]

---

129) 『吐魯番出土文書』 肆, p.281, [注釋] 1.
130) 6행과 7행 사이의 접합부 배면에 압서된 글자를 整理組는 명확히 판정하기 어려워 별달리 주기하지 않았으나 문서작성 절차를 감안하면 戶曹司 판관인 戶曹參軍 梁元璟의 첨서인 '元'자였을 것이다.

(1)의 69~77행인 岸頭府界 都遊弈所의 狀文(개원 21년 정월 27일 작성)이 서주도독부에 상신되어 王奉仙, 蔣化明에 대한 사안이 도독부에서 처리할 안건으로 상정되었다. 이에 [Ⅰ] (2) 정월 28일 서주도독 王斛斯는 狀文을 功曹司로 이첩하여 '推問'토록 하였다(78행~80행). 그 심문의 내용은 과소 없이 통행하다가 酸棗戍에서 체포된 王奉仙과 蔣化明의 신원을 파악하기 위한 것이었다. 아마도 '兵賜'나 '和糴'의 운반이라는 임시적인 公事에 고용된 경우이기 때문에 功曹司에 심문의 지시가 내려졌을 것이다.131)

[Ⅱ] (1) 서주도독의 지시['判命']를 보고 받은 功曹參軍 宋九思는 같은 날[정월 28일] 심문['問']을 진행하였다(81행~84행). 서주도독 王斛斯의 지시가 적힌 岸頭府界 都遊弈所의 狀文은 功曹參軍 宋九思의 심문 지시가 기재된 문건과 함께 정월 28일 연접되었다. 이어 공조사에서 진행된 심문 과정에서는 [Ⅱ] (2) 王奉仙의 辯文(85행~94행)과 [Ⅱ] (4) 桑思利의 변문(97~100행), 그리고 [Ⅱ] (5) 蔣化明의 변문(101~108행)이 제출되었다. 蔣化明과 傔人 桑思利에 대해서는 法曹司의 확인이 필요한 사항이 있어 [Ⅱ] (7) 법조사로부터 관련 내용을 牒文(112~122행)으로 전달받았다.

[Ⅱ] (8) 공조참군 宋九思는 정월 29일에 이상의 내용을 정리하여 보고하도록 지시하였다(123~124행). [Ⅱ] (2) 王奉仙의 辯文도 [Ⅱ] (3)의 이 시점[정월 29일]에 연접하라('連, 九思白 / 卄九日')는 지시가 이루어졌다. 이에 따라 69행에서 84행까지, 즉 [Ⅰ] (1) 岸頭府界 都遊弈所의 狀文(69~77행) 및 [Ⅰ]-(2) 서주도독이 안건을 공조사로 회부하라는 지시(78~80행)와 연접했던 [Ⅱ] (1) 功曹司의 推問 지시 문건(81~84행)까지에 연이어 [Ⅱ] (2), [Ⅱ] (4), [Ⅱ] (5)의 王奉仙, 桑思利, 蔣化明 등의 답변[辯文]이 연결되었다(85~108행). 또한 [Ⅱ] (7) 法曹司의 첩문(112~122행)도 이때 연접되었을 것이다. 따라서 [Ⅱ] (1)의 81행 이후의 문건은 공조사에서 처리한 것으로 문서의 접합부 배면의 功曹參軍事 九思의 압서인 '九'자(⑧, ⑨, ⑩)는 이러한 사정을 반영한 것이다.

[Ⅱ] (9) 125행부터는 이상의 王奉仙과 蔣化明의 사안에 대한 심문 내용을 정리한 錄案 작업(125행~146행)이 功曹司 主典에 의하여 이루어졌을 것이나 후반부가 결락되어 언제 작성되었는지 알 수 없다. 124행과 125행 사이, 141행과 142행 사이 문서 접합부 배면의 '九'자(⑪, ⑫)도 역시 공조참군사 九思의 압서에 해당한다.

錄案을 통해 안건의 심문 과정이 정리되자 處決 절차인 判案 과정이 이루어지는데 【문안4】 [Ⅲ] (1)의 147행 이후는 審案 절차를 진행했던 功曹司가 아니라 戶曹司에서 주관하였다. 147행 이후 문서의 접합부 배면에는 '九'자에 대신하여 戶曹參軍事 양원경의 '元'자(⑬, ⑭, ⑮)가 압서되어 있다. 146행과 147행 사이의 缺落으로 인하여 146행 이후 功曹司에서 진행한 錄案 과정이 어떻게 마무리 되었으며, 147행 이전 功曹司에서 작성한 문건이 어떤 절차를 통해 戶曹司로 이첩되었는지 확인할 방법은 없다. 그런데 [Ⅴ] (1)의 167행에는 호조사에서 이루어진 안건의 처리과정을 "정월 29일에 접수하여, 2월 5일에 행판을 하였다(正月卄九日 受, 二月五日 行判)"라고 하여 功曹司의 錄案 작업이후인 정월 29일에 관련 문건이 戶曹司에 접수되었음을 명시하고 있다. 즉 전술한 바 있는 岸頭府界 都遊弈所의 狀文이하 功曹司의 審問과 錄案과정까지 연접된 문건이 정월 29일 戶曹司로 이첩되었고, 이후 호조사에서 이루어진 처리과정의 문건이 이어서 연접되었던 것이다. [Ⅴ] (2) 170행에는 해당 문안의 표제에 해당하는 초목이 적시되고 해당 사안에 대한 처리절차가 마무리되는데, 이 시점에 岸頭府界 都遊弈所의 狀文에 이어 연접되었던 69행부터 170행까지 王奉仙과 蔣化明 관련 사안의 안권(【문안4】)을 【문안3】인 국가염 관련 안권의 마지막 행(68행) 뒤에 연접하였다. 이 작업은 호조사에서 진행되었기 때문에 68행과 69행 사이 접합부 뒷면에 '元'이라고 호조참군 梁元璟이 서명[押署]하였다.

---

131) 『唐六典』 卷30, 三府督護州縣官吏, p.748, "功曹·司功參軍掌官吏考課, 假使, …… 陳設之事."

【문안5】는 【문안4】와 마찬가지로 [Ⅰ] (1) 岸頭府界 都遊弈所가 개원 21년 2월 6일 작성하여 상신한 狀文(171~182행)을 서주도독부 호조사에서 처리한 문건이다. 그런데 【문안4】와는 달리 [Ⅰ] (2) 183~184행에서 장관인 서주도독 王斛斯가 2월 8일 담당 관사에 보낼 것을 지시('付司')하고, [Ⅰ] (3) 184~185행의 녹사사의 受付 절차를 거쳐 호조사로 회부되었다. 戶曹司로 보내진 狀文은 [Ⅱ]의 186~187행에서 2월 11일에야 연접하라는 호조참군의 지시('連, 元白 / 十一日')가 이루어졌다.

이어 [Ⅰ] (1)' 表兄 張智實(35세)과 나귀[驢] 두마리 등을 데리고 가는 某人의 과소(?) 발급신청의 문건 잔편이 이어지는데 뒷부분이 결락되어 있어 명확한 내용은 판단할 수 없다. 다만 岸頭府界 都遊弈所의 狀文과 마찬가지로 2월 11일에 연접하라는 지시가 있었을 것으로 추정된다. 또는 戶曹司로 보내진 문건을 2월 11일에 처리하라는 지시가 있었을 수도 있다. 어쨌든 171행~187행의 문건과 188행 이하의 문건은 戶曹司에 보내져 처리되는 과정을 거친 문서들이다. 이처럼 [문서22]의 「개원21년과소안권」에 포함된 【문안1】부터 【문안5】까지 5개 문안의 기재 내용을 각기 안건을 처리하는 절차, 즉 立案-審案-判案-行判-結案의 과정을 중심으로 정리해 보면 [도표3] '「개원21년과소안권」의 처리 상황'과 같다.

우선 5개의 문안이 연접된 시점을 살펴보면 안유문서가 접수되어 안건이 해당 관사에 상정되고 이어서 審案, 判案 등의 절차를 거친 후 행판이 이루어고 마지막으로 이에 대한 檢勾까지 마무리된 이후라고 판단된다. 즉 【문안1】은 개원 21년 정월 25일에 [前缺]된 부분에서 그 이전에 처리된 문안의 뒤에 연접되었을 것이다. 또한 【문안2】은 서주도독부 호조사에서 개원 21년 정월 22일에 접수한 창조사의 關文(정월 21일 작성)으로 상정된 안건을 최종적으로 처리한 정월 29일에 【문안1】의 뒤([문서22]의 6행 이후)에 연접하였다. 【문안3】도 서주도독부 호조사에 접수된 고창현의 解文으로 상정된 안건을 처리하고 【문안2】의 뒤([문서22]의 49행 이후)에 연접하였을 것이다. 그런데 【문안4】의 경우 岸頭府界 都遊弈所에서 서주도독부에 올린 狀文(개원 21년 정월 27일 작성)으로 상정된 안건을 개원 21년 정월 28일부터 29일까지는 공조사에서 審案 과정을 진행하였고 정월 29일에 호조사로 이첩하면서 2월 5일에는 판안, 행판, 결안을 서주도독부 호조사에서 진행하였다. 그리고 2월 5일 행판 이후에 【문안4】를 【문안3】 뒤에 연접하였다. 【문안5】의 경우 문안의 뒷부분이 결락되어 어느 시점에 【문안4】와 연접되었는지 판단하기 어렵다. 다만 岸頭府界 都遊弈所가 2월 6일 작성하여 서주도독부에 올린 狀文은 2월 8일 장관의 지시와 녹사사의 受付 절차를 거쳐 호조사에 상정되었지만 바로 심안 절차를 진행한 것이 아니라 2월 11일에 188행 이하의 또 다른 문서를 연접하는 과정을 거쳤다. 아마도 岸頭府界 都遊弈所가 2월 6일에 작성한 狀文과 유사한 사안으로 서주도독부 호조사의 처리를 요구하는 사안이 추가된 것으로 추정할 수 있다. 결국 문안들을 연접한 안권의 원본에는 각각의 문안을 구성하는 안유문서의 작성 날짜, 녹사사의 문서 受付 날짜, 審案 과정이 이루어지는 날짜 등이 문안에 따라 그 선후가 도치될 수도 있다. 즉 문안 연첩의 선후 관계는 각 사안의 행판이 이루어진 시점의 선후가 기준이 되었음을 알 수 있다.

그런데 전술한 【문안5】의 경우처럼 개별 사안에 대한 文案에서는 審案을 거쳐 判案을 진행하는 과정에서 審案이 마무리되어 判案을 하기 전에 또 다른 관련 문건이 접수되어 다시 심안을 해야 될 경우, 문건 접수 날짜와 문건의 연접, 勘檢 지시 날짜가 도치되는 경우도 있다. 대표적인 사례로 이른바 '北館文書'로 지칭되는 문서의 연접 상황을 들 수 있다. 서주도독부가 관할 驛館인 北館의 北館廚에서 신청한 客使 지급 물품의 대금을 지불하는 과정에서 處決의 근거로서 市에 물품 가격을 문의했는데, "첩합니다. 市에 帖을 보내 땔감[柴]의 가격을 물어보았는데 [가격의 보고가] 도착하기 전에 검사해 보니 또 다른 사안이 있어서(牒, 帖市問市估, 未到間, 檢有事至……)" 또는 "첩합니다. 가격을 물어보았는데, 다시 사안이 도착하여(牒; 問估, 更事至……)"라고 하는 경우에 해당한다. 市의 보고가 이루어지기 전, 즉 判案의 근거를 확보하기 위한 審案이 마무리되기 전에 다시 北館廚에서 또 다른 물품대금의 지불신청이 접수되어 새로운 안유문서가 추가된 것이다. 이로 인하여 이전에 접수된 北館廚의 지불 대금 신청에 대한 감검 지시 다음에 다시 접수된 北館廚의 지불 대금 신청을 연접하고 이에 대한 심안을 진행하게 되었다.132)

[문서22]에서 확인되는 5개 문안의 작성 과정에서 특히 주목되는 것은 해당 관부와 관사에 소속된 官人들이 안건을 처리하는 과정, 즉 문서행정의 운영에서 담당했던 역할이다. [문서22]의 「개원21년 과소안권」은 서주도독부 호조사가 안건을 처리하는 과정에서 작성된 문안이기 때문에 개원 21년에 서주도독부의 장관인 서주도독 王斛斯를 필두로, 통판관인 齊晏(長史), 崇(別駕), 그리고 延禎(司馬) 등이 소관 업무를 담당하였다. 또한 戶曹司의 판관인 호조참군사 梁元璟, 주전인 府 謝忠 등이 안건 처리에 참여하였다. 안건 처리 과정에 간여한 4등관과 더불어 문서의 접수 및 회부[受付], 정무 처리 내용의 勾檢 등을 담당한 錄事司의 기능도 간과할 수 없는데, 공조참군사로 녹사참군사를 겸임했던 思와 錄事인 元肯 등의 역할이 확인된다. [문서22]의 문안들에서 확인되는 이들 관사, 관인과 관련된 내용들에는 당연히 당 전기 실시되었던 지방 문서행정 운영의 구체적인 실상이 반영되었던 것이다.

우선 안건의 처리와 관련하여 상정된 안건에 대한 감검, 심문, 그리고 문건의 연접까지 안건 처리의 전반적인 과정에 걸쳐 실무를 담당했던 것은 해당 관사의 判官과 主典이었다. 그 중에서도 主典은 상정된 안건에 대한 審案 과정에서 주로 판관의 지시에 따라 해당 안건의 처리에 필요한 審問, 勘檢, 連接 등의 실제 업무를 직접 진행하는 직책을 담당하였다. 이러한 직무를 통해 안건에 대한 조치를 결정할 수 있는 근거를 마련하였는데, 판관의 判辭는 이러한 근거에 따라 지시·명시되었다. 【문안2】의 25~26행과 같이 문안에 적시된 "牒, 檢案如前, 謹牒", "牒, 檢案連如前, 謹牒", "牒, 件檢如前, 謹牒", "牒, 件錄檢如前, 謹牒" 등은 주전이 판관에게 해당 사안에 대하여 勘檢, 審問한 내용을 보고하는 형식의 문구이다. 판관은 이러한 주전의 보고에 근거하여 판안을 진행하였다. 다만 전술했듯이 "牒, 檢有事至, 謹牒", "牒, 更事至, 謹牒" 등의 보고를 통해 새로운 사안이 추가되었을 경우 이에 대한 勘檢이 다시 진행되어 判案 과정은 그 이후에 이루어지게 되었다. 특히 해당 사안에 관련된 대상이나 사안이 다수이거나 다른 관사와의 공조 등 감검 과정이 복잡하게 진행되었을 경우, 審案의 최종 단계에서 감검 내용을 대상과 사안별로 정리하여 보고하는 【문안4】의 125행~146행과 같은 錄案이 작성되는데 이 역시 주전에 의하여 이루어졌다.

審案 과정에서 '檢案', '責問', '連' 등의 구체적인 업무를 지시하여 사안에 대한 처리 과정을 진행하는 것은 판관이었다. 무엇보다 判官은 審案 절차를 거친 후 判案을 통해 사안에 대한 구체적인 처리 방안을 제시하였다. 심안 과정에서 실무 진행에 대한 지시는 주로 主典에게 내리는 것인데 비하여 사안에 대한 처리 방안의 제시는 판안 절차 가운데 首判에 해당하며 상급인 통판관, 장관의 재가를 받기 위한 것이다. 다만 지시와 제안이 상반된 대상에게 제시되면서도 두 경우 모두 '白'으로 적시하였다. 물론 현존하는 대부분의 문안은 판관의 수판(의판) 내용에 따라 통판관의 재판(통판)과 장관의 비판을 거쳐 사안에 대한 처결이 이루어졌다. 그렇지만 판안 과정에서 판관의 역할은 처리 방안에 대한 제안, 즉 判辭에서는 '諮(헤아려 주십시오)'라고 하여 장관의 처결을 요구하는 것에 한정되었다. 결국 처리한 안건에 대한 사실상의 최종적 처결은 온전히 장관에게 부여된 권한이었다. 문서 행정의 처리 절차에서 장관이나 판관의 역할에 비하여 통판관은 크게 부각되지는 않지만, 판안 절차에서 재판(통판)의 역할 뿐 아니라 장관의 부재시에 차관으로서 장관의 직무를 대신하는 역할도 하였다.

안건이 상정되어 처결되는 문안 처리 절차의 전체 과정을 고려할 때 관부에 접수된 문서(안유문서)

---

132) 이에 대한 구체적인 분석은 박근칠, 「唐代 지방 文書行政의 절차와 案卷의 재정리」, 『中國古中世史硏究』 56, 2020, pp.279~292 참조.

를 해당 사안에 따라 담당 관사로 회부('付司')하거나 안건 상정 이전에 심문할 사항이 있을 경우 직접적인 지시를 통해 처리하는 등의 직무를 진행한 것은 해당 관부의 장관이다. 이러한 측면에서 상정된 안건의 처리와 관련된 문안 작성의 시작을 관장하였던 것 역시 장관이라고 할 수 있다. 또한 심안을 거쳐 구체적인 처리 방안이 마련되는 판안 절차에서 안건에 대한 최종적인 조치를 처결하는 것도 장관의 직무란 점에서 문서행정의 운영에 있어서 장관의 위상을 판단할 수 있다.

이러한 4등관의 기능과 더불어 주목할 만한 것은 문서행정의 처리 과정에서 錄事司가 담당한 역할이다. 문안의 처리 과정에서 우선 해당 관부에 접수된 문서는 關文 등의 예외도 있지만 장관의 확인 절차 이후 [문서22]의 【문안2】나 【문안4】처럼 錄事司의 受付를 거쳐 안건의 담당 관사로 회부되었다. 이처럼 錄事司를 통해 해당 관사로 회부된 안건은 비로소 관사에서 처리할 안건으로 상정되었다. 그리고 심안, 판안의 절차를 거친 후 行判을 통해 안건에 대한 처결 내용이 기재된 문서가 작성되면 【문안1】, 【문안2】, 【문안4】처럼 이에 대한 감검이 錄事司에 의하여 이루어졌다. 즉 안건 처리 절차상 기한의 준수 여부나 처결 내용을 전하기 위해 작성된 문서상의 오류나 실착의 유무 등을 검사하여 이상이 없음을 확인하는 작업을('檢無稽失') 진행하였다. 그리고 이상의 전체 안건 처리과정에 이상이 없음을 확인하였다. 결국 해당 관사에서 안건이 상정되는 과정과 더불어 처결이 집행되는 과정까지의 점검을 錄事司에서 관장하였다. 이처럼 문안에 기재된 안건 처리과정상의 내용들은 문서행정의 각 절차에 간여했던 관인들의 역할을 반영한 것으로 이를 통해 당 전기 지방 문서행정의 구체적인 운영 실상을 파악하는 중요한 단서라고 하겠다.

한편 [문서22]인 「개원21년과소안권」은 서주도독부 戶曹司에서 사적 통행 증빙과 관련된 안건을 다룬 것으로 안건에 대한 처결이 시행되는 시점의 선후에 따라 해당 문안이 연접되었다. 그런데 「개원21년과소안권」을 구성하고 있는 문서편을 앞부분이나 뒷부분이 결락된 경우까지 포함하여 살펴보면 전체 20장의 종이((1)~⑳)가 접합되어 이루어진 것이다. 이들 20장의 종이를 문안별로 구분하여 그 연접 상황을 제시하면 [도표4] '「개원21년과소안권」의 연접 상황'과 같다([문서22] '「개원21년과소안권」의 구성'도 함께 참조).

【문안1】은 ≪1≫ 문서편의 1장(⟨1⟩)만이 남아있고, 【문안2】는 ≪1≫ 문서편의 3장(⟨2⟩,⟨3⟩,⟨4⟩)과 [中缺] 부분을 사이에 두고 ≪2≫ 문서편의 2장(⟨5⟩,⟨6⟩)까지 포함한다. 【문안3】은 ≪2≫ 문서편의 2장(⟨7⟩,⟨8⟩)과 중간에 [中缺]이 있고 이어 ≪3≫ 문서편의 1장(⟨9⟩)을 포함한다. 【문안4】는 ≪3≫ 문서편의 3장(⟨10⟩,⟨11⟩,⟨12⟩)과 [中缺]에 이어 ≪4≫ 문서편의 4장(⟨13⟩,⟨14⟩,⟨15⟩,⟨16⟩), 그리고 다시 [中缺] 부분에 이어 ≪5≫ 문서편의 2장(⟨17⟩,⟨18⟩)으로 이루어졌다. 마지막 【문안5】는 ≪5≫ 문서편의 2장(⟨19⟩,⟨20⟩)만이 남아있다.

그런데 전술한대로 【문안2】, 【문안3】, 【문안4】는 가운데 결락된 부분이 있는 온전치 못한 문안이기는 하지만 안건 상정의 근거가 되는 안유문서와 안건의 처리를 마무리하고 문안의 가장 끝에 적시되는 초목이 남아있다. 마찬가지로 【문안1】의 마무리된 문안에 이어 【문안2】의 안유문서가, 【문안4】의 마무리된 문안에 이어 【문안5】의 안유문서가 연접되어 있다. 따라서 「개원21년과소안권」을 구성하는 5개의 문서편은 사실상 5개의 안건을 처리하는 과정에서 작성된 5개의 문안을 순차적으로 연접한 것이라고 판단할 수 있다. 즉 「개원21년과소안권」은 서주도독부 戶曹司에서 개원 21년 정월과 2월에 처리한 사안에 대한 안권이라고 하겠다. 또한 처리된 사안의 내용은 문안의 표제격인 초목을 통해 보면, 【문안1】은 국가염이 타지로 떠난 후의 처리("下高昌縣爲勘麴嘉琰去後, 何人承後上事"), 【문안2】는 맹회복에게 과소발급("給孟懷福坊州已來過所事"), [문안3]은 국가염에게 과소발급("給麴嘉琰爲往隴右過所事"), 【문안4】는 장화명에게 行牒을 지급("牒蔣化明爲往北庭給行牒事"), 【문안5】는 뒷부분이 결락되었으나 잔존한 문서의 내용으로 사적 통행의 허가와 관련된 사안으로 추정된다. 따라서 「개원21

년과소안권」은 서주도독부 戶曹司에서 개원 21년 정월과 2월에 사적 통행에 대한 허가 여부와 과소나 公驗 등 통행 증빙의 발급과 내용상 진위 조사 등 사적 통행과 관련된 문안이 연접된 것이라 하겠다.

당대 문서행정과 관련하여 尙書都省에 대한 내용이기는 하지만 "문안이 이미 완성되고 勾司에서 朱書로 勾勒[行朱]을 마치면 모두 그 上端에 적고, 年·月·日을 기록하여 (文書)庫에 넣는다."[133]라고 규정하고 있다. 문서행정의 마무리 과정에 대한 내용이기는 하지만 개별 사안에 대해 작성된 문안과 이들 개별적인 문안을 연접한 안권에 대하여 어떻게 구분하여 적용된 것인지 판단하기 어렵다. 다만 안건을 처리하고 문안이 작성되면 勾檢이 이루어지고 보관을 위한 작업이 진행된다는 점에서 문안의 연접은 각 사안에 대한 처결이 이루어진 후에 진행되었을 것으로 이해할 수 있다.

京師만이 아니라 지방 관사에서도 접수된 안건에 대하여 판안 과정과 處決 내용에 따른 관문서의 발급 등 일련의 문서행정 절차를 적시한 장부 형식의 문건이 확인되기 때문에[134] 해당 관부에는 당연히 안건 처리과정에서 작성된 문안들이 안권 형태로 보존되었을 것으로 판단할 수 있다. 예를 들어 [문서22]의 「개원21년과소안권」에서도 【문안2】의 경우 귀향하던 맹회복에게 전년 10월 糧遞에 근거하여 양식을 지급한 사실을 서주도독의 지시에 따라 倉曹司가 '案'을 검사하여 확인하였다. 또한 【문안4】의 장화명 관련 심문 내용에 郭林의 傔人인 桑思利가 장화명을 데리고 北庭으로 돌아가라는 조치가 있었는지를 功曹司가 法曹司에 문의하였고, 이에 법조사는 '文案'을 조사하여 虞候의 보고가 있었음을 확인하고 있다. 출토문서에서 西州都督府 관하의 曹司가 업무처리 과정에서 다른 曹司의 협조를 요구하면 다른 曹司는 보존하고 있던 관련 文案을 조사하여 의견을 제시하는 사례가 다수 확인된다. 앞서 인용한 바 있는 [문서5]의 牒文에는 上元 3년(676) 西州都督府 功曹司에서 倉曹參軍 張元利가 犯法으로 勾留된 사실을 조사하면서 法曹司의 협조를 요구하자 法曹司는 張元利와 관련된 문안('上件人案')을 조사하여 牒文으로 功曹司에 보고하였다.[135] 즉 서주도독부의 경우 해당 안건을 처리한 문건들을 연접한 안권이 官司(曹司)별로 분류, 보관되었을 것으로 추정할 수 있다.

한편 문안이 완성되어 안건에 대한 處決 내용을 적시한 관문서가 작성되면 이를 발급하기 위하여 官印을 날인하게 된다.[136] 출토문서 가운데는 瀚海軍 관련 문서에 개원 15년(727) 12월에 날짜별로 瀚海軍 兵曹司에서 작성한 印歷이 확인된다.[137] 兵曹司에서 작성하여 발송하는 관문서(주로 牒文)에 官印을 날인하고 이를 勘檢('勘印')한 내용이 적시되어 있다. 처리한 안건의 시행문서에 대한 발급과정에서 官印('瀚海軍之印')의 날인을 안건의 담당 官司 별로 정리했다는 것은 처리한 안건에 대한 문

---

133) 『唐六典』 卷1, 尙書都省左右司郞中員外郞條, p.11, "凡文案旣成, 勾司行朱訖, 皆書其上端, 記年月日, 納諸庫."

134) 敦煌·吐魯番 출토문서 가운데 이른바 抄目歷, 事目歷이나 請印歷, 勘印歷 또는 勘印簿 등으로 명명된 장부형식의 문서들에는 해당 官府의 문서 受發 내역이 날짜별로 기재되어 있어 官府간 문서의 접수와 발급 사실을 철저히 관리했음을 확인할 수 있다. 예를 들어 돈황 출토문서 가운데 S.11453J, S.11453L, S.11453K를 연접한 開元연간 瀚海軍 문서에는 軍府에 접수된 각 문서의 墨書 표제 아래에 朱書로 行判한 날짜, 발급된 문서의 형식을 명시하고 담당 주전과 관원이 서명한 내용이 확인된다(周紹良 主編, 『英藏敦煌文獻(漢文佛經以外部分)』 第13卷, 成都: 四川人民出版社, 1995, p.280). 이 문서의 성격에 대해서 '請印歷'(孫繼民, 『敦煌吐魯番所出唐代軍事文書初探』, 北京: 中國社會科學出版社, 2000, pp.239~243)이나 '事目歷'(方誠峰, 「敦煌吐魯番所出事目文書再探」, 『中國史研究』 2018-2, p.127)이라고 하듯이 논란의 여지가 남아 있지만 지방 軍府에서도 문서행정 절차가 치밀하게 이루어졌음을 확인할 수 있다.

135) 「唐上元3年(676)西州法曹牒功曹爲倉曹參軍張元利去年負犯事」, 2004TBM207:1-12a, 『新獲吐魯番出土文獻』 上, pp.72~73.

136) 『唐六典』 卷1, 尙書都省左右司郞中員外郞條, p.11, "凡施行公文應印者, 監印之官, 考其事目, 無或差繆, 然後印之, 必書於歷, 每月終納諸庫."

137) S.11459G+S.11459E+S.11459D(『英藏敦煌文獻』 13卷, p.295). 孫繼民은 이 문서를 「唐開元15年(727)12月瀚海軍兵曹印歷」으로 명명하였다(『唐代瀚海軍文書硏究』, 蘭州: 甘肅文化出版社, 2002, pp.9~28). S.11459G의 1행에 "兵曹司開元十五年十二月印歷 典杜言 官樂瓊"이라고 기재하고 이하 날짜별로 발급 문서의 事目을 나열하였다.

안도 관사별로 분류, 보존되었을 개연성을 반증하는 것이라고 하겠다.

「개원21년과소안권」에 기재된 5개 사안을 전제하면 사적 통행의 증명이나 허가 등의 업무를 주관한 서주도독부 호조사에서 처리한 문안이 서로 연접되었다고 판단할 수 있다. 그런데 戶曹司에서 처리한 안건에는 사적 통행 허가에 대한 업무 외에도 여러 내용이 있었을 터인데,138) 「개원21년과소안권」에는 주로 통행허가증 발급에 대한 사안을 처리한 문건들에 국한되어 있다. 따라서 서주도독부에서는 예하 曹司에서 처리한 문안에 대한 안권을 각 曹司별로 분류, 보관하였는데, 그 이유에 대해서는 보다 정합적인 해석이 필요하겠지만 사적 통행 증명이나 허가와 관련된, 즉 과소나 공험의 발급에 관한 사항은 호조사 문안 중에서도 별도로 구분하여 안권을 만들었다고 추정할 수 있다.

종래 『吐魯番出土文書』[圖版本]의 문서 정리조는 주로 발굴 당시의 문서 잔편에서 확인되는 날짜를 기준으로 문서 잔편의 先後 순서를 정하고 이에 따라 문서를 복원하는 작업을 진행하였다. 그런데 이러한 문서 복원의 기준은 당대 작성된 문안의 원형을 파악하는 데 적합하지 못하며 문서행정 운영의 실상을 이해하는 데도 적절하지 않다. 이와 관련된 사례로 景龍 3年(709) 12月부터 景龍 4年(710) 正月까지 西州 高昌縣에서 田畝의 處分과 관련된 사안을 처리한 안권이 주목된다.139) 이 안권은 西州 高昌縣에서 退田, 給田, 田土分配 등 전토문제의 처리과정에서 작성된 안권인데, 종이 버선[紙袜]을 만들기 위하여 재단한 버선 모양의 단편을 포함한 19개의 문서단편을 정리한 것이다. 문서 정리조는 19개의 문서편을 문서에 기재된 날짜 순서에 따라 배열했기 때문에 실제적인 문서 처리과정을 파악하는데 적합하지 않은 복원 錄文을 제시하였다. 새로운 정리 작업을 거친 복원안에 의하면 이 안권에는 西州 高昌縣에서 景龍 3년 12월 15日에 처리한 안건의 문안과 景龍 4年 正月 21日에 처리한 안건의 문안이 연접된 것으로 파악된다. 高昌縣에서 작성된 案卷으로 진토문제에 대한 문안을 연접한 것인데, 西州都督府에서 戶曹司나 倉曹司 등 官司別로 안권이 작성, 분류된 것과 마찬가지로 高昌縣에서도 사안의 내용에 따라 안권이 분류, 작성되어 보관되었을 것으로 판단할 수 있다.140)

중앙이나 지방의 행정 단위에 따라 관사의 조직이나 운영에 차이가 있고 이는 문서행정의 운영에도 반영되었을 것이다. 다만 이들 관부에 보관되었던 안권들이 일정한 보존 기간을 지나 폐기처분된 이후 喪葬用品으로 재활용되는 과정에서도 원래 안권의 연접 형태가 유지되었던 점도 주목할 필요가 있다. [문서22]의 「개원21년과소안권」처럼 원래 하나의 두루마리에 연접된 문안들이 종이 이불을 만들기 위한 목적에서 약 3장 정도의 길이로 재단되어 이용되었는데, 이들은 결락된 부분은 있으나 서로 연접된 문안이라고 판단된다. 이는 서주도독부에서 처리된 문안이 어떤 기준으로 연접되었는지를 파악할 수 있는 단서이며, 당대 지방 문서행정에서 문서의 정리와 보관 절차를 규명하는 유용한 자료라고 하겠다.

「개원21년과소안권」을 2차 가공할 때 적용되었던 기준은 아스타나 509호묘의 종이 이불[紙衾]에서 수습된 다른 문서들의 정리 작업에도 마찬가지로 준용될 수 있다. 가령 509호묘의 종이 이불 제작에 사용된 문서 가운데는 張无瑒이란 사람이 北庭에 가서 兄의 봉록을 대신 수령하기를 요청한 것을 서주도독부 天山縣이 西州 戶曹司에 상신한 문서([표4] 'Ⅰ. 解式 문서' No.14 문서)가 있다.141) 『

138) 『唐六典』 卷30, 三府督護州縣官吏, p.749, "戶曹·司戶參軍掌戶籍·計帳, 道路·逆旅, 田疇·六畜·過所·鐲符之事."
139) 「唐景龍3年(709)12月至景龍4年(710)正月西州高昌縣處分田畝案卷」, 『吐魯番出土文書』 參, pp.554~ 566.
140) 林根七, 「唐代 지방 文書行政의 절차와 案卷의 재정리--'唐景龍3年(709)12月至景龍4年(710)正月西州高昌縣處分田畝案卷'의 검토를 중심으로」, 『中國古中世史研究』 56, 2020. 5. 최근 이 안권에 대하여 필자와 유사한 문제의식에서 새로운 복원안을 제시한 肖龍祥, 「吐魯番所出〈唐景龍三至四年西州高昌縣處分田畝案卷〉復原研究」(上)(下), 『吐魯番學研究』 2020-1·2가 주목된다. 다만 이 연구는 문서 정리조의 날짜별 배열 원칙이 갖는 문제점에는 천착했으나 문서 접합부 배면의 押署나 喪葬用品으로 가공할 때의 재단 모양 등에는 주의를 기울이지 못하였다.
141) 「唐西州天山縣申西州戶曹狀爲張无瑒請往北庭請兄祿事」, 73TAM509:8/5(a), 『吐魯番出土文書』 肆, p.334. 이 문서는 西州 天山縣에서 西州 戶曹司에 上申한 解文으로, 張无瑒이 兄 張无價의 祿俸을 대신 수령하기 위해 北庭에 가

『吐魯番出土文書』의 문서정리조에서는 天寶·大曆年間의 문서로 파악하여[142] 寶應 元年(762)의 문서 이후에 배치하였다. 그러나 문서상의 '前安西流外'인 張无瑒이 天山縣에서 개원 19년(731) 3월 25일의 시점에는 '安西流外' 張无瑒으로 기재되었던 점,[143] 앞 문서와의 접봉부 배면에 '元'자가 압서되어 있는 점, 안건이 사적 통행 허가와 관련된 점 등을 전제한다면 「개원21년과소안권」과 보다 밀접한 관련성이 있는 문서라 하겠다. 이 문제는 509호묘의 매장 및 발굴 상황 등을 고려한 별도의 분석이 필요한 주제이기 때문에 본격적인 서술은 피하겠으나, 종래 공개된 吐魯番出土文書를 새롭게 정리하는 근거로서 당대 안권의 실태를 파악하는 것이 중요한 전제가 될 수 있음을 시사한다.

3. 소결

돈황·투르판 출토문서에서 확인되는 당대 관문서의 실례들은 당대 律令 규정이 문서행정의 운영에도 예외없이 관철되었던 증거로 주목되었다. 즉 율령 官制를 기반으로 한 관부의 제반 업무가 실질적으로 처리되는 과정이 관사간의 통속관계와 위계질서를 전제한 문서행정의 구체적 절차를 통해 구현되었다고 파악하였다. 이러한 의미에서 해당 관사에서 안건 처리과정의 일체를 포괄하여 작성되는 안권은 문서행정의 구체상을 파악하는 데 주요한 단서라고 할 수 있다. 다만 종래 출토문서를 대상으로 한 당대 관문서에 대한 연구가 주로 관문서의 유형에 따른 서식이나 용도 등에 천착한 것에 비하여 문서의 처리과정을 전제로 문서행정 운영의 전모에 접근하려는 작업이 다소 부진했던 것은 온전한 형태로 남아있는 안권의 존재를 확인하기가 용이치 않은 데도 이유가 있다.

주지하듯이 이른바 투르판 출토문서는 해당 지역의 특수한 장례습속에 따라 서적이나 문서 등을 포함한 紙質자료가 喪葬用品으로 활용되었다가 발굴되면서 실체가 확인된 경우가 대부분이다. 그러나 상장용품을 제작하는 과정에서 재단과 접합 등의 2차 가공이 이루어지기 때문에 발굴된 문서편을 통하여 紙質자료의 본래 형태를 파악하기란 쉽지 않다. 이러한 사정은 출토문서의 분석을 통한 당대 문서행정의 규명에도 마찬가지로 적용된다. 즉 안건의 처리 과정에서 작성된 안권의 경우 立案, 審案, 判案, 行判, 結案 등 문서행정의 처리절차를 온전히 파악할 수 있는 사례는 매우 드물다. 또한 여러 형태로 재단된 문서편의 접합을 통하여 온전한 안권을 복원하고 이를 전제로 문서행정의 구체상을 재현하는 것은 더욱 제한적일 수밖에 없다.

[문서22]의 「개원21년과소안권」의 분석을 통하여 안권에 반영된 문서 처리과정의 구체상에 대한 이해와 더불어 당대 문서행정의 실상에 접근할 수 있었다. 이 안권은 喪葬用品인 종이 이불을 만들기 위하여 두루마리 형태로 보존되다 폐기된 관문서를, 약 3장 정도의 연접된 길이로 재단한 문서편 5개로 구성된 것이다. 모두 서주도독부 戶曹司에서 처리한, 주로 통행증[過所] 발급과 관련된 5개의 안건을 처리한 문안이 연접된 것이다. 5개의 문안은 모두 앞부분, 뒷부분 혹은 중간 부분에 결락된 내용이 있어 안건의 처리과정 전체를 온전히 파악하기는 곤란하다. 그러나 각 문안에서는 안건 상정에 기능한 안유문서로서 關文, 解文, 狀文, 牒文 등 관문서의 유형에 따라 해당 관부인 서주도독부의 접수 상황과 예하 담당 관사인 戶曹司의 심문 과정에서 각기 절차상의 차이를 확인할 수 있다. 또한

기를 신청했으므로 이를 西州都督府에서 처리해 주도록 요청한 내용이다.

142) 이 문서를 天寶·大曆연간의 것으로 파악한 이유는 張无瑒의 형인 張无價와 관련된 문건들에 天寶 10년(751), 大曆 4년(769) 등의 기년이 확인되기 때문이다.

143) Ot.3474, 「唐開元19年(731)正月~3月西州天山縣到來符帖目」(『大谷文書集成』貳, 圖版 9, p.106), 113行, "……功曹符爲安西流外張无瑒考功事 卄五日到……". 이 문서의 題名과 錄文은 池田溫, 『中國古代籍帳研究』, p.362 참조.

심문 과정에서는 관사간의 공조가 이루어지면서 각 관사에 보관 중인 해당 안건과 관련된 문안이 勘檢의 근거로 작용하였다.

한편 5개의 문안은 각 문안마다 해당 안건에 대한 처리가 마무리된 시점에서 이전 문안에 이어 연접이 이루어졌다. 즉 각 사안에 대한 處決의 시행, 즉 행판 시점이 해당 문안의 마무리 시점이 되며, 이때에 안권의 연접이 이루어지는 것이다. 따라서 여러 문안을 연접한 안권의 경우, 이전 문안의 행판 시점과 이후 문안의 立案, 審案 시점은 시기적으로 先後가 역전될 수도 있는데, 이는 喪葬用具 제작을 위해 재단이나 접합 과정, 즉 2차 가공 시점에서 이루어진 '倒置'의 현상이 아니라 문안을 연접하여 안권을 제작하는 과정에서 자연스럽게 발생한 결과라고 하겠다. 더욱이 「개원21년과소안권」은 문안마다 결락 부분이 있지만 5개의 문안이 모두 이전 문안 다음에 이어서 이후의 문안이 서로 직접 연접된, 즉 원래 하나의 안권을 이루고 있었던 것으로 판단된다. 안건의 처리 과정을 전제하면 지방 관부에서 작성된 문안은 관사별로 분류, 보관되었을 개연성이 큰데, 가령 서주도독부에서 작성된 문안은 戶曹司, 倉曹司, 功曹司, 法曹司 등 해당 업무를 처리한 曹司別로 분류, 보관되었을 것이다. 그런데 「개원21년과소안권」은 서주도독부 戶曹司에서 처리한 안건 중에서도 사적 통행과 관련된 過所나 公驗의 발급과 관련된 사안의 처리과정에서 작성된 문안들이 안권을 이루고 있는 경우라고 하겠다. 즉 안건의 담당 관사별로 분류, 보관된 문안 가운데 특수한 목적이나 용도를 전제한 處決이 시행되는 경우 다른 문안과는 별도로 연접하여 보관하였을 가능성을 추정케 한다. 안권의 작성, 문안의 처리 및 보관 등과 관련하여 중앙, 지방(州와 縣) 간의 차이를 전제한, 보다 다양한 자료를 이용한 검증이 추후 필요한 내용이기도 하다.

[도표3] 「開元21年過所案卷」의 처리 상황

	案由文書	[I] 입안 (정관지시 / 受付)	[II] 심안	[III] 판안	[IV] 행판	[V] 결안 — 검구	[V] 결안 — 조목
	[前缺]				1~2 符文작성 (정월 25일)	3~5 정월24일 受, 정월25일 行判 檢無稽失 錄事元肯 攝錄事參軍 思 勾訖	6 下高昌縣爲勘麴嘉琰去後, 何人承後上事
문안1	7~21-1 정월 21일 [關文]	21~22 錄事司 受付 정월 22일	23~35 판관 : "檢案,元白"(정월 23일) 주전 : "牒,檢案連如前,謹牒"(23일) 판관 : "責問,元白"(정월 23일) [辯文] 孟懷福	36~40 ~依判,斜斯示 (정월 29일)	41~45 과소발급 (정월 29일)	46~48 정월22일 受, 정월29일 行判 檢無稽失 錄事 攝錄事參軍 思 勾訖	49 給孟懷福坊州已來過所事
문안2	50~67 [解文]		66 판관 : "勘"(2월1일)	[中缺]	[中缺]		68 給麴嘉琰爲往隴右過所事
문안3	69~77 정월27일 지시 "付功曹,推問過, 斯示" 28일		[中缺]				
문안4	78~80		81~146 주전 : "牒奉都督判命如前,謹牒" 판관 : "問,九思白"(정월 28일) 王奉仙 [牒文] 판관 : "連,九思白"(정월 29일) [牒文] 法曹司 → 功曹司 판관 : "具錄狀過, 九思白"(정월 29일) [辯文] 桑思利 / 蔣化明 판관 : "付法曹檢檢九思白"(정월 29일) 주전 : 〈錄案〉	147~160 ~ 諮, 元璟白,諮, 齊晏示 (5일) 依判,諮, 崇示 (5일) 依判,斜斯示 (2월 5일)	161~166 公驗지급 (2월 5일)	167~169 정월29일 受, 2월5일 行判 檢無稽失 錄事 攝錄事參軍 思 勾訖	170 牒蔣化明爲往庭給行牒事
문안5	171~182/188(?) [狀文] 2월 6일 錄事司 受付 2월 8일	183~185 付同, 斜斯示 2월8일 錄事司 受付 2월 8일	186~187 판관 : 連,元白"(2월 11일)	[後缺]			

[도표4] 「개원21년과소안권」의 連接 상황

[문안1]

	[IV]행판	[V]결안	
행	1~2	3~5	6
내용	符文작성 정월25일	정월24일 受 정월25일 行判 檢勾	抄目
장		〈1〉	

《1》 [前缺]

[문안2]

	[I] 입안		[II] 섬안			
행	7~21-1	21~22	23~24	25~26	27~28	29~35
내용	案由文書 [關文] 정월21일	受付 정월22일	판관檢案 정월23일	주진牒文 정월23일	판관"責問" 정월23일	辯文 (孟懷福)
장	① [?]	② [元]		③		③[元]
	〈2〉		〈3〉			〈4〉

《2》 [中缺]

[문안3]

	[III] 판안	[IV] 행판	[V] 결안		[I] 입안	[III] 섬안
행	36~40	41~45	46~48	49	50~67	66
내용	批判 정월29일	과소발급 정월29일	정월22일 受 정월29일 行判 檢勾	抄目	案由文書 [解文]	판관"勘" 2월1일
장	⑤ ④[元]		⑥	⑤[元]	⑦ 6[元]	⑧
	〈5〉		〈6〉		〈7〉	〈8〉

[문안3] (계속)

	[V] 결안	[I] 입안									
행	68	69~77	78~80	81~82	83~84	85~94	95~96	97~108	109~110	111~122	123~124	125~141	~146
내용	抄目	案由文書 [狀文] 정월27일	정관 지시 "付功曹,推問過" 정월28일	주진牒文	판관 "問" 정월28일	[辯文] 王奉仙	판관 "連" 정월29일	[辯文] 桑思利 蔣化明	"付法曹" 정월29일	法曹司 牒文	판관 "具錄狀過" 정월29일	錄	案
장	⑦ [元]					⑨ [九]		⑩ [九]			⑪ [九]	⑫	[九]
	〈9〉		〈10〉	〈8〉 [九]	〈11〉		〈12〉	〈13〉		〈10〉 [九]	〈14〉	〈15〉	〈16〉

《3》 [中缺]   《4》 [中缺]

[문안4]

	[V] 결안	[IV] 행판	[III] 판관				[V] 결안
행	147~154	155~158	159~160	161~166	167~169	170	171~182
내용	首判 2월5일	通判 2월5일	批判 2월5일	公驗 지급 2월5일	정월29일受 2월5일行判 檢勾	抄目	案由文書 [狀文] 2월6일
장	⑬[元]	⑭[元]				⑮[元]	
	〈17〉			〈18〉			〈19〉

[문안5]

	[I] 입안		[III] 섬안	[I]'
행	183~184	184~185	186~187	188
내용	정관 "付司" 2월8일	受付 2월8일	판관 "連" 2월11일	案由文書
장			⑯[元]	[元] 〈20〉

《5》 [中缺]   [後缺]

* [도표3]과 [도표4]는 문건의 접합순서, 문건에 기재된 날짜순서 등을 보다 용이하게 파악하기 위하여 원래 문서의 작성방향(우측→좌측)과 달리 좌측→우측으로 문서내용을 배열하였음.

제2편 吐魯番 출토문헌의 정리

제1장 투르판 출토문헌의 발굴과 정리

제1장 투르판 출토문헌의 발굴과 정리

1. '新材料'와 투르판 출토문헌

일찍이 陳寅恪은 敦煌文書의 역사적 의의에 대하여, "한 시대의 학술은 반드시 새로운 材料와 새로운 문제를 가져야 한다. 이 재료를 取用하여 문제를 연구하면 시대 학술의 새로운 조류가 되는 것이다. ……燉煌學은 오늘날 세계 학술의 새로운 조류이다"[1]라고 평가하였다. 20세기 초부터 외국의 탐험가들에 의하여 세계 각지로 흩어졌던 돈황 藏經洞의 문헌들이 본격적으로 소개, 정리되기 시작한 시점이던 1930년대에 陳寅恪은 돈황문서가 갖는 '新材料'로서의 의미에 주목했던 것이다.

주지하듯이 장경동의 敦煌文獻은[2] 우연한 계기를 통해 그 실체가 확인된 후,[3] 20세기 초 '대탐험시대'의 말미에 중국령 투르키스탄으로 몰려든 각국의 탐험가에 의하여 상당량의 문헌들이 중국 밖으로 유출되었다.[4] 이후 20세기의 긴 기간을 통해 돈황문헌의 소재 파악과 그 원본 및 錄文의 공개, 그리고 이들 문헌을 통한 다양한 연구가 진행되었다.[5] 더욱이 1990년대부터 중국 내외에 流散되어 있던 돈황문헌의 원본에 대한 출간이 본격적으로 진행되면서[6] 돈황문헌에 대한 총합적인 이해와[7] 학계간의 국제적 연계도 더욱 활발히 이루어지고 있다.[8]

---

1) 陳寅恪, 「陳垣燉煌劫餘錄序」(『歷史語言研究所集刊』 第1本第2分, 1930), 『金明館叢稿二編(陳寅恪文集之三)』, 上海: 上海古籍出版社, 1980, p.236.

2) 돈황문서는 종래 '敦煌寫本', '敦煌遺書', '敦煌文獻' 등으로도 불렸는데, 典籍과 문서, 그리고 각종 기록 등을 포함하고 있다는 의미에서 사본이나 문서 보다는 文獻이라고 칭하는 것이 범칭으로서 적합할 것이라고 지적되었다(池田溫, 『敦煌文書の世界』, 東京: 名著刊行會, 2003, pp.46~47). 이러한 판단은 吐魯番出土文書에 대해서도 적용되어 吐魯番出土文獻이라고 호칭하게 되었다.

3) 막고굴 제17굴인 장경동은 발견 경위나 발견 시점(1899년설, 1900년설 등) 뿐 아니라 장경동의 용도, 또는 장경동을 封閉한 이유 등과 관련하여 다양한 견해가 제기되고 있는데, 이에 대해서는 劉進寶 著, 全寅初 譯註, 『돈황학이란 무엇인가』(原題, 『敦煌學述論』, 蘭州: 甘肅教育出版社, 1991), 서울: 아카넷, 2003, pp.247~274; 劉進寶, 『藏經洞之謎--敦煌文物流散記』, 蘭州: 甘肅人民出版社, 2000; 박근칠 편역, 「敦煌 藏經洞의 발견과 그 폐쇄의 원인」(原題 榮新江, 『敦煌學十八講』, 北京: 北京大學出版社, 2001, 第3講·第4講), 『漢城史學』 27, 2012, pp.141~209 등 참조.

4) 돈황문헌의 도굴, 流散과 收藏 과정에 대해서 王素, 『敦煌吐魯番文獻』, 北京: 文物出版社, 2002 참조.

5) 郝春文, 「二十世紀敦煌文獻與歷史研究的回顧與展望」, 『二十世紀的敦煌學』, 上海: 上海古籍出版社, 2006; 郝春文·宋雪春·武紹衛, 『當代中國敦煌學研究(1949~2019)』, 北京: 中國社會科學出版社, 2020.

6) 1950년대에서 70년대에 걸쳐 영국, 프랑스, 중국 北平圖書館 등에 소장된 돈황 漢文文獻의 일부가 마이크로필름으로 제작, 공개되었고, 臺灣 소장 돈황문헌이 潘重規 編, 『國立中央圖書館藏敦煌卷子』 6冊(臺北: 石門圖書公司, 1976)으로, 80년대에는 돈황문헌 마이크로필름의 영인본이 黃永武 編, 『敦煌寶藏』 140冊(臺北: 新文豊出版公司, 1981~1986)으로 출간되었다. 그러나 이들은 문헌의 題名이나 분류에서 적합치 못한 내용도 있고, 영인된 문헌의 상태도 선명도가 떨어져 판독이 용이치 않은 것이 많았다. 때문에 1990년대 이후 문헌 원본을 새로이 촬영하여 보다 선명한 圖版本을 출간하고 있다. 현재까지 영국, 프랑스, 러시아, 중국 등지에 분장되어 있는 돈황문헌에 대한 도판본의 출간 상황은 [부표7] '돈황유서 도판본의 출간 현황'을 참조. 그 외 각처에 분장된 돈황유서의 수장 현황에 대해서는 劉婷, 「中國散藏敦煌文獻敍錄」, 郝春文 主編, 『2019敦煌學國際聯絡委員會通訊』, 上海: 上海古籍出版社, 2019, pp.103~133; 國家圖書館 主編, 劉毅超 編, 『漢文敦煌遺書題名索引』, 北京: 學苑出版社, 2021, 上冊, 前言, pp.1~5와 下冊, 參考文獻, pp.1087~1097 등을 참조.

7) 돈황 장경동에서 발견된 문헌은 현재 중국국가도서관에 수장된 돈황유서 16,000여건을 제외한 절대 부분이 영국 런던 국가도서관(16,000여건), 프랑스 파리 국립도서관(6,000여건), 러시아과학원 동방문헌연구소(19,000여건) 등에 분장되어 있고, 일본, 인도, 스웨덴, 덴마크 등지에도 일부분이 散藏되어 있는데, 그 총수는 대략 65,000건 이상으로 추정된다(宋雪春, 「國內外藏敦煌文獻的數量·內容及來源的介紹與考察」, 『上海高校圖書情報工作研究』 2018-4, pp.83~88).

8) 대표적으로 '國際敦煌項目(International Dunhuang Project)'의 성과를 들 수 있다. 1994년 大英圖書館을 중심으로 시작하여 러시아(2004), 일본(2004), 독일(2005), 중국(2007) 등 각국의 IDP가 합작으로 운영되고 있다(중

물론 이른바 敦煌學이란 문헌자료에 국한된 것이 아니라 돈황을 중심으로 그 주변 일대에서 출토되거나 발견된 다양한 유물, 유적들을 통한 역사, 예술, 종교, 민족, 언어, 동서 문화교류 등 광범한 영역에 걸친 연구 분야를 지칭한다.9) 다만 출토문헌의 범주로 한정해 보자면 돈황문헌은 주로 莫高窟 제17굴인 장경동에서 발견된 문헌에 국한된다고 하겠다.10) 이러한 측면에서 오늘날 학술 연구에 있어 돈황문헌이 갖는 '신재료'로서의 의미가 어느 정도 희석된 점은 부정할 수 없는 사실일 것이다. 또한 장경동 출토문헌의 절대 부분이 불경을 중심으로 도교, 유교 관련 문헌 등 典籍類 문헌이 근간을 이루고 있는 점에서11) 역사 연구 자료서의 의미 역시 다소 제한적일 수밖에 없다.

이에 비하여 종래 '敦煌吐魯番學' 혹은 '敦煌吐魯番文獻'이라 병칭되어 돈황문헌과 함께 주목되었던 투르판 출토문헌은 오늘날에 이르러 상대적으로 '신재료'로서의 성격이 부각되고 있다. 투르판 출토문헌 역시 19세기 말 외국 탐험대의 발굴에 의하여 그 존재가 알려졌고 상당량의 문헌이 중국 밖으로 유출되어 현재 여러 나라의 박물관, 도서관 등에 수장되어 있다. 그런데 투르판문헌은 장경동에서 발견된 돈황문헌의 경우와는 달리 高昌故城 북쪽 외곽에 위치한 아스타나(阿斯塔那), 카라호자(哈拉和卓) 등의 墓葬群이나 토욕(吐峪溝), 베제클리크(柏孜克里克), 셍김-아기즈(勝金口) 등의 석굴 유지 등에서 발굴되었기 때문에([부도3: 투르판 주변지도①] 참조), 불경을 포함한 일부 전적류 문서를 제외하면 토지 매매문서나 계약문서 등 이른바 '世俗文書'라고 할 만한 문서들이 다수 포함되어 있다.12)

또한 온전한 형태를 갖춘 문서의 경우, 돈황문서의 내용이 주로 唐 後期, 五代와 宋初에 집중되어 있는 것에 비하여 투르판 출토문서는 南北朝와 唐 前期에 집중되어 있다는 특징도 주목된다.13) 특히 투르판문헌의 경우 투르판지역에 산재한 故城 유적이나 石窟寺院 유지, 그리고 墓葬群들에 대한 발굴과 정리가 지속적으로 이루어지면서, 중국사를 포함한 역사 연구의 '신재료'를 부단히 제공하고 있다.

이러한 투르판 출토문헌의 특성과 관련하여 21세기에 들어 이루어진 투르판문헌에 대한 연구는 주목할 만한 성과를 나타내고 있다. 그 하나는 종래 流散되었던 투르판문헌에 대한 소재 파악과 編目 작업이며, 다른 하나는 고고 발굴을 통해 새롭게 출토된 문헌에 대한 정리 작업이라고 하겠다. 역사 연구에 있어 '신재료'의 확충이란 새로운 발굴이나 발견을 통해 새로운 자료를 확보하는 과정이 우선할 수 있겠으나, 돈황·투르판 문헌의 특성을 전제한다면 이미 발굴되어 유산된 자료 가운데 미공개되거나 미확인되었던 자료들을 찾아 이를 '新材料'化하는 것도 불가결한 작업이라고 하겠다.

돈황문헌의 경우, 일찍이 돈황학의 출발이 각국에 유산된 敦煌遺書의 소재와 그 내용의 파악 과정

국쪽 IDP는 http://idp.nlc.cn). 이 프로젝트는 각국 수장품의 編目과 데이터베이스화를 진행하여 인테넷상에서 무료로 사용토록 하는 것을 목표로 하고 있다. 또한 일본의 高田時雄과 중국의 柴劍虹이 주도하여 2001년에 시작, 2005년 이후 上海古籍出版社에서 매년 1期씩 발간하는 郝春文 主編, 『敦煌學國際聯絡委員會通訊』도 같은 예이다.

9) 이러한 측면에서 돈황학 연구의 지역적 범주를, 돈황을 중심으로 吐魯番, 龜玆, 疎勒, 鄯善 등 실크로드 상에 존재했던 오아시스 도시들까지를 포함하여 파악하기도 한다(榮新江, 『敦煌學十八講』, 北京: 北京大學出版社, 2001, pp. 2~4).

10) 돈황 막고굴 北區石窟에 대한 정리 작업이 이루어져 일부의 문헌자료들이 발견되었지만, 唐代 한문문서는 극히 일부의 잔편만 확인되었고, 대부분 후대의 문서나 回鶻文, 西夏文, 藏文, 蒙古文 등의 문헌들이었다. 막고굴 북구석굴에 대한 연구 성과로는 敦煌研究院 主編, 彭金章·王建軍 編, 『敦煌莫高窟北區石窟』(第1~3卷), 北京: 文物出版社, 2000·2004; 彭金章 主編, 『敦煌莫高窟北區石窟硏究』(上·下冊), 蘭州: 甘肅敎育出版社, 2011 등을 참조.

11) 이들 典籍類 문헌에 대한 체계적인 정리로는 王卡, 『敦煌道教文獻硏究: 綜述·目錄·索引』, 北京: 中國社會科學出版社, 2004; 張涌泉 主編, 『敦煌經部文獻合集』, 北京: 中華書局, 2005; 張弓 主編, 『敦煌典籍與唐五代歷史文化』(上·下卷), 北京: 中國社會科學出版社, 2006 등을 참고할 만하다.

12) 돈황문헌과 구별되는 吐魯番文獻의 특징에 대해서는 榮新江, 「中國所藏吐魯番文書及其對中古史研究的貢獻」(『敦煌學』 21, 1998), 『敦煌學新論』, 蘭州: 甘肅敎育出版社, 2002, p.277; 陳國燦, 「吐魯番學的研究和發展」, 殷晴 主編, 『吐魯番學新論』, 烏魯木齊: 新疆人民出版社, 2006, pp.3~7 등 참조.

13) 陳國燦, 「敦煌吐魯番文書與魏晉南北朝隋唐史研究」, 『敦煌學史事新證』, 蘭州: 甘肅人民出版社, 2002, pp.8~27; 王啓濤, 『吐魯番學』, 成都: 巴蜀書社, 2005; 榮新江, 「期盼'吐魯番學'與'敦煌學'比翼齊飛」, 『中國史研究』 2009-3, pp. 111~112.

을 통하여 이루어졌기 때문에14) 현재 이에 대한 연구성과도 상당히 진척된 상태이다.15) 반면 투르판 문헌의 경우는 돈황문헌과 마찬가지로 19세기말 이래 중국 밖으로 유출되어 각국에 分藏되어 있는 현실에는 차이가 없으나 그 所在와 내용의 파악 면에서는 돈황문헌의 경우와는 다소간 차이가 확인된다.

이는 앞서 언급했듯이 돈황유서가 장경동의 石室文獻에 한정된 데 비하여 투르판문헌은 투르판 소재의 묘장, 寺窟 등 여러 유지에서 출토된 자료들로서, 초기 외국 탐험대나 수집가들조차 이를 각국으로 유출, 수장하면서 문헌의 발굴지나 성격 등에 별다른 주의를 기울이지 못했던 데 일차적인 이유를 찾을 수 있다. 때문에 각국에 수장된 문헌자료 가운데, 특히 종래 돈황유서로 분류된 문서 가운데 혼재한 투르판 출토문서를 엄밀하게 분류해내기란 용이치 않았다.

이와 더불어 투르판문헌 자체에 대한 관심이 '돈황학'의 역사만큼 유구하지 못했던 점도 간과할 수 없다.16) 물론 일본의 오타니(大谷)탐험대가 搬出한 투르판문헌 일부가 공개되고17) 1950년대 이래 일본학계에서 오타니문서에 대한 연구가 진행되거나,18) 독일 투르판탐험대가 획득한 다량의 서역 문헌ㆍ문물 자료를 통한 언어, 종교, 예술 등과 관련된 연구가 일찍부터 이루어져19) 투르판문헌에 대한 이해도 상당히 진전되었지만, 이 역시 '敦煌吐魯番學' 혹은 '敦煌吐魯番文獻'이라고 통칭되듯이 '돈황학'이란 廣義의 범주 속에서 그 의미가 규정되었다.

그런데 1980년대에 출간되기 시작한 『吐魯番出土文書』는20) 투르판문헌에 대한 본격적인 연구를 크게 고조시켜 이전의 사정을 변화시키는 중요한 계기가 되었다.21) 명확한 투르판 지역내 墓葬群의 발굴을 통해 출토된 문헌들은, 투르판문헌 고유의 특성을 확인시켜 주었을 뿐 아니라22) 후술하듯이 이후의 투르판 출토문헌의 정리 과정이나23) 각국에 散在한 문헌들 가운데 투르판문헌을 발견, 정리하는 작업에도 중요한 기준을 제시하였다.24) 더욱이 이들 투르판 출토문헌과 문물 자료는 새로운 연

---

14) 돈황유서 編目작업의 대표적인 성과로는 王重民ㆍ劉銘恕 合編, 『敦煌遺書總目索引』, 北京: 商務印書館, 1962; 黃武永 主編, 『敦煌遺書最新目錄』, 臺北: 新文豊出版公司, 1986; 敦煌研究院 編, 施萍婷 主編, 『敦煌遺書總目索引新編』, 北京: 中華書局, 2000 등이 있고, 편목과정에 대해서는 周紹良, 「中國學者在敦煌文獻編目上的貢獻」, 中國社會科學院歷史研究所編, 『英國收藏敦煌漢藏文獻研究』, 北京: 中國社會科學出版社, 2000; 白化文, 「中國敦煌學目錄和目錄工作的創立與發展簡述」, 『敦煌吐魯番學研究』 第7卷, 2004 등을 참조.

15) 敦煌研究院의 敦煌文獻研究所는 2012년 10월 이후 돈황유서의 데이터베이스('敦煌遺書數據庫') 작업을 본격적으로 진행하여 관련 문헌을 인터넷 상에서 검색할 수 있게 되었다. 돈황연구원 사이트((http://www.dha.ac.cn)나 '돈황유서수거고'(dhyssjk.dha.ac.cn/dbc_ys/) 등 참조. 또한 돈황학 연구와 관련된 인터넷 사이트는 陳爽, 「海內外敦煌學研究網絡資源簡介」, 郝春文 主編, 『敦煌學知識庫國際學術研討會論文集』, 上海: 上海古籍出版社, 2006, pp.177~185 참조.

16) 물론 淸代 중엽인 乾隆ㆍ嘉靖 시기 이후 중국내 학자들의 투르판지역 및 서역지구에 대한 답사나 기행의 저술이 출간되어 이를 중국 吐魯番學의 '濫觴'으로 인식하기도 하지만(陳國燦, 『論吐魯番學』, 上海: 上海古籍出版社, 2010, p.2) 이를 본격적인 학술 성과로 평가하기는 어렵다.

17) 대표적 성과로 香川黙識 編, 『西域考古圖譜』(上ㆍ下卷), 東京: 國華社, 1915를 들 수 있다.

18) 이들의 연구 성과는 西域文化研究會 編, 『西域文化研究』 全6卷 7冊, 京都: 法藏館, 1958~1963으로 출간되었다.

19) 耿世民, 「德國的吐魯番學研究」, 新疆吐魯番地區文物局 編, 『吐魯番學研究: 第二屆吐魯番學國際學術研討會論文集』, 上海: 上海辭書出版社, 2006, pp.72~77.

20) 1959년에서 1975년까지 吐魯番地域 발굴에서 출토된 문헌을 1975년 이후 唐長孺가 주도하는 '吐魯番出土文書整理小組'가 정리 작업을 통해 『吐魯番出土文書』[錄文本] 全10冊(北京: 文物出版社, 1981~1991)으로 출판하였고 후에 『吐魯番出土文書』[圖版本] 全4冊(北京: 文物出版社, 1992~1996)을 출간하였다.

21) 일본에서 1987년 여름 荒川正晴, 片山章雄, 白須淨眞, 關尾史郎, 町田隆吉 등 5人이 발족한 '吐魯番出土文物研究會'가 결성되어 이듬해부터 『吐魯番出土文物研究會會報』를 발간하기 시작했으며, 중국에서 1988년 11월 中國吐魯番學會가 中國敦煌吐魯番學會(1983년 창립)의 分會로 성립하여 1990년 5월에 吐魯番에서 第1次 學術研討會를 개최하였고, 吐魯番學 관련 논문집인 『吐魯番學研究專輯』(新疆吐魯番學新疆研究資料中心 編, 1990. 12.)을 출간하였다.

22) 孟憲實ㆍ榮新江, 「吐魯番學研究: 回顧與展望」, 『西域研究』 2007-9, pp.54~55.

23) 1979년 이후 吐魯番地區의 발굴에서 새로이 발견된 문서를, '吐魯番出土文書小組'의 일원이었던 柳洪亮이 『新出吐魯番文書及其研究』(烏魯木齊: 新疆人民出版社, 1997)에 정리, 수록하였다.

구분야로서 吐魯番學의 의미를 각성시키는 계기가 되었다.25) 이러한 연구 성과를 전제하여 최근 투르판문헌에 대한 연구의 일환으로, 고고발굴을 통해 새롭게 획득한 출토문헌에 대한 정리와 함께 현재 각국에 흩어져 있는 투르판문헌에 대한 체계적인 정리 작업이26) 이루어지고 있다.

이와 관련하여 1992년부터 중국 內外에 散在한 吐魯番文獻의 전체 목록(總3冊)을 출간할 목적으로 진행된 總目 편찬 작업이 주목된다. 이 작업에는 流散된 투르판 문헌의 소재 파악뿐 아니라 각 문헌의 題名을 확정하고 관련 연구 성과를 정리하여 문헌의 성격을 파악하는 작업도 함께 이루어졌다. 그 결과 2005년에 第2冊에 해당하는 일본 내에 수장된 문서 목록과27) 2007년에 第3冊으로 독일, 영국, 러시아, 튀르키예, 미국 등지에 수장된 문서 목록이28) 출간되었다. 다만 아직 第1冊에 해당하는 '中國收藏卷'에 대한 총 목록은 출간되지 않은 상태이다.29)

이상의 내용을 전제하여 이 글에서는 최근 이루어진 투르판문헌의 '總目' 편찬과 연관하여, 중국 國外에 散在하는 투르판 문헌의 유출 내역과 주로 漢文文獻을 대상으로 그 소재와 분류 편호 등을 중심으로 현재의 收藏 상황에 대해 개관해 보고자 한다.30) 또한 1959년 이래 투르판지역에 대한 본격적인 발굴과 중국내 산장된 출토문서의 파악을 통해 새롭게 공개된 투르판문헌의 내용과 특징 및 그 연구사적 의미를 기술하고 최근까지 새롭게 수합·정리된 투르판 문헌에 대한 연구성과도 함께 소개하고자 한다.

근래 新出 資料의 분석을 통한 중국 고중세사 연구가 활기를 띠고 있는 것에 비하여, 국내 학계에서 돈황·투르판문헌에 대한 활용이 그다지 활발치 못한 현실을31) 감안한다면, 이 글의 내용이 다소나마 출토문헌에 대한 이해를 높일 수 있는 계기가 되리라 기대한다. 이와 함께 '신재료'로서 투르판문헌이 갖는 의미와 '투르판학'의 새로운 연구 방향 등에 대하여 접근할 수 있는 단서가 마련되기를 바란다.

---

24) 일본 龍谷大學大宮圖書館所藏 大谷文書에 대한 도판과 錄文이 小田義久 主編, 『大谷文書集成』(壹)~(肆), 京都: 法藏館, 1984·1991·2003·2010으로 정리, 출간되었고, 陳國燦·劉永增 編, 『日本寧樂美術館藏吐魯番文書』(北京: 文物出版社, 1997)와 沙知·吳芳思 編, 『斯坦因第三次中亞考古所獲漢文文書(非佛經部分)』(上海: 上海辭書出版社, 2005)은 정리원칙과 편성체제 면에서 『吐魯番出土文書』[圖版本] 全4冊의 범례를 따랐다.

25) 2005年 8月 26日 吐魯番市에서 거행된 '第二屆吐魯番學國際學術研討會暨新疆維吾爾自治區吐魯番學研究院成立大會'를 통해 吐魯番學研究院이 정식으로 성립되었고, 종래 新疆吐魯番學學會와 吐魯番地區文物局이 주관하여 2000년부터 발간하기 시작한 『吐魯番學研究』도 吐魯番學研究院이 주관하여 每年 2期씩 출간하게 되었다. 吐魯番學會와 吐魯番學의 연혁에 대한 개괄적 설명으로는 湯士華, 「吐魯番學與吐魯番學會」, 『吐魯番學研究』 2013-2, pp.115~121 참조.

26) 榮新江·史睿 主編, 『吐魯番出土文獻散錄』(上·下), 北京: 中華書局, 2021은 세계 각지에 分藏되어 있는 투르판 출토문헌 가운데 한문문헌을 중심으로 '上編: 典籍', '下編: 文書'의 두 부문으로 구분하여 상당수 문서들의 錄文을 綴合 결과와 일부 圖版을 포함하여 제시하였다.

27) 陳國燦·劉安志 主編, 『吐魯番文書總目(日本收藏卷)』, 武漢: 武漢大學出版社, 2005.

28) 榮新江 主編, 『吐魯番文書總目(歐美收藏卷)』, 武漢: 武漢大學出版社, 2007.

29) 『吐魯番文書總目』이 吐魯番文獻의 收藏 국가나 기관, 개인을 중심으로 문헌을 정리한 것에 비하여, 五胡十六國·南北朝時期(高昌 時期)와 唐代(西州 時期)로 나누어 투르판문헌을 시기적으로 정리한 王素, 『吐魯番出土高昌文獻編年』(臺北: 新文豊出版公司, 1997)과 陳國燦, 『吐魯番出土唐代文獻編年』(臺北: 新文豊出版公司, 2003) 등의 연구성과도 주목할 만하다.

30) 이 글에서 언급하는 투르판지역의 阿斯塔那·哈拉和卓·交河(雅爾湖)·吐峪溝 등 墓葬 유지, 高昌·交河·安樂 등 城市 유적, 吐峪溝·柏孜克里克·勝金口 등 石窟 유지의 지리적 위치에 대해서는 [부도3]·[부도4] '투르판 주변지도 ①·②'와 후술하는 이 장의 3절 '새로운 발굴과 출토문헌의 정리' 부분을 참조.

31) 국내에서 돈황·투르판문서를 활용하여 진행된 중국사 연구의 성과에 대해서는 林根七, 「한국의 돈황 역사학 연구」, 『중국학보』 73, 2015, pp.355~376 참조.

2. 투르판 출토문헌의 流散과 정리

1) 러시아의 新疆 진출과 투르판 탐사

19세기말 이래 주로 중국의 新疆·甘肅 지역에서 외국 탐험가들에 의하여 중국 밖으로 유출된 문헌자료들 중에서 투르판 출토문헌을 구별, 정리하는 것은 용이한 작업이 아니다. 물론 이들 문헌자료들 중에는 발굴자나 수집가, 또는 발굴지나 수집지에 대한 정보가 문헌의 초기 분류번호로 남아 있는 경우도 있어, 이들을 수장한 기관에서도 이러한 초기의 수집 상황을 전제로 자료를 分藏하기도 하였다. 다만 이들 문헌자료들이 중국 밖으로 유출되는 과정에서, 그리고 각국의 박물관이나 도서관에 수장, 정리되는 과정에서 초기의 분류 기준이 무시되거나 여러 지역의 자료들이 서로 섞이는 등 문헌의 초기 정보를 식별하기 어려운 상황들이 발생하였다. 또한 시대적 상황의 변화에 따라 각각의 국가나 기관, 혹은 개인들에게 수장되었던 문헌자료들이 佚失되거나 轉傳, 移藏되면서 사정이 더욱 복잡하게 된 경우도 있다. 따라서 현재 각국에 수장되어 있는 투르판문헌을 정리, 분류하기 위해서는 19세기말 이래 각국에 의하여 문헌자료들이 발굴, 수집되는 상황과 중국밖으로 유출, 수장되는 과정에 대한 이해가 전제되어야 할 것이다.[32] 이러한 이유에서 이하에서는 현재 투르판 출토문헌을 수장하고 있는 각국의 대표적인 기관을 중심으로 주로 漢文文獻의 정리 상황에 대하여 살펴보겠다.[33]

지리적인 인접성이나 지정학적 조건에 기인하여 투르판지역을 포함한 중국의 서부 및 서북 변경지역에 대한 탐사와 발굴에 가장 먼저 관여했던 것은 제정 러시아였다. 19세기 후반부터 러시아는 다분히 전략적 의도에서 중국 서북지역의 동향에 주목했고, 일찍이 이 지역에 대한 지리 조사와 함께 고대 유적지에 대한 탐사를 시작했다.[34] 특히 1890년대부터 러시아는 '중앙아시아'의[35] 문물, 문헌자료를 확보하는 데 주력하게 되었는데, 주로 두 가지의 경로를 통하여 이루어졌다. 하나는 중국 서부지역 주재 러시아 외교관들의 수집활동에 의한 것이고, 다른 하나는 탐험대 혹은 조사대의 파견을 통한 발굴작업에 의한 것이었다. 당시 카슈가르 주재의 러시아 총영사였던 페트로브스키(N.F. Petrovsky: 1837~1908)가 신강 주민들에게서 구입한 문물, 문헌 자료를 러시아의 아시아박물관에 보냈고,[36] 이를 연구하여 그 의의를 파악한 러시아과학원 院士인 올덴부르크(S.F. Oldenburg: 1863~1934)가 1891년 러시아 고고학회 東方部에 이러한 두 가지 제안을 하여 추진되기 시작하였다.[37]

우선 러시아 외교관으로 투르판문헌을 수집했던 대표적인 사례로, 1898년에서 1918년까지 우루무치 주재 러시아 총영사를 지낸 크로트코프(N.N. Krotkov: 1869~1919)가 '중앙아시아'의 寫本들을 여러 차례 러시아과학원에 기증했는데, 그 대부분은 투르판에서 수집된 것들이었다.[38] 1908년 쿠얼

---

32) 이와 더불어 문헌의 眞僞 판정, 문헌의 연대 확정 등과 관련된 문제에 대해서는 陳國燦, 「略論敦煌吐魯番文獻研究中的史學斷代問題」, 『敦煌研究』 2006-6, pp.124~129; 張秀淸, 「敦煌文獻斷代方法綜述」, 『敦煌學輯刊』 2008-3, pp.8~17 등 참조.

33) 19세기말 이래 각국 탐험대가 경유했던 동투르키스탄의 오아시스 도시와 유적지의 위치에 대해서는 [부도2] '동투르키스탄의 오아시스도시와 유적지' 참조.

34) 姜伯勤, 「沙皇俄國對敦煌及新疆文書的劫奪」, 『中山大學學報』(哲學社會科學版) 1980-3, pp.33~44.

35) 당시 러시아인들이 인식하고 있던 '중앙아시아'의 범주는 독일 지리학자 Ferdinand von Richthofen의 정의에 따라 "내외 蒙古, 寧夏, 新疆, 靑藏高原을 포괄하는 대략 600만 Km^{2}의 지역"을 가리키며, 오늘날 중국의 서부와 북부변경에 해당한다.

36) 페트로브스키는 이임(1903년) 후인 1905년에도 寫本 수집품을 러시아위원회에 기증했다. 또한 1908년 그가 죽은 후 1910년에 카슈가르 주재 영국 총영사 매카트니(John Macartney)가 올덴부르크를 통해 러시아과학원에 상당량의 사본을 기증했는데, 많은 사본에 페트로브스키의 注記가 있었다(榮新江, 『海外敦煌吐魯番文獻知見錄』, 南昌: 江西人民出版社, 1996, pp.116~117).

37) 劉進寶, 『敦煌學通論』, 蘭州: 甘肅教育出版社, 2002, pp.236~238.

러(庫爾勒) 주재 러시아 영사였던 디야코프(A.A. Dyakov)도 투르판 아스타나(阿斯塔那) 출토로 알려진 문서들을 수집하여 러시아의 아시아박물관에 기증하였다.39)

한편 러시아는 1893년부터 연이어 중국 서북지역에 고찰대를 파견하여 탐사활동을 전개하였다. 1893년부터 1895년까지 로보로프스키(V.I. Roborovsky: 1856~1914)와 코즐로프(P.K. Kozlov: 1863~1935)가 러시아 황실 지리학회 중앙아시아 고찰대를 이끌고 신강 일대를 탐사하면서 투르판의 불교 석굴에서 일련의 古佛經 사본과 위구르문(回鶻文), 페르시아문(波斯文) 사본을 수집하였다.40) 러시아의 투르판 탐사에 일종의 전환점이 된 것은 1898년 인류학박물관 관장이던 클레멘츠(D.A. Klementz: 1848~1914)가 4개월 동안 투르판 일대를 탐사한 것이다. 클레멘츠는 고창고성, 아스타나 묘지를 탐사하고 베제클리크 등 석굴 건축을 측량했으며, 그 과정에서 산스크리트문(梵文), 위구르문 印本 불교경전과 브라흐미문(婆羅謎文)과 위구르문의 題記가 있는 벽화와 銘刻 등을 획득하였다.41) 클레멘츠의 투르판지역 탐사를 계기로 '러시아위원회'가 조직되면서 이후 러시아황실의 재정적 지원 하에 신강, 감숙지역에 대한 발굴, 탐사가 활발하게 진행되었다.42)

1906년에서 1907년까지 콕하노브스키(A.I. Kokhanovsky)가 고찰대를 이끌고 투르판을 재차 방문하여 한문 사본을 포함한 산스크리트문·티베트문·몽골문·위구르문 사본과 소그드문(粟特文) 마니교문서 등을 수집하였다. 또한 1909년에서 1910년에 러시아위원회가 파견한 올덴부르크가 러시아 제1차 중앙아시아고찰대를 이끌고 신강지역, 특히 투르판분지를 주요 목적지로 하여 고창고성, 교하고성, 아스타나, 베제클릭크, 셍김-아기즈(勝金口) 등의 유지를 탐사하거나 부분적인 발굴을 진행하였다. 이들은 주로 유적의 사진을 찍거나 석굴의 평면도나 벽화의 모사도를 그리는 외에 약간의 벽화와 문헌자료들을 상트페테르부르크로 반송하였다. 1909년에서 1911년에, 그리고 1913년에서 1914년에 말로프(S.Ye. Malov: 1880~1957)가 이끄는 고찰대가 신강과 감숙에 대하여 두차례 탐사를 진행한 것도 러시아위원회의 기획에 의한 것으로 투르판지역에서는 다소간의 위구르문 문서를 수집하였다.

이처럼 19세기말에서 20세기초에 중국 서북지역에서 외교관이나 탐험대에 의하여 러시아로 반출된 문헌자료들은 현재 대부분 러시아과학원 동방문헌연구소(Institute of Oriental Manuscripts, Russian Academy of Sciences)에 수장되어 있다.43) 그런데 이들 문헌자료들은 앞서 기술했듯이 그 來源도 다양하고 내용(書寫 語種, 형태 등 포함)도 광범하여 분류, 정리하기가 용이치 않았다. 또

---

38) 크로트코프가 수집한 사본의 대부분은 回鶻文·梵文·吐火羅文·藏文·粟特文 등의 잔권으로, 한문 사본은 거의 확인되지 않았다(府憲展, 「《俄藏敦煌文獻》科羅特闊夫收集品의《弘法藏》和高昌刻經活動」, 敦煌研究院編, 『2000年敦煌學國際學術討論會文集--紀念敦煌藏經洞發現暨敦煌學百年』, 蘭州: 甘肅民族出版社, 2003, pp.328~342).

39) 디야코프가 수집한 문서는 총 29건으로 대부분 回鶻文과 한문의 寫本과 印本이었다(榮新江, 『海外敦煌吐魯番文獻知見錄』, p.117).

40) 1896년 코즐로프는 梵文·漢文·回鶻文 手稿 殘本을 러시아 황실지리학회에 보냈고 이후 이들 자료들은 아시아박물관에 수장되었다(王素, 『敦煌吐魯番文獻』, pp.64~65).

41) 당시 투르판지역 탐사의 보고는 D.A. Klementz, *Turfan und seine Alertumer in Nachrichten über die von Kaiserlichen Akademie der Wissenschaften zu St. Petersburg im Jahre 1898 ausgerüstete Expedition nach Turfan*, St. Petersburg, 1899로 출간되었다.

42) 1899년 12월 로마에서 개최된 '제12차 國際東洋學者代表大會'를 계기로 "중앙아시아와 극동의 역사학, 고고학, 언어학과 민족학 연구 국제협회"가 건립되었고, 1903년에 그 중앙위원회로 '러시아위원회'가 탄생하였다. 러시아위원회는 제정 러시아 외교부와 밀접한 관계를 가지면서 1903년부터 1918년까지 러시아의 탐사활동을 주관하였다(姜伯勤, 「沙皇俄國對敦煌及新疆文書의劫奪」, pp.33~44).

43) 1818년 건립된 아시아박물관이 그 전신으로, 1930년대에 아시아박물관의 불교문화연구소와 동방학자위원회, 투르크어 문학연구회 등을 토대로 소련과학원 동방학연구소로 개편되었다. 그 후 1956년에 이 연구소가 모스크바로 이전할 때, 레닌그라드에 分所를 건립하고 한동안 아시아민족연구소라고도 칭했는데, 현재는 일반적으로 러시아과학원 동방문헌연구소라고 한다.

한 상당수 문헌자료는 상세한 출토지의 편호가 없는데다가 현재 이들을 어종에 따라 정리, 분류하고 있어, 한쪽 면은 한문문헌이지만 다른 면은 위구르문·소그드문 등으로 쓰여진 경우 한문문헌 이외의 다른 계열로 분류하고 있는 등[44] 문헌자료 가운데 투르판출토 한문문헌을 분류하기란 더욱 용이치 않다. 현재 동방문헌연구소에 소장된 문헌자료의 주요 부분은 1914년부터 1915년에 올덴부르크가 돈황에서 획득한 문헌이지만,[45] 이 '敦煌文庫' 안에는 올덴부르크가 1909년에서 1910년 투르판 탐험에서 수집한 문서들, 1909년에서 1910년경 크로트코프가 수집한 대개 투르판 출토로 추정되는 문서들, 말로프가 호탄 탐험에서 수집한 연대 미상의 문서들도 혼재하고 있다.

일찍이 1930년대에 아시아박물관 寫本特藏部의 보관원이던 플루그(K.K. Flug: 1893~1942)는 돈황 한문문헌을 정리하여 죽기 전까지 Φ 편호 300여건, Дx 편호 2,000여건의 목록을 작성하였다.[46] 이후 1957년부터 멘시코프(L.N. Menshikov)가 주도한 정리팀이 플루그의 작업을 기초로 한문 사본의 編目을 작성하여 대략 3,000여건의 문서를 정리하였다.[47] 그러나 이후 편목 작업에 별다른 진전을 보이지 않다가[48] 1992년 이후 러시아과학원 동방학연구소 상트페테르부르크 분소, 러시아과학출판사 동방문학부와 상해고적출판사가 합작으로 한문문헌에 대한 편호 작업을 진행하여 전체 17책의 圖錄本으로 출간하였다.[49] 이에 의하여 Φ 001~368호(Φ 366호까지 제1~5책 수록, Φ 367, 368호는 제17책에 부가), Дx 00001~19092호(제6~17책)가 정리되었는데, Дx 03600호(제6책~10책)까지는 標題를 붙였고 Дx 03601호부터 Дx 19092호(제11~17책)까지 대량의 잔편에 대해서는 표제를 붙이지 않았다.

그런데 이 중 Дx 17015~17435호는 크로트코프가 수집한 투르판문헌에 해당하고(제17책 수록),[50] Дx 12910~14156호는 말로프가 수집한 于闐 문헌으로 별도로 수장되어 있기 때문에 수록치 않았다. 크로트코프가 수집한 문헌 이외에도 약간의 투르판 문헌들이 혼재되어 있어, 문서의 내용이나 印鑑 등을 이용하여 그에 대한 판별 작업이 이루어졌다.[51] 이들 투르판문헌에는 경전 사본 외에

---

44) 榮新江, 「歐美所藏吐魯番出土漢文文書: 研究現狀與評價」, 新疆吐魯番地區文物局 編, 『吐魯番學研究: 第二屆吐魯番學國際學術研討會論文集』, 上海: 上海辭書出版社, 2006, p.38.

45) 이들 문헌자료 가운데 중심을 이루는 것은 올덴부르크가 1914~1915년 획득한 돈황문헌과 함께 코즐로프가 1908~1909년 발굴한 黑水城 문헌, 그리고 페트로브스키가 수집한 和田 출토의 梵文과 于闐文 寫本 등이다.

46) K.K. Flug가 편호한 문서는 Flug(Флук)의 러시아 알파벳 이니셜인 Φ 문서와, '돈황'의 러시아 알파벳 약자인 Дx 문서로 분류했는데, 이들은 라틴 字母인 F. 또는 Dx., Dh. 등으로도 표기한다. 현재 Φ 편호문서는 368건이 확인되어 있다. 이하 이 글에서 언급하는 출토문서의 약칭에 대해서는 [부표8] '돈황·투르판 출토문서 편호 약칭' 참조.

47) 멘시코프의 편목 작업은 일단 1963년과 1967년에 2권의 책(제1책: 1~1707호, 제2책: 1708~2954호)으로 출간되었지만, 그 후의 작업은 아직 公刊되지 않고 있다. 멘시코프가 정리한 편목에는 'M'자와 'L'자의 간칭이 있는데, 이는 멘시코프의 약자 'M'과 레닌그라드藏卷의 표시인 'L'자를 나타낸다. 두 책은 孟列夫 主編, 袁席箴·陳華平 漢譯, 『俄藏敦煌漢文寫卷敍錄』(上·下冊), 上海: 上海古籍出版社, 1999로 번역되었는데, 上冊에는 Φ 001~Φ 307, Дx 00001~Дx 01503, 下冊에는 Φ 308~Φ 325, Дx 01503~Дx 02800을 수록하였다(漢譯本에서 'M'은 '孟', 'L'은 '列'로 번역하였음). 이후 멘시코프의 돈황문헌과 관련된 연구성과에 대해서는 柴劍虹, 「俄羅斯漢學家孟列夫對國際敦煌學的貢獻」, 『敦煌學輯刊』 2016-3, pp.1~6 참조.

48) 돈황문서 연구자인 추쿠예브스키(L.I. Chuguevskii)가 전체 4책으로 러시아 소장 한문문헌를 정리할 예정이었으나 현재 사회경제제류 문서를 정리한 제1책만이 1983년에 출간되어 있다. 이 책은 丘古耶夫斯基 編, 王克孝 漢譯, 『敦煌漢文文書』, 上海: 上海古籍出版社, 2000으로 번역되었다.

49) 俄羅斯科學院東方學研究所聖彼德堡分所·俄羅斯科學出版社東方文學部·上海古籍出版社 編, 『俄羅斯科學院東方學研究所聖彼德堡分所藏敦煌文獻』(약칭 『俄藏敦煌文獻』) 全17冊, 上海: 上海古籍出版社, 1992~2001.

50) 크로트코프 수집품 가운데 SI Kr. 편호가 붙은 위구르문서에는 다수의 한문 寫本이 포함되어 있다(榮新江, 「歐美所藏吐魯番文獻新知見」, 『敦煌學輯刊』 2018-2, p.34).

51) 府憲展, 「敦煌文獻辨疑錄」, 『敦煌研究』 1996-2, pp.84~95; 施萍婷, 「俄藏敦煌文獻經眼錄之一」, 『敦煌研究』 1996-2, pp.51~70; 同, 「俄藏敦煌文獻經眼錄」(二), 『敦煌吐魯番研究』 第2卷, 1997, pp.313~330; 關尾史郎, 「ロシア, サンクト゠ペテルブルグ所藏敦煌文獻中のトゥルファン文獻について」, 同編, 『敦煌文獻の綜合的·學際的研究』, 新潟大學人文學部, 2001, pp.40~49; 陳國燦, 「'俄藏敦煌文獻'中吐魯番出土的唐代文書」, 『敦煌吐魯番研究』 第8卷, 2005,

도 前秦시기 '買婢券'이나 '買田券' 등 계약문서나[52] 武周시기 호적 등[53] 公私文書도 포함되어 있다.

러시아 소장 한문문헌의 圖錄本이 출간된 직후인 2002년부터 이루어진 연구를 바탕으로 『俄藏敦煌文獻』 전17권에 대한 본격적인 검토가 진행되었다.[54] 그 결과로 2019년에 『俄藏敦煌文獻敍錄』이 출간되었는데,[55] 중국 敦煌研究院을 중심으로 거의 만여 건에 이르는 定名하지 않은 불경 잔편과 그 외의 문헌에 대하여 계통적인 고증과 綴合을 통하여 새로운 편목을 제시하는 한편 종래 작성되었던 목록에 대해서도 수정과 보충이 전면적으로 이루어졌다.[56] 즉 『俄藏敦煌文獻』의 1책에서 10책 가운데 題名을 확정하지 못한 불경 잔편, 그리고 11책에서 17책 가운데 문서번호 Дx 03600 이후 대량의 題名이 정해지지 않은 잔편에 대하여 定名과 綴合 정리 작업이 이루어졌다. 또한 경전의 명칭과 함께 상응하는 문서의 편호를 정리하여 관련 사항을 쉽게 찾을 수 있는 索引도 제시했는데, 동일한 명칭의 경전에 속하는 卷子와 잔편 등이 함께 제시되어 있어 각 편호로 분류된 잔편 문서의 성격을 파악하는 데도 유용하다.[57]

한편 상트페테르부르크 분소에 수장된 러시아 수집품은 대부분 원래의 편호가 없어서 어디서 발굴, 수집되었는지 알 수 없는 경우가 많은데, 이들은 일반적으로 '서역'을 의미하는 SI(=Serindia)의 약자 뒤에 수집가의 약자를 표시하거나 수집자의 약자만을 표시하기도 하였다. 예를 들어 SI D.는 '서역출토 디야코프(Dyakov) 수집품'을 의미하며, SI Kr.은 크로트코프, SI M.은 말로프, SI O.는 올덴부르크, 그리고 SI Uig는 위구르문 문서임을 나타낸다. 이와 더불어 Kle-Rob.은 클레멘츠와 로브로프스키, Rob.는 로브로프스키의 수집품을 의미하는데, 이들 가운데 투르판 출토문헌은 대부분 위구르문 문서이지만 일부 위구르문 문서의 다른 면에서 한문 불경 잔권이 확인된다.[58] 다만 2009년부터는 이들 수집품에 대해서도 일률적으로 SI 편호를 붙이기로 하였다.[59]

이외에도 상트페테르부르크에 소재한 에레미타슈박물관(The State Hermitage Museum)에는 러시아 외교관이나 고찰대가 수집한 예술품들이 수장되어 있는데, 그 가운데 투르판에서 반출한 벽화, 泥塑, 부조, 목판화, 회화 등이 있다. 그 중에는 일부 題記와 같은 문자 자료가 확인되는 것들도 있다.[60]

---

pp.105~114.

52) Дx.11414, 「前秦建元13年(377)7月25日趙伯龍買婢券」, 『俄藏敦煌文獻』 第15冊, p.212; Дx.02947v, 「前秦建元14年(378)7月趙遷妻買田券」, 『俄藏敦煌文獻』 第10冊, p.136. 이들을 포함한 러시아소장 문헌자료 가운데 계약문서에 대해서는 乜小紅, 『俄藏敦煌契約文書研究』, 上海: 上海古籍出版社, 2009 참조.

53) 何亦凡 · 朱月仁, 「武周大足元年西州高昌縣籍拾遺復原硏究」, 『文史』 2017-4, pp.197~214.

54) 대표적인 연구 성과로는 馬德, 「俄藏敦煌寫經部分殘片內容的初步辨識--以〈俄藏敦煌文獻〉第六 · 七 · 八冊爲中心」, 『戒幢硏究』 第3卷, 長沙: 岳麓書社, 2005; 邰惠莉, 「〈俄藏敦煌文獻〉第17冊部分寫經殘片的定名與綴合」, 『敦煌硏究』 2007-2, pp.99~103; 趙鑫曄, 「俄藏敦煌文獻整理中的幾個問題」, 『文獻』 2013-2, pp.62~68 등을 참고할 만하다.

55) 邰惠莉 主編, 『俄藏敦煌文獻敍錄』, 蘭州: 甘肅敎育出版社, 2019.

56) 『俄藏敦煌文獻敍錄』은 『俄藏敦煌文獻』 전17책에 수록된 문서의 순서대로 Ф 001~Ф 366까지, Дx 00001~Дx 19092까지 편호[序號]에 따라 標題[명칭], 文書 現狀, 설명 등을 기재하였다.

57) 『俄藏敦煌文獻』(全17책)에 수록된 돈황 · 투르판 출토문헌 가운데 투르판 한문문헌에 해당하는 문서는 『俄藏敦煌文獻敍錄』의 각 편호문서 題名을 근거하여 榮新江 編, 『吐魯番文書總目(歐美收藏卷)』, 「俄羅斯聖彼德堡東方學研究所藏吐魯番文獻(Ф與Дx編號部分)」, pp.872~912; 劉毅超 編, 『漢文敦煌遺書題名索引』(下冊), 「附錄2: 備考卷號(非漢文及非敦煌資料)」, pp.1145~1199; 榮新江 · 史睿 主編, 『吐魯番出土文獻散錄』(下), 北京: 中華書局, 2021, 「索引」, pp.11~13 등의 목록을 대조 · 검토해서 파악할 수 있다.

58) 榮新江 主編, 『吐魯番文書總目(歐美收藏卷)』, pp.913~938의 '俄羅斯聖彼德堡東方學研究所所藏吐魯番文獻(Kle-Rob, Rob與SI編戶部分)' 참조.

59) 榮新江 · 史睿 主編, 『吐魯番出土文獻散錄』(上), p.7.

60) 張惠明, 「俄國艾爾米塔什博物館的吐魯番收藏品」, 『敦煌吐魯番研究』 第10卷, 2007, pp.221~243; 張惠明 · 魯多娃 · 普切林, 「艾爾米塔什博物館所藏俄國吐魯番考察隊收集品簡目」, 『敦煌吐魯番研究』 第10卷, 2007, pp.245~294 참조.

2) 독일 투르판고찰대와 투르판지역의 발굴

여러 나라에 流散된 투르판 출토문헌 가운데 비교적 다량의 문건이 독일 국가도서관(Staats-bibliothek Preussischer Kulkurbesitz)과 아시아예술박물관(Museum für Asiatische Kunst der Staatlichen Museen zu Berlin)에 수장되어 있다.[61] 이들은 주로 20세기 초 러시아의 新疆지역 발굴에 영향을 받아[62] 추진된 그륀베델(A. Grünwedel: 1856~1935)과 르콕(A. von Le Coq: 1860~1930)이 이끄는 4차례에 걸친 독일의 '투르판고찰대'에 의하여 수집된 것들이다([부도3] '투르판 주변지도①' 참조).

1902년 8월 베를린 민속학박물관의 그륀베델, 후트(G. Huth), 바르투스(Th. Bartus) 3명으로 구성된 제1차 고찰대는 베를린을 출발하여 11월말 투르판 분지에 도착하였다.[63] 그 해 12월초부터 이듬해 4월초까지 고창고성, 셍김-아기즈, 무르투크(木頭溝) 등지를 발굴하여 44상자의 문물을 독일로 반출했는데, 문헌자료에는 주로 산스크리트문·티베트문·돌궐문 등과 약간의 한문 사본, 印本이 포함되어 있었다.[64] 제2차 고찰대는 제1차 고찰대의 성과에 고무된 프로이센 황실의 후원 아래 그륀베델 대신 르콕이 고찰대 대장으로 바르투스와 함께 참여하였다. 1904년 11월 투르판에 도착한 후 1905년 8월까지 고창고성 내의 왕궁, 寺廟 유지 등과 셍김-아기즈, 베제클릭크, 무르투크, 토육 등의 석굴사원 유지에 대한 본격적인 발굴을 진행하였다. 석굴 벽화를 벽면에서 떼어내는 방법을 통하여 확보하는 등 대량의 벽화와 조각상, 석각, 그리고 각종 문자의 古寫本, 經卷 등 총 200상자의 문물을 그 해 10월에 독일로 반출하였다.[65] 제3차 고찰대는 1905년 12월 카슈가르에서 합류한 르콕 일행과 그륀베델이 연합하여 탐사를 시작하였다. 천산산맥 남쪽기슭을 따라 쿠차 서쪽의 쿰트라, 키질 등 석굴사원을 발굴하고 1906년 5월에는 카라샤르(焉耆) 부근의 소르축을 탐사하였다. 이 과정에서 석굴 벽화들을 굴벽에서 떼어내어 확보하고 대량의 산스크리트문·위구르문·토하라(吐火羅)문 등의 문헌자료를 획득하였다. 그 후 르콕이 먼저 귀국한 후에도 그륀베델은 고찰대를 이끌고 1907년 4월까지 투르판의 고창고성과 하미(哈密) 일대에서 발굴작업을 진행하여 128상자의 문물을 독일로 반출하였다.[66] 그 후 1913년 5월말에 독일 외교부의 경고에도 불구하고 르콕과 바르투스가 다시 신강지역에 대한 제4차 탐사를 진행하였다. 이때는 주요 목적지가 쿠차였는데 제3차 때 탐사하지 않은

---

61) 독일 국가도서관은 베를린에 위치하고 '국립프로이센문화소장품도서관'이라고도 하며, 투르판고찰대가 가져간 문헌자료는 대부분 이 館의 東方部에 수장되어 있다. 아시아예술박물관(舊 印度藝術博物館)도 베를린에 있으며 투르판고찰대가 획득한 대부분의 예술품과 함께 일부의 문헌자료도 소장하고 있다.

62) 1898년 러시아의 클레멘츠가 투르판지역 탐사에 성공하고, 1899년 12월 로마에서 개최된 제12차 국제동방학자 대회에서 그 성과를 소개했던 것이 독일 '투르판고찰대'의 결성과 투르판 탐사에 결정적인 계기가 되었다.

63) 陳海濤,「德國吐魯番考察隊綜述」,『新疆的地下文化寶藏』, 烏魯木齊: 新疆人民出版社, 1999, pp.191~192.

64) 제1차 투르판고찰대는 투르판에서 약 5개월 동안 활동하면서 주로 예비 조사를 실시하였다. 제1차 고고발굴에 대한 보고는 A. Grünwedel, *Bericht über archäologische Arbeiten in Idikutschari und Umgebung im Winter 1902~1903*, München, 1906인데, 번역본으로 管平 譯,『高昌故城及其周邊地區的考古工作報告(1902~1903年冬季)』, 北京: 文物出版社, 2015 참조.

65) 제2차 발굴보고는 A. von Le Coq, "A short account of the Origin, Journey, and Results of the first Royal Prussian(Second German) Expedition to Turfan in Chinese Turkestan", *Journal of the Royal Asiatic Society*, London, 1909 참고. 이에 대한 번역문은 陳海濤 譯,「普魯士皇家第一次(卽德國第二次)新疆吐魯番考察隊的緣起·行程和收穫」,『敦煌研究』 1999-3, pp.119~130 참조.

66) 1926년 르콕은 제2, 3차 투르판 탐사에 대한 개인적인 여행기를 출간했으며(A. von Le Coq, *Auf Hellas Spuren in Ostturkistan: Berichte und Abenteuer der II. und III. Deutschen Turfan Expedition*, Leipzig, 1926. 번역본으로는 *Buried Treasures of Chinese Turkestan: An Account of the Activities and Adventures of the Second and Third German Trufan Expedition*, tr. by Barwell, Oxford Univ. Press, 1987; 陳海濤 譯,『新疆的地下文化寶藏』, 烏魯木齊: 新疆人民出版社, 1999등이 있음), 그륀베델은 1912년과 1920년에 두 部의 정식 고고발굴 보고서를 출판하였다.

석굴을 대상으로 하였다. 1914년 1월 중순까지 진행된 발굴 작업을 통해 큰 상자 40개 분량의 수집품을 베를린으로 가져갔는데,[67] 제1차 세계대전의 발발로 더 이상의 탐사가 진행되지 않았다.[68]

독일의 4차례 투르판 탐사 중 실제로 후반의 2차례는 쿠차를 주대상지로 이루어졌으며, 마지막 탐사에서는 투르판에 도착하지도 않았다. 그런데 쿠차, 툼숙, 카라샤르 등지에서 발굴된 유물들도 통칭 '투르판수장품'이라 했고, 현재 다수 사본은 이미 원래의 편호도 없어져서 투르판에서 출토된 것인지 명확히 판명하기 곤란한 경우도 많다.

원래 4차례에 걸쳐 수집된 투르판 출토문헌은 베를린민속학박물관에 수장될 때 탐사의 순차와 발굴지에 따라 편호가 부여되었다. 맨 앞에 T('투르판고찰대'의 의미)로 시작하여 다음에 로마숫자 I, II, III, IV(제1, 2, 3, 4차 탐사의 의미)를 쓰고 뒤에는 문물 출토지의 약자를 기입하였다.

유물의 출토지는 예를 들면, B=葡萄溝(Bulayïq) 景教 사원유지, D=高昌故城, α=고창고성 α사원유지, μ=고창고성 μ 유지, K=고창고성 K사원 유지, K=쿠차지구(모두 제4차 탐험의 수집품. 앞에 TIV 표시), Kurutka=쿠르트카(庫魯塔格) 유지, M=무르투크(木頭溝) 석굴, S=셍킴-아기즈(勝金口), Š=소르축(碩爾楚克), T=토육(吐峪溝) 석굴, TB=베제클리크 석굴, TV(혹은 B TV)=투르판 산앞의 경사지, Y=야르호토(雅爾湖: 교하고성), x=출토지 미상 등으로 표시하였다.[69] 이러한 표식은 다소 복잡하여 때로는 오류가 발견되기도 하지만 해당 문서의 처음 출토지를 명시하고 있다는 점에서 주목할 만한 가치가 있다.

그런데 이들 문헌 자료들은 제2차 세계대전 기간 중 각지로 分藏되었다가 종전 후에 서독과 동독의 소유로 나뉘었다. 우선 동독에서 수장한 문헌 자료들은 모두 '동독 과학원역사·고고중앙연구소(Zentralinstitut für Alte Geschichte und Archäologie)'에 소장되어 문자의 종류에 따라 편호가 새롭게 부여되었다. 예를 들면 Ch=한문문서, Ch/U=한문과 위구르문이 앞·뒷면 혹은 한 면에 混寫된 문서, Ch/So=한문과 소그드문이 앞뒤 면 혹은 한 면에 混寫된 문서, M=마니문 문서, MongHT=몽골문 문서, So=소그드문 문서, Syr=시리아문 문서, Tib=古藏文 문서, Tu=투르판 발견 古藏文 문서, U=위구르문 문서 등을 들 수 있다.

한편 서독에서 수장한 문헌 자료들은 1947년 마인츠(Mainz)과학원으로 옮겨 수장되었으며, 편호도 Mainz라고 붙였다. 이 자료들은 후에 독일국가도서관의 東方部로 귀속되었는데 편호는 그대로 유지되었다. 다만 일부 산스크리트문, 토하라문과 이란어 자료는 연구의 필요에 의하여 함부르크대학 등에 남겨지기도 하였다.[70] 그리고 여러 곳에 흩어져 있던 문물 자료들은 인도예술박물관(Museum für Indische Kunst: 아시아예술박물관의 전신 가운데 하나)에 옮겨 수장하면서 MIKIII이라는 편호를 부여하였다.[71]

---

67) 제4차 탐사보고는 A. von Le Coq, *Von Land und Leuten in Ostturkistan : Berichte und Abeutener der IV Deutschen Trufan expidition*, Leipzig, 1928인데, 번역본으로 齊樹仁 譯, 『中國新疆的土地與人民』, 北京: 中華書局, 2008이 있다.

68) 독일 탐험대의 투르판 주변지역에 대한 4차례 탐사와 관련된 사진 자료와 구체적인 탐사과정에 대한 설명은 Caren Dreyer, *Abenteuer Seidenstrasse: Die Berliner Turfan Expeditionen 1902~1914*, Berlin, 2015를 참고할 만한데 번역본으로 陳婷婷 譯, 『絲路探險: 1902~1914年德國考察隊吐魯番行記』, 上海: 上海古籍出版社, 2020 참조.

69) 예를 들어 'TIIT 1636' 편호 문헌은 제2차 투르판고찰대가 吐峪溝 유지에서 수집한 문서 중 1636호에 해당하는 문서임을 나타낸다.

70) 榮新江, 『海外敦煌吐魯番文獻知見錄』, p.73.

71) 인도예술박물관은 독일국가박물관의 예하 박물관 중 하나로 독일 투르판고찰대가 획득한 미술품 대부분을 수장하고 있었다. 미술품에는 벽화, 絹畵, 紙畵, 목조, 泥塑, 동상, 목판화 등이 포함되어 있는데, 絹·紙의 그림 위에 문자자료가 확인되며 약간의 寫刻本 문헌이나 문서가 수장되었다. MIKIII 편호가 붙은 일부 자료에도 그림의 앞·뒷면에 쓰여진 문자자료가 확인된다.

吐魯番 출토문헌의 정리 201

이후 독일이 통일되자 문헌 자료들은 대부분 독일국가도서관에 수장되었는데, 이미 부여되어 있던 동독 소장본의 편호와 서독 소장본의 편호는 그대로 사용하였다.[72] 이들 문헌자료의 절대 부분은 胡語 문자(산스크리트문, 소그드문, 투르크문, 위구르문, 몽골문, 티베트문, 토하라문, 시리아문 등)로 쓰여진 것들이지만, 한문문헌도 상대적으로 수량이 적지 않으며 대부분 사본과 刻本의 불교문헌 잔편에 해당한다.[73] 이런 이유로 독일국가도서관 수장 투르판문헌 중 胡文 문서에 대해서 상당한 연구 성과가 진전되었으며[74] 한문문서의 경우도 최근까지 활발한 연구가 이루어지고 있다.[75]

이들 한문문헌 가운데 佛典 잔권에 대해서는 동독에 소장된 한문 잔권을 중심으로 1967년부터 동독과학원의 틸로(T. Thilo)가 편목 작업을 주관하면서 일본학자와 협력하여 일부 잔편에 대한 두 권의 목록을 작성하였다.[76] 독일 통일이후에는 일본 류코쿠(龍谷)대학의 쿠다라 코기(百濟康義)가 한문 불교경전의 편목작업을 주도하여 목록집을 발간하였다.[77] 佛典 이외 문헌의 경우, 일찍이 틸로에 의해 일부 호적이나 마니교 문헌 잔편에 대한 연구가 이루어졌다. 통일 이후에는 독일학계의 위임을 받아 교토대학의 니시와키 츠네키(西脇常記)가 편목 작업과 함께,[78] 일련의 연구성과를 발표하였다.[79]

이러한 편목 작업의 성과를 근거로 榮新江은 독일 '國家圖書館藏吐魯番文獻'의 총목을 작성하였다.[80] 그 가운데 한문문헌은 'Ch 편호 부분'과 'Ch/U 편호 부분', 그리고 Mainz 편호문서의 극히

---

72) 일부 라이프치히박물관에서 이장된 문서들도 양측의 편호를 함께 사용했는데 CH/U 8000~8182호는 동시에 MIKⅢ028417~031776호로 편제되었다. 榮新江 編, 『吐魯番文書總目(歐美收藏卷)』, 「德國國家圖書館藏吐魯番文獻 (CH/U編號部分)」, pp.461~476.

73) 耿世民, 「德國柏林科學院吐魯番學研究中心」, 『西域研究』 2003-2, pp.114~116.

74) 독일 국가도서관 수장 胡語 문헌의 연구 성과에 대해서는 榮新江, 『海外敦煌吐魯番文獻知見錄』, pp.73~83; 耿世民, 「德國柏林科學院吐魯番學研究中心」, 『西域研究』 2003-2, pp.116~118; 同, 「德國的吐魯番學研究」, 『吐魯番學研究: 第二屆吐魯番學國際學術研討會論文集』, pp.72~77 등을 참고.

75) 독일국가도서관 소장 투르판 한문문헌의 圖錄本은 아직 완전히 공간되지는 않았지만 최근 Ch와 Ch/U 편호문서에 대하여 인터넷상의 검색(http://idp.bbaw.de)이 가능해지는 등 비교적 빠르게 연구가 진척되고 있다.

76) G. Schmitt & T. Thilo eds., *Katalog chinesischer buddhistischer Textfragmente I*(BTT Ⅵ), Berlin, 1975; T. Thilo ed., *Katalog chinesischer buddhistischer Textfragmente II*(BBT ⅩⅣ), Berlin: Akademie Verlag, 1985. 이들 2권의 목록은 2천여 편의 佛典 단면을 수록했는데 『大正新修大藏經』의 순서에 따라 배열하였다(BTT는 Berliner Turfantexte의 약칭).

77) 佛典 목록 작업을 주도했던 틸로가 연구분야를 '長安' 관련 주제로 바꾸면서 百濟康義가 그 작업을 이어 담당하게 되었는데, 2004년 작고할 때까지 열정적으로 목록작업을 주도했다. 2005년 출간된 제3권은 그의 遺稿集에 해당한다. 百濟康義, 「マインツ資料目錄--舊西ベルリン所藏中央アジア出土漢文佛典資料」, 『龍谷紀要』 21-1, 1999, pp.1~23; 同, 『ベルリン所藏東トルキスタン出土漢文文獻總目錄』(試行本), 京都: 龍谷大學佛教文化研究所西域研究會, 2000; K. Kudara, *Chinese Buddhist Texts from the Berlin Turfan Collections*, vol.3, ed. by Toshitaka Hasuike & Mazumi Mitani, (Chinesische und manjurische Handschriften und seltene Drücke, 4), Stuttgart: Franz Steiner Verlag, 2005. 이에 대한 書評은 榮新江, 『敦煌吐魯番研究』 第10卷, 2007, pp.226~230 참조.

78) T. Nishiwaki, *Chinesische Texte vermischten Inhalts aus der Berliner Turfansammlung (Chinesische und manjurische Handschriften und seltene Drücke*, 3), Stuttgart: Franz Steiner Verlag, 2001; *Chinesische Blockdrucke aus der Berliner Turfansammlung (Chinesische und manjurische Handschriften und seltene Drücke*, 7), Stuttgart: Franz Steiner Verlag, 2014. 후자는 한문 印本에 대한 목록이다. 이에 대한 書評은 榮新江, 『敦煌吐魯番研究』 第20卷, 2021, pp.392~399 참조.

79) 1995년 이후 Nishiwaki가 발표했던 일련의 연구성과들을 合集한 西脇常記, 『ドイツ將來のトルファン漢語文書』, 京都: 京都大學學術出版社, 2002가 출간되었다.

80) 榮新江 主編, 『吐魯番文書總目(歐美收藏卷)』, pp.1~821. 총목에는 '德國國家圖書館藏吐魯番文獻'의 (Ch편호부분), (Ch/U편호부분), (U편호부분), (Mainz科學院 原藏部分), (Tu와 Tib편호부분), (MongHT편호부분)과 '德國印度藝術博物館藏吐魯番文獻' (MIKⅢ편호), 그리고 '현재 소재를 알 수 없는 독일 소장 吐魯番文獻' 부분이 附加되어 있다. 『吐魯番文書總目』의 '歐美收藏卷'은 독일을 비롯하여 영국, 러시아, 튀르키예, 미국 등에 散在한 吐魯番文獻의 목록을 제시하고 있는데 독일 수장품의 목록이 전체 952쪽(參考目錄 제외) 가운데 821쪽을 차지하여 압도적으로 많음을 알 수 있다.

일부 등에 해당한다. 'Ch 편호 부분'은 Ch 1부터 Ch 5646까지와 Ch 6000=MIK 028492, Ch 6001=MIK 031718 등이 수록되어 있는데, 그 가운데 Ch 260, 1399, 2645, 3225, 3940~5500, 5553 등은 空號로 되어 있으며, 상당수 문서에 앞·뒷면 모두 문자가 있는 경우와 하나의 편호에 잔편이 여러 건인 경우, 예를 들어 a에서 j까지 10건의 잔권이 있는 경우도 있다.[81] 'Ch/U 편호 부분'에는 Ch/U 2340, 2343, 2346, 2348, 2360, 2405와 Ch/U 3909~3917 등 이외에는 Ch/U 6000~7771과 Ch/U 8000~8182 등의 연속된 편호의 문서가 수록되어 있으며 대부분이 불경 잔권이다.[82] 다만 榮新江의 편목 대상은 한문, 티베트문, 몽골문이 위주였고 산스크리트문, 토하라문, 소그드문, 마니문, 시리아문 등의 문서는 다루고 있지 않아, 이들의 다른 면에 존재하는 한문문헌은 목록에서 제외되어 있다.[83] 또한 Mainz 편호문서에는 대부분 위구르문, 브라흐미문, 소그드문, 西夏文, 吐蕃文 등 다양한 어종의 문헌 중에 극소수의 한문 불교경전 잔권이 있다. 한편 '인도예술박물관 소장 투르판문헌'(MIKⅢ 편호)에 제시된 목록 가운데 한문문헌에는 불교경전 잔편, 문집류 잔권과 더불어 紙畵나 絹畵의 題記 등도 포함되어 있다.[84] 마지막으로 초기 베를린 민속박물관에 수장할 때의 편호는 남아있으나 현재 소재를 알 수 없는 문헌 목록을 첨부했는데 그 가운데도 약간의 한문문헌이 포함되어 있다. 특히 원래의 편호는 확인할 수 없지만 사진으로 남아있는 한문문헌에 대해서도 목록을 추가하였다.[85] 이들 독일 소장 투르판문헌은 주로 사원 유지에서 수집한 것으로 典籍類가 비교적 많은 편인데 이들 典籍의 寫本 가운데 일부는 사원에서 정식으로 소장하던 문헌이지만 어떤 것은 뒷면에 불경을 抄寫한 것이 남겨진 경우도 있다. 당시 불경은 주로 公文書의 뒷면에 抄寫하였기 때문에 적지 않은 문서가 보존되어 호적, 田畝簿, 병역 名籍, 계약이나 각종 牒狀[86] 등 내용이 매우 다양하다.[87]

한편 독일의 투르판고찰대가 반출한 일부의 문헌은 튀르키예 이스탄불대학도서관과 일본 오사카(大阪) 四天王寺에도 수장되어 있다. 1928년부터 1933년 사이에 베를린에서 독일 고찰대의 수집품 중

81) 劉進寶는 이런 내용들을 전제하여 독일국가도서관 소장 吐魯番文獻 중 한문문서는 空號를 제외하면 총 4725호로 계산하였다(「榮新江《吐魯番文書總目(歐美收藏卷)》評介」, 郝春文 主編, 『2008敦煌學國際聯絡委員會通訊』, 上海: 上海古籍出版社, 2009).

82) 독일 吐魯番考察隊의 탐사 대상이 주로 석굴과 고성유지였던 이유로 수집된 문헌자료의 절대 부분이 불경 잔권에 해당한다. 단 Ch/U 7525~7527의 「宋端拱三年(990)沙州鄧守存等戶口受田簿」 등 세속문서에 속하는 것도 일부 포함되어 있다.

83) 예를 들어 西脇常記의 한문문헌 목록에 SyrHT3. (TⅡB 66) 1749호는 한쪽 면이 시리아문이고, 다른쪽 면은 한문으로 되어 있다(劉屹, 「《吐魯番文書總目(歐美收藏卷)》」, 『敦煌學輯刊』 2008-2, p.173). 또한 Ch/So 편호문서에 대한 파악도 이루어지지 않았다.

84) 이와 관련하여 榮新江, 「德國'吐魯番收藏品'中的漢文典籍與文書」, 『華學』 3, 1998에서는 「德國國家圖書館藏漢文文獻(非佛經部分)草目」과 함께 「印度藝術博物館藏漢文文獻草目」을 정리하였다. 또한 베를린 인도예술박물관에 수장된 투르판수집품 가운데 사원 幡畵나 서역북도의 織物 그림에서 확인되는 위구르문 題記와 한문 제기의 목록과 관련해서는 Chhaya Bhattacharya-Haesner, *Central Asian Temple Banners in the Turfan Collection of the Museum für Indische Kunst, Berlin Painted Textiles from the Northern Silk Route*, Berlin: Dietrich Reimer Verlag, 2003 참조.

85) 榮新江, 「中國國家圖書館善本部藏德國吐魯番文獻舊照片的學術價値」, 國家圖書館善本特藏部敦煌吐魯番學資料研究中心 編, 『敦煌學國際研討會論文集』, 北京圖書館出版社, 2005. 1930년대 北平圖書館(후에 北京圖書館, 中國國家圖書館)의 위촉으로 프랑스와 영국으로 돈황문헌을 정리하러 갔던 王重民, 向達이 각각 1935년과 1937년에 베를린을 방문했을 때 찍은 사진들(王重民의 21장, 向達의 26장) 가운데 제2차 세계대전으로 인해 독일의 투르판수집품 중 소재를 알 수 없게 된 문헌자료들이 있는데, 이 사진들은 현재 中國國家圖書館 善本部에 수장되어 있으며, 國家圖書館 善本特藏部編, 『王重民向達先生所攝敦煌西域文獻照片合集』(全30冊), 北京: 國家圖書館出版社, 2008에 수록되어 있다. 이와 관련하여 李德範 編著, 『敦煌西域文獻舊照片合校』, 北京: 北京圖書館出版社, 2007도 참조.

86) 孫麗萍, 「德藏文書〈唐西州高昌縣典周達帖〉札記」, 『西域研究』 2014-4, pp.101~104 등 참조.

87) 독일 소장 투르판문헌 가운데 한문문헌에 대해서는 『吐魯番出土文獻散錄』下, 索引, pp.1~20에 제시된 Ch, Ch/So, Ch/U, MIKⅢ 편호 문서와 德國舊藏의 吐魯番收藏品과 寫本 등의 목록을 참조.

위구르문 문서의 정리 작업에 참여했던 튀르키예학자 아흐메디(G.R. Rahmeti)는 일부의 한문, 위구르문 자료들을 자신의 수중에 넣게 되었다. 후에 그는 자신이 확보한 문헌 가운데 한문 문서의 상당 부분을 1932년에서 1933년에 역시 베를린에서 독일 투르판수집품의 정리에 참여했던 일본인 데구치 츠네순(出口常順)에게 매각하고 위구르문 위주의 문헌들을 튀르키예로 가져갔다.88) 아흐메디가 반출한 문헌자료들은 이후 이스탄불대학도서관에 수장되었는데,89) 대부분 위구르문 문헌이지만 일부 한문 사본도 포함되어 있다.90) 또한 데구치가 일본으로 반출한 약 100여건에 이르는 투르판문헌은 현재 오사카 四天王寺에 수장되어 있다. 이에 대하여 1978년에 후지에다 아키라(藤枝晃)가 수장된 모든 단편의 도판을 영인하여 공개하였다가91) 이후 2005년에 釋錄을 제시하였다.92)

3) 일본 오타니탐험대와 투르판문헌의 散藏

독일의 투르판고찰대가 활동한 시기와 비슷한 시점에 일본의 탐험대가 투르판지역에서 발굴을 진행하였다. 일본의 교토 니시혼간사(西本願寺) 제22대 주지[門主]인 오타니 고즈이(大谷光瑞: 1876~1948)가 개인적인 사업으로 탐험대를 조직하여93) 1902년 8월부터 전후 3차례에 걸쳐 新疆 지역에 대한 '탐험'을 진행하였다.94) 1902년 8월 오타니 고즈이가 와타나베 테츠노부(渡邊哲信), 호리 켄오(堀賢雄), 혼다 케이타카(本田惠隆), 이노우에 히로엔(井上弘圓) 등을 수행하고 런던을 출발한 제1차 오타니탐험대는, 카슈가르에 도착한 후 탐험대를 둘로 나누어 탐사를 진행하였다. 오타니 고즈이와 혼다 케이타카, 이노우에 히로엔 일행은 오타니가 부친의 부고를 받고 귀국한 후에도 파키스탄을 거쳐 인도를 탐사하였다. 한편 와타나베 테츠노부, 호리 켄오는 호탄[和田](1902년 11월 22일 도착, 1903년 1월 2일 출발)을 지나 타클라마칸사막을 종단하여 쿠차(庫車)에 이른 후 4개월간(4월 23일 도착, 8월 11일 출발) 주변 유적지를 탐사하고 투르판(9월 3일 도착, 9월 12일 출발), 우루무치를 거쳐 귀국하였다(1904년 2월 제1차 탐험을 결속).95) 그 중에서도 서역북도의 요충지인 쿠차 주변을 중심으

---

88) 榮新江, 『海外敦煌吐魯番文獻知見錄』, pp.92~94.

89) 이들 문서들이 아흐메디 사후에야 공개된 사정에 대해서는 Ayse Gül Sertkaya, "How the Texts found in Turfan were transferred to the Library of Istanbul University", 『吐魯番學研究: 第二屆吐魯番學國際學術研討會論文集』, pp.215~220 참조.

90) 山田信夫, 「イスタンブル大學圖書館藏東トルキスタン出土文書類--とくにウイグル文書について」, 『西南アジア研究』 20, 1968, pp.11~32; 百濟康義, 「イスタンブール大學圖書館藏東トルキスタン出土文獻--特にその出所について」, 『東方學』 84, 1992, pp.1~12 등을 참조하여 榮新江, 『吐魯番文書總目(歐美收藏卷)』, pp.937~948에는 I.U. 1에서 I.U. 35까지 목록을 정리하였다. 이들에 대한 분석은 西脇常記, 『イスタンブル大學圖書館藏トルファン出土漢語斷片研究』, 京都: 京都同志社大學文學部文化史學科西脇研究室, 2007 참조.

91) 藤枝晃, 『高昌殘影--出口常順藏トルファン出土佛典斷片圖錄』, 京都: 法藏館, 1978.

92) 藤枝晃 主編, 『トルファン出土佛典の研究: 高昌殘影釋錄』, 京都: 法藏館, 2005. 藤枝晃은 이들 문서를 (1) '隸에서 楷로'(101~133호), (2) '唐의 楷書'(201~241호), (3) 위구르 사본(301~331호), (4) 印沙佛(401~409호), (5) 版本(501~514호)으로 분류하였다. 이에 대하여 陳國燦이 『吐魯番文書總目(日本收藏卷)』, pp.577~589, '大阪四天王寺出口常順藏吐魯番文書'에 목록을 제시했는데, 藤枝晃의 구분 기준인 연대와 내용에 따라 (1) 北朝·高昌國시기 사본, (2) 唐代, (3) 回鶻期 寫本, (4) 印沙佛, (5) 版本 등 5組로 분류하면서도 편호는 藤枝晃과 달리 001에서 131까지 일련번호를 사용하였다.

93) 上山大峻, 「大谷光瑞」, 江上波夫 編, 『東洋學の系譜』 第1集, 東京: 大修館書店, 1992, pp.181~191. 大谷光瑞의 투르판 탐사에는 종교적 목적 이외에 첩보 활동이라는 정치적 목적도 있었을 개연성이 지적되고 있다(피터 홉커크 著, 김영종 譯, 『실크로드의 악마들』〈原題, P. Hopkirk, Foreign Devil of the Silk Road, London, 1982〉, 서울: 사계절, 2000, pp.274~284).

94) 大谷探險隊의 탐사내용에 대해서는 주로 長澤和俊 編, 『大谷探險隊シルクロード探險』, 東京: 白水社, 1978; 白須淨眞, 『大谷探險隊とその時代』, 東京: 勉誠出版社, 2002 등 참조.

95) 두 사람의 발굴보고기는 渡邊哲信, 「西域旅行日記」, 上原芳太郎 編, 『新西域記』 卷上(東京: 有光社, 1937), 東京: 井草出版(復刻), 1984; 堀賢雄, 「西域旅行日記(一·二·三)」, 『西域文化研究』, 第2·4·5卷, 京都: 法藏館, 1959·1961

로 한 조사에서 키질, 쿰트라 석굴 등과 돌도워아퀼 유지에서 고문서를 다수 입수하였다.[96]

제2차 오타니탐험대는 오타니 고즈이가 파견한 노무라 에이자부로(野村榮三郎)와 다치바나 즈이초(橘瑞超: 1890~1968)에 의하여 이루어졌다. 1908년 6월 북경을 출발하여 우루무치(10월 26일 도착)를 거쳐 11월 15일 투르판에 도착한 이후 1909년 1월까지 교하고성, 셍김-아기즈(勝金口), 무르투크(木頭溝), 토육(吐峪溝) 등과 아스타나와 카라호자 고묘군을 발굴, 조사하여 대량의 출토문헌을 획득하였다. 이후 1909년 2월 카라샤르(焉耆)에서 노무라 에이자부로는 서역북도를 따라 쿠차, 악수를 거쳐 카슈가르까지 가고, 다치바나 즈이초는 롭 사막을 거쳐 누란(樓蘭)유적을 탐사한 후 서역남도를 따라 카슈가르에서 노무라와 합류하여 1909년 10월 야르칸드를 출발하여 인도로 향했다.[97] 특히 다치바나는 차르클릭의 누란 유적을 탐사하는 과정에서 李柏文書를 입수하였다.[98]

1910년부터 1914년까지 진행된 제3차 탐험은 전후 3시기로 나뉘어 오타니 고즈이가 파견한 다치바나 즈이초와 요시카와 고이치로(吉川小一郎: 1885~1978)에 의하여 이루어졌다. 우선 첫째 시기는 1910년 8월 다치바나가 런던을 출발, 시베리아를 거쳐 10월에 우루무치에 도착한 후 투르판으로 향했다. 투르판에서 1개월 정도 발굴, 탐사를 한 후 누란, 미란(米蘭) 유지 등에서 벽화를 剝取하고 서쪽으로 타클라마칸 사막을 종단하면서 타림분지의 남북단 일대를 탐사하였다. 1912년 1월에는 西安에서 하서회랑을 거쳐 돈황에 도착한 요시카와와 합류하였다. 이어 둘째 시기는 1912년 2월 다치바나와 요시카와가 함께 돈황을 출발하여 3월경부터는 투르판 일대의 림친(連木沁), 셍김-아기즈(勝金口), 토육(吐峪溝) 등지와 고창고성 북쪽 무덤군, 교하고성 유지 등을 발굴한 후, 4월에 우루무치로 돌아왔다. 이후 다치바나는 일본으로 歸還하였다. 다치바나, 요시카와 두사람은 1912년 2월 돈황에 머무는 동안 돈황 寫卷을 구입하였으며, 투르판의 아스타나[二堡], 카라호자[三堡] 무덤군, 교하고성 등을 발굴하여 많은 문헌자료를 획득하였다. 다음으로 셋째 시기는 1912년 5월에 요시카와가 다시 교하성과 투르판 일대를 탐사하고, 1913년 2월에 투르판을 출발해서 쿠차를 거쳐 카슈가르까지 갔다. 이후 야르칸드, 호탄 등을 탐사하고 우루무치, 투르판, 하미, 돈황, 肅州 등지를 거쳐 1914년 5월 북경에 도착하였다.[99]

이처럼 오타니탐험대는 1902년부터 1914년까지 비교적 장기간에 걸쳐 서역남북도 일대와 특히 투르판의 여러 佛窟, 寺廟 유지 및 아스타나, 카라호자 등 옛무덤, 그리고 고창, 교하의 故城 유지들을 발굴하여 많은 불경 잔권들과 사회문서, 그리고 다양한 문자로 쓴 문서들을 대량으로 수집하였다. 그러나 탐험대 성원 대부분이 기본적인 고고학 훈련도 받지 않은 젊은 승려들이었기 때문에 개인적인 일기나 기행문을 쓰기는 했으나, 출토 문물에 대한 상세한 기록을 남기지는 않았다.[100]

더욱이 탐험대의 수집품은 오타이 고즈이의 상황 변화에 따라 여러 곳으로 유산되었다. 즉 오타니 탐험대에 막대한 비용이 투자되면서 니시혼간사(西本願寺)의 재정을 압박하게 되자 결국 재정 운영에

· 1962로 출간되었는데, 이들 大谷探險隊의 상세한 旅程에 대해서는 白須淨眞, 『大谷探險隊とその時代』, 2002가 비교적 史實인 내용을 중심으로 정리하고 있다.

96) 大谷文書 1503호에서 1538호까지의 문서는 모두 양질의 종이에 쌓여 '庫車ドルドルオコル'이라고 墨書되어 있어서 庫車 돌도워아퀼 출토문서임을 알 수 있었다(小田義久, 『大谷文書の研究』, 京都: 法藏館, 1996, 「第2章 大谷探險隊と大谷文書」, pp.10~11). 문서의 錄文은 小田義久 編, 『大谷文書集成』 壹, pp.71~79 참조.

97) 野村榮三郎, 「蒙古新疆旅行日記」, 上原芳太郎 編, 『新西域記』 卷下(東京: 有光社, 1937), 東京: 井草出版(復刊), 1984. 橘瑞超의 行程에 대해서는 橘瑞超 著, 柳洪亮 譯, 『橘瑞超旅行記』, 烏魯木齊: 新疆人民出版社, 1999, pp.10~17 참조.

98) 『晉書』 권86, 張軌傳, p.2235에 이름이 확인되는 4세기 前涼의 인물 "西域長史 李柏"이 書寫한 것인지에 대해 논란이 되었던 大谷8001에서 大谷8039까지 李柏文書(李柏尺牘稿 斷片) 39件은 小田義久 編, 『大谷文書集成』 參, 京都: 法藏館, 2003, 圖版 59~63; 錄文 pp.211~218 참조.

99) 小田義久, 『大谷文書の研究』, 「第2章 大谷探險隊と大谷文書」, pp.14~18.

100) 劉進寶, 「大谷光瑞考察團與中國西北史研究」, 『敦煌研究』 1999-3, pp.137~138.

관한 疑獄사건으로 발전하였다.[101] 이에 오타니 고즈이는 그 책임을 지고 1914년 주지와 백작의 지위를 사퇴하고 상해, 大連, 旅順, 대만, 南洋 등지로 외유하면서 光壽會를 조직, 활동했는데, 이에 따라 오타니탐험대의 수집품도 그의 행선지인 여러 곳으로 옮겨지게 되었다.[102]

1904년 와타나베 테츠노부(渡邊哲信)가 가져간 제1차 오타니탐험대의 수집품 일부가 당시 帝國京都博物館에 기증된 것 외에[103] 제2, 3차 탐험대의 수집품은 고베(神戶) 교외에 있던 오타니 고즈이의 別邸인 니라쿠소(二樂莊)에 반입되었으며 1915년 그 일부가 『西域考古圖譜』(上·下) 2권으로 公刊되었다.[104] 그런데 1916년 1월 니라쿠소가 政商인 구하라 후스노스케(久原房之助: 1869~1965)에게 매각되어 일부 유물 자료가 구하라의 소유가 되었고, 그는 同鄕人으로 당시 초대 조선총독이던 데라우치 마사다케(寺內正毅: 1852~1919)에게 이들 수집품을 기증하여 당시 京城의 朝鮮總督府博物館에 移藏되었다.[105] 그러나 수집품 중 문헌 자료 대부분은 1916년 5월 오타니 고즈이의 旅順 사저가 완공되면서 그곳으로 옮겼다가 1917년 4월에 개관한 關東都督府 滿蒙物産館(1918년 4월 關東都督府博物館, 1919년 4월 關東廳博物館, 1934년 12월 旅順東方文化博物館으로 改名)에 수장되었다.[106] 1945년 일본의 패전으로 박물관은 소련군이 접수했지만, 상당량의 館藏品은 그 이전에 일본으로 반출되었다. 박물관에 남겨진 탐험대 수집품은 소련군이 임시 관리하다가 1951년 2월 중국 정부가 접수하였고, 박물관도 旅順博物館으로 개칭하였다. 그 후 1954년 1월 박물관에 소장되어 있던 돈황 漢藏文 사경 620여건을 당시 北京圖書館(현재 中國國家圖書館) 善本部에 入藏시키고 서역문헌과 문물은 그대로 박물관에서 보관하였다.[107]

1948년 10월 오타니 고즈이가 죽은 후 교토 本願寺에 남아있던 유품 중 '大連關東別院光壽會'라고 표제된 큰 상자 2개가 발견되었는데 그 안에는 도기, 직물조각, 동전, 목간 등과 함께 문헌 자료들이 들어 있었다. 이들 자료는 정리를 위해 류코쿠(龍谷)대학 도서관(현재 大宮圖書館)으로 이관되었고,[108] 1953년 1월에 조직된 龍谷大學 西域文化研究會가 이들 문서(大谷文書)를 이용하여 불교, 역사, 胡語, 미술의 4부문으로 나누어 집중적인 연구를 진행하여 많은 연구 성과를 이루었다.[109] 당시 西域文化

---

101) 杉森久英, 『大谷光瑞』, 東京: 中央公論社, 1975; 1977, pp.269~280.

102) 실례로 1914년에서 1915년에 大谷光瑞는 두차례 上海에 갔고, 그의 藏書도 上海를 거쳐 大連으로 운반되었는데, 현재 上海博物館에 소장된 돈황문헌 가운데 上博 31, 「請紙牒」(『上海博物館藏敦煌吐魯番文獻』 第1冊, 上海: 上海古籍出版社, 1993, p.259)은 大谷 5840, 「開元16年(728)請紙文書」(『大谷文書集成』 參, 圖版 10, 錄文 pp.209~210)와 同組의 문서로 大谷光瑞 藏書에서 유출되었을 개연성이 높다. 毛秋瑾, 「唐開元16年(728)西州都督府請紙案卷研究」, 孫曉雲·薛龍春 編, 『請循其本: 古代書法創作研究國際學術討論會論文集』, 南京: 南京大學出版社, 2010, pp. 201~212 참조.

103) 大谷光瑞는 그의 妻와 일본 皇室의 관계로 인해 수집품을 당시 帝國京都博物館(현재 京都國立博物館)에 기증했는데, 제2차 세계대전 말인 1944년에 이들 자료가 東京의 木村貞造의 소유가 되었다가 戰後 일본 정부가 구입하여 東京國立博物館 東洋館에 수장하였다(藤枝晃, 「大谷探險隊とその收集品」, 『京都と絹の道--大谷探險隊八十年記念』, 京都: 京都市社會教育振興財團, 1983).

104) 香川黙識 編, 『西域考古圖譜』(上·下卷), 東京: 國華社, 1915. 上卷에는 繪畫(54件), 彫刻(15), 染織刺繡(7), 古錢(8), 雜品(10), 印度彫刻(11) 등 유물의 도록이, 下卷에는 佛典(68) 및 佛典附錄(8), 史料(26), 經籍(10), 西域語文書(23), 印本(6) 등 문헌자료의 도록이 수록되었다.

105) 二樂莊의 수장품이 朝鮮總督府博物館에 기증된 사정에 대해서는 閔丙勳, 「國立中央博物館 所藏 中央아시아 遺物(大谷 컬렉션)의 所藏經緯 및 研究現況」, 『中央아시아研究』 5, 2000, pp.76~77 참조.

106) 上原芳太郎 編, 『新西域記』 卷下, 附錄 「關東廳博物館大谷文物目錄」에 의하면 漢文 佛典, 藏傳 佛經 639건과 불경 및 기타 잔편 20여건, 泥俑, 석상, 목기, 목판 등의 유물 자료 30여건이 목록에 수록되어 있으며, 이외에 문물도 보관되어 있음을 적시하고 있다.

107) 尙林·方廣昌·榮新江, 『中國所藏'大谷收集品'槪況』, 京都: 龍谷大學佛教文化研究所, 1991. 旅順博物館 소장품에 대해서는 旅順博物館編, 『旅順博物館』, 北京: 文物出版社, 2004 참조.

108) 小田義久, 『大谷文書の研究』, pp.1~3.

109) 연구 성과는 西域文化研究會 編, 『西域文化研究』 全6卷 7冊, 京都: 法藏館, 1958~1963으로 출간되었는데, [佛教部門] 第一卷 『敦煌佛教資料』(1958); [歷史部門] 第二卷 『敦煌吐魯番社會經濟資料(上)』(1959), 第三卷 『敦煌吐魯番社

研究室에 보관되던 오타니문서는 1966년 大宮圖書館에 貴重書 수장고로서 '龍谷藏'이 완성되자 그곳으로 이관되어 수장되었다. '龍谷藏'에 수장되어 있는 문헌자료는 大谷文書를 포함하여 橘文書, '流沙殘闕' 등으로 구분된다.

오타니문서에는 영세한 잔편도 많지만 모든 문서는 잔편 1건에도 정리번호가 붙여져 있다. 이 정리번호는 大谷1001에서 시작하여 大谷8147번까지 이어져 있는데,[110] 대략 5개의 범주로 구별할 수 있다. 첫번째는 大谷1001호부터 大谷5840호까지로 한문 문헌과 더불어[111] 위구르문이나 소그드문, 브라흐미문, 마니문 등 胡語 문헌도 다수 포함되어 있다(大谷5841~6000은 空號).[112] 두번째는 大谷6001호에서 大谷6070호까지 70건으로, 주로 티베트어 문헌으로 吐蕃文, 몽골문, 파스파문 잔편들이 있다(大谷6071~6100은 공호).[113] 세번째는 대곡6101호에서 대곡6434호까지로 서역 고대문자 잔편인데 대부분은 위구르문 자료이다.[114] 네번째는 대곡7001호에서 대곡7552호까지 胡漢兩語文獻 잔편으로, 정면은 한문문헌 잔편(대부분 佛典에 해당)이고, 뒷면은 위구르문, 산스크리트문, 투르크문, 소그드문 등의 문헌 잔편이다.[115] 다섯번째는 대곡8001호에서 대곡8147호까지로, 앞서 언급한 『西域考古圖譜』에 수록되었던 문서의 일부분인데,[116] 大谷8001~8039호의 39건은 李柏文書 단편에 해당한다.[117]

또한 오타니탐험대 50주년을 기념하여 요시카와 고이치로(吉川小一郞)로부터 류코쿠대학에 기증된 편호 9001호에서 9166호까지의 자료가 있다. 요시카와가 私藏하던 문서 잔편을 '流沙殘闕'이라 自題하여 소책자 형태로 제작해 두었던 것인데, 주로 寫經 잔권이 붙여져 있으며 166건의 단편 가운데는 위구르문 印本 經卷과 그 외 서역문 단편도 포함되어 있다. 이외에도 '殘片'으로 분류된 668점이 있으며 각 小片마다 假番號가 붙여져 있는데(편호10001호~10668호) 대부분 매우 작은 잔편들이다. 한편 류코쿠대학 大宮圖書館에는 龍谷大學 西域文化研究會가 橘瑞超로부터 기증받은 편호 11001에서 11163호까지의 문서들이 있는데 이를 통칭 '橘文書'라고 한다. 그 중에는 隨葬衣物疏를 비롯하여 唐代 勾徵 문서, 市估案 등 사회문서와 한문과 산스크리트문 불경 사본 및 마니교 경전 잔권 등도 포함

會經濟資料(下)』(1960); [胡語部門] 第四卷, 『中央アジア古代語文獻』(1961.3.; 別冊, 1961.9.); [美術部門] 第五卷 『中央アジア佛教美術』(1962); [歷史·美術部門] 第六卷, 『歷史と美術の諸問題』(1963) 등이다.

110) 최근 大谷文書의 편호를 'Ot.'라는 약자로 표시하기도 하지만 이 글에서는 종래의 연구성과를 반영한다는 측면에서 '大谷'으로 지칭하였다.

111) 漢文文獻은 大谷1001~1097, 1199~1312, 1376~1413, 1416~1538, 1546, 1548, 1551~1557, 1698~1700, 2355~2406, 2597~2604, 2803, 2827~2917, 2924~4165, 4171~4535, 4668~4677, 4680~4682, 4701, 4735~4862, 4864~4873, 4875~5019, 5021~5179, 5366~5402, 5404~5436, 5438~5471(1), 472(1), 5768~5784, 5786~5840에 해당하는데 그 가운데 繪畵 殘片(大谷3788, 3790~3793, 3804~3808, 3859 등)도 포함되어 있다. 또한 胡漢兩語文獻은 大谷1545, 1547, 1549~1550, 4536~4569, 4626, 4667, 4678~4679, 4683~4700, 4702~4733, 4863, 5020, 5437, 5471(2), 5472(2)~5474, 5764~5767, 5785 등이 있다. 이들 대부분은 吐魯番 출토문서이지만, 大谷 1554~1557(4件)은 和闐出土文書, 大谷1503~1538(36件)은 庫車 돌도워아퀼 출토문서, 大谷 1546은 庫車出土文書로 판단된다.

112) 胡語文獻은 大谷1097~1198, 1313~1375, 1414~1415, 1539~1544, 1558~1697, 1701~2354, 2407~2596, 2605~2802, 2803v~2826, 2918~2923, 4166~4170, 4570~4665, 4734, 5180~5365, 5475~5763 등이며 空號(空番)는 大谷 1247, 1818, 2417, 2418, 2671, 2758, 2769~2770, 2772, 3438, 3993, 4666, 4874, 5403 등에 해당한다(이상은 陳國燦·劉安志 主編, 『吐魯番文書總目(日本收藏卷)』, pp.1~376에 근거함).

113) 上山大峻·井ノ口泰淳·武內紹人·筑後誠隆·白井博之·三谷眞澄, 「龍谷大學藏チベット語文獻の硏究(Ⅲ)--大谷探險隊蒐集チベット語文書の硏究(1)」, 『龍谷大學佛敎文化硏究紀要』 26, 1987; 同, 「龍谷大學藏チベット語文獻の硏究(Ⅳ)--大谷探險隊蒐集チベット語文書の硏究(2)」, 『龍谷大學佛敎文化硏究紀要』 28, 1990.

114) 陳國燦·劉安志 主編, 『吐魯番文書總目(日本收藏卷)』, pp.376~396.

115) 上同. 그런데 小田義久, 『大谷文書の硏究』, pp.6~7에는 大谷 7550까지만 언급하고 있다.

116) 香川默識 編, 『西域考古圖譜』(上·下), 東京: 國華社, 1915.

117) 이외에 『西域考古圖譜』에 수록되어 있으나 大谷文書에 포함되지 않은 문서 목록은 陳國燦·劉安志 主編, 『吐魯番文書總目(日本收藏卷)』, pp.468~476, 「〈西域考古圖譜〉所刊, 未入大谷藏吐魯番文書」 참조.

되어 있다.118)

　이들 오타니문서 가운데 한문 문헌에 대해서는 1960년대이래 류코쿠대학 문학부의 오다 요시히사(小田義久)를 중심으로 '大谷文書編纂委員會'를 조직하여 정리 작업을 진행한 결과, 현재 한문 문서에 대한 도록과 녹문을 4권의 『大谷文書集成』으로 간행하였다.119) 오타니문서는 대개 시기적으로 5호16국시대, 麴氏 고창국시대, 唐代 西州時代에 작성된 것들로, 서주시대의 문헌이 다수를 차지하고 있다. 즉 제1권은 大谷1001~3000호의 한문 문서, 제2권은 大谷3001~4500호의 한문 문서, 제3권은 大谷4501~8147호의 한문 문서가 수록되었으며, 제4권은 大谷7001~7552호의 胡漢兩語文獻, 大谷9001~9166호의 '流沙殘闕', 大谷10001~10668호의 극소 단편, 大谷11001~11163호의 橘資料 등이120) 포함되었다.121) 내용으로는 籍帳, 토지, 물가, 수취, 병역, 매매계약 등 이른바 세속문서에 해당하는 것이 다수를 차지하고 불교, 도교 관련 문헌도 포함되어 있다. 이들 문헌은 쿠차, 호탄, 그리고 돈황 등지에서 출토된 일부 문헌을 제외하면 대부분이 투르판에서 출토되었으며, 대개 아스타나와 카라호자의 무덤군에서 출토된 것으로 추정된다.122)

　오타니탐험대가 수집한 문헌자료 가운데 류코쿠대학의 소장품 외에도 소량이지만 일본의 일부 박물관에 수장된 것도 있다. 우선 東京國立博物館에 소장된 경우이다.123) 앞서 언급했듯이 1910년 오타니 고즈이는 그의 아내와 일본 황실과의 관계로 인하여 제1차 오타니탐험대가 1904년 획득한 수집품 가운데 일부를 당시 帝國京都博物館에 기증하였다. 제2차 세계대전 말인 1944년에 이들 자료가 도쿄에 살던 키무라 사다조오(木村貞造)의 소유가 되었다가 전후 일본 정부가 구입하여 도쿄국립박물관 東洋館에 수장하였다.124) 이들 수장품에는 제1차 오타니탐험대의 渡邊哲信, 堀賢雄이 가져온 수집품과 淸末 新疆布政使를 지냈던 王樹枏(1851~1936)의 舊藏品이 포함되어 있었다.125) 전자는 新疆의 미술자료와 胡語 문헌이고 후자는 투르판출토 '樹下人物圖'의 배면에 해당하는 唐 開元年間 호적과 差科簿 문서들이다.126) 이 투르판출토 絹本 '수하인물도'는 도쿄 근교의 아타미(熱海)박물관에 수장된 오타니탐험대가 수집한 '수하미인도'와 함께 한 조의 병풍화를 이루었던 것으로 투르판의 동일한 무덤에서 오타니탐험대가 수집한 것이 판명되었다.127)

　또한 京都國立博物館에도 일부 투르판문서가 소장되었다. 일찍이 오타니탐험대의 수집품을 정리하는데 참여했던 교토대학 교수 마츠모토 분사부로(松本文三郎: 1869~1944)가 私藏했던 불교경전 단

118) 熊谷宣夫, 「橘師將來吐魯番出土紀年文書」, 『美術硏究』 213, 1960, pp.23~37; 陳國燦·劉安志 主編, 『吐魯番文書總目(日本收藏卷)』, pp.462~466, 「京都龍谷大學藏橘瑞超文書」目錄 등 참조.

119) 小田義久 編, 『大谷文書集成』 壹·貳·參·肆, 京都: 法藏館, 1984·1991·2003·2010.

120) 大谷3192~3216, 3837~3839, 4032, 4089, 4098, 4320, 4331 등 淸代 典當鋪 관련문서 잔편이나 大谷3768, 3852 등 明淸時代 문서들도 소수 혼재되어 있다.

121) 오타니문서의 인용과 관련하여 도판이나 녹문은 小田義久 編, 『大谷文書集成』 壹·貳·參·肆, 京都: 法藏館, 1984·1991·2003·2010을 이용하지만, 각 편호문서의 題名은 일반적으로 陳國燦·劉安志 主編, 『吐魯番文書總目(日本收藏卷)』, 武漢: 武漢大學出版社, 2005의 내용에 따라 기재하고 있다.

122) 그 외에 大谷501~539호(중간 2호는 제외)까지 상대적으로 온전한 卷子本의 돈황 한문 사경 37건과 大谷541~543호의 역시 卷子本인 토하라문·위구르문 자료가 있지만 이들은 오타니탐험대의 수집품이 아닐 가능성 높다(榮新江, 『海外敦煌吐魯番知見錄』, p.160).

123) 陳國燦·劉安志 主編, 『吐魯番文書總目(日本收藏卷)』, p.486, 「東京國立博物館藏吐魯番文書」 참조.

124) 藤枝晃, 「大谷探險隊とその收集品」, 『京都と絹の道--大谷探險隊八十年記念』, 京都: 京都市社會敎育振興財團, 1983.

125) 王素, 『敦煌吐魯番文獻』, p.123.

126) '樹下人物圖'에 배접된 문서는 「唐開元4年(714)西州柳中縣高寧鄕籍」과 「唐開元年間西州交河縣名山鄕差科簿」로, 현존하는 西州 호적과 차과부 중 가장 긴 것에 해당한다. 각 문서의 圖版과 錄文은 池田溫, 『中國古代籍帳硏究』, pp.243~247, pp.286~290; T.Yamamoto & Dohi, *Tunhuang and Turfan Documents concerning Social and Economic History, Ⅱ. Census Registers,* Tokyo: The Toyo Bunko, 1984~1985, (A) pp.74, pp.133~134, (B) p.115, pp.207~208 참조.

127) 東野治之, 「傳トルフアン出土樹下美人圖について」, 『佛敎美術』 108, 1976, pp.53~64.

편이 교토국립박물관에 '松本收集品'으로 수장되어 있는데, 전술한 『서역고고도보』(1915)에 수록된 것들로 오타니문서의 일부라는 것이 확인되었다.[128]

한편 오타니탐험대의 수집품 가운데 문헌자료는 일본만이 아니라 중국과 한국에도 散藏되어 있다.[129] 전술했듯이 1917년에 창건된 旅順博物館(舊 關東都督府滿蒙物産館)에는 1902년부터 1914년까지 3차례에 걸쳐 오타니탐험대가 신강, 감숙과 중앙아시아 일부지역에서 반출해온 수집품이 수장되었다. 그 가운데 문헌자료들은 주로 한문과 胡語의 寫經과 公私文書들인데, 호탄, 쿠차의 키질·쿰트라 등지에서 발굴된 소수의 자료들을 제외하면 대부분 투르판 출토문헌으로 불경이 절대 다수를 차지하였다.[130]

원래 이 자료들에는 일본측에서 정리한 편호를 비롯하여 몇차례에 걸친 정리 작업의 결과가 선행되어 있었다. 우선 旅順으로 옮기기 전 1912~1913년에 고베의 니라쿠소에 수장된 자료 가운데 藍色 宣紙로 장정한 큰 책자본[大藍冊] 48책과 작은 책자본[小藍冊] 10책에 대한 정리가 이루어졌다. 현재 여순박물관에 소장된 41대책과 11소책과는 차이가 있지만 經冊 31권에서 경책 52권까지에 해당한다.[131] 다음으로 1920년 關東博物館(여순박물관의 전신)에 入藏할 때 橘瑞超가 주로 16개의 종이포대[紙袋]에 넣어져 있던 문서들을 정리한 것으로 경책 53권에서 경책 68권까지이다(현재 편호 LM20-1502~LM20-1517). 이어서 1955년에 여순박물관이 소장품에 대한 새로운 정리작업을 진행하여 館內 문물을 재질에 따라 분류하면서 오타니수집품을 第20類로 정했고, 2002년에는 종이포대 8包에 대한 편호작업이 추가되었다(현재 편호 LM20-1518~LM20-1523). 이에 따라 여순박물관에 소장된 오타니탐험대가 수집한 문헌자료는 제20류로 분류된 문물 가운데 74개(LM20-1450에서 LM20-1523까지)의 편호가 붙여진 문서편과 일부 흩어진 형태로 수습된 문서편[132] 등 총 26,000여 건으로 정리되었다. 그 절대 부분은 불교 典籍이 차지하며 대개 西晉에서 北宋에 이르는 시기에 해당하고 약간의 돈황문헌과 胡語 문헌도 포함되어 있다. 이러한 정리작업에 의하여 앞서 류코쿠대학에 수장된 8천여호의 문서편이 불교문헌 보다 주로 세속문서가 위주였던 사실과[133] 비교하여 여순박물관에 소장된 오타니탐험대 수집 문헌자료의 대부분이 불전문헌이었다는 점이 주목되었다. 즉 오타니탐험대가 수집한 문헌자료가 초기의 정리 과정에서 佛典 문헌과 非佛敎類 문헌으로 分藏되었던 사정을 파악할 수 있게 되었다.[134]

---

128) 陳國燦·劉安志 主編, 『吐魯番文書總目(日本收藏卷)』, p.477, 「京都國立博物館藏吐魯番文書」 참조.

129) 藤枝晃, 「大谷コレクション現狀」(龍谷大學350周年記念學術企劃出版編輯委員會 編, 『佛敎東漸--祇園精舍から飛鳥まで』, 京都: 思文閣出版, 1991, pp.218~231)에서는 大谷探險隊 수집품의 오늘날 소장 상황을 日本의 國內, 國外로 나누어 A1群: 中國·旅順博物館, A2群: 北京圖書館(現在 中國國家圖書館), B群: 韓國·國立中央博物館, C1群: 日本·東京國立博物館, C2群: 京都國立博物館, D1群: 龍谷大學, D2~5群(私家의 龍谷大學 寄贈) 등으로 분류하였다.

130) 王宇·周一民·孫慧珍, 「旅順博物館藏大谷探險隊文物」, 『文物天地』 1991-5; 王宇·劉廣堂, 「旅順博物館所藏西域文書」, 北京圖書館敦煌吐魯番學資料中心·臺北《南海》雜誌社 合編, 『敦煌吐魯番學研究論集』, 北京: 書目文獻出版社, 1996.

131) 王珍仁·孫慧珍, 「旅順博物館所藏新疆出土漢文文書的槪況」, 『新疆文物』 1994-4, pp.52~54. 현재 편호로 大藍冊(크기 30.5×45.4Cm)은 LM20-1450에서 LM20-1490까지 小藍冊(크기 18.2×24.2Cm)은 LM20-1491에서 LM20-1501까지로 분류되어 있다.

132) 편호 LM-20-1450~1523까지의 經冊 74개 외에 LM-20-827, 1404~1415, 1446, 1524, 1528, 1530~1537, 1541, 1548, 1609, 1854~1855 등의 편호에 해당하는 문서편인데, 전자는 『旅順博物館藏新疆出土漢文文獻』(圖版本) 1~31책에, 후자는 '散存文書'로 분류되어 32책에 수록되었다.

133) 류코쿠대학에 수장되었던 '오타니문서'의 來源과 관련하여 1949년 西本願寺의 창고에서 수습된 문서는 27개의 종이포대에 들어 있었고, 이들은 다른 발굴품과 함께 나무상자 안에 넣어져 있었는데 상자 옆면에 '大連關東別院光壽會'라는 글자가 적혀 있었다(小笠原宣秀, 「龍谷大學所藏大谷探險隊將來吐魯番出土古文書素描」, 『西域文化研究: 卷 2』, pp.387~419)고 한다. 오타니 고즈이가 旅順에 도착한 지 얼마 되지않아 일부 수집품이 일본으로 돌려보내졌던 것으로 추정된다.

134) 王振芬, 「旅順博物館藏新疆出土漢文文獻的入藏與整理」(『吐魯番學研究』 2017-2), 孟憲實·王振芬 主編, 『旅順博物館藏新疆出土文書研究』, 北京: 中華書局, 2020, pp.4~6.

이들 문헌자료에 대해서는 2002년부터 2006년까지 주로 불교 전적을 중심으로 여순박물관과 일본 류코쿠대학의 공동연구가 진행되어 주목할 만한 연구성과도 이루어 냈다.[135] 특히 현재까지 확인된 가장 이른 시기의 한문 불교사본으로, 西晉 元康 6년(296) 『諸佛要集經』의 잔편 14편의 정리는 특기할 만하다.[136] 또한 2015년부터 여순박물관과 북경대학 중국고대사연구중심이 공동으로 5년여간의 합동작업을 통하여 公私文書까지 포함한 문헌자료 전체에 대한 종합적인 분류, 綴合, 배열, 편목, 解題 등을 진행하였다. 그 결과로 2020년 『旅順博物館藏新疆漢文文獻』을 발간했는데 문서의 원본 크기대로 편집한 컬러도판과 錄文을 제시한 32책(상편 15책, 하책 17책), 그리고 總目索引 3책을 포함하여 총 35책으로 편집되었다.[137] 이른바 중국내 敦煌吐魯番文獻의 '최후의 寶藏'이라고 평가할 만큼 대량의 문헌자료에 대하여 그 동안 출토문헌 정리 작업에서 축적된 여러 방법론을 망라하여 관련 분야의 학자들이 공동 작업을 통해 이루어낸 성과물로 평가되었다.[138]

또한 한국의 국립중앙박물관에도 오타니탐험대의 수집품 일부가 소장되어 있다. 일본의 政商이던 구하라 후스노스케(久原房之助)가 조선총독 데라우치에게 기증하여 조선총독부박물관에 수장된 오타니탐험대 수집품의 일부는 1916년 9월 10일부터 박물관 진열실인 修政殿에서 일반에게 공개되었다. 1945년 9월에 대한민국 국립중앙박물관이 건립되자 그 소장품이 되었으며, 1986년 정부의 구청사(예전 조선총독부 청사)를 개조하여 만든 國立中央博物館으로 옮겨졌다가[139] 2005년 10월 서울 龍山으로 국립중앙박물관이 확장 이전되면서 그곳으로 이관되었다.[140] 그 가운데 이른바 葦席, 즉 삿자리에 부착된 종이문서는 일찍이 그 존재가 알려졌는데 1995년에 실물과 함께 부착된 문서에 대한 일부 錄文이 제시되었다.[141] 다만 당시는 종이문서가 삿자리에 부착된 상태에서 적외선사진을 통한 분석이 이루어졌기 때문에 문서의 전모를 확인할 수 없었다. 그런데 2020년에는 삿자리로 부터 종이문서를 완전히 분리하여 2겹으로 배접되었던 문서를 온전히 복원(편호 2020NMK1:1과 2020NMK1:2)하는 한편 삿자리 뒷면에 부착되어 종래 확인하지 못한 문서편(편호 2020NMK2:1과 2020NMK2:2)에 대한 정리도 이루어졌다.[142] 전자의 문서는 종래 오타니문서의 접합을 통해 복원된 '唐儀鳳3年度支奏抄 · 4年金部旨符'의 일부 내용으로, 중국 투르판 아스타나 230호묘에서 수습한 '度支奏抄'에 해당하는 문서편과 정확하게 연접되는 문서라는 것이 확인되었다.[143] 또한 후자는 종래 「唐西州高昌縣史

135) 旅順博物館 · 龍谷大學 共編, 『旅順博物館藏新疆出土漢文佛經選粹』, 京都: 法藏館, 2006; 劉廣堂 · 上山大峻 主編, 『旅順博物館藏トルファン出土漢文佛典研究論文集』, 京都: 旅順博物館 · 龍谷大學文學部, 2006; 郭富純 · 王振芬, 『旅順博物館藏西域文書研究』, 沈陽: 萬卷出版社, 2007 등 참조.

136) 三谷眞澄, 「龍谷大學與旅順博物館所藏吐魯番出土佛典硏究」, 王振芬 · 榮新江 主編, 『絲綢之路與新疆出土文獻: 旅順博物館百年紀念國際學術硏討會論文集』, 北京: 中華書局, 2019, pp.17~20.

137) 王振芬 · 孟憲實 · 榮新江 主編, 『旅順博物館藏新疆出土漢文文獻』(全35冊), 北京: 中華書局, 2020.

138) 吳華峰, 「敦煌吐魯番文獻最後的寶藏--〈旅順博物館藏新疆出土漢文文獻〉評介」, 『西域研究』 2021-4, pp.160~166; 劉屹, 「(書評)王振芬 · 孟憲實 · 榮新江主編〈旅順博物館藏新疆出土漢文文獻〉」, 『敦煌吐魯番研究』 20, 2021, pp.386~392.

139) 閔丙勳, 「國立中央博物館 所藏 中央아시아 遺物(大谷 컬렉션)의 所藏經緯 및 研究現況」, 『中央아시아研究』 5, 2000.

140) 현재 한국 국립중앙박물관에 수장되어 있는 오타니탐험대 수집품을 포함한 중앙아시아 유물의 현황에 대해서는 민병훈, 「國立中央博物館 中央아시아 遺物의 所藏經緯 및 展示 · 調查研究 現況」, 『西域美術』, 서울: 국립중앙박물관, 2003, pp.249~272; 김혜원, 「국립중앙박물관 소장 중앙아시아 종교 회화: 소장 배경, 연구사, 그리고 현황」, 『국립중앙박물관 소장 중앙아시아 종교 회화』, 서울: 국립중앙박물관, 2013, pp.32~43 등 참조.

141) 민병훈 · 안병찬, 「國立中央博物館 투르판出土文書 管見」, 『美術資料』 56, 1995, pp.156~180; 大津透, 「韓國國立中央博物館所藏アンペラ文書についての覺え書き」, 『東京大學日本史學研究室紀要』 4, 2000, pp.239~244.

142) 삿자리에 부착되었던 종이문서의 복원과 정리과정에 대해서는 국립중앙박물관 편, 『국립박물관 소장 중앙아시아 고문서 I --투르판(吐魯番)지역의 한문자료』(서울: 국립중앙박물관, 2020.12.) '2부: 아스타나(阿斯塔那) 230호 무덤 출토 시신깔개[葦席]와 문서'에 자세히 기술되어 있다. 관련보고서의 PDF파일은 http://www.museum.go.kr/main/archive/report/article_18060 참조.

張才牒爲逃走衛士送庸絹價錢事」(一)(二)로 명명되었지만144) 새로이 정리된 문서를 포함하여 「唐上元年間(674~676)西州倉曹司案卷爲高昌縣申送逃走衛士庸絹價錢事」(一)~(三)라는 안권의 일부로 정리되었다.145)

일본으로 유입된 투르판 출토문서는 오타니탐험대에 의해 반출된 것 외에 청말 투르판지역과 관계가 있던 지방 관리 혹은 학자, 화가 등 私家에서 소장했던 것이146) 일본의 박물관, 미술관이나 개인 수집가에 의하여 수집·수장되어 있는 사례도 많다.147) 우선 도쿄(東京) 台東區에 위치한 書道博物館에는 일본의 서화가인 나카무라 후세츠(中村不折: 1868~1943)가 1912년 전후부터 1943년까지 근 30여년 동안 수집한 많은 중국 서화 문물이 수장되어 있는데, 중국 서북지역 출토문헌도 고대 서법의 유물로 여겨져 수집의 대상이 되었다. 수집품 가운데 古寫本에는 투르판 출토문헌도 포함되어 있으며 대부분은 청말 신강·감숙 등지에서 임직했던 관원으로 新疆布政使 王樹相(晉卿), 新疆監理財政官인 梁玉書(素文) 등이 수장했던 것인데, 일부를 나카무라가 일찍이 신강·감숙지역을 여행한 老田太之, 田野强 등의 일본인들을 통해 수집하였다.148) 원래 나카무라의 개인박물관으로 세워진 일본서도박물관이 2000년 교토시 台東區立 서도박물관에 귀속되어 새로이 개관되면서 수장된 돈황·투르판 문헌에 대한 정리 작업이 진행되었다. 그 결과 2005년 박물관에 소장된 거의 전부의 돈황·투르판 문헌에 대한 컬러사진판 도록 3책이 출간되었다.149) 그 가운데는 唐代 西州의 戶籍 殘片, 田簿 등의 문서와 함께 南北朝, 唐代의 寫本 佛典들이 포함되어 있다.150) 공개된 書道博物館 소장 돈황·투르판 문헌에 대한 목록 작업이 진행되어 전체 문서편에 대한 SH.의 새로운 편호 정리가 이루어졌다.151)

나라(奈良)시 寧樂美術館에는 창립자인 나카무라 준수케(中村準策: 1876~1953)가 수집한 중국의 도자, 銅器, 고대 印章 등과 함께 백여건의 투르판 출토문서가 수장되어 있다. 이들은 주로 1930년대에 上海의 골동품상을 거쳐 1940년에 일본으로 유입되었는데 어떤 경로를 거쳤는지는 불분명하지만 나카무라가 입수하여 寧樂博物館에 수장하였다.152) 문서편의 재단된 모양으로 보아 투르판지역의 무덤에서 출토된 수장품의 일부로서, 開元 2년(714) 2월에서 8월까지 唐代 西州都督府 예하 蒲昌府로 전달된 官府文書와 蒲昌府에서 이들을 처리한 文案에 해당하였다.153) 寧樂美術館이 소장한 '蒲昌府文

---

143) 이 부분에 대한 판독과 분석은 박근칠, 「한국 국립중앙박물관 소장 吐魯番出土文書의 판독과 분석--'唐儀鳳3年(678)度支奏抄·4年(679)金部旨符'文案의 재검토」, 『東洋史學研究』 159, 2022과 이 책의 2편 2장의 내용을 참조.

144) 『吐魯番出土文書』 肆, 72TAM230:63·62, p.85

145) 이에 대한 설명으로는 권영우, 「한국 국립박물관 소장 唐文書가 부착된 삿자리[葦席]의 복원--吐魯番文書 및 大谷文書와의 관계를 중심으로」, 『中國古中世史研究』 63, 2022, pp.172~176 참조.

146) 吐魯番文獻의 流散과 관련하여 中國人 私家 藏品의 내력과 그 유산 상황에 대한 비교적 자세한 설명은 王素, 『敦煌吐魯番文獻』, pp.79~87, 105~112 참조.

147) 陳國燦, 「東方吐魯番文書紀要」(一)(二)(三), 『魏晉南北朝隋唐史資料』 11·12·13, 1993·1994·1996.

148) 中村不折, 『新疆卜甘肅ノ探險』, 東京: 雄山閣, 1934, pp.5~7.

149) 磯部彰 編, 『台東區立書道博物館所藏中村不折舊藏禹域墨書集成』(上·中·下), 東京: 二玄社, 2005.

150) 陳國燦·劉安志 主編, 『吐魯番文書總目(日本收藏卷)』, pp.487~511, 「東京書道博物館藏吐魯番文書」 참조. 당대 사회·경제사 자료로서 「唐儀鳳2年(677)西州都督府案卷爲北館廚請酬價直事」, 「唐開元4年(716)西州柳中縣高寧鄕籍」, 「唐開元年間交河縣名山鄕差科簿」 문서편 등을 특기할 만하다.

151) 包曉悅, 「日本書道博物館藏吐魯番文獻目錄」(上·中·下), 『吐魯番學研究』 2015-2·2016-1·2017-1 참조.

152) 陳國燦, 「東方吐魯番文書紀要」(二), 『魏晉南北朝隋唐史資料』 12, 1994, pp.32~34.

153) 이른바 '蒲昌府文書'가 分藏된 곳은 ① 寧樂博物館 소장 156건, ② 1973년 日比野丈夫가 공개한 21건, ③ 京都橋本關雪紀念館 소장 3건 ④ 遼省 檔案館 소장 5건 등이 확인된다. 이들 문서편의 분류와 소개와 관련해서는 日比野丈夫, 「唐代 蒲昌府文書の研究」, 『東方學報』 33, 1963; 同, 「新獲の唐代蒲昌府文書について」, 『東方學報』 45, 1973; 陳國燦·劉安志 主編, 『吐魯番文書總目(日本收藏卷)』, 「京都大學日比野丈夫新獲見藏吐魯番文書」, pp.483~485; 同, 『吐魯番文書總目(日本收藏卷)』, 「京都橋本關雪紀念館藏吐魯番文書」, p.482; 陳國燦, 「遼寧省檔案館藏吐魯番文書考釋」, 『魏晉南北朝隋唐史資料』 18, 2001, pp.87~99 등을, 문서 내용에 대한 분석으로는 劉後濱·顧成瑞, 「政務文書的環節性形態與唐代地方官府政務運行--以開元二年西州蒲昌府文書爲中心」, 『唐宋歷史評論』 第2輯, 2016 등을

書'의 문서편 총 156개는 그 가운데 110개가 綴合을 통해 82건의 圖版과 錄文으로, 나머지 잔편 46개는 圖版만이 정리되어 공간되었다.154)

다케다(武田)科學振興財團 예하의 藏書 기구로 오사카(大阪)시에 있는 杏雨書屋은 일본내에서 가장 많은 양의 돈황유서를 소장하고 있다.155) 중국의 저명한 장서가였던 李盛鐸(1858~1937)이 소장했던 돈황사본(편호 1~432호)과 그외 여러 경로를 통해 확보된 돈황사본(편호 433~775호)들이 중심을 이루는데, 대부분 일본학자인 하네다 토오루(羽田亨: 1882~1955)를 통해 수집되었으며156) 후자에는 소량의 투르판 출토문서도 포함되어 있다. 杏雨書屋에 소장된 총 775호의 문서들은 2009년부터 2013년까지 目錄 1책과 圖版・錄文 총9책을 합쳐 『敦煌祕笈』全10冊으로 공간되었다.157) 특히 별책으로 제작된 〈目錄冊〉은 각 편호의 문서에 대하여 ①번호・題名, ②原番號・原題名, ③首題, ④尾題, ⑤用紙, ⑥一紙行數, ⑦卷軸, ⑧字體, ⑨體裁, ⑩同定,158) ⑪記事 등의 항목에 따라 돈황유서가 갖는 문헌, 문물, 문자의 3측면에서 자료적 가치를 상술하였다. 절대 부분이 돈황유서의 불교문헌에 해당하지만,159) '天寶 2년(743) 交河郡 市估案'이나160) '蒲昌府文書'의 일부에161) 해당하는 투르판 출토의 문서편들도 확인되었다.

교토(京都)시에 있는 有鄰館에는 창설자인 상인가문 출신의 중국 고미술품 수집가였던 후지이 요시스케(藤井善助: 1872~1943)가 수집한 중국 관련 문물들이 수장되어 있다. 이들 소장품은 淸末 甘肅 布政使, 新疆巡撫를 지낸 何彦昇과 梁玉書의 舊藏品들로 '敦煌石室唐人祕笈'이라 총칭되지만162) 총 60여건 가운데 40여건이 투르판에서 수습된 것으로 특히 30여건은 唐代 北庭都護府의 長行馬 관련 문서에 해당한다.163)

도쿄(東京)에 있는 靜嘉堂文庫에 소장된 투르판 문헌은 淸末 新疆監理財政官를 지낸 梁玉書(素文)가 소장했던 모두 8冊의 折本 형식을 갖춘 자료들이다.164) 1935년을 전후하여 미츠비시(三菱)재단의 岩

참조할 만한다.

154) 陳國燦・劉永增 編, 『日本寧樂美術館藏吐魯番文書』, 北京: 文物出版社, 1997.

155) 현재 일본내 수장된 돈황유서는 불완전한 통계이지만 대략 전체 2,000여건 정도로 추산되는데, 그 가운데 杏雨書屋 775건, 東京 書道博物館 145건, 三井文庫 112건, 그외에 20여곳의 박물관, 도서관, 대학, 문고, 사원, 서점 등과 여러 명의 개인에게 소량씩 散藏되어 있다(定源, 「杏雨書屋藏敦煌遺書編目整理綜論」, 郝春文 主編, 『2021敦煌學國際聯絡委員會通訊』, 上海: 上海古籍出版社, 2021, p.110).

156) 高田時雄, 「日藏敦煌遺書の來源と眞僞問題」, 『敦煌寫本研究年報』 9, 2015, pp.4~8.

157) 武田科學振興財團杏雨書屋 編, 『杏雨書屋藏敦煌祕笈』(目錄冊)・(影片冊: 第1~9冊), 大阪: 武田科學振興財團, 2009~2013(이하 『敦煌祕笈』으로 약칭). 다만 전체 775건의 돈황유서 가운데 486호에서 500호까지는 결락되어 있고, 714호와 724호는 圖像으로 圖版이 제시되지 않았다. 따라서 杏雨書屋에서 공개한 돈황유서의 실제 도판은 758건에 해당한다.

158) "문헌이 『大正大藏經』이나 『道藏』 가운데 확인되는 경우는 해당 卷, 號, 頁, 行數를 기록한다"는 의미이다.

159) 각 편호의 문서에 대한 관련 연구성과를 정리한 陳麗萍・趙晶, 「日本杏雨書屋藏敦煌吐魯番研究綜述」, 『2014敦煌學國際聯絡委員會』, 上海: 上海古籍出版社, 2014, pp.217~232; 山本孝子, 「《敦煌祕笈》所收寫本研究論著目錄稿」, 『敦煌寫本研究年報』 11, 2017, pp.177~204; 陳麗萍・趙晶, 「日本杏雨書屋藏敦煌吐魯番研究索引」, 『2020敦煌學國際聯絡委員會』, 2020, pp.207~277 참조.

160) 羽561, 「唐西州交河郡都督府物價表」(20片), 『敦煌祕笈(影片冊)』 제7책, pp.284~288. 문서에 대한 분석으로 片山章雄, 「杏雨書屋'敦煌祕笈'中の物價文書と龍谷大學圖書館大谷文書中の物價文書」, 『內陸アジア史研究』 27, 2012, pp.77~84 참조.

161) 羽620-1, 「唐開元2年(714)閏2月1日統押所典蒲洪牽牒」, 『敦煌祕笈(影片冊)』 제8책, pp.269~270. 羽620-2, 「唐開元2年(714)六月某日府某牒」, 『敦煌祕笈(影片冊)』 제8책, pp.271~272.

162) 陳國燦, 「東方吐魯番文書紀要」(一), 『魏晉南北朝隋唐史資料』 11, 1993, p.41; 施萍婷, 「日本公私收藏敦煌遺書敍錄」(二), 『敦煌研究』 1994-3, pp.90~100.

163) 有鄰館 소장문서 가운데 長行馬 관련 문서의 도판과 분석은 藤枝晃, 「長行馬」, 『墨美』 60, 1956, pp.2~33; 同, 「藤井有鄰館所藏の北庭文書」, 『書道全集』 第8卷(中國8・唐Ⅱ・月報13), 東京: 平凡社, 1957, pp.1~3 등을 참조.

164) 각 冊에는 ①六朝准部寫經殘字, ②六朝人寫經殘字, ③高昌出土寫經殘字, ④古高昌出土殘經, ⑤六朝以來寫經殘字, ⑥北魏以來寫經殘字, ⑦晉宋以來印版藏經, ⑧高昌出土刻經殘紙 등의 題名이 붙어있다(榮新江, 「靜嘉堂文庫藏吐魯番資料

崎小彌太가 일본에서 중국 書商에게서 구입한 것으로,[165] 각 책의 題名 아래에 小字로 '辛亥秋, 素文'
(①), '辛亥十月吐魯番出土, 素文題'(②), '宣統辛亥六月, 素文珍藏'(③), '辛亥七月, 素文題'(④), '庚戌仲冬,
素文題'(⑤), '出吐魯番, 素文珍藏'(⑥·⑦), '辛亥初秋, 玉書'(⑧) 등이라 적혀 있어 대개 '辛亥'=1911
년간에 素文(梁玉書)이 수장했던 것임을 명기하고 있다.[166] 대부분 한문 또는 위구르문 등의 불교경
전이고 題記가 있는 佛畫도 포함되어 있다. 그 가운데 '貞元十一年正月'이라고 적힌 문서편은[167] 지금
까지 확인된 투르판문서 가운데 '貞元 11년(唐 德宗 재위 제17년)=795년'이라는 가장 늦은 기년이
기재된 사례에 해당한다.

이외에도 京都大學 文學部에는 투르판 문서잔편으로 羽田紀念館 소장 唐 天寶 2年 交河郡 市估案
殘片의 사진과[168] '中村不折氏舊藏' 題名의 위구르문 문서의 사진들도 포함되어 있다.[169] 또한 千葉縣
에 설립된 日本 國立歷史民俗博物館에는 투르판 출토문서로 편호 H-1315-20의 唐 儀鳳 2년 西州 北
館廚 牒文이 있다.[170] 그리고 시즈오카현(靜岡縣)의 이소베 타케오(矶部武男)나[171] 우에노 준이치(上
野淳一)가 소장한 私藏品에도[172] 일부 투르판 문헌이 포함되어 있다.

4) 스타인의 투르판 발굴과 英藏 투르판문헌

러시아, 독일, 일본의 탐험대 보다 비교적 늦은 시기에 투르판 지역을 발굴했지만 상당량의 출토문
헌을 반출해 간 것이 영국의 스타인(M.A. Stein)이었다. 스타인은 이미 1900년에서 1901년에 제1차
중앙아시아 탐험에서 서역남도에 해당하는 신강 타림분지 남쪽 언저리의 호탄, 니야 등 사막 유지에
서 고고발굴을 진행하여 대량의 문물을 반출해 갔다.[173] 이어 1906년에서 1908년까지 제2차 탐험
에서는 호탄을 거쳐 누란 유지를 발굴하고 돈황의 烽燧 유적에서 대량의 漢簡을 발견했으며 다시 돈

簡介」, 北京圖書館敦煌吐魯番學資料中心 · 臺北《南海》雜誌社 合編, 『敦煌吐魯番學研究論集』, 北京: 書目文獻出版社, 1996,
pp.177~181).

165) 榮新江, 『海外敦煌吐魯番文獻知見錄』, p.184.

166) 陳國燦 · 劉安志 主編, 『吐魯番文書總目(日本收藏卷)』, 「東京靜嘉堂文庫藏吐魯番文書」, pp.512~561에도 이 순서에
따라 소장 문헌의 편목(총647호)을 정리하였다.

167) 『吐魯番文書總目(日本收藏卷)』, 「東京靜嘉堂文庫藏吐魯番文書」, p.536에 따르면 편호 324호, 「唐貞元十一年(795)
正月錄事殘牒文」의 문서편으로 잔존한 2행 가운데 한 행의 내용에 해당하는데, 唐朝 西州정권의 추이를 파악하는
데 중요한 단서가 되는 사례이다.

168) 해당 문서의 분석으로 池田溫, 「中國古代物價の一考察--天寶二年交河郡市估案斷片を中心として」(一) · (二), 『史學雜
誌』 77-1 · 2, 1968 참조.

169) 陳國燦 · 劉安志 主編, 『吐魯番文書總目(日本收藏卷)』, 「京都大學文學部羽田紀念館藏吐魯番文書照片」, pp.479~480;
同, 「京都大學文學部藏'中村不折氏舊藏' 回鶻文文書照片」, p.481.

170) 榮新江 · 史睿 主編, 『吐魯番出土文獻散錄』(上), pp.16~17. 1990년 11월 도쿄에서 개최된 '古典籍下見展觀大入札
會'에 진열되었던 문서인데, 도판은 『吐魯番出土文獻散錄』(下), pp.6~7, 圖6, 「唐儀鳳二年(677)十月至十二月西州都
督府案卷」 참조.

171) 陳國燦 · 劉安志 主編, 『吐魯番文書總目(日本收藏卷)』, 「靜岡縣磯部武男藏吐魯番文書」, p.590. 원래 羽田亨의 소장
품이었다가 후에 磯部武男의 소유가 된 것인데, 그 중 「武周聖曆2年(699)2月西州五品子鄧遠牒爲勘問銀錢價等事」에
대해서는 丸山裕美子, 「靜岡縣磯部武男氏所藏敦煌 · 吐魯番資料管見」, 『唐代史研究』 2, 1999, pp.16~26의 설명을
참조.

172) 陳國燦 · 劉安志 主編, 『吐魯番文書總目(日本收藏卷)』, 「上野淳一藏吐魯番文書」, p.591.

173) 제1차 탐험(1900년~1901년) 과정과 발굴품 내력에 대해서는 M.A. Stein, *Preliminary Report of a
Journey of Archaeological and Topographical Exploration in Chinese Turkestan*, London: Eyre &
Spottiswoode, 1901; M.A. Stein, *Sand-Buried Ruins of Khotan: Personal Narrative of a Journey of
Archaeological and Geographical Exploration in Chinese Turkestan*, London: T. Fisher Unwin,
1903; M.A. Stein, *Ancient Khotan: Detailed Report of Archaeological Explorations in Chinese
Turkestan*, 2vols., Oxford: The Clarendon Press, 1907 참조.

황 막고굴에서 대량의 古寫本을 收得하였다.[174] 이후 투르판, 카라샤르, 쿠차, 호탄 등지로 이동하며 발굴과 탐사를 계속하였는데, 그 가운데 1907년 일시 투르판에 도착하여 기본적인 지역 조사를 하였다.[175] 투르판지역에 대한 본격적인 탐사와 발굴은 제3차 탐험이 진행된 1913년에서 1915년 사이에 이루어졌다. 우선 서역남도인 타림분지 남쪽 언저리를 따라 동쪽으로 호탄, 니야를 지나 누란 유지에 이르렀다가 다시 돈황, 居延(黑城: 카라호토) 유지로 이동하였다. 이어 서쪽으로 향해 하미, 바리쿤(巴里坤)을 지나 天山을 넘어 투르판에 도착하였다.[176] 스타인은 1914년 11월 초 투르판에 도착한 후 약 3개월 반 동안 고창고성 유지, 유톡(丫頭溝) 古寺院 유지, 토육(吐峪溝) 寺窟 유지 등을 발굴, 조사했고, 1914년 12월 중순에는 무르투크(木頭溝)의 베제클릭크 천불동 유지를 탐사하였다. 그리고 1915년 1월 18일에 아스타나 古墓地에 대한 발굴을 진행하였다.[177] 이때 스타인은 동쪽으로 고창고성 북쪽 약 1.2Km에서부터 서쪽으로 셍김-아기즈(勝金口) 水溝까지를 경계로 한 아스나타 古墓群을 10개의 墓區로 획분하여, 전후 34개의 무덤에 대한 발굴을 실시하였는데 그 중 21개 무덤에서 문자 기재가 있는 자료들을 획득하였다.[178] 이어 1915년 2월 중순에는 교하고성 유지에 대하여 4개의 사원유지(i~iv區로 편성)와 관아유지(v)로 나누어 발굴을 진행하였다.[179]

스타인이 3차례 중앙아시아 탐험에서 수득한 고고 자료는[180] 원래 2종류로 나뉘는데, 絹畵 · 紙畵 · 사직품 · 전폐 등 유물의 精品은 영국박물관(The British Museum)의 東方古物部에 入藏되었고, 한문 · 소그드문 · 투르크문 · 위구르문 · 西夏文 등의 寫本 자료들은 1972년 영국박물관에서 영국도서관(The British Library)의 東方寫本 · 印本圖書部로 이관되었다. 1991년에는 다시 印度事務部圖書館(India Office Library)과[181] 東方寫本 · 印本圖書部를 병합하여 東方 · 印度事務收集品部로 개칭하였다.

스타인은 3차례에 걸친 발굴에서 수득한 문헌 자료에 대하여 각 1건의 문서마다 출토지의 약자에

---

174) 스타인이 돈황 장경동에서 반출한 한문문헌 가운데 불경을 제외한 문헌의 圖錄은 中國社會科學院歷史硏究所 · 中國敦煌吐魯番學會敦煌古文獻編輯委員會 · 英國國家圖書館倫敦大學亞非學院 合編, 『英藏敦煌文獻(漢文佛經以外部分)』 第1~14, 1990~1995 & 15卷, 2009에 수록되어 있는데, 楊寶玉 編著의 15권은 목록과 색인에 해당한다. 또한 영국국가도서관 소장의 돈황유서 전체를 총 120冊으로 제작하려는 기획에 따라 上海師範大學 · 英國國家圖書館 合編, 方廣錩 · 吳芳思 主編, 『英國國家圖書館藏敦煌遺書』, 桂林: 廣西師大出版社, 제1~50책, 2011 · 2013 · 2014 · 2017이 출간되었는데 S.2770까지 수록하였다.

175) 제2차 탐험(1906~1908) 과정과 발굴품에 대해서는 M.A. Stein, *Ruins of Desert Cathay: Personal Narrative of Explorations in Central Asia and Westernmost China*, 2vols, London: Macmillian & Co. Ltd., 1912; M.A. Stein, *Serindia: Detailed Report of Explorations in Central Asia and Westernmost China*, 5vols., Oxford: The Clarenden Press, 1921 참조.

176) 제3차 탐험(1913~1916)에 대해서 M.A. Stein, *Innermost Asia: Detailed Report of Explorations in Central Asia, Kan-su and Eastern Iran*, 4vols., Oxford: The Clarendon Press, 1928 참조.

177) 이 과정의 간략한 개요에 대해서는 陳國燦, 『斯坦因所獲吐魯番文書硏究』, 武漢: 武漢大學出版社, 1995, pp.3~16 참조.

178) M.A. Stein, *Innermost Asia*, Vol. Ⅲ, plan 31, 'Sketch plan of Ancient Cemetery near Astana'의 墓葬 분포 평면도 참조.

179) M.A. Stein, *Innermost Asia*, Vol. Ⅲ, plan 35, 'Sketch plan of Ruined town Yar-khoto' 참조.

180) 1930년에서 1931년에 걸쳐 新疆에서 이루어진 스타인의 제4차 중앙아시아 탐험에서도 많은 문물 자료가 수집되었으며 그 중에 문헌자료도 포함되어 있었는데 최근까지 자세한 내역이 공개되지 않다가, 王冀靑, 「關於斯坦因第四次中亞考察所發現的文物」, 『九州學刊』 6-4, 1995, pp.131~147; 同, 「斯坦因第四次中亞考察所獲漢文文書」, 『敦煌吐魯番硏究』 第3卷, 1997, pp.259~290 등을 통해 알려졌으나 漢文文書는 도모코, 니야 출토자료만이 확인되고 있다. 스타인의 제4차 탐험에 대한 일지로 영국 옥스포드대학 보들리언도서관(Bodleian Library)에 소장된 스타인 일기의 手寫 원고를 편역한 王冀靑, 『斯坦因第四次中國考古日記考釋--英國牛津大學藏斯坦因第四次中亞考察旅行日記手稿整理硏究報告』, 蘭州: 甘肅敎育出版社, 2004도 참고할 만하다.

181) 일찍이 영연방 인도사무부에 예속되어 있었고, 스타인이 3차례 중앙아시아 탐험에서 얻은 문서 가운데 인도와 관계가 있는 梵文, 佉盧文(카로쉬티문), 于闐文, 藏文 등의 寫本 등은 이 도서관에 수장되어 있었다. 다만 아직까지 수장 사본 전체에 대한 정확한 목록이 제시되어 있지는 않다.

따라 편호[原編號]를 붙였다. 그 가운데 투르판분지의 발굴지에 대해서는 Kao.=고창고성, Yar. 혹은 Y.K.=야르호토(雅爾湖; 교하고성), Ast.=투르판 아스타나 묘지, Toy.=토육(吐峪溝) 석굴사원, Bez.=베제클리크 석굴, Yut.=鄯善 유톡(丫頭溝) 유지, M.B.=무르투크(木頭溝), Talik-Bulak=투르판 서남부 타리크-불락 유지(?), Ha.=大阿薩 유지, Hb.=小阿薩 유지 등의 약자를 사용하였다.182) 그리고 뒷부분의 大小 라틴숫자는 某區 유지의 某番 동굴 혹은 房屋을 표시하며, 마지막 숫자는 구체적인 문서의 순서 번호이다.183)

이들 문서들은 영국도서관에 수장되면서 새로이 편호가 붙여졌다. 우선 제1차 탐험에서 얻은 문서는 Or.8211의 총번호 아래 붙여졌는데 8211/1~3326호까지가 그것이다. 제2차 탐험에서 얻은 문서는 Or.8210호 아래에 편성되었는데, Or.8210/S.1~13677호까지와 Or.8210/P.1~20호까지로, 이 경우 S.는 스타인(Stein) 寫本 편호이고, P.는 印本 편호(Printed Books)를 가리킨다. 그리고 제3차 탐험에서 얻은 문서는 Or.8212호 아래에 편제했는데, Or.8212/1~1946호까지이다. 이러한 문서 편호에는 사용된 문자와 출토지점에 따른 대체적인 분류가 적용되었다. 즉, 스타인 제2차 탐험에서 얻은 Or.8210 편호 문헌은 주로 돈황 장경동에서 확보한 한문 寫本과 印文으로 이후 S.(Stein number)를 사용하여 매 건의 문헌을 표시하였다.184) 다만 Or.8210/S. 편호 문헌 안에는 제1차와 제3차 탐험 때, 신강의 호탄이나 투르판 등지에서 획득한 문서도 약간 포함되어 있다.185)

투르판 출토문헌은 스타인 제3차 탐험에서 얻은 문서인 Or.8212/1~1946호 중에 편입되어 있는데, 제3차 탐험은 탐사 범위가 비교적 넓었기 때문에 이들 문헌 가운데는 투르판지역 이외에도 호탄의 바라와스터(巴拉瓦斯特), 도모코(達瑪溝), 하다리크(哈達里克) 유지, 누란고성 및 주변 유지, 돈황의 장경동, 장성 봉수유지, 내몽고 카라호토 고성유지 등에서 발굴된 문헌도 포함되어 있다. 일찍이 스타인이 제3차 탐험에서 얻은 문헌들에 대해서는 1953년 프랑스의 마스페로(H. Maspero)가 문서의 성질에 따라 새로이 편호(Ma. 편호)를 붙여 錄文과 불어 번역 및 설명을 달았다.186) 그런데 마스페로는 문헌 전부를 정리하지 못하여 누락된 경우도 많고,187) 錄文에 누락, 착오가 있으며 문서상의 俗體, 異體 혹은 草體字를 알지 못해 오역한 내용도 있다. 특히 출토문서를 내용·성질에 따라 분류하고 시간의 선후에 따라 배열함으로써, 출토된 무덤이나 출토지점과의 관계를 고려치 않아 문서 원래의 성격을 규명하는 데 한계를 드러냈다.188) 이상의 지적과 보완 작업을 전제하여 출간된 『斯坦因第

---

182) 吐魯番地區 이외의 경우에도 Ch.=敦煌 千佛洞(藏經洞: Chien-fo-tung), T.=敦煌 烽燧, Balaw.=和田 巴拉瓦斯特(Balawaste), Dom.=策勒 達瑪溝(Domoko), Kuduk-kol=達瑪溝 부근, D.=丹丹烏里克(Dandan-oiliq) 老達瑪溝以北, Mr. Tagh or M.T.=麻札塔格, Khad. or Kha.=喀得里克 和田 東境, E.=且末 安得悅(Endene), K.K.=居延 黑城子 喀刺浩特(Khara-Khoto), L.A. L.C. L.E. L.F. L.M.=樓蘭의 여러 遺址, Y.=營盤(Ying-Pan) 樓蘭유지 以西 孔雀河北. Sam.=洛浦 西南 山普拉; Har.=카슈가르 주재 영국 副領事 I. Harding, Petrovsky=카슈가르 주재 러시아 總領事인 N.F. Petrovsky 등으로 표기하였다.

183) 예를 들어 'Ast. Ⅲ. 4. 092'는 아스타나 Ⅲ구 4호묘의 92호 문서를 지칭한다.

184) 이들 장경동출토 돈황문헌에 대한 목록으로는 Lionel Giles, *Descriptive Catalogue of the Chinese Manuscripts from Tunhuang in the British Museum*, London: The British Museum, 1957; 榮新江 編, 『英國圖書館藏敦煌漢文非佛教文獻殘卷目錄(S. 6981~13624)』, 臺北: 新文豐出版公司, 1994; 同, 〈英國圖書館藏敦煌漢文非佛教文獻殘卷目錄〉補正, 宋家鈺·劉忠 主編, 『英國收藏敦煌漢藏文獻研究--紀念藏經洞發現一百周年』, 北京: 中國社會科學出版社, 2000; 方廣錩, 『英國圖書館藏敦煌遺書目錄(斯6981~斯8400號)』, 北京: 宗教文化出版社, 2000 등과 함께 『英藏敦煌文獻(漢文佛經以外部分)』 第15卷(2009)을 참조.

185) 宋雪春, 「英藏敦煌文獻基本情況研究綜述」, 郝春文 主編, 『2015敦煌學國際聯絡委員會通訊』, 上海: 上海古籍出版社, 2015, pp.50~58.

186) H. Maspero, *Les Documents Chinois de La troisième Expédition de Sir Aurel Stein en Asie Centrale*, Vol. 1, London: The British Museum, 1953.

187) 郭鋒, 『斯坦因第三次中亞探險所獲甘肅新疆出土漢文文書--未經馬斯伯樂刊布的部分』, 蘭州: 甘肅人民出版社, 1993. 예를 들어 Stein 편호로는 196편인데 그 중 약 40편 정도를 마스페로가 錄文을 정리하지 않았으며, S. Ast. Ⅰ.2.(阿斯塔那 1區 2號墓), Ast.Ⅱ.1., Ast.Ⅲ.2.의 출토문헌들이 거의 정리되지 않았다.

三次中亞考古所獲漢文文獻(非佛經部分)』(上·下)에서는 스타인 제3차 탐험에서 얻은 문헌 가운데 불경을 제외한 한문 문헌에 대한 도록과 함께 대영도서관 편호(Or. 번호), 마스페로 편호(Ma. 번호), 스타인 편호(출토지 약자 편호)의 「文書編號對照表」가 제시되었다.189)

스타인이 3차례에 걸쳐 수득한 문물 자료는 인도의 뉴델리 국립박물관(National Museum, New Delhi)에도 상당량 수장되어 있다. 스타인의 중앙아시아 탐험 경비는 제1차의 경우 영국이 전액 부담했지만, 제2차와 제3차는 영국과 인도가 분담하였다. 따라서 획득한 문물자료에 대해서도 규정에 따라 제1차의 경우는 모두를 영국의 소유로 했지만 제2차와 제3차는 원칙상 영국과 인도가 균분하였다. 즉 문헌자료의 경우는 대부분을 영국의 소유로 하고 일부만을 인도에 남겼고, 그림과 문물에 대해서는 주로 인도의 소유로 하면서 일부를 영국의 소유로 하였다. 이들 문헌, 문물자료들은 원래 印度考古局 아래 속해있던 중앙아시아 古物博物館(Central Asian Antiquities Museum)에 수장되어 있다가 1958년 뉴델리 국립박물관으로 이관되었다. 수장품은 일부 투르판 아스타나 古墓 출토 문물을 포함하여, 대략 11,000여건에 해당한다고 하는데, 일부 공개적으로 전시된 것을 제외하고는 계통적인 정리가 거의 이루어지지 않고 있어 전모를 파악하기 어렵다.190)

이상 주로 20세기초 러시아, 독일, 일본, 영국 등의 중앙아시아 탐사와 관련된 투르판문헌의 발굴, 수집 및 그 수장 상황과는 별도로 현재 일부 투르판 출토문헌을 소장하고 있는 곳이 있다. 우선 핀란드국가도서관(The National Library of Finland)에 수장되어 있는 매너하임(C.G. Mannerheim: 1867~1951)의 수집품을 들 수 있다. 매너하임은 핀란드인으로 일찍이 러시아에서 군사 훈련을 받고 제정러시아의 총참모부에서 근무하였다. 1906년에서 1908년까지 중국령 투르키스탄 지역에 대한 군사·지리 정보를 수집하기 위하여 신강, 감숙에서 활동했는데 동시에 헬싱키 학술협회(The Finno-Ugrian Society)의 위탁을 받아 고대 문물과 인종학 자료를 수집하였다.191) 그는 신강, 감숙의 여러 지역을 탐사했는데, 그 가운데 교하고성 부근을 비롯하여 투르판지역에서 수득한 자료가 가장 많고 여러 유지에서 출토 문헌 자료도 구입하였다.192) 당초 헬싱키 학술협회에서 보관하던 매너하임의 문물 자료 가운데 투르판, 호탄 등지에서 수집한 문헌 자료는 1971년에 헬싱키대학 도서관(The Helsinki University Libraries)으로 이관되었다.193) 이들 가운데 투르판지역에서 수집한 문헌 자료는 주로 한문 불경 단편인데 이외에도 위구르문, 산스크리트문, 호탄문, 소그드문 등의 문헌이 포함되어 있다. 2006년에 헬싱키대학도서관이 핀란드국가도서관으로 改名하여 그 소관이 되었다.194) 투르판 출토문서로는 大足 元年(701)의 西州 高昌縣 順義鄕 호적이나 開元 연간의 西州籍 등의 호적

---

188) 이러한 이유에서 陳國燦은 스타인 제3차 탐험에서 얻은 문서를 스타인이 구획한 출토지별로 재구성하여 새로운 錄文과 문서의 연대 비정, 문서 간의 綴合 등을 시도하였다(『斯坦因所獲吐魯番文書研究』, 武漢: 武漢大學出版社, 1995).

189) 沙知·吳芳思 編, 『斯坦因第三次中亞考古所獲漢文文獻(非佛經部分)』(上海: 上海辭書出版社, 2005), 附錄(四), pp.340~353.

190) 王素, 『敦煌吐魯番文獻』, p.95 & 118.

191) P. Koskikallio & A. Lehmuskallio ed., *C.G. Mannerheim in Cental Asia 1906~1908*, Helsinki: National Board of Antiquities, 1999; H. Halén, "Baron Mannerheim's Hunt for Ancient Central Asian Manuscripts", *Studia Orientalia*, 87, 1999.

192) 榮新江, 「歐美所藏吐魯番出土漢文文獻: 硏究現狀與評價」, pp.39~40.

193) 1980년대초 百濟康義가 헬싱키에서 매너하임 문서를 조사하고 류코쿠대학에 돌아가 간단한 소개를 하였는데 編目의 정리 작업은 진행하지 않았다(K. Kudara, "Chinese Buddhist Manuscripts from Central Asia in the Mannerheim Collection", *Proceedings of the Thirty-First International Congress of Humman Sciences in Asia and North Africa*, II, ed, T. Yamamoto, Tokyo, 1984).

194) 西脇常記가 2008~2009년 두차례 헬싱키에 가서 매너하임이 수집한 투르판문헌을 조사하여 불경, 道經과 세속문서를 소개하고 간단한 목록을 제시하였다(「マンネルヘイム·コレクションについて」, 『中國古典時代の文書の世界--トルファン文書の整理と研究』, 東京: 知泉書館, 2016, pp.169~285).

잔편이 확인되었다.195)

또한 미국 프린스턴대학 게스트도서관(Gest Oriental Library, Princeton University)에도 소량의 투르판문헌이 돈황문헌과 함께 수장되어 있다. 이들 문헌자료는 프린스턴대학이 중국인 羅寄梅에게서 구입한 것으로 羅氏는 1940년대 돈황에서 활동했던 화가 張大千에게서 얻은 것으로 추정된다. 프린스턴대학 소장 문헌자료에 대하여 1989년에 J.O. Bullitt의 간략한 소개가 이루어졌으나 투르판문헌에 대한 전문학자가 아니어서 일부 설명이 부정확하고 인용된 도판도 불완전하였다.196) 1997년에는 陳國燦이 일부 문서의 사진을 공개하면서 문서의 내용과 가치에 대하여 주목할 만한 설명을 하였다.197) 2010년에 陳懷宇는 게스트도서관에 소장된 문헌자료 전체에 대한 컬러도판과 錄文, 그리고 상세한 解題를 공개하였다.198) 또한 羅氏가 소장한 문서로 프린스턴대학에 수장되지 않은 일부 투르판 출토문서도 확인하였다.199) 이들 투르판문헌 가운데는 高昌郡시기 隨葬衣物疏와 唐代 考試策問答卷,200) 開元 23(735)년 告身이나201) 天寶 8載(749)의 관문서202) 등 唐代 세속문서가 포함되어 있다.203)

3. 새로운 발굴과 출토문헌의 정리

1) 1959년~1975년의 발굴과 투르판 출토문서

세계 여러 지역으로 流散된 투르판 출토문헌의 소재를 확인하여 문헌을 공개, 정리하는 것은 '新材料' 확충을 통한 역사 연구의 진전에 중요한 기능을 하였다. 다만 돈황의 장경동 石室文獻과는 달리 투르판 문헌의 경우는 일부 현지인에게서 구입한 경우를 제외하면, 투르판지역의 해당 유적이나 유지에 대한 탐사를 통해 획득한 자료들로써 무엇보다 현지에서의 발굴을 전제하고 있다. 이러한 의미에서 19세기말이후 투르판지역을 탐사했던 외국 탐험대의 활동 역시 고고발굴 작업을 병행한 것으로, 그들의 탐사는 투르판지역내의 무덤유지(아스타나·카라호자·야르호토·토육 등), 城市유적(고창·교하·安樂 등), 석굴유지(토육·베제클릭크·셍김-아기즈 등지) 등 광범한 지역에서 이루어졌다.204)

---

195) Mannerheim MS. 151-1r·5r, 「周大足元年(701)西州高昌縣順義鄕籍」; Mannerheim MS. 12b-1·2, 「唐開元年間西州籍」 등으로 모두 『吐魯番出土文獻散錄』 下, pp.417~418, p.506 참조.

196) J.O. Bullitt, "Princeton's Manuscript Fragements from Tnu-huang", *The Gest Library Journal*, III, 1-2, 1989, pp.7~29.

197) 陳國燦, 「美國普林斯頓所藏幾件吐魯番出土文書跋」, 『魏晋南北朝隋唐史資料』 15, 1997, pp.109~117.

198) Chen Huaiyu, "Chinese Language Manuscripts from Dunhuang and Turfan in the Princeton University East Asian Library, *East Asian Library Journal*, vol.14, no.1&2, 2010, pp.1~208.

199) 陳懷宇, 「普林斯頓所見羅氏藏敦煌吐魯番文書」, 『敦煌學』 第25輯, 2004, pp.419~441.

200) 劉波, 「普林斯頓大學藏吐魯番文書唐寫本經義策殘卷之整理與研究」, 『文獻』 2011-3, pp.10~28.

201) Peald 5a3(G.052),5c(G.058)+5a1(G.051)+5b2(G.054)+5b3(G.055)+5b5(G.057)+5b4(G.056),5b1(G.053), 「唐開元23年(735)12月14日告身」, Chen Huaiyu, 2010, pp.88~97, 圖G.051,053~059. 복원된 도판은 『吐魯番出土文獻散錄』(下), pp.16~17, 圖13, '唐開元23年(735)12月14日告身綴合圖' 참조.

202) 예를 들어 Peald 1a1(G.063), Chen Huaiyu, 2010, pp.103~104, 圖G.063. 그런데 이 문서를 『吐魯番出土文獻散錄』(下), p.525에서는 「唐天寶8載(749)3月交河郡下蒲昌府符」로 명명하여 符文으로 파악하고 있지만 이는 交河郡이 蒲昌縣으로 符文의 하달을 결정한 案卷 가운데 行判의 내용에 해당한다. 이와 관련하여 凌文超, 「普林斯頓大學葛斯德圖書館藏兩件天山縣鸇鵒倉牒考釋」, 『吐魯番學研究』 2009-2, pp.79~88도 참고할 만하다.

203) 프린스턴대학 게스트도서관 소장 문헌자료 가운데 투르판문헌에 대한 일부 문서 목록은 『吐魯番出土文獻散錄』 下, 索引, pp.17~19 참조.

204) 투르판지역 일대 고고발굴 유지의 위치에 대해서는 [부도4] '투르판 주변 지도②'를 참조.

투르판지역는 현재 행정구획상으로 1개의 시(吐魯番市)와 2개의 縣(鄯善縣, 托克遜縣)으로 이루어져 있으며 신강위구르자치구의 동북쪽에 위치한다.205) 남쪽으로 쿠르크트카(庫魯克塔格)의 고산지대가, 북쪽으로는 천산산맥의 동쪽자락인 보그다올라(博格多)의 고봉이 둘러싸고 있는 가운데의 분지지대에 위치하고 있다. 이곳은 천산남로와 북로가 갈리는 분기점에 해당하여 실크로드를 통한 동서 문화교류 의 요충지이기도 하였다.206)

투르판지역에 남아있는 고대 문화유지들은 투르판문서의 주요 매장지로서 투르판지역 역사자료의 보고라고 할 수 있다.207) 우선 무덤유지는 주로 아스타나, 카라호자, 야르호토, 토육 등지에 있다. 아스타나의 무덤군과 카라호자의 무덤군은 서로 인접해 있으며 투르판시의 동남쪽 40Km 지점에 있 는 고창고성에서 북쪽으로 약 2Km 되는 곳에 위치한다. 무덤군은 카라호자 마을[三堡鄕]의 북쪽, 아 스타나 마을[二堡鄕]의 동쪽에 해당하는데 동서로 5Km, 남북으로 2Km 되는 범위 안에 있어서 고창 성 주민들의 공동 매장지였던 곳이다. 이곳에서는 500여개 古墓가 확인되었는데 대부분이 대략 3~8 세기, 즉 晉代부터 唐代에 이르는 시기의 무덤이었다. 특히 건조한 기후 덕분에 紙質의 문헌이 대량 으로 출토되었는데 이것이 투르판문서의 중심을 이루는 것들이다.

1910년 청조가 돈황문헌의 해외 유출을 방지하기 위해 석실에 남겨진 遺書들을 북경으로 운반토 록 한 것과 같은 맥락에서, 중국 서부지역에서 이루어진 외국 탐험대의 발굴과 발굴품의 반출을 저 지하려 하였다.208) 이에 19세기 말부터 러시아, 독일, 일본, 영국 등 외국 탐사대에 의하여 주도되었 던 투르판지역에 대한 고고 발굴은, 1920년대 말에 이르러 중국인들이 참여하는 형태로 진행되었다. 1927년에서 1933년까지 스웨덴의 스벤 헤딘(Sven Hedin)이 이끄는 중국·스웨덴 西北科學考察團에 참여했던 黃文弼은 1928년과 1930년 두차례 투르판지역의 교하묘지 등을 발굴하여 상당량의 墓誌 와209) 문서 잔편들을 획득했으며 현지인의 수중에 있던 약간의 출토문헌도 구입하였다.210) 黃文弼은 당시의 성과를 바탕으로 전문적인 고고발굴을 수행할 수 있는 인력을 배양하였고 이들이 50년대 이 후의 투르판지역에 대한 발굴을 주도하였다.211)

중국 성립 이후인 1950년대에 지역 개발의 필요에도 부응하여 투르판지역에 대한 본격적인 발굴 이 이루어지기 시작하였다. 특히 1959년에서 1975년까지 13차례에 걸쳐서 신강박물관의 주도하에 투르판 아스타나와 카라호자 지역의 무덤군에 대한 발굴을 통하여 456개의 무덤을 정리하면서 그 가운데 203개의 무덤에서 약 2,700여건의 문서를 수습하였다.212) 1975년이후 唐長孺가 주도하는

---

205) 地圖出版社 編, 『新疆維吾爾自治區地圖』, 北京: 中國地圖出版社, 2021 참조.

206) 吐魯番地區의 地理環境에 대해서는 巫新華, 『吐魯番唐代交通路線的考察與研究』, 靑島: 靑島出版社, 1999, pp.17~ 25; 莫尼克·瑪雅爾 著, 耿昇 譯, 『古代高昌王國物質文明史』(1973), 北京: 中華書局, 1995, pp.3~12 참조.

207) 吐魯番地區에 있는 고대 유지의 분포 상황에 대해서는 新疆自治區가 주관하여 1988년 실시한 조사에 의하여 비 교적 상세한 내용이 보고되었는데, 이에 대해서는 自治區文物普查辦公室·吐魯番地區文物普查隊, 「吐魯番地區文物普 查資料匯編」, 『新疆文物』 1988-3 참조.

208) 王素, 『敦煌吐魯番文獻』, pp.60~63.

209) 黃文弼, 『高昌陶集』, 中國學術團體協會·西北科學考査團理事會, 1933; 同, 『高昌磚集』(增訂本), 北京: 中國科學院, 1951 등 참조.

210) 黃文弼, 『吐魯番考古記』(1954), 北京: 中國科學院, 1958[2版]; 王新春, 「黃文弼與西北文獻的獲集整理與研究」, 『簡牘 學研究』 第5輯, 2014, pp.273~288.

211) 沈頌金, 「黃文弼與西北邊境史地研究」, 『史學史研究』 2002-1, pp.36~42; 羅桂環, 『中國西北科學考察團綜論』, 北 京: 中國科學技術出版社, 2009.

212) 당시의 발굴 보고서로는 新疆維吾爾自治區博物館, 「吐魯番縣阿斯塔那-哈拉和卓古墓群發掘簡報(1963~1965)」, 『文 物』 1973-10, pp.7~27; 同, 「吐魯番縣阿斯塔那-哈拉和卓古墓群淸理簡報」, 『文物』 1972-1, pp.8~29; 新疆維吾爾 自治區博物館·西北大學歷史系考古專業, 「1973년吐魯番阿斯塔那墓群發掘簡報」, 『文物』 1975-7, pp.8~26; 吐魯番出 土文書整理小組·新疆維吾爾自治區博物館, 「吐魯番晋-唐墓葬出土文書槪述」, 『文物』 1977-3, pp.21~29; 新疆博物館 考古隊, 「吐魯番哈喇和卓古墓群發掘簡報」, 『文物』 1978-6, pp.1~14 등을 참조.

'吐魯番出土文書整理小組'가 이들 문서에 대한 정리 작업을 진행하여 1981년부터 『吐魯番出土文書』를 출간하였는데 대략 2,400여건의 문서를 수록하였다.213) 정리된 문서들의 연대는 高昌郡시기(327～442년)부터 唐 大曆년간(766～779년)까지로 세속문서가 많았다. 소량의 문서가 투르판박물관에 남아 있는 것을 제외하고 대부분의 자료들은 현재 주로 우루무치시의 신강위구르자치구박물관에 수장되어 있고 부분적으로 新疆文物考古研究所에 있다.214)

이후 1979년에서 1986년 사이에도 주로 아스타나와 카라호자 古墓群 등에 대한 발굴에서 다수의 墓誌, 문서, 經卷 등 문헌자료가 출토되었다.215) 즉 1979년에는 아스타나의 2개 무덤에 대하여 발굴이 이루어져 약간의 문서를 얻을 수 있었다.216) 1986년에도 아스타나에서 8개의 무덤에 대하여 발굴을 진행하여 비교적 많은 문서와 墓志를 획득하였다.217) 고창고성 주변의 무덤군에 대한 발굴과 함께 투르판의 여타 지역에 산재한 무덤군이나 故城 유지, 석굴사원 등에 대한 발굴도 이루어졌다.

야르호토 古墓葬은 투르판시에서 서쪽으로 약 10Km 떨어진 교하고성이 서쪽으로 인접해 있는 雅爾乃孜 협곡의 서·남·북쪽 삼면에 10㎢ 이상의 범위 내에 위치한다. 이곳은 晉代에서 唐代에 걸쳐 교하성 주민들의 공동묘지로 사용되었다. 1956년에 新疆首屆考古專業人員訓練班이 교하고성과 古墓에 대하여 발굴을 진행하여 여러 개의 墓磚을 발견하였다.218) 특히 1994～1996년에는 新疆文物考古研究所와 일본의 와세다(早稻田)대학이 中日合作으로 교하고성의 계곡서쪽[溝西] 묘지에 대한 발굴을 진행하여 상당수의 墓磚과 墓志를 획득하였다.219) 다만 고창고성 일대에 비하여 기후가 비교적 습하여 출토자료들도 대부분 磚質이 많고 紙質의 문서류는 거의 발견되지 않았다.220)

한편 토육(吐峪溝) 古墓葬은 투르판시의 동쪽에 있는 鄯善縣의 서남쪽에 위치한다. 토육으로 나있는 도로의 북쪽과 남쪽 입구의 서쪽 언덕 등 여러 곳에서 무덤이 확인되었다. 이 일대는 예전에 丁谷이라 칭해졌는데 일반인의 거주지만이 아니라 불교의 '窟寺'와221) 조로아스터교(火祆敎)의 사원[天祠]도 있었다고 한다. 이곳의 무덤들은 주로 남북조시대에서 위구르고창[回鶻高昌]시기까지 당지의 거주민과 불교도나 조로아스터교의 교도들이 매장되었던 공동묘지였다.222)

213) 唐長孺 主編, 『吐魯番出土文書』[錄文本] 10冊, 北京: 文物出版社, 1981～1991. 同, 『吐魯番出土文書』[圖版本] 4冊, 北京: 文物出版社, 1992～1996. 개개의 문서 잔편이 모두 발견연대, 출토묘지와 墓號 순서에 따라 편호가 붙여져 있는데 예를 들어 73TAM506:4/35는 1973년 투르판 아스타나(TAM) 506호묘에서 출토된 제4의 35호 문서라는 것이고, 75TKM96:33(a)는 1975년 투르판 카라호자(TKM) 96호묘 제33호 문서의 正面이라는 것을 의미한다.

214) 1959년에서 1975년까지 이루어진 발굴 가운데 카라호자 무덤군에 대한 발굴 내용이 2018년 정리되어 출간되었다(新疆文物考古研究所 編, 『吐魯番阿斯塔那-哈拉和卓墓地: 哈拉和卓卷』, 北京: 文物出版社, 2018). 哈拉和卓 墓葬群 가운데 1964년 발굴한 TKM1～6, 8, 12호의 8개묘, 1966년 발굴한 TKM301, 306호의 2개묘, 1969년 발굴한 TKM15, 30, 32, 36～39, 42, 47～54호의 17개묘, 1975년 발굴한 TKM55～61, 68～76, 78～82, 85～99, 101～105의 41개묘, 그리고 2개의 墓磚이 수습된 1개묘 등을 포함하여 총 69개 무덤을 다루고 있다. 특히 부록으로 제시한 哈拉和卓의 '墓葬登記表', '墓葬出土墓志登記表', '墓葬出土文書登記表' 등은 출토문서의 활용과도 관련하여 주목할 만하다.

215) 1979년에서 1986년 사이에 古墓群에서 출토된 吐魯番文獻은 柳洪亮, 『新出吐魯番文書及其研究』, 烏魯木齊: 新疆人民出版社, 1997에 錄文과 圖版이 수록되어 있다.

216) 新疆吐魯番地區文管所, 「吐魯番出土十六國時期的文書---吐魯番阿斯塔那382號墓清理簡報」, 『文物』 1983-1, pp.19～25, pp.97～98.

217) 吐魯番地區文管所, 「1986年新疆吐魯番阿斯塔那古墓群發掘簡報」, 『考古』 1992-2, pp.143～156, pp.197～199.

218) 新疆首屆考古專業人員訓練班, 「交河故城·寺院及雅爾湖古墓發掘簡報」, 『新疆文物』 1989-4.

219) 新疆文物考古研究所, 「吐魯番交河故城溝西墓地發掘簡報」, 『新疆文物』 1996-4; 同, 「新疆吐魯番交河故城溝西墓地麴氏高昌-唐西州時期墓葬1996年發掘簡報」, 『考古』 1997-9, pp.55～63.

220) 1956년에 발굴된 자료들은 사원 출토문물의 경우는 56TYD 편호를 사용했고, 墓葬 문물 또는 墓志는 56TYM 편호를 사용하였다. 한편 1994～1996년의 발굴에서 출토된 자료들에는 TYGXM의 편호를 사용하였다.

221) 火焰山 가운데 吐峪溝가 東西로 서로 마주하는 절벽 위에 약 1Km 정도 이어진 石窟이 있었는데 후술하듯이 唐代에 편찬된 『西州圖經』에 의하면 이를 '丁谷窟寺'라고 하였다.

222) 吐魯番地區文管所, 「新疆鄯善縣吐峪溝發現的棺葬」, 『考古』 1986-1, pp.87～89.

묘지에 대한 발굴 이외에도 城市 유적이나 석굴 유지의 발굴 등을 통해서도 일련의 문서 자료가 출토되었다. 우선 성시 유적으로는 고창고성, 교하고성, 安樂고성 유지 등을 들 수 있다. 투르판시의 동남쪽 약 50Km에 위치한 고창고성은 한대까지는 군사적인 壁壘였으나 위진시대에 성시의 규모를 갖추기 시작하여 북위 때에는 高昌國의 수도가 되었다가 당대에는 西州의 치소가 두어졌던 곳이다.223) 고창고성에 대한 발굴에서 문서자료는 거의 출토되지 않았지만, 1955년 봄 지역 농민이 고성의 북쪽에서 사산조 페르시아왕조의 銀幣 10개가 들어있는 흑색 方盒 1개를 발견한 것이 특기할 만하다.224)

투르판시의 서쪽 약 10Km에 위치한 교하고성은 한대에서 북위 초기에 이르기까지 車師前國의 도성이었으며 고창국 시기에는 交河郡의 치소가 되었고 당대에는 安西都護府의 치소가 되었던 곳이다.225) 교하고성의 경우 전술한 1956년의 발굴에서 여러 개의 墓磚를 얻었고226) 1959~1975년의 대규모 발굴에서도 대량의 墓磚과 墓志가 출토되었다. 특히 1968년 교하고성의 폐허가 된 한 유지에서 唐寫本 『孝經』 잔권이 발견되기도 하였다.227) 다만 이들 고성 유적에서는 그다지 주목할 만한 문서자료의 출토 성과가 이루어지지 않았다.

安樂故城의 유지는 투르판시의 동쪽 약 2Km에 있는 蘇公塔 동쪽에 위치한다. 麴氏왕국시기에 縣城으로 조영되었으나 唐代에 鄕里로 강등되었다가 明代에 이르러 투르판의 치소가 되어 현재 투르판시의 전신이 되었다. 고성 부근에는 원래 불탑 유지가 있었으나 현재는 모두 벽돌 공장부지로 개발되어 버렸다. 1965년 안락고성 유지에서 陶罐이 출토되었는데 그 안에 56건의 한문과 위구르문 문서가 담겨져 있었다.228) 이들 투르판문서의 수량은 비록 적지만 『金光明經』, 『妙法蓮華經』, 『維摩詰經』, 『首楞嚴三昧經』 등 불교경전과 함께 『三國志』, 『漢書駁議』 등의 사적도 있으며 貝葉本 브라흐미문 사본과 위구르문 목간 등이 있어 대략 이슬람 세력이 도래했을 때 매장한 것으로 추정되고 있다.229)

석굴유지로 주목할 만한 것은 토육, 베제클리크 및 셍김-아기즈 등지의 석굴을 들 수 있다. 토육 석굴은 고창고성의 동북쪽 약 8Km의 화염산 토육 계곡내에 위치한다. 이 석굴은 대략 前涼 시기에 高昌郡을 설치하면서 조영하기 시작하여 唐代에는 丁谷窟寺로서 번창하였고230) 위구르고창 후기까지 계속 조성되었다. 다만 현존하는 46개의 동굴은 대부분이 심하게 훼손되어 있다. 1981년에 진행된 토육 천불동에 대한 정리작업을 통해 문서 잔편 1건과 古籍 寫本을 발견하였다.231)

---

223) 1992년 中國社會科學院 考古硏究所의 劉建國 등이 高昌城址에 대하여 實地調査를 기초하여 高昌故城圖를 만들면서 성벽과 성내 건축물, 도로 등의 분포가 보다 명확히 밝혀졌다(劉建國, 「新疆高昌,北庭古城的遙感探査」, 『考古』 1995-8, pp.748~753, 747, 775~776).

224) 閻文儒, 「吐魯番的高昌故城」, 『文物』 1962-7·8, pp.28~32, p.2.

225) 교하고성의 실지조사 성과에 대해서는 劉觀民, 「交河故城調査記」, 『考古』 1959-5, pp.237~241, 279, 281; 新疆文物事業管理局·新疆文物考古硏究所, 「新疆維吾爾自治區文物考古五十年」, 『新中國考古五十年』, 文物出版社, 1999 등 참조.

226) 新疆首屆考古專業人員訓練班, 「交河故城,寺院及雅爾湖古墓發掘簡報」, 『新疆文物』 1989-4.

227) 柳洪亮, 『新出吐魯番文書及其硏究』, '交河故城文書', pp.118~120.「一. 唐寫本《孝經》殘卷」.

228) 陶罐에서 발견된 이들 문서들에는 65TIN 편호를 사용하였다.

229) 李遇春, 「吐魯番出土〈三國志·魏書〉和佛經時代的初步硏究」, 『敦煌學輯刊』 1989-1, pp.42~47.

230) P.2009 『西域圖經』(『法藏國家圖書館藏敦煌西域文獻』 第1冊, pp.76~77)에는 唐代의 丁谷窟寺에 대하여 "寺基依山搆, 揆巘疏階. 雁塔飛空, 虹梁飮漢. 巖巒紛糺, 叢薄阡眠. 旣切烟雲, 亦虧星月. 上則危峯迢遝, 下則輕溜潺湲. 實仙居之勝地, 諒棲靈之祕域. 見有名額, 僧徒居焉"(唐耕耦·陸宏基編, 『敦煌社會經濟文獻眞蹟釋錄』 第一輯, 書目文獻出版社, 1986, (一)地志和瓜沙兩州大事記及巡行記, 「十. 西州圖經殘卷」, p.55)라고 기록하고 있어 당시의 정황을 전해주고 있다.

231) 당시 발견된 문서에는 81SAT 편호를 사용했으며 이들 문서에 대해서는 柳洪亮, 『新出吐魯番文書及其硏究』, pp.122~125 참조.

베제클리크(伯孜克里克)석굴은 勝金口 북쪽의 화염산 무르투크(木頭溝) 계곡내에 위치한다. 이 석굴은 대략 5세기의 국씨고창국 시기에 조영되기 시작하여[232] 14세기의 원대에 이르기까지 계속 조성되었다. 현재 83개의 석굴이 남아있지만 대부분이 심각하게 파손되어 있다. 그럼에도 불구하고 地獄變相圖나 密教, 마니교와 관련된 벽화 등 진귀한 자료들이 남아있다.[233] 1980~1981년에 吐魯番地區文管所(현재는 吐魯番地區文物中心)가 베제클리크 천불동의 동굴안과 동굴 앞에 여러 해에 걸쳐 형성된 토사 퇴적을 정리하여[234] 한문, 위구르문, 소그드문, 브라흐미문, 西夏文 등의 寫本과 印文 불경 및 고적 804건을 발견하였다.[235] 이들 1980년 10월에서 1981년 7월까지 베제클리크 천불동에서 수습된 한문 불경의 圖版과 錄文은 20여년이 넘는 정리작업을 거쳐 2007년에 『吐魯番柏孜克里克石窟出土漢文佛教典籍』(上·下)로 공간되었다.[236]

셍김-아기즈(勝金口) 석굴은 아스타나 마을[二堡鄉]의 북쪽 약 5Km에 자리한 화염산 남쪽 입구부분에 위치한다. 이 석굴이 조영되기 시작한 연대는 확정하기는 곤란하나 늦어도 위구르고창 시기까지도 존재했던 것으로 확인된다. 현재 남아있는 9개의 석굴과 십여개의 사원 유지를 통해 보자면 예전에는 상당히 번성했던 석굴이었음을 추정할 수 있다. 1959년 11월에 勝金口의 佛寺 유지에서 開元通寶錢 2매와 한문, 산스크리트문, 위구르문, 토하라문으로 쓴 불교경전 잔편, 그리고 위구르문 목판題字와 산스크리트문 나무조각, 墻壁題記 등이 발견되었다.[237]

이상의 투르판지역 문화 유지에 대한 발굴성과를 기초하여 투르판지역의 역사적 발전 상황은 다음과 같이 6단계로 나누어 볼 수 있다.[238] 즉 제1시기는 車師王國시기, 제2시기는 高昌郡시기, 제3시기는 高昌王國시기, 제4시기는 唐初의 西州시기, 제5시기는 위구르고창(回鶻高昌)시기, 제6시기는 吐魯番王시기라고 하겠다. 제1시기는 대략 선사시기부터 西晉까지의 시기를 포괄한다. 특히 漢 武帝 때 張騫의 서역 개척이후 이 지역에서 흉노와 분쟁하다가 宣帝 神爵 2年(B.C. 60년) 車師前國이 비로소 漢의 통제를 받기 시작했을 때부터의 시기이다.[239] 제2시기는 前涼 建興 15년(327) 10월을 전후한 시기에 高昌郡이 설치된 이래 前秦, 後涼, 段氏北涼, 西涼, 沮渠氏北涼, 闞爽政權, 沮渠氏北涼流亡政權 등 7개의 할거정권에 屬郡이 되었던 시기이다.[240] 제3시기는 承平 18년(460) 柔然이 沮渠氏北涼流亡政權을 멸망시키고 그 지역의 大族 闞伯周를 高昌王으로 세운 이후부터의 시기이다. 이후에는 전후하여 闞氏(460~488년), 張氏(489~495년), 馬氏(496~501), 麴氏(502~640년)가 정권을 장악한 4개

---

232) 唐代에는 寧戎窟寺로 알려졌는데 『西州圖經』에는 "峭嶬三成, 臨危而結, 極曾巒四絶, 架回而開軒, 旣庇之以崇巖, 亦猥之以淸瀨. 雲蒸霞鬱, 草木蒙籠. 見有僧祇, 久著名額"(『敦煌社會經濟文獻眞蹟釋錄』 第一輯, 「西州圖經殘卷」, p.55)이라고 당시의 정황을 전하고 있다.

233) 新疆維吾爾自治區博物館 編, 『新疆石窟: 吐魯番伯孜克里克石窟』, 烏魯木齊, 新疆人民出版社·上海人民美術出版社, 1989; 吐魯番地區文物保管所 編, 『吐魯番柏孜克里克石窟: 壁畵藝術』, 烏魯木齊, 新疆人民出版社, 1990.

234) 이에 대해서는 吐魯番地區文物管理所, 「伯孜克里克千佛洞遺址淸理簡記」, 『文物』 1985-8 참조.

235) 이들 문서에는 80TBI:001a 형식의 편호가 사용되었는데, 1980년 베제클리크 천불동 斷崖 앞의 퇴적에서 출토된 001호 문서의 정면을 의미한다. 출토문서 가운데 불경을 제외한 문서 일부가 柳洪亮, 『新出吐魯番文書及其硏究』, pp.126~131에 수록되어 있다.

236) 新疆維吾爾自治區吐魯番學硏究院·武漢大學中國三至九世紀硏究所 合編, 『吐魯番柏孜克里克石窟出土漢文佛教典籍』(上·下), 北京: 文物出版社, 2007. 비록 한문 이외의 위구르문, 소그드문, 브라흐미문 등의 佛典 사본은 수록되지 않았으나 정리된 컬러도판을 제시하여, 당시까지 공개된 문서들이 흑백사진인 것과 달리 이후 중국에서 출토, 정리되는 문헌을 컬러 대형도판으로 제시하는 출발점이라고 평가되었다.

237) 閻文儒, 「新疆天山以南的石窟」, 『文物』 1962-7·8, pp.41~59, pp.37~40.

238) 吐魯番地區의 역사적 발전 과정에 대한 시기 구분에는 論者에 따라 약간의 차이가 있지만 王啓濤, 『吐魯番學』, 成都: 巴蜀書社, 2005, pp.3~8, '吐魯番的歷史沿革'의 개괄적인 기술에 의거하였다.

239) 이 시기를 王素, 『敦煌吐魯番文獻』, pp.29~31에서는 '高昌壁' 시기와 '高昌壘' 시기로 구분하고 있다.

240) 이 시기는 高昌郡 시기(327~443年)와 高昌大涼政權 시기(443~460年)로 대별할 수 있는데, 이 시기 역사에 대한 본격적인 연구로는 王素, 『高昌史稿(統治編)』, 北京: 文物出版社, 1998의 第3·4章 참조.

왕국이 존재하였다.241) 제4시기는 唐 太宗 貞觀 14년(640) 당조가 이 지역을 점령하고 西州를 설치한 이후부터 貞元 8년(792) 吐蕃이 장악하면서 당조의 직접 통치에서 벗어나게 된 시기까지이다. 다만 795년 이후 위구르(回鶻)가 이 지역을 장악하여 당조로부터 책봉을 받다가 840년 독립하기까지를 '위구르고창'시기로 구별하기도 한다.242) 제5시기는 840년 위구르가 투르판에 진입한 이후 遼, 宋, 西夏, 金, 元朝의 통치를 거치는 시기이다. 제6시기는 明·淸代에 이르러 불교에서 이슬람교로 개종하면서 투르판지역에서 불교가 쇠퇴하던 시기이다. 이러한 시기구분과 관련하여 투르판출토 한문문헌 가운데 5호16국이후 당대까지의 문서들, 즉 高昌郡시기 문서, 高昌王國시기 문서, 唐 西州시기 문서를 대별해 보면, 唐 西州시기 문서가 압도적으로 많으며, 高昌王國 문서가 그 다음이고, 高昌郡 문서는 아주 적게 확인되었다.243)

이 가운데 제4시기는 투르판지역이 西州로 편제되어 당조의 지배를 받던 시기로, 당조의 각종 제도가 시행되었을 뿐 아니라 다채로운 문화적 교류가 이루어졌던 시기이기도 하다. 당 태종 정관 14년(640) 8월 8일, 侯君集이 이끄는 군대가 국씨 왕국을 멸망시키고, 9월 9일 이후 이곳에 西昌州를 설치하였다가 이내 西州로 개편하였다.244) 이때부터 투르판지역은 역사상 西州시기로 진입하였다. 당조는 西州에 대하여 중원지역에서 시행되던 여러 정책을 원래의 취지대로 시행하는 변혁을 진행하였다. 우선 9월 상순에서 중순에 걸쳐 국씨 왕국의 5郡을 高昌, 柳中, 交河, 蒲昌, 天山 등의 5縣으로 개편하였다.245) 또한 縣 아래의 기층사회를 鄕里, 城坊으로 구분하여 엄격한 隣保制度를 시행하였다. 이러한 행정조직상의 재편을 바탕으로 하여 주민들에게 手實을 신고케 하고 이를 통해 계장, 호적을 작성하는 한편 균전제, 조용조제 등을 추진하였다.246) 또한 前庭, 岸頭, 天山, 蒲昌 등 4개의 折衝府를 배치하고 당조 중앙의 右領軍衛(후에 右玉鈐衛로 개칭)가 관할토록 하였다. 이와 함께 많은 館驛, 鎭戌, 燧鋪를 설치하였다. 9월 21일에는 安西都護府를 신설했는데, 당조가 투르판지역을 점령했던 초기에 西州의 치소는 高昌縣이고, 安西都護府의 치소는 交河縣으로 정치와 군사가 분리된 통치체제를 이루고 있었다.247) 이후 안서도호부가 서역을 통제하는 군사기구로서의 역할이 강화되면서 서주는 이에 대한 후원기지로써 기능하게 되고, 이로써 安西都護가 西州刺史를 겸임하여 軍政이 합일된 통치체제가 이루어졌다.248)

顯慶 3年(658)에는 서역에 대한 통제를 강화할 목적으로 안서도호부를 龜玆로 옮기고 서주에는 별도로 西州都督府가 설치되어 都督이 통할하였다.249) 이후에 서역 정세의 변화에 따라 안서도호부의

---

241) 140년 동안 존속했던 麴氏 高昌國을 포함하여 4개의 王國에 대해서는 王素, 『高昌史稿(統治編)』, 第6章, pp.307~436; 宋曉梅, 『高昌國--公元五至七世紀絲綢之路上的一個移民小社會』, 北京: 中國社會科學出版社, 2003; 孟憲實, 『漢唐文化與高昌歷史』, 濟南: 齊魯書社, 2004 등을 참조.

242) 王素, 『敦煌吐魯番文獻』, pp.35~39.

243) 각 시기 문서들에 대해서는 王素, 『吐魯番出土高昌文獻編年』, 臺北: 新文豊出版公司, 1997과 陳國燦, 『吐魯番出土唐代文獻編年』, 臺北: 新文豊出版公司, 2003을 참조.

244) 『舊唐書』 권198, 高昌傳, pp.5295~5296; 『舊唐書』 권69, 侯君集傳, pp.2511~2514; 『資治通鑑』 (北京: 中華書局, 1956; 1986) 권195, 唐紀11, 太宗貞觀14年條, pp.6154~6157

245) 高昌縣은 高昌郡을, 柳中縣은 田地郡을, 交河縣은 交河郡을, 蒲昌縣은 橫截郡을, 天山縣은 南平郡을 재편한 것이다.

246) 唐朝의 西州支配와 그 展開 과정을 吐魯番 出土文書와 관련하여 정리한 연구로는 小田義久, 『大谷文書の研究』(京都: 法藏館, 1996), 「第5章 西州諸文書の硏究」의 '第1節 唐の西州支配とその展開'을 참조.

247) 처음 西州刺史에 임명된 것은 謝叔方이지만 재임기간이 짧았고, 첫번째로 安西都護府에 임명된 것은 唐 高祖의 駙馬인 喬師望이었다.

248) 처음 安西都護兼西州刺史에는 개국공신 郭孝恪이 임명되었고, 다음은 高祖의 第3女인 平陽公主의 長子 譙國公 柴哲威가, 그 다음은 末代 高昌國王 麴智盛의 아우 麴智湛이 임명되었다. 이들 西州時期 초기에 安西都護兼西州刺史에 임명된 자들의 신분을 보면 唐朝가 西域 통제에 있어 西州의 역할을 상당히 중시하였음을 알 수 있다(李方, 「唐西州長官編年考證--西州官吏考證(一)」, 『敦煌吐魯番硏究』 第1卷, 1996).

249) 唐代 西州의 행정체제 변화에 대해서는 李方, 『唐西州行政體制考論』, 哈爾濱: 黑龍江教育出版社, 2002 참조

치소가 龜茲에서 西州로, 다시 西州에서 龜茲로 이전되기도 했지만 서주는 중요한 후방기지로서의 역할을 100여년동안 유지하였다. 이러한 당조의 지속적인 관심과 개입을 통해 서주는 사회적 안정과 발전을 이루었다. 예를 들어 開元년간(713~741)의 戶數는 11,647호라고 하는데[250] 이는 국씨 고창국 말년의 호수인 8,046호에 비하여[251] 3,500호 이상 증가한 것이다. 天寶 원년(742)에 서주를 交河郡으로 개칭한 후에 호구수는 9,016戶, 49,476口로 약간 감소하지만[252] 국씨 고창국 말년의 호수에 비해서는 증가한 것이다.

그러나 安史의 亂이 일어나 서북변경의 군대까지 반란의 평정에 동원되자 吐藩은 河西, 隴右, 安西, 北庭 등지를 점령하고 당조와 대립하였다. 결국 德宗 貞元 元年(785) 吐藩은 北庭都護府城을 포위, 공격하기 시작했고 北庭節度使 楊襲古의 저항에도 불구하고 貞元 8年(792) 西州는 토번의 지배하에 들어갔다.[253]

이상에서 알 수 있듯이 투르판 출토문서 가운데 한문문서는 晉代부터 당대에 이르는 시기의 것이 다수를 차지하고 있다. 더욱이 당조가 이 지역을 점령한 貞觀年間 이후의 세속문서들은 중원지역에서 법령으로만 확인되던 제도의 실제적인 적용 양상을 확인할 수 있다는 측면에서 특히 의미가 있다.

이처럼 1950년대 이후 이루어진 발굴은 모두 중국학자에 의하여 비교적 체계적이고 대규모로 진행되었다. 그러나 고고자료의 정리나 고고 보고가 제대로 이루어지지 않은 경우도 있는 등 문제점을 나타냈다.[254] 이러한 한계는 1990년부터 이루어진 투르판지역에 대한 발굴 및 정리 과정에서 크게 보완되었다. 특히 연구의 국제화를 반영하여 1994년부터 1996년까지 진행된 중국 新疆文物考古研究所와 일본 와세다대학이 중일 합작으로 진행한 교하고성 계곡서쪽[溝西] 묘지에 대한 발굴이 그 대표적인 예이다. 이때는 발굴보고가 비교적 짧은 시간 내에 완성되었고 발굴보고의 정리와 함께 출토유물의 정리·보고가 진행되었다.[255]

2) 1997년~2006년의 발굴과 출토문서의 수습

1990년대 중반 이후 투르판 지역내 유적, 유지에 대한 조직적이고도 계획적인 도굴이 불법적으로 자행되면서 많은 유물들이 소실되었다. 또한 중국 서부지역에 대한 경제개발의 열기를 배경으로, 투르판지역에도 관개시설의 구축, 광대한 토지개발 등으로 인하여 지하 문물이 훼손될 우려가 심각해졌다. 때문에 吐魯番地區文物局을 중심으로 적극적인 대응책이 마련되었다. 그 일환으로 우선 이미 도굴된 무덤들에 대한 구제 성격의 발굴, 정리 작업이 이루어졌다. 또한 도굴자의 수색, 검거를 통해 이미 도굴된 유물에 대한 회수를 시도하는 한편 유출된 유물의 수장가나 해당 지역 주민들로부터 기증을 유도하여 출토 유물을 재확보하였다.[256] 이들 1997년부터 2006년까지 발굴, 수집된 문헌자료

---

250) 『元和郡縣圖志』 권40, 隴右道下, 西州條, p.1030, "西州(交河,安西都護), 開元戶一萬一千六百四十七, 鄕二十四"라고 했는데, 唐代에는 '百戶一里, 五里爲鄕'이므로 이를 근거하여 추산하여도 西州의 호수는 대략 12,000戶가 된다.

251) 『資治通鑑』 권195, 唐紀11, 太宗貞觀十四年條, p.6155.

252) 『舊唐書』 권40, 地理3, 西州中都督府條, p.1645, 天寶年間(742~756)戶口數; 『新唐書』 권39, 地理3, 西州交河郡條, p.1046.

253) 앞서 언급했듯이 795년 이후 回鶻이 이 지역을 장악하여 唐朝로부터 책봉을 받다가 840년 독립하기까지를 '回鶻高昌' 시기로 구분하기도 하지만 西州時期에 비하여 唐朝의 吐魯番地區에 대한 통제력은 현저하게 감소하였다.

254) 榮新江, 「中國所藏吐魯番文書及其對中古史硏究的貢獻」, pp.273~275.

255) 다만 이 지역의 기후가 비교적 潮濕하여 출토된 자료들도 대부분 磚質이 많고 紙質의 文書類는 거의 발견되지 않았다. 당시의 발굴과 관련된 여러 보고서가 있지만 종합적인 보고서로는 シルクロード學硏究センタ- 編, 『中國·新疆トルファン交河故城城南區墓地의 調査硏究』, 奈良: シルクロード學硏究センタ-, 2000; 新疆文物考古硏究所, 『交河溝西--1994年至1996年度考古發掘報告』, 烏魯木齊: 新疆人民出版社, 2001 등을 참조.

256) 新疆維吾爾自治區吐魯番學硏究院·新疆維吾爾自治區吐魯番地區文物局, 「近年吐魯番的考古新發現」, 榮新江·李肖·孟

들은[257] 그 발굴지가 종래 투르판문헌의 출토지에 비해 지역적 범위가 크게 확대되었다는 점, 이전까지 정리, 공개된 투르판문헌에서 확인되지 않거나 미진했던 시기의 문헌자료들이 포함되어 있다는 점에서 주목된다. 그 결과로 2008년 4월에 全文이 『新獲吐魯番出土文獻』(上·下)로 출간되었다.[258]

종래 주로 고창고성 북쪽에 위치한 아스타나, 카라호자 墓葬群, 교하고성 서남쪽 맞은편 언덕의 墓葬群이나 베제클릭크 천불동 등지가 문헌자료의 주요 출토지점이었다면, 아스타나 古墓 2區를 포함하여 洋海묘지, 무나얼(木納爾)묘지, 바다무(巴達木)묘지, 교하고성 溝西 묘지와 교하고성 大佛寺 주변 등지가 새로이 문헌자료의 출토지가 되었다. 또한 臺藏塔 유지에서 수습된 문서들도 徵集되었다.

양해묘지는 투르판지역 鄯善縣의 사막안에 위치하며 북쪽으로 선선현 吐峪溝 鄕政府와 5Km, 동남쪽으로 洋海 夏村과 2Km 떨어져 있다. 이 무덤 구역의 분포면적은 근 10만m² 정도로 광범하게 펼쳐져 있으며 다년간에 걸쳐 도굴이 이루어졌다. 이 무덤 구역에서 1997년 11월 중순 투르판지구 문물국 고고발굴팀이 1개의 도굴당한 무덤을 정리하여 일련의 문헌 자료들을 수습하였다.[259] 이 무덤은 斜坡 土洞墓로 남녀 합장이며, 묘주는 張祖로 추정된다. 출토된 문서는 대부분 闞氏 고창시기(460~488년)의 것에 해당하는데,[260] 이들 문서는 97TSYM1로 편호되었다.[261] 또한 2001년에는 鄯善縣 文管所가 洋海묘지 下村 무덤에서 도굴되었던 장물들을 수습하였고 2002년 陳國燦이 이들을 정리, 釋讀했는데 唐代 酒泉城文書로 알려진 편호 TSYXM1에 해당하는 문서들이다.[262] 한편 2006년 10월에는 양해 1호 臺地에 위치한 1개의 도굴당한 무덤(양해 1호 대지 4호묘)에 대한 발굴이 이루어졌다.[263] 이 무덤은 竪穴 雙偏室墓로 부부합장이며 묘주는 趙貨이고 매장 연대는 北涼 緣禾 2年(433)으로 추정된다. 이 무덤에서 출토된 문서는 衣物疏와 『冥訟文書』를 제외하면 여성의 종이신발[紙鞋]과 묘주 조화의 종이모자[紙帽]에서 추출한 것으로 2006TSYIM4로 편호되어 있다.[264] 종이신발에서 수습한 '前秦建元20年(384)戶籍'과[265] 『論語』, 『詩經』 등 古籍 殘本, 田畝簿 등 前秦시기의 문서를 제외하면 대부분 종이모자에서 수습된 것으로 北涼시기 문서에 해당한다.[266] 이상의 주로 2003년이래 본

憲實 主編, 『新獲吐魯番出土文獻』(上), 北京: 中華書局, 2008, pp.3~4.

257) 이들 문헌자료들은 2005년부터 이미 '新獲吐魯番出土文獻'이라 지칭되면서 학계의 주목을 끌었으며, 北京大學中國古代史研究中心, 新疆維吾爾自治區吐魯番學研究室, 中國人民大學國學院이 정리를 주관하여 『文物』 2007-2(2007. 2.), 『歷史研究』 2007-2(2007.4.), 『敦煌吐魯番研究』 第10卷(2007.9.), 『中華文史論叢』 2007-4(2007.12.), 『西域研究』 2(2007.12.), 『西域歷史語言研究集刊』 第1輯(2007.12.) 등에 專欄을 설정해서 문헌에 대한 개별적 소개와 분석을 진행하였다.

258) 榮新江·李肖·孟憲實 主編, 『新獲吐魯番出土文獻』(上·下), 北京: 中華書局, 2008.

259) 이 墓葬의 발굴보고는 吐魯番地區文物局, 「吐魯番地區鄯善縣洋海墓地斜坡土洞墓淸理簡報」(『吐魯番學研究』 2007-1), 『敦煌吐魯番研究』 第10卷, 2007, pp.1~9 참조.

260) 陳昊, 「吐魯番洋海1號墓出土文書年代考釋」, 『敦煌吐魯番研究』 第10卷, 2007.

261) 隨葬衣物疏와 典籍, '易雜占' 등을 제외하고 그외 문서는 墓主의 3個 紙鞋에서 총 33점이 수습되었는데, 綴合·정리를 거쳐 16건의 문서를 복원하였다(『新獲吐魯番出土文獻』, pp.124~169).

262) 陳國燦, 「鄯善縣新發現的一批唐代文書」(『吐魯番學研究』 2005-2), 『論吐魯番學』, pp.200~217.

263) 吐魯番地區文物局은 洋海 1號 臺地에 새롭게 세운 보호사무소의 北區에서 8座의 墓葬을 정리했는데, 이들은 주로 臺地 北區의 외곽 가운데에 분포하며 洋海 1호 臺地 4호묘(2006TSYIM4)가 竪穴 雙偏室墓인 것을 제외하면 모두 竪穴 土坑墓의 형식을 갖추고 있었다(新疆維吾爾自治區吐魯番學研究院·新疆維吾爾自治區吐魯番地區文物局, 「近年吐魯番的考古新發現」, 『新獲吐魯番出土文獻』, p.10).

264) 吐魯番學研究院, 「2006年鄯善洋海一號墓地保護站北區淸理簡報」, 『吐魯番學研究』 2008-2, pp.1~12.

265) 榮新江, 「吐魯番出土『前秦建元二十年籍』研究」, 『中華文史論叢』 2007-4; 同, 「吐魯番新出前秦建元二十年籍的淵源」, 土肥義和 編, 東京: 『敦煌·吐魯番出土漢文文書の新研究』, 東洋文庫, 2009; 關尾史郎, 「トゥルファン新出'前秦建元廿(384)年三月高昌郡高寧縣都鄉安邑里籍戶籍' 試論」, 『人文科學研究』(新潟大學 人文學部) 123, 2008; 張榮强, 「『前秦建元籍』與漢唐間籍帳制度的變化」, 『歷史研究』 2009-3. 朴根七, 「前秦建元20年(384)籍과 호적 기재양식의 변천--4-10세기 서북지역출토 호적류 문서의 분석을 중심으로」, 『東洋史學研究』 131, 2015.

266) 『新獲吐魯番出土文獻』 pp.170~229. 이들 北涼 문서들의 釋文上 문제점에 대한 지적으로는 王素, 「吐魯番新獲高昌郡文書的斷代與研究--以《新獲吐魯番出土文獻》爲中心」, 『敦煌·吐魯番出土漢文文書の新研究』, pp.17~19 참조.

격적으로 진행된 洋海묘지 가운데 3개 臺地 위에 위치한 500여개 무덤에 대한 발굴 내용을 종합적으로 검토하여 묘지의 분포, 구조, 매장 습속, 수장물품 등을 분석하고, 이를 근거로 洋海 묘지의 分期, 특징, 연대 등에 대한 해석이 이루어졌다.[267]

교하고성에서는 2002년 4월 폭풍이 지나간 후 城 위를 청소하던 인부가 大佛寺 부근에서 지면에 노출된 문서 잔편을 발견하였다. 모두 80여 조각의 크고 작은 잔편이 출토되었는데 수습, 접합을 거쳐 43건이 정리되었고, 2002TJI001~043까지 편호가 부여되었다.[268] 2002TJI 041의 위구르문 문서잔편, 2002TJI042의 브라흐미문 문서잔편, 2003TJI043의 '唐開元25年(737)禮部式(?)'으로 추정되는 한문 세속문서를 제외하면, 그 외는 모두 한문 불교경전의 사본에 해당한다.[269] 한편 2004년 10월 상순과 2005년 10월 상순 두차례에 걸쳐 교하고성 계곡서쪽[溝西] 묘지에서 풍식과 도굴로 인하여 노출된 묘지에 대한 발굴이 이루어졌다.[270] 이곳은 20세기초 외국 탐험가들에 의하여 발굴된 것을 제외하고도 1930년대 黃文弼의 발굴(200여개 무덤), 1956년 중국과학원 고고연구소의 발굴(22개 무덤), 1994~1996년 新疆文物考古研究所와 일본 와세다대학의 합작 발굴(13개 무덤) 등이 이루어졌다.[271] 2004년과 2005년의 발굴에서 총 36개의 무덤이 발굴되었는데, 발굴 순서에 따라 2004TYGXM1~10, 2005TYGXM11~36의 편호가 부여되었고 그 중 33개의 무덤이 康氏 가족묘역[塋院] 안에서 발굴되었다. 비록 紙質 문서는 발견되지 않았지만 5건의 墓表, 墓誌가 발견되어 교하고성에서 소그드인 康氏 가족의 활동을 파악하는 중요한 단서를 제공하였다.[272]

바다무(巴達木)묘지는 투르판시 二堡鄕 巴達木村 동쪽, 고창고성 동북쪽에 위치하며, 북쪽으로 카라호자 묘지와 1Km, 남쪽으로 고창고성과 4Km, 서쪽으로 아스타나 묘지와 3.5Km, 동쪽으로 吐峪溝鄕과 11Km 떨어져 있다. 화염산 남쪽 기슭의 충적지대에 자리한 묘지는 남북으로 인접한 3개의 臺地 위에 분포하는데, 2004년 10월 도굴당한 무덤을 정리하면서 82개의 무덤을 발견하여 그 중 79개에 대한 발굴을 진행하였다. 1호 臺地는 거의 장방형(동서 50m, 남북 40m)을 이루며 18개의 무덤(2004TBM101-118)이 발견되었는데, 그중 17개는 동서향의 가족묘역 안에 위치하고 있다. 2호 대지는 1호 대지 남쪽에 위치하며(동서 약 100m, 남북 약 70m), 모두 60개의 무덤(2004TBM201~260)이 발견되었으며 그중 13개는 대지 동북쪽의 장방형 묘역 안에 위치하고 있다. 3호 대지는 2호 대지의 정남쪽 200m에 위치하며 대지 중간에 4개의 무덤(2005TBM301~304)이 있는데 모두 도굴된 상태였다.[273]

1호 대지의 2004TBM114호 墓道 안에서 白掖奴의 墓表가 발견되어[274] 이 塋院을 白氏 가족묘지라고 칭하는데, 문헌자료는 2004TBM107, 113, 115 등 3묘에서 출토되었고 '唐 龍朔 2年(622) 思

267) 呂恩國·王龍·郭物, 「洋海墓地分期與斷代研究」, 『吐魯番學研究』 2017-1; 吐魯番市文物局·新疆文物考古研究所·吐魯番學研究所·吐魯番博物館 編, 『新疆洋海墓地』(上·中·下), 北京: 文物出版社, 2019.

268) 新疆維吾爾自治區吐魯番學研究院·新疆維吾爾自治區吐魯番地區文物局, 「近年吐魯番的考古新發現」, 『新獲吐魯番出土文獻』, pp.5~6.

269) 『新獲吐魯番出土文獻』 pp.232~257. 이들 佛典은 모두 紀年이 없는데, 書法의 풍격에 근거하면 高昌郡에서 唐西州時期까지에 속하는 것으로 판단된다.

270) 吐魯番地區文物局, 「吐魯番交河故城溝西墓地康氏家族墓淸理簡報」, 『吐魯番學研究』 2005-2, pp.1~14; 吐魯番地區文物局, 「新疆吐魯番地區交河故城溝西墓地康氏家族墓」, 『考古』 2006-12, pp.12~26. 交河故城 溝西墓地는 古城의 서쪽에 古城과 溝를 사이에 두고 마주보고 있으며, 溝南, 溝北, 溝西 3곳의 墓地 중 가장 면적이 넓다.

271) 溝西墓地의 지리환경 및 墓地 개황은 新疆文物考古研究所, 『交河溝西--1994年至1996年度考古發掘報告』, 烏魯木齊: 新疆人民出版社, 2001 참조.

272) 李肖, 「交河溝西康家墓地與交河粟特移民的漢化」, 『敦煌吐魯番研究』 第10卷, 2007; 張銘心, 「吐魯番交河溝西墓地新出土高昌墓磚及其相關問題」, 『西域研究』 2007-2.

273) 吐魯番地區文物局, 「吐魯番巴達木墓地淸理簡報」, 『吐魯番學研究』 2006-1, pp.1~58; 吐魯番地區文物局, 「新疆吐魯番地區巴達木墓地發掘簡報」, 『考古』 2006-12, pp.47~72.

274) 2004TBM114:1, 「麴氏高昌延壽14年(637)8月21日白掖奴墓表」, 『新獲吐魯番出土文獻』 p.383.

恩寺 僧籍'을 포함하여275) 대부분 唐代 문서이다. 2호 대지의 塋院 내외의 무덤에서는 康姓의 墓志가 출토되어276) 2호 대지를 康氏 가족묘지라고 하는데, 문서가 출토된 무덤은 9개(2004TBM203, 207, 209, 223, 233, 234, 237, 245, 247)이다. '唐 調露 2年(680) 7月 東都尚書吏部의 符'를 포함하여277) 上元 3年(676), 儀鳳 3年(678) 등의 紀年이 확인되는 唐代 문서가 다수를 차지한다. 3호 대지의 무덤에서는 문서가 출토되지 않았다.

무나얼(木納爾) 묘지는 투르판시 동측의 화염산 서쪽끝 산 앞쪽 葡萄溝 유역에 있으며, 남쪽으로는 安樂故城이, 서쪽으로는 蘇公塔이 위치하고 있다. 2004년에서 2005년까지 전후 3차례에 걸쳐 동서로 늘어선 3개의 臺地 위에서 도굴당한 무덤을 발굴, 정리하였다. 1호 대지(동서 54m, 남북 60.3m)는 전체 묘역의 동쪽에 위치하며, 대지 중간에 하나의 塋院이 있고 그 안쪽에서 4개(2004TMM101~104)의 무덤이 발견되었다. 2호 대지(동서 93m, 남북 248m)는 1호 대지 서쪽 600m에 위치하며, 2개의 塋院묘지(1호 塋院은 대지 북부, 2호 塋院은 대지 중부에 위치)와 1개의 영원이 없는 묘지(대지의 동남쪽 모서리)가 있는데 1호 영원 내에서는 12개의 무덤(2005TMM201~212), 2호 塋院 내에서는 4개의 무덤(2005TMM213~216), 그리고 대지의 동남쪽 모서리에서는 6개의 무덤(2005TMM 217~222)이 발견되었다. 또한 2호 대지의 서쪽에 위치한 3호 대지(동서 81m, 남북 400m)에는 포도 凉房에 의해 파손되어 비교적 복잡하게 분포되어 있는 16개의 무덤(2005TMM301~316)이 발견되었다.278) 紙質 문서의 경우는 1호 대지의 2004TMM102에서 11편, 2004TMM103에서 7편으로, 총 18편이 출토되었는데, 2004TMM102의 출토문서만이 정리되어 있다. 특히 2004TMM102와 103에서는 宋姓 墓誌가 출토되어 1호 대지의 塋院이 宋氏 가족묘지로 칭해졌다. 정리된 문서들은 唐 永徽 5, 6년(654, 655년) '番上의 대체를 청하는 西州 諸府 主帥의 牒文'을 포함하여279) 모두 唐代의 문서이다. 한편 2호 대지의 1호 塋院에서는 3개의 張姓 墓志(2005TMM203:1, 208:1, 209:1)가 출토되어 이 塋院을 張氏 가족묘지라고 칭한다. 이들 무나얼(木納爾) 묘지는 고창국시기(460~640) 교하군 예하의 永安·安樂縣과 唐 西州시기 교하현 예하의 永安·安樂鄕의 주민들이 안장된 곳으로 추정되고 있다. 특히 종래 지표위에서 그 흔적을 찾지 못했던 永安城과 1호 대지 무덤들과의 관계, 현재 성벽의 흔적만이 확인되는 安樂城과 2·3호 대지 무덤과의 관계를 파악하는 단서로 주목되고 있다.280)

이상에서 언급한 교하고성 溝西, 무나얼(木納爾), 바다무(巴達木) 등지에서 2004년 10월부터 2005년 10월까지 이루어진 3곳의 157개 무덤에 대한 발굴 내용을 정리한 보고서가 2019년 공간되었다.281) 교하고성 溝西 묘지의 발굴 무덤은 36개, 무나얼 묘지의 발굴 무덤은 42개, 바다무 묘지의 발견 무덤 82개 가운데 발굴 무덤은 79개로 총 157개의 무덤에 해당한다.282)

---

275) 孟憲實, 「吐魯番新發現的《唐龍朔二年西州高昌縣思恩寺僧籍》」, 『文物』 2007-2; 同, 「論唐朝的佛教管理--以僧籍的編造爲中心」, 『北京大學學報』(哲學社會科學版), 46-3, 2009; 周奇, 「唐代國家對僧尼的管理--以僧尼籍帳與人口控制爲中心」, 『中國社會經濟史研究』 2008-3.

276) 康虜奴 母의 墓表(2004TBM201:1), 康虜奴와 妻 竺買婢의 墓表(2004TBM202:1), 康浮圖의 墓表(2004TBM212:1) 등 3개가 확인되었다(『新獲吐魯番出土文獻』 pp.380~382).

277) 史睿, 「唐調露二年東都尚書吏部符考釋」, 『敦煌吐魯番研究』 第10卷, 2007; 同, 「唐代前期銓選制度的演進」, 『歷史研究』 2007-2.

278) 吐魯番地區文物局, 「木納爾墓地清理發掘」, 『吐魯番學研究』 2006-2, pp.1~37; 吐魯番地區文物局, 「新疆吐魯番地區木納爾墓地的發掘」, 『考古』 2006-12, pp.27~46.

279) 孟憲實, 「唐代府兵'番上'新解」, 『歷史研究』 2007-2; 氣賀澤保規, 「唐代西州府兵制再論--西州'衛士'의 位置づけをめぐって」, 『敦煌·吐魯番出土漢文文書の新研究』, 2009.

280) 吐魯番地區文物局, 「新疆吐魯番地區木納爾墓地的發掘」, pp.43~44.

281) 吐魯番市文物局·吐魯番學研究院·吐魯番博物館 編著, 『吐魯番晉唐墓: 交河溝西·木納爾·巴達木發掘報告』, 北京: 文物出版社, 2019.

종래 수차례에 걸쳐 발굴이 이루어졌던 아스타나 古墓群에 대한 발굴이[283) 2004년부터 2006년에 걸쳐 다시 이루어졌다. 관행적으로 투르판시 동쪽에서부터 셍김-아기즈 남쪽에 이르는 지역까지를, 三堡鄕을 지나는 도로를 경계로 구분하는데 도로 동쪽의 아스타나 고묘군을 東區 혹은 1구라 하고, 도로 서쪽을 西區 혹은 2구라 하였다. 발굴은 주로 아스타나 고묘군 2구(서구)에서 이루어졌다. 2004년 3월 투르판지구 문물국은 아스타나 2구의 남측에서 물에 잠겨 무너진 9개의 무덤을 정리하였다(2004TAM392~400). 무덤의 형태는 모두 斜坡道 土洞室墓로 9개 가운데 3개의 묘장(2004 TAM395, 396, 398)에서 문서가 출토되었다. 특히 395호와 398호에서 출토된 문서들은 '武周 天授 3年(692) 戸籍稿'처럼 서로 綴合하여 정리되는 것들이 포함되어 있어[284) 이들 무덤에 대한 도굴이 심각했음을 반영한다. 2004년 6월에서 7월까지 아스타나 서구의 도굴되거나 무너져 내린 2개의 무덤(TAM408, 409)에 대한 발굴, 정리가 이루어졌다.[285) 무덤의 형태는 2개 무덤 모두 斜坡道 洞室墓인데, 도굴과 파손이 심하여 문서는 408호에서 1건의 隨葬衣物疏만이 발견되었다.[286) 특히 408호 묘실 後壁에는 '莊園生活圖'라고 명명된 벽화가 그려져 있어 16국시기 고창지역 莊主의 일상생활을 파악하는 자료로 주목되었다.[287)

2006년 9월 9일부터 12일까지 아스타나 古墓 2구에서 심하게 도굴당한 무덤인 607호묘에 대한 발굴이 이루어졌다. 이 무덤은 墓道 안에서 '此是麴倉督身'의 6개 글자가 적힌 代人木牌 1개(2006 TAM607:1)가 발견되어 묘주가 唐 西州 倉督인 麴某이고, 출토된 문서들도 대부분 倉曹와 관련이 있는 것으로 파악되었다. 특히 문서 잔편을 綴合하여 ①「唐神龍元年(705)六月西州前庭府牒上州勾所爲當府官馬破除·見在事」, ②「唐神龍二年(706)七月西州史某牒爲長安三年(703)七至十二月軍糧破除·見在事」, ③「唐神龍三年(709)後西州勾所勾糧帳」으로 각각 명명되는 전체가 한 조인 西州 都督府의 案卷을 정리하였다. 이를 통해 唐 前期 재무기관에 대한 勾徵이 개인에 대한 勾徵과는 달리 財務 勾檢의 일부분이었음이 지적되었다.[288) 또한 寺院의 手實 문서가 확인된 것도 특기할 만하다.[289)

이 묘지에 대한 발굴이 있기에 앞서 2006년 4월에서 5월에 아스타나 601~605호묘에 대한 발굴이 이루어졌는데 2006TAM605에서는 「前涼咸安5年(375)隗田英隨葬衣物疏」 등 문서가 출토되었다[290) 특히 이 「隨葬衣物疏」는 吐魯番에서 출토된 가장 이른 시기의 것이지만,[291) 『新獲吐魯番出土文

---

282) 이들 墓葬의 편호는 交河溝西 묘지(36개)가 04TYGXM1~10, 05TYGXM11~36이고, 木納爾 묘지(42개)가 04TMM101~104, 05TMM201~222, 05TMM301~316이며, 巴達木 묘지(82개)가 04TBM101~118, 04TBM 201~260, 05TBM301~304(이 중 224, 228, 241의 3개 무덤은 발굴이 진행되지 않았음) 등이다.

283) 『吐魯番出土文書』[錄文本] 10冊(北京: 文物出版社, 1981~1991)에 수록된 1959년부터 1975년까지 발굴된 阿斯塔那 墓葬은 TAM1~TAM381, TAM501~532까지(荒川正晴 編, 「阿斯塔那古墳群墳墓一覽表」, 『吐魯番出土文物研究會 會報』 8·9·10, 1989; 同, 「阿斯塔那·哈拉和卓古墳群墳墓一覽補訂」, 『吐魯番出土文物研究會會報』 53, 1991)이고, 柳洪亮, 『新出吐魯番文書及其研究』(烏魯木齊: 新疆人民出版社, 1997)에 수록된 것은 TAM382~TAM391까지의 묘장이다.

284) 「武周天授3年(692)戸籍稿」(『新獲吐魯番出土文獻』 p.17)는 2004TAM398:4-2와 2004TAM395:4-7의 두 문서 잔편이 綴合되어 이루어진 문서이다. 이 문서에 대한 분석으로는 朴根七, 「唐 前期 造籍 節次에 대한 再檢討」, 『中國學報』 62, 2010, pp.215~239 참조.

285) 吐魯番地區文物局, 「新疆吐魯番地區阿斯塔那古墓葬西區408·409號墓」, 『考古』 2006-12. 두 墓葬은 西區의 中部에서 남쪽으로 치우쳐 위치하며 서로 약 100m 정도 떨어져 자리하고 있다.

286) 2004TAM408:17, 「令孤阿婢隨葬衣物疏」(『新獲吐魯番出土文獻』 pp.20~21). 衣物疏의 내용을 통해 墓主는 吾尊 鐘과 그 妻인 令孤阿婢임이 확인되었다.

287) 李肖, 「吐魯番新出壁畵《莊園生活圖》簡介」(『吐魯番學研究』 2004年第1期), 殷晴 主編, 『吐魯番學新論』, 烏魯木齊: 新疆人民出版社, 2006, pp.947~948.

288) 『新獲吐魯番出土文獻』 pp.24~51. 丁俊, 「從新出吐魯番文書看唐前期的勾徵」, 『西域歷史語言研究集刊』 第2輯, 2009.

289) 2006TAM607:4a, 「唐神龍3年(707)西州高昌縣開覺等寺手實」, 『新獲吐魯番出土文獻』 pp.52~53.

290) 新疆維吾爾自治區博物館考古部·吐魯番地區文物局阿斯塔那文物管理所, 「2006年吐魯番阿斯塔那古墓群西區發掘簡報」, 『吐魯番學研究』 2007-1.

獻』에는 2006TAM601~605에 대한 내용을 수록하고 있지 않다.[292] 그런데 新疆維吾爾自治區博物館
에 남아있던 문서단편을 정리한 『吐魯番出土文書補編』에 前凉 咸安 5년(375)의 隨葬衣物疏와[293] 함께
601, 602, 603호묘에서 출토된 문서단편이 새롭게 정리되어 圖版과 함께 錄文이 제시되었다.

이상의 무덤이나 유지의 발굴 이외에도 여러 경로를 통해 徵集된 문서들도 있다. 우선 臺藏塔 출토
문서를 징집한 경우이다. 대장탑은 투르판시 三堡鄕에 위치하며 고창고성 북쪽 1.5Km지점에 있는데
新疆 경내에서 現存하는 최대의 唐宋시대 탑 유적으로 기단부는 정방형의 평면을 이루며 탑신의 높이
는 대략 20m 정도에 이른다. 1996년 이 유지 부근에 살던 주민(아하메드)이 탑의 동벽 위의 작은
佛龕 안에서 小卷을 이루고 있던 문서 잔편을 발견하여 보관하다가 2005년에 투르판지구 문물국에
기증한 것이다. 문서는 '唐 永淳年間 曆日'과[294] 唐代 서신 잔편들로 2005TST 편호를 사용하며 모두
당대의 것들이다. 다음으로 2006년 한 수장가가 투르판박물관에 기증한 것으로, 3개의 종이신발[紙
鞋]와 100여건의 문서 잔편들이 포함되어 있었다. 종이신발에서 수습된 문서는 대부분 北涼시기 것
으로, 그 가운데 '計貲出獻絲帳'과 '計口出絲帳'은 '北涼貲簿'와[295] 밀접한 관계가 있는 문서로 주목되
었다.[296] 그 외는 麴氏 고창시기와 唐代의 문서가 대종을 이루는데, 일부 호탄에서 출토된 문서도 혼
재되어 있으며 2006TZJI 편호를 사용하였다. 마지막으로 2001년 원래 鄯善縣 洋海 下村 古墓에서
도굴되었던 1개의 종이신발을 투르판지구 鄯善縣 文管所에서 보관하고 있었는데, 2002년 7월 陳國燦
이 보름 동안의 작업을 통해 23건의 唐代 문서를 수습하였다. 紀年이 있는 문서는 唐 總章 2년(669)
부터 武周 長安 3년(703)까지로 모두 唐代의 문서들이며 2001SYMX의 편호를 사용하였다.[297]

이처럼 1997년이후 2006년까지 이루어진 투르판 문헌의 발굴은 종전과 다른 새로운 지역에서 이
루어졌으며, 발굴지도 다양할 뿐 아니라 투르판지역 내에 상대적으로 광범한 범위 안에 분포하고 있
음을 알 수 있다. 특히 洋海묘지의 경우는 근 10만 Km^2 범위 안에 있는 수많은 무덤 가운데 일부만
이 발굴된 것이어서 향후 이 지역에 대한 고고 발굴을 통해 새로운 투르판 출토문서의 확보가 예상
되고 있다.

한편 이들 출토문헌의 정리작업에 대해서도 문헌의 정리가 매우 신속하게 이루어진 점, 문헌의 정
리와 문헌에 대한 연구가 동시에 이루어진 점, 문헌 정리 작업이 새로운 세대에 의하여 이루어졌다
는 점 등에서 출토문서 정리 작업의 새로운 모범으로 평가되기도 하였다. 즉 2005년 10월 整理小組
를 구성하여 2008년 4월 『新獲吐魯番出土文獻』의 출간까지 2년 6개월이 소요되었는데, 이는 이전
『吐魯番出土文書』의 경우 1975년 整理小組가 구성된 후에도 1981년부터 1991년까지 10년에 걸쳐
출간된 것에 비하며 대단히 신속하게 이루어졌음을 알 수 있다. 또한 2005년 10월부터 2008년 8월
사이에 문헌 정리자들이 각각 관련 연구 논문을 약 40여편 발표하였고, 그 연구 성과와 더불어 문헌

---

291) 王素, 「書評《新獲吐魯番文獻》」, 『敦煌吐魯番學硏究』第11卷, 2009, p.512.

292) 이에 대한 상세한 발굴 보고는 新疆維吾爾自治區博物館考古部・吐魯番地區文物局阿斯塔那文物管理所, 「新疆吐魯番
阿斯塔那古墓群西區考古發掘報告」, 『考古與文物』 2016-5, pp.31~50 참조. 해당 보고서에는 06TAM601~605호
묘에서 수습된 문헌자료에 대한 별도의 언급은 없지만 605호묘의 隨葬器物을 설명하면서 06TAM605:22의 隨葬
衣物疏를 언급하고 향후 대형발굴보고와 문서 및 墓志에 대한 발표가 이루어질 예정이라고 하였다(p.49).

293) 06TAM605:22, 「前涼咸安5年(377)隗田英隨葬衣物疏」, 新疆維吾爾自治區博物館 編, 朱雷 著, 『吐魯番出土文書補編』,
成都: 巴蜀書社, 2022, pp.1~2.

294) 陳昊, 「吐魯番臺藏塔新出唐代曆日文書硏究」, 『敦煌吐魯番硏究』第10卷, 2007.

295) 朱雷, 「吐魯番出土北涼貲簿考釋」(『武漢大學學報』, 1980-4), 『敦煌吐魯番文書論叢』, 甘肅人民出版社, 2000; 王素, 「吐
魯番北涼貲簿補說」, 『文物』 1996-7.

296) 裴成國, 「吐魯番新出北涼計貲・計口出絲帳研究」, 『中華文史論叢』 2007-4.

297) 『新獲吐魯番出土文獻』 pp.362~374. '新獲吐魯番出土文獻整理小組'의 일부 성원이 2006년 8월 陳國燦을 따라 鄯
善縣 文管所에 가서 陳國燦의 錄文을 대조, 개정한 것인데, 陳國燦의 경우 TSYMX의 편호를 사용했던 것을
2001SYMX로 개정하였다.

발굴의 고고학적 내역을 함께 기술하여 문헌의 성격 파악에 근거를 제공하였다. 더욱이 이러한 작업이 종래 『吐魯番出土文書』 정리 작업에 참여했던 연구자들이 아니라 北京大學의 榮新江을 중심으로 하는 소장학자들에 의하여 이루어져 투르판 출토문헌 정리 작업에 대한 새로운 인력의 확충이란 점에서도 주목되었다.298) 물론 신속함이 지나친 데서 연유된 오류나299) 문헌 정리 전문가의 참여 부족으로 인한 오류300) 등에 대한 지적이 있기는 하지만 '新材料'의 확충과 그에 대한 정리, 이용이란 측면에서 이후 이루어진 투르판 출토문헌 정리의 전범이라 할 수 있다.

이렇게 새로이 출토된 문헌은 대부분 한문문헌이고 西域文 문서는 아주 드물다. 또한 한문문헌 가운데는 종래 唐 西州시기에 비해 상대적으로 문건수가 부족했던 高昌郡시기나 高昌國시기의 문헌들이 다수 포함되어 있다. 이는 唐 점령이전 투르판지역의 실상을 파악하는 중요한 단서로서, 투르판지역을 중심으로 하는 동서 문화의 교류나 인적인 이동 상황을 파악하는 유용한 자료를 제공한다. 또한 상대적으로 자료가 부족했던 前秦, 西涼, 北涼 등 五胡시기 북방 왕조의 실상을 파악하는 데도 주요한 단서로 작용하고 있다.301)

한편 투르판 출토문서가 수장되어 있던 신강위구르자치구박물관에서 2008년 아스타나 古墓에 대한 발굴 보고를 작성할 때 미정리된 일련의 출토문서를 발견하여 이에 대한 새로운 정리작업이 진행되었다. 일찍이 『吐魯番出土文書』의 정리작업에 참여했던 朱雷가 2010년부터 대략 10여년간의 辛苦 끝에 400여편에 이르는 문서단편에 대하여 편호, 拼合, 斷代, 釋文 등의 작업을 진행하여 『吐魯番出土文書補編』을 출간하였다.302) 대부분 문서단편에 해당하지만 아스나타 230호묘 출토문서의 경우처럼 종래 동일한 무덤에서 출토된 문서들과의 綴合 작업을 통하여 추가적인 분석이 가능한 내용들도 확인된다.303)

3) 중국내 투르판 출토문헌의 정리

1950년대 이후 투르판지역에서 이루어진 고고발굴을 통해 획득한 투르판문헌들은 대부분 新疆博物館, 新疆文物考古硏究所, 吐魯番博物館 등에 수장되어 복원, 정리되었다. 또한 旅順博物館 소장 신강 출토 한문문헌처럼 외국탐험대에 의하여 발굴되어 중국내에 留存했던 출토문서를 대대적으로 복원, 공개한 경우도 있다. 이처럼 기존의 탐사나 새로운 발굴에 의하여 확보된 투르판문서와는 달리 종래

---

298) 趙和平, 「新資料,新方法,新速度--初讀《新獲吐魯番出土文獻》」, 『敦煌學輯刊』 2008-4; 郝春文, 《新獲吐魯番出土文獻》讀後」, 『敦煌硏究』 2009-1; 張涌泉 · 陸娟娟, 「吐魯番出土文獻整理的典範之作--評《新獲吐魯番出土文獻》」, 『敦煌硏究』 2009-3.

299) 가령 2006년 11월 17일에서 21일까지 종전의 '吐魯番文書整理小組' 成員들을 초빙하여 문헌 釋文에 대한 定稿會를 개최했지만, 이전 『吐魯番出土文書』의 定稿 때는 한 字씩 검토를 하여 10년의 시간이 걸렸는데, 4일 동안 이루어진 定稿는 한 件씩 검토가 이루어졌다고 한다(王素, 「書評《新獲吐魯番出土文獻》」, pp.511~512).

300) 俗別字의 釋讀에 적지 않은 오류가 확인되고 있는데 이 분야의 전문가인 張涌泉의 지적(「吐魯番出土文獻整理的典範之作」, pp.121~122) 등에서 확인된다.

301) 新獲 吐魯番文獻들 각각의 대체적인 내용에 대해서는 榮新江 · 李肯 · 孟憲實, 「新獲吐魯番出土文獻槪說」(『新獲吐魯番出土文獻』 pp.15~22)에서 (1)高昌郡時期, (2)闞氏高昌王國時期, (3)麴氏高昌王國時期, (4)唐西州時期 등 4시기로 나누어 상세히 설명하고 있어 참고할 만하다.

302) 新疆維吾爾自治區博物館 編, 朱雷 著, 『吐魯番出土文書補編』, 成都: 巴蜀書社, 2022. 전반부는 출토된 문서의 작성 연대에 해당하는 阿斯塔那 묘지의 순서에 따라 문서의 표제명과 함께 도판과 석록 등을 게재하였고, 후반부에는 朱雷(1937~2021)의 遺稿에 해당하는 각 문서에 대한 연구 내용을 기술한 '手稿'를 수록하였다.

303) 기존에는 문헌자료가 소개되지 않았던 60TAM314, 73TAM525, 06TAM601 · 602 · 603 · 605호묘에서 수습된 문서들과 더불어 64TAM4, 72TAM169 · 170 · 184 · 230, 73TAM206 · 519 · 532호묘처럼 종래 공개된 묘장의 문서 가운데 누락된 단편들이 정리되었다. 특히 후자의 경우는 기존에 공개된 해당 묘지의 출토문서들과 관련성에 대한 보다 면밀한 검토가 요구된다. 이와 관련해서는 제2편 제2장의 '보론' 내용을 참조.

주로 돈황문헌의 수장처로 알려진 중국내 박물관이나 도서관에도 소장 문헌자료304) 가운데 투르판 문서가 혼재하여 확인되는 경우가 있다. 대부분 중국 서북지역으로부터 流轉되어 여러 수장가들을 거쳐 박물관이나 도서관에 入藏된 사례들에 해당한다. 비록 앞서 언급한 발굴이나 정리의 결과와는 비교가 되지 않을 정도로 소량인 경우가 많지만 세계 각지에 분장된 투르판 문서의 소재와 내용을 파악하는 것과 마찬가지로 중국내 도처에 散藏되어 있는 투르판문서는 그 자체로서 '新材料'로서 의의가 있기 때문에 간과할 수 없다.305)

중국 서북지역에서 流傳된 典籍 寫本이나 公私文書들은 종래 중국의 역대 書法을 현시하는 중요한 문물자료로 평가되어 中國國家博物館(舊 中國歷史博物館, 이하 中博으로 약칭)에도 수장되었다. 대략 200여건으로 추정되는 돈황, 투르판 출토문서는 아직까지 전체가 온전히 공개되지는 않았지만 그 가운데 투르판 출토문헌도 일부 포함되어 있다. 中博에 소장된 투르판문헌은 크게 두 부류로 구분할 수 있는데, 黃文弼이 투르판 탐사에서 획득하여 이미 『吐魯番考古記』에 수록한 문서들과 羅振玉, 王樹枏, 梁玉書, 段永恩, 羅惇㬊 등 개인 수장가의 소장품이었다가 中博으로 入藏된 것들이다. 현재 중박에 수장된 투르판문서의 원본 도판은 史樹靑이 편집을 총괄하여 간행한 총15권의 『中國歷史博物館藏法書大觀』(이하 『법서대관』으로 약칭)306) 가운데 『법서대관』 제11권, 「晋唐寫經·晋唐文書」와 제12권, 「戰國秦漢唐宋墨蹟」에307) 수록된 내용을 통해 그 면모를 확인할 수 있다.

우선 典籍類에 해당하는 투르판 출토문헌의 경우는 『법서대관』 제12권, 「戰國秦漢唐宋墨蹟」에서 확인되는데, 주로 黃文弼의 『吐魯番考古記』와 羅振玉의 『貞松堂藏西陲祕籍叢殘』308) 등에 수록된 문서들이 재록되었다. 예를 들어 전자의 경우 「白雀元年衣物券」, 「文選·序」, 「尙書·大禹謨」, 「毛詩·簡兮」, 「孝經·三才章」 등과 후자는 「老子殘卷」, 「開蒙要訓」, 「周公卜法殘卷」, 「書儀斷片」 등 대부분 書法과 관련하여 주목할 만한 문서를 선별하여 제시했는데, 종래의 연구를 통하여 題名이 수정되어야 할 내용을 반영하지 못한 한계도 확인된다.309) 다음으로 經典 사본의 경우『법서대관』 제11권, 「晋唐寫經」에 晋·北涼부터 唐代까지의 寫經 49건을 수록했는데, 1건의 道經을 제외하면 나머지는 모두 불교경전 단편에 해당한다. 대부분 淸末에 新疆에서 임직했던 陳秋白, 梁玉書, 段永恩, 王樹枏 등의 개인이 소장했던 투르판출토 寫經의 일부인데 수장자가 사경 원본에 대한 題簽과 跋文 및 날인을 포함하여 사경을 卷軸 형태로 장정하였다.310) 그런데 이들이 수장하여 長卷의 형태로 裝潢한 투르판출토의 殘經들은 전술한 바 있는 일본에도 유입되어 書道博物館이나 靜嘉堂文庫 등에 수장된 卷軸裝 寫經과 장정 형식이 일치하여 해당 사경의 분장 과정을 이해하는 주요한 단서로 판단되기도 하였다.311) 즉 梁

---

304) 이들에 대해서는 申國美 編, 『中國散藏敦煌文獻分類目錄』, 北京: 北京圖書館出版社, 2007; 劉婷, 「中國散藏敦煌文獻敍錄」, 郝春文 主編, 『2019敦煌學國際聯絡委員會通訊』, 上海: 上海古籍出版社, 2019, pp.103~133 참조.

305) 중국내 散藏되어 있는 투르판 출토문서의 소재와 내용에 대한 전반적인 설명은 榮新江, 「中國散藏吐魯番文獻知見錄」, 本書編委會 主編, 『敦煌吐魯番文書與中古史研究: 朱雷先生八秩榮誕祝壽集』, 上海: 上海古籍出版社, 2016, pp.26~39; 榮新江·史睿 主編, 『吐魯番出土文獻散錄』上, pp.20~31 참조.

306) 中國歷史博物館 編, 史樹靑 主編, 『中國歷史博物館藏法書大觀』全15卷, 東京: 柳原書店·上海教育出版社, 1994~1999.

307) 楊文和 主編, 『中國歷史博物館藏法書大觀』第11卷, 「晋唐寫經·晋唐文書」, 東京: 柳原書店·上海教育出版社, 1999; 呂長生 主編, 『中國歷史博物館藏法書大觀』第12卷, 「戰國秦漢唐宋墨蹟」, 東京: 柳原書店·上海教育出版社, 1994.

308) 羅振玉, 『貞松堂藏西陲祕籍叢殘』(上虞羅氏自印本, 1939), 黃永年 主編, 『敦煌叢刊初集』七, 「敦煌石室遺書百卄種」五, 臺北: 新文豐出版公司, 1985, pp.219~762.

309) 『法書大觀』第11권·제12권에 대한 榮新江의「書評」(『敦煌吐魯番研究』제5권, 2001, pp.336~337)을 참조.

310) 中博에 소장된 개인 수장가가 卷軸으로 장정한 투르판 寫經은 5부류로 구분되는데 ① 吳寶煒 舊藏 '八段殘經長卷'(題簽 없음. 원래 陳秋白 입수), ② 梁玉書 舊藏 「六朝寫經殘卷」('十四段殘經殘卷'), ③ 梁玉書 舊藏「北涼以來寫經」('五段殘經長卷'), ④ 段永恩 舊藏「六朝以來寫經碎錦」('碎錦冊'), ⑤ 王樹枏 舊藏 '三段寫經殘卷'(題簽 없음) 등이 있으며, 이와 더불어 돈황 장경동의 石室寫經인 ⑥ 周肇祥, 羅振玉 등의 舊藏 寫經도 포함되어 있다. 사경 49건 가운데 ①~⑤가 편호 1~35, 43, ⑥이 편호 36~42, 44~49에 해당한다.

玉書 소장 투르판 殘卷의 일부가 일본 靜嘉堂文庫에, 王樹枏의 수장품 다수가 書道博物館에 입장되어 있는데 이들의 장정 형식은 中博 소장 「六朝寫經殘卷」이나 「北涼以來寫經」과312) 완전히 일치한다.

中博 소장 투르판출토 公私문서의 경우도 黃文弼이 투르판 탐사에서 획득하여 『吐魯番考古記』에 수록한 문서와 羅振玉이 수장하여 『貞松堂藏西陲祕籍叢殘』에 공간한 문서들이 근간을 이루고 있다. 『법서대관』 제11권, 「晋唐文書」에 수록된 중박 소장 투르판문서는 『吐魯番考古記』에 포함된 문서313) 외에 羅振玉, 羅惇㫲, 周肇祥, 趙星緣 등 개인이 소장했던 문서들이 入藏된 것이다.314) 이 가운데 羅振玉 舊藏의 문서로는 開元 9년(721) 北庭都護府의 長行坊 운영과 관련된 일련의 문안과315) 개원 4년(716) 司倉 樂愼知의 牒文,316) 개원 16년(728) 北庭節度使의 첩문317) 등이 수록되었다. 또한 중국국가도서관에 소장된 문서와 접합이 확인되어 정리된 문서도 있다.318)

한편 羅惇㫲이 수장했던 2권의 "唐人眞迹"(第一卷, 第二卷)의 문서들도 수록되어 있다. 이들은 원래 羅惇㫲의 소장이었는데 1948년에 北京에서 唐蘭이 구입했다가 후에 1982년경 그의 부인이 중국역사박물관에 기증한 것으로 題簽에 鄯善縣에서 출토된 것으로 기재되어 있다.319) "唐人眞迹" 第一卷에는 개원 5년(717) 이후 定遠軍大總管의 지시에 따라 부병으로 차충되었던 西州 출신 獻之가 재차 軍府에 點入하라는 조치의 부당함을 보고한 첩문의 원고가 포함되어 있다.320) 당시 서역의 정세나 부병의 운영 등과 관련하여 주목할 만한 내용이다.321) 또한 "唐人眞迹" 第二卷에는 개원 13년(725) 伊州에 설치된 轉運坊의 운영과 관련된 3건의 문서가 확인되는데322) 당시 安西 지역의 교통 운수체계를 파악하는데 주요한 단서가 되었다.323) 이외에도 趙星緣 舊藏의 開元 29년(741) 西州 天山縣 南平鄕의

---

311) 榮新江, 「中國散藏吐魯番文獻知見錄」, 2016, p.35.

312) 이들의 장정 형식과 사경에 대한 도판은 意如 編著, 『六朝寫經殘卷』(墨迹本), 合肥: 安徽美術出版社, 2020; 楊軍 編著, 『北涼以來寫經殘卷』(墨迹本), 合肥: 安徽美術出版社, 2020 참조.

313) 『吐魯番考古記』에 수록된 투르판문서 일부에 대한 칼라 도판과 설명은 趙玉亮 編著, 『吐魯番文書(一)』(墨迹本), 合肥: 安徽美術出版社, 2020; 孟瀟碧 編著, 『吐魯番文書(二)』(墨迹本), 合肥: 安徽美術出版社, 2020 참조.

314) 中博에 소장된 투르판문서 가운데 개인 수장가의 舊藏 문서에 대해서는 『吐魯番出土文獻散錄』(下), 「索引」, pp.19~20에 제시된 문서 편호와 표제를, 錄文은 연대 순서에 따른 해당 인용면을 참고할 만하다. 이하 문서도 판번호와 표제는 『吐魯番出土文獻散錄』(下)에 준거하였고, 圖(도판), 文(녹문)은 『法書大觀』의 해당 쪽수를 표시하였다.

315) 中博18, 「唐開元9年長行坊楊節牒」, 『법서대관』제11권, 圖 pp.141~142, 文 p.226; 中博21+19, 「唐開元9年北庭都護府牒倉曹爲依式給長行坊函馬及長行馬秋季料事」, 『법서대관』제11권, 圖 pp.147~148·pp.143~144, 文 pp.227~228; 中博22+20, 「唐開元9年牒爲長行坊典楊節七月粮支給事」, 『법서대관』제11권, 圖 pp.149·145~146, 文 pp.228~229. 이들 문서의 분석과 관련해서는 李錦綉, 「唐開元中北庭長行坊文書考釋」(上), 『吐魯番學研究』 2004-2, pp.13~32; 殷晴, 『絲綢之路經濟史研究』(上冊), 蘭州: 蘭州大學出版社, 2012, pp.308~311 참조.

316) 中博17, 「唐開元4年司倉樂愼知牒」, 『법서대관』제11권, 圖 p.140, 文 p.226.

317) 中博36, 「唐開元16年北庭節度使申尙書省年終勾徵帳稿」, 『법서대관』제11권, 圖 p.175, 文 pp.234~235.

318) 예를 들어 中博38(『법서대관』제11권, 圖 p.178, 文 pp.235~236)과 BD09330(『中國國家圖書館藏敦煌遺書』 第105冊, p.268)을 연접하여 「唐軍府規範健兒等綱紀狀」(『吐魯番出土文獻散錄』 下, pp.548~549)으로 정리하고, 中博43(『법서대관』제11권, 圖 p.183, 文 p.237)과 BD09337(『中國國家圖書館藏敦煌遺書』 第105冊, p.275)을 연접하여 「唐開元年間瀚海軍狀爲附表申王孝方等賞緋魚袋事」(『吐魯番出土文獻散錄』 下, pp.482~483)로 복원하였다.

319) 王湛, 「中國國家博物館藏"唐人眞迹"文書題跋與遞藏考」, 『中國國家博物館館刊』 2022-4, p.135.

320) 「唐開元5年(717)後西州獻之牒稿爲被懸點入軍事」, 中博37, 『법서대관』제11권, 圖 pp.176~177, 文 p.235.

321) 劉安志, 「跋吐魯番鄯善縣所出〈唐開元5年(717)後西州獻之牒稿爲被懸點入軍事〉」(『魏晉南北朝隋唐史資料』 2002-19), 『敦煌吐魯番文書與唐代西域史硏究』, 北京: 商務印書館, 2010, pp.177~205 참조.

322) 中博24, 「唐開元13年轉運坊牒伊州爲支草伍萬圍收刈事」, 『법서대관』제11권, 圖 pp.151~152, 文 pp.229~230; 中博23, 「唐開元13年長行坊典竇元貞牒爲催送牛到坊事」, 『법서대관』제11권, 圖 p.150, 文 p.2229; 中博25, 「唐開元13年長行坊典竇元貞牒請差人助刈事」, 『법서대관』제11권, 圖 p.153, 文 p.230.

323) 中博23, 25 문서에 대해서 陳國燦은 '伊州 某坊'이라 하였고(『吐魯番出土唐代文獻編年』, 臺北: 新文豊出版公司, 2002, p.241·p.242), 『吐魯番出土文獻散錄』에서는 '長行坊'으로 이해하였다. 이에 대하여 趙洋은 3건 모두를 '轉運坊' 문서로 파악하였다(「中國國家博物館藏"唐人眞迹"中三件轉運坊文書考釋」, 『中國國家博物館館刊』 2022-4, pp.143~152).

호적잔편은324) 북경대학도서관 소장의 문서와 연접 관계가 확인되었다.325)

한편 中國國家圖書館에는 淸末 돈황 장경동에서 중국 밖으로 반출되고 남은 石室遺書 가운데 북경으로 운반되어 北平도서관에 入藏되었던 돈황문헌 외에도 계속적인 수집 작업 등을 통하여 수장된 많은 寫卷들이 있다. 이들 가운데 일부 투르판문헌도 포함되어 있는데 대개는 中博의 경우처럼 개인 수장가들을 거쳐 국가도서관에 수장된 것들이다. 현재 공간된 중국국가도서관 소장의 돈황유서326) 가운데에는 6개 편호의 권축장 투르판 寫經이 확인되는데 BD13792(「大智度論」권51), BD13799(刻本 불경잔편), BD14741(각본 잔편), BD14915(불경잔편), BD15158(「大般若波羅密多經」), BD15370(「賢愚經」) 등이327) 이에 해당한다. 또한 전술한 바 있는 中博 소장 羅振玉 舊藏의 문서와 접합 관계가 확인되는 2개 편호의 문서도328) 투르판 출토문서이다.

또한 北京大學도서관에 소장된 돈황·투르판 문헌자료에는329) 전술한 바 있는 中博 소장 開元 29年 西州 天山縣 南平鄕 호적(中博42)과 연접되는 北大D205v의 호적 잔편 3개가330) 확인된다. 이와 더불어 高昌郡시기 사회경제사 자료로서 北大D214인 北涼시기 高昌郡 高昌縣 都鄕 孝敬里의 貲簿도 있다.331) 이 문서는 喪葬用具였던 종이신발[紙鞋]의 옆면과 바닥면에서 수습한 것으로 각 호의 호구 내역과 함께 소유한 田土의 유형, 수량, 소유권의 변화 등을 기재하였다.332) 그런데 中國科學院圖書館에 소장된 문서에도 북경대학도서관에 있는 貲簿와 동일한 문안에 속하는 내용을 기재한 3건의 문서가 확인되었다.333) 또한 趙星緣이 소장했던 문서 잔편들로 현재는 소재를 파악할 수 없으나 1928년 출간된 『藝林旬刊』 19, 20期에 게재되었던 문서 잔편도334) 北京大學도서관과 中國科學院도서관에 수장된 北涼 貲簿와는 별개의 문서이지만 또다른 북량 자부의 일부라고 확인되었다.335) 이로써 북경대학도서관 소장 문서, 중국과학원도서관 소장 문서, 그리고 趙星緣 舊藏 문서들은 모두 「北涼承平年間(443~460)高昌郡高昌縣都鄕孝敬里貲簿」의 일부임이 규명되었다.336)

이처럼 여러 곳으로 散藏되었다가 정리 작업을 통하여 새로이 공개된 투르판 문서의 경우 여타의

---

324) 中博42, 「唐開元29年西州天山縣南平鄕籍」, 『법서대관』제11권, 圖 p.182, 文 p.231.

325) 榮新江, 「唐開元二十九年西州天山縣南平鄕籍殘卷硏究」, 『西域硏究』 1995-1, pp.33~43. 北大 D205v(『北京大學圖書館藏敦煌文獻』 2, p.227)와 접속되는데 문서의 綴合圖는 『吐魯番出土文獻散錄』 下 pp.22~23, 圖21 참조.

326) 문서의 도판은 中國國家圖書館 編, 『國家圖書館藏敦煌遺書』 第1~146冊, 北京: 北京圖書館出版社, 2005~2012을, 문서 목록은 方廣錩 主編, 『中國國家圖書館藏敦煌遺書總目錄: 新舊編號對照卷』, 北京: 中國人民大學出版社, 2013; 方廣錩·李際寧·黃霞 編, 『中國國家圖書館藏敦煌遺書總目錄: 館藏目錄卷』 全8冊, 北京: 中國人民大學出版社, 2016 등을 참조.

327) 이들의 圖錄은 『國家圖書館藏敦煌遺書』 제112책, pp.334~346; 同, 제112책, pp.379~384; 同, 제133책, pp.33~48; 同, 제135책, pp.174~178; 同, 제140책, pp.46~48; 同, 제143책, pp.155~165 참조. 각 곳에 수장된 돈황유서 가운데 한문이 아니거나 돈황자료가 아닌 경우에 대해서는 國家圖書館 主編, 劉毅超 編, 『漢文敦煌遺書題名索引』(下), 北京: 學苑出版社, 2000, pp.1107~1203, 「附錄2 : 備考卷號(非漢文及非敦煌資料)」의 목록을 참고할 만하다.

328) 中博38, 「唐軍府規範健兒等綱紀狀」와 접합되는 BD09330(『國家圖書館藏敦煌遺書』 第105冊, p.268)과 中博43, 「唐開元年間瀚海軍狀爲附表申王孝方等賞緋魚袋事」과 접합되는 BD09337(『國家圖書館藏敦煌遺書』 第105冊, p.275) 등이 이에 해당한다.

329) 北京大學圖書館·上海古籍出版社 編, 『北京大學圖書館藏敦煌文書』 全2冊, 上海: 上海古籍出版社, 1995.

330) 北大D205v, 「唐開元29年西州天山縣南平鄕戶籍」, 『北京大學圖書館藏敦煌文獻』 第2冊, p.227.

331) 北大D214, 「北涼高昌郡高昌縣都鄕孝敬里貲簿」, 『北京大學圖書館藏敦煌文獻』 第2冊, 彩版12, pp.238~239.

332) 문서의 분석은 町田隆吉, 「吐魯番出土"北涼貲簿"をめぐって」, 『東洋史論』 3, 1982, pp.38~43; 關尾史郎, ""北涼年次未詳(5世紀中頃)貲簿殘卷"の基礎的考察」(上), 『西北出土文獻硏究』 2, 2005, pp.42~56 참조.

333) 賀昌群, 『漢唐間封建的土地國有制與均田制』, 上海: 上海人民出版社, 1958, p.106; 朱雷, 「吐魯番出土北涼貲簿考釋」(『武漢大學學報』1980-4), 『敦煌吐魯番文書論叢』, 上海: 上海古籍出版社, 2012, pp.1~25.

334) 해당 문서의 도판은 『吐魯番出土文獻散錄』 下, 圖五A·B, p.4·p.5 참조.

335) 王素, 「吐魯番出土北涼貲簿補說」, 『文物』 1996-7, pp75~77.

336) 이들 전체의 錄文은 『吐魯番出土文獻散錄』 下, pp.359~372 참조.

문서들과 접합 관계를 통하여 문서의 성격이 파악된 사례들이 다수 존재한다. 上海博物館에 소장된 돈황·투르판 문헌자료에는337) 출토지를 확정하기 어려운 佛經 이외에도 1건의 투르판문서가 확인되었다. 이 문서는 1987년 상해박물관의 전시회 도록을 통해 공개되었는데,338) 투르판 카라호자에서 출토되어 일본으로 반출된 후 현재 류코쿠대학에 수장된 이른바 '請紙文書'의 일부로 파악되었다.339) 이 문서는 오타니문서와 黃文弼이 획득한 투르판문서 등과 접합되어 「唐開元16年(728)西州都督府請紙案卷」의 일부를 구성하였다.340)

上海圖書館에 소장된 돈황·투르판 문헌자료에도341) '高昌義和五年(618)'의 題記가 기재된 불경 사권과342) 더불어 「天寶8載(749)公文」으로 파악된 문서가343) 확인된다. 이 문서는 미국 프린스턴대학 게스트박물관에 소장된 天寶 8載(749) 交河郡의 倉曹司에서 처리한 안권의 일부로 판단된다.344)

앞서 언급한 바 있는 일본 나라시 寧樂美術館에 소장된 開元 2년(714) 蒲昌府文書의 일부로 판단되는 문서 단편이 遼寧省檔案館에 소장되어 있다.345) 요녕성당안관의 설명에 의하면 소장 중인 6건의 당대 문서는 1909년 이후에 돈황석실에서 반출된 당대 사경 가운데 포함되었던 것으로 羅振玉이 수장했다가 수차례 수장기관을 전전하여 결국 요녕성당안관이 보존하게 되었다고 하였으나 서북변경지역으로부터 王樹枏 등의 수장가에 의하여 유출되었을 것으로 추정된다.346) 6건 가운데 5건은 '蒲昌府 문서'로서 4건은 開元 2年 蒲昌府에서 처리한 문안들의 일부이고 1건은 蒲昌府 府兵의 名籍인데,347) 나머지 1건은 포창부문서와는 관계가 없는 西州 某寺의 法師, 禪師의 名籍에348) 해당한다. 또한 遼寧省博物館에도 일부 투르판 출토문헌이 소장되어 있다.349)

한편 新疆文物考古研究所의 王炳華가 1976년 4월과 5월에 투르판분지의 서쪽에서 天山으로 진입하는 계곡 입구에 위치한 투르판시 托克遜縣 阿拉溝의 옛 군사 戍堡 유지를 발굴하여 일련의 문서단편을 획득하였다. 阿拉溝의 古堡는 당조가 西州 天山縣 서쪽에 설치한 鎭戍의 하나인 鸜鵒鎭과 관련된 유지이다. 발굴 시점으로부터 상당한 시간이 지난 2002년에 王炳華에 의하여 문서의 출토 당시 정황과 문서잔편 9건에 대한 釋錄, 그리고 그에 대한 분석이 이루어졌다.350) 그런데 이후 처음에 阿拉溝 1호에서 9호로 정리된 문서들은 76TAF1:1에서 76TAF1:5까지 5장의 7건 문서로 재정리되었다.351)

337) 上海博物館·上海古籍出版社 編, 『上海博物館藏敦煌吐魯番文獻』 全2冊, 上海: 上海古籍出版社, 1993.

338) 高美麗 編, 『敦煌吐魯番文物』, 上海: 上海博物館·香港中文大學文物館, 1987, p.21·p.70, 圖版30.1·2·3, 「唐開元16年(728)健兒及錄事司請紙牒」.

339) 上博31, 「請紙牒」, 『上海博物館藏敦煌吐魯番文獻』 第1冊, 彩版23, pp.257~259.

340) 毛秋瑾, 「唐開元16年(728)西州都督府請紙案卷研究」, 孫曉雲·薛龍春 編, 『諸循其本: 古代書法創作研究國際學術討論會論文集』, 南京: 南京大學出版社, 2010, pp.201~212; 雷聞, 「吐魯番出土〈唐開元十六年西州都督府請紙案卷〉與唐代的公文用紙」, 樊錦詩·榮新江·林世田 主編, 『敦煌文獻·考古·藝術綜合研究: 紀念向達先生誕辰110周年國際學術研討會論文集』, 北京: 中華書局, 2011, pp.423~444.

341) 上海圖書館·上海古籍出版社 編, 『上海圖書館藏敦煌吐魯番文獻』 全4冊, 上海: 上海古籍出版社, 1999.

342) 上圖021, 「高昌義和5年(618)夫人和氏伯姬施寫妙法蓮華經殘卷 第六」, 『上海圖書館藏敦煌吐魯番文獻』 第1冊, 彩版7, pp.136~150.

343) 上圖019, 「天寶8載(749)公文」, 『上海圖書館藏敦煌吐魯番文獻』 第1冊, p.133.

344) 陳國燦, 「美國普林斯頓所藏幾件吐魯番出土文書跋」, 『魏晉南北朝隋唐史資料』 15, 1997, pp.113~114. 『吐魯番出土文獻散錄』 下, p.523에는 이 문서를 「唐天寶8載(749)2月交河郡下蒲昌縣符」로 명명했지만, 이 문서는 符文이 아니라 天寶 8載에 교하군의 倉曹司가 예하 縣에 부문 하달을 기재한 案卷의 行判에 해당한다.

345) 遼寧省檔案館, 「唐代檔案」, 『歷史檔案』 1982-4, pp.2~5.

346) 王永興, 『敦煌吐魯番出土唐代軍事文書考釋』, 蘭州: 蘭州大學出版社, 2014, pp.305~308.

347) 陳國燦, 「遼寧省檔案館藏吐魯番文書考釋」(『魏晉南北朝隋唐史資料』 19, 2001), 『論吐魯番學』, 上海: 上海古籍出版社, 2010, pp.164~177.

348) 錄文은 遼寧省檔案館藏卷6, 「唐西州諸寺法師禪師名籍」, 『吐魯番出土文獻散錄』 下, p.557 참조.

349) 郭丹, 「遼寧省博物館藏敦煌西域文獻簡目」, 『敦煌吐魯番研究』 第19卷, 2020, pp.301~308 참조.

350) 王炳華, 「阿拉溝古堡及其出土唐文書殘紙」, 『唐研究』 第8卷, 2002, pp.323~345.

이 문서는 大谷문서, 프린스턴대 게스트도서관 문서 등과의 관계를 통해 西州 鸜鵒鎭의 위치나 兵員 구성 및 조직, 武庫 · 鎭倉 · 游奕所 등의 기능을 파악할 수 있는 단서를 제공하였다.352)

또한 中央民族大學이 수장하고 있는 13건의 투르판문서는 매입 경위가 확실치는 않지만 투르판지역의 墓葬群에서 도굴된 것으로 추정되는 문헌자료를 대학 측이 2010년에 구입한 것이다.353) 대부분 개원 15년(727)에서 개원 18년(730) 전후에 西州 交河縣(岸頭府)과 관련된 天山府, 鹽城 등을 대상으로 작성된 문서들이다. 문서에 명시된 鹽城은 오늘날 투르판시에서 서쪽 약 10Km 지점에 위치한 교하고성의 남쪽에 해당하는데 이곳에 也木什(雅木什) 古墓群이 자리하고 있기 때문에354) 이 고묘군의 西區에서 수습된 문서로 판단하였다. 이 가운데 당대 '入鄕巡貌事'로 지칭된 문서는355) 交河縣이 예하 鹽城 백성에게 지정된 날에 縣令의 貌閱을 받으라는 帖文에 해당하는데 당대 貌閱제도의 구체적인 양상을 파악할 수 있는 자료로 주목되었다.356)

이외에도 甘肅省博物館,357) 重慶博物館,358) 永登縣博物館359) 등에 소장된 돈황 · 투르판 문헌자료 가운데에는 주로 투르판 출토의 佛典 寫經들이 포함되어 있다.

4. 소결

돈황문헌이 주로 장경동의 石室에 보존되었던 문헌이었던 것에 비하여 투르판문헌은 古墓群의 묘장 안이나 사원 유지의 沙土 속에서 발굴된 것이 대부분이다. 묘장에서 출토되는 문헌에는 隨葬衣物疏나 墓誌처럼 매장 물품이나 묘주의 생전 사적을 기록하는 喪葬 문헌, 『論語』나 『孝經』처럼 묘주와 함께 지하에 매장하는 隨葬 문헌, 묘주의 종이신발[紙鞋]이나 종이모자[紙帽] 등 葬具를 만드는데 사용되었던 公私文書 등이 있다. 또한 寺院 유지에서 출토되는 문헌은 대부분 典籍類에 해당하는데, 그 일부는 公私文書의 뒷면에 쓰인 것도 있다. 이들 문헌 가운데 가장 많은 수량이 확인되는 것은 墓葬

351) 『吐魯番出土文獻散錄』下, pp.492~498에서는 ① 76TAF1:1r+76TAF1:2v, 「唐西州鸜鵒鎭游奕所牒爲申當界見在人事」, ② 76TAF1:2r+76TAF1:1v, 「唐某年閏八月西州鸜鵒鎭將孫玖仙牒爲申當界兵健見在人事」, ③ 76TAF1:1v, 「唐甲杖簿」, ④ 76TAF1:3, 「唐配糧帳」, ⑤ 76TAF1:4, 「唐首領康等名籍」, ⑥ 76TAF1:4v, 「唐文書」, ⑦ 76TAF1:5, 「唐某人借貸契」로 재정리하였다.

352) 대표적인 연구로 黃樓, 「唐代西州鸜鵒鎭烽鋪文書硏究」, 『吐魯番出土官府帳簿文書硏究』, 北京: 社會科學文獻出版社, 2020, pp.146~176을 들 수 있다.

353) 張銘心 · 凌妙丹, 「中央民族大學收藏吐魯番出土文書初探」, 『中央民族大學學報』(哲學社會科學版), 2013-6. 전체 문서의 圖版이나 錄文은 공간되지 않았지만 논문의 '表1: 民大文書信息'(p.116)에 13건 문서의 題名과 크기, 기재 사항 등이 제시되어 있다.

354) 鐘興麒 · 王豪 · 韓慧 校注, 『西域圖志校注』(烏魯木齊: 新疆人民出版社, 2002) 권14, 疆域7, 天山南路1, 辟展屬, p.236.

355) 이 문서는 MUC10, 「唐開元年間西州交河縣帖鹽城爲令入鄕巡貌事」라고 명명되었는데 도판과 錄文은 張榮强 · 張慧芬, 「新疆吐魯番新出唐代貌閱文書」, 『文物』2016-6, pp.80~90 참조.

356) 張慧芬, 「唐代〈入鄕巡貌事〉文書的性質及貌閱百姓之族屬問題硏究」, 『中央民族大學學報』(哲學社會科學版) 2018-2, pp.101~105; 同, 「〈唐開元年間西州交河縣帖鹽城入鄕巡貌事〉文書貌閱律令用語硏究」, 『西域硏究』 2020-1, pp.59~69; 趙貞, 「從敦煌吐魯番文書談唐代的'身死'」, 『中國史硏究』 2021-4, pp.92~109.

357) 감숙성내 여러 박물관, 도서관, 연구소 등에 소장된 돈황 · 투르판 문헌자료의 도판은 甘肅藏敦煌文獻編委會 · 甘肅人民出版社 · 甘肅省文物局 編, 『甘肅藏敦煌文獻』 全6卷, 蘭州: 甘肅人民出版社, 1999에 수록되어 있다. 감숙성박물관 소장 문헌자료는 『甘肅藏敦煌文獻』 第4卷 · 第5卷에 수록되어 있다. 관련된 문서의 내용에 대해서는 榮新江, 「中國散藏吐魯番文獻知見錄」, pp.29~30; 『吐魯番出土文獻散錄』 上, pp.26~27 참조.

358) 楊銘, 「楊增新等所藏兩件吐魯番敦煌寫經」, 『西域硏究』 1995-2, pp.42~45; 同, 「重慶市博物館藏敦煌吐魯番寫經題錄」, 『敦煌吐魯番硏究』 第6卷, 2002, pp.353~358.

359) 분류편호 永博005~008, 『甘肅藏敦煌文獻』 第3卷, 彩圖 p.4, pp.326~330. 관련 연구는 李國 · 師俊杰 主編, 『甘肅藏敦煌遺書硏究文獻引得』, 蘭州: 甘肅敎育出版社, 2021, pp.1204~1206 참조.

의 葬具로 사용되었던 폐기된 公私문서이다.360) 이러한 투르판 출토문헌은 상장용품을 제작하기 위한 필요에 따라 재단하여 사용되었거나 묘지의 도굴이나 훼손 등의 이유로 파손되어 원래의 모양이 아닌 단편의 형태인 경우가 대부분이다. 더욱이 이처럼 조각난 문서의 단편들이 다시 서로 다른 경위로 발굴되어 서로 다른 장소에 分藏되는 과정을 통하여 문헌의 내용만이 아니라 그 실체를 파악하는 데도 어려움이 있었다.

투르판 출토문헌의 이러한 조건들은 새로운 발굴을 통한 신자료의 확보라는 과제와 더불어 각지에 분장되었다가 새로이 실체가 확인된 문헌자료들에 대한 정리를 위한 방법론적 모색의 필요성을 더욱 부각시켰다. 이와 관련하여 전술한 바 있는 旅順博物館 소장 투르판 출토문헌에 대한 정리 과정에서 활용되었던 몇가지 시도들이 주목된다. 우선 불경을 비롯한 典籍類 단편에 대한 정합적인 정리를 위하여 CBETA電子佛典, 愛如生-中國基本古籍庫, 道藏 등의 전자화된 데이터베이스가 보다 적극적으로 이용되었다. 이는 물론 典籍類 자료에 대한 그 동안의 활발하고 광범위한 전산화 작업에 의거한 바이기도 하다. 특히 佛典의 정리 과정에서 종래 일본학계에서 착안했던 투르판문헌의 書法을 통한 연대 비정 방법을361) 적극적으로 활용하였다. 서사 도구(붓의 종류), 서사 자세(執筆法, 使筆法), 서사 목적 등이 서사의 양식을 결정한다는 점에 주목하여 書體의 풍격을 통하여 투르판문헌의 시기를 高昌郡시기, 高昌國시기, 唐代, 西州위구르시기 등 4단계로 구분하였다.362)

한편 출토문서 가운데 四神圖나 靈芝雲 등 채색화 조각들을 연접하여 원래의 도상을 복원, 정리하고 그 背面에 기재된 문서 내용을 파악하는 방법이다.363) 오타니문서 단편에서 확인되는 靑龍, 朱雀, 白虎 등의 여러 종류의 雲形 그림을 복원한 후 그 배면의 내용을 통해 給田, 缺田, 退田 등의 唐代 토지제도 관련 문서를 정리한 연구성과와 같은 방법론을364) 활용한 내용이다. 즉 四神의 彩畫가 그려진 문서단편을 연접, 정리하여 四神圖의 원래 형태를 복원하고 그 배면에서 확인되는 開元 23년 西州都督府에서 작성한 案卷의 내용을 釋錄하고 이를 분석하였다.365)

이러한 투르판 출토문서 단편에 대한 정리 방법은 寫本을 제작할 당시의 사정, 작성된 문서가 喪葬用品으로 2차 가공되었을 때의 상황 등 출토문서 자체가 갖고 있는 '시간적 성격'에 주목한 접근 방법이라고 하겠다. 출토문헌에 기재된 내용만이 아니라 문서 자체의 제작과 활용 등의 시간성에 착안한 시도일 것이다.

이러한 측면에서 앞서 당대 관문서의 작성 절차를 분석하면서 주목하였던 立案, 審案, 判案, 行判, 結案 등 문안(안권)의 구성 요소에 대한 이해, 문안을 연접하여 안권을 제작하는 과정 등에 대한 이해도 출토문서의 복원 과정에서 반드시 고려해야 할 사항일 것이다. 종래 공개된 출토문서 가운데 관문서의 서식이나 안건의 처리과정에 대한 이해를 전제하지 못한 사례들에 대한 일련의 수정 작업 역시 이러한 문제 의식과 같은 맥락에서 진행된 연구 성과라고 하겠다.366) 다만 문안을 연접하여 안

360) 孟憲實·榮新江, 「吐魯番學研究: 回顧與展望」, 『西域研究』 2007-9, p.52.
361) 대표적으로 藤枝晃, 『文字の歷史』, 東京: 岩波書店, 1971; 同, 「中國北朝寫本の三分期」, 東京古筆學研究所 編, 『古筆學叢林』 第1號, 東京: 八木書店, 1987; Fujieda Akira, "The Earliest Types of Chinese Buddhist Manu-scripts Excavated in Turfan", *Acta Orientalia Academiae Scienentiarum Hungaricae*, Vol.43, No.2/3, 1989 등이 주목된다.
362) 史睿, 「旅順博物館藏新疆出土寫經的書法斷代」, 王振芬·榮新江 主編, 『絲綢之路與新疆出土文獻: 旅順博物館百年紀念國際學術研討會論文集』, 北京: 中華書局, 2019, pp.63~87.
363) 上野アキ, 「トルファン出土彩畫紙片について」, 『美術研究』 230, 1964, pp.27~36.
364) 大津透·野尻忠·稲田奈津子, 「大谷文書唐代田制關係文書群の復原研究」, 『東洋史苑』 60·61, 2003, pp.35~74; 片山章雄, 「唐代吐魯番四神靈芝雲彩畫及田制等相關文書的追踪與展開」, 王振芬·榮新江 主編, 『絲綢之路與新疆出土文獻』, 北京: 中華書局, 2019, pp.446~467.
365) 劉子凡, 「旅順博物館藏四神文書研究--兼釋《唐開元二十三年西州都督府案卷》」, 『敦煌吐魯番研究』 第21卷, 2022, pp.141~163.

권을 제작하는 과정, 작성을 마치고 보관되었던 안권이 특정 葬具를 제작하기 위해 2차 가공되는 과정 등에 대한 유기적 분석을 통한 보다 면밀한 검토도 전제되어야 할 것이다.367)

투르판 출토문헌은 세계 각지로 流散된 문건들의 소재 파악과 정리 작업을 통해 새로운 자료로서 발견되었고, 계속해서 진행된 투르판지역의 발굴 작업을 통하여 '新材料'의 면모를 더욱 풍부히 갖추게 되었다. 이러한 流散된 문헌의 정리와 새로운 출토문서의 발굴은 투르판문헌의 양적 증가만이 아니라 문서 단편들의 정리와 綴合 과정을 통해 온전한 형태의 문서 원형을 복원하는 근거를 제공하기도 하였다. 이처럼 투르판 출토문헌의 綴合 작업을 통한 '新材料'의 확충은 流散 문서의 정리와 출토문헌의 증가를 통하여 보다 활발하게 이루어질 수 있을 것이다.

---

366) 앞서 언급한 바 있는 劉安志, 「關于吐魯番新出永徽5·6年(654·655)安西都護府案卷爲整理研究的若干問題」, 2018; 李森煒, 「關于吐魯番出土〈唐開元某年西州蒲昌縣上西州戶曹狀爲錄申刈得苜蓿秋茭數事〉及其相關文書的綴合編連問題」, 2019; 達錄, 「關于吐魯番所出〈武周天山府下張父團帖爲出軍合請飯米人事〉及其相關文書的綴合問題」, 2019; 肖龍祥, 「吐魯番出土〈唐景龍三至四年西州高昌縣處分田畝案卷〉復原研究」(上·下), 2020 등이 이러한 연구성과에 해당한다.

367) 필자의 「唐代 지방 文書行政의 절차와 案卷의 재정리--'唐景龍3年(709)12月至景龍4年(710)正月西州高昌縣處分田畝案卷'의 검토를 중심으로」, 2020; 「唐代 지방 政務의 처리 절차와 案卷 작성의 관계--'唐開元21年(733)西州都督府案卷爲勘給過所事」, 2021 등은 이러한 방법론을 통해 안권의 복원을 시도해 본 논문들이다.

제2장 한국 국립중앙박물관 소장 투르판 출토문서의 정리
: 국박 '唐儀鳳3年(678)度支奏抄·4年(679)金部旨符' 판독

제2장 한국 국립중앙박물관 소장 투르판 출토문서의 정리
: 국박 '唐儀鳳3年(678)度支奏抄・4年(679)金部旨符' 판독

1. 국박 삿자리[葦席] 문서의 복원

20세기 초 중국 서북지역 일대에서 이루어진 외국 탐험대의 활동은 실크로드를 통한 동서문화교류의 실례들을 확인시켜 주었을 뿐 아니라 이 지역에 대한 역대 중원왕조의 영향을 반영한 다양한 실물자료가 공개되는 계기가 되기도 하였다. 특히 한・당대를 통하여 중원왕조가 서역 진출과정에서 남긴 長城, 봉수대, 무덤 등의 조영물 뿐 아니라 간독, 종이문서 등의 기록자료는 遺傳된 중원문화의 부산물이라 할 수 있다. 다만 이러한 유물들은 발굴을 주도했던 각국 탐험대에 의하여 중국 밖으로 옮겨져 오늘날까지 영국, 프랑스, 독일, 러시아, 일본 등 세계 각지에 分藏되어 있는 실정이다.

현재 한국 국립중앙박물관(이하 '국박'으로 약칭)에도 주로 일본의 오타니(大谷)탐험대에 의하여 수집된 서역문물의 일부가 수장되어 있다. 여기에는 로프노르(누란), 쿠차, 호탄, 투르판 등 동투르키스탄의 여러 오아시스 도시들에서 수집된 다양한 유물들이 포함되어 있다.[1] 그 가운데 墓磚, 석비, 목간, 벽화의 題記 등에는 한문 이외에도 카로슈티, 브라흐미, 위구르 등 다양한 문자자료가 남아있다.

국박에 소장된 이러한 다양한 문자자료 중에서 중국 신강위구르자치구 북동부의 투르판(吐魯番)지역에서 수집된 한문 자료가 최근 공개되었다.[2] 이른바 葦席, 즉 삿자리에 부착되어 있던 종이문서의 존재는[3] 예전부터 이미 알려져 있었는데 1995년에는 문서의 일부 내용을 포함하여 그 실물이 공개되었다.[4] 그러나 당시에는 삿자리에 부착된 상태의 종이문서에 대한 적외선사진을 통한 분석이 이루어졌기 때문에 2겹으로 배접되었던 문서의 일부만을 확인하는 제한적 성과에 만족해야 했다.

이러한 삿자리 흔적이 남아있는 문서단편들은 일본 오타니탐험대가 1912년 투르판지역 古墓群에

---

1) 국립중앙박물관 소장 중앙아시아 유물의 내역과 소장 경위에 대해서는 関丙勳,「ソウル國立博物館所藏の大谷コレクションについて」,『季刊 東西交渉』25(東京: 井草出版社, 1988), pp.15~21; 藤枝晃,「大谷コレクションの現況」, 龍谷大學三五〇周年記念學術企劃出版編輯委員會編,『佛教東漸: 祇園精舍から飛鳥まで』, 京都: 思文閣出版社, 1991, pp.218~231; 민병훈,「國立中央博物館 所藏 中央아시아 遺物(大谷 컬렉션)의 所藏經緯 및 研究 現況」,『中央아시아研究』5, 2000, pp.72~104; 민병훈,「國立中央博物館 中央아시아 遺物의 所藏經緯 및 展示・調査研究 現況」,『西域美術』, 서울: 국립중앙박물관, 2003, pp.249~272; 김혜원,「국립중앙박물관 소장 중앙아시아 종교 회화: 소장 배경, 연구사, 그리고 현황」,『국립중앙박물관 소장 중앙아시아 종교 회화』, 서울: 국립중앙박물관, 2013, pp.32~43 등을 참조.

2) 국립중앙박물관 편,『국립중앙박물관 소장 중앙아시아 고문자Ⅰ--투르판(吐魯番) 지역의 한문자료』, 서울: 국립중앙박물관, 2020(이하『국박 고문자Ⅰ』로 약칭함). 전체 3부로 구성되었는데, '1부: 투르판 출토 墓磚', '2부: 아스타나(阿斯塔那) 230호 무덤 출토 시신깔개[屍薦]와 문서', '3부: 高昌故城 출토 武周康居士寫經功德記殘碑'이다. 관련 보고서의 PDF 파일은 https://www.museum.go.kr/site/main/archive/report/article_18060를 참조하고 이 글에서 다루는 문서자료는 2부 내용에 해당한다.

3) 종이문서가 부착되었던 유물의 명칭에 대하여 일본학계는 주로 '방동사니과 다년초 식물'을 뜻하는 포루투갈어 '암페로(Ampero)'에서 비롯된 '암페라(アンペラ)'라고 칭하고, 중국학계는 '갈대로 만든 삿자리'라는 뜻의 '葦席'이라는 명칭을 주로 사용한다. 이번에 복원작업을 진행한 국박연구팀에서는 "재료와 제작 방식보다 그 특수한 용도에 중점을 두어 '시신을 눕히는 깔개'라는 의미의 '시신깔개[尸席]'로 부르고자 한다"(『국박 고문자Ⅰ』, p.94)고 하였다. 그러나 국박 소장의 종이문서가 부착된 유물은 그 용도를 '시신깔개'로 확정하기에는 애매한 부분이 있다. 따라서 현재로서는 종이문서가 부착되어, 그 문양이 남게 된 器物의 재료와 제작방식에 한정하여 '삿자리'로 지칭하는 것이 적당할 것으로 판단된다. 최근 권영우,「한국 국립중앙박물관 소장 唐文書가 부착된 삿자리[葦席])의 복원--吐魯番文書 및 大谷文書와의 관계를 중심으로」,『中國古中世史研究』63, 2022에서도 '시신깔개' 대신 '삿자리'로 명칭을 수정하였다.

4) 민병훈・안병찬,「國立中央博物館 투르판出土文書 管見」,『美術資料』56, 1995, pp.156~180.

서 발굴하여 류코쿠(龍谷)대학에 수장하였던 문서편들에서 집중적으로 확인되었다.[5] 한편 1972년에 중국 신강위구르자치구 투르판 아스타나(阿斯塔那) 230호묘에 대한 발굴 작업에서도[6] 삿자리 흔적이 있는 문서단편이 일부 수습되었다.[7] 또한 아스타나 230호묘에 인접한 227호묘에서도 삿자리 흔적 문서단편 2개가 발견되었는데, 이 역시 원래는 230호묘에서 수습한 문서편이었으나 227호묘에 혼입된 것으로 확인되었다.[8]

1950년대말부터 이들 삿자리 흔적이 있는 문서단편들의 성격에 주목하여 이들을 정리, 접합, 복원하는 작업을 추진했던 일본학계에서는 중국측 삿자리 흔적문서와 일본측 삿자리 흔적문서가 모두 투르판 아스타나 230호묘에 매장되었던 부장품의 일부라는 점을 확인하였다. 또한 문서단편의 접합, 판독을 통해 이들이 '唐儀鳳3年(678)度支奏抄 · 4年(679)金部旨符'라는 일련의 안권에 해당한다는 사실도 규명하였다.[9] 다만 아스타나 230호묘에서 수습된 비교적 긴 문서단편 2개(H, H')는 복원된 '탁지주초'에 속하는 내용이지만, 2개 각각 뿐 아니라 복원된 '탁지주초'와도 연속적인 접합관계가 인정되지 않았다.[10] 이러한 상황에서 1995년에 불완전한 형태로 공개되기는 했지만 국박 소장 삿자리 부착 문서는 중국 신강박물관 소장 아스타나 230호묘의 비교적 긴 문서단편(H')과 직접적 접합관계가 인정되면서[11] 이에 대한 전면적인 복원작업이 기대되었다.[12]

---

5) 1959년 小笠原宣秀는 '암페라 흔적이 있는 문서' 62점을 소개했는데(「龍谷大學所藏大谷探險隊將來吐魯番出土古文書素描」, 西域文化研究會 編, 『西域文化研究 第2: 敦煌吐魯番社會經濟資料(上)』, 京都: 法藏館, 1959, pp.389~420), 이후 24점이 추가되어 총 86점이 확인되었다. 복수의 단편에 같은 번호가 붙여진 것까지 포함하면 실제는 92점에 달한다(小田義久, 「大谷文書槪觀--その來源を中心に」 小田義久 主編, 『大谷文書集成』 第2卷, 京都: 法藏館, 1990, pp.1~11). 이들 류코쿠대학 소장 大谷문서의 圖版과 錄文은 小田義久 主編, 『大谷文書集成』 第1~4卷, 京都: 法藏館, 1984 · 1990 · 2003 · 2010 참조.
6) 당시의 발굴 상황에 대해서는 新疆維吾爾自治區博物館 · 西北大學歷史系考古專業, 「1973年吐魯番阿斯塔那古墓群發掘簡報」, 『文物』 1975-7, pp.8~26; 新疆文物考古研究所, 「阿斯塔那古墓群第十次發掘簡報」, 『新疆文物』 2000-3 · 4, pp.84~167 참조.
7) 아스타나 230호묘에서 수습된 삿자리 흔적문서는 비교적 긴 단편이 2개(72TAM230:46/1, 2), 殘片이 6개(72TAM230:84/1~6) 확인되었다. 이들 문서의 도판과 錄文은 唐長孺 主編, 『吐魯番出土文書』[圖文本] 第肆冊(北京: 文物出版社, 1996), pp.65~68, 「唐儀鳳3年(678)尙書省戶部支配諸州庸調及折造雜練色數處分事條啓」(一)~(八)로 정리되어 있다. 긴 단편 2개의 판독은 許福謙, 「吐魯番出土的兩份唐代法制文書略釋」, 北京大學中國中古史研究中心編, 『敦煌吐魯番文獻論集』 第2輯, 北京: 中華書局, 1983, pp.543~580(이하 許福謙[1983]으로 약칭함)에 제시되었다.
8) 陳國燦, 「略論日本大谷文書與吐魯番新出墓葬文書之關聯」, 中國敦煌吐魯番學會 編, 『敦煌吐魯番學研究論文集』, 上海: 漢語大詞典出版社, 1990, pp.268~287. 이 문서단편의 도판과 녹문은 「唐儀鳳3年(678)尙書省戶部支配諸州庸調及折造雜練色數處分事條啓殘片」(一) · (二), 72TAM227:30/1 · 2, 『吐魯番出土文書』 第肆冊, pp.386~387 참조.
9) (1) 大津透, 「唐律令國家の豫算について--儀鳳三年度支奏抄 · 四年金部旨符試釋」, 『史學雜誌』 95-12, 1986; (2) 大津透 · 榎本淳一, 「大谷探險隊吐魯番將來アンペラ文書群の復原」, 『東洋史苑』 28, 1987; (3) 大津透, 「唐儀鳳三年度支奏抄 · 四年金部旨符補考--唐朝の軍事と財政」, 『東洋史研究』 49-2, 1990; (4) 同, 「大谷 · 吐魯番文書復原二題」, 唐代史研究會 編, 『東アジア古文書の史的研究』, 東京: 刀手書房, 1990. 이상 大津透의 석록 작업은 류코쿠대학 소장 '암페라문서'를 중심으로 (1) · (2)는 아스타나 230호묘 문서를, (3) · (4)는 아스타나 227호묘 문서까지를 포괄한 것이다.
10) 류코쿠대학 소장 '암페라문서'의 접속 복원사진(『大谷文書集成』 第2卷, p.10)과 그 개념도(大津透 · 榎本淳一, 「大谷探險隊吐魯番將來アンペラ文書群の復原」, p.66)에 의하면 문서편이 접속되어 펼쳐진 상태에서 글자가 노출된 부분을 기준으로 문서단편의 순서를 A에서 G까지 구분하고 각 문서단편의 뒤쪽에 포개어 부착한 문서를 각각 A'에서 G'로 분류하였다. 이러한 분류 원칙에 따라 아스타나 230호묘와 227호묘에서 수습된 잔편들은 A~G, A'~G' 문서들과 접합되었지만, 230호묘의 비교적 긴 단편 2개는 H와 H'로 구분하여 일본측 '탁지주초' 보다 앞에 위치하는 것으로 배열하였다. 이에 따라 안권에 포함된 문서단편 전체의 석록문의 순서는 "H' / H / F'-E'-D' / D-E-F / G'-A' / B'-C' / G-A / B, C"가 되었다. 이하 이 글에서는 아스타나 230호묘에서 수습된 H와 H' 문서단편을 중국측 '탁지주초'로 지칭하였다.
11) 大津透, 「韓國立中央博物館所藏アンペラ文書についての覺え書き」, 『東京大學日本史學研究室紀要』 4, 2000, pp. 239~144.
12) 1995년 공개된 한국측 삿자리 부착문서(S'로 분류하여 H' 앞에 배치)까지 포함한 일련의 '唐儀鳳3年度支奏抄 · 4年金部旨符'에 대한 석록문이 大津透, 『日唐律令制の財政構造』(東京, 岩波書店, 2006), pp.33~48에 제시되었다. 이 글은 이하 이 석문을 '의봉3년 탁지주초'로 약칭하고, 전거를 적시할 때는 大津透[2006]으로 표시하여 해당 쪽수만 명시하였다. 이상의 삿자리 흔적문서 정리과정에 대한 연구사는 권영우, 「당문서가 부착된 시신깔개의 복원과

2020년에 이루어진 국박 소장 삿자리 흔적문서의 전면적인 정리작업은 일본 류코쿠대학이나 중국 신강박물관 소장 문서에 대한 정리, 복원 작업과는 차별화된 내용을 전제하였다. 일본측이나 중국측의 삿자리 흔적문서가 하나의 안권에서 재단되어 喪葬用具로 2차 가공되었던 사실은 전제할 수 있었지만 이들이 부착되었던 삿자리의 실체에 대해서는 전혀 파악을 할 수 없었다. 즉 삿자리 흔적문서가 부착되었던 삿자리의 실례는 현재로서는 국박 소장 삿자리가 거의 유일하다고 하겠다. 삿자리로부터 부착된 문서를 분리하는 작업과정을 통해13) 역으로 삿자리에 문서를 부착한 과정과 부착된 문서들 간의 관계에 대해서도 접근이 가능해졌으며, 더 나아가 일본측 소장의 삿자리 흔적문서들이 부착되었던 器物, 즉 삿자리에 대한 추정도 가능하게 되었다.14)

무엇보다 이번 국박 소장 삿자리 부착 문서의 분리, 복원과정에서 특기할 점은, 이미 공개된 삿자리를 감싸고 있던 문서단편을 포함하여 삿자리 앞면에 부착되었던 2겹의 문서단편(삿자리 뒷면으로 접힌 부분 포함)이15) 아스타나 230호묘에서 수습된 중국측 '탁지주초'와 절단면까지 정확히 접속되는 하나의 안권에서 재단된 것임이 규명된 점이다([도판1] 참조). 이와 더불어 이들 뒷면으로 접힌 2겹 문서편이 감싸지 못하여 삿자리 모양이 드러난 뒷면 부분에는 이를 메우기 위하여 또 다른 종이가 배접되었던 사실이다. 삿자리 뒷면에 삿자리 문양이 노출된 부분을 마감하기 위해 사용된 문서단편은16) 앞면의 '탁지주초'와는 다른 내용이며, 종래 중국측 아스타나 230호묘 수습문서 가운데 삿자리 흔적이 있는 또 다른 문서단편,17) 그리고 일부 내용을 파악할 수 없는 문서 잔편들과18) 접속되는 것으로 확인되었다.19)

이 글은 이상의 정리, 복원 작업을 통해 공개된 문서단편 가운데 삿자리 앞면에 배접되어 있던 문서단편, 즉 '당의봉3년탁지주초·4년금부지부'의 일부이면서 중국측 '탁지주초'와 접합 관계가 확인된 국박 '탁지주초'에 대한 국박연구팀의 판독문을 재검토하고자 한다. 국내에 유일하게 실물이 존재하는 당대 관문서이며, 기존의 당대 재정사 관련 자료에서 확인되지 않은 내용이 포함되어 있는 귀중한 자료라는 점에서 이에 대한 정확한 판독문과 석록이 전제되어야 한다는 필요에 의한 것이다.

성격」, 『국박 고문자 I』, pp.99~102 참조.

13) 삿자리에서 문서를 분리하는 구체적 작업과정에 대해서는 천주현, 「唐代 시신깔개 문서의 分離復原과 紙質조사」, 『국박 고문자 I』, pp.136~148 참조.

14) 권영우, 「한국국립중앙박물관 소장 唐文書가 부착된 삿자리[葦席]의 복원」, 『중국고중세사연구』 제63집, 2022. 大津透는 일본측 삿자리 흔적문서에 대하여 삿자리에서 분리된 문서들을 종이봉투를 만들기 위하여 접어서 사용했을 것이라 추정했지만, 권영우는 국박 소장 삿자리의 실례를 통해 일본의 삿자리 흔적문서 역시 국박 소장의 삿자리와 유사한 기물에 부착되었던 것으로 파악하였다.

15) 국박연구팀이 삿자리의 앞면, 뒷면을 구분한 기준에는 이론의 여지가 있다. 즉 "앞뒷면의 구분은 실시된 문서의 분리조사에서 조사의 편의상 정한 구분" 또는 "앞·뒷면은 분리과정의 이해를 돕기 위해 필자가 임의로 설정"한 것이라 전제했지만, "식물 줄기의 목질부를 앞면으로, 매끄러운 표피 부분을 뒷면으로 부르고자 한다"는 기준에 따른 것이다(『국박 고문자 I』, p.102의 註44 & p.137의 註5). 더욱이 "시신깔개라는 용도를 고려하면 시신과 직접 맞닿는 부분이 앞면이 되어야 하나 깔개의 현상태로는 그러한 단서를 찾기 힘들다"고 부연하였다. 그러나 삿자리 자체를 '시신깔개'로 단정할 수 없다는 점은 차치하고라도, 삿자리 부착문서가 일단 삿자리를 감싸는 데 일차 목적이 있었다면 배접문서가 삿자리의 全面을 덮고 있는 부분을 정면 혹은 앞면으로 규정하는 것이 타당할 것이다. 이 글에서 필자는 문서단편이 삿자리 전면을 덮고 있는 부분을 앞면, 문서가 뒤로 접혀 부착된 부분을 뒷면으로 구분하여 기술하였다.

16) 삿자리 뒷면에서 정리된 문서단편 2개는 2020NMK2:1과 2020NMK2:2로 편호되었다.

17) 종래 이 문서단편은 「唐西州高昌縣史張才牒爲逃走衛士送庸緤價錢事」(一)(二)(72TAM230:63, 62, 『吐魯番出土文書』第肆冊, p.85)로 題名되어 '탁지주초'와는 별개 문서로 석록하였다.

18) 「文書殘片」으로 분류된 잔편 3개가 새롭게 정리된 '逃走衛士送庸緤價錢'과 관련된 안권에 접속되는 것이 확인되었다. 72TAM230:80/4,9,10, 『吐魯番出土文書』 第肆冊, p.88의 圖版 참조.

19) 복원된 문서는 「唐上元年間(674~676)西州倉曹司案卷爲高昌縣申送逃走衛士庸緤價錢事」(一)~(三)으로 새로이 명명되었는데 3개의 문서단편으로 정리되었으며 이들은 배열순서에 따라 (一) 72TAM230:63, (二) 2020NMK2:2, (三) 2020NMK2:1+72TAM230:62+72TAM230:80/4·9·10으로 구성되었다. 판독을 포함하여 보다 자세한 내용은 『국박 고문자 I』, pp.91~93; 권영우, 「한국 국립중앙박물관 소장 唐文書가 부착된 삿자리의 복원」 참조.

2. 국박 '度支奏抄'의 조문별 분석

　복원작업을 마친 국박 소장 삿자리 흔적문서에 대한 석록과 해설은『국립중앙박물관 소장 중앙아시아 고문자Ⅰ』의 2부「아스타나(阿斯塔那) 230호 무덤(墓) 출토 시신깔개[屍蓆]와 문서」에 제시되었다(이하 국박 '탁지주초'로 약칭함).[20] 문서는 器物[삿자리]에 부착되었던 상태를 전제하여 배접된 2장의 문서를 겉장(2020NMK1:1)과 속장(2020NMK1:2)으로 나누어 편호를 붙였다.[21] 전술했듯이 종래 삿자리에서 문서를 분리하지 않은 상태로 삿자리에 부착된 겉장 문서(2020NMK1:1)의 적외선 사진을 통한 판독과 해석이 이루어지기도 하였고 이를 이미 정리된 '의봉3년 탁지주초'와 접합하여 파악하는 작업도 시도되었다. 다만 삿자리에 부착된 문서를 분리하지 않은 채 이루어진 분석이기 때문에 속장문서(2020NMK1:2) 자체는 검토할 수 없었고 겉장문서(2020NMK1:1)도 부착된 삿자리 뒷면으로 접힌 부분에 대해서는 석록이 이루어지지 못했다. 따라서 국박에서 복원, 제시한 '탁지주초' 석록은 중국 신강박물관 소장 아스타나 230호묘 출토문서(즉 중국측 '탁지주초')와 직접적인 접합관계의 확인 뿐 아니라 중첩되어 있던 문서의 온전한 내용을 확인할 수 있게 되었다는 점에서 특기할 만하다. 다만 결손 등으로 판별이 용이치 않은 글자들에 대하여 여타의 용례나 文意를 통한 유추를 가급적 유보했기 때문에 판독 자체가 다소 소극적으로 이루어진 측면도 있다.

　이러한 이유에서 이 글에서는 우선 국박 '탁지주초'의 판독문을 저본으로 하여, 도판에서 확인되는 글자의 殘劃이나 특정 단어의 용례, 文意 등을 보다 적극적으로 적용하여 새로운 판독문을 제시하고자 한다. 다만 종래 겉장문서(2020NMK1:1)의 일부 석록문을 S'로 분류한 연구성과는[22] 그 의미를 부정할 필요는 없겠으나, 행수나 결락 부분에 대한 석록의 추가 부분도 있기 때문에 분류기호를 새롭게 K'로 했는데, 이에 따라 속장문서(2020NMK1:2)는 K로 분류하여 정리하였다.[23]

　한편 국박 '탁지주초'의 석문과 관련하여 2021년 6월 14일부터 일반에 공개된 문서의 사진을 참조한 석문 작업이 보고되기도 하였다.[24] 일부 결락된 글자에 대하여 잔획을 근거하여 새롭게 유추한 부분도 있지만, 전술한 국박연구팀의 석록작업을 전제하지 못했고 새로운 글자의 판독에 구체적 근거를 제시하지 않은 등 쉽게 수긍하기 어려운 부분도 다수 발견된다. 때문에 이 글에서는 전술했듯이 일차적으로 국박 '탁지주초'의 판독문을 저본으로 하여 그 내용상 보완, 수정한 부분을 중점적으로 기술하고 여타의 판독의견은 필요한 부분에 한정하여 언급하도록 하였다.

　일단 조문별로 국박 판독문을 제시하고[25] 수정이 필요한 부분과 결락된 부분에 대한 새로운 錄文

---

20) 복원된 해당 조문에 대한 해설을 포함한 석록문은 이태희,「국립중앙박물관 소장 당의봉3년탁지주초·의봉4년금부지부 조문 해석」(『국박 고문자Ⅰ』, pp.80~90)에, 기존에 공개된 관련 案卷을 포함한 전체의 석문은「당의봉3년 탁지주초·의봉4년금부지부 전문(全文)」(『국박 고문자Ⅰ』, pp.72~79)에 제시되어 있는데, 이 글에서는 전자의 내용을 주로 참조하였다.

21) 器物에 부착된 상태로 문서의 겉장과 속장을 파악한 방법과는 달리 일본 류코쿠대학 소장 오타니문서의 삿자리 흔적이 있는 문서들은 이미 기물에서 떼어낸 후 펼친 상태를 전제했기 때문에 삿자리 흔적이 선명한 문서를 겉장으로, 뒤에 붙여진 문서를 속장으로 파악하여 문서편의 겉장을 A, 속장을 A'로 구분하였다(大津透·榎本淳一,「大谷探險隊吐魯番將來アンペラ文書の復原」, p.80). 따라서 국박 소장 복원문서와는 겉장과 속장의 파악 방법이 반대라고 할 수 있다.

22) 大津透[2006], pp.33~35, '釋文' 참조(S'+H / H / 이하 각주 10에 언급한 배열 순서와 동일).

23) 다만 전술했듯이 K'와 K의 분류번호는 종래 일본측 연구에서 제시한 삿자리[암페라]에서 분리되어 펼쳐진 문서의 겉장(A)과 그 뒤에 부착된 속장(A')과는 반대의 상태를 반영한다. 그러나 종래 제시된 연구 방법과의 혼동을 피하기 위하여 일본측의 분류번호 편성방법을 준용하였다. 즉 삿자리에 부착된 상태의 겉장문서(2020NMK1:1)는 K'로, 속장문서(2020NMK1:2)는 K로 분류하였다.

24) 顧成瑞,「韓國國博〈唐儀鳳四年金部旨符〉殘卷釋錄與硏究」,『唐宋歷史評論』8, 2021.7.31. 이하 顧成瑞[2021]로 약칭한다.

을 제시하되, 그 신뢰성을 담보하기 위하여 관련된 근거 자료를 가능한 제시하도록 하겠다.[26) 또한 새로운 판독을 근거로 해당 조문의 내용과 의미에 대해서도 약간의 사견을 언급하도록 하겠다. 이하 새로운 녹문의 판독대상은 국박 '탁지주초' 부분에 한정하되 잔존 내용을 포함하는 조문의 경우도 분석의 대상에 포함하였다.

1) 2020NMK1:1(K') 문서의 판독문 검토

[前 缺]

〈1〉 K' 1　　　　　郷土所出. 其折造綾羅乘*等物, 幷雇染價　　　　*剩

2　　　　　□所□庸調多少及估價高下. 求覓難

3　　　　　□□並□□[　　　]申[　　]度支金部.

앞부분이 결락되었지만 국박 '탁지주초'의 제1조에[27) 해당하는 조문으로 기존에 정리된 '의봉3년 탁지주초'의 내용을 포함하여 가장 앞부분에 위치하는 규정이라고 판단된다. 이전 1995년 판독문에서는 누락된 내용으로[28) 삿자리에 부착한 후 뒤쪽으로 접혀진 부분에 해당한다. K'1행의 오른쪽은 삿자리에 부착하기 위한 크기(K'+H')로[29) 종이 두루마리를 재단할 때 이루어진 절단면에 해당한다.

우선 K'1행의 앞 4자는 글자의 오른쪽 반 정도가 결락되어 있지만 잔획을 통해 '郷土所出'로 판단할 수 있다.[30) 개원 25년(737) 賦役令의 租庸調 규정 가운데 "그 調는 絹·絁·布와 아울러 그 지방에서 생산되는 것으로 한다(其調絹絁布, 並隨鄉土所出)"라고[31) 하듯이 調의 징수물과 관련하여 그 용례가 확인된다. '乘'자는 다른 조문의 경우도 마찬가지인데 문의에 따라 '剩'자로 대체할 수 있다.

---

25) '탁지주초'의 내용은 각 조문마다 해당 행의 상단에 'ㅡ'자를 적시하여 조문의 항목을 구분하고 대략 3자 정도의 간격을 두고 그 아래에 조문내용을 기재하였다. K'문서의 앞부분은 결락[前缺]되었지만 K'1행~K'3행까지를 한 조항으로 분류하고, K'문서의 마지막 부분(K'18~K'20행)은 중국측 '탁지주초'인 H'문서(72TAM230:46/2)의 4행~6행과 연접되어 한 조항을 이루기 때문에 포괄하여 설명하였다. 마찬가지로 K문서도 앞부분(1행~2행)은 H'문서의 12행~19행까지의 조문과 연접되고, 마지막에 해당하는 K문서의 16~19행은 그 가운데 16~18이 H문서(72TAM230:46/2) 1행~3행과 19행이 H문서 4행~6행의 일부에 해당하므로 함께 설명하였다.

26) 판독문의 작성 방법은 국박 '탁지주초'의 '일러두기' 원칙(『국박 고문자Ⅰ』, p.72)을 준용하였다. 즉 □는 결락된 글자수를 알 수 있는 경우이고, □안의 글자는 殘劃을 근거로 판독한 글자이다. □는 글자수는 확인할 수 있으나 판독이 불가능한 경우인데 □안의 글자는 용례나 문의를 통해 추정한 글자이다. [　]는 결락된 글자수를 확정할 수 없는 경우, *표시한 글자는 의미가 다른 글자를 쓴 경우로 같은 행 끝부분에 문의에 맞는 수정된 글자를 제시하였다. 또한 '탁지주초' 각 조항 앞에 조문의 순서를 〈 〉안에 표시하였다. '……'는 문서의 접합부는 표시한 것이고, [僉]은 문서 접합부 뒷면[縫背]의 서명을 표시한 것이다. 'ㅡㅡㅡ'는 분리되었던 문서를 연접한 부분을 표시한 것이다.

27) 이하 이 글에서 명시한 '탁지주초'의 조문번호는 『국박 고문자Ⅰ』, pp.128~129, 「표2. 의봉3년탁지주초·의봉4년금부지부 각조의 내용」에서 제시한 (新)조의 연번을 준용하였다. 또한 대조의 필요에 따라 '의봉3년 탁지주초'의 연번을 (大津1) 등으로 기재하였다. 다만 「표2」의 '비고'(복원조문의 전거)에서 제17·32·33·37조에 '中村1~5'로 명시한 것은 '中1~5'를 오인한 것으로 각각 아스타나 230호묘 출토문서인 72TAM230:84/1~5에 해당하며, 제37조에는 72TAM230:84/6을 추가해야 한다. 또한 제37·38·39조의 분류기호 'C'의 경우 제37·38조는 'C''로, 제39조는 'G'로 정정해야 한다.

28) 민병훈·안병찬[1995], p.167; 大津[2006], p.33의 S'1행 앞의 [전결] 부분에 해당하는 내용이다.

29) 국박 '탁지주초'는 중국측 '탁지주초'와 함께 국박 소장 삿자리에 부착된 종이[문서]이다. 다만 국박 '탁지주초'는 겉장(K')과 속장(K)문서가 삿자리에 겹쳐서 부착된 채 보존되었지만 중국측 '탁지주초'는 두 단편(H', H)이 이미 삿자리에서 분리된 채 각각의 도판과 錄文이 소개되었다. 국박 '탁지주초'의 분리, 복원에 따라 국박 '탁지주초'의 겉장문서(K')는 중국측 '탁지주초'의 H'문서와, 속장문서(K)는 중국측 H문서와 접합되었다. K'+H'와 K+H는 서로 겹쳐진 상태로 삿자리에 부착되었고, 크기는 대략 92~93Cm에 해당한다([도판1] 참조).

30) 顧成瑞[2021], p.74에는 '㘵□囘囜'로 석록했으데 수용하기 어렵다.

31) 『通典』(北京: 中華書局 標點校勘本) 권6, 食貨6, 賦稅下, p.107. 개원 7년(719)령을 반영한 유사한 규정에는 '其調隨鄉土所産'이라고 표현되기도 하였다(『唐六典』 권2, 尙書戶部郎中員外郎條, p.76).

'鄕土所出'은 아마도 [전결] 부분과 연결된 문구인 듯한데 의미를 파악하기는 곤란하다.

이어서 "(庸調를) 절납하여 조성[折造]한 綾·羅 등 고급 견직물 중에 (소용분을 충당하고?) 남은 물품[其折造綾羅剩等物]"과 "(인력) 고용비와 염색비[雇染價]"에[32] 대한 내용인데 이후 2행~3행까지 이와 관련된 규정인 듯하다. 綾·羅 등의 고급 견직물은 용조의 折納分으로 조성하는데[33] 그 경비는 '의봉3년 탁지주초'의 제22조(大津18조: D5행~8행) 내용처럼 용조 수납물[官物]로 충당하는 것이 원칙이었다.[34] 다만 그 처리 지침이 어떤 내용인지는 결락 부분이 있어 명확히 판단하기 어렵다.

K'2행의 '□所□庸調多少及估價高下'에서 첫번째 글자는 판독이 어렵다. '所' 다음 글자의 경우 오른쪽 잔획만으로는 단정하기 어려우나 투르판 출토문서 가운데 '의봉3년 탁지주초'와 유사한 내용을 전하는 殘片의 사례를 통하여 유추해 볼 수 있다. 이미 大津透도 주목한 바 있지만[35] 아스타나 29호묘 출토문서 가운데 咸亨 3년(672)에 사망한 묘주[阿公]의 喪葬用品으로 재활용된 종이 腰帶에서 분리한 문서단편 7개의 내용은[36] 또 다른 '탁지주초'의 일부에 해당한다.[37] 그 가운데 (二) 단편의 1행은 "折庸調多少及估價高……"라고 하여 K'2행의 내용과 일치한다.[38] 즉 "절납하는 용조의 수량과 가격의 높고 [낮음에]……"라는 의미로 해석할 수 있는데 이에 따라 '所' 다음의 결락된 글자는 '折'자로 추론할 수 있다.[39]

다음으로 K'3행의 '□□並□□□[　　]申[　]度支金部'는 결락이 심하여 글자를 확정하기 어렵다. 다만 결락된 2자 정도 뒤에 '並'자가 확인되고[40] '並'자 뒤로 2자, 그 뒤로 3~4자 정도와, '申'자 뒤에는 1~2자 정도가 결락된 것으로 추정할 수 있다. 그런데 '의봉3년 탁지주초'의 조문들에서 '申'자 뒤에 '度支金部'가 위치하는 사례를 살펴보면 중간에 '到'자가 있는 경우가 일반적이다.[41] 특히 도판이 확인되는 아래의 사례들을 보면 국박 '탁지주초'의 K'3행 '申'자 뒤에 결락된 글자의 잔획은 '刂'의 오른쪽 획으로 판단된다. 그리고 그 뒤로 결락된 부분은 '度'자의 윗부분으로 추정된다. 따라서 '申'자 뒤에는 1~2자 정도가 아니라 '到'자 1자가 결락된 것으로 판단된다. 즉 K'3행의 판독문은 '□□並□□□[　　]申到度支金部'라고 하겠다.

---

32) '雇染費'에서 '雇'가 무엇에 대한 고용비인지는 명확하지 않다. 일단 綾·羅 등 고급 견직물을 織造할 때 고용된 인력에 대한 비용으로 판단할 수 있다. 단 국박 '탁지주초' 제9조(K3행~10행)의 조문에서 언급한 庸調物을 운송할 때 고용된 수송인력에 대한 비용[雇運]일 가능성도 배제할 수 없다.

33) 『唐六典』권3, 度支郎中員外郎條, p.80, "凡金銀·寶貨·綾羅之屬, 皆折庸調以造焉."

34) 大津透[2006], p.39, "劍南諸州, 造綾羅雜綵及染價費, / □無多估價之間, 或有欺妄, 旣酬官物……." 劍南 諸州에 대한 규정이지만, 綾羅雜綵를 만들고 염색하는데 소요된 비용에 대하여 해당 사항의 가격이 보고되지 않았는데도 허위로 속여 '官物'로 보상한 경우를 언급하고 있다. 원칙적으로 고급 견직물의 제작 관련 비용은 용조 수납물[官物]로 충당하였다.

35) 大津透[2006], pp.110~111, '付記' 참조.

36) 「唐處分庸調及折估等事殘文書」(一)~(七), 64TAM29:110/1~110/6, 120(a), 『吐魯番出土文書』第參冊, p.353.

37) 「唐處分庸調及折估等事殘文書」(七) 1행의 "委秦府官司斟量, 便將貯納, 諸使監請人至日, 官司……"라는 조문은 '의봉3년 탁지주초' 제16조(大津12조) F'3행~4행의 "……亦委秦州官司斟量, 便卽貯納, 諸使監請……"(大津透[2006], p.36)과 거의 유사한 내용이다. 이를 통해 大津透는 「唐處分庸調及折估等事殘文書」를 咸亨연간 이전의 '탁지주초'라고 파악하였는데, 李錦綉도 이러한 판단에 동의하였다(『唐代財政史稿』(上卷) 第一分冊, 北京: 北京大學出版社, 1995, p.40, 註①. 이하 李錦綉[1995]로 약칭).

38) 「唐處分庸調及折估等事殘文書」(二), 64TAM29:110/2, 『吐魯番出土文書』第參冊, p.353. 다만 문서단편의 앞뒤가 모두 결락되어 그 의미를 파악하기는 곤란하다. (五) 단편에 "具顯折納多少, 估價高下, 申司……"라는 조문도 확인된다.

39) 顧成瑞[2021], p.74도 '折'자로 추정했으나 아무런 근거를 제시하지 않았다.

40) 顧成瑞[2021], p.74는 첫 글자를 圀으로 판독하고 이후 2자를 띄우고 석록이 가능한 글자로 '匹'자를 제시하였다. 그러나 첫 글자를 '昜'자로 추정할 근거는 없고 석록이 가능한 글자는 '並'에 해당한다.

41) '의봉3년 탁지주초'의 조문에서 '申'자 다음에 보고[申報]의 수신기관이 거명될 경우 중간에 '到'자가 사용되는 사례들이 확인된다. 예를 들어 '申到度支金部'(A'23행, B'3행), '申到度支'(E'9행, D'3행, D'7행, E9행, A'6행)), '申到戶部'(A'29행), '申到比部'(C'3행) 등이 있다.

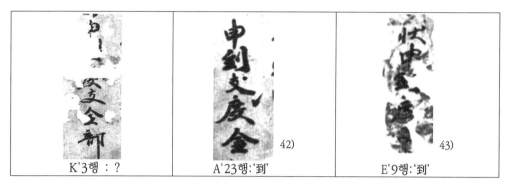

K'3행 : ?	A'23행:'到' 42)	E'9행:'到' 43)

　　제1조의 내용은 앞부분과 마지막 부분의 결락 때문에 전체적인 의미를 명확히 파악할 수는 없다. 아마도 庸調 물품의 수납과 관련된 내용에 이어 (용조를) 綾·羅 등 고급 견직물로 절납하고 남은 물품과 인력 고용비 및 직물 염색비 등(지출 항목)을 절납한 용조의 수량과 가격 등과 함께 고려하여 처리하고 관련내용을 탁지·금부에 신고토록 규정한 지침으로 추정할 수 있다.

　　국박 '탁지주초'에 명시된 조문들은 '의봉3년탁지주초·4년금부지부'의 일부로서, 상서성 호부의 度支司가 상신한 奏抄의 내용을 구성하며, 이를 勅旨로써 金部의 旨符 형식으로 하달하게 된다. '의봉3년 탁지주초'의 취의문에서도 적시했듯이 이 주초는 "의봉 4년 諸州의 庸調 및 折造雜綵의 色數에 대한 (수입, 지출의) 배정 및 처리[處分]와 관련된 사안"(A5행~6행)에44) 대한 황제[당시는 황태자]의 재가('諾')을 얻어 상서성 금부에서 서주도독부 倉曹로 하달된 내용이다.45) 예산 편성의 주무기관인 度支司와 庸調 납부물품의 처리를 담당한 金部司가46) K'3행에서 관련 지침 내용의 신고에 대한 수신기관으로 거론된 이유이다.

〈2〉　K'　4　　　一　　所配桂廣交都督府庸調等物, 若管內
　　　　　　5　　　　　諸州有路程遠者, 仍委府司量遠近處
　　　　　　6　　　　　□納訖, 具顯色目, 便申所□. 應支配外
　　　　　　7　　　　　有乘*物, 請市輕細好物, 遞送納東都, 仍　　　　*剩
　　　　　　8　　　　　錄色目, 申度支金部.

　　제2조(大津1조: S'1행~5행)는 국박 '탁지주초'가 복원되기 이전에는 K'4행에서 K'8행까지 각 행의 하단 5~6자 정도는 삿자리에 부착된 문서가 뒤쪽으로 접혀진 부분에 해당하여 석록이 이루어지

---

42)「唐儀鳳3年(678)尙書省戶部支配諸州庸調及折造雜練色數處分事條啓」(四), 72TAM230:84/3,『吐魯番出土文書』諸肆冊, p.68. 이하 판독에 인용한 도판의 경우 2020년에 복원된 국박 '탁지주초'(K', K)는 달리 출처를 명시하지 않는다.

43) 大谷1262,『大谷文書集成』第1卷, 圖版23. '의봉3년 탁지주초' 복원에 근거가 되었던 류코쿠대학 소장 '암페라문서'의 내역은 大津透·榎本淳一,「大谷探險隊吐魯番將來アンペラ文書群の復原」, pp.52~63, '二. 移錄' 부분에 각 문서단편의 위치와 함께 명시되어 있다. 다만 관련 문서단편들의 도판은『大谷文書集成』(全4卷)에도 극히 일부만이 수록되어 있어 관련 내용을 확인하는데 제한적으로 이용할 수밖에 없다. 이 글에서 인용하는 오타니문서의 도판은 모두 '의봉3년 탁지주초'의 일부를 구성하는 문서단편이기 때문에 일괄적으로 문서명은 생략하였다.

44) 大津透[2006], p.45, "依常式支配儀鳳四年諸州庸調·及折造雜綵色數, 幷處分事條……."

45) 탁지주초와 금부지부의 작성과정에 대해서는 이태희,「의봉3년탁지주초 및 의봉4년금부지부 해설」, 'Ⅳ.문서의 시행'(『국박 고문자Ⅰ』, pp.130~134) 참조. 특히 금부지부의 하달과정에 대해서는 朴根七,「唐代 公式令의 복원과 地方 官文書의 정리--敦煌·吐魯番 출토문서의 분석을 중심으로」,『中國古中世史硏究』51, 2019, pp.135~143의 분석내용을 참조.

46)『唐六典』권3, 尙書戶部條에 度支郎中員外郎의 직장으로 "掌支度國用·租賦少多之數, ……每歲計其所出而支其所用"(p.80), 金部郎中員外郎은 "掌庫藏出納之節, 金寶財貨之用"(p.81)이라고 설명하였다.

지 못했다. 복원된 K'4행에서 8행까지의 제2조는 종래 녹문에서 판독하지 못했던 글자도 비교적 선명하게 확인되고 전체적으로 결락이 적은 편이다.

제2조는 桂州都督府, 廣州都督府, 交州都督府 관할의 嶺南지역내 州들의 용조 징수물품 처리에 대한 지침이다. 우선 K'4행~6행의 내용은 영남지역내 주들이 도독부에 용조물품을 수납할 때[47] 도독부 관사가 주관하여 거리에 따라 配所를 조정하여 처리토록 규정한 것이다.

K'6행은 맨앞 2자 모두 결락이 심해 도판상으로 판독이 용이하지 않다. 판독문은 아마 계주·광주·교주도독부로 庸調物品을 配送토록 규정된 관내의 주들이 거리를 감안하여 적합한 곳에 용조물품을 '납부'토록 규정한 조문이라는 문의를 참작하여 '□納'으로 석록한 듯하다. 다만 '納' 앞의 1자를 확정하지 않은 것은 잔획을 통해 유추할 수 있는 글자가 명확치 않기 때문일 것이다. 그런데 '의봉3년 탁지주초' 조문 중에 '납부'와 관련하여 '~納'의 용례로 언급된 사례들을 살펴보면, '受納'(K'11행, K'20행, A'13행, C'16행), '送納'(K'7행, K'12행, H'12행, H7행, F'3행, B'14행, C'13행), '折納'(K'9행, H'9행), '徵納'(D1행, D3행), '出納'(K'16행), '留納'(K11행), '貯納'(F'4행), '配納'(E1행), '輸納'(B'8행) 등을 확인할 수 있다. 이 가운데 잔획과 비교적 유사한 글자는 '受'자에 해당하는데 '受納'의 의미도 조문의 내용과 상통하기 때문에 일단 '受'로 판독할 수 있을 것이다.[48]

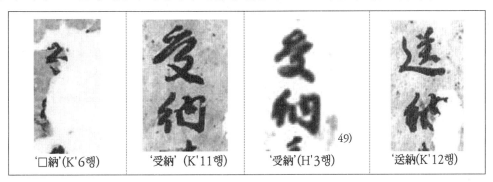

'□納'(K'6행)   '受納'(K'11행)   '受納'(H'3행)[49]   '送納'(K'12행)

한편 '便申所□'에 대하여 '所'자 다음 글자를 잔획에 근거하여 '管'으로 판독해 볼 수도 있겠으나 '탁지주초'의 '管'자 사례와 비교하면 쉽게 단정하기 어렵다.[50] 어쨌든 K'6행은 영남지역 내의 각 州에서 징수한 庸調物品 가운데 도독부에 수납분은 거리에 따라 配所를 정하여 送納하고 그 종류와 수량을 보고토록 규정하였다.

---

47) 天一閣博物館·中國社會科學院歷史硏究所天聖令整理課題組校證, 『天一閣藏明鈔本天聖令校證·附唐令復原硏究』(北京: 中華書局, 2006. 이하 『天聖令校證』으로 약칭) 권22, 淸本賦役令 唐5條, p.391; 김택민·하원수 주편, 『天聖令譯註』(서울: 혜안, 2013) 권22, 賦役令 舊5조, pp.139~141, "諸輸租庸調, 應送京及外配者, 各遣州判司充綱部領." 唐 前期 賦役令 규정에 各州의 조용조 수납분은 留州(本州 납입), 外配(他州로 송부), 送兩京(長安과 東都로 상공)으로 나뉘는데 外配의 주요 대상지[配所]였던 도독부가 재물의 유통·집배에 대한 거점으로 주요 역할을 담당하였다(渡邊信一郎, 『中國古代の財政と國家』, 東京: 汲古書院, 2010, p.450).

48) 顧成瑞[2021], p.74도 '受納'으로 추정했으나 아무런 근거를 제시하지 않았다. 다만 첫 글자의 잔획을 감안하면 '交'로 판독하여 "관련 부서에 규정된 액수의 금전이나 물품을 납부한다"는 '交納'으로 판단할 수도 있겠으나 관련 사례를 제시하기 어려워 일단 유보하기로 한다.

49) 「唐儀鳳三年尙書省戶部支配諸州庸調及折造雜練色數處分事條啓」(二), 72TAM230:46/2, 『吐魯番出土文書』 第肆冊, p.67.

50) 顧成瑞[2021], p.74에서는 '所'자 다음 글자를 종래 大津透[2006], p.33, S'3행에서 '所面'로 판독한 것을, 字形으로 보아 '管'자에 보다 유사하다고 수정하였다. 그런데 '便申所管'이라고 판독할 경우 受納한 庸調等物의 色目을 '所管', 즉 관할하는 예하 관사에 申告('申')하라는 의미가 되어 문맥이 성립하기 어렵다. 만일 예하 官司에 알린다는 의미라면 통지('知')에 해당하므로 '便知所管'이 보다 적합할 것이다. 물론 "其顯色目, 便申. 所管應支配外剩物……"이라고 句讀하면 어느 정도 의미는 통하지만 표현이 어색하긴 마찬가지이다. 따라서 이 부분의 글자는 일단 판독을 유보하기로 한다.

'所□'(K'6행)	'管內'(K'4행)	'管內'(K'16행)	'管內'(K'18행)	'所管'(H'4행) 51)

이어서 桂州·廣州·交州都督府에 배정되어 수납하고 남은 庸調物은 '가볍고 품질 좋은 물품[輕細好物]'으로 구입하여 東都로 송납하고 그 종류와 수량을 기록하여 탁지·금부에 보고하게 하였다. 당대 부역령 규정에 의하면 용조물은 매년 8월 상순부터 30일까지 징수하여 9월 상순에는 本州를 출발하여 配所나 兩京으로 송납토록 하였으며,52) 본주에서 거리에 따라 12월 하순까지는 배소에 도착하도록 규정하였다(제38조: 大津34조 C'13행~18행).53) 또한 P.2507 「開元水部式殘卷」에는 嶺南 諸州의 용조물은 楊州를 거쳐 동도로 운송토록 규정하였다.54)

제2조는 계주·광주·교주도독부가 관할하는 영남지역 諸州에서 납부하는 庸調等物의 配送과 관련된 규정이다. 즉 영남지역의 각 주에서 용조의 징수물을 배소인 계주도독부, 광주도독부, 교주도독부로 납부할 경우 도독부 관사가 거리의 편차를 고려하여 배소를 조정하라는 규정과 배정분 이외의 용조물은 고급 물품[輕細好物]을 구입하여 동도로 운송하라는 규정, 해당 물품의 종류와 수량을 度支, 金部에 보고하라는 규정 등을 포함한다. 이는 영남도 지역에서 지방수입 가운데 도독부에 배정된 供軍費와 兩京에 수납되는 供國費에 대한 내용이다.55)

〈3〉 K' 9　　　一　　　　嶺南諸州折納米粟及雜種支斫*供足外, 有　　　　　*料
　　　 10　　　　　　　　　下濕處不堪久貯者, 不得多貯致令損壞.

제3조(大津2조: S'6행~7행)는 제2조와 마찬가지로 영남지역을 대상으로 한 규정이다. 또한 제2조처럼 국박 '탁지주초'가 복원되기 전에는 각 행의 마지막 5자 정도가 석록되지 못했던 내용이다. K'9행의 '嶺南諸州折納米粟及雜種支斫供足外'는 영남도 소속 주에서 절납된 米, 粟과 그 외 곡물[雜種] 가운데 소용된 분량만큼을 지급(지출)한 나머지에 대한 처리와 관련된 규정이다. 따라서 '嶺南諸

---

51) 「唐儀鳳三年尚書省戶部支配諸州庸調及折造雜練色數處分事條啓」(二), 72TAM230:46/2, 『吐魯番出土文書』 第肆冊, p.67.

52) 『天聖令校證』 권22, 淸本賦役令 唐2條, p.391; 『天聖令譯註』 권22, 賦役令 舊2조, pp.135~136, "諸庸調物, 每年八月上旬起輪, 三十日內畢. 九月上旬, 各發本州." 唐代 '支度國用' 즉 재정수지의 운영과 관련된 월별 진행절차에 대해서는 大津透[2006], p.73, '圖3. 당 율령제의 재정시스템'을 참조.

53) 大津透[2006], p.44, "諸州庸調送納配所, 一千里內限/ 十月上旬到, 二千里內限十一月上旬/ 到, 三千里內限十二月下旬到, 應州期/ 限各所司受納, ……." 各州의 용조물은 배소까지의 거리에 따라 1천리 이내는 10월 상순, 2천리 이내는 11월 상순, 3천리 이내는 12월 하순까지 송납을 마치도록 하였다.

54) P.2507 「開元水部式殘卷」, 78행~80행, "桂·廣二府鑄錢, 及嶺南諸州庸調幷市折租/ 等物, 遞至楊州訖, 令楊州差綱部領送都. 應須/ 運脚, 於所送物內取充"(도판은 『法國國家圖書館藏敦煌西域文獻』 15, 上海: 上海古籍出版社, 2001, pp.1~4, 녹문은 劉俊文, 『敦煌吐魯番唐代法制文書考釋』, 北京: 中華書局, 1989, p.331; Yamamoto Tatsuro eds., *Tunghuang and Turfan Documents concerning Social and Economic History I, Legal Texts(A)*, Tokyo: The Toyo Bunko, 1980, p.42 참조. 이 글에서는 劉俊文의 석록문에 따름).

55) 당대 재정수지 운영과 관련하여 천보연간의 실태이기는 하지만 '供御(=供國)財政', '供軍財政', '當州財政', '그 외 財政'으로 분류하여 각각의 내역을 정리한 渡邊信一郎의 분석도 주목할 만하다(『中國古代の財政と國家』, pp.441~442).

州折納米粟及雜種, 支料供足外'로 句讀할 필요가 있다. '支料'의 '支'자는 온전한 형태가 확인되는 것은 아니지만,[56] A'19행의 "請每年應支料物,……", C'7행의 "不充當年支料□速申,……" 등의 사례에서 확인되듯이 지출분을 지칭하는 의미로 사용되었다.[57] '釿'자의 正字는 '料'이다.

제2조가 영남도 관내 계주, 광주, 교주도독부에 대한 용조물의 수납과 관련된다면, 제3조는 영남 諸州에서 용조의 절납물인 米, 粟, 雜種 등 곡물과 관련하여 이들의 저장, 지출에 대한 규정이다. 米, 粟, 雜種 등 곡물의 처리와 관련된 내용이기 때문에 '지대가 낮고 습한 곳[下濕處]'에서 곡물의 저장과 관련된 倉庫令의 규정이[58] 전용되었을 것이다. 다만 戶部 예하의 曹司 중 재정 예산, 지출의 편성 업무는 度支司가, 庸調物品과 관련된 직물, 錢幣['金寶財貨']의 관리는 金部司가 관장했다면, 조세 징수물인 곡물에 대한 관리는 倉曹司의 직무로[59] 이에 대한 '奏抄·旨符'가 작성되어 별도의 지침이 규정되었을 가능성도 있다.[60]

제3조가 영남 諸州의 용조에 대한 '折納米粟'의 규정이라면 후술하는 제7조(大津6조: H'9행~11행)는 전국적인 범위에서 실시하는 諸州의 용조에 대한 '절납미속'의 규정이라 하겠다.[61] 그 내용에 '官物'을 지출해야 할 경우 일차 庸物을 사용하고 그 후에 절납한 米粟을 충당하라는 지침은 米粟이 용조물 지출 용도로 충당되었음을 반영하는 것이다. 이러한 의미에서 종래 영남 諸州의 稅米를[62] 지방세로 파악할지,[63] 아니면 제3조처럼 일종의 折租 형태의 국세로 이해해야할지[64] 등의 문제와 관련하여 주목할 만한 조문이다.

〈4〉 K' 11　　　一　　　桂廣二府受納諸州課稅者, 量留二年應
　　　　12　　　　　　　須用外, 並遞送納東都. 其二府管內有
　　　　13　　　　　　　州在府北□庸調等物應送楊府. 道□
　　　　14　　　　　　　者任留州貯, 運次隨送, 不得却持南土
　　　　15　　　　　　　致令勞擾. 每年請委錄事參軍勾會　　　　[儉]　　*剩
　　　　16　　　　　　　出納, 如其欠乘*, 便申金部度支. 若有不同, 隨

---

56) 顧成瑞[2021], p.74는 '𢎥𣂄'로 판독했으나 수긍하기 어렵다.
57) 『天聖令校證』 권22, 淸本賦役令 唐1條, p.391; 『天聖令譯註』 권22, 賦役令 舊1조, pp.132~133, "諸課, 每年計帳至, 戶部具錄色目, 牒度支支配來年事, 限十月三十日以前奏訖. 若須折受餘物, 亦豫支料, 同時處分"이라고 하여, '支料'는 '소용액' 또는 '지출분'의 의미를 가리킨다. 개원 25년(737)령에도 "其調麻每年支料有餘, 折一斤輸粟一斗, 與租同受"(『通典』 권6, 食貨6, 賦稅下, p.107)라고 규정하였다.
58) 『天聖令校證』 권23, 「淸本倉庫令」 唐1條, p.395; 『天聖令譯註』 권23, 倉庫令 舊1조, pp.200~201, "諸倉窖貯積者, 粟支九年; 米及雜種支五年. 下濕處, 粟支五年; 米及雜種支三年. ……若下濕處, 稻穀不可久貯者, 折納米粟及糙米. 其折糙米者, 計稻穀三斛, 折納糙米一斛四斗."
59) 『唐六典』 권3, 尙書戶部條에 度支郞中員外郞의 직장으로 "掌支度國用租賦少多之數, ……每歲計其所出而支其所用"(p.80), 金部郞中員外郞은 "掌庫藏出納之節, 金寶財貨之用"(p.81), 倉曹郞中員外郞은 "掌國之倉庾, 受納租稅, 出給祿廩之事"(p.83)라고 설명하였다.
60) '金部旨符'와 더불어 다양한 受納物에 대한 旨符가 존재했을 가능성은 개원 24년 長行旨條가 시행되었던 배경에서도 언급되고 있다. 예를 들어 개원 24년 3월 6일 戶部尙書·同中書門下三品 李林甫의 상주에 "租庸·丁防·和糴·雜支·春綵·稅草諸色旨符, 承前每年一造. 據州府及諸司計紙當五十餘萬張. 仍差百引抄寫, 事甚勞煩.……"(『唐會要』 권59, 度支員外郞, p.1197)라는 내용에서도 확인된다.
61) 大津透[2006], p.34, "諸州庸調, 折納米粟者, 若當州應須官物/絁用, 約准一年須數, 先以庸物支留, 然後折/□米粟. 無米粟處, 任取部內所堪久貯之物."
62) 『唐六典』 권3, 戶部郞中員外郞條, p.77, "凡嶺南諸州稅米者, 上戶一石二斗, 次戶八斗, 下戶六斗; 若夷獠之戶, 皆從半輸." 『新唐書』 권51, 食貨志1, p.1345, "先是楊州租·調以錢, 嶺南以米, 安南以絲, 益州以羅·紬·綾·絹供春彩. 因詔江南亦以布代租".
63) 日野開三郎은 영남도는 조용조제 실시의 예외지역으로 영남 稅米는 호등에 따라 부과한 지방세라고 파악하였다(「嶺南諸州稅米について」, 『日野開三郎東洋史學論集: 行政と財政』 第12卷, 東京: 三一書房, 1989, pp.39~62).
64) 李錦綉, 『唐代財政史稿』(上卷) 第二分冊, 北京: 北京大學出版社, 1995, pp.614~620.

17　　　　　　　□□附.

　제4조(大津3조: S'8행~14행)는 앞의 제2, 3조와 마찬가지로 각 행의 하단 5~6자 정도는 복원된 국박 '탁지주초'에 의하여 새롭게 석록되었다. 또한 K'15행과 K'16행 사이에 문서의 접합부분[接縫部]이 있고 그 뒷면에 서주도독부 戶曹參軍事로 倉曹司의 업무처리를 판정한 元懷儉의 서명[押署]인 '儉'자가 확인되었다.[65]

　제4조는 계주도독부, 광주도독부에 납부된 관할 주의 과세에 대한 처리 규정에 해당한다. K'11행에 2년간의 소용분을 '量留'하고(헤아려 남기고) 나머지는 동도로 보내 수납한다는 것인데, '量'자 뒤의 글자는 하단에 '田' 부분만이 잔존한다.[66] 그런데 '수요에 따라 남겨서 사용한다'는 의미의 '量留'는[67] H'15행~16행의 "請府司准一年應須用數, 量留諸州折租市(布?)充"이라는[68] 규정이나 앞서도 인용한 바 있는 「唐處分庸調及折估等事殘文書」(三)의 "……量留庸調, 隨有須(?)爲市取, 同前貯……"라는[69] 규정에서도 유사한 용례가 확인된다.

　이어서 광주, 계주의 용조물을 동도로 遞送할 경우, 일단 楊州로 운송해야 하는 규정에 대해서는 앞서 인용한 바 있는 개원시기 '水部式'의 내용에서도 확인된다.[70] 다만 광주, 계주도독부 관할내의 주 가운데 광주, 계주도독부의 북쪽에 위치하여[在府北] 남쪽의 도독부로 갔다가 다시 북쪽의 양주로 가는 것은 불편하므로 해당 주에 남겨 저장해두었다가[任留州貯] 광주, 계주도독부로부터 운송이 이루어질 때 이를 따라 양주에 보내라는 규정이다.

　그런데 K'13행에 '在府北' 다음의 "□庸調等物應送楊府. 道□者……"는 결락된 글자의 잔획을 근거로 해당 글자를 유추하기가 쉽지 않다. 아마도 庸調物品을 남쪽의 두 도독부가 아니라 양주로 바로 보내는 것이 편리한 경우를 상정한 것 같다. 이러한 이유에서 '道□者'의 경우 잔획과 문의를 전제하면 字形에 다소 의문이 남지만 '便'자일 가능성이 높다. 또한 '庸調等'의 앞에 결락된 글자도 잔획을 근거하여 '令'이라 유추할 수 있다. 이에 따라 K'13행~14행의 句讀도 "[其][二]府管內有州, 在府北, [令]庸調等物, 應[送]楊府道[便]者, 運次隨送……"이라고 수정해야 할 것이다. K'14행의 '不得却持南土'의 '土'자는 자형이나 의미로 보아 '出'자를 오인한 듯하다. 이 문구는 K'10행의 "不得多貯致令損壞(많이 저장하여 손상되게 해서는 안된다)"와 마찬가지 용법으로 15행의 '致令'과 연용하여, 오히려 남쪽에서 출발하여 힘들고 번거롭게 되는 일[勞擾]이[71] 없도록 하라는 내용이다. 이상의 내용처럼 징수된 관할 내 주의 과세를 양주를 통해 동도로 운송해야 하는 계주도독부와 광주도독부는 매년 예하 錄事參軍이 과세 물품의 출납을 검사하여 부족분이나 잉여분이 있으면 금부·탁지에 신고토록 하였다. 양주를 통해 동도로 운송되는 물품은 중앙 재정수입[供國]에 해당하므로 도독부에서는 錄事參軍事가 그 출납을 검사[勾會]하여[72] 물품 재고상황을 중앙의 금부·탁지에 보고하게 규정한 것이다.

---

65) A27행(大津透[2006], p.47)에 判官인 서주도독부 '戶曹判倉曹 元懷儉'의 서명이 확인된다. 돈황·투르판 출토문서에서 문서의 접합부 뒷면에 명시된 서명을 '縫背署'라 지칭하고 국박 '탁지주초' 석록문에도 이를 준용하였는데, 이해의 편의를 위하여 문서 접합부 뒷면 서명으로 풀어서 쓰기로 하겠다.

66) 顧成瑞[2021], p.74는 '[經][貯]'로 판독했으나 수긍하기 어렵다.

67) 張榮强, 「'租輸三分制'與唐前期財賦格局特點」, 『魏晉南北朝隋唐史資料』 17, 2000, p.79.

68) 大津透[2006], p.35.

69) 64TAM29:110/3, 『吐魯番出土文書』 第參冊, p.353.

70) P.2507, 「開元水部式殘卷」, 78행~80행, "桂·廣二府鑄錢, 及嶺南諸州庸調幷和市折租/ 等物, 遞至楊州訖, 令楊州差綱部領送都. 應須/ 運脚, 於所送物內取充"(劉俊文, 『敦煌吐魯番唐代法制文書考釋』, p.331)

71) 『天聖令校證』, 唐令復原淸本賦役令 제48조, p.478; 『天聖令譯註』 권22, 賦役令 現22조, p.130에도 "差科之日, 皆令所司量定須數行下, 不得令在下有疑, 使百姓勞擾"라고 하여 差役과 관련된 내용이지만 '勞擾'가 '백성들을 힘들고 혼란스럽게 하는 것'이란 의미로 사용되었다.

72) 『唐會要』 권59, 比部員外郞, p.1218, "建中元年(780)四月, 比部狀稱; 天下諸州及軍府赴勾帳等格; 每日(月)諸色勾徵,

248　唐代 官文書와 문서행정

K'16행의 후반부터 K'17행까지 "若有不同, 隨□□附"라는 문구인데 '隨'자 뒤의 2자 정도는, K' 문서가 H'문서와 분리될 때 뜯겨나간 부분으로 완전히 결락되어 있다([도판2: 연접부1] 참조). 그런데 '의봉3년 탁지주초'의 조문에는 '隨□□附'의 결락부분을 유추할 수 있는 유사한 문구의 사례들이 확인된다. 예를 들어 E'9행의 "如有違限, 隨狀科附", D8행의 "若有欠負, 隨狀科附" 등이 이에 해당하다. 이들은 기한을 위반한 경우나 결손이 있는 경우 등 잘못이 있을 때의 처리에 관한 것으로 "내용[狀]에 따라(혹은 狀文의 내용으로) 처리를 하고 그 결과를 함께 붙여서 올린다[附上]"는 지시로 이해된다. 또한 비슷한 용례로 A'6행~7행의 "如更有[違限], 所由官[典], 並請[科]附"나 A'32행의 "[□]更有違, 所由官典, 並請科附"라는 내용들도 주목된다.73) 따라서 이 부분은 만일 다름이 있는 경우[若有不同], "내용[狀]에 따라 처리하고 그 결과를 함께 올린다[隨狀科附]"로 석록할 수 있다.

제4조는 우선 영남도 소속의 桂·廣 2府가 관할 주에서 수납한 과세 가운데 2년의 지출분을 남기고 그 나머지는 동도로 수송토록 규정하였다. 다만 관할 주 가운데 2부의 북쪽에 위치한 경우, 庸調等物을 남쪽 2부로 보내는 대신 해당 주에 남겨두었다가 桂·廣 2부에서 양주도독부로 물자를 운송할 때 함께 보내도록 조치하였다. 매년 도독부의 錄事參軍은 물품의 출납상황을 검사하여 그 재고를 파악하고 이를 중앙[금부·탁지]에 신고하는데 만일 사실과 다르면 실상에 따라 처리하였다. 주의 庸調等物을 동도로 遞送하기 위해 일단 배소로 운송하고 이후 배소에서 양주로, 다시 양주에서 동도로 운송되는 영남지역 용조물 수송 절차에 대한 규정이다. 제2조에서 영남지역 주에서 庸調等物을 송납하는 도독부[配所]를 거리상의 편의에 따라 도독부가 자체적으로 처리하는 지침과 취지를 같이 한다.

〈5〉 K'(H') 18(1) 一 交州 都督府管內諸州有兵 防應須粮
19(2) 料, 請委交府, 便配以南諸州課物. 支給三年
20(3) 粮外, 受納遞送入東都. 其欽州安海鎭, 雖
H' 4 非所管, 路程稍近, 遣與桂府及欽州相知,
5 准防人須粮支配使充. 其破用見在數, 與計
6 帳同申所司.

제5조(大津4조)는 국박 '탁지주초'의 일부(K'18행~20행)와 중국측 '탁지주초' 앞부분(H'1행~3행)이74) 연접되어 삿자리에 부착된 겉장문서의 원모습을 복원할 수 있게 된 부분이다([도판2: 연접부1] 참조). 복원 이전에 소개되었던 국박 '탁지주초' 겉장문서를 통하여 찢겨있던 두 문서의 연접관계가 추정되기도 했지만75) 삿자리의 뒷면으로 접힌 문서의 아랫부분인 H'1행~3행의 하단, 즉 K'18행~20행의 하단이 복원되면서 조문 전체의 내용을 확인할 수 있게 되었다.76) 새로이 확인된 K'18행~

令所由長官·錄事參軍·本判官, 據案狀子細勾會. 其一年勾獲數, 及勾當名品, 申比部". 개원연간의 格으로 추정되는 규정에 勾會와 관련하여 錄事參軍이 언급되었다. 당대 재무구검제도와 관련한 녹사참군의 역할에 대해서는 王永興, 『唐勾檢制研究』, 上海: 上海古籍出版社, 1991, pp.82~90 참조.

73) 王啓濤, 『吐魯番出土文獻詞典』, 成都: 巴蜀書社, 2012, p.604, '科附'조의 해설을 참조할 만하다.

74) 72TAM230:46/2, 『吐魯番出土文書』第肆冊, p.67.

75) 1995년 국박 '탁지주초'가 공개되었지만, 삿자리에 부착된 상태였기 때문에 문서의 찢긴 단면이나 삿자리 뒤쪽으로 접힌 문서편의 위, 아래 부분은 확인할 수 없었다. 大津透[2006], p.34에서는 중국측 문서인 H'1행의 '交州' 이하 부분을 "都督府管內諸州, 有兵□□□□"으로 석록했는데, 이 부분은 실제로는 K'18행에 해당하는 부분이며 '有兵' 이하의 결락부분은 삿자리 뒤편으로 접힌 내용이다. H'2행과 H'3행 하단의 누락된 부분 역시 2020년에 복원된 K'19행, K'20행에 해당하는 부분이다.

76) 앞서 언급했듯이 H'문서, 즉 72TAM230:46/2 문서는 국박의 K'(2020NMK1:2)와 마찬가지로 삿자리에 겉장 문서로 부착되면서 위, 아래 부분이 삿자리 뒷면으로 접혀 붙여졌을 것인데, 국박의 K' 문서가 오른쪽, 위쪽, 아래쪽에 접혔던 흔적이 비교적 뚜렷하게 남아있는데 반하여 H' 문서는 유사한 흔적이 거의 확인되지 않는다. 그 이

20행의 하단은 보전이 양호하고 H'1행~3행의 하단과 연접부가 정확히 일치하여 글자의 판독도 비교적 용이한 편이었다.

제5조는 交州都督府의 관할지역 내에서 과세물의 관리와 관련된 규정으로 공개된 판독문을 근거로 한 분석도 이루어진 조문이다. 우선 교주도독부 관내 주에 배치된 병사, 防人[兵防]의 군량을 '以南諸州의 課物'로 충당하되 3년분의 지급 소용분 외에는 동도로 수납하도록 규정하였다. 변경의 경계·방어 임무를 담당한 防人의 출신에 대해서는[77] 논란이 있지만 임무를 담당하는 지역에서 양식을 해결하거나 지급받았다.[78] 교주도독부는 군량 지급분 이외의 課物은 동도로 송납하였다. 각 주에서 징수한 과물은 도독부를 통해 지방의 군비[供軍費]로 충당되고 그 외는 동도로 송납되어 중앙비[供國費]로 사용되었다. 다음으로 欽州 安海鎭에[79] 대한 군량 지급에 대한 규정인데 흠주 안해진은 계주도독부의 관할이지만 교주도독부에서 가깝기 때문에 방인에게 지급되는 양식에 준하여 교주도독부에서 지급한다는 규정이다. 제4조와 마찬가지로 도독부 관할내 주에 대한 과세물 징수나 분배 등을 도독부 간의 조정을 통해 처리하였음을 알 수 있다.[80]

그리고 교주도독부의 흠주 안해진에 대한 粮料 지급과 관련하여 '破用見在', 즉 지출분[破用]과 잔고 또는 잔여분[見在]을 '計帳과 함께 담당 관사에 보고하라[與計帳同申所司]'고 규정하였다. 관련 내용을 '계장'과 함께 신고하라는 규정은 제31조(大津27조: A'15행~17행)에 輕稅를 징수하는 주의 경우 징수물품을 회계[勘會]할 근거가 없으므로 '계장과 함께 금부·탁지에 보고하라[與計帳同申金部度支]'[81]는 조문처럼 계장의 보고가 이루어지지 않은 변경지역을 대상으로 한 지침이라 판단된다.[82]

이와 관련하여 '의봉3년 탁지주초'의 조문에는 과세물의 수납처 또는 지출처에 대하여 '破用見在' 또는 '破除見在'의 보고를 탁지 또는 탁지·금부로 8월 상순까지 마치도록 시한을 설정하고 있다.[83]

유는 아마도 K'문서와 K문서가 1912년 오타니탐험대에 의해 아스타나 230호묘에서 삿자리에 부착된 상태로 발굴되어 遺傳되었던 것과는 달리, 1972년 신강박물관이 같은 무덤에 대한 발굴과정에서 H'를 포함한 8점의 문서편을 수습했던 정황 사이의 차이에서 비롯된 듯하지만 이에 대해서는 추후 보다 면밀한 검토가 필요한 내용이다.

77) 放人은 府兵의 병사 또는 兵募로 충당하였다는 입장(氣賀澤保規, 『府兵制の研究--府兵兵士とその社會』, 京都: 同朋舍, 1999, pp.195~205)이나 부병과는 구별되는 州府의 일반농민으로 충원했다는 입장(渡邊信一郎, 『中國古代の財政と國家』, pp.357~389), 부병인 경우와 일반 백성에서 징발하는 경우 모두 존재했다는 입장(唐長孺, 『魏晉南北朝隋唐史三論』, 武漢: 武漢大學出版社, 1992, p.435) 등이 제기되었다.

78) 『唐律疏議』 권16, 擅興律16, 遣番代違限條, p.312, "[疏]議曰: 依軍防令: '防人在防, 守固之外, 唯得修理軍器·城隍·公廨·屋宇. 各量防人多少, 於當處側近給空閑地, 逐水陸所宜, 勘酌營種, 幷雜蔬菜, 以充糧貯及充防人等食.'"; 『唐六典』 권3, 倉部郎中員外郎條, p.84, "諸牧監獸醫上番日, 及衛士·防人已上征行若在鎭及番還, 並在外諸監·關·津等官土人任者, 若尉·史, 並給身糧."

79) 『舊唐書』 권41, 地理4, p.1725, "桂州下都督府, ……(武德四年) 其年, 又置欽州總管, 隷桂府, ……貞觀元年, 以欽·玉·南亭三州隷桂府". 『新唐書』 권43上, 地理7上, 嶺南道, p.1112, "陸州玉山郡下, 本玉山州. 武德五年以寧越郡之安海玉山置. 貞觀二年州廢, 縣隷欽州".

80) 중앙[兩京]으로 보내야 하는 조용조 물품이나 인력[丁·匠]을 여타의 장소로 옮기도록 배정되면 상서성은 本道와 주가 정보를 공유하여 처리토록 규정하기도 하였다. 『天聖令校證』 권22, 淸本賦役令 唐25條, p.393; 『天聖令譯註』 권22, 賦役令 舊25조, p.176, "諸租庸調及丁匠應入京若配餘處者, 尙書省預令本道別與比州相知, 量程遠近, 以次立限, 使前後相避, 勿令停壅."

81) 大津透[2006], pp.41~42. "輕稅諸州不申色目至[記], [勘]會無可准/ 憑, 其[所有]□物□[諸]與計帳同申金/ 部度支."

82) 제21조(大津17조)는 결락된 부분이 많아 전체 내용을 파악하기는 어렵지만 계장이 보고되지 않은 경우는 지난해[去年]의 사례에 따라 支配하라는 규정이 확인되는데 이 조문과의 관계도 주목된다.

83) 예를 들어 제18조(大津14조: E'10행~D3행) 牧監의 맹수 제거에 대한 보상[諸牧監殺獸狼賞] 비용의 사용지침(大津透[2006], pp.37~38); 제19조(大津15조: D'4행~D'8행) 都督·刺史로 파견된 諸王에 대한 우대 비용의 지출지침(大津透[2006], p.38; 제32조(大津28조: A'18행~23행) 兩京 諸司 雜折綵의 지출지침(大津透[2006], p.42), 제34조(大津30조: A'33행~B'3행) 秦·夏·原·鹽·嵐州 등의 監에서 庸物의 사용지침(大津透[2006], pp.42~43) 등을 들 수 있다. 또한 제29조(大津25조: G'4행~A'7행)에는 牧監의 운영경비(奴婢의 의복이나 맹수 제거 포상 등) 지출을 太僕寺가 度支에 보고하는 것도 8월 상순까지이다(大津透[2006], pp.40~41). 한편 제14조(大津10조: H7행~16행) 교주도독부의 報蕃物에 대한 '破用見在'는 매년 탁지·금부에 보고하고(大津透[2006], pp.35~36), 제30조(大津26조: A'8행~14행) 伊州·瓜州가 貯物로 수납한 용조의 '破用見在'는 연말[年終]에 금부·탁지에 보고하

이때 보고된 내용은 度支司에서 이듬해 예산 집행계획[支度國用]을 수립하는 근거가 되었다.[84] 이상에서 살펴본 바와 같이 2020NMK1:1(K') 문서의 내용은, 앞부분이 결락되어 조문 전체내용을 확인할 수 없는 제1조를 제외하고 새로이 복원된 국박 '탁지주초'의 제2조~제5조까지 조문이 모두 계·광·교주도독부가 관할하는 영남지역을 대상으로 하고 있다.

제6조(大津5조: H'7행~8행)와 제7조(大津6조: H'9행~11행)는 H'1행~6행(제5조)과 함께 중국측 '탁지주초'의 일부이며, 1972년 아스타나 230호묘에서 수습된 문서편(72TAM230:46/2)으로 복원문과[85] 도판도 제시되었다.[86] 또한 일본 류코쿠대학 소장 '의봉3년 탁지주초'와 마찬가지로 당대 재정 수지 예산편성과 관련된 문서로서 주목되었다.[87]

제6조는 調로 麻를 징수하는 주에서 징수물을 兩京[長安과 東都]으로 운송할 때의 경비 조달에 대한 규정이다. 調의 징수물인 麻의 1/6을 운송비로 충당한다는 내용인데, '六分取一分' 다음의 '[   ]□送者, 不在折酬之限''이라는 '送'자 앞의 판독에 이견이 존재한다.[88] '六分取一分' 다음의 결락된 2글자에 대해서 '折粟' 또는 '折酬'로 판독할 것인지 명확하게 단정하긴 어렵지만, 運輸 과정의 비용을 調麻의 折納 일부로 충당한다는 의미는 대체로 수긍할 수 있다.[89]

제7조는 H'9행과 H'11행에 일부 결손된 부분도 있지만 대체로 판독이 가능한 내용이다. 각 주에서 용조의 절납 米粟에 대한 규정으로, 해당 주는 1년간의 관물 지출 필요분에 따라 먼저 庸物을 주에 남겼다가 지출하고 그 후(관물의 지출이 다 이루어진 후)에 米·粟으로 대체하여 거두거나, 米·粟이 없으면 관할 내에 오래 보관할 수 있는 물품으로 대신한다는 규정이다.[90]

2) 2020NMK1:2(K) 문서의 판독문 검토

〈8〉 H'
```
12  一    庸調送納楊府轉運, [        ]綱典部領. 以
13        官船□課船□[      ]□還, 竝請遞
14        [           ]□□楊府庫物, 若 ·····[儉] ···
15        府雜用不足, 請府司准一年應須用數,
16        量留諸州折租市*充, 訖申所司. 又准      *布
17        勅[              ]各依常限, 貯
18        [      ]□, 宜候春水得通船之後, 然
```

도록 규정하였다(大津透[2006], p.41).

84) 당 전기 예산 편성 과정에 대해서는 朴根七, 「唐 前期 豫算編成의 根據와 節次」, 『中國史硏究』 14, 2001 참조.

85) 許福謙, 「吐魯番出土的兩份唐代法制文書略釋」, pp.543~580.

86) 『吐魯番出土文書』 第肆冊, p.67.

87) 池田溫, 「最近における唐代法制資料の發見紹介」, 唐代史硏究會 編, 『中國律令制の展開とその國家·社會との關係--周邊諸地域の場合の含めて』, 東京: 刀手書房, 1984, pp.62~74. 錄文은 大津透[2006], pp.34~36, H'·H 文書 참조.

88) 許福謙[1983], p.557은 '六分取一分折粟, 卅司送者'로 大津透[2006], p.34는 '六分取一分折粟□送者'라고 했는데, 李錦綉[1995], p.31에서는 '六分取一分折酬, □司送者'로 판독하였다. 이 글에서는 일단 大津透의 견해에 따라 석록문을 제시하였다.

89) 調麻와 관련하여 『通典』 권6, 食貨6, 賦稅下, p.107의 개원 25년령에는 "其調麻每年支料有餘, 折一斤輸粟一斗, 與租同受"라고 규정하였다. 또한 『唐六典』 권3, 戶部郎中員外郎條, pp.65~68에 의하면 調로 麻를 납부하는 것은 隴右道와 關內道에 한정되는데, 調麻의 折粟이 이루어진 것은 京師에 비교적 가까워 輕貨[직물류]가 아닌 重貨[곡물류]의 운송이 편리했기 때문이라고 할 수 있다. 日野開三郎, 『唐代租庸調の硏究』 I(色額篇), 東京: 汲古書院, 1974, pp.424~430 참조.

90) H'10행~11행에 "先以庸物支留, 然後折□米粟"의 결락부에 대하여 李錦綉[1995], p.33은 '納'으로, 즉 '然後折納米粟'이라고 석록하였다. 그런데 이어지는 뒤 문구에 "無米粟處, 任取部內所堪久貯之物"이라고 하여 '거두도록 한다[任取]'고 명시했기 때문에 이 경우는 '折徵', '折收' 등일 가능성도 배제할 수 없다.

H'(K) 19(1) _____[   ]州 長行 卽須至東都, 水旣長* *漲

K   2   □船不可停, 了日速卽發辶.

    第8조(大津7조)에서 K1행~2행은 2020NMK1:2 문서의 앞부분으로 H'18~19행과 접합되는데, K1행 하단과 H'19행의 하단은 좌, 우로 절단된 문자가 정확히 연접된다([도판2: 연접부2] 참조). 원래 K문서는 앞서 분석한 삿자리에 부착된 겉장문서인 K'문서와 겹쳐 있던 속장문서에 해당한다. 속장문서인 K+H문서가 재단되고 같은 길이로 겉장문서인 K'+H'문서도 재단되어 삿자리에 겹쳐서 부착되었을 것이다. 겉장문서의 끝부분인 H'19행과 속장문서인 K문서의 첫 부분인 K1행이 정확히 연접된 점에서 국박 '탁지주초'와 중국측 '탁지주초'는 하나의 안권에서 재단된 연속된 문서단편임을 알 수 있다.

    H'12행부터 K2행까지 한 조문으로 파악되는데 중간에 결락된 부분이 비교적 많아 정확한 내용을 파악하기는 어렵다. 대체적인 내용은 양주도독부로 납부하여 동도로 轉運하는 庸調等物의 처리와 관련된 규정이다. 우선 양주도독부에 납부된 용조물은 수송담당관[綱典]이[91] 수령하여 운송을 주관토록 하였다. 양주에서 京都까지의 전운에 대해서는 전술한 P.2507 「당수부식잔권」에 "令楊州差綱部領送都"라는[92] 규정이 있기 때문에 H'12행의 '[   ]綱典部領'의 결락부분을 '楊州遺'[93] 또는 '州司遣'[94]으로 보충했는데 의미는 크게 차이가 없다. 다만 H'13행~14행에 걸쳐 관련된 구체적인 내용이 적시되었을 것이나 결락이 심하여 파악하기 어렵다. 이어서 무언가(운송비?)의 지출을 위해 양주도독부의 庫物을[95] 지급하는데 양주도독부의 雜用이 부족하면 도독부 관사에서 1년간의 소용액 만큼 주의 折租布를 남겨 충당한다는[96] 규정이다. 그리고 처리를 마치면 담당관사에 보고하도록 하였다.

    세 번째로 양주에서 동도까지 전운하는 시기와 관련된 규정이다. H'16행 마지막부터 K2행까지의 내용인데 勅의 규정에 따라 통상적인 기한의 준수를 언급하였다. 그 구체적인 내용은 파악하기 어렵지만 K'18행의 殘存 부분에 '봄에 배가 통행할 수 있게 된 후를 기다려야 한다(宜候春水得通船之後)'는 조문을 감안하면 앞부분의 결락된 부분은 그 이전 겨울의 상황을 전제한 것이라 추정된다. 이와 관련하여 『당육전』에 "강남의 주에서 수로를 통해 운송하는 곳은 만일 겨울에 물이 얕아 둑에 오르기 어려운 경우 4월 이후에 운송하여 5월 30일까지는 수납을 마친다"는[97] 내용을 근거로 '宜候春水得通船之後' 앞의 결락 부분에 '若冬月水淺'을 보충하기도 하였다.[98] 이상의 내용을 전제하면 H'16행 마지막부터 H'18행까지는 "又准/ 勅[   ]各依常限貯./ [若冬月水淺], 宜候春水得通船之後. 然"으로

---

91) 綱典과 관련해서는 『天聖令校證』 권22, 淸本賦役令 唐2條, p.395; 『天聖令譯註』 권22, 賦役令 舊5조, p.139에 "諸輸租·調·庸, 應送京及外配者, 各遣州判司充綱部領"이라고 하며, 『唐律疏議』 권11, 職制律, 奉使部送雇寄人條, pp.216~217, "[疏]議曰, ……'奉使有所部送', 謂差爲綱·典, 部送官物及囚徒畜産之屬. 卽綱·典自相放伐者 ……. 仍以綱爲首, 典爲從"이라고 하였다.

92) 劉俊文, 『敦煌吐魯番唐代法制文書考釋』, p.331.

93) 許福謙[1983], pp.554~555.

94) 李錦繡[1995], p.16. 이 글에서는 일단 李錦繡의 판독에 따르도록 한다.

95) 庫物이란 일반적으로 倉物인 粟·麥 등 곡물과 대비하여 器仗·綿絹 등을 지칭한다(『唐律疏議』 권15, 廐庫律19, 損敗õ庫積聚物條, p.292, "[疏]議曰, 倉, 謂貯粟·麥之屬. 庫, 謂貯器仗·綿絹之類").

96) 江南지역에서는 折租布가 징수되었던 사정(『通典』 권6, 食貨6, 賦稅下, p.107, "[開元]二十五年定令…… 其江南諸州租, 並廻造納布")을 전제하여 '諸州折租市充訖'에서 '市'자를 '布'자의 오자로 판독한 견해로는 許福謙[1982], p.555; 大津透[2006], p.56; 楊際平, 「唐前期江南折租造布的財政意義--兼論所謂唐中央財政制度之漸次南朝化」, 『歷史研究』 2011-2 등의 분석을 들 수 있다.

97) 『天聖令校證』 권22, 淸本賦役令, 唐3조, p.391; 『天聖令譯註』 권22, 賦役令 舊3조, p.391, "江南諸州從水路運送之處, 若冬月水淺上堁艱難者, 四月以後運送, 五月三十日納畢". 『通典』 권6, 食貨6, 賦稅下, p.109; 『唐六典』 권3, 戶部郎中員外郎條, p.76.

98) 許福謙[1982], pp.555~556; 李錦繡[1995], p.31.

석록할 수 있다.

　이어서 H'19행+K1행의 경우 상단은 결락되었고, 판독이 가능한 'Ⓚ長行' 3자 이후는 행의 중간에 형성된 절단면을 경계로 H'19행 하단의 오른쪽 부분이 K1행 하단의 왼쪽 부분과 정확히 접속되어 "即須至東都, 水旣長"이라고 석록할 수 있다.[99]([도판2: 연접부2] 참조) '長'은 의미상으로 '물이 불어나다' 또는 '차다'를 뜻하는 '漲'자로 판단된다. K1행의 앞부분이 결락되어 내용을 확인할 수 없지만 아마도 봄에 양주에서 출발한 배가 장기간 운행하여 동도[낙양]에 도착하고 그 후 상황에 대한 조치로 추정된다. 당시 낙양에 도착한 선박은 황하를 이용하기 위하여 선박을 바꿔 화물을 실었다.[100] 이와 관련하여 개원 18년(730)에 추진된 宣州刺史 裴耀卿의 漕運 개혁안 가운데 당시 양주에서 출발한 수운 선박의 상황을 기술한 내용이 주목된다. "……6월, 7월 후에 이르러 비로소 황하의 河口에 이르는데 황하의 물이 불어[黃河水漲] 강으로 들어갈 수 없다. 다시 1~2개월을 정박하고 나서야 강물의 많고 적음을 헤아려 비로소 황하를 이용할 수 있다."[101] 漕運路上 강들의 수위, 수심 등 서로 다른 조건으로 인한 어려움에 대한 지적인데, K2행은 이러한 사정에 대한 조치라고 하겠다. 즉 양주에서 온 선박이 동도에 도착한 때, 즉 5월 30일경 황하는 이미 강물이 불었지만 배들을 정박시켜서는 안되고, 화물의 선적 등이 완료되는 날에 신속히 운행을 시작하라는 지시로 판단된다. K2행의 마지막 글자는 'Ⓘ'로 잔획만 적시했으나 文意에 따라 'Ⓡ運'으로 추정하였다.

　제8조는 京師로 전운을 위해 양주에 송납되는 용조물의 처리와 관련된 규정이다. 우선 용조물은 양주의 州司에서 수송담당관[綱典]을 파견하여 수령한다는 것, 지출을 위해 양주도독부의 庫物을 지급해야 하는데 도독부의 비용이 부족할 경우 1년간의 소용액만큼 주의 折租布를 남겨 충당한다는 것, 양주에서 동도로의 전운은 봄에 출발하고 동도에 도착하면 황하의 물이 불어나기 전에 선적을 완료하고 바로 출발하라는 것 등을 규정하였다.

〈9〉　K　3　　　　一　　　Ⓕ運庸Ⓣ□Ⓩ綵等, 先盡部內防閤庶
　　　　　 4　　　　　　　僕邑士. 如無卽通□Ⓟ州縣Ⓑ百Ⓟ姓雜識*及捉　　　　*職
　　　　　 5　　　　　　　錢令史. 此□家無人力不堪, 雇運任通
　　　　　 6　　　　　　　□Ⓑ百姓, 不得因玆遞相假Ⓥ冒. 其公廨及
　　　　　 7　　　　　　　官人幷官人親知並不得假冒. 相知容其雇
　　　　　 8　　　　　　　運. 其庸調送向配所, Ⓐ應須防援差, 隨近兵
　　　　　 9　　　　　　　Ⓖ及百姓充.

　제9조인 K3행에서 K9행까지는 국박 '탁지주초'의 복원에 의하여 새롭게 정리된 조문이다. 중간에 결락된 글자들이 있으나 잔획을 통하여 유추가 가능한 내용도 있다. 전체적으로 庸調等物을 운송할 때 필요한 고용 인력의 관리와 관련된 규정이다.

　우선 K3행에는 'Ⓕ運庸Ⓣ□Ⓩ綵等'이라 하여 '庸調□雜綵等'을 운송하기 위한 인력을 고용할 경우를 지칭하는데 중간에 결락된 부분이 있다. '의봉3년 탁지주초' 조문 가운데 純色이 아닌 絲織品인 '雜綵'를[102] 거론한 사례로는 D5행의 "劍南諸州, 造綾羅雜綵給染價費……", A'18행의 "兩京諸司雜折

99) 顧成瑞[2021], p.76에서는 'Ⓟ部Ⓡ領Ⓘ至Ⓔ東都. Ⓦ水Ⓘ旣Ⓘ漲'이라고 하여 앞부분 2글자를 '部領'으로 판독하였으나 수긍하기 어렵다.
100) 양주에서 낙양, 낙양에서 장안까지의 수운과 관련해서는 淸木場東, 『唐代財政史硏究(運輸編)』, 福岡: 九州大學出版會, 1996, pp.59~67 참조.
101) 『通典』 권10, 食貨10, 漕運, p.221, "……至六月七月後, 始至河口, 卽達黃河水漲, 不得入河. 又須停一兩月, 待河大小, 始得上河."

綵", B'9행의 "諸州及少府監等進送雜綵" 등이 있어서 결락된 글자로 '折', '及' 등이 추정되는데 쉽게 단정하기 어렵다. 다만 의봉 3년 10월 28일 상서성 度支司에서 작성한 주초의 취지를 밝힌 A5행~6행에 "依常式, 支配儀鳳四年諸州庸調, 及折造雜綵色數, 幷處分事條……"라고 하듯이[103] 용조와 (折造)雜綵를 병렬했던 사례에 따라 '及'자를 보충할 수 있을 것이다. 원래 庸調等物의 운송은 그 비용을 용조를 납부하는 家가 내고 인력을 고용[和雇]하여 운영하였다.[104]

이어서 K4행~5행의 경우 K3행의 중간 부분부터 운송인력으로 우선 京司의 부서 내[部內]에서 防閤, 庶僕, 邑士 등을 동원하여 고용하고 만일 해당자가 없으면 州縣 백성 가운데 雜職과 捉錢佐史를 선발하라는 의미인 듯하다. 이에 따라 K4행의 "如無卽通□州縣百姓雜識"의 결락된 글자는 잔획으로는 명확히 파악하기 어렵지만 문의상으로 '取'자를 복원할 수 있을 것이다. 또한 국박 '탁지주초'에서 K5행의 '捉錢令史'로 판독한 것은 도판을 재검토하면 '捉錢佐史'를 오인한 것으로 판단된다. 防閤, 庶僕, 邑士는 京司의 文武 職事官[京官]에게 배속되는 일종의 근무 인력에 해당한다.[105] 만일 해당 인력이 없는 경우에는 州縣에서 '雜職과 捉錢佐史'를 징발토록 규정하였다. 州縣 百姓의 雜職이란 "諸州의 執刀·州縣典獄·問事·白直을 총칭"하는 것으로[106] 과역이 면제된다.[107] 당대에 관청의 경비를 조달하기 위하여 마련된 公廨本錢은[108] 민간에게 자금을 대여하고 이자를 받아 운영하였는데, 京師에서 이를 담당한 것은 諸司의 令史로서 '捉錢令史'라고 하였다.[109] '捉錢佐史'는 아마도 州縣의 관청에서 공해본전을 운영한 담당자였을 것이다.[110] K5행의 "此□家無人力不堪"에서 결락된 글자는 잔획으로도 판독이 어렵다. 다만 앞의 내용을 전제한다면 운송에 고용할 인력을 경사에서, 다시 州縣에서 諸色職掌人을[111] 징발한 이후라는 사정을 감안해야 할 것이다. 이에 따라 이후 문구는 "此□家無人力, 不堪雇運, 任通/ □百姓,……"으로 파악해야 하며 K6행의 결락된 글자도 잔획과 문의를 근거하여 '取'자로 석록할 수 있다.

다음으로 K6행~7행의 경우 K5행의 내용에서 운송 인력으로 동원할 諸色職掌人이 없는 경우는 일반 百姓을 고용하게 되는데, 이 경우 서로 번갈아 하거나 타인의 명의를 사칭[假冒]해서는 안된다고[112] 규정하였다. 이어서 公廨典과 官人, 官人親知 등이 서로 알면서도 명의를 사칭하여 운송에 고

---

102) 『吐魯番出土文獻詞典』, p.1233. '雜錦'이 순색이 아닌 錦[비단]을 지칭한다는 사례를 통해 雜綵도 순색이 아닌 絲織品이라고 해석하였다.

103) 大津透[2006], p.45.

104) 『通典』 권6, 食貨6, 賦稅下, p.109, "諸庸調物, 每年八月上旬起輸, 三十日必. 九月上旬各發本州, ……其運脚出庸調之家, 任和雇送達. 所須裹束調度, 折庸調充, 隨物輸納."

105) 『通典』 권35, 職官2, p.1826, "凡京司文武職事官, 五品以上給防閤: 一品(九十六人), 二品(七十二人), 三品(四十八人), 四品(三十二人), 五品(二十四人). 六品以下給庶僕; 六品(五人), 七品(四人), 八品(三人), 九品(二人). 公主邑士(八十人), 郡主(六十人), 縣主(四十人), 特封縣主(三十四人)……" 즉 5품이상은 防閤, 6품이하는 庶僕, 公主·郡主·縣主에게는 邑士라는 근무인원이 배급되었다. 같은 내용이 『唐六典』 권3, 戶部郎中員外郎條, p.78에도 기재되어 있다. 防閤, 庶僕, 邑士에 대한 설명으로 『天聖令譯註』 권22, 賦役令 舊15조, p.159의 관련 각주를 참고할 만하다.

106) 『天聖令校證』 권30, 淸本雜令 唐15조, p.433; 『天聖令譯註』 권30, 雜令 舊15條, p.718.

107) 『天聖令校證』 권22, 淸本賦役令 唐15조, p.392; 『天聖令譯註』 권22, 賦役令 舊15條, pp.155~156.

108) 公廨는 관청의 운영경비를 충당하기 위한 자산으로 토지[公廨田]나 금전[公廨本錢] 등을 운영하여 자금을 확보하였다.

109) 『通典』 권35, 職官17, 俸祿, p.963, "貞觀十五年, 以府庫尙虛, 勅在京諸司依舊置公廨, 給錢充本, 置令史·府史·胥史等, 令廻易納利, 以充官人俸. 諫議大夫褚遂良上疏曰: ……陛下近許諸司令史捉公廨本錢, 諸司取此色人, 號爲捉錢令史."

110) 州縣에 배정된 色人으로 雜職과 함께 公廨白直이 있는데(『唐六典』 권3, 戶部郎中員外郎條, p.78, "凡州縣有公廨白直及雜職"), 捉錢佐史는 이와 관련된 것으로 추정된다.

111) 당대 부역령의 규정에 의하면 諸色職掌人에게는 과역이 모두 면제되었다(『唐會要』 권58, 戶部侍郎, p.1188, "寶曆二年(826)正月, 戶部侍郎崔元略奏: 准賦役今(令), '內外六品以下官, 及京司諸色職掌人, 合免課役').

112) '假冒'와 관련하여 唐律의 '詐冒官司'(『唐律疏議』 권25, 詐僞律27, 詐冒官司條, pp.475~476)나 '冒名相代'(『唐律疏議』 권16, 擅興律5, 征人冒名相代條, pp.303~305; 同, 擅興律14, 鎭戍有犯條, p.311) 등의 내용이 주목된다.

용인하는 것을 용인해서는 안된다고 하였다. 이에 따라 "其公廨及/ 官人幷官人親知, 並不得假冒相知, 容其雇/ 運."으로 句讀해야 할 것이다. 이 내용은 후술하는 제13조(大津9조: H4행~6행) 官人과 州縣 公廨典이나 부강한 家가 운송에 참여하는 것을 배제하여("不得官人州縣公廨典及富强之家, 倣勾代輸") 私益을 추구하지 못하도록 했던 조치와[113] 맥락을 같이 한다.

마지막으로 K8행~9행은 용조물을 배소로 운송하는데 이를 호위하는 인원[防援]이 필요할 경우 근처의 병사나 백성을 차출하여 충당한다는 내용으로 판독이 비교적 온전하게 이루어진 부분이다.[114] 배정된 장소[配所]로의 이동에 호송 지원인력이 차출되는 경우는 일반적으로 죄인의 호송이 거론되는데,[115] 용조와 같은 官物의 이송에도 防援이 동원되었다.[116]

제9조는 庸調와 雜綵를 운송할 때 필요한 인력을 고용하는 데 전제되었던 인원 차출의 기준을 규정하였다. 먼저 京師 관부의 防閤, 庶僕, 邑士들을, 해당 인원이 없다면 州縣의 백성 중 雜職과 捉錢佐史 등 諸色職掌人들을 우선적으로 차출하였다. 이런 조건이 여의치 않을 경우 백성 중에서 차출하는데 명의의 사칭 등을 용납하지 않았다. 한편 관인이나 관인의 친지는 운송인력 차출에 관여하지 못하도록 하였다. 즉 제색직장인이나 백성을 운송인력으로 고용하지만 官이나 官人의 개입을 허용치 않았음을 알 수 있다. 또한 배정된 장소[配所]로 용조를 운송할 때 방원의 호위를 받을 수 있음을 명시하였다. 종래 용조의 운송이나 운송 인력의 충당 등에 대해서는 구체적인 사정들이 불분명했는데 이와 관련하여 새로운 내용이 규명된 조문이라고 하겠다.

〈10〉 K 10　　　一　諸州所煞[*]虫狼賞, 請准一年所須之數, 以庸　　　[*]殺
　　　　11　　　　調及折租物留納本州. 須數從多, 不得過 ……………… [儉] …
　　　　12　　　　五卅段, 隨須給付.

제10조(K10행~12행)는 제9조와 마찬가지로 국박 '탁지주초'에서 새롭게 복원된 조문이다. 결락부분도 거의 없어 全文에 대한 파악이 비교적 용이하다. 11행과 12행 사이에 문서의 접합부분이 있고 그 뒷면 하단에 서주도독부 호조참군사로 倉曹司의 업무를 처리한 元懷儉의 서명인 '儉'자가 확인된다. 각 주에서 맹수를 제거한 자에게 지급하는 포상비의 재원과 지급 한도 등을 규정한 내용이다. 제18조(大津14조: E'10행~D'3행)의 牧監에서 맹수를 제거했을 때의 포상비와 관련한 재원이나[117] 당대 令文 가운데 맹수의 捕殺에 대한 포상비 지급 기준[118] 등과도 관련되는 조문이다.

---

113) 담당관리가 관부내의 인력을 차출하여 사익을 추구하는 것을 금지하는 규정과 관련해서는 『唐律疏議』 권11, 職制律11, 役使所監臨條, pp.224~226 참조.

114) 유사한 사례로 제30조(大津26조: A'8행~A'14행)에 劍南 諸州의 庸調를 涼州都督府를 통해 伊州, 瓜州로 운송하는 경우, "仍令所在兵防人夫等, 防援日任夫脚發遣訖"이라고 하여 兵防, 人夫 등을 방원으로 충당하여 운임을 지급한다는 지침이 확인된다(大津透[2006], p.41). 또한 결락이 심해 전체 내용을 파악하긴 어렵지만 제24조(大津20조)는 아마도 제30조와 마찬가지로 劍南 諸州의 용조를 서북지역으로 운송하는 경우에 해당하는 규정인 듯한데, 秦州·涼州 以西지역으로 용조를 送納할 때에 도중[路次]의 州縣·鎭·戍에서 兵士나 人夫를 징발하여 방원으로 호위를 맡기는 지침도 확인된다(大津透[2006], p.39).

115) 『通典』 권168, 刑法6, p.4349, "諸決大辟罪, 皆防援至刑所, 囚一人, 防援二十人, 每一囚加五人.……". 『天聖令校證』 권27, 淸本獄官令 唐5조, p.420; 『天聖令譯註』 권27, 獄官令 舊5조, p.493, "……便移配處, 遞差防援〈其援人皆取壯者充, 餘應防援者, 皆準此〉, 專使部領, 送達配所."

116) 일본령의 규정이지만 "蕃使出入, 傳送囚徒及軍物, 須人防援者, 皆量差所在兵士遞送"(『令義解』〈東京: 吉川弘文館, 1977〉 권5, 軍防令, p.200)이라고 하여 죄수의 호송이나 물자[軍物]의 운송과 더불어 외국사절의 왕래에도 방원이 차출되었다.

117) 大津透[2006], pp.37~38, "諸牧監殺虎狼賞, 每年隴右[諸監給]/ 絹壹阡疋, 給秦州納數內, 便送長川/ 鎭. □州諸監給壹阡疋於本州給, 本/ 州物少不足, 即於長川鎭給. 原州諸/ 監給捌伯疋於本使給, □[ ]/ □□□便送原州使. 鹽州羊牧使給/ 陸伯疋幷羔犢伍伯疋, 至於本使/ 給. 嵐州諸監於州給. 其破除見在, 每/ 年限八月上旬, 具狀申到度支.

118) 『天聖令校證』 권30, 天聖令雜令復原淸本 제65조, p.753, "諸有猛獸之處, 聽作檻穽·射窠等. 得即送官, 每一頭賞絹

우선 K10행~11행에서 K10행의 '煞'은 '殺'과 同字이고, '虝'자는 唐 高祖 李淵의 조부인 李虎의 이름 글자이므로 피휘한 것으로 '虎'자 대신 '虝'자를 쓴 것이다. 각 주에서 호랑이, 이리 등 맹수를 죽였을 경우에 주는 포상의 재원은 1년간 소용될 액수에 따라 수납한 용조와 折租物을 해당 주에 남겨 충당하였다.

이어서 K12행은 실제 포상을 할 경우 죽인 맹수의 수에 따라 양만큼 주는데 五十段을 넘길 수 없다고 규정하였다. 당대 下賜物의 지급은 '段'을 단위로 계산하였는데, 일반적으로는 10段의 구성을 기준으로 絹·布·綿 등의 사여 물품을 환산하여 지급하였다.[119] '十'자는 윗부분이 결락되어 '千'일 가능성도 배제할 수 없으나 각 牧監에 배정된 맹수 제거의 포상액이 600匹~1,000匹이었던 점,[120] 맹수 제거의 최대 포상액을 5,000段으로 추정하면 이에 상응하여 제거할 맹수의 수가 1000마리나 되어 지나치게 많이 추산된다는 점[121] 등의 이유에서 '十'자가 타당할 것이다.

제10조는 각 주에서 맹수 제거의 포상비를 해당 주의 용조와 절조물 가운데서 충당하며 최대 10 단까지 포상비를 지급한다는 규정이다. 이는 本州에 납부된 용조와 절조물로써 해당 항목의 지출비를 충당하는 경우이다. 그런데 제18조(大津14조: E'10행~D'3행)의 규정에는 특정 목감에서 해당 경비를 조달할 때 本州에서 지급하기도 하고 다른 주에서 조달하기도 하였다.[122]

〈11〉 K 13　　　一　　　<u>潞澤二州所料細好調麻納京及東都</u>. 擬
　　　14　　　　　遣東布供進者, 請取水色明淨, 無莭*頹　　　 *節
　　　15　　　　　皮薄片長牢*細者.　　　　　　　　　　　　 *罕

제11조는 국박 '탁지주초'의 복원에 의하여 새롭게 확인된 조문이다. 일부 잔결된 글자도 있지만 대체로 판독이 가능한 내용이다. 우선 K13행에 潞州와 澤州는 모두 河東道에 속하는 주로써 調로 麻·布를 납부하였다.[123] 주지하듯이 당대 용조는 絹, 布를 本色[絹鄕, 布鄕]으로 하여,[124] 매년 課丁은 絹 2丈과 그 외에 綿 3兩을 내거나, 布 2丈 5尺과 그 외에 麻 3斤을 내도록 규정하였다.[125] 이 경우 綿과 麻는 絹과 布를 紡織하기 전의 원료에 해당한다. '所料'의 뜻을 명확히 파악하긴 어려우나 아마도 노주, 택주 2주에서 調로 부과된 것이라는 의미로, 가늘고 질 좋은[細好] 麻를 장안[京]과 낙양[東都]에 납부토록 한 규정일 것이다.

四匹. 捕殺豹及狼, 每一頭賞絹一疋. 若在牧監內獲者, 各加一疋. 其牧監內獲豺, 亦每一頭賞絹一疋. 子各半匹."

119) 『唐六典』권3, 金部郞中員外郞條, p.82, "凡賜物十段, 則約率而給之; 絹三匹·布三端·綿四屯〈貲布·紵布·闒布各 一端. 春夏以絲代綿〉. 若雜綵十段, 則絲布二匹·紬二匹·綾二匹·縵四匹. 若賜蕃客綵, 率十段則錦一張·綾二匹·縵三 匹·綿四屯."; 『天聖令校證』권23, 淸本倉庫令 唐15조·唐16조·唐17조, p.397. 관련된 내용의 설명으로 『天聖令 譯註』권23, 倉庫令 舊15조, p.213, 註120 참조.

120) 제18조에 매년 각 牧監에 배정된 맹수 제거 포상액은 隴右 諸監 練 1,000疋, 某州 諸監 1,000疋, 原州 諸監 800疋, 鹽州 羊牧使 600疋, 새끼는 500疋 등으로 규정하였다(大津透[2006], pp.37~38).

121) 『唐六典』권7, 虞部郞中員外郞條, pp.224~225; 『南部新書』(北京: 中華書局, 2002) 壬, pp.146~147, "若虎豹豺 狼之害, 則不拘其時. 聽爲檻穽, 獲則賞之, 大小有差.〈諸有猛獸處, 聽作檻穽·射窠等, 得卽於官. 每一賞絹四匹, 殺豹及 狼, 每一賞絹一匹. 若在牧監內獲豺, 亦每一賞絹一匹. 子各半匹.〉".

122) 예를 들어 隴右 牧監의 練 1,000疋은 秦州의 수납액 중에서 조달하되 長川鎭에서 지급하고, 某州[秦州?] 牧監의 1,000疋은 本州에서 조달하되 부족하면 장천진에서 지급한다. 또한 原州 牧監의 800필은 本使에서 조달하고, 鹽州 羊牧使의 600필과 새끼에 대한 500필은 本使에서, 嵐州 목감은 주에서 지급한다.

123) 『元和郡縣圖志』권15, 河東道, 澤潞節度使, p.418, "潞州,……賦麻·布."; 同, p.423, "澤州,……賦麻·布."

124) 제33조(大津29조)에는 諸州가 신고한 계장을 근거로 예산을 편성하는 과정에서 '絹鄕'과 '布鄕'이 집계의 기준으로 제시되고 있다(大津透[2006], p.42). 더욱이 『通典』권6, 食貨6, 賦稅下, pp.110~111에 기재된 天寶年間 歲入 계산액의 경우처럼 당 전기 재정 수입액은 '約出絲綿群賢'인 絹鄕과 '約出布郡縣'인 布鄕으로 구분하여 산정되었다.

125) 『唐六典』권3, 戶部郞中員外郞條, p.76, "課戶每丁租粟二石; 其調隨鄕土所産, 綾·絹·絁各二丈, 布加五分之一, 輸 綾·絹·絁者綿三兩, 輸布者麻三斤."

다음으로 K14행~15행에서 K13행 調麻의 납부에 이어 東布를 만들어 진상하는 경우는 맑고 깨끗한 색깔에 마디가 없으며 피륙이 얇고 길며 가늘어 정교하게 잘 짜여진 것을 택하도록 한다는 내용이다. K14행의 첫 글자는 약간의 잔결부분이 있어 글자를 확정하기 어려우나 문의로 보아 '보낸다'[遣]는 의미 보다는 '조성하다' 또는 '만들다'를 뜻하는 '造'자가 보다 적합할 것이다. 노주, 택주의 布는 그 품질을 9등급으로 구분할 때 4등급에 해당하여126) 상급에 속하지만, '東布'가 어떤 布를 지칭하는 것인지는 명확치 않다.127)

제11조는 麻布 산지인 하동도의 노주, 택주에서 調로 징수되는 麻를 경사와 동도에 수납하는데, 특히 東布를 만들어 진상할 때는 좋은 품질의 것을 택하도록 요청한 규정이다. 경사와 가까운 곳에서 생산되는 품질 좋은 물품을 경사에서 확보하여 국가재정을 운영하려는 의도를 반영한 것이다. 또한 앞서 살펴본 제6조(大津5조)에서 調麻를 兩京에 납부할 때의 운송비용에 대한 규정도 함께 고려해 볼 내용이다.

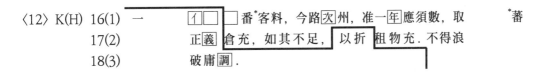

〈12〉K(H) 16(1)   一   亻□ □番*客料, 今路次州, 准一年應須數, 取   *蕃
      17(2)   正義 倉充, 如其不足, 以折 租 物充. 不得浪
      18(3)   破庸 調 .

제12조(大津8조)는 중국측 소장 72TAM230:46/1 문서의 시작부분인 H1행~3행과 국박 '탁지주초'의 속장문서 마지막 부분인 K16행~18행이 연결되면서 복원된 조문이다([도판2: 연접부3] 참조). 이전에는 결실이 많아 하나의 조문으로 파악하긴 했으나 구체적인 내용은 전혀 규명되지 못한 부분이다.128) 외국사신인 蕃客에게 소요되는 비용[料]의 재원 운용에 대한 규정이다.

우선 K16행의 첫머리에 조문의 구분 표식인 '一'자는 확인되지만 조문의 시작 부분에 3글자 정도가 결락되었다. 다만 첫 글자의 좌변에 '亻'의 잔획이 있지만 해당 글자를 추정하기는 어렵다.129) '番'자는 '蕃'자의 오기이다. 당대에 외국사신이 지나가거나 체류하는 州·縣에서는 그들에게 숙소를 제공하고 식료를 지급하였다.130) 즉 蕃客에게 지급된 食料 등의 경비를 이들이 지나가거나 머무르면서 지출이 이루어진 주에서 충당하도록 조치한 내용일 것이다.

다음으로 K17행+H18행에서 번객에게 지급된 비용은 경비의 지출이 발생한 주에서 1년간의 소용분을 근거하여 正倉과 義倉의 물자로 충당하는데,131) 만일 부족할 경우에는 折租物로써 보충하되 용

---

126) 『唐六典』 권20, 太府寺, p.541, "凡絹·布出有方土, 類有精粗. 絹分爲八等, 布分爲九等, 所以遷有無, 和利用也. 〈……澤·潞·沁之賞, 並第四等〉." 한편 10세기 일본의 백과사전격인 『倭名類聚抄』(東京: 汲古書院, 1987) 布帛部, 綿布類, '貲布'에 "唐式云, 貲布, 楊氏漢語抄云, 佐與美乃沼能."이라고 하여 貲布는 매우 가늘게 짠 품질이 좋은 細麻布라고 할 수 있다.

127) 각지의 물산 가운데 정교한 것과 (경사에서) 생산지가 가까운 경우 御用에 공급한다[供國]는 규정(『唐六典』 권3, 度支郎中員外郎條, p.80, "物之精者與地之近者以供御〈謂支納司農·太府·將作·少府等物〉.")과도 관련하여 하동도 예하의 노주·택주에서 중앙에 진상한 東布는 고품질의 布였을 것이다. 貲布와 함께 언급되는 紵布(=苧麻布), 闍布(= 闍賓布) 중 '闍'이 인도 동북부 지역을 가리키는 것처럼 東布도 황하 동쪽[河東]이라는 지역 생산의 布를 의미하는 것이 아닐까 추정된다.

128) 大津透[2006], p.57. "제8조(H1~3) 不詳"으로만 적시하였다.

129) 顧成瑞[2021], p.76에는 '佴'자로 추정했지만 명확한 근거를 제시하고 있지 않아 수용하기 어렵다.

130) 『唐六典』 권18, 典客署, p.507, "諸蕃使主·副五品已上給帳·氈·席, 六品已下給幕及食料.". 『新唐書』 권46, 百官志1, 主客郎中員外郎, p.1196, "供客食料, 以四時輸鴻臚, 季終句會之."

131) 州의 倉曹司(또는 司倉司)는 正·義倉의 出納을 담당하였다. 『唐六典』 권30, 三府都護州縣官吏, pp.748~749, "倉曹·司倉參軍掌公廨·度量·庖廚·倉庫·租賦·徵收·田園·市肆之事. 每歲據青苗徵稅, 畝別二升, 以爲義倉, 以備凶年; 將爲賑貸, 先申尚書, 待報, 然後分給. 又歲豐, 則出錢加時價而糴之; 不熟, 則出粟減時價而糶之, 謂之常平倉, 常與正·義倉帳具其利申尚書省."

조의 수취분을 사용해서는 안된다는 규정이다. 租를 징수하여 수납하는 正倉과 地稅를 수납하는 義倉은 모두 곡량을 저장하는 倉廩에 해당한다.[132] 이에 비하여 용조의 수납물인 絹布나 錢幣 등은 庫에 저장하는 庫物에 해당하며, 주로 軍費를 포함하여 지방의 경비지출에 충당하였다. 따라서 倉과 庫는 관리계통만이 아니라 사용내역도 달랐기 때문에 외국사신에 대한 食料 등의 경비를 正·義倉 저장물과 租의 折納物로 충당한다는 것이다.

제12조는 외국사신인 번객에게 지급된 경비의 조달과 관련된 규정이다. 해당 경비는 주에서 正·義倉에 저장된 곡량으로 지급하는 것을 우선으로 하지만, 만일 부족하면 租의 折納物로 보충하도록 하였다. 이 조문은 금부가 관장하는 용조 및 折納雜綵의 처분과 관련된 내용이므로 번객 食料 경비에 용조물 사용을 방지하려는 용조물의 사용 항목과 관련된 지침이라 할 수 있다.

〈13〉 K(H) 19(4)　　一　　　　諸州庸調, 先是布鄕兼有絲綿者, 有 | 百姓
　　　H　　 5　　　　　　　情願輸綿絹絁者聽. 不得官人州縣公廨典及
　　　　　　 6　　　　　　　富强之家, 傭勾代輸.

제13조(大津9조)인 H4행~H6행까지는 중국측 소장 72TAM230:46/1 문서의 조문으로 H4행의 마지막 부분이 결락되었으나 문의에 의해 '百姓'으로 추정하였고[133] 국박 '탁지주초'에 의하여 결락된 부분의 2자가 '百姓'임이 확인되었다([도판2: 연접부3] 참조). 이미 선행 연구에서 조문의 판독과 내용에 대한 검토가 이루어졌다.

제13조는 布로 용조를 내던 주[布鄕]에서 絲綿이 있어 綿絹絁로 輸納하기를 원하는 백성이 있으면 허용한다는 지침이다. 또한 관인이나 州縣 公廨典, 그리고 부유한 사람이 인력을 고용하여 대신 운송할 수는 없다고 규정하였다. 전술한 제9조(H3행~9행)에서 "其公廨及官人幷官人親知, 並不得假冒相知, 容其雇運."이라고 한 것이 公廨典이나 官人, 官人親知가 서로 사칭하여 雇運을 도모한 것이라면 제13조는 '傭勾代輸'[134] 즉 임금을 주고 대신 수송을 하는 것을 지칭한다.[135] 모두 용조의 수송에 개입하여 이익을 얻으려는 행위로 간주되어 처벌의 대상이 되었다.[136] 관인의 용조물 수송에 대한 개입을 금지했던 규정은 후술하는 제15조(大津11조: H17행~19행)에서도 확인된다.[137]

제14조(大津10조: H7행~16행)와 제15조(大津11조: H17행~19행)는 중국측 소장 문서의 일부로 이미 석록과 해설이 이루어진 부분이다. 제14조는 당조에 입국한 蕃人에 대한 사여물[報蕃物]의 지급

---

132) 『唐六典』 권3, 倉部郎中員外郎條, p.83, "倉部郎中·員外郎掌國之倉庾, 受納租稅, 出給祿廩之事"; 同, p.84, "凡王公已下, 每年戶別據已受田及借荒等, 具所種苗頃畝, 造靑苗簿, 諸州以七月已前申尙書省; 至徵收時, 畝別納粟二升, 以爲義倉." 正倉과 義倉은 모두 곡물을 저장하고 倉部가 管掌하였다.
133) 大津透[2006], p.35. 그러나 許福謙[1982], p.556에서는 '丁戶'라고 추정하였다.
134) 『天聖令校證』 권22, 淸本賦役令 唐5조, p.391; 『天聖令譯註』 권22, 賦役令 舊5조, pp.139~140, "諸輸租調庸, 應送京及外配者, 各遣州判司充綱部領. 其租仍差縣丞以下爲副, 不得傭勾, 隨便糴輸……."
135) '傭'는 품삯[賃]이고, '勾'는 일의 담당[勾當]을 가리키는데, 고용해서 대신 일을 처리토록 하는 것을 의미한다. 唐代에 課戶는 庸調를 輸納하기 위해 모두 스스로 운송비[運脚]을 갹출하여 인력을 고용[和雇]해서 수송토록 하였다 (劉俊文, 『敦煌吐魯番唐代法制文書考釋』, 「72TAM230:46(1)(2)儀鳳度支式殘卷」, p.319, 箋釋③). 한편 荒川正晴은 唐代 州司에서 官物 수송을 민간 운송에 의지할 때는 두가지 형식이 있는데 하나는 主司나 감독관이 조직한 行綱이 직접 綱丁을 고용하여 운송을 감독하는 경우('和雇送達'), 다른 하나는 行綱이 직접 운송을 감독하지 않고 운송 업무를 客商에 맡기는 경우('傭勾客運')로 구분하였다(「唐の對西域布帛輸送と客商の活動について」, 『東洋學報』73-3·4, 1992, pp.31~63).
136) 『唐律疏議』 권15, 廄庫律23, 監臨官傭運租稅條, pp.293~294, "諸監臨主守之官, 皆不得於所部傭運租稅·課物. 違者, 計所利坐贓論. 其官非監臨, 減一等. 主司知情, 各減一等. [疏]議曰: 凡是課稅之物, 監臨主守皆不得於所部內傭勾客運. 其有違者, 計所利, 坐贓論. 除人畜糧外, 並爲利物."
137) 大津透[2006], p.36, "……其州縣官人及親識幷公/ [廨錢 　　]依令, 並不得傭勾, 受雇爲運……"

과 관련된 규정이다. 후반부에 결락된 부분이 있어 조문 전체 내용을 정확히 파악하기는 어려우나 蕃人의 왕래가 빈번한 변경의 도독부나 도호부를 대상으로 하였다. 그 중에서 교주도독부의 報蕃物은 해당 도독부의 折納物(?)로 지급하고, 지출분과 잔여분을 매년 탁지·금부에 보고하도록 하였다. 安北都護府가 蕃人에게 역에서 사여하는 물품[諸驛賜物]은 靈州都督府에서, 單于大都護府가 번인에게 역에서 사여하는 물품[諸驛賜物]은 朔州에서 지급하도록 하였다. 역에서 번인에게 사여하는 물품[諸驛賜物]이라고 했지만 일반 驛制는 아니고 안북도호부나 선우대도호부처럼 변경에서 蕃人과 관계되는 경우이기 때문에 '諸驛賜物' 역시 報蕃物에 해당하는 것이라 하겠다.138) 번인에 대한 사여물은 번인의 貢物獻上에 대한 보상이기도 하였다.139) 마지막 부분에는 이들 사여물의 지급에 대한 중앙 관사(比部와 金部)로의 보고 규정을 제시하였으나 결락된 부분이 많아 명확히 파악하기 어렵다.

제15조(大津11조: H17행~19행)은 각 행의 앞부분이 결락되어 정확한 의미는 파악하기 어렵다. 隴右道에 속하는 秦州都督府와 涼州都督府에 납부된 물품(庸調物?) 가운데 絹과 練에 관련된 내용인 듯하나 단정할 수는 없다. 또한 제9조나 제13조처럼 州縣의 官人과 親知[親識], 그리고 公廨典(?)이 '倣勾受雇'하여 운송하게 하는 것을 금지(?)하도록 규정한 듯하나 뒷부분이 결락되어 명확한 내용을 알 수 없다.

3. 아스타나 230호묘 삿자리 문서의 석록

1) 국박 '탁지주초'의 새로운 판독문

[前 缺]

〈1〉 K'	1	郷土所出. 其折造綾羅乘*等物, 幷雇染價	*剩
	2	□所折庸調多少及估價高下, 求覓難	
	3	□□並□□[ ]申到度支金部.	
〈2〉	4	一 所配桂廣交都督府庸調等物, 若管內	
大津1	5	諸州有路程遠者, 仍委府司量遠近處	
	6	受納訖, 具顯色目, 便申所□. 應支配外	
	7	有乘*物, 請市輕細好物, 遞送納東都, 仍	*剩
	8	錄色目, 申度支金部.	
〈3〉	9	一 嶺南諸州折納米粟及雜種, 支斫*供足外, 有	*料
大津2	10	下濕處不堪久貯者, 不得多貯致令損壞.	
〈4〉	11	一 桂廣二府受納諸州課稅者, 量留二年應	
大津3	12	須用外, 並遞送納東都. 其二府管內有	
	13	州, 在府北, 令庸調等物, 應送楊府道便	
	14	者, 任留州貯, 運次隨送, 不得却持南出	
	15	致令勞擾. 每年請委錄事參軍勾會 ·········[儉]·········	
	16	出納, 如其欠乘*, 便申金部度支. 若有不同, 隨	*剩
	17	狀科附.	

138) 大津透[2006], p.57.
139) 荒川正晴, 『ユーラシアの交通·交易と唐帝國』, 名古屋: 名古屋大學出版會, 2010, pp.285~286.

〈5〉 K'(H')	18(1)	一	交州 都督府管內諸州, 有兵 防應 須 粮
大津4	19(2)		料, 請委交府, 便配以南諸州 課物. 支給三年
	20(3)		粮外, 受納遞送入東都. 其欽州安海鎮, 雖
H'	4		非所管, 路程稍近, 遣與桂府及欽州相知,
	5		准防人須粮支配使充. 其破用見在數, 與計
	6		帳同申所司.
〈6〉	7	一	諸州調麻, 納兩京數內, 六分取一分, 折 粟 綱送者,
大津5	8		不在折酬之限.
〈7〉	9	一	諸州庸調, 折納米粟者, 若 當 州應須官 物
大津6	10		給用, 約准一年須數, 先以庸物支留, 然後折
	11		□米粟. 無米粟處, 任取部內所堪久貯之物.
〈8〉	12	一	庸調送納楊府轉運, [州司遣]綱典部領. 以
大津7	13		官船□課船□[　　　]□還, 竝請遞
	14		[　　　　　]□□楊府庫物, 若
	15		府雜用不足, 請府司准一年應須用數,
	16		量留諸州折租市*充訖, 申所司. 又准
	17		勅[　　　　　]各依常限貯.
	18		[若冬月水]淺, 宜候春水得通船之後. 然
H'(K)	19(1)		[　　　　]州長行即須至東都, 水既長*
K	2		□船不可停, 了日速即發運.
〈9〉	3	一	雇運庸調及雜綵等, 先盡部內防閤庶
	4		僕邑士, 如無, 即通取州縣百姓雜識*及捉
	5		錢佐史. 此□家無人力, 不堪雇運, 任通
	6		取百姓, 不得因茲遞相假冒. 其公廨及
	7		官人, 幷官人親知, 並不得假冒相知, 容其雇
	8		運. 其庸調送向配所, 應須防援, 差隨近兵
	9		及百姓充.
〈10〉	10	一	諸州所煞*虬狼賞, 請准一年所須之數, 以庸
	11		調及折租物留納本州. 須數從多, 不得過
	12		五十段, 隨頏給付.
〈11〉	13	一	潞澤二州所料細好調麻, 納京及東都. 擬
	14		造東布供進者, 請取水色明淨, 無莭*類
	15		皮薄片長牢*細者.
〈12〉 K(H)	16(1)	一	亻□□番*客料, 今路次州, 准一年應須數, 取
大津8	17(2)		正義倉充, 如其不足, 以折 租物充. 不得浪
	18(3)		破庸調.
〈13〉	19(4)	一	諸州庸調, 先是布鄉兼有絲綿者, 有 百姓
大津9 H	5		情願輸綿絹絁者聽. 不得官人州縣公廨典及
	6		富强之家, 儌勾代輸.
〈14〉	7	一	擬報諸蕃等物, 並依色數送納. 其交州
大津10	8		都督府報蕃物, 於當府折[　　]給用. 所

Right-margin annotations:
[儉]…
*布
*漲
*職
*殺
*節
*罕
*蕃

	9	有破除見在，每年申度支金部．其安北都
	10	護府諸驛賜物，於靈州都督府給．單于大 …[儉]…
	11	都護府諸驛賜物，於朔州給，並請准往
	12	例相知給付．不得浪[　]□．安北都護府
	13	[　　　　　　]色數於靈州
	14	[　　　]給．知其不須，不得浪有請受．
	15	[　]訖，具申比部及金部，比部勾訖，開* *關
	16	[金部　　]
⟨15⟩	17	一 [　　　]納秦涼二府者，其絹並令練
大津11	18	[　　　　]□，其州縣官人及親識幷公
	19	[廨典　　]依令並不得儻勾受雇爲[　]

[後 缺]

2) 아스타나 230호묘 삿자리 부착 문서의 번역문

제1조 : ……그 지방에서 생산되는 것을 ……(한다). (庸·調 물품을) 대체하여 조성한 綾·羅 등 고급 견직물 가운데 남은 물품과 (인력) 고용비와 염색비는 ……折納하는 庸·調의 (수량의) 많고 적음과 가격의 높고 낮음에 ……, 구하기 어렵거나 …… 아울러 …… 度支司와 金部司에 보고한다.

제2조 (大津1조) : 桂州都督府·廣州都督府·交州都督府에 庸·調 등 물품을 수납하기로 배정된, 관할 내의 州 가운데 노정이 멀 경우는 도독부 관사에 위임하여 거리의 멀고 가까움을 헤아려 (적당한 곳에) 수납을 마치도록 한다. 그리고 종류와 수량을 분명하게 기록하여 …에 보고하도록 한다. 마땅히 (납부하기로) 배정된 것 외에 남은 물품은 가볍고 질 좋은 물품을 구입하여 운송을 통해 東都에 납부하고, 종류와 수량을 기록하여 度支司와 金部司로 보고하게 한다.

제3조 (大津2조) : 嶺南地域의 州에서 절납한 米·粟 및 기타 곡물 가운데 (곡물) 지출분을 충족시킨 나머지 것에 대하여, 지대가 낮고 습하여 오래 보관할 수 없는 곳이라면 많이 저장하여 손괴시키는 일이 발생하게 해서는 안된다.

제4조 (大津3조) : 계주도독부·광주도독부 두 府에서 거둬들인 관할 주의 課稅는 2년간의 지출 필요분을 헤아려 남기고 나머지는 동도로 보내 수납한다. 두 도독부의 관할 내에 있는 주 가운데 도독부의 북쪽에 위치하여 庸·調 등 물품을 (북쪽의) 楊州都督府로 운송하게 하는 것이 (운송로상으로) 편한 경우는 (용·조 등 물품을) 주에 남겨 저장하였다가 (계주도독부·광주도독부 물품이 楊州로 향하는) 운송편을 따라 보내게 하며, 남쪽에서 출발하여 오히려 힘들고 번거롭게 해서는 안된다. 매년 (도독부에서는) 錄事參軍에게 위임하여 (과세 물품의) 출납을 회계·감사하고 만일 부족분이나 잉여분이 있으면 바로 금부사와 탁지사에 보고하도록 한다. 만일 (사실과) 다름이 있으면 내용에 따라 처리하고 그 결과를 함께 올린다.

제5조 (大津4조) : 交州都督府 관할 안에 있는 주들에서 兵防에게 지급해야 할 군량[粮料]은 교주도독부에 위임하여 남쪽 주들의 課物로써 충당토록 한다. 3년분의 군량 지급 필요분 이외는 거두어 동도로 운송하여 납부한다. 欽州 安海鎭은 비록 교주도독부의 관할은 아니지만 노정이 비교적 가깝기 때문에 계주도독부와 흠주에 (使者를?) 보내 서로 알게 하고 防人에게 지급하는

곡량 기준에 따라 교주도독부에 배정하여 충당토록 한다. 그 지출분과 잔여분의 수량은 計帳과 함께 담당 관사에 보고한다.

제6조 (大津5조) : 調를 麻로 납부하는 주에서 兩京으로 수납하는 분량 가운데 6분의 1을 취하여 [또는 粟으로 대체하여 운송비에 충당하여?] 담당자로 하여금 수송하게 한 경우는 보상해야 하는 분량에 포함시키지 않는다.

제7조 (大津6조) : 庸·調를 米·粟으로 대체하여 납부하는 주에서, 만일 해당 주가 반드시 官物로 지급해야 하는 경우는 1년간 정해진 수요분에 따라 우선 庸物을 남겼다가 지출한다. 그런(관물 지출을 충족시킨) 후에 米·粟으로 대체하여 거둬들이고, 米·粟이 없는 곳에서는 관할 지역내에서 오래 저장할 수 있는 물품을 거두도록 한다.

제8조 (大津7조) : 庸·調 징수물품을 양주도독부에 送納하여 (동도로) 전운할 경우, (양주 관사에서) 수송담당관을 파견(?)해서 물품을 수령하고 官船으로 …… 課船…… 돌아간다(?). 아울러 (옮기는 경우는?) ……양주도독부의 庫物(을 지급하는데?)……, 만일 도독부의 雜用이 부족하면 도독부 관사에서 1년간 사용분의 액수에 따라 각 주에 헤아려 남겨둔 租를 대체하여 납부한 布(?)를 충당하고, 이를 담당 관사에 보고하도록 한다. 또한 勅에 따라 ……각기 통상적인 기한에 따라 저장한다. 만일 겨울에 물의 수위가 얕아지면, 봄에 수위가 높아져 배가 통행할 수 있게 된 후를 기다려야 한다. 그런 후에 …… 州에서(?) 오래 운행하여 비로소 동도에 이르게 되는데, 수위가 이미 높아지기 시작하여 ……배는 정박해서는 안되며, (선적을?) 완료한 날로 바로 신속히 운행을 시작한다.

제9조 : 庸·調 및 雜綵 등을 운송하는 인력을 고용할 경우에는 우선 담당 부서 내의 防閣, 庶僕, 邑士 등을 모두 동원하고, 만일 (해당자가) 없다면 州縣 百姓의 雜職 및 捉錢佐史를 두루 선발하며, 그 ……에도 인력이 없어서 운송에 필요한 인력을 충당할 수 없으면 백성 가운데 선택하는데 제멋대로 서로 번갈아 가며 명의를 사칭해서는 안된다. 그 公廨典과 官人, 그리고 官人의 親知들이 서로 아는 것으로 사칭하면서 운송에 고용하는 것을 허용해서는 안된다. 庸·調 物品을 配所로 보낼 때 (호위를 위해) 필요한 防援은 가까운 곳의 병사와 백성으로 충당한다.

제10조 : 모든 州에서 호랑이, 이리 등 맹수를 죽였을 때 내리는 포상(의 재원)은 1년간의 수요분에 준하여 庸·調 및 折租의 물품을 남겨 本州에 납부하도록 한다. 포상액은 최대한 지급하는데 50段을 넘겨서는 안되며 (포상이) 필요할 때마다 지급한다.

제11조 : 潞州와 澤州 두 주에 調로 부과된 (원료로서) 가늘고 품질 좋은 麻는 京師와 東都에 납부한다. 東布로 만들어서 진상하는 것은 맑은 물색에 실마디가 없고 피륙이 얇고 길이가 길며 짜임이 세밀한 것을 골라 보내도록 한다.

제12조 (大津8조) : …… 蕃客에게 제공되는 경비는 이들 외국 사신이 실제 지나가거나 머무른 주에서 1년간 소요액에 준하여 正倉과 義倉(의 곡물)으로 충당한다. 만일 부족하면 租를 대체해 납부한 물품으로 충당하고 庸·調(물품)을 함부로 지급해서는 안된다.

제13조 (大津9조) : 庸·調를 납부하는 주 가운데 원래 布鄕이었는데 絲綿이 (생산되어) 있게 되어 綿·絹·絁로 輸納하기를 원하는 경우에는 이를 허락한다. 官人, 州縣 公廨典 및 富强한 家가 임금을 주고 (사람을 고용하여) 대신 수송해서는 안된다.

제14조 (大津10조) : (당조에 입국한) 蕃人에게 보상으로 주기로 한 물품은 종류와 액수에 근거하여 보내 납입토록 한다. 交州都督府가 번인에게 보상으로 주는 물품은 해당 도독부의 ……을 折納하여(?) 지급에 사용하고 그 지출분과 잔여분을 매년 度支司와 金部司에 보고한다. 安北都護府의 驛에서 사여하는 물품은 靈州都督府에서 지급하고, 單于大都護府의 驛에서 사여하는 물품은

朔州에서 지급하는데, 모두 예전의 관례에 따라 서로 알리고 지급하도록 하고 헛되이 ……하지 않도록 한다. 안북도호부는 …… 종류와 액수는 靈州에서 …… 지급한다. 반드시 필요한 것이 아님을(?) 알려서 함부로 받게 되지 않도록 한다. …… 마치면, 갖추어 比部와 金部에 보고하고, 비부가 구검을 마치면 (금부에?) 關文을 보내어…….

제15조 (大津11조) : ……(庸·調 물품을?) 秦州都督府와 涼州都督府 2府에 납부하는 경우는 絹과 練 (?)은 ……. 州縣 官人과 친지, 그리고 公廨典(?)은 ……슈에 의거하여……, 아울러 임금을 주고 사람을 고용하여 대신 운송하게 할 수 없다. …….

4. 소결

종래 삿자리 흔적문서를 정리하여 복원한 '의봉3년 탁지주초'에는 불완전한 조항을 포함하여 총 35개의 조문이 확인되었다. 여기에는 일본 류코쿠대학 소장 오타니문서의 삿자리 흔적문서, 중국 아스타나 230호묘와 227호묘에서 수습된 삿자리 흔적문서, 1995년에 공개된 국박 삿자리 부착문서 일부(겉장문서)가 포함되었다. 이 가운데 국박의 삿자리부착 문서단편 1개(S')와 아스타나 230호묘 삿자리흔적 문서단편 2개(분류기호 H', H)는 오타니문서의 삿자리 흔적문서(A~G, A'~G')와 함께 동일한 '탁지주초' 문안의 일부에 해당하면서도 서로 연속적인 접합관계가 인정되지 않았다.[140] 2020년에 복원된 국박 '탁지주초'는 미공개였던 국박 소장 삿자리 부착문서에 대한 전면적인 정리작업의 결과로서 '탁지주초'의 새로운 조문을 발굴했을 뿐 아니라 아스타나 230호묘에서 수습된 삿자리 흔적문서와 연접관계가 명확하게 확인되어 삿자리 부착문서의 생성과정을 추정할 수 있는 단서가 되었다.[141] 이 글에서는 복원작업을 진행한 국박연구팀의 연구성과를 전제로 국박 '탁지주초'를 조문별로 재검토하여 새로운 판독문을 제시하고, 각 조문에 대한 분석과 유관 자료의 검토를 통하여 당대 재정사 연구자료로서의 의미를 파악해 보고자 하였다.

우선 국박 '탁지주초'를 구성하는 2개 문서단편을 K(2020NMK1:1)와 K'(2020NMK 1:2)라는 새로운 분류기호로 편성하였다. 종래 불완전한 형태로 공개되었던 문서단편에 대한 분류기호인 S'에 대신하여 새로운 분류기호를 제시한 것이다. 이를 전제로 이미 정리, 보고되었던 아스타나 230호묘 삿자리 흔적문서인 H(72TAM230:46/1), H'(72TAM230:46/2)와의 접속관계를 통해 문서단편의 배열순서를 'K'-H'-K-H'로 정리하였다. 이들은 모두 아스타나 230호묘에 喪葬用具로 부장된 국박 소장 삿자리에 부착되었던 문서단편에 해당한다.

국박 소장 삿자리에 부착되었던 문서단편('K'-H'-K-H')에서는 모두 15개의 '탁지주초' 조문이 확인되었는데, 이는 종래 정리된 문서단편(S'-H'-H)의 11개 조문 보다 4개 조문이 추가된 것이다.[142] 이 가운데 11개 조문, 즉 K'의 제1조~제5조, K의 제8조~제13조를 대상으로 새로운 판독과 석문을 제시하였다. 국박 '탁지주초'를 통해 추가된 4개 조문(제1·9·10·11조)은 새로이 공개된 것이고, 3개 조문(제2·3·4조)은 종래 S'로 분류된 문서편인데 삿자리 뒤쪽으로 접힌 부분이 복원된 경우, 나머지 4개 조문(제5·8·12·13조)는 문서절단면의 일부가 중국측 '탁지주초'와 연접되면서 판독이 가

---

140) '의봉3년 탁지주초'에 제시된 문서단편의 접속관계를 전제하면 S'+H', H의 문서단편에 11개 조문(大津1조~大津 11조), 이하 F'-E'-D', D-E-F, G'-A', B'-C', G의 문서단편에 24개 조문(大津12조~大津35조)이 포함되어 있다.
141) 권영우, 「한국 국립중앙박물관 소장 唐文書가 부착된 삿자리[葦席]의 복원」, 『中國古中世史硏究』 63, 2022.
142) K'-H'-K-H' 문서단편의 15개 조문과 이하 F'-E'-D', D-E-F, G'-A', B'-C', G 문서단편 24개 조문을 포함하여 현재 '儀鳳3年度支奏抄·4年金部旨符'에는 총 39조의 조문이 포함되어 있다.

능해진 경우에 해당한다. 그 외에 중국측 '탁지주초' H'(제6·7조)와 H(제14·15조)는 기존의 연구성과를 준용하였다. 이하에서는 국박 '탁지주초' 각 조문에 대한 분석 내용을 간단히 정리하고, 당 전기 재정사 연구와 관련하여 주목할 만한 사항들을 지적하여, 이를 기반으로 향후 새로이 판독, 석문된 조문에 대한 본격적인 연구가 이루어지기를 기대해 본다.

K' 문서단편에는 앞부분이 결락되어 전체 의미를 파악하기 어려운 제1조를 제외하고, 제2조에서 제5조까지 嶺南지역을 관할하는 桂州都督府, 廣州都督府, 交州都督府 등에 대하여 庸調를 중심으로 한 과세 징수물의 처리와 관련된 내용을 규정하였다. 이미 공개된 불완전한 석록문(大津1조~大津4조)을 통한 분석에서도 주목했던 바이기는 하지만 결락되었던 각 조문의 하단 부분까지 판독되면서 좀 더 구체적인 내용들을 확인할 수 있게 되었다. 우선 영남지역내의 州들은 配所인 桂州·廣州·交州都督府로 庸調物品을 납부하는데, 각 도독부는 路程의 원근에 따라 각 주의 수납처를 조정하였고(제2조), 桂州都督府가 관할하는 欽州 安海鎭의 소요 경비[軍費]를 노정이 가까운 交州都督府가 지급하는 지침도(제5조) 이러한 규정과 취지를 같이 한다. 각 州의 庸調物을 수납한 도독부는 지출분으로 충당한 이외의 용조물은 고급 물품[輕細好物]으로 바꿔 東都로 送納하도록 하였다(제2조). 한편 桂州, 廣州都督府에서 동도로 송납하는 물품은 楊州都督府에 수납된 후 운송되는데(제4조), 2府의 북쪽에 있는 州는 庸調等 물품을 本州에 남겼다가 도독부의 운송 일행이 지날 때 함께 수송토록 하였다(제4조). 交州都督府 관할내 州의 軍糧 지출비도 도독부가 3년치 지출분 외에는 동도에 송납토록 규정하였다(5조). 다만 嶺南 諸州가 庸調를 米·粟·雜穀으로 折納한 곡물은 지출분을 제외하고는 저장하지만 지대가 낮고 습한 곳에는 저장하지 않도록 규정하였다(3조). 이들 조문은 주로 영남지역을 대상으로 庸調 등 징수물의 처리와 관련하여 桂州, 廣州, 交州 등 도독부의 配所로서 역할, 지방 지출비의 배분과 운송, 동도 송납분[중앙비]의 배정, 楊州를 통한 동도로의 수송 등 특정 지역에 관련된 지침을 규정한 조문들이다.

楊州都督府에서 동도로의 轉運을 규정한 조문(제8조), 報蕃物의 재원 마련과 관련하여 交州都督府에 대한 처리 조문(제14조) 등을 제외하면, 이후의 조문들은 주로 秦州, 涼州의 隴右道나 關內道, 河東道 등 京師 북쪽이나 서북쪽 지역을 대상으로 하는 점에서 '탁지주초'의 조문 구성에 지역별 분류가 적용되었을 개연성도 추정해 볼 수 있다.[143] 특히 桂州, 廣州, 交州都督府 등 영남지역의 관련 규정이지만 도독부가 관할 내 州들의 징수물 수납처를 조정하거나 도독부 상호간에 군비 지급 州를 조정하는 등 지방재정의 운영과정에서 도독부의 역할을 판단할 수 있는 내용도 주목된다. 더욱이 관할내 各州 징수물을 도독부[配所] 수납분과 동도 송납분에 충당하는 과정을 통해 지방 징세물이 지방비와 중앙비로 배분되는 사정을 파악할 수 있는 실례로서도 주목할 만하다. 이러한 사실들이 嶺南道 이외의 지역에서는 어떻게 적용되었는지도 검토가 필요한 사항일 것이다.

국박 '탁지주초' 가운데 8조에서 13조의 내용은 새롭게 복원된 속장문서(K)에 포함된 조문이다. 특히 9조~12조까지는 全文이 처음 공개된 것이어서 그 자체로서 당 전기 재정사 연구에 가치있는 자료라 하겠다. 제8조와 제9조는 용조물의 운송과 관련된 조문인데, 전자는 결락이 심하여 전체 내용을 파악하기 어려우나 楊州都督府가 수납한 庸調物을 東都를 거쳐 京師로 轉運하는 절차나 비용에 대한 내용과 시기에 따른 水運 이용 방법에 대한 지침인 듯하다. 제9조는 運送을 위해 고용하는 인력의 조달과 관련된 규정이다. 京司에 배정된 防閤·庶僕·邑士를, 다음으로 州縣 百姓의 雜職이나 捉錢佐史를 충당하는데 해당자가 없다면, 백성 가운데 고용하였다. 다만 公廨典, 官人, 官人 親知의 운

---

143) 물론 '諸州調麻'(제6조), '諸州庸調'(제7조, 제13조), '諸州所送庸調等物'(제17조) 등 특정 지역이 아닌 전국의 州를 대상으로 하는 조문들이 규칙성 없이 혼재되어 있어 지역별 적용을 전제한 조문의 배치가 실재했는지 단정할 만한 근거는 충분치 않다.

송 개입은 허용치 않았으며, 配所로 운송할 때 호위인력인 防援이 필요한 경우 인근의 병사나 백성을 충당하라고 규정하였다. 납세물의 운송에 官人의 개입을 금지한 것은 律令의 규정에서도 확인되는 것이지만 운송 담당에 충원되는 인력의 구체적 자격이나 순서에 대해서는 새롭게 확인된 내용이다. '탁지주초'의 내용 가운데 각 州의 庸調와 雜綵 등 징수물에 대한 지역적 배분이나 지출 등을 해결하기 위한 절차로서 징수물을 配所(他州)나 兩京으로 운송하는 사안이 강조된 것은 당연한 귀결이다. 따라서 운송에 필요한 인력의 동원에 대한 내용은 여타의 운송과 관계된 조문들과 함께 검토해야 할 사항이다. 또한 '天聖令'을 통해 복원된 당대 부역령에서 확인되는 여러 職掌人 관련 조문과도 비교, 분석이 필요할 것이다.

제10조는 각 州에서 맹수를 제거한 경우에 대한 포상비 재원의 조달 및 포상 상한액에 대한 규정이다. 동일한 사안에 대하여 牧監에서 포상비의 조달과 처리 절차를 규정한 조문(제18조), 당대 雜令에 규정된 맹수 捕殺 포상비의 지급 기준에 대한 규정 등과 함께 비교, 검토할 필요가 있다. 주로 庸調 및 折租物의 사용과 관련된 지방 지출비의 내역 및 용도를 파악하는데 관련되는 내용이다. 제11조 河東道인 潞州, 澤州의 품질 좋은 調麻를 京師와 東都로 납부하라는 규정이다. 調麻를 兩京으로 운송할 경우의 경비(?)에 대한 규정인 제6조와 함께 질 좋은 麻布를 중앙비의 재원으로 충당하려는 의도와 관련하여 분석할 필요가 있다. 제12조는 결락이 심하여 '不詳'으로 설명되다가 새로이 복원된 조문이다. 蕃客에게 지출된 경비[料]를 해당 州에 보상할 경우 正·義倉의 곡물과 折租物로 충당하되 庸調를 사용해서는 안된다는 규정이다. 곡물 등 倉廩의 관리와 庸調 등 庫物의 관리가 倉部와 金部라는 별개의 계통에서 관장되었던 점을 감안하여 지방 지출비의 운영 방법과 관련하여 검토될 내용이다. 이들 조문은 전체의 州를 대상으로 한 규정과 더불어 河東道라는 특정 지역에 한정된 지침이 혼재되어 있다.

이상 국박 '탁지주초'에 대한 새로운 판독 작업의 결과로 파악된 조문들의 내용을 정리해 보았다. 국박 '탁지주초'를 포함하여 지금까지 복원된 삿자리 흔적문서의 내용이 '의봉3년탁지주초·4년금부지부'라는 문안의 전체 내용을 포괄하는 것은 아니다. 국박 소장 삿자리에 부착되었던 '탁지주초'의 일부 문안(K'-H'-K-H)과 류코쿠대학 소장 오타니문서를 근간으로 한 '탁지주초' 문안(A~G, A'~G') 사이에도 연속적인 접합관계가 인정되지 않는다. 즉 전자와 후자 사이에 또는 전자의 앞쪽으로 어느 정도의 조문이 포함된 문안들이 결락되었는지 확인할 수 없다. 물론 후자가 '탁지주초'의 문안을 기초하여 하달된 '금부지부'를 포괄하기 때문에 문안의 마지막 부분이라 할 수 있다.

매년 여러 항목의 旨符를 작성하는 번잡함을 피하기 위하여 '長行旨條'가 출현했던 배경을 전제하더라도 '奏抄'의 모든 조목이 매년 새롭게 작성되었을 것으로 판단하기는 어렵다. 더욱이 의봉3년 탁지주초의 조목에도 '每年'이나 '諸州'로 명시된 조문이 상당수 확인된다. 즉 통상적인 규정을 전제하여 지역별, 시기별 지침들이 삭제되거나 수정·추가되었을 것으로 이해할 수 있다. 새로이 판독된 조문을 포함하여 '탁지주초' 각 조문의 의미를 파악할 때 전제해야 할 조건들일 것이다.

한편 '의봉3년탁지주초·4년금부지부'의 시행 주체와 관련하여 문안의 처리는 서주도독부 倉曹司에서 주관하여, 그 시행 내용은 도독부내 戶曹司와 高昌縣을 포함한 예하 5縣에 전달되었다. 따라서 '탁지주초' 각 조문의 지침들에는 해당 업무의 담당 官司로서 州나 도독부가 명시되었지만, 이러한 조치는 당연히 예하 縣이나 軍府의 실무처리 절차를 전제했을 것이다. 이와 관련하여 旨符 내용의 실제적인 수행기관으로서 돈황·투르판 출토문서에서 확인되는 州, 都督府와 예하 縣이나 軍府 간의 재무관련 업무 처리과정을 반영한 자료들에 좀 더 천착해야 할 필요가 있을 것이다.

[도판1] 국박 '틱지주조'와 중국 아스타나 230호묘 문서의 접합

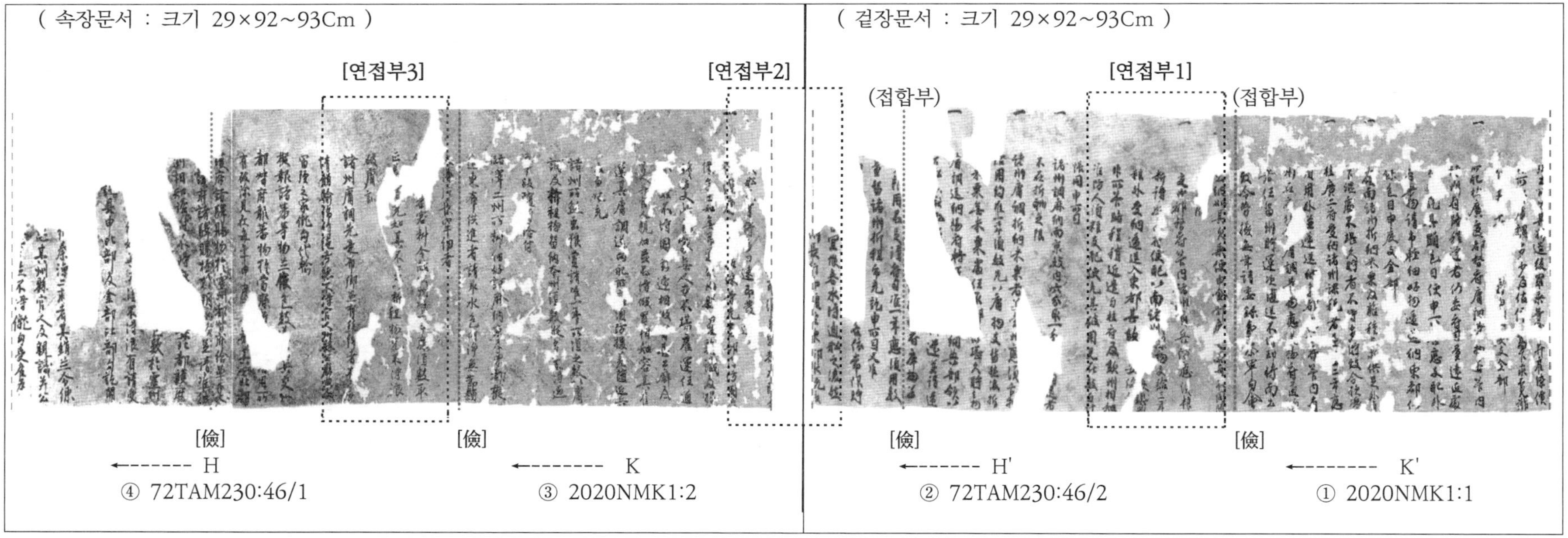

(속장문서 : 크기 29×92~93Cm)   (결장문서 : 크기 29×92~93Cm)

[연접부3]   [연접부2]   [연접부1]

[後] H   [後] K   [後] H'   [後] K'

④ 72TAM230:46/1   ③ 2020NMK1:2   ② 72TAM230:46/2   ① 2020NMK1:1

(점첩부)   (점첩부)   (점첩부)

[도판2] 문서 연접부([도판1])의 확대

[연접부1]

H문서 ← K'문서

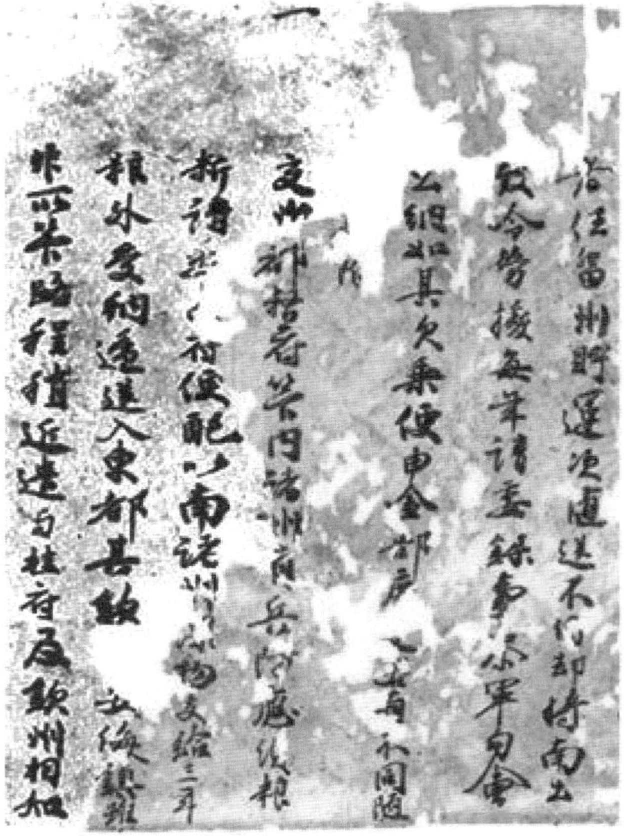

[연접부2]

K문서 ← H'문서

[연접부3]

H문서 ← K문서

[보론]

　　한국 국립중앙박물관 소장 투르판 출토문서('唐儀鳳3年(678)度支奏抄' 부분)에 대한 판독문이 발표
(『東洋史學研究』第158輯, 2022년 3월)된 직후에 그 동안 공개된 투르판 출토문서 이외에 신강위구
르자치구박물관에 남아있던 투르판문서에 대한 정리작업의 성과물로 朱雷의 遺作인 『吐魯番出土文書
補編』(成都: 巴蜀書社, 2022년 4월. 이하 『보편』으로 약칭)이 출간되었다. 『보편』에는 아스타나 230
호묘에서 출토된 문서 가운데 「唐儀鳳三年(678)尙書省戶部支配諸州庸調及折造雜練色數處分事條啓」에 해
당하는 문서잔편 4개를 수록하면서 그 편호를 (1) 72TAM230:46/4, (2) 72TAM230:46/3, (3)
72TAM230:46/5, (4) 72TAM230:46/6 등으로 제시하였다.[144] 이들은 물론 전술한 「당의봉3년
(678)탁지주초·4년(679)금부지부」와 관련된 잔편에 해당한다.

　　그런데 앞서 출간된 『吐魯番出土文書』[圖版本]에는 아스타나 230호묘 출토문서 가운데 동일한 題名
의 문서로 8개의 문서단편이 수록되어 있다.[145] 이들은 (1) 72TAM230:46/1[大津透 석록의 H문서],
(2) 72TAM230:46/2[H'문서], 그리고 (3)~(8) 72TAM230:84/1~6의 두 부류로 편호되어 있다. 이
하 이해의 편의를 위하여 전자의 문서편을 『보편』(1)~(4), 후자를 『문서』(1)~(8)로 약칭토록 하겠다.

　　『보편』에서는 『보편』(1) 잔편에 대하여 1행과 2행이 『문서』(1)의 10행과 11행의 윗부분에 접합된
다고 주석으로 밝히고 있다.[146] 이에 따라 [도록 I]의 『보편』(1)과 [도록 II]의 『문서』(1)의 접합관계
를 도판으로 제시하면 [도판IV]①, [도판V]①과 같다. 즉 『보편』(1)이 『문서』(1)의 사각 점선부분에
접합하게 되는데 그 내용은 앞서 제시한 〈국박 '탁지주초'의 새로운 판독문〉 가운데 〈14〉조 '大津10'
의 10행, 11행, 12행의 맨 앞 글자로 大津透가 추정을 통해 석록한 내용[굵은 글자]과도 일치하는
부분이다([자료20] '탁지주초' 복원보충(1) 참조).

　　그런데 『보편』에 수록된 문서잔편 가운데 『보편』(1)과 『보편』(3)은 [도록 I]에서 알 수 있듯이 잘
려진 모양과 크기가 비슷하여 서로 겹쳐있던 문서일 가능성이 높다. 그런데 앞에서 기술한 바 있듯
이 『보편』(1)과 접속관계가 인정되는 『문서』(1)은 『문서』(2)와 속장문서와 겉장문서로 서로 겹쳐져
있었다(앞서 제시한 [도판 I] 참조). 이러한 내용을 전제한다면 [도록 I]의 『보편』(3)과 [도록 II]의 『문
서』(2)도 서로 접속했을 가능성을 상정해 볼 수 있다.

　　다만 『문서』(2)의 11행, 12행, 13행의 앞부분에는 [도판III]의 『문서』(2)에 원형 점선으로 표시한
부분처럼 12행의 위에 '一'자와 아래에 'ㅗ' 획이 남아있는 문서잔편이 접합된 형태로 복원되어 있
다. 그런데 이 잔편의 도판을 자세히 살펴보면 '一'자 아래의 잔획은 윗부분이 결락된 '庸'의 일부인
'广'획이 아니라 'ㅗ'획과 유사하여 접합 복원이 올바르게 이루어진 것인지 의문스럽다. 이러한 이유
에서 『문서』(2)에서 [도판III]의 원형 점선부분에 해당하는 문서잔편을 삭제하면 [도판III]의 『문서』(
2)′의 문서편을 재현할 수 있다.

　　그런 후에 『보편』(3)을 『문서』(2)′의 사각 점선부분에 접합하면 [도판IV]②나 [도판V]②와 같이 두
문서가 정확히 접합된 문서를 복원할 수 있다. 그 결과로 종래 복원문의 〈7조〉 '大津6'에서 석록을
유보한 11행의 첫글자는 '取'자임이 규명되었다([자료21] '탁지주초' 복원보충(2) 참조).

　　이상의 분석 결과가 타당하다면 종래 『문서』(2)의 72TAM230:46/2에 잘못 접속된 잔편을 삭제하
고 대신 『보편』(3)의 72TAM230:46/5 문서를 접속할 수 있을 것이다. 이 과정을 통해 재현된 [도판

---

144) 『吐魯番出土文書補編』, pp.77-79. (1), (2), (3), (4) 잔편 모두 2행씩 錄文이 제시되어 있지만 해당 도판을 검토
　　해 보면 잔획을 통하여 (1)은 3행, (3)은 3~4행의 존재를 상정할 수 있다.
145) 『吐魯番出土文書』[圖版本] 第肆冊(1996), pp.65~69; [錄文本] 제8책(1989), pp.136~143.
146) 『吐魯番出土文書補編』, p.79의 주석 (1), (2).

V]에 제시된 두 건의 문서는 서로 겹쳐진 관계에 있었음을 확인할 수 있다. 또한 이들은 전술한 [도판1]처럼 한국 국립중앙박물관에 소장된 삿자리에 부착되었던 2건의 문서편에 해당하는 것임을 알 수 있다.

이와 더불어 『보편』에 (2) 72TAM230:46/3, (4) 72TAM230:46/6로 편호가 제시된 문서잔편은 한국 국립중앙박물관 소장의 삿자리에 부착되었던 문서단편이기보다는 오히려 종래 아스타나 230호묘에서 수습되어 일본의 「당의봉3년(678)탁지주초·4년(679)금부지부」와 접합관계가 인정되었던 『문서』(3)~(8) 72TAM230:84/1~6의 일부로서 문서의 편호도 72TAM230:84로 분류되는 문서단편으로 파악하는 것이 보다 타당할 것이다.

[자료20] '탁지주초' 복원 보충 (1)

〈14〉	7	一	擬報諸蕃等物，並依色數送納．其交州	
大津10	8		都督府報蕃物，於當府折[　　　]給用．所	
	9		有破除見在，每年申度支金部．其安北都	
	10		護府諸驛賜物，於靈州都督府給．單于大	……[儉]…
	11		都護府諸驛賜物，於朔州給，並請准往	
	12		例相知給付．不得浪[　　]□．安北都護府	
	13		[　　　　　　　]色數於靈州	
	14		[　　　]給．知其不須，不得浪有請受．	

[자료21] '탁지주초' 복원 보충 (2)

〈7〉	9	一	諸州庸調，折納米粟者，若當州應須官物	
大津6	10		給用，約准一年須數，先以庸物支留，然後折	
	11		取米粟．無米粟處，任取部內所堪久貯之物．	
〈8〉	12	一	庸調送納楊府轉運，[州司遣]綱典部領．以	
大津7	13		官船□課船□[　　　]□還，竝請遞	
	14		[　　　　　]□□楊府庫物，若	……[儉]…
	15		府雜用不足，請府司准一年應須用數，	
	16		量留諸州折租市*充訖，申所司．又准	*布

[도판3] 아스타나 230호묘 문서의 綴合 : 72TAM230:46 편호 문서의 복원

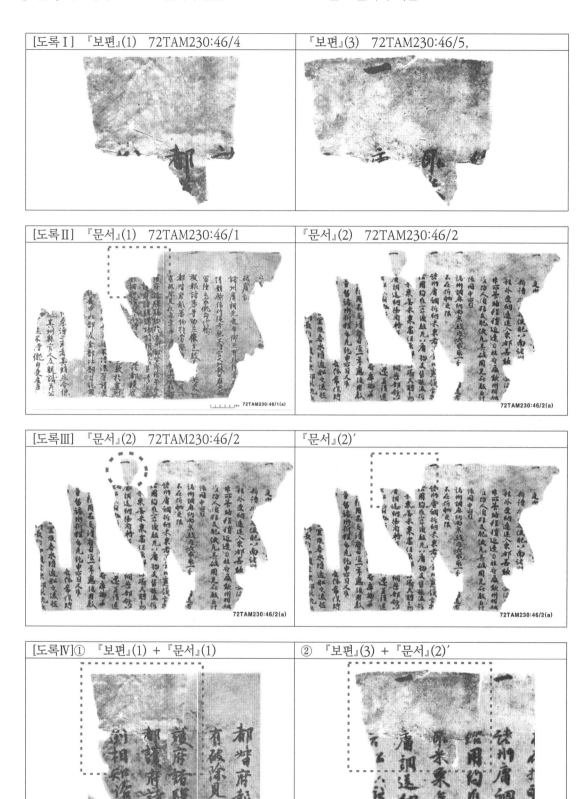

[도록 I] 『보편』(1) 72TAM230:46/4	『보편』(3) 72TAM230:46/5,
[도록 II] 『문서』(1) 72TAM230:46/1	『문서』(2) 72TAM230:46/2
[도록 III] 『문서』(2) 72TAM230:46/2	『문서』(2)′
[도록 IV]① 『보편』(1) + 『문서』(1)	② 『보편』(3) + 『문서』(2)′

[도록V]①　『보편』(1) + 『문서』(1)

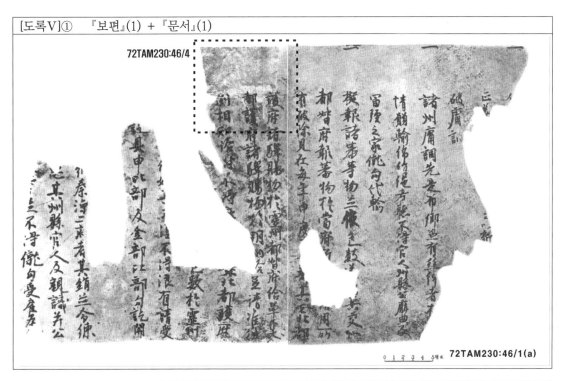

72TAM230:46/4

72TAM230:46/1(a)

[도록V]②　『보편』(3) + 『문서』(2)´

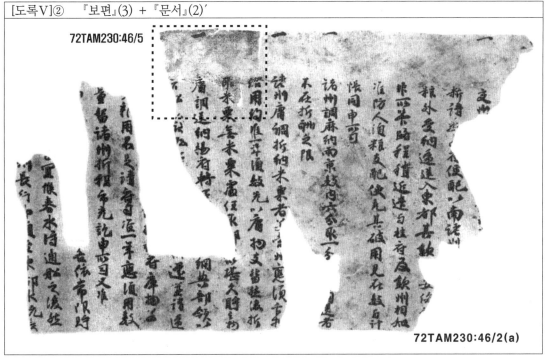

72TAM230:46/5

72TAM230:46/2(a)

【부록】목록

1. [문서] …… 인용문서 도판
2. [표] …… 문서자료 표
3. [부표]
4. [부도]

1. [문서] …… 인용문서 도판

[문서1: 關文] 개원 21년 서주도독부 창조사가 호조사로 보낸 關文과 처리 과정

[문서2: 牒文] 개원 2년 서주도독부 병조사가 포정부에 하달한 牒文과 처리 과정

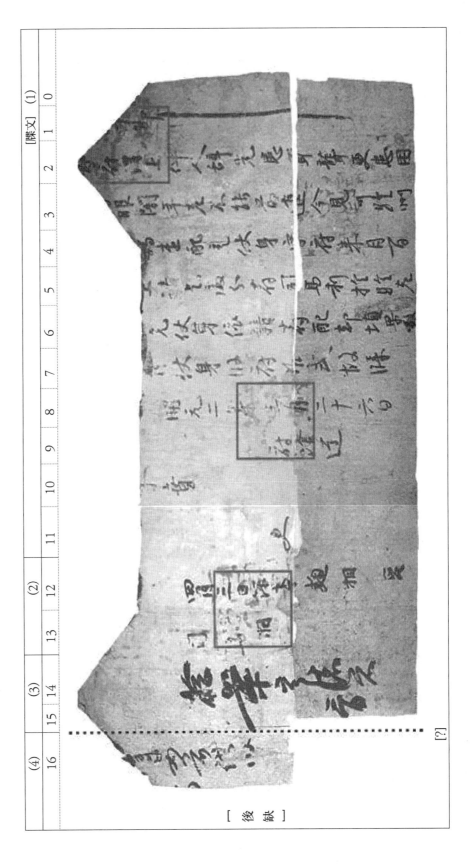

[後跋]

[문서4: 牒文]

西州都督府가 秦州로 보낸 牒文

[문서3: 牒文]

西州 高昌縣에서 柳中縣으로 보낸 牒文

[문서5 : 牒文] 西州都督府 法曹가 功曹로 보낸 牒文

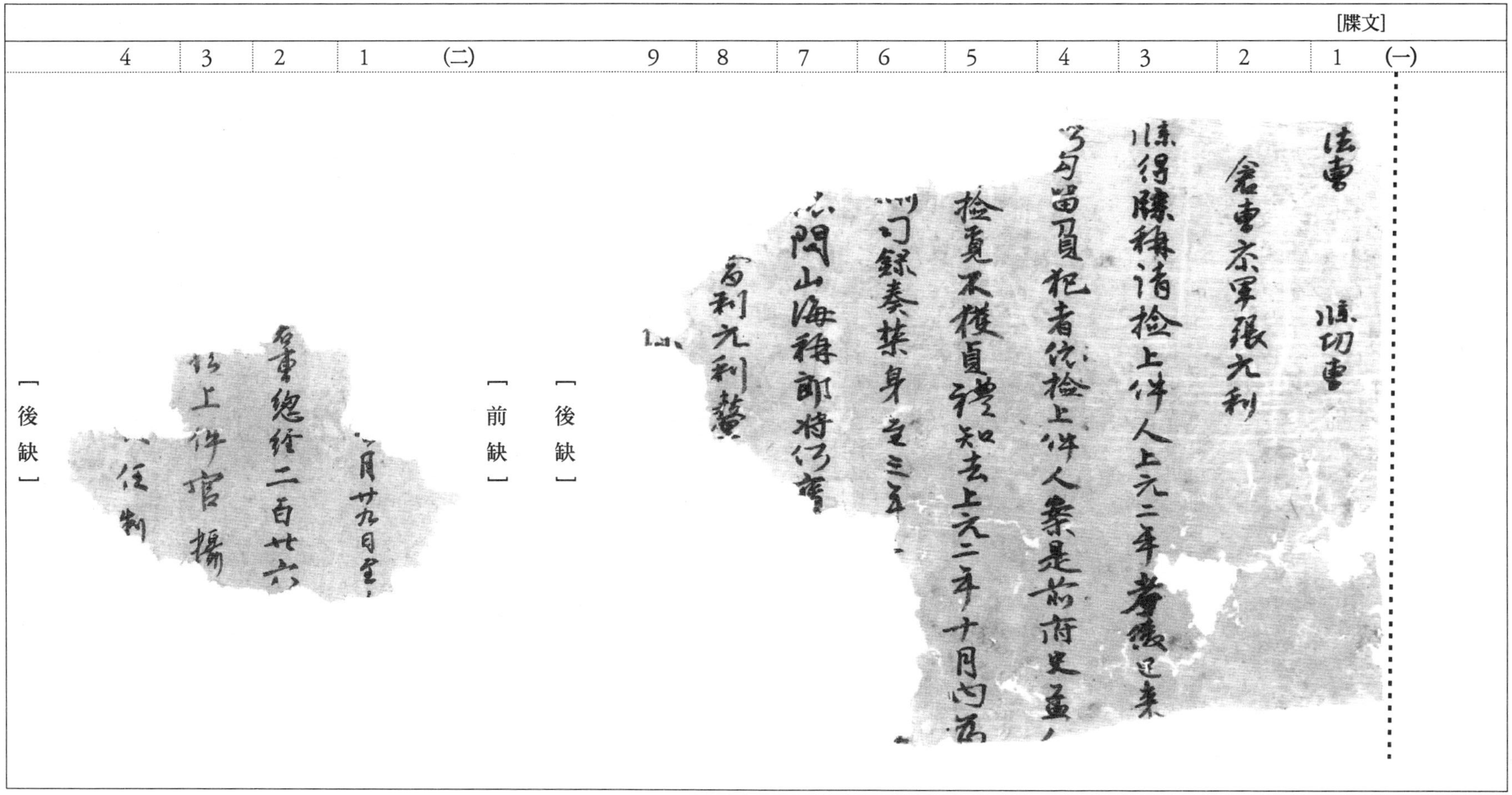

[문서6: 牒文] 西州都督府 功曹와 法曹 사이에 전달된 牒文

부록 1. 인용문서 도판 278

[문서7: 符文] 高昌縣이 太平鄕에 내린 符文

[문서8: 符文] 尙書省 比部가 西州都督府에 내린 符文과 처리 과정

[符文] (1)

[符文] (2)

[前　缺]

[後　略]

16	15	14	13	12	11	10	9	8	7	6	5	4	3	2	1

[문서9: 符文] 서주도독부가 蒲昌縣에 내린 符文과 처리 과정

[문서10: 符文] 尙書省에서 安西都護府, 都護府에서 交河縣으로 勅旨를 전달하는 符文

부록 1. 인용문서 도판 282

[문서11: 인권] 장안 3년(703) 沙州 敦煌縣에서 작성한 案卷

부록 1. 인용문서 도판 283

[문서12: 인권] 의봉 2년(677) 서주도독부 倉曹司가 작성한 案卷

부록 1. 인용문서 도판　284

[문서13: 문안] 交河縣에 하달된 勅旨를 처리하는 文案

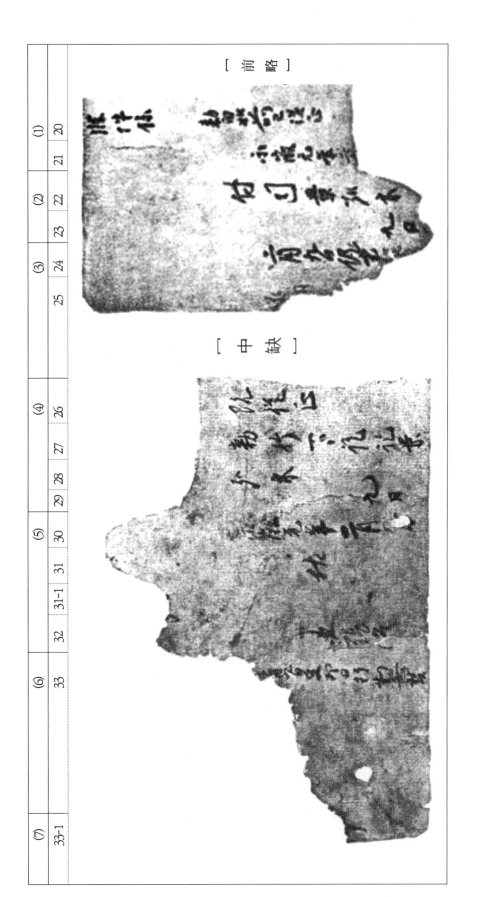

⑦	⑥	⑤	④	③	②	①
33-1	33	32	31-1	31	30	29	28	27	26	25	24	23	22	21	20

[前 略]

[中 缺]

[문서14: 인권] 개원 16년(728) 서주도독부 錄事司가 작성한 案卷

[前 缺]

[문서15: 인권] 關文의 발굴 과정

[前 略]

[後]

[後 缺]

[前 缺]

[後]

[後 缺]

[문서16: 문인 西州에서 하달된 旨符를 처리하는 文案 ([문서15]와 연접)]

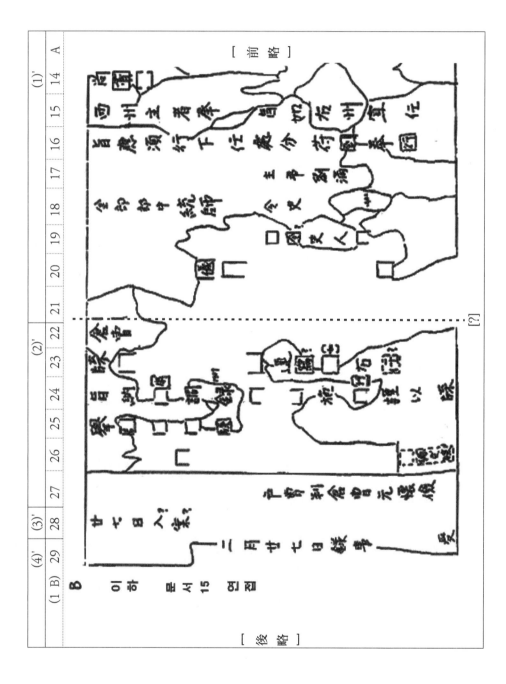

[문서17(나)] 정관 17년 문안 일부(구검)

[문서17(가)] 개원 22년 문안 일부(행판)

[圖]

[後缺]

[문서18: 解文] 神龍 원년(705) 천선현이 서주 병조사에 상신한 해문

[문서19: 안권] 總章 3년(670) 서주도독부가 尙書省 戶部에 상신하는 문서를 처리한 안권

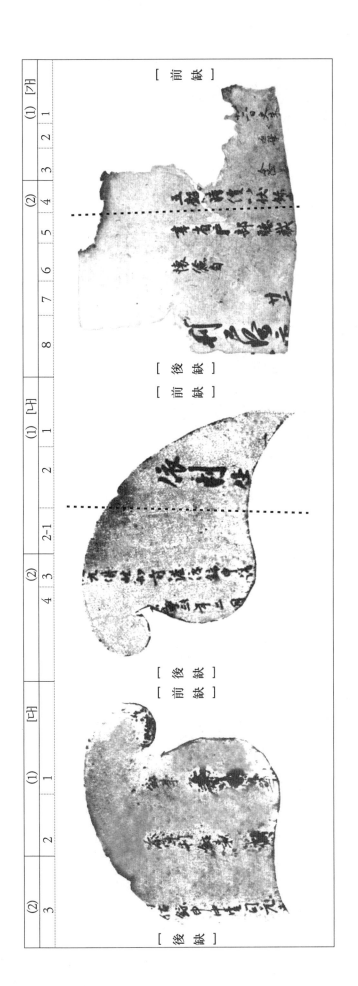

[前缺]

[後缺]

[前缺]

[後缺]

[前缺]

[後缺]

[文書20: 案卷] 서주도독부에서 과소 발급을 처리한 안권

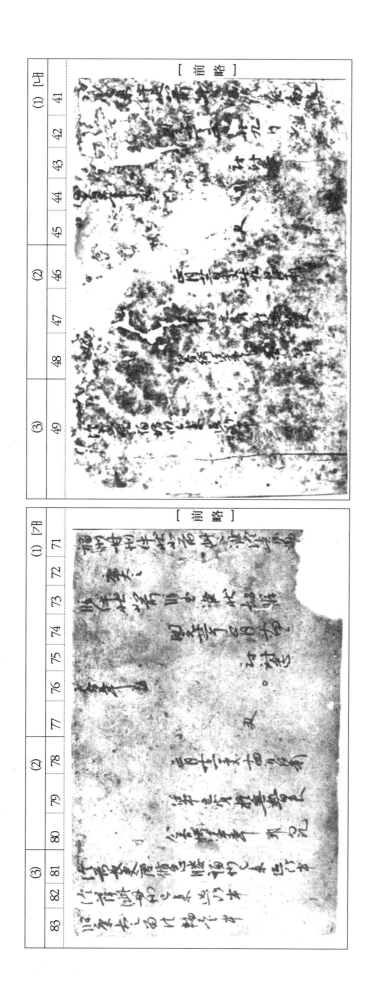

[문서21: 過所] 開元 2년(732) 瓜州都督府가 발급한 過所

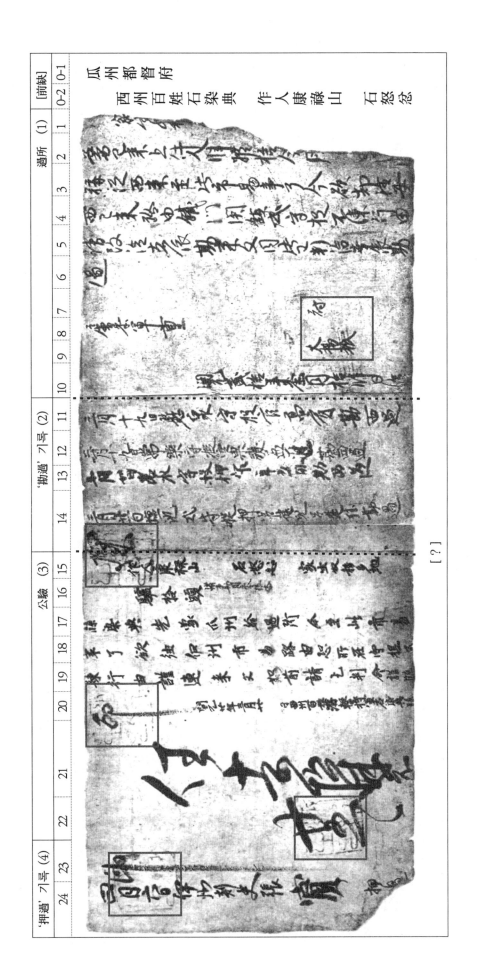

'押過' 기록 (4)		'勘過' 기록 (2)				過所 (1)										公驗 (3)									[前訣]		
24	23	14	13	12	11	10	9	8	7	6	5	4	3	2	1	22	21	20	19	18	17	16	15	0-2	0-1	

瓜
州
都
督
府

西 作 石
州 人 怨
百 康 怨
姓 謙
石 山
染
典

[?]

[문서22: 인권 「개원21년과소안권」의 구성

부록 1. 인용문서 도판 293

【문안1】《1》 [Ⅳ] 1 2 | [Ⅴ] (1) 3 4 5 | (2) 6

【문안2】 [Ⅰ] [闕文] (1) 7 8 9 10 11 12 13 14 15 16 17 18 19 20 | (2) 21 22 | [Ⅱ] (1) 23 24 25 26 27 28 | (2) 29 30 31 32 33 34 35

[前缺]

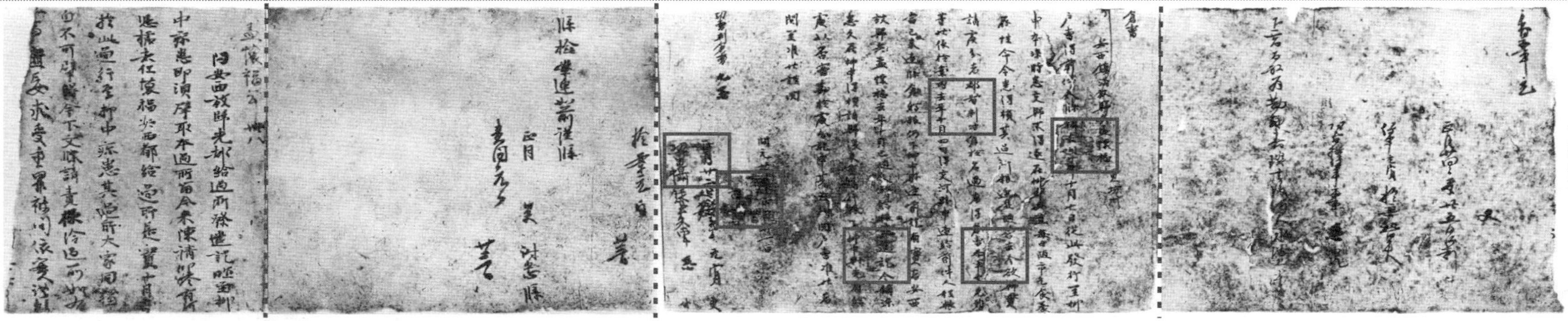

[中缺]

〈1〉 ①[?] 〈2〉 '西州都督府之印' (6곳) ②[元] 〈3〉 ③[元] 〈4〉

【문안2】《2》 ? 36 | [Ⅲ] 37 38 39 40 | [Ⅳ] 41 42 43 44 45 | [Ⅴ] (1) 46 47 48 | (2) 49

【문안3】 [Ⅰ] [解文] (1) 50 51 52 53 54 55 56 57 58 59 60 61 62 63 64 65 | (2) 66 | (1) 67

[前缺]

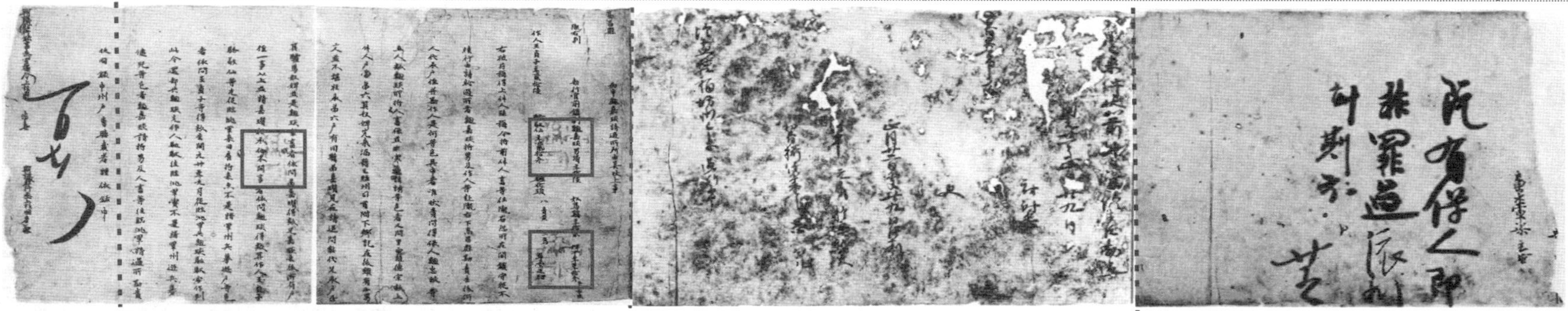

[中缺]

〈5〉 ④[元] 〈6〉 ⑤[元] 〈7〉 '高昌縣之印' (3곳) ⑥[庭]['高昌縣之印'] 〈8〉

[문안3] 《3》

[前缺]

[V]　68

〈9〉

[문안4]-1

[狀文](1)　77 76 75 74 73 72 71 70 69　[I]

〈10〉

(2)　80 79 78

〈11〉

(1)　84 83 82 81　[III]

〈11〉

(2)　96 95 94 93 92 91 90 89 88 87 86 85　(3)

〈12〉

[中缺]

⑦[元]　⑧[九]　⑨[九]

[문안4]-1 《4》

(4)　97

[前缺]

(5)　108 107 106 105 104 103 102 101 100 99 98　(1)

〈13〉

(6)　122 121 120 119 118 117 116 115 114 113 112 111 110 109　[III]

〈14〉

(7)　123　(8)　124

〈15〉

(9)　146 145 144 143 142 141 140 139 138 137 136 135 134 133 132 131 130 129 128 127 126 125

〈16〉

[中缺]

⑩[九]　⑪[九]　⑫[九]

【문안5】 【문안4】-2 《5》

[Ⅰ] [Ⅱ] [Ⅰ] [Ⅴ] [Ⅳ] [Ⅲ]

(1)' (3) (2) [狀文] (1) (2) (1)

188 187 186 185 184 183 182 181 180 179 178 177 176 175 174 173 172 171 170 169 168 167 166 165 164 163 162 161 160 159 158 157 156 155 154 153 152 151 150 149 148 147

[中缺]

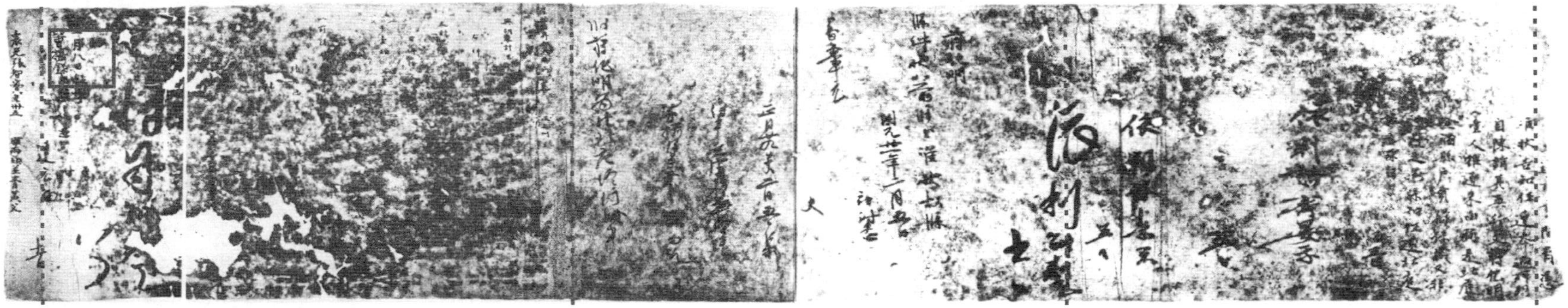

[前缺]

〈20〉 ⑯[元] '西州都督府之印' (1곳) 〈19〉 ⑮[元] 〈18〉 ⑭[元]['朱印'] 〈17〉 ⑬[元]

[문서23: 안권 행판과 조목의 관계]

297

▲ 인용 도판 출처

문서 1: 73TAM509:8/8(a), 「唐開元21年(733)西州都督府案卷勘過所事」, 『吐魯番出土文書』 肆, pp.282~283.

문서 2: 寧樂016, 「唐開元2年3月26日西州都督府牒下蒲昌府爲口守節年老改配伏身事」, 「日本寧樂美術館藏吐魯番文書」, pp.53~55.

문서 3: 72TAM230:95(a), 「唐西州高昌縣牒[柳中縣]爲申信鎭副系草諳事」, 『吐魯番出土文書』 肆, p.82.

문서 4: 馮國瑞舊藏文書, 「唐開元13年(725)西州都督府牒秦州坊恩人馬到此給草諳事」, 「吐魯番出土文獻散錄」 下, 圖版 10A・B・C, pp.11~13; 錄文 pp.464~466.

문서 5: 2004TBM207:1-12a・12b, 「唐上元3年(676)西州法曹牒功曹爲倉曹參軍張元利去年負犯事」, (一)・(二), 「新獲吐魯番出土文獻」 上, pp.72~73.

문서 6: 73TAM509:8/21, 「唐開元21年(733)西州都督府案卷勘過所事」, 『吐魯番出土文書』 肆, pp.291~293.

문서 7: 64TAM35:24, 「唐永淳元年(682)西州高昌縣下太平鄉符爲百姓按戶等貯糧事」, 「吐魯番出土文書」 參, p.487.

문서 8: OR 8212/529 (Ast.III.4.092), 「唐景龍3年(709)八月西州都督府承勅奉行等案卷」, 「斯坦因第三次中亞考古所獲漢文文獻(非佛經部分)」, pp.60~61.

문서 9: 64TAM29:90(a), 「唐垂拱元年(685)西州都督府法曹下高昌縣符爲掩劫私賊張爽等事」, 「吐魯番出土文書」 參, p.345.

문서 10: 73TAM221:55(a),56(a),57(a),58(a), 「唐貞觀22年(648)安西都護府承勅下交河縣符爲處分三衞犯罪納課達番事」, 「吐魯番出土文書」 參, pp.303~305.

문서 11: Ot.2835v, 「武周長安3年(703)敦煌縣案卷爲處分甘・涼・瓜・蕭所居停沙州逃戶事」, 『大谷文書集成』 壹, 圖版 120・121(124), 錄文 pp.105~106.

문서 12(가): Ot.2842, 「唐儀鳳2年(677)11月西州倉曹府史藏牒爲北館廚用醬柴付貫直事」, 『大谷文書集成』 壹, 圖版 15, 錄文 p.111~112.

(나): SH124-2, 「唐儀鳳2年(677)11月西州倉曹司以狀下市司及柳中縣牒」, 「中村集成」 中, p.272.

문서 13: 73TAM221:59(a),60(a), 「唐永徽元年(650)安西都護府承勅下交河縣符」, 「吐魯番出土文書」 參, pp.310~311.

문서 14: Ot.5839, 「唐開元16年(728)5・6月西州都督府案卷爲勘給諸紙事」, 『大谷文書集成』 參, 圖版9, 錄文 pp.207~209.

문서 15: Ot.1427外 多件, 「唐儀鳳3年(678)度支奏抄・4年(679)金部旨符」, 大津透, 「唐律令制の財政構造」, pp.45~48.

문서 16: 上同

문서 17(가): 73TAM509:23/6-1, 「唐開元22年(734)西州下高昌縣符」, 「吐魯番出土文書」 肆, p.316.

(나): 72TAM209:91(a), 「唐貞觀17年(643)符爲聚麥妻安事」, 「吐魯番出土文書」 參, pp.317~318.

문서 18: OR.8212/557(Ast.III.4.095), 「唐神龍元年(705)天山縣錄申上西州兵曹狀爲行馬在路致死事」, 「斯坦因第三次中亞考古所獲漢文文獻」①, pp.115~116.

문서 19: 64TAM29:93・94・123・122・119・121, 「唐總章3年(670)?]案卷爲五穀時占申送尙書省事」(一)~(六), 「吐魯番出土文書」 參, pp.342~344.

도서20[가]: 73TAM509:8/4-1(a),8/23(a),8/4-2(a), 「唐開元21年(733)唐益謙・薛光泚・康大之請給過所案卷」, 『吐魯番出土文書』 肆, pp.268~274.

[나]: 73TAM509:8/8(a),8/14(a),8/21(a),8/15(a), 「唐開元21年(733)西州都督府案卷爲勘給過所事」, 『吐魯番出土文書』 肆, pp.281~296.

도서21: 73TAM509:8/13(a), 「唐開元20年(732)瓜州都督府給西州百姓遊撃將軍石染典過所」, 『吐魯番出土文書』 肆, pp.275~276.

도서22: [도안1]~[도안5] 73TAM509:8/8(a),8/14(a),8/16(a),8/21(a),8/15(a), 「唐開元21年(733)西州都督府案卷爲勘給過所事」『吐魯番出土文書』 肆, pp.281~296.

도서23[가]: 73TAM221:60(a), 「唐永徽元年(650)安西都護府勅下交河縣符」, 『吐魯番出土文書』 参, p.311.

[나]: P.3714v, 「唐總章2年(669)8月敦煌縣案卷爲勘還送使還請定贓事」, 『法國國家圖書館藏敦煌西域文獻』 第27冊, p.57.

299

2. [표] …… 문서자료 표

[표1] 關式 문서와 관련 문서

△ 關式 규정

No.	문서이름	문서번호	출처	내용
○	唐開元公式令殘卷, '關式'	P.2819		『法藏』18, pp.363~364. TTD I, pp.29~31. * 劉俊文, p.222.

I. 關式 문서

No.	문서이름	문서번호	출처	발문서	수문서	문미 상용구	관인 (날인 숫자)
1	唐貞觀23年(649)安西都護府戶曹關爲車脚價練事	73TAM210:136/5	『吐』參, p.36	安西都護府 戶曹	?	"□□取訖. 謹關."	'安西都護府之印' (3)
2	唐永徽5年至6年(654~655)安西都護府案卷爲安門等事 (→案卷의 일부)	① 2006TZJI:197,013,001	『新獲』下, p.305	安西都護府 戶曹	倉曹	"□□□彼量刾. 謹關."	'安西都護府之印' (7)
		② 2006TZJI:010,015,016,017	『新獲』下, p.306	安西都護府 錄事司	倉曹	"……□□. 謹關."	'安西都護府之印' (5)
3	唐顯慶5年(660)殘關文	64TAM19:40	『吐』參, p.265	?	?	"『件狀如前, 今以狀關』"	?
4	武周長安4年(704)關爲法曹處分事	66TAM360:3-1	『新出吐』, 圖79, p.457 錄 p.95	?	法曹	"□狀關, 關至准狀□"	朱印 [印文불명] (1)
5	武周天冊萬歲2年(696)1月4日關	MIKIII 172	* Nishiwaki, 圖10, p.68 * 榮·史, pp.411~412	?	?	"□件狀如前, 今□, ″至准 勅, 謹關."	?
6	唐開元21年(733)西州都督府案卷爲勘給過所事 (→案卷의 일부)	73TAM509:8/8(a)	『吐』肆, pp.282~283	西州都督府 倉曹	戶曹	"□關至准狀, 謹關."	'西州都督府之印' (6)
7	唐開元22年(734)西州都督府致遊弈首領遷斯拂斯關文爲計會定人行水澆溉事	73TAM509:23/2-1	『吐』肆, p.315	西州都督府 倉曹(?)	戶曹	"□關至准狀, 謹關."	'西州都督府之印' (3)

II. 關式 관련 문서

No.	문서이름	문서번호	출처	소재 문서		문서내용
8	唐儀鳳3年(678)度支奏抄·4年(679)金部旨符	Ot.1427+……	* 大津透, pp.47~48	案卷	判案(判文)	"准 旨 昌下五縣, 關戶曹▢"
					行判	"戶曹: 件狀如前. 關至准狀, 謹關"
					抄目	"下高昌等五縣, 關戶曹▢"
9	唐西州殘判文	Ot.3154	『大谷』貳, 圖31, p.143 * 陳·劉	案卷	判案(判文)	"▢各關牒下所由, 准▢"
10	唐官文尾習書	Ot.3003	『大谷』貳, 圖27, p.1 * 陳·劉, p.124	案卷	行判(習字)	"司戶: 件狀如前. 關至准狀, 謹關."
11	唐開元21年(733)推勘天山縣車坊䭾才死牛及孳生牛無印案卷	73TAM509:8/24-1(a)	『吐』肆, p.301	案卷	抄目	"關兵曹爲天山坊死牛皮事."
12	唐與信倉曹關爲新印馬譜料事	72TAM188:66	『吐』肆, p.44	案卷	抄目	"關倉曹爲日坡等營新印馬譜料, 准式拜牒營檢領事."
13	唐[貞觀19年(645)]安西都護府殘牒	73TAM210:136/3-1(a)	『吐』參, pp.42~43	縣文 中		"▢關至准 勅▢, 故關牒"
14	唐永徽4年(653)8月安西都護府史孟貞等牒爲勘印事(七)	2004TMM102:42c+42b	『新獲』上, p.109	縣文 中		"▢當條爲關倉·土·戶三曹給使▢"
15	唐西州高昌縣牒鹽州和信鎭副孫思▢爲到給此料草譜事	72TAM230:95(a)	『吐』肆, p.82	縣文 中		"▢柳中縣被州牒, 得交河縣牒稱, 得司兵關, 得天山已西縣, 遞▢"
16	唐龍朔3年(663)西州高昌縣下寧戎鄕符爲當鄕次男侯子隆充侍及上烽事	60TAM325:14/2-1(a), 14/2-2(a)	『吐』參, p.102	符文 中		"▢□式, 關司兵任判者. 今以狀下, 鄕宜准狀, 符到奉行."
17	唐開元末年西州高昌縣上西州戶曹爲錄申刈蒿苜蓿秋菱數事	73TAM509:23/8-1, 8-2	『吐』肆, p.322	解文 中		"▢錄申州戶曹, 仍關司兵准狀者. 縣已關司兵訖. 謹依錄申."
18	唐西州事目(一)	64TKM2:18(a)	『吐』肆, p.374	事目 中		"法曹關爲囚死▢ / □□關給防人陳慕▢等十二月粮事."

[표2] 符式 문서와 관련 문서

△ 符式 규정

	문서이름, '符式'	문서번호	출처	내용
○	唐開元公式令殘卷, '符式'	P.2819	『法藏』18, pp.363~364. TTD 1, pp.29~31. * 劉俊文, pp.222~223.	

I. 符式 문서

No.	문서이름	문서번호	출처	발급자	수급자	관인(날인 숫자)	유형
1	唐調露2年(680)七月東都尙書吏部符爲申州符闕員事	2004TBM207:1-3, 1-7, 1-11g.	『新獲』上, pp.81~82 * 史睿, pp.284~285	東都 尙書吏部 (計會)	某州 (西州都督府?)	'東都尙書吏部之印' (多)	(I)-① '省符'
2	唐景龍3年(709)九月西州都督府承勅奉行等案卷	OR.8212/529 (Ast.III.4.092)	『斯』①, pp.60~61 * 陳國燦, pp.271~273	尙書省 比部	西州都督府 戶曹	'尙書比部之印' (1)	
3	唐開元5年(717)前後尙書省戶部下沙州符爲長流人事	Πx.02160vb	『俄藏』9, p.54 * 管俊璋, p.2	尙書省 戶部	沙州	'尙書戶部之印' 正·配 (2)	
4	唐垂拱元年(685)西州都督府法曹下高昌縣符爲掩劫賊張爽等事	64TAM29:90(a)	『吐』參, p.345	西州都督府 法曹	高昌縣	'西州都督府之印' (2)	(I)-② '州符'
5	唐開元14年(726)沙州敦煌縣勾徵懸泉府馬社錢案卷	P.3899V	『法藏』29, pp.126~131 『眞蹟』四, pp.433~434	沙州 司戶	敦煌縣	'沙州之印' (多)	
6	唐西州都督府符爲州學生牛某補職高昌縣事	OR.8212/549 (Ast.004)	『斯』①, p.89 * 陳國燦, p.395	西州都督府	高昌縣	'西州都督府之印' (1)	
7	唐下高昌縣符	64TAM20:43(a)	『吐』參, p.480	?	高昌縣		
8	唐下前庭縣殘符文	Ot.5369	『大谷』參, p.151	?	前庭縣		
9	唐龍朔3年(663)西州高昌縣下武城鄕符爲上峰事	64TAM325:14/5-1(a), 14/5-2(a)	『吐』參, p.101	西州 高昌縣	武城鄕	'高昌縣之印' (1)	(I)-③ '縣符'
10	唐龍朔3年(663)西州高昌縣下寧戎鄕符爲當鄕灰男辰子隆无侍及上峰事	60TAM325:14/2-1(a), 14/2-2(a)	『吐』參, p.102	西州 高昌縣	寧戎鄕	'高昌縣之印' (3)	
11	唐永淳元年(682)西州高昌縣下太平鄕符爲百姓按戶等貯糧事	64TAM35:24	『吐』參, p.487	西州 高昌縣	太平鄕	'高昌縣之印' (5)	
12	唐永淳元年(682)西州高昌縣下某鄕符爲差人事	64TAM35:18	『吐』參, p.489	西州 高昌縣	某鄕	'高昌縣之印' (多)	
13	唐西州高昌縣下太平鄕符爲檢兵孫海藏患狀事	64TAM35:19(a)	『吐』參, p.488	西州 高昌縣	太平鄕	'高昌縣之印' (多)	
14	唐下交河縣符 ⇒ 唐交河縣符下	73TAM214:168	『吐』參, p.160	西州 交河縣	某鄕(?)	'高昌縣之印' (多)	

번호	문서명	문서번호	출전	西州都督府	軍團	印·비고
15	唐咸亨3年(672)西州都督府下軍團符	72TAM201:25/1	『吐』參, p.258	西州都督府	軍團	'西……府之印' (3)
16	武周長壽2年(693)天山府殘牒 ⇒ 武周長壽2年天山府殘符	73TAM509:19/16	『吐』肆, p.251	天山府	?	
17	武周天山府符爲追校尉已下竝團佐等分番到府事	73TAM509:19/14	『吐』肆, p.251	天山府	某團	'右玉鈐衛天山府之印' (2)
18	武周天山府殘文書 ⇒ 武周天山府殘符	73TAM509:19/18	『吐』肆, p.260	天山府	?	(Ⅰ)-④ '軍府符'
19	武周天山府下張父團帖爲新造幕事 ⇒武周天山府下張父團爲新造幕事	73TAM509:19/2	『吐』肆, p.252	天山府	張父團	
20	武周軍府符爲番兵到州事 +武周天山府下張父團帖爲出軍合諳飯米人事 (4~10행)	73TAM509:19/13+19/9 *達谿	『吐』肆, p.255+p.254	軍府	?	
21	唐殘符	73TAM206:42/6	『吐』貳, p.303	?	?	
22	唐貞觀22年(648)安西都護府承勅下交河縣符爲處分三衛犯私罪納課違番事	73TAM221:55(a),56(a)57(a),58(a)	『吐』參, pp.303~305	[勅旨] 尙書省 兵部 / 安西都護府 兵曹	安西都護府 兵曹 / 交河縣 司法	* 交河縣에서 勅旨를 처리한 案卷
23	唐永徽元年(650)安西都護府承勅下交河縣符	73TAM221:59(a),60(a)	『吐』參, pp.310~311	[勅旨] 尙書省 慶部 / 安西都護府 兵曹	安西都護府 兵曹 / 交河縣	* 交河縣에서 勅旨에 따라 조치를 결제한 案卷
24	唐麟德3年(666)東都中臺下西州都督府符	73TAM518:2/5(a)	『吐』參, p.449	[勅] 東都 中臺	西州都督府	* 西州都督府에서 조치를 결제한 案卷
25	唐儀鳳3年(678)度支奏抄·4年(679)金部旨符	Ot.1427+……	大津透, pp.45~48	[奏抄→旨] 尙書省 金部	西州 倉曹 :縣에 符文 計탐	* 西州都督府 倉曹에서 조치를 결제한 案卷

(Ⅱ) '旨符' (rows 22~25)

II. 符式으로 오인된 문서

No.	문서이름	문서번호	출처	소재문서		문서내용
26	唐永徽5年(654安西都護府符下交河縣爲檢函呈□等事	2006TZJI:008,003	『新獲』下, p.303 *劉安志	案卷	行判	"[交]下縣: 伴狀如前. 今以狀[ ] /准狀, 符到□"
27	唐開元22年(734)西州下高昌縣符	73TAM509:23/6-1	『吐』肆, p.316	案卷	行判	"高昌縣主者: 伴狀如前, 縣宜准狀, 符到奉行"
28	唐天寶8載(749)2月交河郡下蒲昌縣符	上圖019	『上圖』1, p.133 *榮·史, p.523	案卷	行判	"□主者: 伴狀如前, 縣宜准狀, 符到奉行." □句 ⇒ 6句 ：，三月廿七日[行]□
29	唐天寶8載(749)3月交河郡下蒲昌縣符	Peald 1a1(G063)	* Bullitt, 圖10b, p.21 * Chen, pp.103~104 *榮·史, p.525	案卷	行判	"蒲昌縣主者: □句 ⇒ 6句 ："符到奉行" ：受, 其月□
30	唐某年某月23日符	2006TZJI:048	『新獲』下, p.345	案卷	行判	"符到奉行. / □□月廿三日"
31	唐貞觀17年(643)符爲聚妻妾事	72TAM209:89,91(a)	『吐』參, pp.317~318	案卷	勾檢	(二) 符文인 근거 없음
32	唐殘符	67TAM91:20(a)	『吐』參, p.5	案卷	勾檢	(二) "閏六月六日受符, 其月廿五日[日行判]."
33	唐龍朔3年(663)西州高昌縣下寧昌鄕符當鄕 白丁侯□隆充侍事	60TAM325:14/3-1(a), 3-2(a),6-1(a),6-2(a)	『吐』參, p.103	案卷		"七月十七日受符, □" 變辭을 표시함 ⇒ 牒文을 처리한 案卷 일부

III. 符式 관련 문서

No.	문서이름	문서번호	출처	소재문서		문서내용
34	唐儀鳳2年(677)11月西州倉曹司以狀下市司及柳中縣牒	SH124-2 [中村]004(3)(4)	『書道』中, p.272 *陳·劉, p.487	行判	종	"柳中縣主者, 伴狀如前, 符到奉行."
35	武周長安3年(703)3月沙州敦煌縣陳牒爲錄事董 文徹勸課百姓營田判下鄕事	Ot.2836V	大谷』壹, pp.107~108	行判	종	"下十一鄕, 伴狀如前, 今以狀下鄕, 宜准狀, 符到奉行."
36	唐景龍2年(709)12月至景龍4年(710)正月西州高昌縣處分田畝案卷	75TAM239:9/1(a)-19(a)	『吐』參, pp.554~566	行判	종	"寧昌等鄕主者: 伴狀如前, 符到奉行." □
37	唐開元21年(733)下天山縣殘牒	73TAM509:23/9	『吐』肆, p.299	行判	종	"天山縣主者: 伴狀如前, 縣宜准狀. □"
38	唐開元22年(734)楊景璿爲父赤亭鎭將楊嘉 麟請田出租請給公驗事 (二)	73TAM509:23/3-2	『吐』肆, p.314	行判	종	"……准狀. 符到奉行."
39	唐開元23年(735)西州都督府案卷	LM20-1415r	『旅順』32, pp.138~139	行判	종	"……□伴狀如前, 縣宜准狀, 符到奉行"
40	唐天寶年間交河郡案卷	LM20-1446-03	『旅順』32, pp.144	行判	종(?)	"……[狀], 符到奉行□"
41	唐符到奉行案尾	OR.8212/600 Kao.091	『斯』①, p.154 *陳國燦, p.420	行判	종	"……到奉行"

번호	제목	문서번호	출전	구분	否/受發	비고
42	唐開耀二年(682)寧戎驛長康才藝爲牒爲處分次番驛丁事	67TAM376:01(a)	『吐』參, p.290	牒文	否	"符下配充"
43	唐安西都護府倉曹奉兵部符殘牒	72TAM157:10/1(a)	『吐』參, p.550	牒文	否	"[安西都護府]倉曹被符奉…牒被兵部符"
44	唐西州高昌縣勘勘職田,公廨田牒	73TAM221:37,65	『吐』參, p.309	牒文	否	"准符牒知…便勘申州訖"
45	武周君住牒爲岸頭府差府兵向磧石及補府史符事	73TAM509:19/6(a)	『吐』肆, p.256	牒文	否	"…申州解, 曹司判訖, 未出符"
46	唐開元2年(714)2月3日蒲昌縣牒爲樹爲人身死事	寧樂1	『寧樂』, p.27	牒文	否	"…勘責符同, 牒上州…" * "蒲昌縣之印"
47	唐開元2년(714)2月30日西州都督府下蒲昌府牒爲差替人番上事	寧樂3	『寧樂』, p.29~31	牒文	否	"…今被符, 云是□" * "西州都督府之印"
48	唐開元2年(714)3月1日蒲昌縣牒爲衛士麴義湯母郭氏身亡准武喪服事	寧樂11	『寧樂』, pp.42~44	判文 / 牒文	否 / 否	"…今更□□□符牒…" / "…勘責符同, 牒上州" * "蒲昌縣之印"
49	唐永徽三年(652)賢德失馬陪徵牒	73TAM221:62(a)	『吐』參, p.313	判文	否	"賢德失馬, 符令陪備."
50	唐開元2年(714)閏2月4日蒲昌府折衝都尉王溫玉自住臨川城巡檢判	寧樂7	『寧樂』, p.38	判文	否	"…准符牒□"
51	唐開元2年(714)8月蒲昌府賀方判抽突播烽兵向上薩捍烽候望事	寧樂30	『寧樂』, p.30	判文	否	"隊副高行嫌符下授官訖…"
52	唐某年3月史氾通牒判爲西州長行馬因患死致死事	有鄰館50	* 藤枝晃, p.32	判文	否	"西州長行馬因患死者, 同符同. 牒西長行坊准式其肉錢及皮, 付所由依領附."
53	唐府高思牒爲申當州少雨事	73TAM509:23/5	『吐』肆, p.325	判文	否	"准符, 不在申限記"
54	唐開元19年(731)正月～3月西州天山縣到來符帖目	Ot.3476,3479,3478,3471,3481,3473,3474.	『大谷』貳, pp.103~110 / 『籍帳』, pp.359~362	事目曆	受文曆	* "天山縣之印"
55	唐開元19年(731)正月西州岸頭府到來符帖目	Ot.3477,3472,3475	『大谷』貳, pp.104~108 / 『籍帳』, pp.357~358	事目曆	受文曆	* "右領軍衛岸頭府之印"
56	唐天寶年間(?)敦煌郡牒文抄目及來符事目曆	S.2703/3·4	『英藏』4, p.200 / 『眞蹟』四, pp.472~474 / * 郝春文, pp.472~478	事目曆	受文曆	"…:符奉 勅·旨·制□爲…事"
57	唐西州某縣事目	73TAM518:3/3	『吐』參, pp.457~467	事目曆	受文曆	
58	唐開元元年間西州都督府諸曹符帖事目曆	OR.8212/520 (Ast.I.4.018)	『斯』①, pp.54~55 / * 陳國燦, pp.168~171	事目曆	發文曆	
59	唐殘事目	Ot.3382	『大谷』貳, p.87 / * 陳·劉, p.169	事目曆		

[표3] 官文書 유형과 行判, 抄目의 관계

I. 關式 문서 관련

No.	문서이름	문서번호	출처	처리 관서	행판	抄目
1	唐儀鳳3年(678)度支奏抄・4年(679)金部旨符	Ot.1427~	* 大津透①, pp.45~48	西州都督府倉曹司	C 1 高昌等五縣主者: 伴狀如前, 今以狀 2 [下], 縣]官准狀, 符到奉行. 3 戶曹: 伴狀如前, 關至准狀, 謹關. 4 儀鳳四年二月廿七日	11 下高昌等五縣, 關戶曹 12 □前件
2	唐文尾習字	Ot.3003	『大谷』貳, 圖 27; 錄 p.1	?	1 司戶: 伴狀如前, 關至准狀, 謹關. 2 □, 伴狀如前, 以狀關, 牒至准狀, 謹牒.	缺
3	唐開元21年(733)西州都督府案卷爲推勘天山坊車坊竝草敏才死牛皮等及孳生牛無印事(一)	73TAM509:8/24-1(a)~	『吐』肆, pp.301~309	西州都督府戶曹司	缺	3 關, 兵曹爲天山坊死牛皮事 4 下天山縣爲牛兩頭死無印, □ 5 牒, 王恭爲出案勅你
4	唐與倉曹關爲新印馬譜料事	72TAM188:66	『吐』肆, p.44	西州都督府	缺	2 關, 倉曹爲日城等營新印馬譜料准式, 幷牒 3 □營檢領事

II. 牒式 문서 관련

No.	문서이름	문서번호	출처	처리 관서	행판	抄目
1	唐龍朔2・3年(662・663)西州都督府案卷爲高支籍哥運隊哥讓部落事(一).(三)	2006TZJI:114~	『新獲』, pp.308~315.	西州都督府戶曹司	(1)2 □, 伴狀如前, 牒至准狀, 謹牒. 3 [龍朔二年]□月十五日 (3) 缺	11 □[牒爲]析處牛達官□□, 幷譯牒泥熱□□ 12 又 牒庭州及安西[□處分事 42 西州都督府[附]□[燕然]都護府 壹爲領大漠都督[附](?)
2	唐總章2年(669)8月・9月敦煌縣案卷爲傳馬坊馬驢事	P.3714v	『法藏』27, pp.52~58.	敦煌縣司法	111 馬坊: 伴狀如前, 牒至准狀, 故牒. 112 總章二年八月廿五日	117 前官楊迪隊爲夏惡等馬送使還, 請定膚事.

No.	文書名	出典	機關	行	番號·內容
3	唐儀鳳2年・3年(677・678)西州都督府倉曹府案卷爲北館廚嗣卹蔚莿・柴・醬等請酬價直事	SH124-2 / *『大津透②』, pp.243~296.	西州都督府倉曹司	1 市司：件狀如前，牒至准狀，故牒。柳中縣主者：件狀如前，符到奉行。 2 / 3 儀鳳二年十一月廿三日	10 牒，市司爲勘醬估報事。 11 下柳中縣爲供客用門夫採供事.
		Ot.4895 / *『大津透②』, pp.243~296.	上同	1 [別]頭：件狀以前，牒至准狀，謹牒。 2 儀鳳二年十二月廿三日	缺
		SH177上-2 / *『大津透②』, pp.243~296.	上同	13 別頭：件狀如前，牒至准狀，謹牒。 14 儀鳳三年五月九日	缺
4	武周長安3年(703)敦煌縣案卷爲處分甘涼甘肅所居客居岸沙州逃戶事	Ot.2835v / 『大谷③』圖120・121(124); 錄 pp.105~106.	敦煌縣司戶	34 牒，上括逃御史，件狀如前，今以狀牒， 35 狀， 36 牒，上涼甘肅瓜等州，件狀如前， 37 ∽至准狀牒， 38 今以狀牒，謹牒。 長安三年三月十六日	45 牒，爲括逃使牒，諸牒上御史，拜牒：涼甘肅瓜等州事
5	唐景龍3年(709)12月至景龍4年(710)正月西州都督府案卷爲處分田畝事	72TAM239:9/1(a)~ / 『吐⑧參』, pp.554~566 / *『荀龍祥, 2020, p.59 & pp.64~65	西州高昌縣	缺 / 140 董耋頭口案 141 牒，件狀如前，牒至准狀，口口。 142 寧昌鄉主者：件狀如前，符到奉口。 143 景龍四年正月廿一日	21 下鄉爲耀孝逸口分除附事 127 下等昌等鄉爲追張□ 128 追董耋頭爲給口分之事. 129 牒行案爲□高屆富地事.
6	唐開元4年(716)玄覺寺牒三勝除附牒(二)	72TAM188:57 / 『吐⑧肆』, pp.35~36	某縣	1 玄覺寺 2 牒，件狀如□	4 牒，寺爲牒三勝□
7	唐天寶12載(753)2月・3月交河郡案卷爲天山縣車坊新生犢事	『考古記』圖31~32; 荀龍祥 pp.67~68, pp.32~33. 錄	交河郡戶曹司	1 □牒[至]准狀，故牒 2 [天寶]十二載三月十一日	9 □□□□□牛事
8	唐西窟寺殘牒(一)	72TAM188:59 / 『吐⑧肆』, p.37	?	1 西窟寺 2 牒，件狀如前，今	5 □□屆寺[爲]□
9	唐儀鳳2年(677)12月23日西州都督府案卷	Ot.4895 / 『大谷③』圖4; 錄 p.58	西州都督府倉曹司	1 如前，牒至准狀，謹牒。 2 儀鳳二年十二月廿三日	缺
10	唐儀鳳3年(678)西州都督府案卷	SH177上2+Ot.4896 / 『書道』下, p.131+; 『大谷③』, 圖5; 錄 p.38	西州都督府倉曹司	4 別頭：件狀如前，牒至准狀，謹牒。 5 儀鳳三年五月九日	缺

				文尾	內容
11	唐開元22年(734)府張場殘牒	73TAM509:23/1-4 『吐』肆, p.321	?	1 □牒, 件狀如前, 謹□ 2 開元廿二年十一月十六日	缺
12	唐天寶4載(745)2月16日案卷尾部	SH127 『書道』中, p.278.	?	4 烏將會 5 □件狀如前, 謹牒 6	缺
13	唐官文尾習字	Ot.3003 『大谷』貳, 圖27; 錄 p.1	?	天寶四載二月十六日 1 司戶: 件狀准狀, 關至准狀, 謹關. 2 □, 件狀如前, 以狀牒, 牒至准狀, 謹牒.	缺
14	唐開元8年(720)3月牒爲西州長行馬一匹致死事	有鄰館020 * 藤枝晃, 1956, p.26	北庭都護府(?)	缺	8 牒, 西州爲西州長行馬壹匹致死事
15	唐開元9年(721)長行坊爲馬料‧馬價事反列	S.8877D 『英藏』12, p.216	?	缺	3 牒, □爲待秋季已後, 減□□填□事
16	唐開元10年(722)2月某牧馬所驅子李貞仙牒爲洛下齲患事	有鄰館024 * 藤枝晃, 1956, p.18	?	缺	1 牒, 長行坊爲拜西州牧馬所爲准狀事
17	唐開元10年(722)3月牒爲西州長行坊爲西州齲馬事	有鄰館022 * 藤枝晃, 1956, p.16	?	缺	6 牒, 西州長行坊爲西州齲死事
18	唐開元21年(733)西州都督府案卷爲推勘天山縣車坊軍敏子死牛皮及牸生牛無印事(一)	73TAM509:8/24-1(a)~ 『吐』肆, pp.301~309	西州都督府 戶曹司	缺	3 關, 兵曹爲天山坊死牛皮事 4 下天山縣爲牛兩頭死無印□ 5 牒, 王恭爲出案功庫
19	[唐開元22年(734)前後]西州蒲昌縣上西州戶曹錄爲爲錄申判得旨帳秋茭數事	73TAM509:23/8-1‧8-2 『吐』肆, pp.322~323	西州都督府 戶曹司	缺	9 牒, 長行坊爲蒲昌縣送秋茭事
20	唐開元23己(735)西州都督府案卷	LM20-1405-03r 『旅順』32, p.84	西州都督府	缺	4 □系州倉粟立限徵納事 5 □爲准上事　牒: 正庫爲張讓□□ 6 □留物粟列分付事
21	唐天寶2年(743)交河郡市司狀爲估7月中旬時估事	Ot.4894+Ot.1012+Ot.1011 『大谷』參, 圖1; 錄 p.58+ 『大谷』壹, 圖19; 錄 p.3	交河郡 倉曹司	缺	6 □牒, 市司狀爲七月中旬時估事
22	唐某州某縣文尾	Ot.4892 『大谷』參, 圖17; 錄 p.57	?	缺	2 □□牒別案爲王慈順□□官事
23	唐西州長行坊牒北庭都護府爲長行馬死西州事	有鄰館018 * 藤枝晃, 1956, p.25	北庭都護府	缺	3 [牒?] 西州爲死馬皮肉錢, 先已送訖出[軍].

Ⅲ. 符式 문서 판건

No.	문서이름	문서번호 / 출처	처리 관사	행번	행문	행번	全号
1	唐儀鳳2年・3年(677・678)西州都督府倉曹司案卷爲北館廚酬・柴・醬等請酬價直事	SH124-2 大津④②, pp.243~296.	西州都督府倉曹司	1 2 3	市司: 仵狀如前, 陳至准狀, 故牒. 柳中縣主者: 仵狀如前, 符到奉行. 儀鳳二年十一月廿三日	10 11	牒, 市司爲勘醬估報事. 下柳中縣爲客秦用門夫採供事.
2	唐儀鳳3年(678)度支奏抄・4年(679)金部旨符	Ot.1427~ 大津①, pp.45~48	西州都督府倉曹司	C 1 2 3 4	高昌等五縣主者: 仵狀如前, 今以狀. [下], 縣宜准狀, 符到奉行. 戶曹: 仵狀如前, 關至准狀, 謹關. 儀鳳四年二月廿七日	11 12	下高昌等五縣, 關戶曹□ □前件
3	武周長安3年(703)3月沙州敦煌縣案卷爲勸課百姓營田判下鄉事	Ot.2836v 『大谷』壹, 圖 122・123 (125); 『錄』 pp.107~108.	敦煌縣司戶	26 27 28	下十一鄉, 仵狀如前. 今以狀下鄉, 官准. 狀. 符到奉行. 長安三年三月二日	35	牒, 爲錄事徹牒, 勸課百姓, 營田判下鄉事.
4	唐景龍3年(709)12月至景龍4年(710)正月西州都督府案卷爲處分田畝事	72TAM239:9/1(a)~ 『吐』參, pp.554~566 ＊ 肯龍祥, 2020, p.59 & pp.64~65	西州高昌縣	140 141 142 143	董毉頭□案 牒, 仵狀如前. 陳至准狀. □□. 寧昌等鄉主者: 仵狀如前, 符到奉□. 景龍四年正月廿一日	21 127 128 129	下寧昌爲雞孝逸口分除附事 下寧昌等五縣爲追張 追重毉頭爲給口分之事 牒爲案爲爲高囿屆當地事.
5	唐永徽5年至6年(654~655)安西都護府案卷爲安門等事	2006TZJI:196~	安西都護府倉曹司	26 27 28	[下]交河縣, 仵狀如前, 今以狀 准狀, 符到□ 永徽五年□□□ 缺	11 12	一爲分付倉督張隆信□□. 一爲下柳中縣□□□□.
6	唐開元21年(733)下天山縣殘牒	73TAM509:23/9 『吐』肆, p.299	西州都督府戶曹司	1 2	天山縣主者:仵狀如前, 縣宜准狀, [符到奉行] 開元廿一年□		缺
7	唐開元22年(734)西州下高昌縣符	73TAM509:23/6-1 『吐』肆, p.316	西州都督府	5 6	高昌縣主者:仵狀如前, 縣官准狀, 符到奉行 開元廿二年八月十三[日]		缺
8	唐開元22年(734)楊景牒爲父赤亭鎮將楊嘉麟曠田出租請給公驗事 (二), (三)	73TAM509:23/3-1,3-2, 3-3 『吐』肆, p.314	西州都督府戶曹司	(2)6 (3)1	□□□□准狀, □□□□月廿八日		缺
9	唐開元23年(735)西州都督府案卷	LM20-1415r 『旅順』32, pp.138~139	西州都督府	12 13	□者(?),仵狀如前,縣官准符,[符到奉行] 開元二十三年十二月十三日		缺

No.	문서이름	문서번호/출처	처리관서	내용		
				행정	조문	
10	唐某年某月23日符	2006TZJI:048 『新獲』下, p.345	?	1 / 2		[符]到奉行. / 口月廿三日
11	唐開元22年(734)西州高昌縣申西州都督府牒爲修堤堰事	73TAM509:23/1-1(a)·1-2(a)·1-3(a) 『吐』肆, pp.317~318	西州都督府	缺	17 下高昌縣爲修新興合內及□	
12	唐殘牒爲高昌縣差水子事	73TAM509:23/2-2 『吐』肆, p.327	西州都督府	缺	2 下高昌縣爲差水子一人處分訖申事	
13	唐下西州柳中縣殘文書爲勘達匪驛驛丁差行事	73TAM517:05/4(a) 『吐』壹, p.271	?	缺	5 下柳中縣勘達匪驛丁差行事	

IV. 案 처리 문서 관련

No.	문서이름	출처(문서번호)	처리관서	내용	
				행정	조문
1	唐開元7年(719)4月北庭案爲長行馬兩足患死帳欠准式事尾	有鄰館011 *藤枝晃, 1956, p.28	北庭都護府	1 開元七年四月九日	8 案爲長行馬兩足患死帳欠准式事
2	唐開元16年(728)西州都督府案卷爲請紙事	① Ot.5839 『大谷』參, 圖9; 錄 pp.207~209 ② 『考古記』圖2(1),32(4), 錄 pp.28~31 ③ Ot.5840 『大谷』參, 圖10; 錄 pp.209~210	西州都督府錄事司	16 開元十六年五月廿七日 / a. 開元十六年六月九日 / b.24 / 21 開元十六年八月十九日	23 案爲兵曹·法曹等司, 請黄紙准數分付事. / 5 案爲慶候司, 請六月料紙事. / 28 案爲朱那部洛檢領紙到事.
3	唐永徽元年(650)安西都督府承勅下交河縣符	73TAM221:59(a),60(a) 『吐』參, pp.310~311	西州交河縣	30 永徽元年二月[九日]	33 □□□□□□□事
4	唐開元10年(722)沙州長行坊馬料案	S.11458J 『英藏』13, p.289	?	缺	6 案爲待藏□物□支送事
5	唐開元22年(734)錄事王亮牒訴職田佃人欠交地子案卷(五)	73TAM509:23/4-6 『吐』肆, p.321	西州都督府	缺	(5)4 案爲錄事王亮地子任計會事
6	唐開元16年(728)前後西州請紙文書殘片(二)	Ot.4918 『大谷』參, 圖11; 錄 p.65	西州都督府	缺	(2)3 □□等請紙准給事.

[표4] 解式 문서의 작성

Ⅰ. 解式 문서

No.	문서이름	문서번호	출처	발문서처	수문서처	관인(날인수)	내용	
							관리 서명	주요 문구
1	唐開耀2年(682)西州蒲昌縣上西州都督府戶曹爲陳某爲車牛修造驛廳用軍糧事	73TAM517:05/1(a),(b)	『吐』壹, pp.268~269	蒲昌縣	西州都督府戶曹	'蒲昌縣之印'(7)	丞 惠 主簿判尉 龐禮 錄事 翟歡武	"……今以狀申." "都督府戶曹：伴狀如前，請裁，謹上."
2	唐[開耀2年](682)前後西州天山縣牒殘文書 唐[開耀2年前後]西州天山縣案卷續尾	72TAM204:20 72TAM204:37	『吐』貳, p.153 『吐』貳, p.154	天山縣	西州都督府法曹	'天山縣之印'(1) '天山□'(1)	(行)令 佐 關文獎 史	"都督府法曹：伴狀如前□"
3	唐垂拱3年(687)四月四日西州高昌縣上西州都督府戶曹爲申勘雷遭請裁事	Ot.4920	『大谷』參, 圖6; 錄p.65 *陳·劉, p.309	高昌縣	西州都督府戶曹	'高昌縣之印'(2)	(行)令 方/ (口)丞 元泰 尉	"都督府戶曹：伴狀如前，謹依錄申．請裁．案至戶曹□考"
4	唐[垂拱3年](687)前後高昌縣勘申應入考人狀	73TAM206:42/5	『吐』貳, p.303	高昌縣	西州都督府功曹(?)	'高昌縣之印'(2)	(行)令 方/ (行)丞 元泰 尉	"今以狀申……"
5	唐[高宗時期(?)]高昌縣上西州都督府兵曹殘文書	73TAM222:49	『吐』參, p.373	高昌縣	西州都督府兵曹	'高昌縣之印'(1)	令 闕	"都督府兵曹：……謹上." *異形(?)
6	唐神龍元年(705)交河縣上西州兵曹錄申爲長行馬致死事	OR.8212/557 Ast.Ⅲ.4.095	『斯』①, pp.113~114 *陳國燦, pp.245~247	交河縣	西州都督府兵曹	'交河縣之印'(3)	令 在州 / 丞 元楷 尉 使 / 錄事 張德行 佐 王智感 / 史 使	"……以狀錄申聽裁者，謹依狀申." "兵曹：伴狀如前，謹上."
7	唐神龍元年(705)天山縣錄申上西州兵曹爲長行馬在路致死事	OR.8212/557 Ast.Ⅲ.4.095	『斯』①, pp.115~116 *陳國燦, pp.255~257	天山縣	西州都督府兵曹	'天山縣之印'(7)	令 闕 / 丞 向州 主簿判尉 常思獻 錄事 案仁禮 佐 范立奘 / 史 向州	"天山縣 爲申州槽送使長行馬在路致死所由具上事" "今以狀申" "都督府兵曹：伴狀如前，請裁，謹上."
8	唐神龍元年(705)天山縣爲長行馬死致某戌事	OR.8212/560 Ast.Ⅲ.4.085	『斯』①, p.123 *陳國燦, pp.259~260	天山縣	西州都督府兵曹(?)	缺	主簿判尉 常思獻 錄事 向州	"今以狀申" "……依錄申．請裁，謹上."

번호	문서명	출전	縣	西州都督府 曹	縣印	官員	狀文
9	唐[神龍2年(706)前後]西州蒲昌縣爲申送健兒運小弟馬赴州馬赴州事	72TAM188:30	蒲昌縣	西州都督府兵曹(?)	'蒲昌縣之印' (3)	缺	"蒲昌縣 爲申送運小弟馬一疋赴州 具上事"
10	唐開元21年(733)西州高昌縣爲錄申州戶曹狀爲麴嘉琰壽過所事	73TAM509:8/16(a)	高昌縣	西州都督府兵曹	'高昌縣之印' (4)	(攝)令 沙安 (行)丞 才感	"高昌縣 爲申麴嘉琰壽過所由具" "狀上事" "錄申州戶曹, 聽裁者, 謹錄申."
11	唐開元21年(733)天山縣車坊申請印狀	73TAM509:8/11(a)	天山縣	西州都督府戶曹	'天山縣之印' (3)	令 闕 在州 尉 在州 佐 范度獎 / 錄事 / 史 在州	"今以狀申" "都督府戶曹: 件狀如前, 謹依錄申. 請裁, 謹上."
12	唐開元21年(733)推勘天山縣車坊翟敏才死牛及孳生牛無印案卷	73TAM509:8/4-1(a)·2·4·5·6, 73TAM509:8/2·8-1(a)·2(a)·4(a), 5(a)·6(a)	天山縣	西州都督府戶曹	'天山縣之印' (8)	令 闕	"天山縣 爲申推勘車坊孳生牛無印 [所]由具上事" "都督府戶曹: 件[]"
13	唐[開元21年(733)]天山縣申長運坊孳生牛狀	73TAM509:8/22	天山縣	西州都督府戶曹(?)	'天山縣之印' (1)	缺	"天山縣申長運坊孳生牛[]"
14	唐[開元21年(733)前後]西州天山場爲張天場兄請往北庭請天場事	73TAM509:8/5(a)	天山縣	西州都督府戶曹	'天山縣之印' (4)	令 停務 / 丞 使	"天山縣 爲申張天場兄請往北庭滿兄 錄具上事" "具狀錄申州戶曹, 聽裁者, 今以狀申"
15	唐開元22年(734)西州高昌縣申西州都督府陳爲差人夫修堤堰事	73TAM509:23/1-1(a)·1-2(a), 1-3(a)	高昌縣	西州都督府戶曹	'高昌縣之印' (6)	(行)令 處訥 (行)尉 白慶菊 錄事 []	"高昌縣 爲申修堤堰人[]" "都督府戶曹: 件狀如前, 謹依錄申. 請裁, 謹上."
16	唐開元22年(734)前後]西州高昌縣上西州戶曹符狀爲錄申刈得苜蓿秋交數事 + 唐史張知陵牒	73TAM509:23/8-1·14-3·14-4 ·8-2, 4-3 *李森煒 pp.65~66	蒲昌縣	西州都督府戶曹	'蒲昌縣之印' (2)	(守)令 惠[] (行)尉 [] 史 張知[]	"謹依錄申" "都督府......謹依錄申, 請裁, 謹上." "史 張知[]"
17	唐開元23年(735)西州高昌縣錄申州倉曹狀取蒲昌·柳中縣館田麥充營築城夫廩料請處分事	Ot.2829 『大谷』壹, 圖99; 錄 pp.102~103. 陳·劉* p.101	高昌縣	西州都督府倉曹	'高昌縣之印' (2)	缺	"錄申州倉曹, 請各下縣准狀者, 依錄申."

번호	문서명	문서번호	출전	縣	州/府	印	官員	인용
18	唐開元年間(713~741)敦煌縣爲考典案大祿納圖錢及經等事	S.6111v	『英藏』10, p.84 『眞蹟』四, p.366	敦煌縣	沙州 司戶(?)	"敦煌縣之印"(2)	缺	"[敦煌縣] 爲申考典案大祿納圖錢及經等具狀上事"
19	唐[開元年間(713~741)]西州柳中縣爲申當縣諸色馬疋帳	OR.8212/567 Ast.002~003	『斯』①, p.130 *陳國燦, pp.393~394	柳中縣	西州都督府 戶曹	"柳中縣之印"(2)	缺	"柳中縣 爲申□"
20	唐天寶3載(744)交河郡蒲昌縣上郡功曹牒爲錄送郡功執衣·官執衣·白直課錢事	73TAM228:30/1~30/4·31·35·32·36	『吐』肆, pp.197~198	蒲昌縣	交河郡 功曹	"蒲昌縣之印"(多)	(行)主簿判尉 宋仁釗 佐 刀抱農	"具狀錄申郡功曹, 仍勒所典隨解赴郡, 轍錄納者, 謹錄, 狀申."
21	唐天寶12載(753)2月·3月交河郡天山縣申車坊新生犢殘牒	『吐魯番考古記』圖33, pp.32~33	『籍帳』, p.478	天山縣	交河郡 戶曹	"天山縣之印"(5)	函 在郡 (行)尉判馬曹/錄事 在郡 佐 / 史 孫元祐	"具狀錄申郡戶曹, 聽處分者, 謹上."
22	唐天寶年間(742~755)交河郡倉曹爲錄納和糴數事 唐西州殘牒	OR.8212/530 (Ast.VIII2.020) OR.8212/534 (Ast.VIII2.016)	『斯』①, p.62 *陳國燦, p.314 / 『斯』①, p.64 *陳國燦, p.334	天山縣(?)	交河郡 倉曹(?)	"天山縣之印"(1)	錄事 □ (行)尉判戶曹 在郡 佐 裴小壽 史 張□	"[　]由如前, 請處分者, 具狀錄申郡,□"
23	唐儀鳳2年(677)10月16日西州北館廚典周建智牒爲在坊市得蒜·菁·柴等醬蔬直事	Ot.11035	『大谷』肆, 圖80; 錄 p.196 『編年』, p.99	某縣	西州都督府 倉曹(?)	"…縣之印"(1)	佐 焦隆貞 史 康智通	缺
24	唐儀鳳3年(678)4月西州高昌縣主簿判牒文尾	Ot.5178	『大谷』參, 圖6; 錄 p.150	高昌縣	?	"高昌縣之印"(1)	主簿判國□ 錄事 唐知□	缺
25	唐文明元年(684)西州高昌縣申爲流人權訊放置事	72TAM230:59(a),60(a)	『吐』肆, p.69	高昌縣	西州都督府 法曹(?)	"高昌縣之印"(2)	錄事 唐智宗	缺
26	唐開元21(733)唐益謙·薛光沘·康大之請給過所案卷	73TAM509:8/23(a)	『吐』肆, p.269	某縣	西州都督府 戶曹	缺	錄事 竹仙童 / 史 張度惟 佐 康才鑒 /	缺
27	唐開元23년(735)西州都督府案卷	LM-20-1411-02r	『旅順』32, p.116	?	西州都督府	缺	佐 楊忠禮 / 史 張瓊之	缺

No.	문서이름	문서번호 (출처)	某縣/府	발급 관사	印	佐 / 史	備考
28	唐上西州都督府殘牒	72TAM188:80(a) 『吐』肆, p.33	某縣	西州都督府	缺	佐 馮孝通 / 史 趙康禪	缺
29	唐官文書殘牒	Ot.3161 『大谷』貳, p.36	?		缺	錄事 向州	缺
30	唐天寶年間交河郡案卷	LM-20-1446-06 『旅順』32, p.145	?	交河郡	缺	錄事 王□ / 佐□	缺
31	唐西州前庭府牒爲申府史氾嘉慶訴前嘉慶迎送趙闪侍事	66TAM358:9/1:9/2~9/5(a) 『吐』肆, pp.180~181	前庭府	西州都督府兵曹	"左玉鈐衙前庭府之印"(1)	缺	"前庭府 爲申府史氾嘉慶訴東□ □迎送趙闪侍事"
32	唐開元21年(733)9月某折衝府申西州都督府解	『散錄』下 Asian Art Museum 1r	折衝府	西州都督府	?	折衝使 左果毅 行□ 毅 假	倉曹：件狀如前，謹依錄 / □□□□
33	唐天寶年間節度隨軍某解	羅奇梅藏 L.b 『散錄』下	軍府?	交河郡	缺	缺	□倉曹者，謹依錄申.

II. 行判과 解式 문서의 발급

No.	문서이름	문서번호 (출처)	처리 관사	내용	备考
1	唐總章3年(670)?某州案卷爲五穀時估申送向倉曹書事(三)~(六)	64TAM29:123,122,119,121 『吐』參, pp.342~344	西州都督府	(六)4 □元, 伴狀如前, 謹依錄申者, 請□ 5	(三)3 □時估, 錄申中中臺司元□ (四)2 □粟時估 (五)2 □米粟時估, 以狀錄申, 東□
2	武周證聖元年(695)殘牒	73TAM222:16 『吐』參, p.371	?	1 □[錄申]請裁], 謹□ 2 □□□□證聖元年三月廿九日	缺

[표5] 과소 발급과 과소 문서

I. 行判과 過所의 발급

No.	문서이름	문서번호 출처	처리 관사	내용 행판	내용 묘용
1	唐開元21年(733)西州都督府案卷爲唐益謙·薛光泚·康大之請給過所事	73TAM509:8/4-1(a),8/2-3(a),8/4-2(a) 『吐』肆, pp.268~274	西州都督府戶曹司	71 福州, 甘州: 伴狀如前, 此已准給者, 依勘過. 72 康大之 73 牒, 伴狀准前, 牒至准狀, 故牒. 74 開元廿一年正月十四日	81 給前長史唐循忠膝福州已來過所事 82 給薛光泚甘州已來過所事 83 陳康大之爲往輪臺事
2	唐開元21年(733)西州都督府案卷爲勘給過所事	73TAM509:8/8(a),8/14(a),8/21(a),8/15(a) 『吐』肆, pp.281~296	西州都督府戶曹司	41 坊州已來: 伴狀如前, 此已准給去, 依勘過. 42 開元廿一年正月廿九日 缺	6 下高昌縣爲勘麯嘉琰去後向人承後上事 49 給孟懷福坊州以來過所事 68 給麯嘉琰爲往隴右過所事

II. 과소 문서

No.	文書名	文書番號 / 典據	발급 官司	대상자	발급일시	수문자[목적지]	內容 과소 신청 내용	內容 묘의 상용구
1	唐開元二十年瓜州都督府判給西州百姓遊擊將軍石染典過所 附給西州百姓遊擊將軍石染典過所	73TAM509:8/13(a) 『吐』肆, pp.275~276.	瓜州都督府	石染典	개원20년(732)	安西已來	[上件人闕], "從西來, 至此市易畢了. 今欲卻往安西已來, 路由鐵門關, 鎮戍守捉, 不練行由, 請改給" 者.	辛 依勘來文同此, 已判給. 依勘過.
2	唐天寶七載敦煌郡給某人殘過所	K122:14 『文物』 1972-12.	敦煌郡	不明	천보7재(748)	不明	[?] "☐請改給"	不明
3	唐年某往京兆府過所	72TAM228:9 『吐』肆, p.199	不明	年某	不明	不明	[牒], "子將年☐☐☐府由關津不練, 謹連☐回 請改給過所"者.	准狀勘責同, 此已判給. 依☐
4	唐大中九年越州都督府給日僧圓珍過所	礪波護, 1993, p.695 『園城寺』1, pp.98~99	越州都督府	日僧 圓珍	大中9年(855)	上都已來路次,	[狀], "……今欲歷往兩京及五臺山等, 巡禮求法, 卻來此聽讀. 恐所在州縣·鎮鋪·關津·堰寺, 不練行由, 伏乞給往還過所" 者.	辛 此已給訖. 辛依勘過.
5	唐大中九年(855)尚書省司門給日僧圓珍過所	礪波護, 1993, pp.697~698 『園城寺』1, pp.98~99	尚書省司門	日僧 圓珍	大中9年(855)	詔·廣·兩府已來關防主者,	[萬年縣申], "今欲歸本貫勤省, 應往諸道州府巡禮名山·祖塔. 恐所在關津·守捉, 不練行由, 請給過所"者.	此正准狀. 符到奉行.

※ [표1]~[표5] 인용문서 출처 약칭

『考古記』 : 黃文弼, 『吐魯番考古記』(北京: 中國科學院, 1954), 北京: 線裝書局, 2009.

『吐』壹·貳·參·肆 : 唐長孺 主編, 『吐魯番出土文書』[圖版本] 第壹·貳·參·肆冊, 北京: 文物出
　　　　　　版社, 1992·1994·1996.

『新出吐』 : 柳洪亮, 『新出吐魯番文書及其硏究』, 烏魯木齊: 新疆人民出版社, 1997.

『新獲』上·下 : 榮新江·李肖·孟憲實 主編, 『新獲吐魯番出土文獻』 上·下, 北京: 中華書局,
　　　　　　2008.

『斯』① : 沙知·吳芳思 編, 『斯坦因第三次中亞考古所獲漢文文獻(非佛經部分)』 ①, 上海: 上海古籍
　　　　　　出版社, 2005.

『大谷』壹·貳·參·肆 : 小田義久 主編, 『大谷文書集成』 第壹·貳·參·肆卷, 京都: 法藏館,
　　　　　　1984·1990·2003·2010.

『旅順』 : 王振芬·孟憲實·榮新江 主編, 『旅順博物館藏新疆出土漢文文獻』 下編 32, 北京: 中華書
　　　　　　局, 2020.

『書道』中·下: 磯部彰 編, 『台東區立書道博物館所藏中村不折舊藏禹域墨書集成』 卷中·下, 東京:
　　　　　　二玄社, 2005.

『寧樂』 : 陳國燦·劉永增 編, 『日本寧樂美術館藏吐魯番文書』, 北京: 文物出版社, 1997.

『英藏』4·10·12·13 : 周紹良 主編, 『英藏敦煌文獻(漢文佛經以外部分)』, 第4·10·12·13卷,
　　　　　　成都: 四川人民出版社, 1991·1994·1995.

『法藏』18·27·29 : 『法國國家圖書館藏敦煌西域文獻』 第18·27·29冊, 上海: 上海古籍出版社,
　　　　　　2001·2002·2003.

『上圖』1 : 『上海圖書館藏敦煌吐魯番文獻』 第1冊, 上海: 上海古籍出版社, 1999.

『眞蹟』四 : 唐耕耦·陸宏基 編, 『敦煌社會經濟文獻眞蹟釋錄』 第四輯, 北京: 書目文獻出版社,
　　　　　　1990.

『籍帳』 : 池田溫, 『中國古代籍帳硏究』, 東京: 東京大學出版會, 1979.

『編年』 : 陳國燦, 『吐魯番出土唐代文獻編年』, 臺北: 新文豊出版公司, 2002.

『園城寺』 : 『園城寺文書』 第1卷, 東京: 講談社, 1998.

TTD Ⅰ : Yamamoto Tatsuro, Ikeda On, Okano Makoto Co-ed., *Tun-Huang and
　　　　　　Turfan Documents concerning Social and Economic History Ⅰ: Legal
　　　　　　Texts(A)*, Tokyo: The Toyo Bunko, 1980.

* 劉俊文 : 劉俊文, 『敦煌吐魯番唐代法制文書考釋』, 北京: 中華書局, 1989.

* 榮·史 : 榮新江·史睿 主編, 『吐魯番出土文獻散錄』 下, 北京: 中華書局, 2021.

* 陳國燦 : 陳國燦, 『斯坦因所獲吐魯番文書硏究』, 武漢: 武漢大學出版社, 1995.

* 郝春文 : 『英藏敦煌社會歷史文獻釋錄』 第13卷, 北京: 社會科學文獻出版社, 2015.

* 陳·劉 : 陳國燦·劉安志 主編, 『吐魯番文書總目(日本收藏卷)』, 武漢: 武漢大學出版社, 2005.

* 藤枝晃 : 藤枝晃, 「長行馬」, 『墨美』 60, 1956.

* 敦煌文物研究所考古組, 「莫高窟發現的唐代絲織物及其它」, 『文物』 1972-12.

* 礪波護, 「唐代の公驗と過所」, 同編, 『中國中世の文物』, 京都: 京都大學人文科學硏究所, 1993.

* 大津透① : 大津透, 「唐律令國家の豫算について--儀鳳三年度支奏抄・四年金部旨符試析」(『史學雜誌』 95-12, 1986), 『日唐律令制の財政構造』, 東京: 岩波書店, 2006.

* 大津透② : 大津透, 「唐日律令地方財政管見--館驛・驛傳制を手がかり」(1993), 『日唐律令制の財政構造』, 東京: 岩波書店, 2006.

* 史睿 : 史睿, 「唐調露二年東都尙書吏部符考釋」(『敦煌吐魯番研究』 第10卷, 2007), 榮新江・李肖・孟憲實 主編, 『新獲吐魯番出土文獻研究論集』, 北京: 中國人民大學出版社, 2010.

* 劉安志 : 劉安志, 「關于吐魯番新出永徽5・6年(654・655)安西都護府案卷爲整理研究的若干問題」(『文史哲』 2018-3), 劉安志 主編, 『吐魯番出土文書新探』, 武漢: 武漢大學出版社, 2019.

* 李森焴 : 李森焴, 「關于吐魯番出土〈唐開元某年西州蒲昌縣上西州戶曹狀爲錄申刈得苜蓿秋茭數事〉及其相關文書的綴合編連問題」, 『吐魯番學研究』 2019-2.

* 肖龍祥 : 肖龍祥, 「吐魯番出土〈唐景龍三至四年西州高昌縣處分田畝案卷〉復原研究」(下), 『吐魯番學研究』 2020-2.

* 達錟 : 達錟, 「關于吐魯番所出〈武周天山府下張父團帖爲出軍合請飯米人事〉及其相關文書的綴合問題」(『吐魯番學研究』 2019-2), 劉安志 主編, 『吐魯番出土文書新探』(第二編,) 武漢: 武漢大學出版社, 2021..

* 管俊瑋 : 管俊瑋, 「唐代尙書省"諸司符"初探--以俄藏Дx.02160vb文書爲線索」, 『史林』 2021-3.

* Bullitt : Bullitt J.O., "Princeton's Manuscript Fragments from Tun-Huang", *The Gest Library Journal* Ⅲ, 1-2, 1989.

* Chen : Chen Huaiyu, "Chinese-Language Manuscripts from Dunhuang and Turfan in the Princeton University East Asian Library", *East Asian Library Journal,* vol.14, no.1&2, 2010.

* Nishiwaki : Nishiwaki T., *Chinesische Texte vermischten Inhalts aus der Berliner Turfansammlung(Chinesische und manjurishe Handschrifen und seltene Drücke. Teil3)*, Stuttgart: Franz Steiner Verlag, 2001.

3. [부표]

[부표1] 唐・日 公式令 조문의 구성

			唐 公式令	日本 公式令
공문서 제작	공문서 양식	工言	[1, 1乙] 制書式	(1) 詔書式
			[補1] 慰勞制書式	
			[補2] 發日勅式	
			[補3甲・乙] 勅旨式	(2) 勅旨式
			[補4] 論事勅書式	
			[補5] 勅牒式	
		奏事文書	[2, 2乙] 奏抄式	(3) 論奏式
				(4) 奏事式, (5) 便奏式
			[4甲・乙] 奏彈	(8) 奏彈式
			[5, 5乙] 露布式	
		令・教書	[補6] 令書式	
			[3] 三后及皇太子行令	(6) 皇太子令旨式, (7) 啓式
			[補7] 教書式	
		官文書	[6] 刺	
				(9) 飛驛式, (10) 上式, (11) 解式
			[7] 移式: 「公式令殘卷」*	(12) 移式
			[8] 關式: 「公式令殘卷」*	
			[9] 牒式: 「公式令殘卷」*	
			[10] 符式: 「公式令殘卷」*	(13) 符式
				(14) 牒式, (15) 辭式
			[11] 制授告身式: 「公式令殘卷」*	(16) 勅授位記式
			[12] 奏授告身式: 「公式令殘卷」*	(17) 奏授位記式
				(18) 判授位記式, (19) 計會式, (20) 諸國應官會式
			[13, 13乙] 計會	(21) 諸司應官會式
				(22) 過所式
	공문서 작성	書寫규정	[14] 平出	(23) 皇祖, (24) 皇祖妣, (25) 皇考, (26) 皇妣, (27) 先帝, (28) 天子, (29) 天皇, (30) 皇帝, (31) 陛下, (32) 至尊, (33) 太上天皇, (34) 天皇諡, (35) 太皇太后(太皇太妃太皇太夫人同), (36) 皇太后(皇太妃皇太夫人同), (37) 皇后
			[15] 闕字	(38) 闕字
			[16] 不平出	(39) 汎說古事
			[17] 犯國諱者	
		寶・印 사용	[18甲・乙・丙] 天子八寶	(40) 天子神寶
			[19] 太皇太后・皇太后・皇后 ・太子・太子妃寶	
			[20甲・乙] 內外百司銅印	
				(41) 行公文皆印
공문서 전달 처리	공문서 전달	문서 전달자의 증빙	[21] 銅龍傳符	(42) 給驛傳馬
			[22] 諸下魚符	
			[23甲・乙] 傳符之制	(43) 諸國給鈴
			[25乙, 25] 應給魚符及傳符＝執符	
			[24] 用符節	
			[26] 玉魚符	
			[27] 隨身魚符	(45) 給隨身符

			[28] 魚袋	
			[29] 木契	(44) 車駕巡幸
		문서의 전달	[30] 諸州有急速大事	(46) 國有急速
			[31] 諸州使人	(47) 國司使人
			[32] 諸在京諸司有事須乘驛	(48) 在京諸司
				(49) 驛使在路, (50) 國有瑞, (51) 朝集使
공문서 처리 절차	문서관리 담당자		[33] 諸內外諸司有執掌者爲職事官	(52) 內外諸司
			**	(53) 京官, (54) 品位應敍
			[35] 文武官朝參行立	(55) 文武職事
			[補8甲·乙] 致仕之臣	(56) 諸王五位
				(57) 彈正別勅
			[36] 檢校攝判	(58) 內外官
				(61) 詔勅
	문서의 처리절차		[38] 文書受付程限	(62) 受事
			[39] 文書抄寫程限	
			[補9] 上書及官文書皆爲眞字	(66) 公文,
				(67) 料給官物, (69) 奉詔勅, (70) 驛使至京, (71) 諸司受勅, (72) 事有急速
			[補10] 判事安成後自覺不盡者	(73) 官人判事
			[42] 制敕宣行文字脫誤	(74) 詔勅宣行
				(75) 詔勅頒行, (76) 下司申解, (77) 諸司奏事, (78) 須責保,(79) 受勅出使
			[補11] 必由於都省以遣之	(80) 京官出使
				(81) 責返抄
			[補12] 文案旣成	(82) 案成
			[43乙, 43] 文案揀除	(83) 文案
문서 행정 규정 보충	기타 보충 조항			(84) 任授官位, (85) 授位攷勳, (86) 官人父母, (87) 外官赴任
			[37, 37乙] 內外官應分番宿直	(59) 百官宿直
			[補13] 內外官日出視事	(60) 京官上下
			[40] 辭訴	(63) 訴訟, (64) 訴訟追攝
			[41] 意見封進	(65) 陳意見,
				(68) 授位任官
			[44] 行程	(88) 行程
			[補遺2] 蕃客	(89) 遠方殊俗
			[補14] 諸有令式不便者	

* 「公式令殘卷」: P.2819 「唐開元公式令殘卷」에 확인되는 조문임.

** [34] '諸嗣王郡王初出身從四品下敍' 조문으로 복원했다가 '공식령'에서 삭제하고 '선거령' 補2조로 보충함

-. 仁井田陞·池田溫(編輯代表), 『唐令拾遺補』(東京: 東京大學出版會, 1997), 第3部, 「唐日兩令對照一覽」 公式令 第21, pp.1235~1304를 참조하여 작성함. [ ], ( ) 안의 숫자는 조문 순서의 표시임.

官府	長官	通判官	判官	主典	勾檢官
尙書都省	令 * 左・右 僕射(丞相)	左・右丞	郎中	主事, 令史, 書令史	都事, 左・右司郎中
六部	尙書	侍郎	郎中, 員外郎	主事, 令史, 書令史	同上
門下省	侍中	黃門侍郎	給事中	主事, 令史, 書令史	錄事
中書省	令	侍郎	舍人	主事, 令史, 書令史	主書
祕書省	監	少監	丞	令史, 書令史	主事
御史臺	御史大夫	中丞	御史	令史, 書令史	主簿, 錄事
九寺	卿	少卿	丞	府, 史	主簿, 錄事
國子監	祭酒	司業	丞	府, 史	主簿, 錄事
少府監	監	少監	丞	府, 史	主簿, 錄事
將作監	大匠	少匠	丞	府, 史	主簿, 錄事
都水監	使者		丞	府, 史	主簿, 錄事
諸署	令		丞	府, 史	(錄事)
諸監	監	(副監)	丞	府, 史	主簿, 錄事
諸衛	大將軍	將軍, 長史	諸曹參軍事	府, 史	錄事參軍事, 錄事
折衝府	都尉	左・右果毅都尉, 長史	(別將)兵曹參軍事	府, 史	錄事參軍事, 錄事
太子詹事府	詹事	少詹事	丞	令史, 書令史	主簿, 錄事
太子左・右春坊	左右庶子	中允, 中舍人	司議郎, 舍人	主事, 令史, 書令史	錄事
太子諸率府	率	副率, 長史	諸曹參軍事	府, 史	錄事參軍事, 錄事
京兆・河南・太原 府	牧	尹, 少尹	諸曹參軍事	府, 史	(司錄)參軍事, 錄事
都督府	都督	別駕, 長史, 司馬	諸曹參軍事	府, 史	錄事參軍事, 錄事
州	刺史	別駕, 長史, 司馬	諸曹參軍事	佐, 史	錄事參軍事, 錄事
縣	令	丞	尉	佐, 史	主簿, 錄事

* 尙書令은 거의 임명되지 않고, 僕射가 장관, 丞이 통판관, 郎中이 판관의 기능을 함.

- 이께다 온, 「율령관제의 형성」(原題 池田溫, 「律令官制の形成」, 『岩波講座 世界歷史5-古代5: 東アジア世界の形成Ⅱ
』, 東京: 岩波書店, 1970), 임대희 외 옮김, 『세미나 수당오대사』(서울: 서경문화사, 2005), p.99, 〈표3〉 '주요
관부 4등관 약표' 참조.

[부표3] 吐魯番出土文書에 보이는 西州 각 縣의 鄕·里 명칭

縣	鄕	出土文書上 簡稱	里
高昌縣	高昌鄕		高昌里, 歸化里, 慕義里, 安義里
	太平鄕	平	忠誠里, 歸政里, 德義里, 成化里
	順義鄕	順	順義里, 敦孝里, 禮讓里, 和平里
	寧昌鄕	昌	淳風里, 長善里, 正道里
	尙賢鄕	尙	尙賢里, 投化里, 永善里
	崇化鄕	化	安樂里, 淨泰里
	寧大鄕	大	昌邑里, 仁義里
	歸義鄕		善積里
	歸德鄕	歸	淨化里
	武城鄕	城	六樂里
	安西鄕	西	安樂里
	寧戎鄕	戎	
			新興城
交河縣	安樂鄕	樂(?)	長垣里, 高泉里
	永安鄕		橫城里, 洿林里
	龍泉鄕		獨樹里, 新塢里, 新泉里
	名山鄕		
	神山鄕		
			鹽城
柳中縣	欽明鄕	明	淳和里
	高寧鄕		柔遠里, 酒泉里
	承禮鄕	承	弘教里, 依賢里
	五道鄕	道	
蒲昌縣	鹽澤鄕		歸□里
			于諶城
天山縣	南平鄕		
			安昌城

-. 張廣達, 「唐滅高昌國後的西州形勢」, 『西域史地叢稿初編』, 上海: 上海古籍出版社, 1995, pp.114~144.
　　陳國燦, 「唐西州的四府五縣制--吐魯番地名研究之四」(『吐魯番學研究』 2016-2), 劉安志 主編, 『吐魯番出土文書新探』
　　　　　第二輯, 武漢: 武漢大學出版社, 2021, pp.228~229.

[부표4] 唐代 都督府의 官員數

	大都督府		中都督府		下都督府	
都　　　督	1	從2品	1	正3品	1	從3品
別　　　駕			1	正4品下	1	從4品下
長　　　史	1	從3品	1	正5品上	1	從5品上
司　　　馬	2	從4品下	1	正5品下	1	從5品下
錄事參軍事	2	正7品上	1	正7品下	1	從7品上
錄　　　事	2	從9品上	2	從9品上	2	從9品上
史	4		4		3	
功曹參軍事	1	正7品下	1	從7品上	1	從7品下
府	4		3		2	
史	6		6		2	
倉曹參軍事	2	正7品下	1	從7品上	1	從7品下
府	4		3		3	
史	8		6		6	
戶曹參軍事	2	正7品下	1	從7品上	1	從7品下
府	5		4		4	
史	10		7		7	
帳史	1		1		1	
兵曹參軍事	2	正7品下	1	從7品上	1	從7品下
府	4		4		3	
史	8		8		6	
法曹參軍事	2	正7品下	1	從7品上	1	從7品下
府	4		4		3	
史	8		8		6	
士曹參軍事	1	正7品下	1	從7品上		
府	4		3			
史	8		6			
參　軍　事	5	正8品下	4	從8品上	3	從8品下
執刀	15		15		15	
典獄	16		14		12	
問事	10		8		6	
白直	22		20		16	
市　　　令	1	從9品上	1	從9品上	1	從9品上
丞	1		1		1	
佐	1		1		1	
史	2		2		2	
帥	3		3		2	
倉　　　督	2		2		2	
史	4		4		3	
經 學 博 士	1	從8品上	1	從8品下	1	從8品下
助教	2		2		1	
學生	60		60		50	
醫 學 博 士	1	從8品下	1	從9品下	1	
助教	1		(1)		1	
學生	15		15		12	

-. 『唐六典』(北京: 中華書局, 1992) 권30, 大都督府中都督府下都督府官吏, pp.742~745.

	上府		中府		下府	
	인원	품계	인원	품계	인원	품계
折衝都尉	1	正4品上	1	從4品下	1	正5品下
左果毅都尉	1	從5品下	1	正6品上	1	從6品下
右果毅都尉	1	〃	1	〃	1	〃
別　將	1	正7品下	1	從7品上	1	從7品下
長　史	1	〃	1	〃	1	〃
錄　事	1	從9品下(?)	1		1	
(府)	(1)					
史	2					
兵曹參軍事	1	正8品下	1	正9品下	1	從9品上
府	2					
史	3					
校　尉	5	從7品下	(4)		(3)	
旅　帥	10	從8品上	(8)		(6)	
隊　正	20	正9品下	(16)		(12)	
副隊正	20	從9品下	(16)		(12)	

* 10人 1組 = 火 : 火長

　50人 : 隊長 각 2인 / 100인 : 隊長 2인 / 200인 : 隊長 = 團

　上府 : 兵員 1200인(1000인), 中府 : 兵員 1000인(800인), 下俯 : 兵員 800인(600인)

-. 『唐六典』 권25, 諸衛折衝都尉府, pp.644~645..

　『通典』 권29, 職官11, 武官下, 折衝府, pp.809~810.

　『舊唐書』 권44, 職官志3, 武官, pp.1905~1906.

　『新唐書』 권49上, 百官志4上, pp.1287~1288.

[부표6] 西州 蒲昌府의 방어시설

구분	구성
蒲昌府 地團	蒲昌縣·柳中縣 2縣에 관할지역 위치
2 鎭	赤亭鎭, 羅護鎭
1 城	臨川城
6 戍	赤亭戍, 挎谷戍, 方亭戍, 維磨戍, 蓯蓉戍, 狼井戍
13 烽	赤亭烽, 維磨烽, 羅護烽, 挎谷烽, 小嶺烽, 狼泉烽, 突播烽, 達匪烽, 懸泉烽, 上薩捍烽, 下薩捍烽, 塞亭烽, 胡麻泉烽
9 館	蒲昌館, 柳中館, 赤亭館, 草縋館, 羅護館, 達匪館, 狼井館, 東磧館, 狼泉館
2 驛	達匪驛, 狼泉驛

[부표7] 敦煌遺書 도판집 출간 현황

번호	문헌 명칭	서지사항
1	『英藏敦煌文獻(漢文佛經以外部分)』第1~14卷, 15卷	中國社會科學院歷史研究所・英國國家圖書館 等合編, 成都: 四川人民出版社, 1990~1995, 2009.
2	『(英國)國家圖書館藏 敦煌遺書』第1~50冊	方廣錩・吳芳思, 桂林: 廣西師範大学, 2011・2013・2014・2017. [총 120책 출간 예정]
3	『法國國家圖書館藏敦煌西域文獻』第1~34冊	上海古籍出版社・法國國家圖書館 合編, 上海: 上海古籍出版社, 1995~2005.
4	『法藏敦煌書苑精華』第1~8冊	饒宗頤 編, 廣州: 廣東人民出版社, 1993.
5	『俄羅斯科學院東方學研究所聖彼德堡分所藏敦煌文獻』(→『俄藏敦煌文獻』)第1~17冊	俄羅斯科學院東方學研究所聖彼德堡分所・俄羅斯科學出版社東方文學部・上海古籍出版社 合編, 上海: 上海古籍出版社, 1992~2001.
6	『國家圖書館藏敦煌遺書』第1~146冊	任繼愈 主編, 中國國家圖書館 編, 北京: 北京圖書館出版社, 2005~2012.
7	『中國國家圖書館藏敦煌遺書』第1~7冊	中國國家圖書館 編, 江蘇古籍出版社, 1999~2001.
8	『甘肅藏敦煌文獻』第1~6卷	甘肅藏敦煌文獻編委會・甘肅人民出版社・甘肅省文物局 編, 蘭州: 甘肅人民出版社, 1999.
9	『上海博物館藏敦煌吐魯番文獻』第1~2冊	上海古籍出版社・上海博物館 編, 上海: 上海古籍出版社, 1993.
10	『上海圖書館藏敦煌吐魯番文獻』第1~4冊	上海圖書館・上海古籍出版社 編, 上海: 上海古籍出版社, 1999.
11	『北京大學圖書館藏敦煌文獻』第1~2冊	北京大學圖書館 編, 上海: 上海古籍出版社, 1995.
12	『天津市藝術博物館藏敦煌文獻』第1~7冊	上海古籍出版社・天津市藝術博物館 編, 上海: 上海古籍出版社, 1996~1998.
13	『天津市文物公司藏敦煌寫經』	天津市文物公司 主編, 北京: 文物出版社, 1998.
14	『浙藏敦煌文獻』	浙藏敦煌文獻編纂委員會 編, 杭州: 浙江教育出版社, 2000.
15	『首都博物館藏敦煌文獻』第1~10冊	榮新江 主編, 首都博物館 編, 北京: 北京燕山出版社, 2018.
16	『青島市博物館藏敦煌遺書』第1~2冊	青島市博物館 編, 北京: 北京大學出版社, 2018.
17	『中國書店藏敦煌文獻』	中國書店藏敦煌文獻編纂委員會 編, 北京: 中國書店, 2007.
18	『中國書店藏敦煌寫經叢帖』第1~12冊	中國書店 編, 北京: 中國書店, 2009.
19	『中國書店藏敦煌遺書』	中國書店藏敦煌遺書編纂委員會 編, 北京: 中國書店, 2019.
20	『旅順博物館藏敦煌本六祖壇經』	郭富純・王振芬, 上海: 上海古籍出版社, 2011.

21	『晉魏隋唐殘墨』	石谷風, 合肥: 安徽美術出版社, 1992.
22	『世界民間藏中國敦煌文獻』 第1輯(2冊)‧第2輯(2冊)	于華剛‧翁連溪 主編, 世界民間藏敦煌文獻編委會 編, 北京: 中國書店, 2014‧2017.
23	『務本堂藏敦煌遺書』	方廣錩 編, 桂林: 廣西師範大學出版社, 2013.
24	『成賢齋藏敦煌遺書』	方廣錩 主編, 北京: 中國書店, 2014.
25	『濱田德海蒐藏敦煌遺書』	方廣錩 編著, 北京: 國家圖書館出版社, 2016.
26	『敦煌寫經殘片』	啓功 編著, 北京: 北京師範大學出版社, 2006.
27	『中國文化遺産研究院藏西域文獻遺珍』	中國文化遺産研究院 編, 北京: 中華書局, 2010.
28	『中國歷史博物館館藏法書大觀』 第11‧12卷	史樹青 主編, 京都: 柳原書店, 1994~1999.
29	『敦煌吐魯番文物』	高美慶 編輯, 香港: 香港中文大學文物館, 1987.
30	『敦煌寶藏』 第1~140冊,	黃永武 編, 臺北: 新文豐出版公司, 1981~1986.
31	『國立中央圖書館藏敦煌卷子』 第1~6冊	潘重規 編, 臺北: 石門圖書公司, 1976.
32	『中央研究院歷史語言研究所傅斯年圖書館藏敦煌遺書』	方廣錩 主編, 臺北: '中央研究院' 歷史語言研究所, 2013.
33	『敦煌卷子』(全6冊：圖錄 第1~5冊，敍錄 第6冊)	方廣錩 主編, 臺北: 縣縂出版公司, 2022.
34	『台東區立書道博物館中村不折舊藏禹域墨書集成』(上中下)	磯部彰 編, 東京: 二玄社, 2005.
35	『杏雨書屋藏敦煌祕笈』‧(影片冊)‧(目錄冊)：第1~9冊	武田科學振興財團杏雨書屋 編, 大阪: 武田科學振興財團, 2009~2013.
36	"Chinese Language Manuscripts from Dunhuang and Turfan in the Princeton University East Asian Library"	Huaiyu Chen, *The East Asian Library Journal*, vol.14, no.1&2, 2010.
37	『敦煌莫高窟北區石窟』 第1~3卷	彭金章‧王建軍 編, 北京: 文物出版社, 2000‧2004.
38	『王重民向達先生所攝敦煌西域文獻照片合集』 第1~30冊	國家圖書館善本特藏部 編, 北京: 北京圖書館出版社, 2008.
39	『敦煌西域文獻舊照片合校』	李德範 編著, 北京: 北京圖書館出版社, 2007.

[부표8] 돈황·투르판 출토문서 편호 약칭　　　　* r 또는 a : 문서의 正面 / v 또는 b : 문서의 背面

	약칭	내용		비고
영국	S.	영국 국가도서관 소장 寫本 Stein 문헌편호		OR.8210/S.1~13677
	S.P.	영국 국가도서관 소장 印本 Stein 문헌편호		OR.8210/P.1~20
	OR.8212/(S.)	Stein 제3차 탐험 수집 문헌편호		OR.8212/1~1946
	영국 소장 문헌 원시편호 약칭	Ast.	투르판 아스타나(Astana) 묘지	1. 유물출토지 약자 2. 구역 번호(Ⅰ,Ⅱ,Ⅲ…) 3. 묘 번호(1,2,3… 또는 　　ⅰ,ⅱ,ⅲ…) 4. 유물번호(01,02,03…) (예) Ast.Ⅳ.2.08 : 아스타나 4구역 2호묘 　출토 08번째 문서
		Bez.	베제클리크(Bezeklik) 석굴	
		Kao.	고창고성	
		Yar. or Y.K.	야르호토(Yar-Khoto): 교하고성	
		Toy.	토육(吐峪溝) 석굴사원	
		M.B.	무르쿠트(木頭溝) 유지	
		Yut.	鄯善 유톡(丫頭溝) 유지	
		Ha.	大阿薩 유지	
		Hb.	小阿薩 유지	
		Talik-Bulak	투르판 서남부 타리크-불락 유지(?)	
프랑스	P.	프랑스 국가도서관 소장 Pelliot 문헌편호		P.2001~6038
러시아	Дx.	러시아 동방문헌연구소 소장 돈황문헌편호		Дx.00001~19092
	Ф	러시아 동방문헌연구소 소장 Flug 편호		Ф 1~368
	러시아소장문헌 수장가 편호 약칭	SI	서역(Serindia)	러시아 동방문헌연구소 소장
		SI D.	서역출토 디야코프(Dyakov) 수집품	
		SI Kr.	〃 크로트코프(Krotkov) 수집품	
		SI M.	〃 말로프(Malov) 수집품	
		SI O.	〃 올덴부르크(Oldenburg) 수집품	
		SI Uig	〃 위구르문 문서	
		Kle-Rob.	클레멘츠와 로브로프스키 수집품	
		Rob.	로브로프스키(Roborovsky) 수집품	
독일	Ch.	독일 국가도서관 소장 漢文 문서		Ch 1~6001
	Ch/U	〃 漢文과 위구르문이 동일 寫本에 있는 문헌		Ch/U 2340~8182
	U	〃 위루르문 문헌		U 1~9192 (+)
	M	〃 마니문 문서		
	MongHT	〃 몽골문 문서		
	So	〃 소그드문 문서		
	Ch/So	〃 漢文과 소그드문이 동일 寫本에 있는 문헌		
	Syr	〃 시리아문 문서		
	Tib	〃 고대 티베트문 문서		
	Tu	〃 투르판 발견의 고대 티베트문 문서		
	Mainz	〃 원래 마인츠과학원 소장 문헌		Mainz 1~1307 (+)
	MIKⅢ	독일 인도예술박물관 소장 문헌		MIK 1~9441 (+)
	독일 소장문헌 원시편호 약칭	B	葡萄溝 경교 사원유지	1. 맨앞 T(투르판고찰대) 2. Ⅰ,Ⅱ,Ⅲ,Ⅳ(탐험 차수) 3. 유물 출토지 약자 4. 유물번호 (예) TⅡT 45 : 제2차 투르판고찰대가 　토육 유지에서 수집한 　유물 중 45호 문서.
		D	고창고성	
		α	고창고성 α 사원유지	
		μ	고창고성 μ 사원유지	
		K	고창고성 K 사원유지	
		K	쿠차(Kucha) 지구	
		Kurutka	쿠르트카(庫魯塔格) 유지	
		M	무르투크(木頭溝) 석굴	
		S	셍김-아기즈(勝金口) 석굴	
		Š	焉耆 소르축(碩爾楚克)	
		T	토육(吐峪溝) 석굴	

		TB	베제클리크 석굴 (?)	
		TV or B TV	투르판 산앞의 경사지	
		Y	야르호토(雅爾湖: 교하고성)	
		x	출토지 미상	
핀란드	Mannerheim MS	핀란드 국가도서관 소장 매너하임 수집품	
튀르키예	I.U.	튀르키예 이스탄불대학도서관 소장 문헌	
미국	Peald (G.)	미국 프린스턴대학 게스트도서관 소장 문헌	
일본	Ot. or 大谷	京都 龍谷대학도서관 소장 大谷탐험대 수집 문헌	Ot.1001~8147 Ot.9001~9166 (流沙殘闕) Ot.10001~10668 (極小斷片) Ot.11001~11163 (橘資料)
	SH. or 中村	東京 書道博物館 소장 中村不折 舊藏 문헌 편호	SH. 001~177
	羽	大阪 杏雨書屋 소장(『敦煌祕笈』) 羽田亨 편호	羽 1~775
	寧樂	奈良 寧樂美術館 소장 투르판문서	寧樂 1~82 (+ 殘片多數)
	殘影	大阪 四天王寺 出口常順 소장 『高昌殘影』문헌	殘影 101~133, 201~241, 301~331, 401~409, 501~514.
	靜嘉堂	東京 靜嘉堂文庫 소장 투르판문서	靜嘉堂 001~648
	有鄰館	京都 藤井有鄰館 소장 문서	有鄰館 001~060
중국	黃文弼文書	『吐魯番考古記』수록 출토문서	
	LM20	『旅順博物館藏新疆出土漢文文獻』수록 문헌	旅順博物館 소장 大谷수집품(第20類)
	TAM	투르판 아스타나묘(Turufan Astana Mu) 출토문서	(예) 73TAM506:4/35 :1973년 아스타나 506호묘 출토 제4번의 35호 문서
	TKM	〃 카라호자묘(Turufan Karahoja Mu)출토문서	
	TBI	〃 베제클리크 천불동 출토문서	(예) 80TBI:495a :1980년 베제클리크 출토 편호 495문서 정면(a)
	SAT	〃 토육(吐峪溝) 천불동 출토문서	
	TBM	〃 巴達木 묘지 출토문서	
	TMM	〃 木納爾 묘지 출토문서	
	TSYM1	〃 1997년 洋海 1號墓 출토문헌	97TSYM1:
	TSYIM4	〃 2006년 洋海 1號墓 臺地 4호묘 출토문헌	2006TSYIM4:
	TJ	〃 교하고성 출토문서	
	TJI	〃 2002년 교하고성 출토문헌	2002TJI:
	TYGXM	〃 교하고성 溝西 묘지 출토자료	
	TST	〃 2005년 徵集한 臺藏塔 출토문서	2005TST
	TZJI	〃 2006년 徵集한 투르판 출토문헌	2006TZJI:
	SYMX	〃 2001 鄯善縣 징집문서	2001SYMX1:
	TWM	〃 烏爾塘 묘지 출토문서	
	TAF	〃 1976년 阿拉溝 烽燧 출토 문헌	76TAF1:1~1:5
	BD	중국 국가도서관 소장 돈황유서 편호	BD 00001~16579
	中博	중국 국가박물관 소장 문헌자료	
	北大D	『北京大學圖書館藏敦煌文獻』편호	北大D001~246 (+北大附)
	上博	『上海博物館藏敦煌吐魯番文獻』편호	上博 01~80
	上圖	『上海圖書館藏敦煌吐魯番文獻』편호	上圖 001~187
	津藝	『天津市藝術博物館藏敦煌文獻』편호	津藝 001~335

	津文	『天津文物公司藏敦煌寫經』 편호	津文 01~30
	浙敦	『浙藏敦煌文獻』 편호	浙敦 001~201
	ZSD	『中國書店藏敦煌文獻』 편호	ZSD 01~88
	CXZ	『成賢齋藏敦煌遺書』 편호	CXZ 01~28
	敦研	『甘肅藏敦煌文獻』 敦煌研究院 소장 문헌편호	敦研 001~383
	甘博	『甘肅藏敦煌文獻』 甘肅省博物館 소장 문헌편호	甘博 001~138
	甘圖	『甘肅藏敦煌文獻』 甘肅省圖書館 소장 문헌편호	甘圖 001~032
	敦博	『甘肅藏敦煌文獻』 敦煌市博物館 소장 문헌편호	敦博 001~082
	酒博	『甘肅藏敦煌文獻』 酒泉市博物館 소장 문헌편호	酒博 001~018
	張博	『甘肅藏敦煌文獻』 張掖市博物館 소장 문헌편호	張博 001
	永博	『甘肅藏敦煌文獻』 永登縣博物館 소장 문헌편호	永博 001~004
	定博	『甘肅藏敦煌文獻』 定西縣博物館 소장 문헌편호	定博 001~009
	高博	『甘肅藏敦煌文獻』 高台縣博物館 소장 문헌편호	高博 001~003
	西北師大	『甘肅藏敦煌文獻』 西北師範大學 소장 문헌편호	西北師大 001~019
	中醫學院	『甘肅藏敦煌文獻』 甘肅中醫學院 소장 문헌편호	中醫學院 001~003
	MUC	中央民族大學 소장 투르판문서	MUC 01~13
	傅博	『中央研究院歷史語言研究所傅斯年圖書館藏敦煌遺書』 수록 문헌편호	傅博01~87
한국	NMK	2020년 정리한 한국국립중앙박물관 투르판문서	2020NMK1:1, 1:2 2:1, 2:2

* 주로 漢文 문헌자료를 중심으로 도판이 출간된 사례들을 대상으로 했지만 특정 약칭 편호가 아니라 문헌자료의 해당 소장자나 소장기관의 일렬번호로 정리된 경우는 제외하였음.

-. 陳國燦 · 劉安志 主編, 『吐魯番文書總目(日本收藏卷)』, 武漢: 武漢大學出版社, 2005.
  榮新江 主編, 『吐魯番文書總目(歐美收藏卷)』, 武漢: 武漢大學出版社, 2007.
  劉婷, 「中國散藏敦煌文獻敍錄」, 郝春文 主編, 『2019敦煌學國際聯絡委員會通訊』, 上海: 上海古籍出版社, 2019.

4. [부도]

[부도1] 8세기 돈황, 투르판 주변 지도

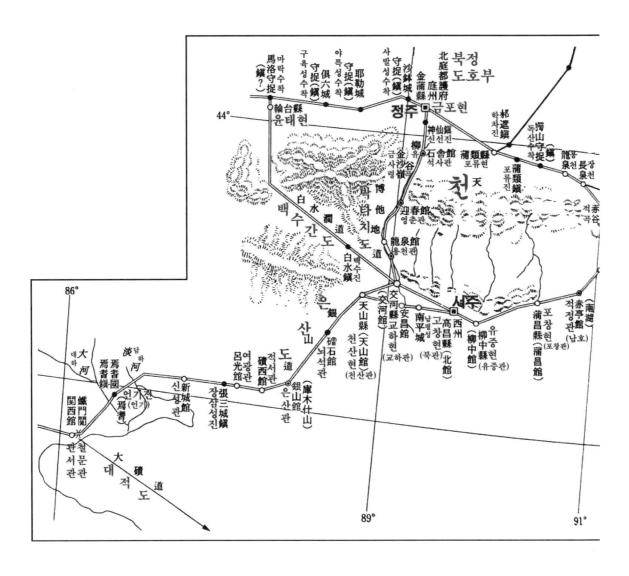

-. 嚴耕望, 『唐代交通圖考』 2 [河隴磧西區] (臺北: 臺灣商務印書館, 1985),
　　　圖9, 「唐代瓜,沙,伊,西,北庭交通圖」.
-. 荒川正晴, 『ユ-ラシアの交通·交易と唐帝國』(名古屋: 名古屋大學出版會), 2010, pp.594~595.
　　　[付圖3] '8세기 둔황·투르판주변의 館·鎭戍 분포도'

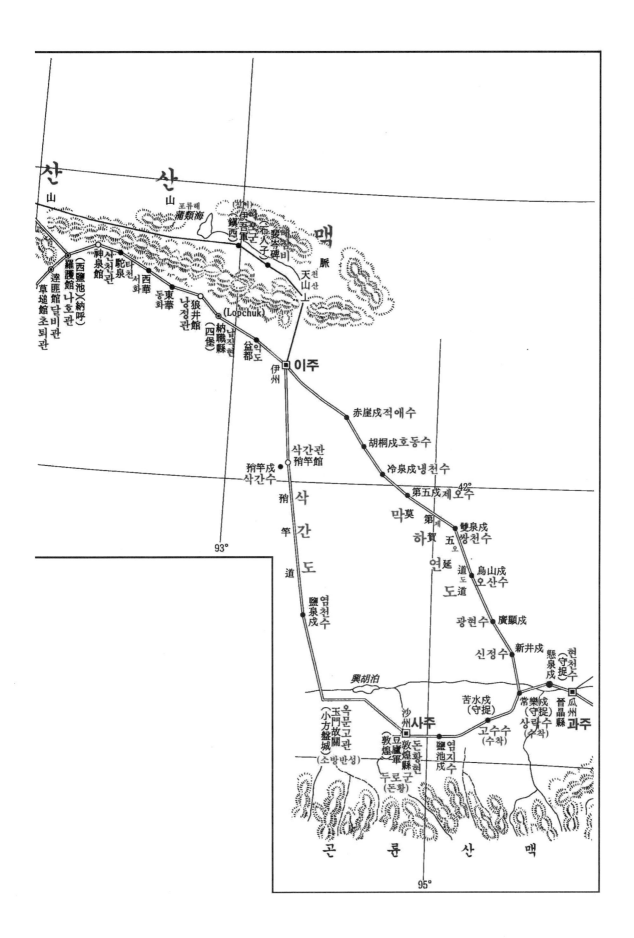

산 산 맥

山 山 脈

포류해
蒲類海

沙州
鎭吾
西軍子 石
裴人子碑
碑

天山
천산

(西鹽池)(納呼)
羅護館 나호관
神泉館
신천관
서천관
駝泉
서화
西華
東華
동화
狼井館
(Lopchuk)
낭정관
納職縣
(四堡)
납직현
益都
익도

連匪館 달비관
草堆館 초퇴관

伊州
이주

赤崖戌 적애수

胡桐戌 호동수

冷泉戌 냉천수

第五戌 제오수

42°

삭간관
稍竿館

稍竿戌
삭간수

막莫

하賀

연延

雙泉戌
쌍천수

第
제
五
오
戌

道
도
道

稍
竿
삭
간
도

烏山戌
오산수

廣顯戌
광현수

新井戌
신정수

鹽泉戌
염천수

縣泉戌
현천수
(守捉)

興胡泊

玉門故關
(小方盤城)
(소방반성)

沙州
사주

苦水戌
(守捉)

常樂戌
(守捉)
상락수
(수착)

瓜州
晉晶縣
과주

고수수
(수착)

敦煌縣
돈황현

鹽池戌수
염지수

敦煌
豆盧軍
돈황
두로군
(돈황)

곤 륜 산 맥

95°

93°

[부도2] 동투르키스탄의 오아시스도시와 유적지

발하쉬 호

몽 골 리 아

카라호토
(흑수성)

에 친 골

고 비 사 막

감 숙 성

둔황

기 련 산 맥

바리쿤

하미

고창고성
투르판 투르판분지

구르크르크

유루트슈

쿠얼러

류룬족
소르축

룹

카라샤르

노 르

부 르 룩

사 막

미란

차르클릭

텐

누란

쿠 룬 산 맥

티 베 트

준가르

보 그 다 울 라

다번성

카라샤르

유 르 운 치

비 테

이 리 강

추 스 치 크

쿨자

톰슉

톰슉

아 보

톈

이 리

산

아 극 소

악수

톰슉

나

타림 강

호탄 강

아르간드 강

케리야

야르칸드 강

카라굴

니 야

니 야 유 적

엔데레 강

케 리 야 강

타 클 라 마 칸 사 막

파 미 르

카슈가르

예르칸드

아르칸드

야르칸드

라왁

호탄

요트칸

쿠마리카

도모코

우룽카

파 미 르

한두쿠시 산맥

카라코람 산맥

길기트

차를

가라코람

가라다크

예티

레

인 도

아프가니스탄

페샤와르

쿠미아라

산다라주

카불

부록 4. 부도 332

[부도3] 투르판 주변 지도①

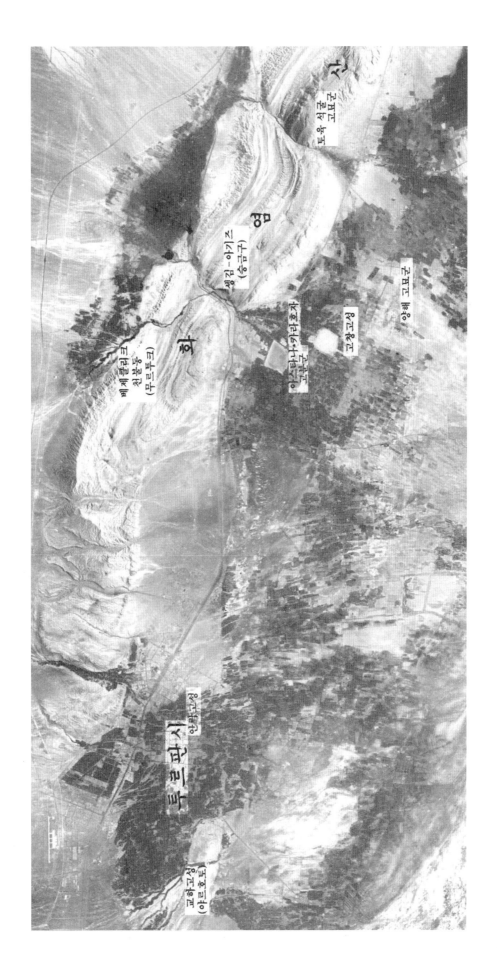

[부도4] 투르판 주변 지도②

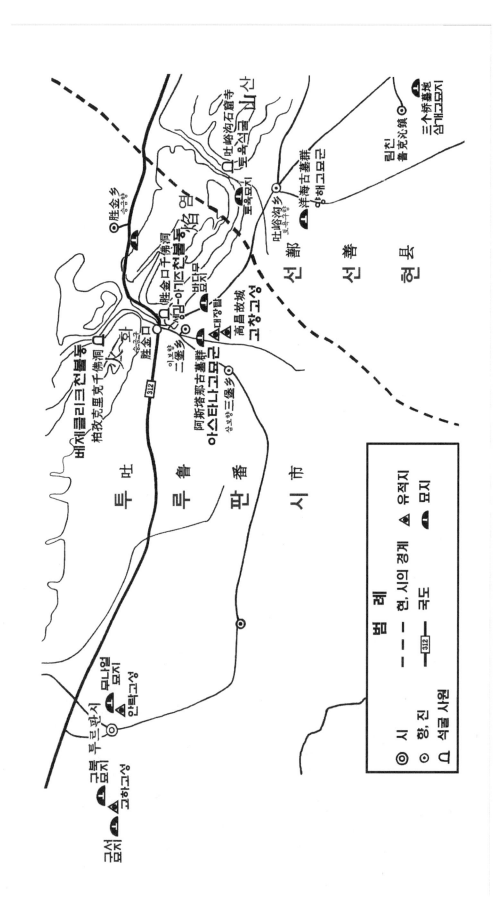

범례

시 | ---- 현, 시의 경계 | ▲ 유적지
항, 진 | —312— 국도 | ◗ 묘지
석굴 사원

버제클리크千佛洞
柏孜克里克千佛洞

아스타나古墓群
阿斯塔那古墓群

무나얼묘지
안닉고성
투르판분지
구서묘지
고하고성
구북묘지

胜金乡
胜金口千佛洞
胜金口
勝金乡
三堡乡
이보샹
삼보샹

312

高昌故城
고창고성
대장묘
벤담묘지
胜金口千佛洞
焰

吐峪沟石窟寺
토욕석굴
토욕묘지

胜金乡

洋海古墓群
양해고묘군
吐峪沟乡

선도
선선현

림친
鲁克沁镇

三个桥墓地
삼개교묘지

吐
鲁
番
市

선
선
산

〈 참고문헌 〉

Ⅰ. 자료

【 문헌자료 】

『晉書』, 『舊唐書』, 『新唐書』 (正史는 北京: 中華書局 標點校勘本)
『唐六典』, 北京: 中華書局, 1992.
『唐律疏議』(劉俊文點校), 北京: 中華書局, 1983.
『唐律疏議箋解』(劉俊文撰), 北京: 中華書局, 1996.
『通典』, 北京: 中華書局, 1988.
『唐會要』, 上海: 上海古籍出版社, 2006.
『元和郡縣圖志』, 北京: 中華書局, 1983.
『白氏六帖事類集』, 北京: 文物出版社, 1987.
『張九齡集校注』, 北京: 中華書局, 2008
『資治通鑑』, 北京: 中華書局, 1956; 1986.
『南部新書』, 北京: 中華書局, 2002.
『文苑英華』, 北京: 中華書局, 1966; 1990.
『冊府元龜』(周紹良 輯錄), 北京: 國家圖書館, 2011.
『玉海』, 杭州: 浙江古籍出版社, 1987.
『司馬氏書儀』(『叢書集成初編』本), 北京: 中華書局, 1985.
天一閣博物館·中國社會科學院歷史研究所天聖令整理課題組 校證, 『天一閣藏明鈔本天聖令校證: 附唐令復
　　　　原研究』(上·下冊), 北京: 中華書局, 2006.
김택민·하원수 주편, 『天聖令譯註』, 서울: 혜안, 2013.
『令義解』, 東京: 吉川弘文館, 1977.
『令集解』, 東京: 吉川弘文館, 1987.
『倭名類聚抄』, 東京: 汲古書院, 1987.

【 출토자료 】

黃永武 編, 『敦煌寶藏』 全140冊, 臺北; 新文豊出版公司, 1981~1986.
中國社會科學院歷史研究所·中國敦煌吐魯番學會敦煌古文獻編輯委員會·英國國家圖書館倫敦大學亞非學院
　　　　合編, 『英藏敦煌文獻(漢文佛經以外部分)』 第1~14·15卷, 成都: 四川人民出版社, 1990~
　　　　1995·2009.
上海師範大學·英國國家圖書館 合編, 方廣錩·吳芳思 主編, 『(英國國家圖書館藏) 敦煌遺書』, 桂林: 廣
　　　　西師範大學出版社, 第1~50冊, 2011·2013·2014·2017.

上海古籍出版社·法國國家圖書館 合編,『法國國家圖書館藏敦煌西域文獻』 全34冊, 上海: 上海古籍出版社, 1995~2005.

饒宗頤 編,『法藏敦煌書苑精華』 全8冊, 廣州: 廣東人民出版社, 1993.

俄羅斯科學院東方學研究所聖彼德堡分所·俄羅斯科學出版社東方文學部·上海古籍出版社 編,『俄羅斯科學院東方學研究所聖彼德堡分所藏敦煌文獻』 全17冊, 上海: 上海古籍出版社, 1992~2001.

任繼愈 主編, 中國國家圖書館 編,『國家圖書館藏敦煌遺書』 全146冊, 北京: 北京圖書館出版社, 2005~2012.

中國國家圖書館 編,『中國國家圖書館藏敦煌遺書』 第1~7冊, 南京: 江蘇古籍出版社, 1999~2001.

甘肅藏敦煌文獻編委會·甘肅人民出版社·甘肅省文物局 編,『甘肅藏敦煌文獻』 全6卷, 蘭州: 甘肅人民出版社, 1999.

上海圖書館·上海古籍出版社 編,『上海圖書館藏敦煌吐魯番文獻』 全4冊, 上海: 上海古籍出版社, 1999.

上海博物館·上海古籍出版社 編,『上海博物館藏敦煌吐魯番文獻』 全2冊, 上海: 上海古籍出版社, 1993.

北京大學圖書館·上海古籍出版社 編,『北京大學圖書館藏敦煌文書』 全2冊, 上海: 上海古籍出版社, 1995.

上海古籍出版社·天津市藝術博物館 編,『天津市藝術博物館藏敦煌文獻』 全7冊, 上海: 上海古籍出版社, 1996~1998.

天津市文物公司 主編,『天津市文物公司藏敦煌寫經』, 北京: 文物出版社, 1998.

浙藏敦煌文獻編纂委員會 編,『浙藏敦煌文獻』, 杭州: 浙江教育出版社, 2000.

榮新江 主編, 首都博物館 編,『首都博物館藏敦煌文獻』 全10冊, 北京: 北京燕山出版社, 2018.

青島市博物館 編,『青島市博物館藏敦煌遺書』 全2冊, 北京: 北京大學出版社, 2018.

中國書店 編,『中國書店藏敦煌寫經叢帖』 全12冊, 北京: 中國書店, 2009.

中國書店藏敦煌文獻編纂委員會 編,『中國書店藏敦煌文獻』, 北京: 中國書店, 2007.

中國書店藏敦煌遺書編纂委員會 編,『中國書店藏敦煌遺書』, 北京: 中國書店, 2019.

郭富純·王振芬,『旅順博物館藏敦煌本六祖壇經』, 上海: 上海古籍出版社, 2011.

石谷風,『晉魏隋唐殘墨』, 合肥: 安徽美術出版社, 1992.

于華剛·翁連溪 主編, 世界民間藏敦煌文獻編委會 編,『世界民間藏中國敦煌文獻』 第1輯(2冊)·第2輯(2冊), 北京: 中國書店, 2014·2017.

方廣錩 編,『務本堂藏敦煌遺書』, 桂林: 廣西師範大學出版社, 2013.

方廣錩 主編,『成賢齋藏敦煌遺書』, 北京: 中國書店, 2014.

方廣錩 編著,『濱田德海蒐藏敦煌遺書』, 北京: 國家圖書館出版社, 2016.

潘重規 編,『國立中央圖書館藏敦煌卷子』 全6冊, 臺北; 石門圖書公司, 1976.

方廣錩 主編,『中央研究院歷史語言研究所傅斯年圖書館藏敦煌遺書』, 臺北: 中央研究院歷史語言研究所, 2013.

方廣錩 主編,『敦煌卷子』 全6冊(圖錄 第1~5冊, 敍錄 第6冊), 臺北: 聯經出版公司, 2022.

磯部彰 編,『台東區立書道博物館所藏中村不折舊藏禹域墨書集成』 上·中·下, 東京: 二玄社, 2005.

武田科學振興財團杏雨書屋 編,『杏雨書屋藏敦煌祕笈』 全10冊(目錄 1冊·影片 第1~9冊), 大阪: 武田科學振興財團, 2009~2013.

敦煌研究院 主編, 彭金章·王建軍 編,『敦煌莫高窟北區石窟』 第1~3卷, 北京: 文物出版社, 2000·2004.

國家圖書館善本特藏部 編,『王重民向達先生所撮敦煌西域文獻照片合集』 全30冊, 北京: 國家圖書館出版社, 2008.

李德範 編著,『敦煌西域文獻舊照片合校』, 北京: 北京圖書館出版社, 2007.

黃文弼, 『吐魯番考古記』(北京: 中國科學院, 1954), 北京: 線裝書局 2009.

唐長孺 主編, 『吐魯番出土文書』[錄文本] 全10冊, 北京: 文物出版社, 1981~1991.

唐長孺 主編, 『吐魯番出土文書』[圖版本] 全4冊, 北京: 文物出版社, 1992~1996.

柳洪亮, 『新出吐魯番文書及其研究』, 烏魯木齊: 新疆人民出版社, 1997.

新疆維吾爾自治區吐魯番學研究院 · 武漢大學中國三至九世紀研究所 合編, 『吐魯番柏孜克里克石窟出土漢文佛教典籍』上 · 下, 北京: 文物出版社, 2007.

榮新江 · 李肖 · 孟憲實 主編, 『新獲吐魯番出土文獻』上 · 下, 北京: 中華書局, 2008.

旅順博物館 · 龍谷大學 合編, 『旅順博物館藏トルファン出土漢文佛典斷片選影』, 京都: 法藏館, 2006.

王振芬 · 孟憲實 · 榮新江 主編, 『旅順博物館藏新疆出土漢文文獻』全35冊, 北京: 中華書局, 2020.

新疆維吾爾自治區博物館 編, 朱雷 著, 『吐魯番出土文書補編』, 成都: 巴蜀書社, 2022.

沙知 · 吳芳思 編, 『斯坦因第三次中亞考古所獲漢文文獻(非佛經部分)』, 上海: 上海辭書出版社, 2005.

香川默識 編, 『西域考古圖譜』上 · 下卷, 東京: 國華社, 1915.

小田義久 主編, 『大谷文書集成』全4卷, 京都: 法藏館, 1984 · 1991 · 2003 · 2010.

陳國燦 · 劉永增 編, 『日本寧樂美術館藏吐魯番文書』, 北京: 文物出版社, 1997.

藤枝晃, 『高昌殘影--出口常順藏トルファン出土佛典斷片圖錄』, 京都: 法藏館, 1978.

Huaiyu Chen, "Chinese Language Manuscripts from Dunhuang and Turfan in the Princeton University East Asian Library", *The East Asian Library Journal*, vol.14, no.1&2, 2010.

中國歷史博物館 編, 楊文和 主編, 『中國歷史博物館藏法書大觀』第11卷, 「晋唐寫經 · 晋唐文書」, 東京: 柳原書店 · 上海教育出版社, 1999.

中國歷史博物館 編, 呂長生 主編, 『中國歷史博物館藏法書大觀』第12卷, 「戰國秦漢唐宋墨蹟」, 東京: 柳原書店 · 上海教育出版社, 1994.

中國文化遺産研究院 編, 『中國文化遺産研究院藏西域文獻遺珍』, 北京: 中華書局, 2010.

高美麗 編, 『敦煌吐魯番文物』, 上海: 上海博物館 · 香港中文大學文物館, 1987.

旅順博物館編, 『旅順博物館』, 北京: 文物出版社, 2004.

啓功 編著, 『敦煌寫經殘片』, 北京: 北京師範大學出版社, 2006.

楊軍 編著, 『北涼以來寫經殘卷』(墨迹本), 合肥: 安徽美術出版社, 2020.

意如 編著, 『六朝寫經殘卷』(墨迹本), 合肥: 安徽美術出版社, 2020.

趙玉亮 編著, 『吐魯番文書(一)』(墨迹本), 合肥: 安徽美術出版社, 2020.

孟瀟碧 編著, 『吐魯番文書(二)』(墨迹本), 合肥: 安徽美術出版社, 2020.

黃文弼, 『高昌陶集』, 中國學術團體協會 · 西北科學調査團理事會, 1933.

黃文弼, 『高昌磚集』(增訂本), 北京: 中國科學院, 1951

侯燦 · 吳美林, 『吐魯番出土磚誌集注』上 · 下, 成都: 巴蜀書社, 2003.

羅振玉, 『貞松堂藏西陲祕籍叢殘』(上虞羅氏自印本, 1939), 黃永年 主編, 『敦煌叢刊初集』七, 「敦煌石室遺書百什種」五, 臺北: 新文豐出版公司, 1985.

唐耕耦 · 陸宏基 編, 『敦煌社會經濟文獻眞蹟釋錄』第1~5輯, 北京: 書目文獻出版社, 1982~1990.

池田溫, 『中國古代籍帳研究』, 東京: 東京大學出版會, 1979.

劉俊文, 『敦煌吐魯番唐代法制文書考釋』, 北京: 中華書局, 1989

郝春文 主編, 『英藏敦煌社會歷史文獻釋錄』第1~18卷, 社會科學文獻出版社, 2001~2022.

黃征・張崇依, 『浙藏敦煌文獻校錄整理』, 上・下, 上海: 上海古籍出版社, 2012.

王永興, 『敦煌吐魯番出土唐代軍事文書考釋』, 蘭州: 蘭州大學出版社, 2014.

陳國燦, 『斯坦因所獲吐魯番文書研究』, 武漢: 武漢大學出版社, 1995.

郭鋒, 『斯坦因第三次中亞探險所獲甘肅新疆出土漢文文書--未經馬斯伯樂刊布的部分』, 蘭州: 甘肅人民出版社, 1993.

程喜霖・陳習剛, 『吐魯番唐代軍事文書研究』 文書篇(上・下卷), 烏魯木齊: 新疆人民出版社, 2013.

榮新江・史睿 主編, 『吐魯番出土文獻散錄』 上・下, 北京: 中華書局, 2021.

鐘興麒・王豪・韓慧 校注, 『西域圖志校注』, 烏魯木齊: 新疆人民出版社, 2002.

Yamamoto T., Ikeda O. & Y. Okano, *Tun-huang and Turfan Documents concerning Social and Economic History, I.Legal Texts (A)(B)*, Tokyo: The Toyo Bunko, 1978~1980.

Yamamoto T., Y. Dohi, *Tun-huang and Turfan Documents concerning Social and Economic History, II. Census Registers, (A)(B)*, Tokyo: The Toyo Bunko, 1985.

Yamamoto T. & Ikeda O., *Tun-huang and Turfan Documents concerning Social and Economic History, III. Contracts (A)(B)*, Tokyo: The Toyo Bunko, 1987.

Yamamoto T. et al. *Tun-huang and Turfan Documents concerning Social and Economic History, supplement (A)(B)*, Tokyo: The Toyo Bunko, 2001.

王重民・劉銘恕 合編, 『敦煌遺書總目索引』, 北京: 商務印書館, 1962.

黃武永 主編, 『敦煌遺書最新目錄』, 臺北: 新文豊出版公司, 1986.

敦煌研究院 編, 施萍婷 主編, 『敦煌遺書總目索引新編』, 北京: 中華書局, 2000.

榮新江 編, 『英國圖書館藏敦煌漢文非佛教文獻殘卷目錄(S. 6981~13624)』, 臺北: 新文豊出版公司, 1994.

方廣錩, 『英國圖書館藏敦煌遺書目錄(斯6981~斯8400號)』, 北京: 宗教文化出版社, 2000.

孟列夫 主編, 袁席箴・陳華平 漢譯, 『俄藏敦煌漢文寫卷敍錄』(上・下冊), 上海: 上海古籍出版社, 1999.

丘古耶夫斯基 編, 王克孝 漢譯, 『敦煌漢文文書』, 上海: 上海古籍出版社, 2000.

邰惠莉 主編, 『俄藏敦煌文獻敍錄』, 蘭州: 甘肅教育出版社, 2019.

方廣錩 主編, 『中國國家圖書館藏敦煌遺書總目錄: 新舊編號對照卷』, 北京: 中國人民大學出版社, 2013.

方廣錩・李際寧・黃霞 編, 『中國國家圖書館藏敦煌遺書總目錄: 館藏目錄卷』 全8冊, 北京: 中國人民大學出版社, 2016.

申國美 編, 『中國散藏敦煌文獻分類目錄』, 北京: 北京圖書館出版社, 2007.

國家圖書館 主編, 劉毅超 編, 『漢文敦煌遺書題名索引』(上・下冊), 北京: 學苑出版社, 2021.

李國・師俊杰 主編, 『甘肅藏敦煌遺書研究文獻引得』, 蘭州: 甘肅教育出版社, 2021.

包曉悅, 「日本書道博物館藏吐魯番文獻目錄」(上・中・下), 『吐魯番學研究』 2015-2・2016-1・2017-1.

百濟康義, 「マインツ資料目錄--舊西ベルリン所藏中央アジア出土漢文佛典資料」, 『龍谷紀要』 21-1, 1999.

百濟康義, 『ベルリン所藏東トルキスタン出土漢文文獻總目錄』(試行本), 京都: 龍谷大學佛教文化研究所西域研究會, 2000.

西脇常記, 「マンネルヘイム・コレクションについて」, 『中國古典時代の文書の世界--トルファン文書の整理と研究』, 東京: 知泉書館, 2016.

藤枝晃 主編, 『トルファン出土佛典の研究: 高昌殘影釋錄』, 京都: 法藏館, 2005.

西脇常記, 『イスタンブル大學圖書館藏トルファン出土漢語斷片研究』, 京都: 同志社, 京都大學文學部文化史學科西脇研究室, 2007.

陳國燦·劉安志 主編, 『吐魯番文書總目(日本收藏卷)』, 武漢: 武漢大學出版社, 2005.

榮新江 主編, 『吐魯番文書總目(歐美收藏卷)』, 武漢大學出版社, 2007.

王素·李方, 『魏晉南北朝敦煌文獻編年』, 臺北: 新文豊出版公司, 1997.

王素, 『吐魯番出土高昌文獻編年』, 臺北: 新文豊出版公司, 1997.

陳國燦, 『吐魯番出土唐代文獻編年』, 臺北: 新文豊出版公司, 2003.

Giles L., *Descriptive Catalogue of the Chinese Manuscripts from Tunhuang in the British Museum,* London: The British Museum, 1957.

Maspero, H., *Les Documents Chinois de La troisième Expédition de Sir Aurel Stein en Asie Centrale*, Vol. 1, London: The British Museum, 1953.

Schmitt, G. & T. Thilo eds., *Katalog chinesischer buddhistischer Textfragmente I* (Berliner Turfantexte VI), Berlin, 1975.

Thilo, T. ed., *Katalog chinesischer buddhistischer Textfragmente II*(Berliner Turfantexte XIV), Berlin: Akademie Verlag, 1985.

Nishiwaki, T., *Chinesische Texte vermischten Inhalts aus der Berliner Turfansammlung* (Chinesische und manjurische Handschriften und seltene Drücke, 3), Stuttgart: Franz Steiner Verlag, 2001.

Nishiwaki, T., *Chinesische Blockdrucke aus der Berliner Turfansammlung* (Chinesische und manjurische Handschriften und seltene Drücke, 7), Stuttgart: Franz Steiner Verlag, 2014.

Kudara, K., *Chinese Buddhist Texts from the Berlin Turfan Collections*, vol.3, ed. by Toshitaka Hasuike & Mazumi Mitani, (Chinesische und manjurische Handschriften und seltene Drücke, 4), Stuttgart: Franz Steiner Verlag, 2005.

Bhattacharya-Haesner, C., *Central Asian Temple Banners in the Turfan Collection of the Museum für Indische Kunst, Berlin Painted Textiles from the Northern Silk Route*, Berlin: Dietrich Reimer Verlag, 2003.

II. 연구서

국립중앙박물관 편, 『국립박물관 소장 중앙아시아 고문서 I --투르판(吐魯番)지역의 한문자료』, 서울: 국립중앙박물관, 2020.12.

劉進寶 著, 全寅初 譯註, 『돈황학이란 무엇인가』(原題, 『敦煌學述論』, 蘭州: 甘肅教育出版社, 1991), 서울: 아카넷, 2003.

피터 홉커크 著, 김영종 譯, 『실크로드의 악마들』(原題, P.Hopkirk, Foreign Devil of the Silk Road, London, 1982), 서울: 사계절, 2000.

郭富純·王振芬, 『旅順博物館藏西域文書研究』, 沈陽: 萬卷出版社, 2007.

國家圖書館善本特藏部敦煌吐魯番學資料研究中心 編, 『敦煌學國際研討會論文集』, 北京: 北京圖書館出版社, 2005.

橘瑞超 著, 柳洪亮 譯, 『橘瑞超旅行記』, 烏魯木齊: 新疆人民出版社, 1999.

羅桂環, 『中國西北科學考察團綜論』, 北京: 中國科學技術出版社, 2009.

勞格·趙鉞, 『唐尚書郎中石柱題名考』, 北京: 中華書局, 1992.

盧向前, 『唐代政治經濟史綜論--甘露之變研究及其他』, 北京: 商務印書館, 2012.

唐長孺 主編, 『敦煌吐魯番文書初探』, 武漢: 武漢大學出版社, 1983.

唐長孺, 『山居存稿』, 北京: 中華書局, 1989.

唐長孺, 『魏晉南北朝隋唐史三論』, 武漢: 武漢大學出版社, 1992.

敦煌研究院編, 『2000年敦煌學國際學術討論會文集--紀念敦煌藏經洞發現暨敦煌學百年』, 蘭州: 甘肅民族出版社, 2003.

鄧小南·曹家齊·平田茂樹 主編, 『文書·政令·信息溝通: 以唐宋時期爲主』, 北京: 北京大學出版社, 2012.

莫尼克·瑪雅爾 著, 耿昇 譯, 『古代高昌王國物質文明史』(1973), 北京: 中華書局, 1995.

乜小紅, 『俄藏敦煌契約文書研究』, 上海: 上海古籍出版社, 2009.

孟憲實, 『漢唐文化與高昌歷史』, 濟南: 齊魯書社, 2004.

孟憲實·王振芬 主編, 『旅順博物館藏新疆出土文書研究』, 北京: 中華書局, 2020.

巫新華, 『吐魯番唐代交通路線的考察與研究』, 青島: 青島出版社, 1999.

樊錦詩·榮新江·林世田 主編, 『敦煌文獻·考古·藝術綜合研究: 紀念向達先生誕辰110周年國際學術研討會論文集』, 北京: 中華書局, 2011.

北京大學中國中古史研究中心 編, 『敦煌吐魯番文獻研究論集』, 北京: 中華書局, 1982.

北京大學中國中古史研究中心 編, 『敦煌吐魯番文獻研究論集』 第2輯, 北京: 北京大學出版社, 1983.

北京大學中國古中史研究中心 編, 『敦煌吐魯番文獻研究論集』 第3輯, 北京: 北京大學出版社, 1986.

北京大學中國中古史研究中心 編, 『敦煌吐魯番文獻研究論集』 第5輯, 北京: 北京大學出版社, 1990.

北京圖書館敦煌吐魯番學資料中心·臺北《南海》雜誌社 合編, 『敦煌吐魯番學研究論集』, 北京: 書目文獻出版社, 1996.

謝朝栻, 『中國古文書之流衍及範例』, 臺北: 文史哲出版社, 1986.

尙林·方廣昌·榮新江, 『中國所藏'大谷收集品'概況』, 京都: 龍谷大學佛教文化研究所, 1991.

孫繼民, 『敦煌吐魯番所出唐代軍事文書初探』, 北京: 中國社會科學出版社, 2000.

孫繼民, 『唐代瀚海軍文書研究』, 蘭州: 甘肅文化出版社, 2002.

孫曉雲·薛龍春 編, 『請循其本: 古代書法創作研究國際學術討論會論文集』, 南京: 南京大學出版社, 2010.

宋曉梅, 『高昌國 --公元五至七世紀絲綢之路上的一個移民小社會』, 北京: 中國社會科學出版社, 2003.

新疆文物考古研究所 編, 『交河溝西--1994年至1996年度考古發掘報告』, 烏魯木齊: 新疆人民出版社, 2001.

新疆文物考古研究所 編, 『吐魯番阿斯塔那-哈拉和卓墓地: 哈拉和卓卷』, 北京: 文物出版社, 2018.

新疆文物事業管理局·新疆文物考古研究所, 『新中國考古五十年』, 北京: 文物出版社, 1999.

新疆維吾爾自治區博物館 編, 『新疆石窟: 吐魯番伯孜克里克石窟』, 烏魯木齊: 新疆人民出版社·上海人民美術出版社, 1989.

新疆吐魯番地區文物局 編, 『吐魯番學研究: 第二屆吐魯番學國際學術研討會論文集』, 上海: 上海辭書出版社, 2006.

榮新江, 『海外敦煌吐魯番文獻知見錄』, 南昌: 江西人民出版社, 1996.

榮新江, 『敦煌學十八講』, 北京: 北京大學出版社, 2001.

榮新江, 『敦煌學新論』, 蘭州: 甘肅教育出版社, 2002.

榮新江·李肖·孟憲實主編, 『新獲吐魯番出土文獻研究論集』, 北京: 中國人民大學出版社, 2010.

吳震, 『吳震敎授吐魯番文書研究論集』, 上海: 上海古籍出版社, 2009.

王啓濤, 『吐魯番學』, 成都: 巴蜀書社, 2005.

王啓濤, 『吐魯番出土文書詞語考釋』, 成都: 巴蜀書社, 2005.

王啓濤, 『吐魯番出土文獻詞典』, 成都: 巴蜀書社, 2012.

王冀青, 『斯坦因第四次中國考古日記考釋--英國牛津大學藏斯坦因第四次中亞考察旅行日記手稿整理研究報告』, 蘭州: 甘肅敎育出版社, 2004.

王素, 『高昌史稿(統治編)』, 北京: 文物出版社, 1998.

王素, 『敦煌吐魯番文獻』, 北京: 文物出版社, 2002.

王永興, 『唐勾檢制研究』, 上海: 上海古籍出版社, 1991.

王永興, 『唐代前期西北軍事研究』, 北京: 中國社會科學出版社, 1994.

王振芬·榮新江 主編, 『絲綢之路與新疆出土文獻: 旅順博物館百年紀念國際學術研討會論文集』, 北京: 中華書局, 2019.

王卡, 『敦煌道敎文獻研究: 綜述·目錄·索引』, 北京: 中國社會科學出版社, 2004.

劉安志, 『敦煌吐魯番文書與唐代西域史研究』, 北京: 商務印書館, 2011.

劉安志 主編, 『吐魯番出土文書新探』, 武漢: 武漢大學出版社, 2019.

劉安志 主編, 『吐魯番出土文書新探』 第二輯, 武漢: 武漢大學出版社, 2021.

劉進寶, 『藏經洞之謎--敦煌文物流散記』, 蘭州: 甘肅人民出版社, 2000.

劉進寶, 『敦煌學通論』, 蘭州: 甘肅敎育出版社, 2002.

劉後濱, 『唐代中書門下體制研究--公文形態·政務運行與制度變遷(增訂版)』(濟南: 齊魯書社, 2004), 北京: 中國人民大學出版社, 2022.

殷晴 主編, 『吐魯番學新論』, 烏魯木齊: 新疆人民出版社, 2006.

殷晴, 『絲綢之路經濟史研究』(上冊), 蘭州: 蘭州大學出版社, 2012.

李錦繡, 『唐代財政史稿』(上卷) 第一分冊·第二分冊, 北京: 北京大學出版社, 1995.

李方, 『唐西州行政體制考論』, 哈爾濱: 黑龍江敎育出版社, 2002.

李方, 『唐西州官吏編年考證』, 北京: 中國人民大學出版社, 2010.

李錚·蔣忠新 主編, 『季羨林敎授八十華誕記念論文集』, 南昌: 江西人民出版社, 1991.

張弓 主編, 『敦煌典籍與唐五代歷史文化』(上·下卷), 北京: 中國社會科學出版社, 2006.

蔣禮鴻, 『敦煌文獻語言詞典』, 杭州: 杭州大學出版社, 1994.

張涌泉 主編, 『敦煌經部文獻合集』, 北京: 中華書局, 2005.

程喜霖, 『唐代過所研究』, 北京: 中華書局, 2000.

趙璐璐, 『唐代縣級政務運行機制研究』, 北京: 社會科學文獻出版社, 2017.

朱雷, 『敦煌吐魯番文書論叢』, 上海: 上海古籍出版社, 2012.

朱雷先生八秩榮誕祝壽集編委會 主編, 『敦煌吐魯番文書與中古史研究: 朱雷先生八秩榮誕祝壽集』, 上海: 上海古籍出版社, 2016.

中國敦煌吐魯番學會 編, 『敦煌吐魯番學研究論文集』, 上海: 韓語大詞典出版社, 1990.

中國社會科學院歷史研究所 編, 宋家鈺·劉忠 主編, 『英國收藏敦煌漢藏文獻研究--紀念藏經洞發現一百周年』, 北京: 中國社會科學出版社, 2000.

地圖出版社 編, 『新疆維吾爾自治區地圖』, 北京: 中國地圖出版社, 2021.

陳國燦, 『敦煌學史事新證』, 蘭州: 甘肅人民出版社, 2002.

陳國燦, 『論吐魯番學』, 上海: 上海古籍出版社, 2010.

陳寅恪, 『金明館叢稿二編(陳寅恪文集之三)』, 上海: 上海古籍出版社, 1980.

吐魯番市文物局·新疆文物考古研究所·吐魯番學研究所·吐魯番博物館 編, 『新疆洋海墓地』(上·中·下), 北京: 文物出版社, 2019.

吐魯番市文物局·吐魯番學研究院·吐魯番博物館 編著, 『吐魯番晋唐墓: 交河溝西·木納爾·巴達木發掘報告』, 北京: 文物出版社, 2019.

吐魯番地區文物保管所 編, 『吐魯番柏孜克里克石窟: 壁畫藝術』, 烏魯木齊: 新疆人民出版社, 1990.

彭金章 主編, 『敦煌莫高窟北區石窟研究』(上·下冊), 蘭州: 甘肅教育出版社, 2011.

賀昌群, 『漢唐間封建的土地國有制與均田制』, 上海: 上海人民出版社, 1958.

郝春文 主編, 『敦煌學知識庫國際學術研討會論文集』, 上海: 上海古籍出版社, 2006.

郝春文, 『二十世紀的敦煌學』, 上海: 上海古籍出版社, 2006.

郝春文·宋雪春·武紹衛, 『當代中國敦煌學研究(1949~2019)』, 北京: 中國社會科學出版社, 2020.

胡元德, 『古代公文文體之流變』, 揚州: 廣陵書社, 2012.

黃樓, 『吐魯番出土官府帳簿文書研究』, 北京: 社會科學文獻出版社, 2020.

黃正建, 『唐代法典·司法與〈天聖令〉诸问题研究』, 北京: 中国社会科学出版社, 2018.

江上波夫 編, 『東洋學の系譜』 第1集, 東京: 大修館書店, 1992.

關尾史郎 編, 『敦煌文獻の綜合的·學術的研究』, 新潟: 新潟大學人文學部, 2001.

氣賀澤保規, 『府兵制の研究--府兵兵士とその社會』, 京都: 同朋舍, 1999.

內藤乾吉, 『中國法制史考證』, 京都: 有斐閣, 1963.

唐代史研究會 編, 『中國律令制の展開とその國家·社會との關係--周邊諸地域の場合の含めて』, 東京: 刀手書房, 1984.

唐代史研究會 編, 『東アジア古文書の史的研究』, 東京: 刀水書局, 1990.

大庭脩, 『唐告身と日本古代の位階制』, 伊勢: 皇學館出版部, 2003.

大津透, 『日唐律令制の財政構造』, 東京, 岩波書店, 2006.

渡邊信一郎, 『中國古代の財政と國家』, 東京: 汲古書院, 2010.

藤枝晃, 『文字の歷史』, 東京: 岩波書店, 1971.

シルクロード學研究センタ-編, 『中國·新疆トルファン交河故城城南區墓地の調査研究』, 奈良: シルクロード學研究センタ-, 2000.

白須淨眞, 『大谷探險隊とその時代』, 東京: 勉誠出版社, 2002.

杉森久英, 『大谷光瑞』, 東京: 中央公論社, 1975: 1977.

上原芳太郎 編, 『新西域記』 卷上·下(東京: 有光社, 1937), 東京: 井草出版(復刻), 1984.

西域文化研究會 編, 『(西域文化研究[佛教部門] 第一卷): 敦煌佛教資料』, 京都: 法藏館, 1958.

西域文化研究會 編, 『(西域文化研究[歷史部門] 第二卷): 敦煌吐魯番社會經濟資料(上)』, 京都: 法藏館, 1959.

西域文化研究會 編, 『(西域文化研究[歷史部門], 第三卷): 敦煌吐魯番社會經濟資料(下)』, 京都: 法藏館, 1960.

西域文化研究會 編, 『(西域文化研究[胡語部門] 第四卷): 中央アジア古代語文獻』, 京都: 法藏館, 1961. 3.; 別冊, 1961.9.

西域文化研究會 編, 『西域文化研究[美術部門] 第五卷): 中央アジア佛教美術』, 京都: 法藏館, 1962.

西域文化研究會 編, 『西域文化研究[歷史・美術部門] 第六卷): 歷史と美術の諸問題』, 京都: 法藏館, 1963.

西脇常記, 『トイツ將來のトルファン漢語文書』, 京都: 京都大學學術出版社, 2002.

小田義久, 『大谷文書の研究』, 京都: 法藏館, 1996.

礪波護 編, 『中國中世の文物』, 京都: 京都大學人文科學研究所, 1993.

龍谷大學三五〇周年記念學術企劃出版編輯委員會 編, 『佛教東漸: 祇園精舍から飛鳥まで』, 京都: 思文閣
　　　　出版社, 1991.

劉廣堂・上山大峻 主編, 『旅順博物館藏トルファン出土漢文佛典研究論文集』, 京都: 旅順博物館・龍谷大
　　　　學文學部, 2006.

仁井田陞, 『唐令拾遺』, 東京: 東京大學出版會, 1933.

仁井田陞・池田溫(編集代表), 『唐令拾遺補 附唐日兩令對照一覽』, 東京: 東京大學出版會, 1997.

日野開三郎, 『唐代租庸調の研究』I (色額篇), 東京: 汲古書院, 1974.

日野開三郎, 『日野開三郎東洋史學論集: 行政と財政』 第12卷, 東京: 三一書房, 1989.

長澤和俊 編, 『大谷探險隊シルクロード探險』, 東京: 白水社, 1978.

早川庄八, 『日本古代の文書と典籍』, 東京: 吉川弘文館, 1997.

中村不折, 『新疆ト甘肅ノ探險』, 東京: 雄山閣, 1934.

中村裕一, 『唐代制勅研究』, 東京: 汲古書院, 1991.

中村裕一, 『唐代官文書研究』, 京都: 中文出版社, 1991.

中村裕一, 『唐代公文書研究』, 東京: 汲古書院, 1996.

中村裕一, 『隋唐王言の研究』, 東京: 汲古書院, 2003.

池田溫, 『敦煌文書の世界』, 東京: 名著刊行會, 2003.

清木場東, 『唐代財政史研究(運輸編)』, 福岡: 九州大學出版會, 1996.

土肥義和 編, 『敦煌・吐魯番出土漢文文書の新研究』, 東京: 東洋文庫, 2009.

土肥義和・氣賀澤保規 編, 『敦煌吐魯番文書の世界とその時代』, 東京: 汲古書院, 2017.

平田茂樹・遠藤隆俊 編, 『外交史料から十~十四世紀を探る』, 東京: 汲古書院, 2013.

荒川正晴, 『ユーラシアの交通・交易と唐帝國』, 名古屋: 名古屋大學出版會, 2010.

荒川正晴・柴田幹夫 編, 『シルクロードと近代日本の邂逅--西域古代資料と日本近代佛教』, 東京, 勉誠出
　　　　版社, 2016.

Dreyer, C., *Abenteuer Seidenstrasse: Die Berliner Turfan Expeditionen 1902~1914*,
　　　　Berlin, 2015; 陳婷婷 譯, 『絲路探險: 1902~1914年德國考察隊吐魯番行記』, 上海: 上海古
　　　　籍出版社, 2020.

Grüwedel, A., *Bericht über archäologischen Arbeiten in Idikutschari und Umgebung im
　　　　Winter 1902~1903,* München, 1906; 管平 譯, 『高昌故城及其周邊地區的考古工作報告
　　　　(1902~1903年冬季)』, 北京: 文物出版社, 2015.

Klementz, D.A., *Turfan und seine Alertumer in Nachrichten über die von Kaiserlichen
　　　　Akademie der Wissenschaften zu St. Petersburg im Jahre 1898 ausgerüstete
　　　　Expedition nach Turfan,* St. Petersburg, 1899.

Koskikallio, P. & A. Lehmuskallio ed., *C.G. Mannerheim in Cental Asia 1906~1908*,
　　　　Helsinki: National Board of Antiquities, 1999.

Le Coq, A. von, *Auf Hellas Spuren in Ostturkistan: Berichte und Abenteuer der II.*

und III. Deutschen Turfan Expedition, Leipzig, 1926; Buried Treasures of Chinese Turkestan: An Account of the Activities and Adventures of the Second and Third German Trufan Expedition, tr. by Barwell, Oxford Univ. Press, 1987; 陳海濤 譯, 『新疆的地下文化寶藏』, 烏魯木齊: 新疆人民出版社, 1999.

Le Coq, A. von, Von Land und Leuten in Ostturkistan : Berichte und Abeutener der IV Deutschen Trufan expidition, Leipzig, 1928; 齊樹仁 譯, 『中國新疆的土地與人民』, 北京: 中華書局, 2008.

Stein, M.A., Preliminary Report of a Journey of Archaeological and Topographical Exploration in Chinese Turkestan, London: Eyre & Spottiswoode, 1901.

Stein, M.A., Sand-Buried Ruins of Khotan: Personal Narrative of a Journey of Archaeological and Geographical Exploration in Chinese Turkestan, London: T. Fisher Unwin, 1903.

Stein, M.A., Ancient Khotan: Detailed Report of Archaeological Explorations in Chinese Turkestan, 2vols., Oxford: The Clarendon Press, 1907.

Stein, M.A., Ruins of Desert Cathay: Personal Narrative of Explorations in Central Asia and Westernmost China, 2vols, London: Macmillian & Co. Ltd., 1912.

Stein, M.A., Serindia: Detailed Report of Explorations in Central Asia and Westernmost China, 5vols., Oxford: The Clarenden Press, 1921.

Stein, M.A., Innermost Asia: Detailed Report of Explorations in Central Asia, Kan-su and Eastern Iran, 4vols., Oxford: The Clarendon Press, 1928.

III. 연구논문

권영우, 「한국 국립중앙박물관 소장 唐文書가 부착된 삿자리[葦席])의 복원--吐魯番文書 및 大谷文書와의 관계를 중심으로」, 『中國古中世史硏究』 63, 2022.

김정식, 「唐 前期 奏事制度와 露布」, 『中國古中世史硏究』 51, 2019.

김정식, 「《神機制敵太白陰經》의 편찬과 露布」, 『中國古中世史硏究』 62, 2021.

김택민, 「在唐新羅人의 활동과 公驗(過所)」, 『대외문물교류연구』, 서울: 해상왕장보고기념사업회, 2002.

김혜원, 「국립중앙박물관 소장 중앙아시아 종교 회화: 소장 배경, 연구사, 그리고 현황」, 『국립중앙박물관 소장 중앙아시아 종교 회화』, 서울: 국립중앙박물관, 2013.

민병훈, 「國立中央博物館 所藏 中央아시아 遺物(大谷 컬렉션)의 所藏經緯 및 硏究現況」, 『中央아시아硏究』 5, 2000.

민병훈, 「國立中央博物館 中央아시아 遺物의 所藏經緯 및 展示·調査硏究 現況」, 『西域美術』, 서울: 국립중앙박물관, 2003.

민병훈·안병찬, 「國立中央博物館 투르판出土文書 管見」, 『美術資料』 56, 1995.

박근칠, 「唐 前期 西北地域 和糴制의 운영실태와 특징--敦煌·吐魯番 出土文書의 분석을 중심으로」, 서울大學校東洋史學硏究室 編, 『分裂과 統合--中國 中世의 諸相』, 서울: 지식산업사 1998.

박근칠, 「唐 前期 豫算編成의 根據와 節次」, 『中國史硏究』 14, 2001.

박근칠, 「中國 古代의 戶籍 記載樣式 變化와 計帳樣式의 關係--唐代의 計帳制度 成立 過程과 관련하여」, 가락국사적개발연구원 편, 『강좌 한국고대사』 제9권, 서울: 가락국사적개발연구원, 2002.

박근칠, 「吐魯番文獻의 流散과 整理--'新材料'의 擴充」, 『中國古中世史研究』 23, 2010.

박근칠, 「唐 前期 造籍 節次에 대한 再檢討」, 『中國學報』 62, 2010.

박근칠 편역, 「敦煌 藏經洞의 발견과 그 폐쇄의 원인」(原題 榮新江, 『敦煌學十八講』, 北京: 北京大學出版社, 2001, 第3講·第4講), 『漢城史學』 27, 2012.

박근칠, 「唐 前期 過所 發給 절차에 대한 검토--'唐開元21年(733)唐益謙·薛光泚·大之請給過所案卷'의 분석을 중심으로」, 『漢城史學』 29, 2014.

박근칠, 「한국의 돈황 역사학 연구」, 『중국학보』 73, 2015.

박근칠, 「唐 前期 過所 發給 관련 문서의 이해--'唐開元21年(733)西州都督府案卷爲勘給過所事'의 譯註」, 『漢城史學』 30, 2015.

박근칠, 「'前秦建元20年(384)籍'과 호적 기재양식의 변천--4~10세기 서북지역출토 호적류 문서의 분석을 중심으로」, 『東洋史學研究』 131, 2015.

박근칠, 「唐 前期 過所·公驗의 기재 양식과 성격--'唐開元20年(732)瓜州都督府及百姓遊擊將軍石染典過所'의 분석을 중심으로」, 『中國古中世史研究』 41, 2016.

박근칠, 「唐代 公式令의 복원과 地方 官文書의 정리--敦煌·吐魯番 출토문서의 분석을 중심으로」, 『中國古中世史研究』 51, 2019.

박근칠, 「唐代 官文書의 작성과 地方 文書行政의 운영--敦煌·吐魯番 출토문서의 분석을 중심으로」, 『中國古中世史研究』 51, 2019.

박근칠, 「당대 율령체제의 형성」, 동북아역사재단편, 『동아시아사 입문』, 서울: 동북아역사재단, 2020.

박근칠, 「唐代 지방 文書行政의 절차와 案卷의 재정리--'唐景龍3年(709)12月至景龍4年(710)正月西州高昌縣處分田畝案卷'의 검토를 중심으로」, 『中國古中世史研究』 56, 2020.

박근칠, 「唐代 지방 政務의 처리 절차와 案卷 작성의 관계--'唐開元21年(733)西州都督府案卷爲勘給過所事'」, 『中國古中世史研究』 61, 2021.

박근칠, 「한국 국립중앙박물관 소장 吐魯番出土文書의 판독과 분석--'唐儀鳳3年(678)度支奏抄·4年(679)金部旨符' 文案의 재검토」, 『東洋史學研究』 158, 2022.

양진성, 「唐代 制書式 復元의 재검토--制授告身式과 制授告身의 분석을 중심으로」, 『中國古中世史研究』 52, 2019.

李琓碩, 「唐代 王言 문서의 생산과 유통--唐 公式令을 중심으로」, 『中國古中世史研究』 48, 2018.

이기천, 「唐景龍二年張君義勳告(敦研341)의 再判讀과 그 사료적 가치--새로 촬영한 컬러 사진을 통하여」, 『東洋史學研究』 153, 2020

조재우, 「唐代 皇太子令書式의 복원과 그 시행절차--'唐永淳元年(682)氾德達飛騎尉告身'의 분석을 중심으로」, 『中國古中世史研究』 51, 2019.

최재영, 「唐代 文書行政 法令의 체계와 그 의미--公式令과 職制律을 중심으로」, 『中國學報』 91, 2020.

姜伯勤, 「沙皇俄國對敦煌及新疆文書的劫奪」, 『中山大學學報』(哲學社會科學版) 1980-3.

耿世民, 「德國柏林科學院吐魯番學研究中心」, 『西域研究』 2003-2.

耿世民, 「德國的吐魯番學研究」, 新疆吐魯番地區文物局 編, 『吐魯番學研究: 第二屆吐魯番學國際學術研討會論文集』, 上海: 上海辭書出版社, 2006.
顧成瑞, 「韓國國博藏〈唐儀鳳四年金部旨符〉殘卷釋錄與研究」, 『唐宋歷史評論』 8, 2021.
郭桂坤, 「唐代前期的奏事文書與奏事制度」, 『唐研究』 22, 2016.
郭桂坤, 「唐代前期的奏抄與發日勅書」, 『文史』 2018-1.
郭丹, 「遼寧省博物館藏敦煌西域文獻簡目」, 『敦煌吐魯番研究』 第19卷, 2020.
郭平梁, 「唐朝王奉仙被捉案文書考釋--唐代西域陸路交通運輸初探」, 『中國史研究』 1986-1.
管俊瑋, 「唐代尙書省“諸司符”初探--以俄藏Дx.02160vb文書爲線索」, 『史林』 2021-3.
盧向前, 「唐朝驛傳馬政制度研究」(北京大學中國中古史研究中心 編, 『敦煌吐魯番文獻研究論集』, 北京: 中華書局, 1982), 『唐代政治經濟史綜論--甘露之變研究及其他』, 北京: 商務印書館, 2012.
盧向前, 「馬社研究--P.3899號背面馬社文書介紹」(北京大學中國中古史研究中心 編, 『敦煌吐魯番文獻研究論集』 第2輯, 北京: 北京大學出版社, 1983), 『唐代政治經濟史綜論--甘露之變研究及其他』, 北京: 商務印書館, 2012.
盧向前, 「牒式及其處理程式的探討--唐公式文研究」(北京大學中國古中史研究中心編, 『敦煌吐魯番文獻研究論集』 第3輯, 北京: 北京大學出版社, 1986), 『唐代政治經濟史綜論--甘露之變研究及其他』, 北京: 商務印書館, 2012.
雷聞, 「關文與唐代地方政府內部的行政運作--以新獲吐魯番文書爲中心」 (『中華文史論叢』 2007-4), 榮新江 · 李肖 · 孟憲實 主編, 『新獲吐魯番出土文獻研究論集』, 北京: 中國人民大學出版社, 2010.
雷聞, 「唐代帖文的形態與運作」, 『中國史研究』 2010-3.
雷聞, 「吐魯番出土〈唐開元十六年西州都督府請紙案卷〉與唐代的公文用紙」, 樊錦詩 · 榮新江 · 林世田 主編, 『敦煌文獻 · 考古 · 藝術綜合研究: 紀念向達先生誕辰110周年國際學術研討會論文集』, 北京: 中華書局, 2011.
雷聞, 「牓文與唐代政令的傳佈」, 『唐研究』 19, 2013.
達錟, 「關于吐魯番所出〈武周天山府下張父團帖爲出軍合請飯米人事〉及其相關文書的綴合問題」(『吐魯番學研究』 2019-2), 劉安志 主編, 『吐魯番出土文書新探』 第二輯, 武漢: 武漢大學出版社, 2021.
唐長孺, 「唐西州諸鄉戶口帳試析」, 唐長孺主編, 『敦煌吐魯番文書初探』, 武漢: 武漢大學出版社, 1983.
唐長孺, 「唐代的客戶」, 『山居存稿』, 北京: 中華書局, 1989.
呂博, 「唐代露布的兩期形態及其行政 · 禮儀運作--以〈太白陰經 · 露布篇〉爲中心」(『魏晉南北朝隋唐史資料』 28, 2012), 『中國古代史集刊』 第1輯, 北京: 商務印書館, 2015.
樓勁, 「伯2819號殘卷所載公式令對于研究唐代政制的價值」, 『敦煌學輯刊』 1987-2.
凌文超, 「普林斯頓大學葛斯德圖書館藏兩件天山縣鸜鵒倉牒考釋」, 『吐魯番學研究』 2009-2.
馬德, 「俄藏敦煌寫經部分殘片內容的初步辨識--以〈俄藏敦煌文獻〉第六 · 七 · 八冊爲中心」, 『戒幢研究』 第3卷, 長沙: 岳麓書社, 2005.
孟彦弘, 「唐代的驛 · 傳送與轉運 --以交通與運輸之關係爲中心」, 『唐研究』 第12卷, 2006.
孟憲實, 「唐代府兵‘番上’新解」, 『歷史研究』 2007-2.
孟憲實, 「吐魯番新發現的《唐龍朔二年西州高昌縣思恩寺僧籍》」, 『文物』 2007-2.
孟憲實 · 榮新江, 「吐魯番學研究: 回顧與展望」, 『西域研究』 2007-9.
孟憲實, 「論唐朝的佛教管理--以僧籍的編造爲中心」, 『北京大學學報』(哲學社會科學版), 46-3, 2009.
毛秋瑾, 「唐開元16年(728)西州都督府請紙案卷研究」, 孫曉雲 · 薛龍春 編, 『請循其本: 古代書法創作研究國際學術討論會論文集』, 南京: 南京大學出版社, 2010.

方誠峰, 「敦煌吐魯番所出事目文書再探」, 『中國史研究』 2018-2.

樊文禮·史秀蓮, 「唐代公牘文'帖'研究」, 『中國典籍與文化』 2007-4.

裴成國, 「吐魯番新出北涼計貲·計口出絲帳研究」, 『中華文史論叢』 2007-4.

白化文, 「中國敦煌學目錄和目錄工作的創立與發展簡述」, 『敦煌吐魯番學研究』 第7卷, 2004.

府憲展, 「敦煌文獻辨疑錄」, 『敦煌研究』 1996-2.

府憲展, 「《俄藏敦煌文獻》科羅特闊夫收集品的《弘法藏》和高昌刻經活動」, 敦煌研究院 編, 『2000年敦煌學
　　　國際學術討論會文集--紀念敦煌藏經洞發現暨敦煌學百年』, 蘭州: 甘肅民族出版社, 2003.

史睿, 「唐代前期銓選制度的演進」, 『歷史研究』 2007-2.

史睿, 「唐調露二年東都尚書吏部符考釋」(『敦煌吐魯番研究』 10, 2007), 榮新江·李肖·孟憲實 主編, 『新
　　　獲吐魯番出土文獻研究論集』, 北京: 中國人民大學出版社, 2010.

史睿, 「旅順博物館藏新疆出土寫經的書法斷代」, 王振芬·榮新江 主編, 『絲綢之路與新疆出土文獻: 旅順博
　　　物館百年紀念國際學術研討會論文集』, 北京: 中華書局, 2019.

三谷眞澄, 「龍谷大學與旅順博物館所藏吐魯番出土佛典研究」, 王振芬·榮新江 主編, 『絲綢之路與新疆出土
　　　文獻: 旅順博物館百年紀念國際學術研討會論文集』, 北京: 中華書局, 2019.

徐暢, 「傳世唐代告身及其相關研究述略」, 『中國史研究動態』 2012-3.

孫繼民, 「唐西州張無價及其相關文書」, 『魏晉南北朝隋唐史資料』 9·10, 1990.

孫麗萍, 「德藏文書〈唐西州高昌縣典周達帖〉札記」, 『西域研究』 2014-4.

宋雪春, 「英藏敦煌文獻基本情況研究綜述」, 郝春文 主編, 『2015敦煌學國際聯絡委員會通訊』, 上海: 上海
　　　古籍出版社, 2015.

宋雪春, 「國內外藏敦煌文獻的數量·內容及來源的介紹與考察」, 『上海高校圖書情報工作研究』 2018-4.

柴劍虹, 「俄羅斯漢學家孟列夫對國際敦煌學的貢獻」, 『敦煌學輯刊』 2016-3.

施萍婷, 「俄藏敦煌文獻經眼錄之一」, 『敦煌研究』 1996-2.

施萍婷, 「日本公私收藏敦煌遺書敍錄」(二), 『敦煌研究』 1994-3.

施萍婷, 「俄藏敦煌文獻經眼錄」(二), 『敦煌吐魯番研究』 第2卷, 1997.

新疆文物考古研究所, 「吐魯番交河故城溝西墓地發掘簡報」, 『新疆文物』 1996-4.

新疆文物考古研究所, 「新疆吐魯番交河故城溝西墓地麴氏高昌-唐西州時期墓葬1996年發掘簡報」, 『考古』
　　　1997-9.

新疆文物考古研究所, 「阿斯塔那古墓群第十次發掘簡報」, 『新疆文物』 2000-3·4.

新疆文物事業管理局·新疆文物考古研究所, 「新疆維吾爾自治區文物考古五十年」, 『新中國考古五十年』, 文
　　　物出版社, 1999.

新疆博物館考古隊, 「吐魯番哈喇和卓古墓群發掘簡報」, 『文物』 1978-6.

新疆首屆考古專業人員訓練班, 「交河故城·寺院及雅爾湖古墓發掘簡報」, 『新疆文物』 1989-4.

新疆維吾爾自治區博物館, 「吐魯番縣阿斯塔那-哈拉和卓古墓群清理簡報」, 『文物』 1972-1.

新疆維吾爾自治區博物館, 「吐魯番縣阿斯塔那-哈拉和卓古墓群發掘簡報(1963~1965)」, 『文物』 1973-
　　　10.

新疆維吾爾自治區博物館·西北大學歷史系考古專業, 「1973年吐魯番阿斯塔那古墓群發掘簡報」, 『文物』
　　　1975-7.

新疆維吾爾自治區博物館考古部·吐魯番地區文物局阿斯塔那文物管理所, 「2006年吐魯番阿斯塔那古墓群西
　　　區發掘簡報」, 『吐魯番學研究』 2007-1.

新疆維吾爾自治區博物館考古部·吐魯番地區文物局阿斯塔那文物管理所, 「新疆吐魯番阿斯塔那古墓群西區考

　　古發掘報告」, 『考古與文物』 2016-5.

新疆維吾爾自治區吐魯番學研究院·新疆維吾爾自治區吐魯番地區文物局, 「近年吐魯番的考古新發現」, 榮新
　　江·李肖·孟憲實 主編, 『新獲吐魯番出土文獻』(上), 北京: 中華書局, 2008,

新疆吐魯番地區文管所, 「吐魯番出土十六國時期的文書--吐魯番阿斯塔那382號墓淸理簡報」, 『文物』 1983-1.

沈頌金, 「黃文弼與西北邊境史地研究」, 『史學史研究』 2002-1.

楊德炳, 「關於唐代對患病兵士的處理與程粮等問題的初步探索」, 唐長孺 編, 『敦煌吐魯番文書初探』, 武漢:
　　武漢大學出版社, 1983.

楊銘, 「楊增新等所藏兩件吐魯番敦煌寫經」, 『西域研究』 1995-2.

楊銘, 「重慶市博物館藏敦煌吐魯番寫經題錄」, 『敦煌吐魯番研究』 第6卷, 2002.

楊際平, 「唐前期江南折租造布的財政意義--兼論所謂唐中央財政制度之漸次南朝化」, 『歷史研究』 2011-2.

呂恩國·王龍·郭物, 「洋海墓地分期與斷代研究」, 『吐魯番學研究』 2017-1.

閻文儒, 「吐魯番的高昌故城」, 『文物』 1962-7·8.

閻文儒, 「新疆天山以南的石窟」, 『文物』 1962-7·8.

榮新江, 「遼寧省檔案館所藏唐蒲昌府文書」, 『中國敦煌吐魯番學會研究通訊』 1985-4.

榮新江, 「唐開元二十九年西州天山縣南平鄉籍殘卷研究」, 『西域研究』 1995-1.

榮新江, 「靜嘉堂文庫藏吐魯番資料簡介」, 北京圖書館敦煌吐魯番學資料中心·臺北《南海》雜誌社 合編, 『敦
　　煌吐魯番學研究論集』, 北京: 書目文獻出版社, 1996.

榮新江, 「德國'吐魯番收藏品'中的漢文典籍與文書」, 『華學』 3, 1998.

榮新江, 「中國所藏吐魯番文書及其對中古史研究的貢獻」(『敦煌學』 21, 1998), 『敦煌學新論』, 蘭州: 甘肅
　　教育出版社, 2002.

榮新江, 「《英國圖書館藏敦煌漢文非佛教文獻殘卷目錄》補正」, 宋家鈺·劉忠 主編, 『英國收藏敦煌漢藏文獻
　　研究--紀念藏經洞發現一百周年』, 北京: 中國社會科學出版社, 2000.

榮新江, 「[書評]《法書大觀》第11·12卷」, 『敦煌吐魯番研究』 第5卷, 2001.

榮新江, 「中國國家圖書館善本部藏德國吐魯番文獻舊照片的學術價值」, 國家圖書館善本特藏部敦煌吐魯番學
　　資料研究中心 編, 『敦煌學國際研討會論文集』, 北京: 北京圖書館出版社, 2005.

榮新江, 「歐美所藏吐魯番出土漢文文書: 研究現狀與評價」, 新疆吐魯番地區文物局 編, 『吐魯番學研究: 第
　　二屆吐魯番學國際學術研討會論文集』, 上海: 上海辭書出版社, 2006.

榮新江, 「吐魯番出土《前秦建元二十年籍》研究」, 『中華文史論叢』 2007-4.

榮新江, 「[書評] K. Kudara, Chinese Buddhist Texts from the Berlin Turfan Collections,
　　vol.3」, 『敦煌吐魯番研究』 第10卷, 2007.

榮新江, 「期盼'吐魯番學'與'敦煌學'比翼齊飛」, 『中國史研究』 2009-3.

榮新江, 「吐魯番新出前秦建元二十年籍的淵源」, 土肥義和 編, 『敦煌·吐魯番出土漢文文書の新研究』, 東京:
　　東洋文庫, 2009.

榮新江, 「中國散藏吐魯番文獻知見錄」, 本書編委會 主編, 『敦煌·吐魯番文書與中古史研究: 朱雷先生八秩
　　榮誕祝壽集』, 上海: 上海古籍出版社, 2016.

榮新江, 「歐美所藏吐魯番文獻新知見」, 『敦煌學輯刊』 2018-2.

榮新江, 「[書評] T.Nishiwaki, Chinesische Blockdrucke aus der Berliner Turfansammlung
　　」, 『敦煌吐魯番研究』 第20卷, 2021.

榮新江·李肖·孟憲實, 「新獲吐魯番出土文獻槪說」, 『新獲吐魯番出土文獻』, 北京: 中華書局, 2008.

吳麗娛, 「試論'狀'在唐朝中央行政體系中的應用與傳遞」, 『文史』 2008-1.

吳麗娛, 「從敦煌吐魯番文書看唐代地方機構運行的狀」, 『中華文史論叢』 2010-2.

吳震, 「唐開元廿一年西州都督府處分旅行文案殘卷的復原與研究」(『文史研究』 5・6, 1989・1990), 『吳震教授吐魯番文書研究論集』, 上海: 上海古籍出版社, 2009.

吳華峰, 「敦煌吐魯番文獻最後的寶藏--〈旅順博物館藏新疆出土漢文文獻〉評介」, 『西域研究』 2021-4.

王冀靑, 「關於斯坦因第四次中亞考察所發現的文物」, 『九州學刊』 6-4, 1995.

王冀靑, 「斯坦因第四次中亞考察所獲漢文文書」, 『敦煌吐魯番學研究』 第3卷, 1997.

王湛, 「中國國家博物館藏"唐人眞迹"文書題跋與遞藏考」, 『中國國家博物館館刊』 2022-4.

王炳華, 「阿拉溝古堡及其出土唐文書殘紙」, 『唐研究』 第8卷, 2002.

王素, 「吐魯番北涼貲簿補說」, 『文物』 1996-7.

王素, 「書評《新獲吐魯番出土文獻》」, 『敦煌吐魯番學研究』 第11卷, 2009.

王素, 「吐魯番新獲高昌郡文書的斷代與研究--以《新獲吐魯番出土文獻》爲中心」, 土肥義和 編, 『敦煌・吐魯番出土漢文文書の新研究』, 東京: 東洋文庫, 2009.

王新春, 「黃文弼與西北文獻的獲集整理與研究」, 『簡牘學研究』 第5輯, 2014.

王永興, 「吐魯番出土唐西州某縣事目文書研究」(『國學研究』 第1卷, 1993) 『唐代前期西北軍事研究』, 北京: 中國社會科學出版社, 1994.

王永興, 「論敦煌吐魯番出土唐代官府文書中'者'字的性質和作用」, 『唐代前期西北軍事研究』, 北京: 中國社會科學出版社, 1994.

王宇・劉廣堂, 「旅順博物館所藏西域文書」, 北京圖書館敦煌吐魯番學資料中心・臺北《南海》雜誌社 合編, 『敦煌吐魯番學研究論集』, 北京: 書目文獻出版社, 1996.

王宇·周一民·孫慧珍, 「旅順博物館藏大谷探險隊文物」, 『文物天地』 1991-5.

王振芬, 「旅順博物館藏新疆出土漢文文獻的入藏與整理」, 『吐魯番學研究』 2017-2.

王珍仁・孫慧珍, 「旅順博物館所藏新疆出土漢文文書的槪況」, 『新疆文物』 1994-4.

遼寧省檔案館, 「唐代檔案」, 『歷史檔案』 1982-4.

劉建國, 「新疆高昌・北庭古城的遙感探查」, 『考古』 1995-8.

劉觀民, 「交河故城調查記」, 『考古』 1959-5.

劉銘恕, 「敦煌掇瑣」, 『敦煌學輯刊』5, 1984.

劉子凡, 「旅順博物館藏四神文書研究--兼釋《唐開元二十三年西州都督府案卷》」, 『敦煌吐魯番研究』 第21卷, 2022.

劉安志, 「唐代西州的突厥人」, 『魏晉南北朝隋唐史資料』 17, 2000.

劉安志, 「跋吐魯番鄯善縣所出〈唐開元5年(717)後西州獻之牒稿爲被懸點入軍事〉」(『魏晉南北朝隋唐史資料』 2002-19), 『敦煌吐魯番文書與唐代西域史研究』, 北京: 商務印書館, 2010.

劉安志, 「吐魯番出土文書所見唐代解文雜考」, 『吐魯番學研究』 2018-1.

劉安志, 「唐代解文初探--以敦煌吐魯番文書爲中心」, 『西域研究』 2018-4.

劉安志, 「關于吐魯番新出永徽5・6年(654・655)安西都護府案卷爲整理研究的若干問題」(『文史哲』 2018-3), 劉安志 主編, 『吐魯番出土文書新探』, 武漢: 武漢大學出版社, 2019.

劉安志, 「唐代解式續探--以折衝府申州解爲中心」(『西域研究』 2021-4), 劉安志 主編, 『吐魯番出土文書新探』 第二輯, 武漢: 武漢大學出版社, 2021.

劉婷, 「中國散藏敦煌文獻敍錄」, 郝春文 主編, 『2019敦煌學國際聯絡委員會通訊』, 上海: 上海古籍出版社, 2019.

劉進寶, 「大谷光瑞考察團與中國西北史研究」, 『敦煌研究』 1999-3.

劉進寶, 「從敦煌吐魯番文書看唐代地方官文書的處理程序」, 『圖書與情報』 2004-5.

劉進寶, 「榮新江《吐魯番文書總目(歐美收藏卷)》評介」, 郝春文 主編, 『2008敦煌學國際聯絡委員會通訊』, 上海: 上海古籍出版社, 2009.

劉後濱, 「古文書學與唐宋政治史研究」, 『歷史研究』 2014-6.

劉後濱・顧成瑞, 「政務文書的環節性形態與唐代地方官府政務運行--以開元二年西州蒲昌府文書爲中心」, 『唐宋歷史評論』 第2輯, 2016.

劉波, 「普林斯頓大學藏吐魯番文書唐寫本經義策殘卷之整理與研究」, 『文獻』 2011-3.

劉屹, 「《吐魯番文書總目(歐美收藏卷)》」, 『敦煌學輯刊』 2008-2.

劉屹, 「[書評]王振芬・孟憲實・榮新江主編〈旅順博物館藏新疆出土漢文文獻〉」, 『敦煌吐魯番研究』 第20卷, 2021.

李錦綉, 「唐'王言之制'初探--讀〈唐六典〉箚記之一」, 李錚・蔣忠新 主編, 『季羨林教授八十華誕記念論文集』, 南昌: 江西人民出版社, 1991.

李錦綉, 「唐開元中北庭長行坊文書考釋」(上), 『吐魯番學研究』 2004-2.

李方, 「唐西州長官編年考證 --西州官吏考證(一)」, 『敦煌吐魯番研究』 第1卷, 1996.

李方, 「唐西州天山縣官員編年考證」, 中國文物研究所 編, 『出土文獻研究』 第7輯, 上海: 上海古籍出版社, 2005.

李方, 「論唐西州官吏任用的類別」, 『新疆師範大學學報』(哲社版), 27-1, 2006.

李森煒, 「關于吐魯番出土〈唐開元某年西州蒲昌縣上西州戶曹狀爲錄申刈得苜蓿秋茭數事〉及其相關文書的綴合編連問題」, 『吐魯番學研究』 2019-2.

李遇春, 「吐魯番出土〈三國志・魏書〉和佛經時代的初步研究」, 『敦煌學輯刊』 1989-1.

李志生, 「唐開元年間西州抄目三件考釋」, 北京大學中國中古史研究中心 編, 『敦煌吐魯番文獻研究論集』 第5輯, 北京: 北京大學出版社, 1990.

李肖, 「吐魯番新出壁畫《莊園生活圖》簡介」(『吐魯番學研究』 2004-1), 殷晴 主編, 『吐魯番學新論』, 烏魯木齊: 新疆人民出版社, 2006.

李肖, 「交河溝西康家墓地與交河粟特移民的漢化」, 『敦煌吐魯番研究』 第10卷, 2007.

自治區文物普查辦公室・吐魯番地區文物普查隊, 「吐魯番地區文物普查資料匯編」, 『新疆文物』 1988-3.

張銘心, 「吐魯番交河溝西墓地新出土高昌墓磚及其相關問題」, 『西域研究』 2007-2.

張銘心・凌妙丹, 「中央民族大學收藏吐魯番出土文書初探」, 『中央民族大學學報』(哲學社會科學版), 2013-6.

張秀淸, 「敦煌文獻斷代方法綜述」, 『敦煌學輯刊』 2008-3.

張榮強, 「'租輸三分制'與唐前期財賦格局特點」, 『魏晉南北朝隋唐史資料』 17, 2000.

張榮強, 「《前秦建元籍》與漢唐間籍帳制度的變化」, 『歷史研究』 2009-3.

張榮強・張慧芬, 「新疆吐魯番新出唐代貌閱文書」, 『文物』 2016-6.

張涌泉・陸娟娟, 「吐魯番出土文獻整理的典範之作--評《新獲吐魯番出土文獻》」, 『敦煌研究』 2009-3.

張雨, 「公文書與唐前期司法政務運行--以奏抄與發日勅爲中心」, 『唐宋歷史評論』 7, 2020.

張惠明, 「俄國艾爾米塔什博物館的吐魯番收藏品」, 『敦煌吐魯番研究』 第10卷, 2007.

張惠明・魯多娃・普切林, 「艾爾米塔什博物館所藏俄國吐魯番考察隊收集品簡目」, 『敦煌吐魯番研究』 第10卷, 2007.

張慧芬, 「唐代〈入鄉巡貌事〉文書的性質及貌閱百姓之族屬問題研究」, 『中央民族大學學報』(哲學社會科學版) 2018-2.

張慧芬, 「〈唐開元年間西州交河縣帖鹽城入鄉巡貌事〉文書貌閱律令用語研究」, 『西域研究』 2020-1.

赤木崇敏, 「唐代前半期的地方公文體制--以吐魯番文書爲中心」, 鄧小南·曹家齊·平田茂樹 主編, 『文書·政令·信息溝通: 以唐宋時期爲主』, 北京: 北京大學出版社, 2012.

定源, 「杏雨書屋藏敦煌遺書編目整理綜論」, 郝春文 主編, 『2021敦煌學國際聯絡委員會通訊』, 上海: 上海古籍出版社, 2021.

程喜霖, 「'唐開元21年(733)西州都督府勘給過所案卷'考釋--兼論請過所程序與勘驗過所」(上·下), 『魏晉南北朝隋唐史資料』8, 9·10, 1986, 1988

丁俊, 「從新出吐魯番文書看唐前期的勾徵」, 『西域歷史語言研究集刊』 第2輯, 2009.

趙洋, 「中國國家博物館藏"唐人眞迹"中三件轉運坊文書考釋」, 『中國國家博物館館刊』 2022-4.

趙晶, 「唐代'保辜'再蠡測--《唐寶應元年六月康失芬行車傷人案卷》再考」, 『敦煌吐魯番研究』 第16卷, 2016.

趙貞, 「從敦煌吐魯番文書談唐代的'身死'」, 『中國史研究』 2021-4.

趙和平, 「新資料,新方法,新速度--初讀《新獲吐魯番出土文獻》」, 『敦煌學輯刊』 2008-4.

趙曉芳·陸慶夫, 「唐西州官吏編年補證--以〈新獲吐魯番出土文獻〉爲中心」, 『中國邊疆史研究』 20-2, 2010.

趙鑫曄, 「俄藏敦煌文獻整理中的幾個問題」, 『文獻』 2013-2.

周奇, 「唐代國家對僧尼的管理--以僧尼籍帳與人口控制爲中心」, 『中國社會經濟史研究』 2008-3.

朱雷, 「吐魯番出土北涼貲簿考釋」(『武漢大學學報』1980-4), 『敦煌吐魯番文書論叢』, 上海: 上海古籍出版社, 2012.

周紹良, 「中國學者在敦煌文獻編目上的貢獻」, 中國社會科學院歷史研究所編, 『英國收藏敦煌漢藏文獻研究』, 北京: 中國社會科學出版社, 2000.

朱玉麒, 「'北館文書'的流傳及早期研究史」, 『西域研究』 2018-2.

陳國燦, 「略論日本大谷文書與吐魯番新出墓葬文書之關聯」, 中國敦煌吐魯番學會編, 『敦煌吐魯番學研究論文集』, 上海: 韓語大詞典出版社, 1990.

陳國燦, 「東方吐魯番文書紀要」(一)(二)(三), 『魏晉南北朝隋唐史資料』 11·12·13, 1993·1994·1996.

陳國燦, 「美國普林斯頓所藏幾件吐魯番出土文書跋」, 『魏晉南北朝隋唐史資料』 15, 1997.

陳國燦, 「遼寧省檔案館藏吐魯番文書考釋」(『魏晉南北朝隋唐史資料』 19, 2001), 『論吐魯番學』, 上海: 上海古籍出版社, 2010.

陳國燦, 「敦煌吐魯番文書與魏晉南北朝隋唐史研究」, 『敦煌學史事新證』, 蘭州: 甘肅人民出版社, 2002.

陳國燦, 「'俄藏敦煌文獻'中吐魯番出土的唐代文書」, 『敦煌吐魯番研究』 第8卷, 2005.

陳國燦, 「鄯善縣新發現的一批唐代文書」(『吐魯番學研究』 2005-2), 『論吐魯番學』, 上海: 上海古籍出版社, 2010.

陳國燦, 「吐魯番學的研究和發展」, 殷晴 主編, 『吐魯番學新論』, 烏魯木齊: 新疆人民出版社, 2006.

陳國燦, 「略論敦煌吐魯番文獻研究中的史學斷代問題」, 『敦煌研究』 2006-6.

陳國燦, 「唐西州的四府五縣制--吐魯番地名研究之四」(『吐魯番學研究』 2016-2), 劉安志 主編, 『吐魯番出土文書新探』 第二輯, 武漢: 武漢大學出版社, 2021.

陳麗萍·趙晶, 「日本杏雨書屋藏敦煌吐魯番研究綜述」, 郝春文 主編, 『2014敦煌學國際聯絡委員會』, 上海: 上海古籍出版社, 2014.

陳麗萍·趙晶, 「日本杏雨書屋藏敦煌吐魯番研究索引」, 郝春文 主編, 『2020敦煌學國際聯絡委員會』, 上海: 上海古籍出版社, 2020.

陳爽, 「海內外敦煌學研究網絡資源簡介」, 郝春文 主編, 『敦煌學知識庫國際學術研討會論文集』, 上海: 上海古籍出版社, 2006.

陳寅恪, 「陳垣燉煌劫餘錄序」(『歷史語言研究所集刊』 第1本第2分, 1930), 『金明館叢稿二編(陳寅恪文集之三)』, 上海: 上海古籍出版社, 1980.

陳昊, 「吐魯番洋海1號墓出土文書年代考釋」, 『敦煌吐魯番研究』 第10卷, 2007.

陳昊, 「吐魯番臺藏塔新出唐代曆日文書研究」, 『敦煌吐魯番研究』 第10卷, 2007.

陳懷宇, 「普林斯頓所見羅氏藏敦煌吐魯番文書」, 『敦煌學』 25, 2004.

肖龍祥, 「吐魯番所出〈唐景龍三至四年西州高昌縣處分田畝案卷〉復原研究」(上)(下), 『吐魯番學研究』 2020-
　　　　1·2.

湯士華, 「吐魯番學與吐魯番學會」, 『吐魯番學研究』 2013-2.

邰惠莉, 「〈俄藏敦煌文獻〉第17冊部分寫經殘片的定名與綴合」, 『敦煌研究』 2007-2.

吐魯番地區文管所, 「伯孜克里克千佛洞遺址清理簡記」, 『文物』 1985-8.

吐魯番地區文管所, 「新疆鄯善縣吐峪溝發現的棺葬」, 『考古』 1986-1.

吐魯番地區文管所, 「1986年新疆吐魯番阿斯塔那古墓群發掘簡報」, 『考古』 1992-2.

吐魯番地區文物局, 「吐魯番交河故城溝西墓地康氏家族墓清理簡報」, 『吐魯番學研究』 2005-2.

吐魯番地區文物局, 「吐魯番巴達木墓地清理簡報」, 『吐魯番學研究』 2006-1.

吐魯番地區文物局, 「木納爾墓地清理發掘」, 『吐魯番學研究』 2006-2.

吐魯番地區文物局, 「新疆吐魯番地區交河故城溝西墓地康氏家族墓」, 『考古』 2006-12.

吐魯番地區文物局, 「新疆吐魯番地區木納爾墓地的發掘」, 『考古』 2006-12.

吐魯番地區文物局, 「新疆吐魯番地區阿斯塔那古墓葬西區408·409號墓」, 『考古』 2006-12.

吐魯番地區文物局, 「新疆吐魯番地區巴達木墓地發掘簡報」, 『考古』 2006-12.

吐魯番地區文物局, 「吐魯番地區鄯善縣洋海墓地斜坡土洞墓清理簡報」(『吐魯番學研究』 2007-1), 『敦煌吐
　　　　魯番研究』 第10卷, 2007.

吐魯番出土文書整理小組·新疆維吾爾自治區博物館, 「吐魯番晉-唐墓葬出土文書概述」, 『文物』 1977-3.

吐魯番學研究院, 「2006年鄯善洋海一號墓地保護站北區清理簡報」, 『吐魯番學研究』 2008-2.

片山章雄, 「唐代吐魯番四神靈芝雲彩畫及田制等相關文書的追踪與展開」, 王振芬·榮新江 主編, 『絲綢之路
　　　　與新疆出土文獻: 旅順博物館百年紀念國際學術研討會論文集』, 北京: 中華書局, 2019.

包曉悅, 「唐代牒式再研究」, 『唐研究』 27, 2022.

何亦凡·朱月仁, 「武周大足元年西州高昌縣籍拾遺復原研究」, 『文史』 2017-4.

郝春文, 「二十世紀敦煌文獻與歷史研究的回顧與展望」, 『二十世紀的敦煌學』, 上海: 上海古籍出版社,
　　　　2006.

郝春文, 「《新獲吐魯番出土文獻》讀後」, 『敦煌研究』 2009-1.

向群, 「敦煌吐魯番文書中所見唐官文書'行判'的幾個問題」, 『敦煌研究』 1995-3.

許福謙, 「吐魯番出土的兩份唐代法制文書略釋」, 北京大學中國中古史研究中心 編, 『敦煌吐魯番文獻論集』
　　　　第2輯, 北京: 中華書局, 1983.

黃樓, 「唐代西州鸜鵒鎮烽鋪文書研究」, 『吐魯番出土官府帳簿文書研究』, 北京: 社會科學文獻出版社, 2020.

黃正建, 「唐代法律用語中的'款'和'辯'--以《天聖令》與吐魯番出土文書爲中心」(『文史』 2013-1), 『唐代法
　　　　典·司法與〈天聖令〉諸問題研究』, 北京: 中國社会科学出版社, 2018.

黃正建, 「唐代"官文書"辨析--以《唐律疏議》爲基礎」, 『魏晉南北朝隋唐史資料』 33, 2016.

黃正建, 「唐代訴訟文書格式初探--以吐魯番文書爲中心」, 『唐代法典·司法與〈天聖令〉諸問題研究』, 北京:
　　　　中国社会科学出版社, 2018.

黃正建, 「敦煌吐魯番契據文書中的署名畫指與畫押--從古文書學的視覺」, 『隋唐遼宋金元史論叢』 第8輯,
　　　　2018.

黃正建, 「中國古文書中的公文書樣式研究綜述--以中國大陸研究成果爲中心」, 『隋唐遼宋金元史論叢』 第9
　　　　輯, 2019.

古瀨奈津子, 「敦煌書儀と'上表'文--日唐の表の比較をまじえて」, 土肥義和 編, 『敦煌吐魯番出土漢文文書
　　　　の新研究』, 東京: 東洋文庫, 2009.
高田時雄, 「日藏敦煌遺書の來源と眞僞問題」, 『敦煌寫本研究年報』 9, 2015.
關尾史郎, 「ロシア, サンクト＝ペテルブルグ所藏敦煌文獻中のトゥルファン文獻について」, 同編, 『敦煌
　　　　文獻の綜合的・學際的研究』, 新潟: 新潟大學人文學部, 2001.
關尾史郎, 「"北涼年次未詳(5世紀中頃)貲簿殘卷"の基礎的考察」(上), 『西北出土文獻研究』 2, 2005.
關尾史郎, 「トゥルファン新出'前秦建元卅(384)年三月高昌郡高寧縣都鄕安邑里籍戶籍'試論」, 『人文科學研
　　　　究』(新潟大學 人文學部) 123, 2008.
菊池英夫, 「唐代邊防機關としての守捉・城・鎭等の成立過程について」, 『東洋史學』 27, 1964.
堀賢雄, 「西域旅行日記(一・二・三)」, 『西域文化研究』, 第2・4・5卷, 京都: 法藏館, 1959・1961・
　　　　1962.
氣賀澤保規, 「唐代西州府兵制再論--西州'衛士'の位置づけをめぐって」, 土肥義和 編, 『敦煌・吐魯番出土
　　　　漢文文書の新研究』, 東京: 東洋文庫, 2009.
內藤乾吉, 「西域發見唐代官文書の研究」(西域文化研究會編, 『西域文化研究』三, 京都: 法藏館, 1960), 『
　　　　中國法制史考證』, 京都: 有斐閣, 1963.
內藤虎次郎, 「三井寺所藏の唐過所に就て」, 『桑原博士還曆記念東洋史論叢』, 京都: 弘文堂書房, 1930.
大庭脩, 「吐魯番出土北館文書--中國驛傳制度史上の一資料」, 西域文化研究會 編, 『西域文化研究 第二:
　　　　敦煌・吐魯番社會經濟資料(上)』, 京都: 法藏館, 1959.
大庭脩, 「唐告身の古文書學的研究」(西域文化研究會編, 『西域文化研究』 第三: 敦煌・吐魯番社會經濟資料
　　　　(下), 京都: 法藏館, 1960), 『唐告身と日本古代の位階制』, 伊勢: 皇學館出版部, 2003.
大津透, 「唐律令國家の豫算について--儀鳳三年度支奏抄・四年金部旨符試析」(『史學雜誌』 95-12, 1986),
　　　　『日唐律令制の財政構造』, 東京: 岩波書店, 2006.
大津透, 「唐儀鳳三年度支奏抄・四年金部旨符補考--唐朝の軍事と財政」, 『東洋史研究』 49-2, 1990.
大津透, 「大谷・吐魯番文書復原二題」, 唐代史研究會編, 『東アジア古文書の史的研究(唐代史研究會報 第
　　　　Ⅶ集)』, 東京: 刀水書局, 1990.
大津透, 「唐日律令地方財政管見--館驛・驛傳制を手ガカリに」(笹山晴生先生還曆紀念會編, 『日本律令制論
　　　　集』上, 東京: 吉川弘文館, 1993), 『日唐律令制の財政構造』, 東京: 岩波書店, 2006.
大津透, 「韓國國立中央博物館所藏アンペラ文書についての覺え書き」, 『東京大學日本史學研究室紀要』 4,
　　　　2000.
大津透・野尻忠・稻田奈津子, 「大谷文書唐代田制關係文書群の復原研究」, 『東洋史苑』 60・61, 2003.
大津透・榎本淳一, 「大谷探險隊吐魯番將來アンペラ文書群の復原」, 『東洋史苑』 28, 1987.
渡邊哲信, 「西域旅行日記」, 上原芳太郎 編, 『新西域記』 卷上(東京: 有光社, 1937), 東京: 井草出版(復
　　　　刻), 1984.
東野治之, 「傳トルフアン出土樹下美人圖について」, 『佛敎美術』 108, 1976.
藤枝晃, 「長行馬」, 『墨美』 60, 1956.
藤枝晃, 「藤井有鄰館所藏の北庭文書」, 『書道全集』 第8卷(中國8・唐Ⅱ・月報13), 東京: 平凡社, 1957.
藤枝晃, 「大谷探險隊とその收集品」, 『京都と絹の道--大谷探險隊八十年記念』, 京都: 京都市社會敎育振興

財團, 1983.

藤枝晃, 「中國北朝寫本の三分期」, 東京古筆學研究所 編, 『古筆學叢林』 第1號, 東京: 八木書店, 1987.

藤枝晃, 「大谷コレクションの現況」, 龍谷大學三五〇周年記念學術企劃出版編輯委員會編, 『佛教東漸: 祇園精舍から飛鳥まで』, 京都: 思文閣出版社, 1991.

瀧川政次郎, 「律令の計會制度と計會帳」(『國學院法學』1-1, 1963), 『律令制及び令外官の研究』, 東京: 角川書店, 1967.

閔丙勳, 「ソウル國立博物館所藏の大谷コレクションについて」, 『季刊 東西交涉』 25, 東京: 井草出版社, 1988.

百濟康義, 「イスタンブール大學圖書館藏の東トルキスタン出土文獻--特にその出所について」, 『東方學』 84, 1992.

北原薰, 「唐代敦煌縣の論決せる笞杖刑文書二種--開元14年(726)理缺馬社錢牒案と總章2年(669)傳馬坊牒について」, 『中國前近代史研究』 創刊號, 1975.

山本孝子, 「《敦煌祕笈》所收寫本研究論著目錄稿」, 『敦煌寫本研究年報』 11, 2017.

山田信夫, 「イスタンブル大學圖書館藏東トルキスタン出土文書類--とくにウイグル文書について」, 『西南アジア研究』 20, 1968.

山下有美, 「計會制度と律令文書行政」, 『日本史研究』 337, 1990.

衫井一臣, 「唐代の過所發給について」, 記念論集刊行委員會 編, 『布目潮渢博士古稀記念論集: 東アジアの法と社會』, 東京: 汲古書院, 1990.

上山大峻・井ノ口泰淳・武内紹人・筑後誠隆・白井博之・三谷眞澄, 「龍谷大學藏チベット語文獻の研究(III)--大谷探險隊蒐集チベット語文書の研究(1)」, 『龍谷大學佛教文化研究紀要』 26, 1987.

上山大峻・井ノ口泰淳・武内紹人・筑後誠隆・白井博之・三谷眞澄, 「龍谷大學藏チベット語文獻の研究(IV)--大谷探險隊蒐集チベット語文書の研究(2)」, 『龍谷大學佛教文化研究紀要』 28, 1990.

上野アキ, 「トルファン出土彩畫紙片について」, 『美術研究』 230, 1964.

小笠原宣秀, 「龍谷大學所藏大谷探險隊將來吐魯番出土古文書素描」, 西域文化研究會 編, 『(西域文化研究 [歷史部門] 第二卷): 敦煌吐魯番社會經濟資料(上)』, 京都: 法藏館, 1959.

小野勝年, 「唐の開元時代の旅行證明書について」, 『東洋學術研究』 16-3, 1977.

小田義久, 「吐魯番出土唐代官廳文書の一考察--物價文書と北館文書をめぐって」, 『龍谷大學論集』 427, 1985.

小田義久, 「大谷文書概觀--その來源を中心に」 小田義久 主編, 『大谷文書集成』 第2卷, 京都: 法藏館, 1990.

速水大, 「P.3899v馬社文書に關する諸問題」, 『敦煌寫本研究年報』 10, 2016.

礪波護, 「唐代の過所と公驗」, 同編, 『中國中世の文物』, 京都: 京都大學人文科學研究所, 1993.

野村榮三郎, 「蒙古新疆旅行日記」, 上原芳太郎 編, 『新西域記』 卷下(東京: 有光社, 1937), 東京: 井草出版(復刊), 1984.

熊谷宣夫, 「橘師將來吐魯番出土紀年文書」, 『美術研究』 213, 1960.

劉安志, 「吐魯番出土唐代解文についての雜考」, 荒川正晴・柴田幹夫 編, 『シルクロードと近代日本の邂逅--西域古代資料と日本近代佛教』, 東京, 勉誠出版社, 2016.

劉安志, 「唐代解文初探--敦煌吐魯番文書を中心に」, 土肥義和・氣賀澤保規 編, 『敦煌吐魯番文書の世界とその時代』, 東京: 汲古書院, 2017.

仁井田陞, 「ペリオ敦煌發見唐令の再吟味--とくに公式令斷簡」, 『東洋文化研究所紀要』 35, 1965.

日比野丈夫,「唐代蒲昌府文書の研究」,『東方學報』33, 1963.

日比野丈夫,「新獲の唐代蒲昌府文書について」,『東方學報』45, 1973.

日野開三郎,「嶺南諸州税米について」,『日野開三郎東洋史學論集: 行政と財政』第12卷, 東京: 三一書房, 1989.

赤木崇敏,「唐代前半期の地方文書行政--トゥルファン文書の檢討を通じて」,『史學雜誌』117-11, 2008.

赤木崇敏,「唐代官文書體系とその變遷--牒・帖・狀を中心に」, 平田茂樹・遠藤隆俊 編,『外交史料から十~十四世紀を探る』, 東京: 汲古書院, 2013.

町田隆吉,「吐魯番出土"北涼貲簿"をめぐって」,『東洋史論』3, 1982.

早川庄八,「天平六年出雲國計會帳の研究」(坂本太郎博士還曆記念會編,『日本古代史論集』下, 東京: 吉川弘文館, 1962),『日本古代の文書と典籍』, 東京: 吉川弘文館, 1997.

池田温,「中國古代物價の一考察--天寶二年交河郡市估案斷片を中心として--」(一)・(二),『史學雜誌』77-1・2, 1968.

池田温,「最近における唐代法制資料の發見紹介」, 唐代史研究會 編,『中國律令制の展開とその國家・社會との關係--周邊諸地域の場合の含めて』, 東京: 刀手書房, 1984.

池田温,「開元十三年西州都督府牒秦州殘牒簡介」,『敦煌吐魯番研究』第3卷, 1998.

坂尻彰宏,「敦煌牓文書考」,『東方學』102, 2001.

片山章雄,「杏雨書屋'敦煌祕笈'中の物價文書と龍谷大學圖書館大谷文書中の物價文書」,『內陸アジア史研究』27, 2012.

丸山裕美子,「靜岡縣磯部武男氏所藏敦煌・吐魯番資料管見」,『唐代史研究』2, 1999.

荒川正晴 編,「阿斯塔那古墳群墳墓一覽表」,『吐魯番出土文物研究會會報』8・9・10, 1989.

荒川正晴 編,「阿斯塔那・哈拉和卓古墳群墳墓一覽補訂」,『吐魯番出土文物研究會會報』53, 1991.

荒川正晴,「唐の對西域布帛輸送と客商の活動について」,『東洋學報』73-3・4, 1992.

Akira, F., "The Earliest Types of Chinese Buddhist Manuscripts Excavated in Turfan", *Acta Orientalia Academiae Scienentiarum Hungaricae*, Vol.43, No.2/3, 1989.

Bullitt, J.O., "Princeton's Manuscript Fragements from Tnu-huang", The Gest Library Journal, III, 1-2, 1989.

Halén, H., "Baron Mannerheim's Hunt for Ancient Central Asian Manuscripts", *Studia Orientalia,* 87, 1999.

Kudara, K., "Chinese Buddhist Manuscripts from Central Asia in the Mannerheim Collection", *Proceedings of the Thirty-First International Congress of Humman Sciences in Asia and North Africa,* II, ed, T. Yamamoto, Tokyo, 1984.

Le Coq, A. von, "A short account of the Origin, Journey, and Results of the first Royal Prussian(Second German) Expedition to Turfan in Chinese Turkestan", *Journal of the Royal Asiatic Society,* London, 1909. 陳海濤 譯,「普魯士皇家第一次(卽德國第二次)新疆吐魯番考察隊的緣起・行程和收穫」,『敦煌研究』1999-3.

Sertkaya, A.G., "How the Texts found in Turfan were transferred to the Library of Istanbul University", 新疆吐魯番地區文物局編,『吐魯番學研究: 第二屆吐魯番學國際學術研討會論文集』, 上海: 上海辭書出版社, 2006.

Ⅳ. 온라인 데이타베이스

國際敦煌項目(International Dunhuang Project) :
    중국쪽 IDP …… http://idp.nlc.cn
    독일쪽 IDP …… http://idp.bbaw.de
敦煌研究院 …… http://www.dha.ac.cn
敦煌遺書數據庫 …… http://dhyssjk.dha.ac.cn/dbc_ys/
CBETA中華電子佛典協會 …… https://www.cbeta.org
愛如生-中國基本古籍庫 …… http://www.er70.com
Digital Silk Road Project - 東洋文庫所藏 貴重本 Digital Achieve :
    http://dsr.nii.ac.jp/toyobunko/sitemap/index.html.ja
The Silk Road Project - Turfan Database 高昌資料庫 :
    http://ceas.yale.edu/turfan-database
The Asian Art Museum of San Francisco …… http://searchcollection.asianart.org
    → Home〉Advanced Search〉Fragments of Calligraphy(『唐人玉屑』冊頁)
Ot.1428문서 : http://www.afc.ryukoku.ac.jp/Komon/data/1358/img0084.jpg
『국립박물관 소장 중앙아시아 고문서Ⅰ--투르판(吐魯番)지역의 한문자료』PDF파일 :
    http://www.museum.go.kr/main/archive/report/article_18060

저자 후기

후기

이 책은 필자가 그동안 돈황·투르판문서의 분석을 통해 당대 문서행정의 실상을 파악하기 위하여 발표했던 논문들을 수정, 보완한 결과물이다. 책의 서술 체제에 따라 여러 논문의 내용들을 재구성하였기 때문에 기존에 공간된 논문과는 다르게 편성된 부분도 있다. 또한 서술된 주제와 관련한 새로운 연구 성과들도 반영하였기 때문에 추가된 내용들도 있다. 그러나 출토문서를 통해 당대 문서행정의 절차를 파악한 기본적인 이해의 틀은 이들 논문들의 입장에서 크게 변하지 않았다. 다만 기존에 발표된 글들이 발표 당시 나름대로의 문제 의식을 전제하고 있기 때문에 이 책의 토대가 되었던 논문들의 제목과 발표 시기를 밝혀둔다.

第1편
第1장 「唐代 公式令의 복원과 지방 官文書의 정리--敦煌·吐魯番 출토문서의 분석을 중심으로」, 『中國古中世史硏究』 제51집, 2019년 2월.
第2장 「唐代 官文書의 작성과 地方 文書行政의 운영--敦煌·吐魯番 출토문서의 분석을 중심으로」, 『東洋史學硏究』 제148집, 2019년 9월.
「唐 前期 過所·公驗의 기재 양식과 성격--'唐開元二十年(732)瓜州都督府給西州百姓游擊將軍石染典過所'의 분석을 중심으로」, 『中國古中世史硏究』 제41집, 2016년 8월.
第3장 「당 전기 과소 발급관련 문서의 이해--'唐開元二十一年(733)西州都督府案卷爲勘給過所事'의 譯註」, 『漢城史學』 제30집, 2015년 12월.
「唐代 지방 政務의 처리 절차와 案卷 작성의 관계--'唐開元二十一年(733)西州都督府案卷爲勘給過所事'의 분석을 중심으로」, 『中國古中世史硏究』 제61집, 2021년 8월.

第2편
第1장 「吐魯番出土 唐代 戶籍類 文書의 分析」, 『漢城史學』 제22집, 2007년 2월.
「吐魯番文獻의 流散과 整理--'新材料'의 擴充」, 『中國古中世史硏究』 제23집 2010년 2월.
第2장 「한국 국립중앙박물관 소장 吐魯番出土文書의 판독과 분석--'唐儀鳳3年(678)度支奏抄·4年(679)金部旨符' 文案의 재검토」, 『東洋史學硏究』 제158집, 2022년 3월.
「唐 前期 豫算編成의 根據와 節次」, 『中國史硏究』 제14집, 2001년 8월.

이른바 관문서란 관부 간에 행용되던 공적 문서로서 일반적으로 특정 사안을 처리하기 위해 작성되기 때문에 당연히 담당 관사의 처리과정을 수반하게 된다. 여러 유형별 관문서의 작성은 이들 관문서를 통해 안건이 상정되어 처리, 조치되는 과정을 전제한 문서행정의 운영절차상에서 실제적 의미를 파악할 수 있다. 관문서의 서식에 대한 公式令의 법적 규정, 해당 안건에 대한 조치를 문안에 기재한 行判의 양식, 이러한 문서행정 운영을 담당한 官人의 역할 등은 당대 문서행정의 실상을 이해하는 중요한 단서들이다. 필자가 문서행정의 처리 절차에서 行判 과정을 특별히 주목했던 이유이다.

이 책에 제시된 돈황·투르판 출토문서는 중국 고중세사를 전공하는 연구자만이 아니라 한국 고대사나 일본 고대사에 관심이 있는 연구자에게도 좋은 참고자료가 될 것이다. 해당 시기 관문서의 서식이나 문서행정의 처리절차 등이 명확히 규명되지 않은 상황에서 당대 출토문서에서 확인되는 첩식, 부식, 관식 등 여러 유형의 관문서 실례와 안건을 처리하는 과정을 온전히 담고 있는 두루마리 문서인 안권의 존재는 율령의 제도적 규정에 대한 실상에 접근할 수 있는 단서일 수 있기 때문이다.

물론 이 책에서는 당대 관문서의 유형으로 주로 관식, 부식, 첩식, 그리고 해식 등을 다루었다. 그런데 돈황·투르판 출토문서에는 이외에도 狀, 帖, 牓 등 관부에서 행용하던 여타의 문서들도 확인된다. 또한 牒文의 경우는 이 책에서 다룬 내용 이외에도 여러 양식, 여러 용도로 활용되었던 실례들이 확인된다. 이에 대한 체계적인 정리와 기능적인 구분 등도 필요한 작업이다. 이러한 내용들은 일단 차후의 과제로 남기기로 하겠다.

中文目次

中文提要

1. 唐代官文书行用与文书行政

敦煌出土P.2819《唐开元公式令残卷》(以下《公式令残卷》) 中,有规定唐朝官文书中移式、关式、牒式、符式、制授告身式、奏授告身式等的内容。分析主要记录在《唐律疏议》中的官文书类型及《公式令残卷》中牒式、符式规定的补则内容,可以判断刺式和解式也包含在唐代官文书类型之中。因此,唐朝的官文书从功能性的层面大体上可被分为上行文书的刺式和解式、平行文书的移式和关式、下行文书的牒式和符式。其中,本书仅就可由《公式令残卷》确认其书式的关式、牒式、符式,通过在敦煌吐鲁番出土文献中查找其事例,分析了各类官文书的书式特点和实际功能。

首先,关文主要是在安西都护府或西州都督府隶下的曹司之间,一曹司将事案委託负责该事务的曹司决断时撰写的。但因截至目前能确认的事例非常有限,难以把握包括该时期文书行政运行状况的特点在内的更为具体的实相。牒文不仅是《公式令残卷》所规定的下行文书,官人在上申文书时也可撰写。然而,虽然事例非常有限, 州与州、县与县之间的文书传递也有使用牒文,西州都督府隶下法曹与功曹之间也有可以确认使用牒文的事例。作为同一长官隶下曹司之间使用的官文书,这一事例中使用了牒文而非关文,其主要在需要相关曹司业务上的协助时使用。在《公式令残卷》中与牒式一同被规定为下行文书的符式则是上级官司向下级官司就一般性的政务下达文书时準用的。与此相比,下达敕旨时,接收符文的行政单位 (州、县) 另将敕旨与符文'连写'后,传达给下级行政单位的负责人 (主者)。

其次,通过《公式令残卷》可以确认书式规定的关式、牒式、符式,在官府之间行用的官文书内容上,有发文者、标题、收文者、文书内容、文书抄写日期、判官主典签署等共同部分。这些内容也同样适用于敦煌吐鲁番出土文书中所能确认的各类官文书之中。并且可以确认各类型官文书书式中记在文书末尾的,如"……谨关"、"……故牒"、"……符到奉行"等常用句是依公式令规定或是更详细的文句。

敦煌吐鲁番出土文书中所见各类官文书,是唐代地方官文书的实例,又是探明官文书的书式和内容的重要线索。识别和分类官文书类型的工作,并不局限于对其书式或记载内容的文书学意义的探明,其与对官文书撰写象关联的文书行政的运行的理解密切相关。唐代出土文献中所见各类型的文书大部分,是在相关事件的处理过程中撰写的,组成相连文案 (案卷) 的一部分。对案卷所反映的文书处理过程的理解,是分析各类型的官文书实际上,在唐代文书行政的运行中所起何种功能的前提。此外,若公式令的规定是旨在明示官文书的书式或功能,则其意义的把握亦应与文书行政的运行相联繫。

在此前提下,作为官文书法律规定的公式令条文与敦煌吐鲁番出土文献中所见各类型官文书,是与唐代地方官文书的处理程序,即地方文书行政的运作相关联的。依照敦煌出土P.2819《公式令残卷》的公式令书式撰写的特定类型的官文书,实际上是作为处理事件过程当中撰写的案卷的一部分而存在的。即官文书是接受官司启动官文书所记事件处理程序的依据,另一方面,也起到将某一事件的处理结果,传达其他官司手段的功能。

在此意义上,与官文书的撰写做关联,通过反映特定官司处理该事件过程的案卷,可将地方文书行政的流程整理如下: 一般由接收文书 (案由文书) 而完成提出议案的立案、对提案进行审问与勘验过程的审案、判定时间处理内容的判案、根据处理方案执行措施 (特别是撰写传达措施内容的适当类型的官文书) 的行判、包括查验事件的处理过程与撰写官文书的检勾与撰写作为标题的抄目的结案。这一案件处理流程中，与官文书的撰写直接相关的是行判过程。然而考察出土文献所见行判的内容则未记载具体措施的内容，而只标示了收文者与该类型官文书文书末尾的常用句。

作为事件处理结果的，记有具体措施的官文书的撰写虽完成于行判过程，行判的内容只标示了所撰写官文书的收文者与类型。而且行判所记内容与《公式令残卷》所示该类型官文书书式的记载内容也相一致。在此意义上，可知对法令所规定的官文书类型的理解，亦是作为通过文书行政运营政务负责人的官人所必需具备的条件。

另一方面，以撰写和发给记有事件处理最终措施的官文书为前提，行判所明示特定官文书的类型为类推《公式令残卷》所不见唐代官文书类型提供了线索。关于中央（尚书刑部）或地方（州或都督府）发给的个人通行证明即过所，进行其发给的行判所记过所的书式内容，同样记于在出土文献中所见过所的事例中。可以推测唐代公式令中有过所式规定的可能。另外，新近出土文书中出现具有一定形式的官文书，有观点认为这是官文书类型之一的解式。既有研究主要通过文书的书式对该事例进行了分类整理。案卷的行判内容中也可以确认对相关文书形式的记载，因而很有可能是另一种公式令官文书类型。

既往唐代官文书的研究执着于辨别官文书的类型，而通过对包含整个事件处理过程案卷的分析，可以更清楚地把握唐代文书行政运行中官文书的实际意义。即使在对包含事件处理全过程案卷的分析，会给理解唐代文书行政的具体情况提供重要线索的情况下，相关研究仍然不活跃便源于既有出土文献中形态完整的案卷并不充分这一问题。因此以唐代出土文献中所见案卷检讨文书行政的具体运行状况，与此过程中官府间所行用的官文书的功能与作用如何得以实现便十分必要。开元21年（733）西州都督府所编案卷，作为其实例之一值得瞩目。

通过对《开元21年过所案卷》的剖析，可以深入理解案卷所反映的文书处理过程的具体过程，与唐代文书行政的实际情况。此案卷是由西州都督府户曹司处理的，与通行证（过所）相关的五个连续的案件处理文案组成的。各文案中，作为案件提议文书的案由文书，依关文、解文、状文、牒文等官文书类型，可以确认在作为负责官府的西州都督府的接收情况，与作为隶下官司的户曹司的审问过程中，各有程序上的差异。并且，在审问过程中因出现官司间的协助，各官司所保有该案件相关文案便成为勘验的依据。

另一方面，五个文案在各文案案件处理完成的时间点上，被接续在前一文案之后。即各案件处决的执行即行判的时间点，既该文案结束的时间点，这时便形成了案件的连续。《开元21年过所案卷》各文案，虽皆有缺漏的部分，但可以判断，五个文案均接续前文，与后文直接相关，即塬本为一个案卷。在案件处理过程中，地方官府所撰写文案被依官司分类保管的可能性很大，而西州都督府所撰写的文案，则可能是由处理该案件的户曹司、仓曹司、功曹司、法曹司等曹司各自分类保管的。然《开元21年过所案卷》则是由西州都督府户曹司处理案件中，处理与私人通关相关的过所或公验的发给案件过程中撰写的文案组成的。即在议事官司各自分类保管的文案中，若有执行以特殊目的或用途为前提的处决的文案，则可能将这些文案接续另行保管。

2. 吐鲁番出土文献的整理

关于吐鲁番出土文献的性质，进入21世纪之后吐鲁番文献的研究取得了令人瞩目的成果。一是对既有流散吐鲁番文献的收藏情况调查与编目工作，二是对考古发掘新出土文献的整理。在歷史研究中得以优先进行通过新的发掘或发现确保新资料的'新史料'的扩充。然而，若以敦煌吐鲁番文献的特点为前提，则搜寻已发掘然流散的资料中未公开或未被确认的资料,将其'新材料'化也是必不可缺的工作。

这是主要是因为,相较于敦煌遗书仅限于藏经洞石室文献,吐鲁番文献是在吐鲁番地区的墓葬、寺窟等各种遗址出土的资料,而且早期外国探险队或收藏家将这些输往各国,在收藏时并未特别关注文献的发掘地或性质所致。因此从各国收藏的文献资料中,特别是从过去被分类为敦煌遗书的文书中,严格归类出散在其间的吐鲁番出土文书并非易事。

然而,1980年代开始出版的《吐鲁番出土文书》,极大地促进了吐鲁番文献的全面研究,成为改变既有研究状况的重要契机。明确为吐鲁番地区内墓葬群发掘出土的文献,不仅使我们确认了吐鲁番文献固有的特点,对整理作业也提示了重要依据。这些吐鲁番出土文献和文物资料,更是为使吐鲁番学作为一个新的研究领域的意义提供了契机。在这些研究成果的前提下,作为新近吐鲁番文献研究的一环,同对通过考古发掘新获的出土文献的整理一起,对散落在各国的吐鲁番文献也进行了系统性整理工作。

本书以这些内容为依托,结合近年吐鲁番文献'总目'的编纂,概括式考察了散藏于中国国外的吐鲁番文献的流出歷史与以汉文文献为主,以收藏与分类编号情况为中心的收藏情况。此外,通过对1959年以来在吐鲁番地区的全面发觉,与中国国内的出土文书散藏情况调查,介绍了新公开吐鲁番文献内容、特点及其在研究史上的意义,并介绍了有关新近收集整理的研究成果。

首先,分四部分考察了吐鲁番出土文献的流散与整理情况。一是俄罗斯在吐鲁番地区探查中所获的得的吐鲁番文献。主要收藏于俄罗斯科学院东方文献研究所。二是德国吐鲁番考察队在吐鲁番地区发觉的出土文献内容,主要收藏在德国国家图书馆。叁是日本大谷探险队在吐鲁番地区探查时获取的文献资料,散藏于日本、中国、韩国等国。四是英国所藏文献资料,主要是斯坦因在其第叁次探险期间在吐鲁番地区发掘的。以上是至20世纪初运出中国国外的出土资料的情况。最后则介绍了1950年代以后,中国吐鲁番地区考古发现所发现的资料:《吐鲁番出土文书》的出版,及相关的1959年至1975年的发掘与出土文书整理作业;《新获吐鲁番出土文献》的出版及相关1997年至2006年整理作业;及截止至2022年分藏于中国国内各地的吐鲁番文书现状。

通过对流散于世界各地的文献的收藏情况调查与整理工作,吐鲁番出土文献作为新资料而被发现,持续进行的发掘工作使其更具作为'新材料'的色彩。流散文献的整理与新出土文献的发掘,不仅增加了吐鲁番文献的数量,对文书片段的整理与缀合也为完整復塬完整形态的文书提供了的依据。

最后,对《唐仪凤3年度支奏抄、4年金部旨符》的部分文书提出了新的解读。该文书是韩国国立中央博物馆(以下国博)对馆藏苇席附着文书,进行全面整理作业后于2020年公开的。特别是作为附有苇席痕迹文书的苇席实例,国博所藏苇席目前几乎是唯一的。通过从苇席分离附着文书的作业,可以反溯将文书附着于苇席的过程,并使得分析附着文书之间关系成为可能,且使得对日本藏苇席文书所附着器物,即苇席的推测成为可能。

在此次国博所藏苇席附着文书分离复塬过程中,值得瞩目的,是探明包括已公开的包裹苇席的文书片段在内的附着于苇席正面的两层文书片段(包括苇席背面折叠部分,是与阿斯塔那230号墓苇席收集到的中国藏《度支奏抄》的断面,正好契合的同一案卷。本书以进行复塬作业的国博研究组的研究成果为前提,逐条重新检讨国博《度支奏抄》,提出新的解读,通过对各条文的分析与相关资料的检讨,探讨了其作为唐代财政史资料的意义。

首先,将构成国博《度支奏抄》的两个文书片段,编为新的分类符号K(2020NMK1:1)和K'(2020NMK1:2),代替过去对以不完全形态公开文书片段分类符号S',揭示了新的分类符号。以此为前提,通过与已经整理报告的阿斯塔那230号墓苇席文书H(72TAM230:46/1)、H'(72TAM230:46/2)的接续关系,将文书片段的排序整理为'K'-H'-K-H'。这些都对应国博所藏作为丧葬用具,附葬于阿斯塔那230号墓的苇席附着文书片段。

　　从国博苇席所附文书片段(K'-H'-K-H)中,总共确认了15条《度支奏抄》条文,即在之前整理的11条的基础上增加了4条。其中对K'第1至第5条、K第8至第13条等11条提出了新的释读。通过国博《度支奏抄》增加的4个条文(第1条、第9条、第10条和第11条)是新公开的。并且3个条纹(第2条、第3条和第4条)过去被分类为S',但在復塬苇席背面折叠部分后,其馀4个条文(第5条、第8条、第12条和第13条)的文书断面的一部分则与中国藏《度支奏抄》相连而得以判读。此外,中国藏《度支奏抄》H'(第6条、第7条)和H(第14条、第15条)则参考了前人的研究成果。

찾아보기